"十二五"国家重点图书出版规划项目

西方古典学研究 *Library of Classical Studies*

编辑委员会

主　编：

黄　洋（复旦大学）

高峰枫（北京大学）

编　委：

陈　恒（上海师范大学）

李　猛（北京大学）

刘津瑜（美国德堡大学）

刘　玮（中国人民大学）

穆启乐（Fritz-Heiner Mutschler，德国德累斯顿大学；北京大学）

彭小瑜（北京大学）

吴　飞（北京大学）

吴天岳（北京大学）

徐向东（浙江大学）

薛　军（北京大学）

晏绍祥（首都师范大学）

岳秀坤（首都师范大学）

张　强（东北师范大学）

张　巍（复旦大学）

中世纪哲学

历史与哲学导论

Medieval Philosophy:
An historical and philosophical introduction

(1st Edition)

〔英〕约翰·马仁邦（John Marenbon）著

吴天岳 译

著作权合同登记号　图字：01-2013-1527

图书在版编目(CIP)数据

中世纪哲学：历史与哲学导论/(英)马仁邦(Marenbon, J.)著；吴天岳译. —北京：北京大学出版社，2015.12
（西方古典学研究）
ISBN 978-7-301-26440-9

Ⅰ. ①中… Ⅱ. ①马… ②吴… Ⅲ. ①中世纪哲学—研究—西方国家 Ⅳ. ①B13

中国版本图书馆 CIP 数据核字(2015)第 257881 号

Medieval Philosophy: An historical and philosophical introduction first edition/by John Marenbon/ISBN 978-0-415-28113-3
Copyright © 2007 by Routledge
Authorized translation from English language edition published by Routledge, a member of the Taylor & Francis Group LLC; All rights reserved.

本书原版由 Taylor & Francis 出版集团旗下 Routledge 出版公司出版，并经其授权翻译出版，版权所有，侵权必究。

Peking University Press is authorized to publish and distribute exclusively the Chinese (Simplified Characters) language edition. This edition is authorized for sale throughout Mainland of China. No part of the publication may be reproduced or distributed by any means, or stored in a database or retrieval system, without the prior written of the publisher.

本书中文简体翻译版权归北京大学出版社独家出版并限在中国大陆地区销售，未经出版者书面许可，不得以任何方式复制或发行本书的任何部分。

Copies of this book sold without a Taylor & Francis sticker on the cover are unauthorized and illegal.
本书封面贴有 Taylor & Francis 公司防伪标签，无标签者不得销售。

书　　　名	中世纪哲学：历史与哲学导论
著作责任者	〔英〕约翰·马仁邦（John Marenbon） 著　吴天岳　译
责 任 编 辑	田　炜　王晨玉
标 准 书 号	ISBN 978-7-301-26440-9
出 版 发 行	北京大学出版社
地　　　址	北京市海淀区成府路 205 号　100871
网　　　址	http://www.pup.cn　新浪微博:@北京大学出版社
电 子 信 箱	pkuwsz@126.com
电　　　话	邮购部 62752015　发行部 62750672　编辑部 62752025
印 刷 者	北京中科印刷有限公司
经 销 者	新华书店
	965 毫米×1300 毫米　16 开本　33.5 印张　553 千字
	2015 年 12 月第 1 版　2018 年 4 月第 2 次印刷
定　　　价	78.00 元

未经许可，不得以任何方式复制或抄袭本书之部分或全部内容。
版权所有，侵权必究

举报电话：010-62752024　电子信箱：fd@pup.pku.edu.cn
图书如有印装质量问题，请与出版部联系，电话：010-62756370

"西方古典学研究"总序

古典学是西方一门具有悠久传统的学问,初时是以学习和通晓古希腊文和拉丁文为基础,研读和整理古代希腊拉丁文献,阐发其大意。18世纪中后期以来,古典教育成为西方人文教育的核心,古典学逐渐发展成为以多学科的视野和方法全面而深入研究希腊罗马文明的一个现代学科,也是西方知识体系中必不可少的基础人文学科。

在我国,明末即有士人与来华传教士陆续译介希腊拉丁文献,传播西方古典知识。进入20世纪,梁启超、周作人等不遗余力地介绍希腊文明,希冀以希腊之精神改造我们的国民性。鲁迅亦曾撰《斯巴达之魂》,以此呼唤中国的武士精神。1940年代,陈康开创了我国的希腊哲学研究,发出欲使欧美学者不通汉语为憾的豪言壮语。晚年周作人专事希腊文学译介,罗念生一生献身希腊文学翻译。更晚近,张竹明和王焕生亦致力于希腊和拉丁文学译介。就国内学科分化来看,古典知识基本被分割在文学、历史、哲学这些传统学科之中。1980年代初,我国世界古代史学科的开创者日知(林志纯)先生始倡建立古典学学科。时至今日,古典学作为一门学问已渐为学界所识,其在西学和人文研究中的地位日益凸显。在此背景之下,我们编辑出版这套"西方古典学研究"丛书,希冀它成为古典学学习者和研究者的一个知识与精神的园地。"古典学"一词在西文中固无歧义,但在中文中可包含多重意思。丛书取"西方古典学"之名,是为避免中文语境中的歧义。

收入本丛书的著述大体包括以下几类:一是我国学者的研究成果。近年来国内开始出现一批严肃的西方古典学研究者,尤其是立志于从事西方古典学研究的青年学子。他们具有国际学术视野,其研究往往大胆而独具见解,代表了我国西方古典学研究的前沿水平和发展方向。二是国外学者的研究论著。我们选择翻译出版在一些重要领域或是重要问题上反映国外最新研究取向的论著,希望为国内研究者和学习者提供一定的指引。三是西方古典学研习者亟需的书籍,包括一些工具书和部分不常见的英译西方古典文献汇编。对这类书，我们采取影印原著的方式予以出版。四是关系到西方古典学学科基础建设的著述，尤其是西方古典文献的汉文译注。收入这类的著述要求直接从古希腊文和拉丁文原文译出，且译者要有研究基础，在翻译的同时做研究性评注。这是一项长远的事业，非经几代人的努力不能见成效，但又是亟需的学术积累。我们希望能从细小处着手，为这一项事业添砖加瓦。无论哪一类著述，我们在收入时都将以学术品质为要，倡导严谨、踏实、审慎的学风。

我们希望，这套丛书能够引领读者走进古希腊罗马文明的世界，也盼望西方古典学研习者共同关心、浇灌这片精神的园地，使之呈现常绿的景色。

"西方古典学研究"编委会
2013年7月

目 录

"西方古典学研究"总序	1
中译本导论	1
前言	7
引用凡例	9
缩写	11

第一章	**导论**	1
第二章	**中世纪哲学中的古代传统**	7
第一节	何谓古代哲学？	7
第二节	亚里士多德主题举要	8
第三节	柏拉图与希腊化学派	14
第四节	普罗提诺的新柏拉图主义	18
第五节	波菲利与亚里士多德逻辑学	22
第六节	扬布里柯与普罗克洛	24
第七节	旧宗教与新宗教	27
第八节	翻译、拉丁哲学与拉丁教父	30
第九节	奥古斯丁	32
第三章	**旧传统与新开端**	37
第一节	波埃修与古代晚期的逻辑学课程	38
第二节	隐修士与百科全书派：525—789年间的西方拉丁世界	50
第三节	最后的异教哲学家及其基督教学徒	53
第四节	东方：从查士丁尼到倭马亚王朝	60
第五节	阿拔斯王朝统治下哲学的多样性	67
第六节	阿尔昆和查理曼宫廷的哲学	75
第七节	约翰·司各托·爱留根那和9世纪	78

第八节　评注传统:拜占庭与西方拉丁世界　　　　　　　　　　　87
第四章　传统分道而行　　　　　　　　　　　　　　　　　　　　90
　　第一节　中世纪犹太哲学的开端　　　　　　　　　　　　　　90
　　第二节　凯拉姆传统　　　　　　　　　　　　　　　　　　　93
　　第三节　法拉比　　　　　　　　　　　　　　　　　　　　　96
　　第四节　伊斯玛仪派与新柏拉图派　　　　　　　　　　　　　105
　　第五节　阿维森纳　　　　　　　　　　　　　　　　　　　　108
　　第六节　11世纪西方拉丁世界的古代哲学、逻辑学与形而上学　120
　　第七节　安瑟尔谟　　　　　　　　　　　　　　　　　　　　125
　　第八节　普谢罗斯、伊塔洛斯与12世纪拜占庭的亚里士多德派　135
第五章　12世纪的拉丁哲学　　　　　　　　　　　　　　　　　138
　　第一节　12世纪初的逻辑学与语法学　　　　　　　　　　　139
　　第二节　彼得·阿伯拉尔　　　　　　　　　　　　　　　　　142
　　第三节　学校、柏拉图主义和孔什的威廉　　　　　　　　　　156
　　第四节　普瓦捷的吉尔伯特　　　　　　　　　　　　　　　　161
　　第五节　拉丁经院神学的开端　　　　　　　　　　　　　　　169
　　第六节　12世纪晚期的柏拉图主义　　　　　　　　　　　　　171
　　第七节　12世纪晚期的巴黎学校　　　　　　　　　　　　　　174
　　第八节　巴黎之外:科学家与翻译家　　　　　　　　　　　　178
　　第九节　12世纪拉丁哲学的多样与特色　　　　　　　　　　　181
第六章　12世纪伊斯兰的哲学　　　　　　　　　　　　　　　　182
　　第一节　伊斯兰教神学与阿维森纳　　　　　　　　　　　　　182
　　第二节　安达卢斯的哲学　　　　　　　　　　　　　　　　　188
　　第三节　阿维洛伊　　　　　　　　　　　　　　　　　　　　192
　　第四节　迈蒙尼德与犹太亚里士多德主义　　　　　　　　　　202
第七章　巴黎与牛津的哲学:1200—1277年　　　　　　　　　　215
　　第一节　巴黎大学和牛津大学:翻译、课程体系与哲学写作的形式　216
　　第二节　语法学与逻辑学　　　　　　　　　　　　　　　　　228
　　第三节　艺学硕士与神学家:1200—1250年　　　　　　　　　234
　　第四节　巴黎的神学:波那文图拉和大阿尔伯特　　　　　　　240
　　第五节　托马斯·阿奎那　　　　　　　　　　　　　　　　　246
　　第六节　拉丁阿维洛伊主义:13世纪60年代与70年代的巴黎艺学院　266

| 第七节 1277 年谴责及其意义 | 277 |

第八章 大学里的哲学:1280—1400 年   282

第一节 阿尔伯特传统	283
第二节 根特的亨利、方丹的戈弗雷和彼得·约翰·奥利维	286
第三节 邓斯·司各托	291
第四节 司各托与奥康之间	304
第五节 奥康的威廉	308
第六节 巴黎艺学院与 14 世纪的阿维洛伊主义	320
第七节 奥康之后牛津与巴黎的神学	323
第八节 现代派逻辑	330
第九节 约翰·布里丹	334
第十节 14 世纪晚期	337

第九章 大学以外的哲学:1200—1400 年   341

第一节 大学之外:西方拉丁世界的哲学、宫廷与方言	342
第二节 拜占庭哲学	347
第三节 伊斯兰世界的哲学	350
第四节 犹太哲学	352

第十章 并非尾声:1400—1700 年的"中世纪"哲学   362

阅读材料指南   365

缩写	365
常引网站缩写	366
第一章 导论	367
第二章 中世纪哲学中的古代传统	371
第三章 旧传统与新开端	373
第四章 传统分道而行	379
第五章 12 世纪的拉丁哲学	382
第六章 12 世纪伊斯兰的哲学	388
第七章 巴黎与牛津的哲学:1200—1277 年	390
第八章 大学里的哲学:1280—1400 年	397
第九章 大学以外的哲学:1200—1400 年	403
第十章 并非尾声:1400—1700 年的"中世纪"哲学	404

参考文献	405
索　引	483
翻译说明	512

中译本导论

我在大约十年前完成本书。自那以来，即使在这个外人看来充满神秘的领域，也有大量作品出版，既有专门化的论文和专著，也有更一般的手册和概论：我因此修订了《阅读材料指南》，以便将那些最重要的新成果考虑进去。然而，比单纯地积攒学术成果更重要的是，该领域工作的整体方向已经发生了转移。过去的这十年并不是一个变化的年代，而是塑造了21世纪中世纪哲学研究进路的三个倾向得以固化和发展的十年。这三个倾向或许可以贴上如下标签："分析的方法"（analytical method）、"多文化主义"（multiculturalism）和"漫长的中世纪"（the Long Middle Ages）。那么，我的著作在什么程度上、以什么样的方式追随了这三种进路呢？

分析的方法

19世纪和20世纪初期，研究中世纪哲学的先锋大多是法国人（或法语区人）、德国人或意大利人。在英语世界，如果有人研究这个学科，那也通常是在历史系。分析的方法在20世纪中叶前主宰着英语世界哲学系，它不欢迎任何类型的哲学史，过去如此，现在仍然是这样。尽管如此，哲学系里讲授的那种中空版本的哲学史——柏拉图和亚里士多德，接下来就是笛卡尔、洛克和他们18、19世纪的后继者——仍然得以立足，并且逐渐披上分析的外衣获得新生。其中所涉及的分析的方法，在应用到历史文本时推到极致，会将它们视为一篇刚刚写就的哲学论文，其价值仅仅在于它对当下的论争的贡献。而在当前流行的种种温和版本中，分析的进路试图遵循宽容的解释原则，依照当代哲学家可以理解的术语，并根据与今天的哲学问题或多或少的紧密关联来重构历史文本的论证和立场。

让中世纪哲学也走出它的隔都（ghetto），使它能同当代哲学工作相接续的这场运动，早就有少数学者为之先导，但直到20世纪80年代初期才积聚了足够的力量,《剑桥晚期中世纪哲学史》(Kenny, Kretzmann and Pinborg, 1982)在当时作为新方法的宣言和手册出版。对中世纪哲学的兴趣开始从历史系转向哲学系,如今大致已经实现:在英语世界从事中世纪哲学研究的,通常是受过分析训练的教师和将其作为分析哲学部分课程的学生。

"英语世界"这个限定语很重要。说英语的中世纪哲学专家数量非常有限,而中世纪哲学仍然是人文学科中以欧洲大陆而不是北美作为重心的少数领域之一。分析的方法在那里也同样有影响,尤其是在德国和北欧(那里已经独立地发展出对语义学和逻辑学的特殊兴趣)。不过,意大利、西班牙、葡萄牙和仍然在该领域地位超群的法语世界并不太能容纳分析的方法。

在本书写作时试图取代的两卷本的《中世纪哲学导论》中,我已经在一定程度上追随了一种分析的进路。我在第二卷《中世纪晚期哲学(1150—1350年)》(*Later Medieval Philosophy* [1150-1350],出版于1987年)中,提出了一种我称之为"历史的分析"的方法,这是我在《剑桥哲学史》出版5年之后对其中体现的新趋势的回应。在分析哲学中,历史的分析者从当代哲学的重要问题出发,以分析的方法来研究它们;但是(正如"历史的"这个词所暗示的),这样的讨论也需要放置回它们的时代语境中——放回它们出现于其间的更大范围的论争中,放回它们的思想和体制语境中。在《中世纪晚期哲学》一书中,我试图将该理念付诸实践,用一半的篇幅来提供历史语境,用另一半来对少数重要思想家就理智知识这个主题的论证进行相当详细的分析,用一种设想为当代知识论者可以接受并能使他们对之有兴趣的(但是失败了的)方式来进行展示。

我这本书的一个主要目的就是更成功地实现同样的理想。我决定接受一种广义上依照编年的叙述方式,以便让读者感受到历史的连续和演进,而这通常会消失在纯分析的论述中。不过,通过将13个专题研究纳入本书,分析的方法被推至显赫地位,每一个专题研究都是对个别思想家或个别群体的一个特殊论证或问题的细致分析。这些主题通常同当代哲学有特别紧密的关联。还有一些"间奏",一些简短的反思,它们意在引入语境相关或偶然附随的材料来拓宽本书的范围。

当然,不该由我来判断这本书完成得如何。我在回顾时通常倾向于严厉地审视自己的决定,但即便如此,我仍然认为当初采取的形式是一个不错的选择。一个明显的缺陷是:这些专题研究和范围将多少有些局限的论题结合在一起,大部分属于形而上学和心灵哲学,伦理学、政治哲学和逻辑学,尽管在主体叙述中得以处理,但并未获得它们应得的密切关注。

多文化主义

当人们像前文所说的那样谈及中世纪哲学时,通常理解的是**西方的**中世纪哲学。同一时期,哲学也在其他地域繁盛——例如在印度和中国,不过这些传统都独立于西方哲学(而且把它们称之为"中世纪哲学"可能也很怪异,因为"中间的世纪"是欧洲历史书写的一个特殊发明)。

然而,我们用"西方"指的是什么呢?当涉及哲学史时,西方的地理边界有多广?通常的图景认为,西方哲学始于希腊,通过罗马帝国传播到中世纪欧洲,然后是近代西欧——也就是说,它被限定在基督教、拉丁文化的疆域,西起不列颠,东达波兰,北至斯堪的纳维亚,南抵西班牙和意大利。只有到了 19 世纪及之后,西方哲学才被认为有了更广的传播,但仍被限制在文化上相似的国家——北美、澳大利亚和新西兰。对"西方"的这种相对狭隘的理解,是从近代向后追溯整个哲学传统的自然后果,该时期的哲学英雄出现在法国、英国、荷兰和德国。然而,一旦将中世纪考虑进来,这个图景就开始变得不同。中世纪哲学史家总是强调西方基督教传统受到穆斯林和犹太人开创的阿拉伯哲学一个支流的强烈影响。因此,中世纪哲学史通常会包括阿维森那、阿维洛伊和迈蒙尼德这样的阿拉伯作家,不过,他们仅仅被当作拉丁思想家的源泉,而没有被译成拉丁语的则被弃而不顾。然而,真相是,阿拉伯哲学并非碰巧影响了西方哲学的一个异质传统:和 1200 年以降生活在欧洲的犹太人用希伯来语写成的犹太哲学、用希腊语写成的拜占庭哲学一样,阿拉伯哲学乃是拉丁基督教哲学本身归属的四个分支传统中的一员。正如本书的《导论》所阐明的,所有四个传统最终都可以追溯到柏拉图和亚里士多德,不过更直接地可以追溯到古代晚期的柏拉图学派。它们不止分享同样的起源;这四个传统通过错综复杂的翻译运动的方式在其历史进程中还交互关联,从希腊语到拉丁语,阿拉伯语到拉丁语,阿拉伯语到希伯来语,拉丁语到希腊语和(中世纪晚期)希伯来语。

虽然多数研究者和读者会选择专攻其中一个分支,但当(西方)中世纪哲学作为整体呈现时,它应当呈现为这样的跨越不同语言和宗教的四重传统。或许我们可以说,正是中世纪哲学的多文化主义使得它尤其富有魅力,它比其他任何因素都更好地解释了为什么对中世纪哲学的无知会导致如此不当的、乃至于扭曲的西方哲学整体观。

就多文化主义这一点而言,本书过去是,现在也仍然只是一个先行者。最早的先行者是阿兰·德利贝拉(Alain de Libera),他的中世纪哲学史(2004a,初版于1993)讨论了所有四个传统。我在这里有意追随德利贝拉的步伐,不过我选择在自己的论述中在不同传统中穿梭,以此强调它们的交互依赖,而德利贝拉则将它们各自独立对待。《中世纪哲学百科全书》(Lagerlund 2011),新的《剑桥中世纪哲学史》(Pasnau 2010)和我自己编辑的《牛津中世纪哲学手册》(Marenbon 2012)都在追求这一理想,不过后面两部受到专家们的偏好限制,尤其是那些接受分析训练的拉丁传统专家。不过,我的这本书和德利贝拉的著作仍然是唯一由单个作者写成的、欣然接受中世纪多文化主义的、相对简短的通论。

然而,不幸的是,这里对不同传统的处理并不均衡。1200年以前的阿拉伯传统,无论是爱智学(falsafa,希腊风格的哲学,可以回溯至亚里士多德)还是凯拉姆(kalâm,哲学神学)的代表人物,都得到了长篇讨论,但阿维森那之后爱智学和凯拉姆倾向于合流时的东方阿拉伯哲学,得到的只是一个表达敬意的姿态,没能继续得到阐释。拜占庭传统所得总共也不过数页,不过这种简短在一定程度上,即使不能为之辩护,也可以通过有关该传统文本的哲学研究稀缺得到解释。希伯来语写成的犹太传统处理得略好,但仍嫌不足。

漫长的中世纪

"漫长的中世纪"这个术语被不同的作者用来指在单向或双向上比通常所谓"中世纪",即公元500年前后至1500年前后大致千年的这个时期,还要漫长的一段时间。在我完成当前翻译的这本书之后的这些年里,我接受了这个术语,用它来指大致从公元200至1700年的这样一个非常漫长的时期。我认为(尤其见Marenbon 2011和2015),对于哲学史来说,这个漫长的中世纪比通常的编年分期要好:传统认为古代哲学延伸到公元5世纪或更晚,而近代哲学则开始于1600年前后,通常还有一个开始于1500年前后的"文艺复兴哲学"。一方面,在所有四个传统中,许多杰出的哲学家们讨论的一系列论题存在惊人的延续,从普罗提诺直至莱布尼茨(这在之前和之后的时期中并不那么显著)。另一方面,公元200—1700年这个分期之所以有价值,正因为它以特有的方式打破了传统的边界。尽管没有人会忽视普罗提诺和柏拉图、亚里士多德的关联,但我们却很容易忽略他和阿维森那、阿奎那(同样紧密的)联系,因为普罗提诺被归入古代哲学,而他们则被划入中世纪。而更让人吃惊的是,人们不大会错过洛克和休谟、莱布尼茨和康德的关联,但17世纪思想史家在不久之前都很少考虑洛克和莱布尼茨同14到16世纪的哲学有怎样的联系。

过去的十年里已经有若干杰出的著作写成,例如Pasnau(2011)和Perler(2011),还有同样出色的文集(Lagerlund 2007, Perler 2008, Perler and Schmid 2011, Marenbon 2013, Kaukua and Lähteenmäki 2014),它们都有意地试图沟通通常横亘于中世纪和近代早期哲学之间的鸿沟,与此同时,研究近代早期的专家也越来越多地注意到经院哲学的背景(例如Des Chene, Hattab和Antognazza)。因此,我们有理由认为,"漫长的中世纪"这个标签有助于刻画中世纪哲学研究尤其是最近十年的发展——不过,需要注意的是,在这些作者当中,我是唯一使用"漫长的中世纪"这个术语的人,而且他们中大多数,如果不是全部的话,都强调17世纪哲学同先前世纪的哲学的对立,而不是像我所偏爱的那样,强调它们的连续性。

迅速地浏览本书的目录和简短的最后一章,你就会看到我在写作的时候,就已经对传统将中世纪哲学限定在公元500—1500年这段时期感到不满,已经坚信理想状态的中世纪哲学导论应该处理的是某种我后来称之为"漫长的中世纪"的内容;你也会看到我有意未将这一理念贯彻到底。本书在1400年戛然而止,因为就像我所承认的,那时我已经超出了期限和篇幅。1400年至少有一个优点,它明显不是一个时代界限,然而不幸的是,本书对1350年以后时期哲学的处理,就拉丁世界来说流于粗疏,而就其他传统而言则近乎空无。读者很容易留下印象,中世纪哲学在希腊和阿拉伯世界已经式微,在拉丁大学里随着奥康和布里丹,在犹太人中则随着格森尼德走向终结。正如我在结尾处所言:还需要再写一卷——我现在要补充的是,这一卷要从1350年开始,并且要进一步往前追溯,尤其是在阿拉伯哲学这一领域,要去覆盖那些缺失的领域。我在《牛津手册》论及1350—1550年的拉丁哲学的那章中试图展示这样一部新著的前半部分将会包括的内容,而雅各布·施慕茨(Jacob Schmutz)则在"中世纪之后的中世纪哲学"一章中暗示了撰写这本书后半部分的一种方式。

西方中世纪哲学与中国

当一本书被译成完全陌生的另一种文字时,作者通常会像过去那些孩子移民去了遥远国度的父母一样,热切地祝福他们,同时又无法想象他们新生活的具体轮廓,而被迫满足于关于他们的几经周转、含糊其辞的消息。事实上,作者甚至不能确信,他的书换了新装是否还是原作的忠实再现。不过,令人欣慰的是,就本书来说我的处境有所不同。本书的译者吴天岳既是一个受人尊敬的学术同行,也是我的朋友,他在整个翻译过程中一直可以询问我的意见,但他对相关语言和内容功力深厚,只有几处疑难需要解决。多亏了他,我得以了解(西方)中世纪哲学在中国尤其是在北京大学的研究状况,同时还有机会在那里任教。

在中国教授中世纪哲学的经验让我尤为乐意看到本书被译成中文。我不曾在其他任何地方遇到过如此热诚、开放、勤勉和聪颖的学生。虽然在英语国家,中世纪哲学开始在哲学课程中找到一席之地,它仍然饱受偏见的折磨,这是因为当代哲学——错误地!——以为自己所传承的是那些17、18世纪通过对抗中世纪的过去来定义自身的哲学家。在中国,哲学系可资利用的是一个更加丰富、更加多样化的遗产(中国哲学、外国哲学的整个领域,还有马克思主义),它应当可以免除这一偏见。将我这部关于中世纪思想仍嫌粗略的长篇著述呈现于中国读者面前,我的期望是,他们不要只着迷于个别思想家的思想和论证,而要能够更加平和、公正地理解整个西方哲学史,而不是像英国、欧洲和北美的知识分子们通常所做的那样。

前　言

　　虽然用了这样的标题，本书并不是我二十年前所写的《中世纪早期哲学》和《中世纪晚期哲学》两部导论的修订。不过，它的缘起确实是出于修订的要求。出版商问我是否愿意更新那两本书，以便它们可以合成一卷发行。我很快意识到有这么多地方我想要修改，或者更应该说，我愿意保留得如此之少，以至于更好的做法是提供一部全新的导论。劳特利奇出版社勇敢地接受了我的建议，因此也就有了眼下这本书。在考虑中世纪哲学的构成时，本书和前两本导论的差异大得几乎无以复加。那两本书完全专注于拉丁传统，只在涉及对大学里的基督教思想家的影响时，才引入伊斯兰和犹太的材料。这本新书则力图介绍中世纪哲学的四个主要传统，它们都可以追溯至古代晚期同样的根源：希腊基督教传统、拉丁传统、阿拉伯传统和犹太传统（用阿拉伯语和希伯来语写成）。从编年来看，其范围初看起来与我的两本旧书似乎没有什么不同，因为终止的年代是1400年，只是比《中世纪晚期哲学》不恰当的、过早的终结点晚了75年。但是，正如我在《导论》一章中和简短的最后一章中所论，1400年是一个完全独断的截止年份，进入本书考察的材料的最佳途径，是去展望从约200年到约1700年的这一段时期，将其作为一个统一体来讲授和研究——这是一个漫长的中世纪，以致它几乎不再是一个中间的世纪。尽管这本书包含一本中世纪哲学导论可以期待的所有领域，但在我看来，它的核心要点却更多地在于它在当前状况下的未尽之处。我把它看作是不完整的，它仅仅是两卷中的第一卷（第二卷从1400到1700年）。这两卷合并在一起，其宗旨与其说是为了涵盖整个中世纪哲学，不如说是去挑战将中世纪哲学作为一个连贯的史学单位这一概念。

＊　　＊　　＊

　　完成这本书最令人高兴的一点，是它给了我这样一个机会，来感谢那些使本书的写作得以可能的人们。首先而且最重要的是,没有剑桥三一学院的慷慨支持,这本书以及几乎我所有有关中世纪哲学的工作都不可能完成。我也很感激希拉和马克希穆斯,感激他们和这样一个试图写得又快又多的家伙住在一起,宽容他并且支持他。

2005年6月,在我开始全心投入这本书的写作之前,斯考特·麦当劳使我有机会在康奈尔年度中世纪哲学专题论坛上提交我的写作计划和我有关方法论的构想;我感谢他和所有参与讨论的同事,正如我感谢最近与之讨论过同样主题的威廉·考特尼和他的研究生。许多朋友善意地接受我的请求,阅读并且评议了这本书的章节,我想要谢谢詹妮佛·阿什沃斯、克莱尔·雅尔米、塔内利·库科宁、马丁·伦茨、汤尼·斯特里特和索菲亚·瓦撒略。我特别感激亨里克·拉格伦德,他阅读了整部手稿,也要感谢玛格丽特·卡梅伦,她从我开始写作以来,一直给我有关细节、方法和写作目标等问题的建议。没有她的帮助,这本书一定会更糟。我也要感谢劳特利奇哲学部项目编辑普利杨卡·帕萨克。没有她的干预——提醒我截止日期和出版日程——,这本书确实有可能会更好,但是一定不会现在完成,可能永远不会完成。我也感谢杰拉尔丁·马丁细心、有效和有风度地确保此书的出版。

十月的时候,我的写作正进行到一半,我母亲以90岁的高龄突然离世。我将此书用来纪念她和我多年前去世的父亲。

约翰·马仁邦

三一学院

2006年3月

引用凡例

但凡可能,原始文献的引用依据标准的划分,例如卷、章、节或题(question)和条(article)。当没有合适的标准划分时,版本的引用则给出原作者名(除非上下文很明确),并在参考文献中列出。对本书其他讨论的交叉引用则在括号中给出,采取如下形式:(5 章 3 节)

原始文献的版本和翻译可以在参考文献中每个作者的名下找到(中世纪的姓名其名在前,例如约翰,阿拉伯的名字则给出更为人知的名字,略去定冠词 al)。在《阅读材料指南》中,读者应考虑自行查看参考文献,在相关作者名下罗列了著作版本和翻译。当章节标题中没有提及相关作者名字,《指南》将写"<u>文本</u>:参考文献 John of Hatch End,Peter of Villanulla 等条",告诉读者查看参考文献中这些名字下的条目。但凡必要,《指南》还会给出一些额外信息,例如印行于合集中的文献出处,两个译本哪个更可取等。这一类信息,单单查看参考文献相关作者名下的条目中是找不到的。

二手文献的引用绝大部分只限于《阅读材料指南》。但是,当仔细地考察某个特定学者的解释和观点时,我也在正文中(用姓和出版日期)列出引用,而其出版细节可在参考文献中找到。

在《指南》中,星号(*)用来标记特别适合作为研究出发点的二手著作和文章(只要可能,它们都是英语的)。2006 年以来的网上资源用大括号({})给出,并用 ‖ 符号来分隔一手文献和二手文献。

译者注:文中斜体为原文所有。

本书内部的引用,通常用"×章×节"的方式标示,若出处为"第×章",则为外部引用,即上文提及的某书的章节。

缩　写

AHDLMA	*Archives d'histoire doctrinale et littéraire du moyen âge*(《中世纪文献史与学说史资料集》)
AL	*Aristoteles Latinus* (1961-)(《亚里士多德拉丁译文集》)
ASP	*Arabic Sciences and Philosophy* (《阿拉伯科学与哲学》)
BGPTMA	*Beiträge zur Geschichte der Philosophie und Theologie des Mittelalters* (《中世纪哲学史与神学史论集》)
BSIH	*Brill's Studies in Intellectual History* (《布里尔思想史研究》)
CAG	*Commentaria in Aristotelem Graeca* (《亚里士多德希腊评注》)
CCSL	*Corpus Christianorum series latina* (《基督教集成·拉丁系列》)
CCSG	*Corpus Christianorum series graeca* (《基督教集成·希腊系列》)
CCCM	*Corpus Christianorum continuatio mediaeualis* (《基督教集成·中世纪续编》)
CIMAGL	*Cahiers de l'Institut du Moyen-Âge Grec et Latin* (《希腊拉丁中世纪研究所学刊》)
CMP	*A Companion to Philosophy in the Middle Ages* (Gracia and Noone, 2003)(《中世纪哲学研究指南》)
CSEL	*Corpus Scriptorum Ecclesiasticorum Latinorum* (《拉丁教会著作集成》)
CTMPT	*The Cambridge Translations of Medieval Philosophical Texts* (《剑桥中世纪哲学文献译文集》)
CTMPT 1	Stump and Kretzmann (1988)
CTMPT 2	McGrade, Kilcullen and Kempshall (2001)

CTMPT 3	Pasnau（2002）
DSTFM	*Documenti e studi sulla tradizione filosofica medioevale*（《中世纪哲学传统文献与研究》）
PIMS	Pontifical Institute of Mediaeval Studies（《宗座中世纪研究所》）
PL J.-P. Migne	*Patrologia Latina*（《拉丁教父全集》）
RE	*Routledge Encyclopaedia of Philosophy*（Craig，1998）（《劳特利奇哲学百科全书》）
SEP	*Stanford Encyclopaedia of Philosophy*（http://plato.stanford.edu/contents）（《斯坦福哲学百科全书》）
SSL	Spicilegium sacrum lovaniense，études et documents（《鲁汶神学拾遗：研究与文献》）
SL	Storia e letteratura（《历史与文学》）

常引网站缩写

Aug	http://www.fh-augsburg.de/~harsch/augustana
Fa	http://www.ccel.org/fathers2
For	http://www.forumromanum.org/literature/table
Gal	http://gallica.bnf.fr
K	http://individual.utoronto.ca/pking/resources
Ll	http://thelatinlibrary.com
M	http://www.muslimphilosophy.com
Sc	http://www.ulb.ac.be/philo/scholasticon（其虚拟图书馆[*Bibliotheca virtualis*]亦见 http://abelard.paris-sorbonne.fr）

第一章 导 论

本书旨在提供一部中世纪哲学的历史，为这一领域的研究充当导引。这是一部历史：有很多各不相同的中世纪哲学史已经写成，而且将要写成。我所写的历史并不会使它们成为多余，但它仍然拥有自己专门的目标，以及由此而来的不同寻常的重点。它所推进的观点既涉及(西方)[1]中世纪哲学的界定，也牵扯到哲学史研究应当包含的内容，而在这两方面，它都比通常所设想的要更加宽广，更加大胆。

传统来说，(西方)中世纪哲学史家或者从2世纪和3世纪最早的基督教思想家开始，或者从奥古斯丁(生于354年)和波埃修(生于475—477年间)开始，再就是从8世纪末的阿尔昆(Alcuin)写起。他们或者在1350年前后收笔，结束在奥康(Ockham)之后那一代人，或者补充一些有关14世纪晚期和15世纪的论述，再就是以伊比利亚半岛经院哲学的"白银时代"作结，一直延伸到苏亚雷斯(Suárez,卒于1617年)，但不包括斐奇诺(Ficino,1433—1499年)这样的"文艺复兴"哲学家。从地域上说，中世纪哲学史家所涉及的范围比他们研究古代和近代早期的同行要广，因为13世纪的重要思想家深受伊斯兰哲学家和生活在伊斯兰国度的犹太思想家的影响。然而，在大多数情况下，这一非基督教哲学仅仅被看作阿奎那和邓斯·司各托(Duns Scotus)这样的拉丁思想家的理论来源，除非作者是在撰写专门的伊斯兰、犹太或拜占庭哲学的历史。

我有关中世纪哲学的广义概念基于一个故事——人们曾经讲述过的有

---

[1] 原注：源自希腊新柏拉图学派(或者从根本上说，源自柏拉图和亚里士多德)的整个传统，无论是它的基督教拉丁语和希腊语版本、伊斯兰教阿拉伯语和波斯语版本，还是犹太教阿拉伯语和希伯来语版本，都可以称之为"西方的"，只要这个词是在一个非常宽泛的意义上来理解：它将欧洲、北非、近东以及中东，同印度、中国、日本以及撒哈拉南部的非洲这样的地区区别开来。后面这些区域的哲学构成不同的传统，尽管它们有着极为重要的内在价值，我们这里将不作讨论。

关哲学及其过往的故事中,这是最动人心弦的一个。柏拉图(约公元前429—前347年)和亚里士多德(公元前384—前322年)时代(也就是通常所**特指**的古代哲学时期)之后的若干世纪,在罗马帝国的希腊化世界,有一种现在称之为"新柏拉图主义"的哲学流派曾经繁荣——当然,它的代表人物更愿意把他们自己看作柏拉图主义者,或者更简单些,看作哲学家。新柏拉图主义的创始人是普罗提诺(约205—270年),它至少延续到奥林匹奥多罗斯(Olympiodorus,殁于565年之后)的时代。新柏拉图主义者尽管效忠柏拉图,但他们坚信真哲学的统一性。这首先是柏拉图与亚里士多德的和谐:在他们的课程体系中,亚里士多德的著作和柏拉图的同样突出。它同样接纳了来自其他学派的要素,尤其是斯多亚派,新柏拉图派尽管轻视但还是吸收了他们的思想,特别是在伦理学中。新柏拉图派是异教徒;实际上,在6世纪的时候,新柏拉图哲学也成了基督教社会中异教最后的避难所。不过,在三个宗教传统中——基督教、伊斯兰和犹太教——新柏拉图派都产生了难以估量的影响,在接下来的千年甚至更长的时间里主宰着欧洲、北非、近东和中东。希腊和拉丁基督教作家都深受新柏拉图思想影响,以至于人们很难将中世纪所理解的基督教教义同它区分开来。在伊斯兰国度,亚历山大的最后一个古代新柏拉图学派曾经研习过的著作,有很多被翻译成阿拉伯语,穆斯林、犹太人和基督徒都从中获益。

因此,我们可以说四个哲学传统——拜占庭、基督教拉丁(主要用拉丁语但也用欧洲方言写作)、伊斯兰和犹太传统——在一定意义上都源自古代晚期的新柏拉图主义。与此同时,上述四个传统都属于由一神论天启宗教主宰的文化,情形各自不同(拉丁和希腊基督教例外),但又紧密关联。这一共同的出发点和背景始终至关重要,尽管每一个传统都有一些要素和线索更加直接地源自它独特的文化以及宗教传统——最为明显的是该传统的哲思当中和特定宗教紧密结合的那些方面,此外,例如拜西塞罗和塞涅卡的著作所赐,拉丁思想中额外保存了更多的斯多亚哲学。这些独特的要素和线索,以不同的方式和上述共同的传统相连结,它们不应排除在我们的故事之外,哪怕它们很容易让我们的故事不那么整齐划一。它们的向心性倾向通过另一个沟通四个传统的因素得以平衡,这也就是四个传统在演进中的直接联系。在伊斯兰世界,基督教、伊斯兰和犹太哲学紧密交织,而在中世纪后期,用阿拉伯语写成的伊斯兰和犹太哲学通过翻译对拉丁基督教思想产生了深远的影响。更早的时候,拉丁思想家曾经求助于拜占庭思想,而到了 14 世纪,拉丁经院哲学又反过来影响了生活在拜占庭和拉丁欧洲的犹太社区的哲学家。

从新柏拉图主义出发来设想中世纪哲学,这是历史,还是虚构?大多数对拉丁、伊斯兰、犹太和拜占庭传统中的中世纪哲学的历史描述都将它的核心刻画成一部亚里士多德思想的发展史。正如他们所指出的,用阿拉伯语写作的最伟大的哲学家——阿维森纳、阿维洛伊和迈蒙尼德——全都以亚里士多德派自居,而在西方拉丁语世界,大约从 1250 年开始,大学课程围绕亚里士多德文献展开,亚里士多德的地位如此崇高,以至于人们直截了当地把他称作"哲学家"。这些评述无疑是正确的,但是,亚里士多德的作品本身也是新柏拉图派课程体系的一部分,而且正是因为这一点,这些作品才得以翻译流传。不过,这个故事中有一个极为重要的转折。新柏拉图派在他们的体系中为亚里士多德的思想设定了一个特别的位置,它从属于通过柏拉图的形而上学发现的、关于理智世界的更加深刻的真理;中世纪的读者在译文中研读这一传统所传承的亚里士多德著作,他们没有必要去追随新柏拉图派的研究进路;有些时候,他们甚至不曾意识到这一进路的存在。因此,新柏拉图派的思考方式是可以改变、挑战、甚至从内部攻破的。如此一来,中世纪哲学就可以看成是一个在新柏拉图主义中奠基的复杂传统的历史,它绝不仅仅是新柏拉图主义自身的延续或发展。强调这一限定条件,是基于如下事实:不仅仅亚里士多德主义,还有其他一些先于新柏拉图派(Pre-Neoplatonic)的希腊哲学思潮——几部柏拉图自己的作品,斯多亚派的观念,伊壁鸠鲁和怀疑派的思想印痕——在中世纪时可以读到的若干文献中幸存下来,并且产生了一定的影响。

前面的论述已经清楚地展示了这部《导论》宽广的地理范围,而它的编年跨度看起来如此巨大,仿佛要将"中世纪"一词从标题中整个剔除。难道我们的出发点不应该至少提早到公元 3 世纪的希腊异教世界,同时将目光放长追溯回希腊化时期和 6 个世纪前的柏拉图和亚里士多德的时代吗?至于它的终点,在君士坦丁堡 1453 失陷于土耳其人之后,拜占庭独特的文明走向衰落,拜占庭传统确实随之终结,但是,许多由新柏拉图主义者提出、在他们身后若干世纪被人讨论的问题,在很多方面,到了莱布尼茨(1646—1716 年)才得到最为彻底和无情的解决;而笛卡尔(1596—1650 年)尽管献身于 17 世纪崭新的科学,他仍然通过苏亚雷斯和阿奎那去回顾上述传统。斯宾诺莎(1632—1677 年)看起来可以归入上至迈蒙尼德的犹太哲学一脉,而伊斯兰传统中,除了其中一个分支——哲学史家最为熟知的那个分支——几乎未能活过12世纪之外,其他的分支都完好地拓展到近代,欧洲视角中的近代。

我要去捍卫的哲学史分期(它当然不是唯一可能的分期,不过我们可以为它找到很好的理由)实际上将从公元200年至1700年这整个时期看作一个统一体,一个真正漫长的中世纪。我在这本书中将追随这一分期,但出于实际的考虑,我不会彻底追随它直至其终点。在第二章的导论性概述中,我讨论了古代的新柏拉图主义和它所传承的亚里士多德传统,以及基督教和犹太教同希腊哲学传统的最早接触。然而,关于古代晚期哲学的这一阶段已经有若干优秀的通论著作,我并不打算像在后面的章节中那样细致地加以讨论。本书在1400年戛然而止。这个终结日期完全是任意选定的,它只是某些外在因素的结果,例如字数限制、截稿期限、读者对一部**中世纪**哲学导论所覆盖时期的期待等等。有些中世纪哲学史在其话题范围内,也会包括一些15—17世纪中他们认为是中世纪传统延续的要素,尤其是伊比利亚的"白银时代"经院哲学家,例如丰塞卡(Fonseca)和苏亚雷斯。这样的写作策略与一种和我截然不同的中世纪哲学理解融为一体,它认为中世纪哲学从根本上说,是由奥古斯丁、安瑟尔谟、阿奎那和司各托的思想来表现(如果不是定义)其特征的基督教思想传统。在我看来,在1400年以来的历史中去选择所谓的中世纪要素,这样做是独断而且缺乏教育意义的。眼下这本书尽管篇幅已经不小,但实在应该看作对从公元200年至1700年间这段漫长时期哲学的两卷本导论的第一部:它与其说——如果它能够完成的话——是尝试另写一部中世纪哲学史,不如说是要用更有启发性的历史分期来处理相关素材,以取代**中世纪**哲学这样的概念。

在如此广阔的历史和地域范围内,究竟哪些素材我会算作哲学呢?并没有一个现成的有关"哲学"的中世纪定义可供历史学家使用。这个词要么含义过于宽泛,覆盖几乎所有知识学科,要么至少在某一方面又太过狭隘,排除了所有基于天启前提的理论思考(因此也就排除了阿奎那、司各托和奥康的大部分作品)。我们确实需要采用现代某种有关何谓哲学的判定标准——这举措并不会和我力图给出一个既是历史的、又是哲学的说法相冲突,只要我们把选出来的每一个文本和段落都追溯到它们更加宽广的、通常也是哲学之外的语境之中。那么,是什么样的现代标准呢?研究中世纪的哲学家往往只选取那些处理和当代分析哲学家们关心的论题相近的文本。我宁愿采取一种对"哲学"更加宽泛的理解,认为这个词涵盖了当今职业哲学家思考的一切内容。

泛泛来说,以上就是我在接下来的篇章中将要完成的内容。这里我要更加具体地解释一下这些内容是如何安排的,以及这本书最好该如何利用。

章节的次序大致依照编年;特别要说的是,希腊、拉丁、伊斯兰和犹太的不同传统将按照他们各自的时间发展脉络集中处理。除了主要的小节外,每一章还包括两类不同的内容:"间奏"与"专题研究"。间奏是些非常简短的讨论,主旨在于为主线叙述增添语境,引入一些尽管不是核心但仍然富于启发和激发有益反思的细节。它们将读者从对哲学立场和论证的集中分析引向更宽广的思想史和文化史问题。与此相反,专题研究的目标(它们限制在拉丁传统内,只是因为这是我自己目前主要的专业领域)在于对某些文本或某组文本的论证给出更加详细、更加有力的分析,这要超出通常的哲学史著作中的相关讨论。它们大多数针对某些广为人知的文献(例如波埃修的《哲学的安慰》,安瑟尔谟的《宣讲》和阿奎那的《论理智的单一性》)和理论(阿伯拉尔论共相,阿奎那论上帝的存在,司各托论可能性)。这些显而易见的选择是经过深思熟虑的:初次接触中世纪哲学的学生会想要了解这些文献和问题——而且,不管怎么说,它们的名声也是基于它们的内在价值。不过,在少数几处,为了增加广度我也选择了某些不甚为人所知的文献和哲学立场。当然,在所有这些地方,所讨论内容或至少其中大部分都有英语翻译。

有几个主题(它们自身也相互纠缠)将几组专题研究联系在一起,并且/或者将它们同本书主要章节中的内容勾连起来:时间与永恒;预知的问题、预定的问题;可能性与必然性;共相;上帝的存在;(以下参见索引)理智知识;对人而言的善;世界的永恒。

《阅读材料指南》是本书非常重要的一部分。首先,它不仅仅(通过引述参考文献)给出了原始文本和翻译的相关细节(包括网络上可以免费获取的内容),而且在对二手文献的讨论中因地制宜地解释和评述了不同的解读和研究路径。尽管我希望我的书不只是一部有注解的参考书目,但对任何一个处理我所涉及的如此广泛题材的单个作者来说,对任何一个不得不连主要哲学家都要压缩到数千字章节中的作者来说,他都必须考虑他的著作的一个主要功能是充当通向他众多同事的思想、研究和学术的门径。其次,该指南填补了许多我在正文中留出的空白。如果不把我的章节中的大部分变成列表,我甚至不能提到同一时期那些尽管次要但仍然有趣的思想家;如果不把我关于每个哲学家的论述缩减成一个大纲,我难以展现他们工作的方方面面。《指南》中的引述应该有助于填补某些空白。

尽管我描述了一个方法论,但我有意克制,不在这里长篇讨论方法论问题或是为我自己的立场辩护。《指南》给出了某些问题和研究倾向的细节。我希望,通过通读本书,读者即使很可能没有被我所追寻的路径的优点所说服,他也可以更好地理解写作这样一部历史的种种困难和它所提供的哲学机遇。

第二章　中世纪哲学中的古代传统

公元 500 年前到大约 1400 年,基督徒、穆斯林和犹太人的哲学发展围绕古代思想的遗产展开。天启宗教自有其影响,而且也有很多再思考和原创性的发展。然而,自古代而来的希腊哲学传统,在它的诸多再调整和变形中,仍然是核心的线索。

什么样的古希腊哲学呢?公元 200—600 年间居于主导地位的哲学流派是新柏拉图主义,它的影响贯穿整个中世纪;它对用阿拉伯语写作的哲学家的影响,是借助一场翻译运动使其大部分课程内容为这些学者所知;对拉丁传统的影响则通过奥古斯丁和波埃修这样的人物;此外,它直接地或经由某些教父影响了希腊传统。因此,本章的主要任务是介绍新柏拉图学派及其学说。但正如我在《导论》中所言,新柏拉图主义同时传承了一系列亚里士多德著作,此外,其他一些先于新柏拉图的古代哲学流派的文献当时也可获得。在迅速地考察了古罗马理解和研究哲学的方式之后,本章将勾勒若干重要的亚里士多德主题,然后考察柏拉图自己的和希腊化哲学其他流派的作品有哪些流传到了中世纪,最后再转向新柏拉图主义者和古代晚期那些接受新柏拉图主义或柏拉图派思想更早形态的犹太和基督教思想家。

第一节　何谓古代哲学?

罗马帝国使用的哲学语言是希腊语。少数受过教育的罗马人用拉丁语写哲学著作——最知名的如卢克莱修、西塞罗和塞涅卡(2 章 8 节),但是,甚至他们的作品也归属某个希腊传统,而当时身为罗马帝国皇帝的哲学家马可·奥勒留,他的《沉思录》用希腊语写成。普罗提诺也是如此,尽管他生活和工作都在罗马。马可·奥勒留、西塞罗和塞涅卡是富有的公众人物,只在闲暇之余才是哲学家。古代和古代晚期的大部分杰出哲学家,就像当年苏格拉底、柏拉图和亚里士多德他们那样,都是职业的哲学教师,尽管他们的学生有时包括成年追随者的圈子,而某些富庶的家庭有他们自己的哲学家门客(household philosopher)。在有些地方,哲学学校是以公共财政建立的机构(例如,马可·奥勒留于公元176年在雅典建立了斯多亚、柏拉图、伊壁鸠鲁和亚里士多德哲学教席)。有些则由私人资助支撑,而另一些则紧密依附于某个特别的导师并且随他而灭。哲学被看作一种高等教育,在研究它之前应当完成罗马人所说的"自由诸艺"(liberal arts),它主要涉及语法和修辞学,或许还包括一定的数学、音乐和天文学。

从某一方面看,这些古代的哲学学校与大多数中世纪或现代的学校或大学截然不同。正如马可·奥勒留的资助条款所表明的那样,一所学校并不是人们单纯地学习哲学的场所,而是一个特定的哲学传统,例如斯多亚主义或柏拉图主义。每一个传统都有它自己的权威文献和独特学说,尽管这些学说在柏拉图派和亚里士多德派那里不像在斯多亚派和伊壁鸠鲁派那里那样僵化。为什么哲学学校可以在支派的意义上称之为**学派**(schools),这关系到古代世界的哲学概念和现代哲学读者的期待之间一个更一般的差异。在古代,哲学并不是众多学术科目中的一种:它是一种生活方式。每一个主要的哲学学派都宣称要提供通向幸福生活的途径,但它们对于幸福由什么组成(智慧?美德?免受苦痛的自由?)和如何达到幸福的理解截然不同。当时的哲学学派许下的愿景,更接近宗教而不是某个学科的承诺,它通常也具有同样的排他性。对于那些职业从事哲学的人来说,作为一种生活方式的哲学要求更多的投入(学派是共同体,在伊壁鸠鲁那里甚至是与世隔绝的共同体),然而它的公众吸引力也胜过当代:富人们豢养自己的哲学门客或者参加某门普罗提诺的课程,这不是为了满足他们的好奇,而是寻求能过上更加美好的生活。作为生活方式的哲学同后来世纪中的哲学之间的对比当然也不是绝对的。在中世纪的某些时刻,对于一些思想家来说,哲学——它与神学不同,尽管已经有了机构建制——看起来就像它之于古人那样,确实提供了一种生活方式。

第二节 亚里士多德主题举要

中世纪的思想家在新柏拉图传统中了解到亚里士多德几乎所有的工作。有一些概念和论证,我们将在中世纪的讨论涉及它们时,在接下来的章节中逐步呈现。这一节但求展现亚里士多德思想的范围和概观,考察其中对中世纪所有四个传统都特别重要的五个领域:他的逻辑学,他的科学方法理论,他的《形而上学》的目标和他有关人类灵魂及其认知途径的想法。

亚里士多德幸存下来的著作,很可能是从他的讲座中搜集而来,如百科全书一般广博。亚里士多德是一个敏锐的自然科学家,着迷于植物学、动物学和人体生物学,以及气候现象和基本物理定律。他对搜集和分类的热衷拓展到政治学的研究:除了撰写一部理论著作之外,他还汇集了大量希腊城邦的宪法。他也论述过修辞学和诗学,将技术分析同道德和心理关注相结合。对哲学家来说,他核心的作品是逻辑学(即所谓《工具论》,包括他有关科学方法的讨论)、他的灵魂研究、《形而上学》(这些下面都将讨论)、《物理学》《论生灭》和《尼各马可伦理学》。

逻辑学

亚里士多德最早提出了有关正确推理的明确理论:至少他是这样自诩的(《辩谬篇》183b34-36)。在柏拉图早期对话记录的苏格拉底式的论辩竞赛中,亚里士多德得以了解到有关论辩形式的探索。《论题篇》可能反映了他提出逻辑原则的最初尝试:其目的在于教导读者如何构建"辩证法"(dialectical)论证;这些论证和真正的竞赛理念相一致,它们通常采用对谈者认可的、广为接受的前提。在一个论证中,亚里士多德写道,"当某些东西已经确定下来,那么,这些东西之外的其他一些东西就必然能推导出来"(《论题篇》100a25-27)。这一定义体现了逻辑推论的观念。亚里士多德在《前分析篇》中将其进一步拓展成他有关"三段论"(syllogistic)的形式理论,他将之应用于"证明"(demonstrations),即其前提不仅仅是人们接受的,而且是必然的(这里指的是亚里士多德的不变性[invariable],例如,"所有的人都是会死的")论证。

亚里士多德的三段论,借用当代的标签来说,是一种谓词或词项逻辑体系。也就是说,它研究一个命题如何可以通过命题中词项的关系从其他的命题中推出。(此处和本书其他各处,我们所追随的是中世纪的实践,"命题"[proposio]意为断定[殊型]句,并非更现代意义上的命题。)考虑如下两个命题:

(1) 所有的人都是会死的。
(2) 所有的哲学家都是人。

从(1)和(2)推出

(3) 所有的哲学家都是会死的。

如果这还不够明显,我们用一种更接近亚里士多德希腊语的形式来表达(1)和(2),这会更加清楚:

(1a) 会死的谓述所有人。

(2a) 人谓述所有哲学家。

(3)可以从(1)和(2)中推出,这一点和"人""会死的""哲学家"这些词项的意义无关,而和命题的形式相关。一般地,从"所有 A 是 B"和"所有 C 是 A"推出"所有 C 是 B"。亚里士多德进一步区分了十三种推理模式,它们各自由三个命题组成,这些命题或者是全称肯定的(记作"A"命题),例如这个例子中的命题,全称否定的("E";"没有人是没有身体的"),特称肯定的("I";"有些人是哲学家"),或者特称否定的(O;"有些人不是哲学家"),其中前两个命题也就是前提共用同一个词项("中项",在上面的例子中就是"人")。例如:

(4) 没有钢琴家恨肖邦。

(5) 有些恨李斯特的人是钢琴家。

(6) 有些恨李斯特的人不恨肖邦。

这就是个有效的三段论,符合 EIO 这一模式。亚里士多德认为四种第一格(first-figure)的模式或"式"(moods)(在以上两个例子之外,还有 EAE 和 AII)是自明的,其中,中项是第一个命题的主词和第二个命题的谓词,他还展示了通过运用一系列换位规则将其他三段论化约为这些式。

亚里士多德其他的逻辑学著作引入了三段论所需的概念和技巧,同时还增添了新的哲学维度。《解释篇》讨论了断定陈述和它们之间的关系,例如矛盾和反对,而且它还勾勒了一种极富影响的语义学,其中语词是思想的记号(sign),思想则是事物的记号,并且勇敢地探讨了可能性和必然性的问题。《辩谬篇》研究的是表面有效实为谬误的论证。尽管古代作家将《范畴篇》(2 章 5 节)归入《工具论》(逻辑学著作汇编),它并不太容易纳入逻辑学的框架:从某些方面看,它像是《论题篇》的序言,但它更关注亚里士多德在《形而上学》中更加深入处理的问题。古代晚期和伊斯兰的逻辑学课程还包括亚里士多德其他两部作品:《修辞学》和《诗学》。

科学知识

在《工具论》剩下来的部分,也就是《后分析篇》中,亚里士多德将他的三段论用来展示他的科学知识理论。科学知识是有关那些必然(不变地)成为事实的原因的知识。获得科学知识靠的是证明,靠的是构造这样一种三段论,其前提必然为真并且比结论更为人所知——也就是那些结论得以奠基的一般定律。因此,《后分析篇》并没有提供科学研究的模型,而是提供了将研究成果整理成系统知识的模型。

不过,亚里士多德的理论看起来似乎是循环的:如何说明一个证明的前提必然为真呢?难道不是靠更多的证明吗?亚里士多德并不认为可以用这样的方式建立科学知识。与此相反,亚里士多德主张每一门科学都有自己最基本的第一原则,它们本身不能被证明,而是自明的。我们运用 nous(理智)来把握它们。这一研究进路的结果是,每一个门类的知识都成了独立的结构,不过,亚里士多德允许某些门类的科学借取另一门科学中证明了的命题作为其第一原则(例如和声学——有关音乐和谐的科学——的第一原则就取自算术。)

形而上学:本性与目标

亚里士多德自己并没有用"形而上学"来命名他那些归于该名下的文本(或者更应该说,是成套的材料,因为它们并不总是都能归在一处)。该标题来自某个编者,仅仅因为这部作品置于《物理学》之后(meta),或许意在表明亚里士多德这里处理的事物超越了物理世界。亚里士多德自己使用了若干互不相同,而且可以说互不相容的方式来描述《形而上学》的宗旨:研究第一原则,或研究存在之为存在,或探究实体,或关注不可动的实体也就是上帝。最后这个神学维度诱导众多后来的古代哲学家设想,《形而上学》所探究的并非一般意义的存在,而是最高的超越了感性把握的存在。

在《形而上学》第十二卷中,亚里士多德将神学同宇宙论统一起来。他将宇宙描绘成一系列同心的天球(concentric spheres)——总数超过50——它们围绕地球无休止地旋转。他主张每一个天体的运动都一定是来自它所专有的非物质推动者,反过来,这些推动者之所以运动,是因为他们想要效仿第一推动者完美的运动,也就是圆周运动。第一推动者或第一因,亚里士多德的上帝,就是理智(nous):它唯一的活动就是静观自身。亚里士多德有一套主要在《物理学》中建立起来,但广泛应用在他所有作品中的术语,来对 nous 所产生的因果类型进行分类。他区分了 x 作为 y 的原因的四种方式:x 可以是 y 的质料(用来制作桌子的木料)——它的质料因;或者是 y 的形式(桌子之为桌子,人之为人等等)——它的形式因;或者是 x 可以使 y 产生——它的动力因(efficient cause);或者它可以是 y 的目的——它的目的因(例如赢得我爱人的芳心是我买一束红玫瑰的目的因;亚里士多德和大多数笛卡尔之前的思想家将目的因果性拓展到自然界中的所有事物)。亚里士多德把他的上帝想象成万物的目的因,而并非他们的形式因、质料因或动力因。

灵 魂

对亚里士多德来说,拥有灵魂使有生命的事物同无生命的事物(例如石头)区别开来(灵魂的拉丁语是 anima,是英语 inanimate[无生命的]的词源,因此保留着亚里士多德的理论)。他的灵魂理论依赖两个相互关联的区别:潜能与现实、质料与形式。橡子潜在地(potentially)是橡树,而当它长成大树时,它就**现实地**(actually)成为橡树。我锅中的水**现实地**是冷的,**潜在地**是热的。在我把它放在火上之后,它**现实地**是热的,而因为它能变凉,所以**潜在地**是冷的。质料和形式则是自然种类的任何个体——例如约翰·马仁邦、小狗萨布尔——都可以分解成的组成成分,尽管它们在物理的意义上不可分离。一个事物的形式是它的定义或本质:通过它该事物得以归属这一类而不是另一类,成为一个人或一条狗。只有通过给质料赋形(informing),形式才构成一个具体的特殊的事物。形式之于质料正如现实之于潜能。没有赋形的质料是纯粹的潜能;它通过使自己现实化的形式而成为一个事物。纯粹的不在质料中的形式并不存在,至少在月下的世界不存在。(在亚里士多德的宇宙论中,环绕地球的最低的同心天球是月亮所属的那一层。月上领域的物理学——即天体——和月下世界迥然相异。)

亚里士多德说(《论灵魂》II, 412a-13a),灵魂是潜在地拥有生命的自然物(natural body)的形式。也就是说,灵魂和身体(body)[1]的关系如同形式之于质料:它是生命功能所需的能力。一个有生命的——也就是有灵魂

---

[1] 希腊文"σῶμα"和英文"body"都既可以指有生命的身体尤其是人的身体,也可以泛指包括石头这样的无生命物体在内的物质。汉语很难找到一个单一词汇来传达其含义,故在其泛指时译作"物""物体",而特指有生命的物体时作"身体"。而与其相关的形容词"bodily"和"corporeal"则译为"物质的"。又,以下脚注均为译注。

的——事物,根据其所属类别执行不同的生命功能:树能生长、狗能生长、运动、看、听、趋乐避苦;人所有这些都能做到,他们还能理性思考。一种**能够**执行这些功能的物体已经实现了第一级的现实化——而灵魂就是其第一现实性。而人的灵魂,在所有其他能力之外,还有一种能力在此世有生命的物体中一枝独秀:理性思考的能力,它属于亚里士多德所说的理智(nous)。

认识对于亚里士多德来说是一种同化作用(assimilation)。最明显的例子是感性认识。当我用手感觉到一块石头烫,石头的热量使我的手由潜在地变成现实地热。当我听到铃声响,那声音使我的听觉从潜能转化为现实:在我听铃声的时候,这铃声就是我的听觉的形式。理智认识的对象不是赋予事物可感特征的形式,而是使对象成为它们所是的那类事物的形式或本质:不是约翰的脸的轮廓或是他眼睛的颜色,而是使他成为人的人性。由于约翰的人性中并没有什么能将它同其他人的人性区别开来,所以理智知识所涉及的是共相,不是殊相,而且在亚里士多德那里,我们通过使用和共相有关的知识构成三段论,并且以他在《后分析篇》中阐释的方式构建科学。不过,尽管理智思考所涉及的是共相,亚里士多德坚持认为它必然伴随着 phantasmata,心灵中的可感形象(sensible images)。因此,亚里士多德为人类区别于万物的特性设立了很高的标准:诸如觉知事物的可感特性、记住它们、操纵与合并由它们而来的形象,这些都是感觉的工作,是人类和非人类共有的。唯一由理智负责的或许可以称为抽象思维。

现在已经清楚,在亚里士多德的用法中,"灵魂"的含义和今天这个词一般的用法并不相同。根据现代用法,灵魂被认为只适用于人类,而使用这个术语的人往往假定灵魂因不随身体毁灭而能不朽。如果我们要说死亡之后没有生命,那么我们很可能就是在完全否定我们拥有灵魂。对古希腊哲学家来说,这个术语本身并不假定灵魂是不死的。不过,柏拉图坚定地主张人的灵魂是不朽的。亚里士多德的立场又如何呢?

亚里士多德似乎并没有直截了当地认为人的灵魂可以在死亡之后继续存在。他有关灵魂之为身体的形式的解释表明:如果灵魂是身体具有生命功能所需的一种能力,那么,它看起来就不是某种可以离开身体而存在的东西。尽管"能力"(capacity)的含义有太多还原论色彩(举个例子来说,如果我们在构想能力时所想到的是,一辆汽车因为它的部件以一定方式配置而拥有达到一定速度的性能[capacity]),亚里士多德自己却说(《论灵魂》413a),"我们并不是不清楚,灵魂或者它的部分(如果它有部分的话)都不能同身体相分离"。但是,他确实又对上述观点做出了限定(《论灵魂》403a,413a):如果灵魂有一个功能或一个部分不是身体的现实性,那么,它就可以同身体相分离。而且,在一个极其晦涩的段落中(《论灵魂》430a),亚里士多德表述的方式可能会暗示确实存在这样一个灵魂的部分。他解释道,和在自然界的其他部分一样,在灵魂中有些东西是潜在的,而有些则是主动的,是它的原因或创造者。除了亚里士多德在《论灵魂》中通常所考虑的理智——某种处于潜能之中而且能够成为万物的东西(在古希腊和阿拉伯传统中,它通常被称作"质料理智"[material intellect],在拉丁传统中则是 *intellectus possibilis*,"可能理智",或者像我将要翻译的那样,"潜能[potential]理智")——之外,他说还有另一种创造万物的理智,并且他还将它和光相比较。亚里士多德继续写道:

> 这理智可分离、不受作用(impassive)、不相混合,其本质即现实性。因为那创造的总是优于那受作用的,而原初的原因(archê)优于质料……理智并不是有时思考有时不思考。在其分离中,它就是其所是,只有这才是不朽和永存的……而没有了它,任何东西都不能思考。
> (III, N; 430a)

这段话让评注者不得不费心揣测亚里士多德的意思,直到今天仍然如此。主动理智——这个创造万物的理智后来的称呼——明显地在人的理智认识中产生着极为重要的作用:但究竟是什么作用呢?它是所有人类灵魂的一个部分,一个不朽的部分呢,还是某种外在于个体人类的事物呢?它和《形而上学》那里作为宇宙第一推动者的理智又有什么关系呢?

第三节 柏拉图与希腊化学派

说来荒谬,新柏拉图派传承的柏拉图自己的著作,要比亚里士多德的少得多。在所有中世纪的传统中,柏拉图的思想绝大部分是通过柏拉图派——大部分是新柏拉图派,有些场合也有他更早的追随者(2章7节)——的转述而被吸收理解的。现代哲学与学术著作中写下逻辑精准、想象丰富的对话录的柏拉图,在中世纪思想中几乎没有任何作用,而且甚至在他的对话录有了翻译之后——例如12世纪时亨利·亚里斯提普斯(Henry Aristippus)将《美诺篇》和《斐多篇》译成拉丁语——它们仍然少有人问津。

不过，人们对柏拉图的两部作品有更直接的了解。《蒂迈欧篇》大约自 800 年起在拉丁西方世界就被广泛阅读，尤其是在 12 世纪。(共有两部残缺的翻译——该事实表明这部对话在古代晚期的受欢迎度——，被广泛采用的一部出自卡尔基狄乌斯[Calcidius，4 或 5 世纪]之手，并附有他内容丰富的评注；另一部更残缺不全，则出自西塞罗。)尽管在现代读者看来，《蒂迈欧篇》所展现的是其作者很让人费解的一个侧面：它是柏拉图对世界生成的解释——柏拉图对物理世界最完整的解释，但很少采取严密论证的方式，而且常常使用神话语言。柏拉图把《蒂迈欧篇》说成是《理想国》中展开的对话的延续，他在对话录开篇的时候总结了前一天夜里的交谈。因此，在中世纪拉丁西方世界，人们知道柏拉图自己对《理想国》的总结，它对政治和伦理的讨论有所影响(5 章 2 节间奏 iv)。《理想国》在阿拉伯世界更广为人知，尽管很可能不是以直接的方式，有两位领袖级的哲学家利用过它：法拉比(他还意译了柏拉图的《律法篇》)和阿维洛伊(6 章 3 节间奏 vii)。尽管地位边缘，《理想国》的存在仍然很重要，因为它是柏拉图最重要的政治文献，而且展示了他的思想在新柏拉图主义中几乎未能保留下来的一个侧面。

古代哲学的其他几个主要流派——犬儒派、伊壁鸠鲁派、斯多亚派和逍遥学派(亚里士多德的追随者)——对中世纪哲学的影响如何呢？

尽管犬儒派作为一个哲学流派对中世纪的影响微不足道，它伟大的宣扬者第欧根尼，通过在阿拉伯和拉丁世界广为流行的诸多轶事，成了超凡脱俗的哲学生活的英雄代表。原则上说，拉丁国家的人们可能了解伊壁鸠鲁派，因为它最杰出的体现之一，卢克莱修的长诗《物性论》(*De rerum natura*) 有若干中世纪抄本流传。但是，它们少有人读，而古代晚期基督徒和异教徒对伊壁鸠鲁伦理思想的反感，导致仅有一两个中世纪作家(5 章 2 节间奏 iv) 严肃对待过他们。在拉丁传统中，阿尔克西劳斯(Arcesilaus 公元前约 316—约前 240 年) 和新学园派的怀疑论通过奥古斯丁而为人知晓，后者援引西塞罗作为其信息来源。虽然伊斯兰传统从新柏拉图派教科书中获得的资料如此丰富，他们所获得的其他类别文献则较为可怜。不过，我们可以肯定，希腊思想中随新柏拉图主义来临而消失的怀疑论和唯物论维度，在波斯保持着活力，并且在某些 8 世纪和 10 世纪神学、文学圈子的作品中重新浮出水面。毫无疑问的是，原子论这一伊壁鸠鲁派的代表性立场，在早期伊斯兰教神学中曾经深受欢迎。

斯多亚派是新柏拉图主义兴起前居于主导地位的学派,它对中世纪哲学影响深远。尽管新柏拉图派唾弃斯多亚派及其唯物论,他们还是采纳了斯多亚派的许多伦理教导。斯多亚派认为,对人来说,唯一真正的善是美德(包括智慧)。不过,一个人在所有条件都同等的情况下应该选择健康和财富,而不是疾病和贫困,因为这样做符合人的本性。尽管如此,健康和财富本身是中性的,而智者如果被剥夺了它们,他一点也不会为缺少它们而感到遗憾。斯多亚同样认为,一个人要么完全拥有美德,要么全无美德(哪怕他就要成为有美德的人)——正如一个站在河床上的人将溺水而死,无论没过他头顶的水是一英寸还是若干英寻。斯多亚派的圣人(sage)完全不会被任何强加于他身上的损失或表面痛苦所触动,因为他不可能失去美德,那唯一承载真正价值的东西。新柏拉图派觉得这想法深得己心,他们将其极端化,贬低根据自然本性来生活的想法,认为人类的目标是神秘地提升到理智的高度(在《九章集》I. 4 中,普罗提诺比任何斯多亚派都还要斯多亚!)。

最著名的斯多亚派哲学家的著作仅有残篇传世。拉丁哲学家们之所以能够了解到诸多斯多亚的思想,实际上是通过西塞罗(约公元前106—前43年)和塞涅卡(公元前4—公元65年)。西塞罗是一位政治家和罗马最伟大的演说家,他在用拉丁语进行哲学写作上也开风气之先。尽管多是折衷之见,却也反映了斯多亚思想在这一时期的支配地位。他那些精微繁复的哲学对话录大多少有人问津,但他的《论责任》(De officiis),尤其是还有《论辩论之设计》(De inventione)〔2〕——一部兼及美德的修辞学著作——则广为采用。塞涅卡对斯多亚派深信无疑,他的书信和散文充分展示了斯多亚道德思想。很早以来,就有一些和圣保禄(保罗)的书信往来被归在他的名下(几乎可以确定是伪作),这让他特别能被基督教思想家所接受。

虽然是新柏拉图派将亚里士多德的著作传到中世纪,亚里士多德自己的逍遥学派也在公元前2世纪得以复兴,它既通过对新柏拉图派的影响而惠及后人,也有直接的影响。针对亚里士多德文献撰写紧扣原文的评注,这一实践后来一直是古代晚期和中世纪哲学最突出的特性,它由罗得岛的安德罗尼柯(Andronicus of Rhodes)在公元前1世纪开创。逍遥学派的主要代表人物是阿弗洛狄希亚的亚历山大(Alexander of Aphrodisias),他活动于公

---

〔2〕 通常译作《论选材》,此处翻译参照作者提供的英译,下同。

元200年左右,其评注只有少数流传,但波菲利和其他新柏拉图评注者(2章4节)大量采用了他的成果。举个例子,正是亚历山大确定了共相问题围绕抽象观念展开:直线尽管不能离开质料而存在,但在数学上又被认为是非质料的(immaterial),这为人们提供了一个类比,来解释那人之为人的共同本性,如何能够被看作是和个别的人相分离的。这些想法通过波菲利和波埃修进入拉丁传统(3章1节),它们也通过另外一条路径传至阿维森纳(4章5节)。

亚历山大的独立论著《论灵魂》和(如果能算作他的话)《论理智》都流传到了阿拉伯世界。针对亚里士多德有关理智的论述中没有回答的一些问题,他在书中给出了解答。在亚历山大看来,主动理智绝不是任何个人理智的一部分,他将它和亚里士多德的上帝相等同,也就是那个思考自身并且作为宇宙的目的因而存在的理智。因此,人类灵魂并没有任何部分或方面是不朽的——这一结论与亚历山大总体自然化的倾向相吻合。在《论灵魂》接近结尾有一段文字(Bruns,1887,89-91),它一开始却暗示了另一种可能。亚历山大完全接受亚里士多德有关认识之为同化的主张:因此理智思考什么,它就变成什么。他也相信人的理智可以把主动理智作为思考的对象,而且相信,因为人的理智可以和那个不朽的存在相同化,它自己就会变得不朽。然而,他立刻拒斥任何有关人的灵魂生命永存的想法,断言潜能(或"质料")理智是可朽的,并且通过一段非常不靠谱的推理暗示,那不朽的并非人类思考者,而是对主动理智的思考。

古代逍遥学派评注者的最后一位是忒密斯提乌斯(Themistius,约317—约388年)。他不是一个像亚历山大那样思辨的思想家,他专注于提供亚里士多德著作的富有阐释力的意译。在对《论灵魂》的意译中,他针对主动理智和不朽提出了一些独特的见解。他相信主动理智不是上帝,而是某种超验的(transcendent)存在,他把它同柏拉图的善理念联系起来——这提醒我们,在亚里士多德主义者忒密斯提乌斯生活的年代,新柏拉图主义占据了主导地位。这一外在的主动灵魂如同一束光一般进入人的心灵,它解释了心灵如何获得对推理最初原则的理解。忒密斯提乌斯相信,人的灵魂在这一点上是不朽的,即它的潜能理智这一部分可以同主动理智相联结,并且通过主动理智而得以完满;不过,这种不朽看起来不属于个人。

第四节　普罗提诺的新柏拉图主义

普罗提诺出生于埃及(约204年),成年后大半生涯在罗马度过,几乎直到270年去世。他是一个柏拉图派。他成功的教学,使得柏拉图主义接替斯多亚主义成为古代晚期的主导哲学学派——实际上,它几乎在所有方面成为**唯一**的学派。在现代人眼中,普罗提诺的思想几乎和柏拉图不属于同一个世界,而历史学家通常把它和它所开创的传统称为**新柏拉图主义**,这标签会让这些古代晚期以阐发柏拉图文本之真义为己任的导师们和思想家们深感不安。在基本观点上,它们之间确实存在一个非常重要的差别。柏拉图关注的核心包括了政治学:人们应该如何在社会中共同生活。在很大程度上,普罗提诺和他的后继者背弃了这样的问题,他们更倾向于向个体展示如何不顾外在的境遇而过上哲学生活并达致幸福。在形式上也有一个惊人的差异:普罗提诺的论著以拓展的方式反思一个问题,通常是柏拉图的一段文本造成的问题,它提出问题、解答问题,它探讨异义、梳理难点;而柏拉图自己的对话录及其丰富的人物、设定和写作风格与之形成鲜明对照。不过,从他们中间几个世纪的论争和讨论来看,应当把普罗提诺看成是在为柏拉图的基本立场和观点提供一种看似合理的、理性的和连贯的发展。就像近来越来越多的专家指出的那样,应当把他看作一个对终极问题以论证方式作出回应的哲学家,尽管限定在一个特殊的传统之内,而不是当成某种空想形而上学体系的发明者。

让我们设想普罗提诺俯看着大千世界,看到它千变万化的物质存在、植物、动物和理性的人类,他追问这世界的根由为何物。对于这个问题,普罗提诺想要的不是一个历史的答案,把时间中发生的因因果果追溯回去,而是一个终极的解释。我们自己或许想要把对这种解释的需求斥之为非法,但即便我们这么做时,我们也必须意识到,几乎所有古代和中世纪的哲学家,甚至许多当代的哲学家,觉得有权利——实际上作为哲学家也有义务——提出这样的要求。普罗提诺对上述问题的解答需要柏拉图思考中两个突出的观念。一是柏拉图理念论(theory of Ideas)不同版本中提出的如下观点,我们看到、听到、尝到、闻到和摸到的物理对象构成的世界,是通过一个非物理(non-physical)的"理念"或"形式"世界得到解释的,后者我们不能以感性的方式觉知,而只能通过心灵把握(*eidos*-"形式";*idea*-"理念";这两个术语他都用过)。另一个是柏拉图在《理想国》中有关至善(the Good)这一最高理念的描述中和《巴门尼德篇》中所暗示的、由普罗提诺(《九章集》VI.9.1)进行形式化阐释的这样一个主张:所有存在的东西之所以存在是因为统一性(unity)——至少对于普罗提诺来说,这个立场暗示了所有事物的存在要通过那赋予它统一性的东西得到解释。

不过,普罗提诺修正了以上简化的二元论图景,即感性可以觉知的变化和多样性的世界同只能由经过训练的哲学家的心灵觉知的永恒存在、统一的理念世界之间的对照。在这一点上,他深受柏拉图自己在《蒂迈欧篇》中给出的宇宙生成论的影响。柏拉图在那里描绘了一个神圣的设计师复制理念的模式,以便赋予物理世界以形式——不过,不是直接地,而是用一个灵魂,用一个世界灵魂作为中介。如果我们像亚里士多德和其他希腊思想家那样,认为任何种类的生命活动都是灵魂的作用,那么,认为整个宇宙的运动与活动,从行星的运行到动植物的生命周期到人类的生活,都依赖于一个自身以理念作为模板的世界灵魂,这就可以理解了。普罗提诺将他所谓的本体(hypostasis)或终极解释层级(Level of Explanation)中最低的一个称为"灵魂"(Soul)。灵魂本体既不等同于世界灵魂,也不等同于个体灵魂。普罗提诺也反对这些灵魂是灵魂本体的部分,就像酒倒入许多杯中那样灵魂本体被分割成若干小份,尽管他认为它们相对于灵魂本体,正如定理之于整个知识学科。灵魂本体居于构成宇宙生活的一整套现象之后,从元素和它们的作用(甚至它们也有灵魂,见 VI.7.11)到人类在他们的哲学研究中所使用的推理。

《蒂迈欧篇》中的神话表明,高于灵魂的终极解释层级由理念组成,对普罗提诺来说,它更是由包含理念的理智(nous)组成。对柏拉图来说,理念自身是自立的存在物(free-standing entities),它可能只依存于最高理念,至善的理念。然而,有些柏拉图派受到亚里士多德有关上帝之为静观自身的理智(nous)这一想法影响(参见2章2节),他们宁可把宇宙的最高原则当作一个思想者,而不是思想对象,普罗提诺追随他们的主张。不过,对普罗提诺来说,理智并不构成最高的终极解释层级。因为理智包含着理念的多样性,而且理念是它思考的对象(尽管是一种非推理性的、直接的思考方式),理智因此不是绝对统一的:有关理智的解释,同时也是万物的最终解释,就是最高的终极解释层级,它被称作太一或至善,不过,人们只能以否定的方式或者通过它的作用来描述它。与灵魂或理智不同,太一并不思考,哪怕是以非推理的方式；它超越任何思考活动。

上文将灵魂、理智和太一称之为"终极解释层级"(Levels of Explanation)，但这个词组不应该给人本体只是纯粹理论构造的印象；这里的"解释"意为说明其缘故(accounting for)，而 hupostasis 直译是"实体"(substance)。普罗提诺当然认为万物因太一的缘故而实存，并且自太一衍生而出。不过，他也认为太一自身不是事物，也不是存在(a being)，因为它先于所有存在(例如 VI. 9.3)。但是，这衍生是如何发生的呢？为什么太一之外还有别的东西呢？如果太一完满无缺，而它的绝对统一就是这完满的一个方面，它为什么又是别的东西实存的根基呢？普罗提诺依照他在《蒂迈欧篇》(29e)中发现的线索如此作答：至善要是孤身立于天地之间，且无所产出，它就成了悭吝之徒(例如 V. 4. 1)。至善的本性就是要将自身散布到存在的一切可能形式之中：因为其千变万化，整体的美得以提升，就像一幅由本身不美的色彩构成的技艺精湛的绘画，或者一出既有英雄也有奴隶和乡民出场的戏剧佳作。

普罗提诺在解释衍生如何发生时遇到的困难是，太一(就它可以被描述的程度来说)绝对不变、始终简单。怎么能有东西由它而来呢？普罗提诺认为，在一切事物中都可以区分两个不同的现实(acts)：一个是事物本身得以构成的现实(例如温暖，它是火之为火的根据)，另一个是由该事物而来的现实(例如火所传递的温暖)。这一区分对太一也适用。它的第二现实性(activity)就是产生一个理智的现实活动(act)，这现实活动本身完全没有任何界定，它通过使太一成为其思考的对象而获得形式。因此，衍生的过程更接近于目的而不是动力因果性：它要求衍生出来的本体去回顾它的本源以便成为它自身——充满了过去在太一之中保持统一、现在则在它之中成为杂多的理念(VI. 7. 16)。依照同样的进程，灵魂成为理智的第二现实性的产物，它通过回顾它的本源理智而获得形式。要将所有的存在等级填满，这计划的一部分就是灵魂进入身体——不过，普罗提诺并不能对灵魂的下降安之若素；他严厉地将之描述成肆意妄为(tolma)。

这一衍生机制或许也可以解释普罗提诺的万物方案中最让人困惑的一点。在他看来(I. 8. 3)，质料即恶(它解释了宇宙中恶的存在)。那么，质料和太一又是什么关系呢？如果普罗提诺允许它独立实存(这看起来是柏拉图的观点)，那么，他的本体方案就只是部分地回答了有关万物终极解释的问题。但是，如果质料衍生自太一，那么，显然恶也是如此。学者们至今仍然在争论普罗提诺如何或者是否能使自己摆脱这一两难处境。最合情理的建议如下（Ⅲ. 4. 1，Ⅲ. 9. 3；O'Brien，1996），质料由灵魂产生，它产生的方式回应而且逆转了灵魂自理智衍生和理智自太一衍生的方式。灵魂**需要**（*needs*）进入身体，它必须生成质料作为容器来使之发生（不过，正如普罗提诺所言，时间性的语言具有误导性：没有灵魂的身体过去并不存在也不可能存在）。然而，质料仍然同灵魂相分离、不相混合：这就好像"一张浸在水中的网是活的，但却不能将它里面的东西据为己有"。而在衍生的过程中，较低的本体回顾较高的，并且通过后者得以界定，质料却没有任何能力可以转向它的本源；因此它没有任何界定，这使它成为缺乏（privation），成为实体的对立面，因此也就成为恶。这样的话，普罗提诺似乎认为恶是至善通过理智和灵魂尽其可能散布自身的必然结果。

前面的段落或许会暗示，普罗提诺或多或少是以一个现代形而上学家可能的方式来看待自己，认为自己是在建构一个理论来回应某些基本问题。这样的印象是一种误导，因为对普罗提诺来说，和所有古代思想家一样，哲学是一种生活方式。他的思辨不仅仅使他确立了一种特殊的哲学立场；还让他得以摆脱身体对自己的束缚，以便获得某种同太一的统一。实际上，普罗提诺认为，我们个体灵魂的一部分总是高于灵魂本体这个层级自身，它存在于理智无时间地永恒的世界中（Ⅳ. 8. 8；Ⅴ. 1. 10），尽管我们常常意识不到它。普罗提诺的许多篇章（Ⅵ. 9 是个非常好的例子）读来如同以他自己的经验写就的旅行指南，引领我们远离质料的、可以感知的世界，通过灵魂和理智的层级最终飞升到不可言说的太一自身——在最后这个阶段，哲思会引导我们不仅仅放弃感觉，还要放弃思考本身（Ⅵ. 9. 7）。

普罗提诺对其身后的千年影响甚巨，而且不仅仅限于他的形而上学的结构。他提出并且探索了许多（一个简单的勾勒远远无法揭示的）后来成为一神论传统思想家必须要去解决的问题：如何谈论不可言说的上帝；简单性、不变性、永恒性和善这样一些神圣属性的含义和融贯性；上帝在空间中的在场和上帝与时间的关系；恶的难题。普罗提诺的影响部分是直接的（对奥古斯丁[2章9节]和伊斯兰世界[3章5节]），但更重要的是通过更晚的新柏拉图派而产生的间接影响。他们的引申发展以及方向的变化意味着，后世思想家们从他们的传统中所获得的东西，尽管紧紧依托普罗提诺的视野，但从它提出的问题和提供的机遇来看，已经大不相同。

第五节　波菲利与亚里士多德逻辑学

提尔的波菲利（Porphyry of Tyre，约232—约305年）是普罗提诺的门徒和文集编纂者。他晚年时将普罗提诺的著作编订次序，意在引领读者在他们的灵修之旅中从现象世界通往对太一的理解，他将某些长篇论述拆散，编成六组"九章集"（Enneads）（每组九章）。他本人也论著甚丰，（和几乎所有后期新柏拉图派一样，但和普罗提诺不同）尤以评注柏拉图、亚里士多德及其他哲学家见长。这些作品鲜少流传。虽然波菲利很可能为普罗提诺的形而上学提供了他自己独特的解读，暗示唯有太一真正实在，其他一切事物只是太一的显现，总体来看，他还是自己老师忠实的追随者，他收集、刊行《九章集》可能是为了捍卫普罗提诺的柏拉图主义，抵制扬布里柯（Iamblichus）的批评与革新。但在一个很重要的方面，波菲利和他的导师确实有所不同，而这改变了哲学的整个进程。

普罗提诺虽然通常对亚里士多德怀有敬意，但对他的逻辑学无动于衷，尤其是《范畴篇》。《九章集》VI. 1-3 专门批评亚里士多德的范畴学说，转而捍卫一套以柏拉图《智者篇》为依据的范畴。我们不难理解柏拉图主义者为何会厌恶《范畴篇》。亚里士多德将万物一分为四：普遍实体、特殊实体、普遍偶性与特殊偶性。他用特殊实体指某自然种类中的一个成员——这个人或那匹马；普遍实体是一般的人或马；偶性是一个实体刚好具有的不同特征。亚里士多德区分了九种偶性：性质、数量、关系、状况、姿态、地点、时间、作用和被作用。这样的话，特殊偶性指的就是，打个比方，使这匹特殊的马成为白的那个特殊的白色。而柏拉图派的一个基本信念是共相在本体论上先于殊相，也就是说，如果不是因为共相（柏拉图的理念）的缘故，殊相就不会存在。普罗提诺尽管看起来允许特殊事物的理念这样的观念，他仍然会毫无保留地接受如下原则：特殊的物质事物，例如这个人或这匹马，处于存在这一标尺的末端，要解释它们的存在，我们应当将目光从殊相构成的可感世界移开，转向灵魂、理智，最终通达太一。然而，《范畴篇》（2a5-6）毫不含糊地断定"如果第一实体不存在的话，任何其他的事物就不可能存在"；我们不难看出，亚里士多德写这一句，就是刻意要戳穿柏拉图有关理智世界的主张，把尘世的对象仅仅看作理智世界的阴影——他又会怎么看待新柏拉图派那些更加天花乱坠的观点呢？

波菲利别处都是普罗提诺忠实的门徒，那么，他又是如何将《范畴篇》纳入自己的思想框架中的呢？为了做到这一点，波菲利强调，《范畴篇》作为亚里士多德的一部逻辑学著作，它首先关注的是语言，不过不是语言自身，而是"用来意指（signify）事物的语词"。然而，日常语言的词汇所意指的事物，显然不是新柏拉图形而上学中的可理解的实在（intelligible realities），而是我们借助自己的感官所觉知的特殊实体和性质。这些特殊的物理对象和它们的属性构成我们日常心理概念的根基，而就像《解释篇》和波菲利的相关评注所阐明的那样，语词是概念的记号（signs），并且通过它们成为事物的记号。用波菲利的话说（Porphyry，1992，81-82），尽管上帝、理智和可理解物在本性上是在先的，但就有意义的表达来说，它们是次要的，而特殊的可感事物才是在先的。

亚里士多德的主题不同于柏拉图并能为之补充（波菲利甚至写过一部后来失传的著作来论述柏拉图与亚里士多德的和谐，不过他另有一部著作论述他们间的差异以示公正），这想法为波菲利在新柏拉图主义中留下亚里士多德思想的鲜明烙印铺平了道路，它扎根于逻辑学著作的注解，深受伟大的逍遥学派评注家阿弗洛狄希亚的亚历山大的影响。波菲利和大多数他的后继者，都把注意力放在《范畴篇》和《解释篇》上，亚里士多德逻辑学著作中最远离形式逻辑的两部。波菲利仅有一部关于《范畴篇》的相当简短的评注流传，但他还为《解释篇》写过一部内容丰富的长篇评注，虽然已经失传，但在波埃修严格地以之为依据的（第二部）评注中（3 章 1 节）仍然依稀可辨。在那里，波菲利在亚里士多德式的语境中探讨了语义学、述谓、记忆和想象、模态的本性、自由意愿和决定论等论题。

波菲利最著名的著作是他为逻辑学尤其是《范畴篇》所写的简短《导论》（*Eisagôgê*，拉丁化作 *Isagoge*），它很快成为新柏拉图的（因此也是中世纪的）亚里士多德课程的第一部分。《导论》解释了五种"宾词"（predicables）——简单断定句中使用的不同类型的谓词——的本性和区别：属（genus，"人是一种**动物**"），种（species，"邦佐是一条**狗**"；不过，"属"和"种"是相对词项，"动物是生物的一个种"），种差（*differentia*，"人类是**有理性的**"），区别性特征（distinguishing feature，*idion*，"人类是**会笑的**"）和偶性（"约翰是**疲惫的**"）。尽管波菲利基本上是在阐明《范畴篇》中已经表达过的想法，他使用的术语却强调了如何将实体范畴理解成一个等级秩序（这后来以"波菲利树"而闻名），它可以区分为两个最高的属（物质与非物质实体),随后通过种差进一步细分为较低的属和种,直到"最为专门的种"(most specific species,例如人或狗)。

《导论》开篇不久,波菲利提到三个有关属和种的问题,但他并不打算讨论,因为它们需要详细的研究,并不适合一部导论性质的作品:(1)它们究竟是实存(huphestêken)还是仅仅存在于单纯的概念中?(2)如果它们实存,它们究竟是物质的还是非物质的?(3)如果它们是非物质的,它们究竟是分离的,还是存在于可感事物之中及其周围?这后来被称之为"波菲利问题",它奇特的魅力让逻辑学家们沉迷其中超过千年之久,他们很少会效仿波菲利的克制,甘心将这些问题存而不答。这些问题提出的方式(参见Porphyry, 1998, xxxvi-lxi)可能反映了波菲利自己调和亚里士多德和柏拉图,让他们共同对抗斯多亚派(或者至少是斯多亚化的)共相观的愿望。波菲利暗示的答案大概是,共相并不"仅仅是单纯的概念"——用斯多亚的观点看,那样的话就是虚构或比虚构还要糟。正如他对《范畴篇》的解释所要求的,他对"亚里士多德式的"共相——自然种类的所有个体中普遍的种和属的形式——和分离的柏拉图式的理念的存在都不置可否。波菲利为中世纪拉丁哲学家提出的问题,它的困难和它的丰富性部分地在于,这些后世的读者没有意识到问题的语境:几乎没有人承认波菲利的柏拉图主义,而他的斯多亚背景则被完全忽视了。

第六节 扬布里柯与普罗克洛

如果说波菲利为新柏拉图主义注入了一支切实思考语言和日常物理世界的亚里士多德血脉,那么,他的门徒扬布里柯(Iamblichus,约240—325年)则把这一传统拉向了看起来几乎相反的方向——宗教和祭仪。其实,尽管普罗提诺致力于推理论证,他思想中已经有不少内容带有宗教色彩:三本体是他的上帝,他思辨的目的在于以神秘的方式通达神祇的至高方面。然而,普罗提诺看起来对宗教仪礼和戒律毫无兴趣——连《普罗提诺生平》(Life)中所描述的谦卑虔诚都有可能是波菲利的夸大其词。波菲利比他的导师要更加沉迷异教崇拜,尽管他偏爱用亚里士多德来使之理性化。波菲利不仅对不同的宗教有着广泛的兴趣(这或许是他百科全书气质的一个方面),而且他视基督徒为异教新柏拉图主义之敌,并撰写了长篇论著与之对战(毫不意外的是,它靠基督徒的反击著作才得以传世)。与此不同,普罗提诺仅仅满足于攻击诺斯替派（Gnostics），它们被基督徒视为异端派别，认为物理世界即恶。此外，波菲利认为法术（theurgy）——使众神在物理存在中现身的仪礼实践——是有益的，但它对哲学家没用，而且也不能使人飞升到可理解世界的更高层面。

扬布里柯走得更远。身为哲人和圣师（hierophant），他在著作中尤为看重柏拉图主义的前柏拉图起源（毕达哥拉斯派和埃及人）和法术实践。扬布里柯认为普罗提诺和他的追随者波菲利和诺斯替派的关系，远比他们承认的要亲近得多（Shaw，1995）。普罗提诺和波菲利认为人的灵魂中有一部分永远不会陷入身体之中，而哲学家的使命在于使自己尽可能地远离其物质存在，这是在使自然界去神圣化（desacralizing），公然忽视远在柏拉图的时代之前在埃及和东方就已经为人崇拜的众神。扬布里柯的著作试图恢复灵魂在自然界中的恰当地位，他求助于法术来让神灵在物理世界现身。

扬布里柯尽管强调上述内容，但他所建立的、由新柏拉图派沿用至古代世界终结的课程体系，所涉及的是对亚里士多德而不是对柏拉图的全面研究。首先，学员需要从波菲利的《导论》开始，通盘研习亚里士多德的逻辑学。随后研读亚里士多德的《伦理学》和他的自然科学作品，欧几里得和其他学者的数学著作，然后是亚里士多德的《形而上学》。此时他们方可研读柏拉图的对话录，其顺序遵照一套提升美德的方案——从政治的到净化的（purificatory）再到静观的（contemplative）美德。《蒂迈欧篇》和《巴门尼德篇》是最后研读的文献，是先前所学的一切的总结。虽然亚里士多德和亚里士多德逻辑学的研习是为获取更高的柏拉图式的智慧做铺垫，扬布里柯并不像波菲利那样，仅仅通过柏拉图和亚里士多德研究主题的差异来解释他们之间如何得以和谐。从他为《范畴篇》所作的影响深远的评注（已经失传，但可从后来的尤其是辛普里丘的评注中部分地重构）中可见，扬布里柯使他对亚里士多德作品的理解吻合柏拉图和前柏拉图立场。他为这样一种非亚里士多德的亚里士多德解读辩护，断言亚里士多德并没有自创范畴学说，而是取自古代毕达哥拉斯派的阿契塔（Archytas）（他受到一部据称是阿契塔所作的范畴论著的影响，但实际上该书的完成远在亚里士多德的时代之后）。

自5世纪起，雅典和亚历山大有两个伟大的新柏拉图学派。雅典的柏拉图派学园实际上是彻底重建，并非柏拉图自己的学园的直系后裔，它是一间私人机构，由富有的异教徒慷慨资助。两个学派都深受扬布里柯影响，他很可能为新柏拉图形而上学带来诸多革新,而雅典学园近半个世纪(437—485年)的领袖普罗克洛(Proclus)为之作出了最为明确的阐释。虽然这位高产作者的大量作品,包括他所有的亚里士多德评注都已经失传,我们今天能够读到的普罗克洛的著作仍然要比其他后期新柏拉图派的要多得多:现存的著作有《蒂迈欧篇》《理想国》《巴门尼德篇》和其他对话录的评注,一些论著,包括卷帙浩瀚的《柏拉图神学》(*Platonic Theology*)和更加精炼的《神学原本》(*Elements of Theology*)。《原本》曾以不同方式被翻译和改编,对中世纪所有哲学传统都产生了重要影响。

《原本》一书依命题排列,每个命题之后附有证明(类似欧几里得的《几何原本》和斯宾诺莎的《伦理学》),普罗克洛试图表明,他的宇宙的复杂结构可以从少数几个他视为自明的原理推演而来。这些命题中最根本的(命题1-6;11-13)是一个对所有新柏拉图派来说至为基础的想法:万物皆因其作为统一体而实存,这是因为它们以某种方式分有了统一体。另一条命题(命题25)则接受并普遍化了这样一个观念,柏拉图和普罗提诺曾经用它来解释至善为何要散布自身:任何完整的或完满的事物都会产生它能产生的事物。不过,还有一条命题揭示了扬布里柯之后的新柏拉图派同他们的先辈之间视角的差异。在论及从太一向下延伸至质料的等级秩序时,普罗克洛指出(命题57),原因的等级越高,它就越能向低处延伸其效果。例如灵魂只能将其效果延伸到有生命的事物,而理智作为比灵魂更高的原因,不仅能产生它们,而且能产生无生命的事物,因为它是理念之所在。普罗克洛将理智本体一分为三:存在、生命和理智,这使上述有关理智的因果有效性的观点更为可信。

理智的三分不过是个开始,三元组合(triads)随处可见:普罗克洛的宇宙可谓人烟稠密。尤为重要的是这样一条规则(参见命题21):在任何分有中,必须有一个不被分有的项(unparticipated term),一个被分有的项和一个分有者。举例来说,在思考某个特殊事物分有柏拉图的理念时,就必须要考虑那不被分有的理念自身、理念的反映(reflection)也就是该事物的内在形式以及作为分有者的这个事物。普罗克洛利用这一规则,在每一个实在层级中都区分出一个"单一体"(monad)或第一项,它源自较高的层级,不被分有,不同于该层级的被分有项和分有者。根据这一原则,从不被分有的理智本体(the Intellect)衍生出若干理智(intellects),从不被分有的灵魂本体衍生出若干灵魂,同样地,从不被分有的太一也必然会衍生出若干的"一",普罗克洛将它们称作"统一体"(henads)。统一体遍布宇宙的每一个层级(命题125),普罗克洛引入统一体并且将每一个统一体对应于一个异教传统中的神祇、天使或是恶魔,因此得以完成他的《柏拉图神学》的构想:将形而上学同异教的众神相匹配。普罗克洛坚信新柏拉图主义的格言:"一切在一切之中,不过是按照各自适合的方式。"这使得上述体系内部复杂的交互作用变得更加难以琢磨;这些存在物尽管三元分立,但它们仍然互相体现(命题65),而尽管只有不被分有的理智才能无条件地理解万物,但从某个特殊的方面来说,所有的理智都可以理解万物(命题170)。由此来看,普罗克洛的宇宙与其说像一个周密刻板的等级秩序,不如说像一座镜厅。

以上概述表明,普罗克洛远远不像普罗提诺那样热衷于描绘灵修之旅的历程,从感知世界和理性推论通往与太一的神秘接触,他更乐意展示一个逻辑学家对所有实在进行分类的方案。不过,他仍然是一个宗教思想家,这不是说他为众神列表造册,而是在一个更深刻的意义上。和所有新柏拉图晚期的思想家一样,他拒绝像普罗提诺那样认为灵魂中有一部分永不下降。他也不相信,人的灵魂能够独立无依地意识到他真正的神性自我。超自然的帮助是必须的,普罗克洛因此寄望于法术,不过他明确强调法术应当放在哲学研究的最后,它是哲学的顶点而不是其替代。在学习法术时,还应当研习自波菲利以来新柏拉图派视为天启的文本,尤其是《迦勒底神谕集》(the Chaldaean Oracles)。此类著作应当放在哲学课程的最后,这进一步强调了一个已经显而易见的事实:我们接下来要考察的基督教和新柏拉图的相遇,不能理解成宗教和哲学的遭遇,除非哲学也被看作一种宗教。

第七节 旧宗教与新宗教

后来成为基督教传统的宗教思想与柏拉图主义最早的遭遇,不仅早于普罗提诺和新柏拉图主义,而且早于基督教自身的传播。它发生在斐洛身上,这个富有的犹太人约在公元前25年至公元50年之间在亚历山大生活和工作。斐洛虽然是犹太教的虔诚信徒,但已经彻底希腊化了。他对他那个时代的希腊哲学尤其是斯多亚主义和柏拉图主义耳熟能详,但却很有可能不懂希伯来语;占据他著作很大篇幅的《梅瑟五书》(Pentateuch)[3]评注

---

[3] 一译《摩西五经》,即旧约《圣经》的前五卷,相传为梅瑟(摩西)所作。又,本书圣经人物译名,依照天主教思高本,同时注出和合本译名供参考。

根据的是"七十子译本"（Septuagint）（他为自己方便，深信这部希腊文译本由上帝默示而成；中世纪的拉丁神学家对于哲罗姆编订的拉丁文《圣经》通行本[Latin Vulgate Bible]也持同样态度）。在斐洛眼中，梅瑟是一个造诣非凡的希腊式哲学家，生活在他之后的希腊哲学家从他的著作中大受启发。斐洛绝不允许"托拉"（torah）[4]中的表面内容破坏上述图景。他擅长按照广义理解的柏拉图思路来解释《创世纪》中的创世说，不过他坚持认为（《论创世》，On the Creation 171）世界乃受造而成，有其开端，但他就像《蒂迈欧篇》中一样，并不排除预先存在没有形式的质料。在《蒂迈欧篇》那里，一种模式或理念（通过世界灵魂）得以建立于世界之上。斐洛也认为（《论创世》14-21）宇宙是通过仿效"理念世界"而获得秩序，不过，柏拉图的理念是独立的存在物，巨匠造物主（demiurge）的工作仅仅是仿效理念，而斐洛则将理念置于神圣逻各斯（logos）之中。虽然许多中期柏拉图派（Middle Platonists）也同样把理念置于上帝的心灵之中（这为普罗提诺的第二本体理智提供了基点），但斐洛是始作俑者。历史证明，这一策略对基督教作家尤为有用，因为他们将逻各斯等同于圣子，三位一体中的第二位。而当斐洛结束了六天创世的故事，他就依照斯多亚派荷马评注家的方法，转而求助于隐喻。他认为只要解释得当，他可以证明那些表面看来和特定情景相关的叙事，包含着道德的间或还有形而上学的含义。

任何人从奥古斯丁的视角或中世纪的视角回望斐洛，他都会为斐洛和异教哲学尤其是柏拉图派如此相安无事而大感震惊。殉道者查士丁（Justin Martyr，约殁于165年）和亚历山大的克莱门（Clement of Alexandria，约150—215年前），这两位早期希腊基督教思想家受到斐洛的影响，也秉持同样的态度。他们都接受希腊哲学家剽窃梅瑟的想法，不过，他们还断言，即使在言成肉身之前，那些理性思考的人也因此分有了神圣的逻各斯——圣言（the Word）或理性（Reason），三位一体的第二位。睿智的异教徒实际上成了基督之前的基督徒，12世纪时，阿伯拉尔又重拾这一立场，不过他看起来是独立地做到了这一点（5章2节，间奏iv）。

奥利金（约184/185—约254年）也深受斐洛影响，尤其是在他的诸多

---

[4] 托拉本意"教诲"，在最宽泛的意义上可以指犹太教历史上一切具有宗教权威的教诲，既包括成文法典，也包括口头训导。狭义的托拉指希伯来《圣经》最初的五部，即上文的《梅瑟五书》，又称"梅瑟的托拉"。

《圣经》评注中,其中部分通过拉丁文的翻译流传;不过,他为隐喻解经补充了一个新的要素——《旧约》中有关《新约》的预示和《新约》中《旧约》的完成。在针对异教柏拉图派的凯尔苏斯(Celsus)[5]的攻击而为基督教辩护时,奥利金展示了自己比所有基督教前辈更胜一筹的博学和成为哲学家的能力。不过,从更宽广的哲学史视角来看,奥利金的作品中最有趣的是他的《论第一原理》(*Peri archôn / De principiis*)——这部作品导致他身后被刻上异教徒的烙印。不过,从哲罗姆(Jerome)开始,他的许多反对者在把他作为评注者看待时,仍然重视他作品的价值。不幸的是,我们并不总能确切地谈论奥利金在《论第一原理》一书中的立场,因为这部作品仅通过鲁菲努斯(Rufinus)的拉丁翻译(作于397—388年)才得以流传,而它在一定程度上弱化或者省略了异端的段落。不过,即使从这部翻译来看,异端的指控并不让人吃惊,因为奥利金所遵循的道路,在后来的世纪中只有屈指可数的基督教思想家敢于践行,而且通常招致类似的后果:他改塑基督教教义,使之符合他自己内心最深处的道德和哲学信念。

下面一段话(II. 9. 3-6)直指奥利金世界观的核心。它之所以引人注目是因为,它在一定程度上,至少在其出发点上,更接近罗尔斯或德沃金的心灵世界而不是罗马帝国的。用现代的术语来说,奥利金罗列了理性存在被给予的、各不相同的所谓"生活机会"(life chances)。奥利金虽然从天上和地上的生灵所获机会的差别入手,他更专注的还是人类世界。我们中没有人能选择自己在哪里、由谁出生:是在希腊文明世界,还是在拥有出众的律法和习俗的蛮夷中,或者是在残酷的、毫无人性的蛮夷之中(此外,奥利金还提及某些认可食人和弑父行为的种族,他们异乎寻常地背离了任何一种一以贯之的自然道德规范的所有假设)。我们也不能选择我们生为奴隶还是能得到良好教育;不能选择我们是否会被失明或病体所折磨。因为上帝是正义的,他不应对这一不平等负责。他那里没有多,也没有异,作为理性存在的原因,他创造的他们平等而相似。但是,他们被赋予自由意愿,奥利金同时还假定他们预先作为非物质事物而存在。那段时期,他们可以运用自己的自由意愿作出决断,或者追随、模仿上帝,或者蔑视上帝、在堕落中远离上帝。正是这一自由选取的决断——不是上帝赐予的本性,而是他们自己的选择——决定了他们之后的生活。那些降生为人的,和那些仍然是

---

[5] 一译赛尔苏斯。

天使的灵魂相比,他们因堕落而离上帝更远,但是不像那些变成魔鬼的灵魂那么远。不过,这堕落并不是最终结果:通过美好的生活、通过惩罚(奥利金认为惩罚总是能净化和改善),甚至那些堕落到最底层的灵魂也能最终复归上帝,不过,犯罪的习性可能变成某种第二本性,而且奥利金似乎在实践上并不允许魔鬼得救,尽管它在理论上是可能的。更麻烦的是,他虽然拒斥斯多亚的观念,不认为同样的宇宙历史会重演,但仍然接受我们的世界是所有曾经存在过、已经逝去的不同世界中的一个,而在它之后还会有更多的世界将要到来。

《论第一原理》中的末世论,还有灵魂的预先存在,这些部分是柏拉图轮回重生(reincarnation)理论的残余。但是,要是像某些学者(始作俑者正是波菲利,这是在优西比乌[Eusebius]保存的《反基督徒》的一个残篇中)过去那样,认为奥利金是一个壮志未酬的柏拉图主义者,这就错了。恰恰相反,他比查士丁和克莱门要更加敏锐,更加留心基督教教诲同异教哲学之间的差异。此外,他最重要的直觉和他那个时代的柏拉图主义截然相反。他的同代人普罗提诺的思考基于如下想法:至善的自我散布要求从最高到最低的所有可能的存在等级都被填满。而扬布里柯以降的新柏拉图派甚至更强调一个等级秩序化的宇宙,从太一一直向下延展到质料,其中每一个存在都有确定的位置。与此形成对照的是,奥利金提出的却是一出道德剧,其中理性存在是唯一重要的演员,而他们间的差异必须完全从他们的选择、责任、习性、纠正性的惩罚和革新洗面来加以理解。

第八节　翻译、拉丁哲学与拉丁教父

中世纪时,除拜占庭之外,无论是拉丁世界的基督徒,还是穆斯林或者犹太人,只有极少数思想家懂希腊语。而古代哲学的语言是希腊语,他们因此不得不依赖翻译。拉丁传统的翻译运动始于古代晚期。不过,出人意料的是,由于受过教育的罗马人能读希腊语,其成就有限。尽管翻译了相当数量的希腊教父作品,包括奥利金的《论第一原理》,哲学文献却几乎不超出西塞罗的译本、卡尔基狄乌斯的柏拉图《蒂迈欧篇》和波埃修(Boethius)翻译的亚里士多德逻辑学论著(不包括《后分析篇》,3 章 1 节)。普罗提诺的《九章集》有些部分译成拉丁语但未能流传到中世纪。

伊斯兰世界很早就有一个非常宏大的翻译计划(3 章 4 节),而哲学著作大规模译成拉丁语却是到了12世纪才开始。因此，相对数量不多的原本用拉丁语写成的古代哲学著作，对于西欧早期中世纪传统意义尤为重大。人们广泛地阅读西塞罗和塞涅卡(2章3节)。《金驴》(*Golden Ass*)的作者阿普列尤斯(Apuleius,公元123/125—180年)留下两篇讨论苏格拉底和柏拉图的短文，一部《解释篇》(*Periermenias*[6])——这部亚里士多德三段论的导读以独特的术语写成，还包括对斯多亚逻辑的批评。另有三位较晚出的拉丁作者不太为人所知，但影响更甚。卡尔齐狄乌斯很可能是4世纪的一个基督徒，他不仅翻译了《蒂迈欧篇》，而且为之作注，篇幅数倍于原文，其中充满富于启发性的思想和中世纪拉丁作者从其他渠道无从得知的古代传统素材。马可罗比乌斯(Macrobius)和奥古斯丁同代，比他年轻，是一个学养丰富的、虔诚的异教徒。他为西塞罗的《西比阿之梦》(*Somnium Scipionis*)写过评注(约430年)，西塞罗以之作为《论共和国》(*De republica*)一书的结尾，而该书若非有此评注则几近失传。西塞罗的梦中异象讲述死后的奖惩，劝勉它的读者要致力于共善，它不仅为天文学和灵魂不朽，而且为以接近普罗提诺的术语描述的新柏拉图三本体的讨论提供了平台。5世纪北非的异教作者马提阿努斯·卡佩拉(Martianus Capella)写过一部百科全书式的诗文合璧(prosimetrum)式的著作(410—439年或470年代)《论斐萝萝嘉和墨丘利的婚姻》(*De nuptiis Philologiae et Mercurii*)，其中七卷每卷分论自由七艺中的一门，此前又有两卷讲述语文学(philology)和墨丘利或神圣智慧的婚姻的隐喻；它们以略带幽默的笔调描述了古代晚期异教的诸多要素和一些新柏拉图的主题，例如灵魂的上升。或许因为它如此巧妙地将自由诸艺的课程包含在内，这部作品出人意料地成了中世纪早期教学和思想的重要工具。

中世纪早期拉丁思想家的另一个哲学来源是他们在拉丁教父那里找到的素材：首当其冲的是奥古斯丁，这是下一节的主题，当然还有其他人。生活在柏拉图派大行其道之后的德尔图良(2或3世纪)，他对于灵魂的唯物论理解耐人寻味，而拉克坦修哲学素养深厚，他们两位在中世纪却少有人读。在涉及源自早期基督教希腊文献有关三一论的深奥讨论时，中世纪神学家们会求助于普瓦捷的希拉利(Hilary of Poitiers,约315—367年)。哲罗姆(Jerome,约347—419年)翻译了大家认可的("通行")《圣经》拉丁文译

---

[6] 与亚里士多德的《解释篇》同名。

本,他与其说是个哲学家,不如说是个学者和博识者,不过他的兴趣触及许多哲学问题,他对具有分析倾向的阿伯拉尔有极大的吸引力。他的同代人米兰的安布罗斯(Ambrose of Milan,约333/340—397年)深受普罗提诺的新柏拉图主义以及柏拉图化的犹太和基督教作家如斐洛和奥利金的影响。他的《圣经》评注和论著中世纪时广为传抄。

马理乌斯·维克托里努斯(Marius Victorinus,约殁于362年)大半生是个异教徒。他是一个对希腊哲学有浓厚兴趣的演说家,翻译过普罗提诺的部分著作和波菲利的《导论》,还撰写过逻辑学评注和教科书。大约在355年皈依之后,他尤为热衷于将他对普罗提诺的理解应用于三位一体。他认识到,对于普罗提诺来说,第一本体太一是完全不可知的,它甚至先于存在。维克托里努斯将这一不可名状性(uncharacterizability)用于圣父,他将圣子等同于第二本体理智,太一在其中得以显现。他深信,通过如此运用否定神学,可以避免使圣子屈从圣父,从而捍卫其同实体性(consubstantiality)。尽管中世纪时维克托里努斯没有像奥古斯丁或安布罗斯那样得到广泛阅读,他仍然影响了一些作家,例如阿尔昆(Alcuin),而他作为拉丁逻辑学家,也是波埃修(他常常以轻视的口吻谈到他)的一个重要前驱。

第九节　奥古斯丁

奥古斯丁同亚里士多德和波埃修一起,对中世纪哲学在西方拉丁世界的发展影响最巨。他对古代哲学尤其是新柏拉图主义的回应,远远超出其他拉丁教父:他借鉴、改造、拒斥,他思考和反思自己的立场。由于他的观点的这些变化,他写作形式的多样,以及他非论战作品开放和质疑的风格,奥古斯丁并没有留下一套坚不可摧的教义,而是为若干互不相同、有时相互矛盾的立场奠定了根基。

奥古斯丁354年出生于北非的罗马城镇塔加斯特(Tagaste)。自君士坦丁312年皈依以来,罗马帝国已经属于基督教,不过仍然允许异教崇拜,上层阶级更愿意依附异教,将其视为自己传统和文化内在的一部分。奥古斯丁的母亲是基督徒,父亲则是异教徒。他接受了修辞学教育,这教会他华丽的拉丁文风(但没能让他学会希腊语)。阅读西塞罗激发了他对哲学的兴趣,但要等到384年,当作为一个年轻的修辞学教师来到米兰时,他才与"柏拉图派的著作"不期而遇——他读到的可能是马理乌斯·维克托里努斯翻译的普罗提诺《九章集》中的部分章节。在此之前,他很长一段时间信奉摩尼教,一种当时流行的二元的唯物论宗教(materialist religion)。奥古斯丁随后将新柏拉图主义展示为他的灵修之旅的一个重要阶段,这使得他在386年皈依基督教,并于387年受洗(这里的"皈依"[conversion]应当理解成他的整个生活转向基督教目标)。

现存的奥古斯丁最早的作品始于他刚刚皈依之后,当时他和志趣相投的基督教好友们住在加西齐亚根(Cassiciacum)的乡间。这些著作和他随后几年写成的大部分作品都是哲学对话录,论及怀疑论、语言、幸福、自由意愿和灵魂等主题,很少受专门的基督教教义影响,其风格朗朗上口,而且缺少形而上学议题,更接近柏拉图自己的对话录——奥古斯丁对它们一无所知,而不是普罗提诺或波菲利的任何作品。其中有一部对话《论秩序》(De ordine),将自由七艺设想为使自我逐步提升到对神圣者的静观的一种方式,该想法后来成为西方拉丁世界的教育的一个组织原则。

395/396年,奥古斯丁成为他家乡不远处希波(Hippo)的主教。紧随其后写成的《忏悔录》(Confessiones)是所有文学化的哲学作品中最引人注目的一部。奥古斯丁对上帝发言,在向上帝的祷告中讲述了自己的生命历程,集中关注内心混乱和精神发展的关键时刻,不过结尾处(十至十三卷)探讨了记忆和时间的本性,注解《创世纪》的开篇。这些更加抽象的研究主题接续并且更好地说明了前面的章节、记忆的应用和往日时光的重现,不过,奥古斯丁的人生故事并不仅仅是私人性的,因为它也讲述了一个灵魂部分地疏离上帝和通过恩典向上帝复归。

身为主教,奥古斯丁事务繁重。他专注于撰写讲道辞,与北非教会内部的异议派别多纳图斯派(Donatists)论战,最后的年月里更是越发投入同裴拉基派(Pelagians)的论战。不列颠人裴拉基(Pelagius,约360—418年后)是一个基督教平信徒和道德改革派。由于基督信仰不再受迫害反而成了国教,裴拉基担心它只被看成纯粹的外在形式,因而强调所有人的职责都在于过最好的道德生活。这样做的同时,他突出我们的自由:只要我们努力去好好生活,就能够做到这一点。他的这种做法削弱了宗徒保禄(the Apostle Paul)的相关训导,因为保禄强调,在人能够有善好的行动之前,他需要白白赐予的、他不配得的恩典。裴拉基并没有全然否认恩典的必要性。他认为,虽然道德高尚的人应当从上帝那里得到某种回报,但是只有通过恩典,他们才能获得远远超出他们功德比例的回报;天堂中永恒的福祉。然而,奥古斯丁完全反对裴拉基的立场。在一系列漫长的论证中,他再次肯定并发展了保禄的立场,如果说他为人类直接选择善好行动的自由留下了空间,那也是微乎其微。在未受恩典的状态下,堕落之后的人类没法做任何事情使自己配得上恩典,但是没有恩典,他们就只能犯罪;此外,如果一个人要保持无罪的状态直到生命的最后一刻,他或者她也需要不从功德而来的恩典(unmerited grace)——而正是人们在最后一刻的状态决定了他们去天堂或是地狱。并没有太多中世纪基督教思想家愿意追随奥古斯丁的思路所带来的一切后果(或者承认它真的如此严酷),而当代宗教哲学家们仍然在争论奥古斯丁的神学主张是否给他留下足够的空间来发展一套圆融的伦理理论。

不过,奥古斯丁在他后半生仍然抽空完成了他最伟大的两部作品:《三一论》(De trinitate,399—422/426 年)和《上帝之城》(De civitate Dei,413—426/427 年)(另一部引人注目的作品也来自这一时期:《〈创世纪〉字义解》[De Genesi ad litteram,401—415 年],它虽然取了这样的标题,但并没有提供《创世纪》中创世故事的字面解读,反而提供了这样一种讲法:上帝最初的创造虽然是瞬时性的[instantaneous],但上帝将"种子因"[seminal reasons]"寓于其中,这使得受造物的不同特性能够随时间而发展)。考察这两部著作中的一些思想,可以突出奥古斯丁全面而又富有原创性的头脑,帮助我们展示他为什么以及如何对中世纪基督教思想产生如此巨大的影响——投下如此浓厚的阴影。

在《三一论》中,奥古斯丁探讨了人的心灵在多大程度上能够用人类的语言来理解上帝,尤其是神圣的三位一体。其中一段关系到涉及上帝的述谓(V. 3. 4-11. 12)——当我们说"上帝是 F"或"上帝 F"时,其中"F"可以代表"善"或者"创造",这段文字成为中世纪一系列讨论的根源。古代逻辑区分实体性述谓(substantial predication),即某物的属、种和种差述谓它自身(苏格拉底是动物/人/理性的),和偶性述谓(accidental predication),此时某个偶性作谓词(苏格拉底是白的)。奥古斯丁将这个想法予以拓展,论证了任何有关不变的上帝的述谓都不可能是偶性的。在谈论上帝时,当我们只说他是(他存在),我们是在做一个直截了当的实体性述谓。如果我们用亚里士多德的数量或性质范畴中的属性来述谓上帝时,这些述谓也必须理解成实体性的。也就是说,上帝是善好的或伟大的,不是因为他分有善好或伟大;更应该说,他就是善好或伟大。在谈论三位一体时,当我们说"上帝是圣父"或"上帝是圣子",我们是在做一个关系性的,但是非偶性的述谓,而其他范畴的述谓则应当以隐喻的方式处理,除了上帝被作用这永远不可能为真,而上帝作用则在字面上为真(而且"可能只对上帝为真")。《三一论》进一步展示,当我们思考人类心灵内部的进程时,我们如何发现不同的三元组合——心灵、自我知识、自爱;记忆、理解和意愿,它们是神圣的三位一体的映象,帮助人类把握它的三一性(triunity)。

哥特人410年洗劫罗马,奥古斯丁写下《上帝之城》以作回应。他想要回复异教徒们的指控:这场史无前例的灾难之所以发生,是因为391年开始禁止崇拜传统的众神,这座城池因此失去了护佑。更深刻的动机是,奥古斯丁意图驳斥并且取代他同时代的某些基督徒所拥护的一种历史观。罗马帝国一变成基督教国家,它就试着把它的成功和稳固看作上帝眷顾的作用。奥古斯丁以论证来驳斥异教和基督教的罗马历史必胜说。他坚持认为,罗马的历史从一开始就血迹斑斑、灾祸绵绵,他高度怀疑罗马帝国建造者的美德和善意。虽然上帝确实决定了某些国家繁荣,某些国家衰亡,但他的计划神秘莫测(inscrutable):他既让善人也让恶人痛苦;尘世的成功绝不是上帝宠信的绝对标志。神圣方案的真正轨迹,我们在任何世俗的历史中都不能判明,而要回到以《圣经》为中心的救赎历史,《上帝之城》第十二到二十二卷即致力于此:从反叛天使的堕落、人的创造、上帝选民的世代传承(首先是犹太人,随后是基督徒)直到末日审判和永罚或至福。上帝之城本身不应等同于任何国家,或者是教会。组成它的是亚当以来的民众,包括某些上帝预定将获拯救的人,他们表面上是异教徒,但在内心中或以秘而不宣的方式是基督徒。它的身份就和上帝的眷顾一样神秘难测。

虽然奥古斯丁对多神异教的攻击不遗余力,他对柏拉图派哲学家的态度则有所不同。他不仅认为他们通过运用自己的理性可以正确地判明唯一的、真正的上帝,还相信他们在阐释三本体(hypotheses)的结构时表达出对三位一体的某种理解。虽然细读这段文字和奥古斯丁的其他文本会表明,他深刻地批判哲学家的失败、他们的自大和他们的恐惧,这些使他们成了基督教真理的敌人,而他们在某些方面已经如此接近把握这真理,不过,《上帝之城》的一些章节也可以——也曾经(5章2节,间奏 iv)——被看作是在金色的光芒中描绘古代哲学的荣光。

从政治的角度看,《上帝之城》非常含混不清。一方面它清楚地表明奥古斯丁观点中唯一关键的救赎,它既依赖个人的美德,更大大地依赖与功德无关的神圣恩典。一个好的统治者能做的,最多是确保和平。它作为天上的和平的先兆,让人们能够致力于属灵的目的。另一方面,奥古斯丁论证了,唯有一个其内部结构安排可以使其追求共善的共同体,才能被视为真正的共和国(*respublica*),而只有基督徒才能正确地分辨出共善。从这些想法出发,有些中世纪的理论家构建出政治奥古斯丁主义,其中一个基督教神权政体要承担引领众人走向拯救的责任——奥古斯丁作主教时乐于召唤国家权力来压制宗教反对派,他很可能并不会为这样的立场感到不安,哪怕他思想中某些深层原则应该会让他不安。

第三章 旧传统与新开端

尽管本章的开篇在编年顺序上紧承上一章,但它看起来却仿佛时间倒流了一般。本章始于波埃修,这位基督徒用拉丁语写作,出生于5世纪末,但他的思想世界更接近希腊异教哲学家而不是奥古斯丁,他可以用原文阅读前者的著作,并且对之了熟于心。这一点甚至更明显地体现在6世纪后期出现的异教哲学家们和他们的基督教对手约翰·斐洛珀诺斯(John Philoponus)身上。思想史上的这些逆流而动的事例充分表明:要在我们所说的中世纪哲学和古代晚期思想之间作出某种并非独断和因循故往的区分,这根本就不可能。不过,波埃修那更加长寿、政治上也更幸运(更狡黠)的继承者卡西奥多儒斯(Cassiodorus),他看起来已经栖居于一个不同的思想世界。

卡西奥多儒斯顺理成章地将我们导向查理曼时代的哲学复兴,尽管经历了两个世纪的间隔,其间拉丁西方世界几乎没有任何哲学研究。然而,拉丁传统并不是当时唯一的传统,而且在这一时期它是最不重要的。不过,在这一早期阶段,用10世纪以降中世纪分裂而成的四个相互分离但又彼此交织的传统(拉丁、希腊、伊斯兰和犹太)来进行思考,这会造成误解。我们更应该说,一边是拉丁传统,另一边是东罗马帝国及其之外的传统。6世纪和7世纪初,后者主要是希腊传统,部分是基督教的,部分是异教的,虽然说叙利亚语的基督徒在其中也起了一定作用。在穆罕默德及其追随者征服之后,这一传统不仅传承至伊斯兰国度(包括前罗马帝国的大部分和波斯),而且在那里得以复兴。在最初的三个世纪,伊斯兰世界滋养了一种丰富的哲学文化,它的多样性不仅体现在其实践者所操持的语言和宗教信仰上,而且体现在新的要素同源自新柏拉图学派要素的不同程度的混合。本章讨论的伊斯兰帝国的思想家包括用希腊语、叙利亚语或阿拉伯语写作的基督徒,使用阿拉伯语但也说希伯来语的犹太人、一两位难以归入任何宗教团体的人物,以及用阿拉伯语写作的穆斯林。而在拜占庭——罗马帝国未被征服的相对而言较小的部分,古代哲学的传统并没有像在伊斯兰那样繁荣。不过,哲学思考仍在继续,拜占庭文化在9世纪极大地影响了拉丁西方世界的思想。

在考察了波埃修、卡西奥多儒斯和拉丁百科全书派之后,本章将转向东方传统,研究它在550—850年间的转化发展,然后再回到约900年前的拉丁和拜占庭传统。

第一节 波埃修与古代晚期的逻辑学课程

奥古斯丁经历了罗马陷落带来的震撼。然而一个世纪之后,波埃修(Severinus Manlius Boethius,约生于475—477年)仍然能享受罗马贵族的生活,尽管意大利当时受东哥特王狄奥多里克(Theoderic)统治。自395年以来,罗马帝国分裂成以君士坦丁堡为首都的东罗马帝国和以拉文纳为首都的西罗马帝国。罗马不再是政治上举足轻重的中心,但它仍然保存着古代的机构和仪式,而波埃修在其中扮演着重要角色。波埃修四十四五岁时接受了狄奥多里克的政事总管(Master of Offices,他的中枢重臣)一职,并搬到拉文纳,这时,他才以致命的方式进入真正的政治生活,而狄奥多里克的宫廷诡计和猜疑相互交织,最终导致他受审并被处决。奥古斯丁曾为之奋斗的罗马社会的基督教化,此时在西罗马帝国已经基本完成。尽管波埃修受过完整的古典希腊拉丁文学和新柏拉图哲学的教育,但他的家族和所有罗马精英一样,都是基督徒。狄奥多里克和他的哥特人也是基督徒,不过是阿里乌斯派(Arians,他们不接受基督完全的神性),而在意大利人和东部的基督教会的一次分裂问题得以解决之后[1],波埃修会受到怀疑,因为狄奥多里克害怕他会支持东罗马皇帝重新征服意大利。

波埃修在三个主要方面对中世纪哲学史意义重大。他是新柏拉图课程体系中得到发展的古代逻辑学在西方拉丁世界的主要传播者,实际上,他的著作提供了一个有力的支点来考察这一同样影响了晚期希腊、伊斯兰和犹太哲学的希腊传统。波埃修还写过一些短篇哲学著作(《神学短篇集》,Opuscula sacra),它们在方法上富于创新,影响深远。他还完成了中世纪拉

---

[1] 按作者在其《波埃修》一书中的论述,此处的分裂应指阿卡奇乌斯派分裂,见Marenbon 2003a, 8。

丁世界最受欢迎的一部文学哲学作品:《哲学的慰藉》(De consolatione Philosophiae)。

逻辑学课程体系

自波菲利的著作之后(2 章 5 节),亚里士多德的整部逻辑工具论成为新柏拉图课程体系的一个基本要素。学员们从波菲利自己的《导论》出发,进一步学习《范畴篇》《解释篇》《前分析篇》和《后分析篇》《辩谬篇》和《论题篇》(以及《修辞学》和《诗学》,不过波埃修忽略了这两个文献)。

上述逻辑学课程的前三部作品在波埃修这里都得到了详细的评注:《导论》和《解释篇》各有两部,而《范畴篇》则有一部评注。波埃修的评注非常依赖希腊传统,但它们并非卑屈盲从的复制品。事实上,波埃修对于他和这一传统的关系做出了一个极其慎重的决定,其后果影响深远。与波埃修几乎同代的希腊作家在处理亚里士多德的逻辑学时大多深受扬布里柯影响。他们不满足于用亚里士多德的术语来研究他的理论,就像波菲利曾经做过的那样,将其应用于可感世界,而是将新柏拉图的信条强加到他们对亚里士多德文献的论述中。波埃修虽然了解晚近的材料,但他所偏爱的解释来源却是波菲利:波埃修的《范畴篇》评注非常接近波菲利现存的问答体评注,而他的《解释篇》第二部长篇评注通常被视为研究波菲利失传的评注的最佳资料来源。西方拉丁世界的逻辑学家通过波埃修接触到这一古代逻辑学评注传统,而且由于他对波菲利的偏爱,他们得以了解一个纯粹得多的亚里士多德传统,如果他们所知的是波埃修时代的希腊评注家就不会如此(不过,这些希腊评注家的部分作品 13 世纪时得到翻译)。

波埃修强烈的亚里士多德倾向,同样体现在一部他无法借鉴波菲利而完成的评注中——波菲利自己的《导论》评注;特别是第二部评注中他有关波菲利共相问题的讨论(2 章 5 节),成为 12 世纪激烈论战的基础(专题研究 E)。波菲利的问题围绕共相是否能同质料相分离而展开,波埃修的希腊同代人(De Libera, 1999)在处理它们时,区分了三种不同的属和种:存在着"杂多之前"的形式,它们与质料相分离,是万物得以创造的原型(希腊作家们尤其会想到柏拉图的《蒂迈欧篇》),还有"杂多之中"的形式,它们是一切特殊事物中的内在形式,不能和质料相分离;以及"杂多之后"的形式,它们由心灵从特殊事物中搜集而得,并且因此和质料相分离,但因为它们属于心灵,这分离又不是绝对的。波埃修完全没有采用这一图解;他说他的解决方案来自阿弗洛狄希亚的亚历山大(《导论》本身也受其著作影响)。

波埃修(1906,161-162)将上述问题说成共相(属和种)究竟是在实际中(in reality)存在,还是只在思想中存在。它们不可能在实际中存在,因为所有实在的事物在数目上为一,而共相同时为多个事物所共享。但假如它们存在于思想中,那么,它们要么是表象(represent)事物如何实际存在的思想,要么不是。然而,只有当共相确实在实际中存在,它们才能表象事物如何存在——但是已经证明了共相并非如此。所以,它们就是误表(misrepresent)世界存在的"错误的或空洞的"思想。因此,有关共相的讨论是在浪费时间。为了反驳这一论证,波埃修的关键步骤在于拒绝如下论断:那些不如其所是地表象世界的思想因此就是错误的或空洞的。要做到这一点,他求助于抽象这一观念:尽管线段在实际中只能存在于物体中,数学家们考察线段时,却仿佛它们同物体相分离,但他们在处理的并不是错误的或空洞的观念。与此相似,在把握共相时,心灵"从物体中抽出这一非物质事物的本性,并且专注地只凝视纯粹本性,仿佛凝视形式自身"。波埃修以不同的方式使这种基本的"抽象主义答复"更加复杂:他引入了和数学抽象相对立的归纳性抽象(inductive abstraction)观念(即找出不同特殊事物的共同之处);他提出同一个相似性在思想中是普遍的,而在特殊事物中则是可感的。重要的是,抽象主义答复主张,从最后的分析来看,共相乃是以世界存在的方式为基础——因此不是歪曲(falsifying)它——的心灵构造,而波埃修有时会给人强烈的印象,仿佛在把握共相时,心灵比感觉更好地掌握了实在。与众不同的是,波埃修这里似乎允许某种新柏拉图派的论题进入他的逻辑学——他在《哲学的慰藉》中讨论到神圣预知时会进一步阐释该论题。

波埃修对三段论论证理论的贡献是他撰写的两部手册(所覆盖的范围大致相同),它们为12世纪《前分析篇》重新问世前这段时期的中世纪拉丁语读者提供了三段论论证理论的清晰导论。波埃修还是其他两种论证理论的重要来源,尽管并不总能给人启发。除了亚里士多德三段论这种词项逻辑之外,当时还有斯多亚派发展的命题逻辑。到了古代晚期,它和亚里士多德三段论的词项逻辑彻底杂糅在一处。波埃修的专著《论假言三段论》(*De syllogismis hypotheticis*)就是这种杂糅现存的最佳证据。在一个假言三段论中,其中一个前提是把"如果"或"或"(理解为不可兼析取)作为连词的分子命题。例如,如下的三段论就是假言的:

如果现在是白天,天就是亮的(*Si dies est, lux est*)。
天不是亮的。

因此

> 现在不是白天。

这难道不是命题逻辑吗:"如果 p,那么 q;非 q;因此,非 p",其中 p 和 q 分别代表命题"现在是白天"和"天是亮的"？在波埃修看来并非如此,他认为这是一段词项逻辑,其中"是白天"和"是亮的"用来述谓一个在动词中含混地得到理解的主词(拉丁语中并不将汉语中的"天"或者"现在"独立地表达出来)(Martin, 1991)。这部论著在设计上,将其大部分精力投入在辛苦地推演假言三段论的各种不同的可能形式上,这进一步证明它在理论把握上的欠缺。波埃修完全没有从命题和诸如否定和蕴涵之类命题演算的角度来进行思考。

在古代的历史发展中,亚里士多德的《论题篇》产生了自己的逻辑体系。亚里士多德论述的实践取向使该书深受律师欢迎,西塞罗也写了他自己的篇幅短小的《论题篇》。波埃修为它写过一部评注,还撰写了一部题为《论题之种差》(*De differentiis topicis*)的专著。论题理论关心的主要是**发现**论证,这些论证不需要在形式上有效,而只需要让它们的听者信服。论题之种差就是对这样的论证类型的分类;了解种差可以帮助论证者找到一条有说服力的推理思路。比方说,我要说服你承认沃尔夫是一个伟大的抒情歌曲作曲家。我就会开始搜寻我的心灵,寻找任何我可以用来为自己辩护的信息,我就会回忆起人人都同意另一个作曲家舒伯特写过伟大的抒情歌曲。在这个节点上,我会转向论题种差的清单,然后我会看到"从一样的事物出发"这一种差可以帮助我完成我的论证:

> 所有人都接受舒伯特作为抒情歌曲作曲家的伟大。
> 沃尔夫作为抒情歌曲作曲家和舒伯特一样。

因此

> 所有人都应该接受沃尔夫作为抒情歌曲作曲家的伟大。

和所有论题种差一样,和这个推理联系在一起的是一个"最大命题"(*maxima propositio*),亦即"一样的事物要一样地加以判断"。这个最大命题标明如何使整个论证连贯起来。尽管可以把它添加到该论证中使其在形式上有效,但波埃修看起来并不想以这样的方式运用最大命题。论题论证实际上依赖于如下原则:最大命题宣示其论证力度,而其力度会随着该最大命题与逻辑真理的接近程度发生变化。

基督单性论、聂斯脱利派和《神学短篇集》

波埃修的五篇《神学短篇》,重要的是一、五和三(最后一篇根本不是神学作品)。第五篇(《驳欧提克斯和聂斯脱利》,*Contra Eutychen et Nestorium*)约作于513年,其背景是一场分裂东方基督教世界的教义论争,它对于理解近东和中东的整个文化史非常重要。4世纪的时候,人们已经发展出谈论三位一体诸位格和道成肉身的基督的一套技术词汇。圣父、圣子和圣神[2]各自被描述成一个"位格"(*hupostasis*),这个词的含义可以是实体(词源:站在下方之物),但对新柏拉图派(2章4节)来说,它也指实在的某个解释层级,并且因此也指神圣者的实在化或显现。在君士坦丁堡的大公会议(381年)确立的正统教义认为,基督是拥有两种本性的一个位格:人的本性和神的本性。这一表达式强调活着的基督是真正的道成肉身的上帝,但是其代价是一个明显的悖谬:同一个实体如何能拥有两种本性?安条克的神父聂斯脱利(380—450/451年)通过设定两个不同的位格——圣言和人——对应神性和人性,以此解决上述悖谬。欧提克斯(约370—451年之后)反对聂斯脱利,但他也试图解决这一悖谬,他采用的路径恰恰相反,他主张基督即使在道成肉身的时候也只有一个本性,即神性。两位神学家都受到正教会的谴责,但他们在东方带来了不同的基督教派别——位于波斯的聂斯脱利的追随者(聂斯脱利派)和位于叙利亚、埃及和埃塞俄比亚的欧提克斯的追随者(基督单性派)。

东方世界论证最为精细、逻辑最为缜密的神学讨论直到10世纪大部分关心的还是证明上述基督论难题的哪一个解答(独一无二地!)在理性上是融贯的:例如拜占庭的莱昂奇乌斯(Leontius of Byzantium)在6世纪初期重提正统立场,而约翰·斐洛珀诺斯该世纪晚些时候则辩护基督单性派的立场,叶海亚·伊本·阿迪(Yaḥyâ Ibn 'Adî)10世纪时用阿拉伯语仍在讨论同一主题。波埃修同东方神学的紧密联系使他成为处理这一问题的主要拉丁作家。他在第五篇短论中试图说明,一旦其技术术语得到清楚地界定,聂斯脱利派和基督一性论的立场就会和亚里士多德逻辑学或物理学相冲突。以类似的方式,第一篇短论(《论三位一体》,*De trinitate*)将逻辑技巧用来思考

---

[2] 一译圣灵。

三位一体。波埃修知道奥古斯丁在他的《三一论》中有关上帝和亚里士多德范畴的讨论中已经选择了这条思想路径,他追随并发展了奥古斯丁的思考,提出一套本体论学说,混合了柏拉图和亚里士多德的主题,使上帝成为单一的、超验的柏拉图式的理念,而每一个具体的完整事物中的内在形式则为其影像。波埃修超越奥古斯丁之处在于,他确切地标记出逻辑学在分析三位一体的失败之处。断言三位一体的三个位格之间存在父、子和生发(spiration)的关系,而他们仍然是一个上帝,这样说会有两个理由让人不安。第一个理由是用关系这样一个偶性范畴来述谓上帝,这会损害上帝的不可变性。第二个理由是,没有任何事物可以成为他自己的父、子或灵。按照波埃修的解释,第一个问题是虚幻的,因为所有的联系都是外在的:x 具有和 y 的某种联系这一事实(例如,x 比 y 高,x 是 y 的父亲)既不会改变 x 也不会改变 y。至于第二个问题,某些联系可以是反身性的(某物可以同自身发生联系),例如**相等**和**相同**。关于上帝的述谓与关于造物的述谓的不同之处在于,因为"他异性"(otherness)附着在转瞬即逝的事物之上,父和子的联系只有在三位一体这里才是反身性的。

  第三篇短论(中世纪时以《论七之群》[De hebdomadibus]〔3〕而闻名)是一个严格意义的哲学讨论,完全没有提到任何基督教的专门教义;它开篇提出一系列形而上学公理。其出发点是柏拉图派接受的一个观点,他们相信恶仅仅是善的缺乏:只有通过存在(existing),实体才在某种意义上是善的。这一立场是中世纪形而上学中一个极其重要的思想发展的萌芽,即存在着某些对所有实体为真的"超越的"(transcendental)属性(7 章 3 节)。不过,波埃修这里特别关心的是解释何以所有实体就其存在而言是善的,但是它们之为善又还不是上帝那样的"实体性地"(substantially)(用现代术语来说,"本质地")为善。这一困难之所以产生,是因为看起来一个事物只能通过两种方式成为善的,要么通过分有善,此时它就只是偶然地为善;要么实体性地为善,此时事物的实体就是善自身,而它也因此与上帝同一。

  波埃修的回答采用了思想实验的形式,它试图提供一种原则性的方法,来区分什么是一个事物 a 就其存在而言是 F 和什么是 a 实体性地是 F。假如上帝存在,那么他就是实体性地是善的。但是以不可能的方式(per impossibile)假定上帝并不存在;那样的话,诸实体不会就其存在而言是善的

---

  〔3〕 通常译为《论七公理》,此处从原作者英译(On Groups of 7)。

(尽管它们仍然可以通过分有而成为善的)。波埃修的论述暗示了,如果 a 实体性地是 F,那么它是非 F 就是**不可设想的**;而如果 a 就其存在而言是 F,那么它是非 F 就是**不可能的**。这里的区分看起来在于我们所说的"逻辑不可能性"(一个不善的上帝就像一个方的圆)和根据世界所得以建立的基本方式而来的不可能性——这一观念接近于当代某些哲学家所说的"形而上学不可能性"。

《哲学的慰藉》

撰写《哲学的慰藉》时,波埃修正身陷囹圄,等待处决。这样的环境成为其戏剧性场景和文学形式的基础。当波埃修哀叹时运的急剧转变,和恶人当道而贤者罹难时,哲学以人格化的方式向他显现。哲学女神的使命是向他展示他没有什么可哀叹的,以此给他带来安慰。真正的幸福甚至不会为即将降临在他头上的命运而毁损,而贤者的目标将会得以成就,邪恶者则会失败,哪怕表面看来并非如此。

哲学女神在论证一开始(第二卷和第三卷的第一部分)提出一个关于至善的**复杂**观点,并且坚持认为波埃修所失去的时运主宰的善——财富、地位、权力和感性快乐——只有非常有限的价值。他仍然可以保持自足,而这正是那些欲求这些有限的善的人们真正追求的,而且他还可以是有德性的。有些时运主宰的善,例如他所爱的人,有真正的价值,但他并未失去它们。在第三卷的第二部分,她发展了一个不同的、**简单的**至善观。以新柏拉图的假设为根据,哲学女神阐明完满的善和完满的幸福不仅仅是在上帝之中;而是它们就**是**上帝。完满的幸福因此完全不会被尘世的时运触及,无论它如何天翻地覆。

哲学女神接着解释上帝如何统治(III. 11-12)。他作为目的因而行动。他是所有事物都欲求的善,"他是舵轮和尾舵,确保世界的架构稳固,永不朽坏"。尽管上帝不干涉,哲学女神在第四卷1—4章中引述柏拉图的《高尔吉亚篇》来解释波埃修最初对于恶人当道、贤者罹难的抱怨是没有根据的。每个人都想要幸福,而幸福和善同一。如果人们是善的,他们已经赢得幸福;如果他们是邪恶的,他们注定是不幸福的,因此也是无力的,因为他们不能赢得他们想要的事物。实际上,由于恶即存在之缺乏,人们成为恶人事实上是在惩罚自己,因为他们不再作为人而存在,而是变成了某种低等的动物。

上述论证在 IV. 5 却转变了方向,因为书中的波埃修拒绝接受哲学女神反直觉的主张。哲学女神现在将上帝描绘成万物的动力因(efficient cause)而不是目的因。神圣眷顾(divine providence)就是上帝心灵中关于如命运般在时间中展现的事件进程的统一观照。人们生活中表面的不公正是以好的理由为根据的：比方说，上帝可能通过仇敌来让好人变得更好，或者帮助恶人去痛悔。这样一个干涉人事的上帝看起来没有给人的选择自由留下空间，尤其是当哲学女神进一步解释，眷顾的因果链条包含了所有发生的事件，而"机遇"事件仍然是因果链条的结果，只不过出自一条无意的或者意料之外的链条而已。不过，哲学女神允许意愿的行为在因果链条之外，只要它们是理性的，并且因此不会因为对尘世事物的关注或激情而受到影响。而对选择的自由的更进一步的威胁，来自上帝的预知，这在第五章后半部分得到了详细的讨论(见专题研究 A)。

《哲学的慰藉》的论证可以读解成一个层层推进的过程：从构成其有关至善的复杂理解的基础、更容易让人接受的斯多亚派观念出发，推进到其简单理解中所包含的新柏拉图派形而上学；从亚里士多德将上帝看作目的因的观点，推进到晚期异教新柏拉图派和基督徒共同持有的将上帝看作动力因的观点；在波埃修最初的焦虑消解之后，推进到第五卷结束，哲学女神可以和他沉浸于精深的逻辑分析之中。然而，论证中不同思路间的张力看起来更让人不安。《哲学的慰藉》不只是一部对话，它是一部梅尼普讽刺体(Menippean satire)〔4〕或诗文合璧的作品，散文穿插在韵文段落中间(其中第三卷中的第九首诗是一篇柏拉图《蒂迈欧篇》的摘要，它在中世纪早期有许多评注)。梅尼普讽刺体是这样一种文体，其中故作博学的人常常遭人嘲笑。考虑到这部对话出自一位基督徒作家，其所预想的听众也是基督徒，而其中的权威人物却是一个**异教**哲学的化身，人们常常会追问作为作者的波埃修是否完全像他的自我描述所显得的那样，毫无保留地接受哲学女神的立场。波埃修贵族气十足地厌弃陈述显白之事，这使得他的意图特别难以逆料，不过，这也让他的作品——中世纪西方世界最广为流传的作品之一——向路径各异的解释开放。

专题研究 A：波埃修的《哲学的慰藉》中的预知论

哲学家区分必然的与偶然的事件。必然事件是那些不能不出现的事

---

〔4〕 一种讽刺作品的文体，通常为诗体，但具有小说般的篇幅和结构，讽刺的对象通常不是具体的个人或事物，而是某种心态，以希腊讽刺文学家梅尼普斯命名。

件;偶然事件是那些可能发生也可能不发生的事件。亚里士多德传统的古代和中世纪哲学家认为必然事件是不变的事件,例如星体的运动,或者任何人**某时某刻**终有一死。他们将偶然事件主要看作那些由人的选择所带来的事件——例如我今晚(只)喝三杯酒。假如像新柏拉图派、犹太人、基督徒和穆斯林所相信的那样,存在一个一切完满(omni-perfect)的上帝,那么看起来就有两个好的理由来怀疑是否有偶然的事件。首先,由于这样一个上帝完满地为善,并且全能,他就会为世界历史制定一个特殊的、最好的发展过程,因此任何发生的事件都是预定的,因此它看起来也是必然的。对基督教思想家来说,这个问题("预定论问题")通常采取的形式与恩典教义相关,滥觞于奥古斯丁(2章9节)。其次,既然上帝是全知的,看起来他一定知道一切真理,包括所有发生在未来的事件。凭借直觉,很容易看到,假如上帝知道今晚我将要喝三杯酒,那么我喝掉它就是必然的,因为不这样的话,回过头来看,我就拥有将上帝的知识转变为错误信念的能力。

在中世纪拉丁思想家中,处理第二个问题——预知论问题——的最有名的尝试之一就是波埃修的《哲学的慰藉》第五卷第3—6节中的长篇论述。尽管哲学女神所主张的宇宙观认为,宇宙中所有外部事件都属于源自第一因上帝的无缝链条,但她将人的心灵的运动排除在外。它们外在于该链条,因此看起来不受原因决定;这似乎已经避免了预定论的问题。不过,这不适用于预知论问题。上帝的知识甚至延伸到人们内心深处的思想和决定(《慰藉》V.3.5),因此他的全知似乎蕴涵了甚至人类内心的选择本身也不是偶然的。波埃修(对话中的人物)给出了这一问题的两个版本:

(1)假如上帝看到所有事物,而他完全不可能弄错,那么必然发生的是,他通过对人的眷顾(providence)而预见的东西将会存在(V.3.4)。

(2)假如事物能够变成不同于它们被预见到的样子,那么就不再会有对未来的坚实知识,而只有不确定的意见(V.3.6)。

波埃修论证了(1)和(2)会带来极其严重的后果(V.3.29-36),因为他认为,人的行动将不再建立在心灵"自由和自愿的运动"之上,没有人会比别人更好或更坏,或更应得或更不应得惩罚与奖赏,而且希望和祈祷将变得毫无意义。尽管许多当代哲学家不会同意当选择受到决定,则其道德责任将被根除,但波埃修和大多数中世纪哲学家认为这一后果是显而易见的。他们因此必须找到某种方法来否定(1)和(2)。

(1)和(2)背后的推理大致如下：

(3) 上帝知道一切事件,包括未来的事件

由于知识,与单纯的意见或信念相对立,只关涉到真的东西

(4) 当某人知道一个事件将会发生,那么该事件将会发生。

(5)(4)为真关系到必然性,因为不可能知道不是事实的东西。

(6) 如果某人知道一个事件将会发生,那么它将会必然地发生。

(7) 一切事件,包括未来的事件,必然地发生。

(2)背后的思考模式与此类似,不过顺序逆转过来,从对(7)的否定可以推出对(3)的否定。

然而(3)—(7)——以及其逆推——是谬误论证。从(4)和(5)推出的不是(6)而是

(8) 必然地,如果某人知道一个事件将会发生,它将会发生。

从命题逻辑的角度看,上述错误可以理解成混淆了必然性算子的辖域。(8)是论证者有权从(4)和(5)推出的唯一合法结论,其中,必然性算子所支配的是整个条件句,因此其形式是：必然地（如果 p,那么 q）。但是结论(7),（必然地 q）却不能从(8)和(3)推出。然而,(7)确实可以由(6)和(3)推出,因为在(6)中,必然性算子只应用于后件（其形式是：如果 p,那么必然地 q）。但是,此前的结论能够确立的是(8),并不是(6)。

波埃修没有掌握命题逻辑,因而不能从命题算子及其辖域的角度来进行思考。尽管如此,他凭直觉把握住了这一问题有一个更深的层面——即上帝的知识相对于这些事件而言位于过去并且因此是固定不变的,然后着手去解决它。

哲学女神确认书中的波埃修的核心困难在于,未来的偶然事件被人预知与它并没有必然的结果明显不相容。哲学女神认为

(9) 只有必然的才是确定的。

由此可以推出

(10) 未来的偶然事件是不确定的。

但是哲学女神同时相信

(11) 如果某人知道某事,那么他知道的就是某种确定的事。

假如上帝知道未来的偶然事件,从(10)和(11)可以推出上帝对它们的判断不同于它们实际的存在。但是,

(12) 如果对某事的判断不同于它实际的存在,那么该事就并未为人所知。

综上,如果上帝知道未来的偶然事件,他就不知道它们。

哲学女神避免上述矛盾的方式是否认(12)。她是如何做到的呢?哲学女神并不质疑只有真的才能为人所知,也不质疑"对某事的判断不同于它实际的存在"意味着错误的而不是真的判断。但是,哲学女神指出,简单地谈论 A 知道 x,其中 A 代表任何认知者,而 x 则是知识的对象,将问题过度简化了。她宣称:

这一错误的原因在于每个人都认为,所有所知的事物为人所知,是根据所知的事物的力量和本性。真相恰恰相反。因为**所有所知的事物被人把握,不是根据它自己的力量,而是根据那些知道它的人的能力**。

黑体部分的陈述("认知模式原则")要求知识根据拥有不同类型的知识对象的认知者的不同层级而相对化。哲学女神首先(V.4)以一种复杂的方式发展了这一方案,将其联系到认知的不同层级及其不同对象。根据波埃修的新柏拉图主义,悟性(intelligence),即上帝认知事物的方式,它区别于理性,亦即人类(但不是其他动物)理智地认识事物的能力,也区别于人和其他动物分享的两种认知层级:感知和想象——即对象不在场时的感性认识(如当我记起你的面容时)。每一个认知层级都有其专有的对象。对悟性而言,它是哲学女神所说的纯粹形式,她还将其等同于上帝。理性把握的是从特殊事物中抽象而来的共相——例如不同的人类得以成为人的人性。想象将形象(images)作为其对象,而感觉则是特殊的物质事物。哲学女神的方案是等级制的:她断言一个认知者知道的不仅是它专有的对象,还有所有低级的认知者通过它们各自专有的对象所知的内容。

在解释了这一观念之后,哲学女神专注于其中一个非常简单易懂的方面。她论证上帝的存在和认知方式是永恒的,而神圣的永恒性并不等同于没有开始和终结,而是(V.6.4)"对不受制约的生命的完整的、同时的和完满的占有"(这成为中世纪对永恒的经典定义;它是不是大多数当代学者所认定的非时间的[atemporal]永恒性,将在专题研究 B 中讨论)。哲学女神论证,一个以这种方式永恒的存在知道所有事情——过去、现在与未来

的——就像我们这些在时间中生活的存在知道现在的东西一样。她进一步阐明为什么,只要上帝对未来事件的知识是通过使它们向他呈现为现在的东西,他的全知就可以为偶然性留下空间。她区分了两种类型的必然性:简单的和有条件的。前者她给出的例证是建立在自然的不可变性之上的必然性;太阳升起这是简单地必然的。有条件的必然性包含着一个限定条件。例如,**当我行走时**(或**当某人看到我在行走时**),我在行走这是有条件地必然的。从这一有条件的必然性不能推出我在行走是简单地必然的。

有些现代学者将这一区分解释为作为作者的波埃修实际上能辨认(3)—(7)中的辖域区分谬误的一个标志。但是,对这一段落的细致解读表明,哲学女神要表达的是一个不同的观点。为了理解它,我们需要考虑波埃修所追随的亚里士多德传统如何理解可能性和必然性。

亚里士多德根据多种范式来理解模态。其中一种被称为(Knuuttila, 1993)对模态的"统计"(statistical)理解,因为它将模态还原为时间的频率:一个在时间上没有特别标明的命题,如果它总是为真,它是必然的,而如果它从不为真,则是不可能的。根据这一观点,尽管未来是向可供选择的结果开放的,但却容纳不下同时可供选择的可能性(synchronic alternative possibilities)。假定事实上我现在正坐着(称该时刻为 t^1),而我坐着或站着在我的选择之内——我独自在我的房间里,我可以随心所欲地或坐或站。那么我现在在 t^1 这个时刻站着,这是可能的吗?日常语言(不只是英语)会说这是**不**可能的。当我是坐着的时候,我们不会说,"如果我现在**是**站着,那么透过窗户就看得见我",而是会说"要是我现在**真的是**站着,那么透过窗户就**会**看得见我"。[5] 现代模态逻辑学家通常不这么认为。他们接受,尽管"我在 t^1 时刻坐着"是真的,但"可能,我在 t^1 时刻站着",这也是真的。我在 t^1 时刻坐着和我在 t^1 时刻站着是两个可供选择的同时性可能性,而前者恰好是实际所发生的情况。不同于此,亚里士多德的立场与日常语言的观点

---

[5] 此处两句话原文为:"If I *am* standing now, I *am* visible through the window","If I *were* standing now, I *would* be visible through the window."前者为一般条件句,而后者则包括反事实的条件,因此要用虚拟式,而汉语用来翻译"if"的"如果""假如""要是"既可以表达一般的条件,也可以表达与过去或现在的事实相反的情况作为条件,难以区分。在没有更好的表达之前,此处勉强用"如果"来翻译一般条件句,而用"要是"来翻译反事实条件句,并加上"真地"来加以强调。不当之处,还请识者指正。

相一致。在 t^1 时刻我会站着,这在上一时刻 t^0 曾经是可能的,但是在 t^1 时刻本身,却只有现实地发生的才是可能的,正如亚里士多德在《解释篇》(19a23)中所言,"存在者,当其存在时,必然地存在"。简单说,现在的就是必然的。

当哲学女神谈到有条件的必然性时,她所论证的是,由于上帝知道所有的事物,仿佛它们都在现在,因此,就其为上帝所知这一关系而言,未来的事件就是必然的。而这一现在的必然性是不觉有束缚力的必然性(unconstraining necessity)——那些接受亚里士多德模态理论的人并不认为,当我坐着的时候,我就必然地坐着,因此我站着的自由就会被削弱。实际上,就像哲学女神所强调的,这些未来的事件本身是完全自由的。哲学女神因此能够解释,上帝所知的未来的偶然事件为什么可以既拥有使它们成为知识的专有对象的确定性,同时仍然保持它们的不确定性。

第二节　隐修士与百科全书派:525—789 年间的西方拉丁世界

古代晚期的百科全书

尽管波埃修的工作所归属的传统——古代晚期新柏拉图学派的传统——对原创性很少重视,他的评注至少展示出对其所继承的来自阿摩尼乌斯(Ammonius)这样的希腊评注资源的精挑细选,而他的《神学短篇集》和《哲学的慰藉》则是一颗既敏锐又勇于创新的心灵的杰作。他死后将近三个世纪,拉丁世界都没有任何能接近他的理智层面的成就。实际上,在6—8世纪,随着罗马统治的崩溃,蛮族入侵,逐渐建立起他们的王国,理智活动大受限制,哲学思辨陷于停顿。不过,在南欧,学者们至少还有机会完成汇编工作。这些百科全书派有两部作品对中世纪拉丁哲学至关重要:卡西奥多儒斯的《教育》(Institutiones)和塞尔维亚的伊西多尔的《辞源》(Etymologiae)。

接替波埃修担任狄奥多里克政事总管一职的卡西奥多儒斯也是一个对哲学有兴趣(但不那么贵族气)的贵族。不过,他的思想的发展和目标同波埃修大异其趣,它们让人想到的是后来成为中世纪西方拉丁世界特征的模式。卡西奥多儒斯的一生难以置信地漫长(480/490—590年),前半生消耗在成为并积极充当狄奥多里克及其东哥特继承者的主要官员和擅长修辞的宣传者。当东罗马帝国皇帝查士丁尼最终击败哥特人并将意大利置于其控制之下时,卡西奥多儒斯不再写作公文书信,转向神学,写了一部沿袭前人的有关灵魂的论著,还有一部强调修辞和逻辑分析的《圣咏集》释义。在君士坦丁堡待了一段时间之后,他于554年回到维瓦里乌姆(Vivarium)的隐修院,它位于意大利最南端,很可能是他先前在自己的家族领地上所建。

在维瓦里乌姆,卡西奥多儒斯写成他最受欢迎的作品《教育》,这部手册流传极广,在中世纪早期尤有影响。波埃修受的是哲学家的训练,他的兴趣总在哲学上,即使当他讨论基督教教义的精微要点或者(有争议地)展示人类推理的最终限度时也是如此;而卡西奥多儒斯则坚定地希望让世俗研究服务于基督教学问的目标。《教育》可以看作他为《圣咏集》所做的那一类评注的铺垫;而《教育》的第二卷简短地说明了自由七艺,这可以看作第一卷关于《圣经》诸篇章、教会作家的论述的补充。不过,让中世纪读者最感兴趣的正是第二卷,其中有关逻辑学的简短勾勒专注于亚里士多德的三段论推理,在更完整的论述出现之前,它被人们采用,至少是当作入门之作。

6世纪的西班牙被另一支哥特人统治,即西哥特人,他们放弃了阿里乌斯主义,而支持大公教会。塞尔维亚的主教伊西多尔(559年前—636年)受益于良好的古典教育(虽然不包括希腊语)。他的著作包括道德、历史和科学论著,但他最有影响的作品(超过1000部抄本流传下来)则是《辞源》。如其标题所示,这是一部主要围绕语词的辞源——无论是真正的还是假想的——而构建的百科全书。这一写作方式并没有妨碍伊西多尔为后世提供一篇简短的、被广为传抄的古代哲学学说述要(doxography)(VIII. vi)——《论异教徒的哲学家》——以及一篇精简的逻辑学概论(II. xxii-xxxi)。尽管古代哲学的其他要素在《辞源》其他篇章里零星可见,但在这部书中以及卡西奥多儒斯流行的百科全书中,还有马提阿努斯·卡佩拉的著作中,逻辑学是哲学中唯一一个有独立章节的部分,这一事实连同奥古斯丁的影响,可以很好地向我们解释中世纪早期拉丁思想家会采取的根本立场。

海岛文化与隐修院

任何欧洲思想生活史都会赋予兴起于7、8世纪的英格兰和爱尔兰的文化以重要地位:英格兰先前是罗马的一个行省,(后来基督教化了的)盎格鲁-撒克逊人在此定居,而爱尔兰则从未罗马化,但在一个半世纪前皈依了基督教。这一时期的爱尔兰,既有拉丁语写成的《圣经》评注,也有语言铺张的诗作《西方名言集》(*Hisperica Famina*),和"语法学家维吉尔"(Virgilius Maro Grammaticus)的戏拟语法。英格兰要克制些,它是奥尔德赫姆(Aldhelm)和比德(Bede,672/673—735年)的故乡,前者是一位文风艰涩的拉丁散文作家、诗人,后者主要以历史学家闻名,但也撰写基督教诗歌、《圣经》评注和说教著作。不过,所有这些作品都没有明显论及哲学,哪怕是本书所追寻的广义的哲学。当时有对古代文献中所报道的自然现象、对语法和正字法、对教父尤其是他们作为《圣经》评注者的兴趣。自成一派的爱尔兰的"奥古斯丁"[6]有关《圣经》中神迹的讨论别出心裁:他为神迹都做了自然主义的解释,不过这一解经的姿态并未和更广阔的理论态度结合起来(像这部论著12世纪的读者会做的那样)。

  7世纪和8世纪英伦海岛上的学问确实预示了中世纪早期拉丁哲学的一个重要方面。爱尔兰评注者奥尔德赫姆和比德都是隐修士(monks)。隐修运动发端于4世纪早期的东方教会,当时成群的隐士(hermits)聚集在安东尼这样的苦修者(ascetics)身边。不过,在西方世界,该运动却是在隐修院中得以繁荣,男人和女人们在隐修院中共同祈祷生活,受同一个修道规章约束,例如本笃规章。而在爱尔兰,早期基督教文化和学问的核心几乎完全集中在它独特的、强大的隐修形式上。尽管本笃规章在9世纪经过改编后被强加于各隐修院,它强调体力劳动和祈祷,然而,科尔比(Corbie)、法国北部的圣阿芒德和贝克(St Amand and Bec)、卢瓦尔河谷的图尔和弗勒里(Fleury),以及瑞士的圣加仑隐修院在800—1100年期间不仅成为保存和生产抄本的中心,而且也是学术和哲学思辨的中心。

间奏 i:哲学与抄本文化

  "……保存和生产抄本……",这个短语对中世纪哲学的研究意蕴深远,因为抄本是中世纪思想家研究和写作的核心特征,而基于抄本的文化同我们自己的伴随印刷书籍和电子媒体的文化之间的差异是哲学史家不应该忽略的。其区别不仅仅是一部作品的每一个抄本都需要手工抄写的工作。在中世纪拉丁世界,直到13世纪晚期开始使用纸张前(伊斯兰世界更早就有),书籍写在羊皮纸或牛皮纸上,动物(通常是羊)的毛皮需要经过细致的处理才能用于书写,而当时的需求量很大(《圣经》阿米提努[Amiatinus]正典这部著名的抄本需要500只羊)。书籍因此是昂贵的、珍稀的物品,虽然有些文本和注释出自它们的中世

---

[6] 这里指的是《论圣经中的神迹》(*De mirabilibus sacrae scripturae*)一书的匿名作者。他以 Augustinus Hibernicus 知名,此书约作于655年。

纪作者之手,但抄写有其自身的技巧和技术,通常由专业的抄写员完成,而在拉丁中世纪早期,主要是由在隐修院写经室(scriptoria)工作的隐修士完成。注释、书信和草稿通常写在蜡版上(它们当然没能保存下来)。

因此,就学者个体而言,尤其是在中世纪早期,拥有较多的书籍是非常罕见的(虽然也有藏书家这样的例外)。为了拥有一定数量的资料,他们需要使用图书馆。中世纪早期伟大的图书馆在隐修院中,后来则是在托钵修士的修道院中。不过,中世纪早期即使最大的隐修院图书馆按现代标准都很小,只藏有数百卷书。此外,以圣本笃的规章为根据的隐修实践偏爱缓慢的、细致的阅读;通常的惯例是一个隐修士一次借一本书读上一年。因此,我们应该想到,至少直到1200年,拉丁学者只能接触到少量理论上可以使用的文献,这还取决于他们住的地方。培养记忆力的重要性变得显而易见——这也是中世纪教育一个与众不同的特征,而凭记忆来进行往往不精确的引用,这一实践背后的理由也是如此。同样显而易见的是,为什么各种选集、精粹、手册会如此有用,以及为什么对现存权威文献的摘要、改编或缩写会如此宝贵。它还帮助我们解释了为什么此时的课程体系聚焦于少量被集中研究的教科书。

伊斯兰世界的情形则有所不同。纸张很早就可供使用,阿维森纳这样的哲学家看起来既如饥似渴地购书,也频繁使用君主的图书馆。从13世纪起,纸张也开始在西方拉丁世界流通,而抄写工作变得更加高度地组织化,也更加行之有效,这使得神学家和哲学家们在大学里比他们在中世纪早期的学校中更易于获得书籍。

第三节　最后的异教哲学家及其基督教学徒

与在意大利不同,基督教在东方并未完全赢得受教育的精英阶层的青睐。波埃修作为逻辑学评注家所依赖的希腊传统在雅典和亚历山大的异教学园中得以保存。阿摩尼乌斯(445年前—517/526年)很可能是亚历山大学园最有影响力的领袖。和同代人波埃修一样,他偏好逻辑学。尽管在《解释篇》第9章的评注中讨论预知时他引入了一个扬布里柯式的主题,一个波埃修留到《哲学的慰藉》中的主题,但阿摩尼乌斯似乎并不特别关注新柏拉图派的高阶形而上学。不过,同所有他那个时代的哲学家一样,他乐于显示柏拉图和亚里士多德的和谐,他强烈认同如下在现代学者看来完全错位的观点:亚里士多德认为上帝不只是第一推动者和万物的目的因,而且是一个动力因,和犹太人、基督徒的造物主上帝没有什么不同。

阿摩尼乌斯当然是个异教徒,不过他看起来和基督教当局和平相处,而在这个迫害的时代,其他哲学家都认为当局是靠不住的。他最尖锐的批评者之一是大马士革乌斯(Damascius),在529年查士丁尼永久地关闭雅典学园时,他是这座与时代格格不入的异教机构的领袖。大马士革乌斯和其他哲学家,其中包括吕底亚人普里西安(Priscianus the Lydian)以及来自亚历山大的奥林匹奥多罗斯和辛普里丘(Simplicius),一起去了波斯,在那里他们受到知书达理的科斯洛埃斯王(库思老,King Chosroes Khusrau)的欢迎。普里西安撰写了一套《释疑》来回应科斯洛埃斯向他提出的哲学问题(爱留根那四个世纪以后翻译成拉丁文的唯一的异教哲学作品),而科斯洛埃斯在532年同查士丁尼签订和平条约甚至包括了如下条款:这些哲学家可以回到罗马帝国,"在那里无忧无惧地度过他们的余生,按照他们自己的选择,不会被迫接受那些和他们自己的观点相抵触的思想,或改变他们先祖的信仰"。

不过,晚期新柏拉图学派最有影响的两个追随者是基督徒:约翰·斐洛珀诺斯和稍早一些以"伪狄奥尼修斯"而闻名的写作者。

伪狄奥尼修斯

将近5世纪末的某个时候,某人——可能是一个叙利亚隐修士——写成了一整套著作集,宣称它们出自圣保禄使之皈依的雅典贤人狄奥尼修斯的手笔(《宗徒大事录》17,16-34)。尽管起初有人怀疑这些"新发现"的作品的真伪,但宣信者马克西莫斯(Maximus the Confessor)对它们的采用确保了它们在正教会被接受,它们在写成之后很快就被雷塞纳的塞尔吉乌斯(Sergius of Resh'aina)翻译成叙利亚语。它们在9世纪时被译成拉丁语(先是由圣德尼的修道院长希尔杜恩,后由爱留根那(3章7节),而其真实性直到15世纪洛伦佐·瓦拉(Lorenzo Valla)的时代才受到质疑。到了19世纪,人们才证明狄奥尼修斯作品集依赖于普罗克洛,因此年代不可能太早于公元500年。

对普罗克洛的依赖是伪狄奥尼修斯著作集的一个鲜明特征,这使得它们在教父著作中显得不同寻常、意义重大,特别是当它们流传到拉丁世界,那里柏拉图主义的支配形式来自奥古斯丁著作中的普罗提诺和波菲利。同样不同寻常的是作者将其异教资源基督教化的方式。对奥古斯丁来说，柏拉图哲学和基督教教义之间的巧合与对立牵扯到一场旷日持久、令人忧虑的论战。与之相反，伪狄奥尼修斯采纳了普罗克洛哲学体系主要的结构特征，并用基督教术语将它们重新加以表达。普罗克洛将异教诸神改造得适合他所描述的流溢的精致等级体系。伪狄奥尼修斯将这一等级体系略加裁剪，将它用来解释天使的次序(在他的《论天阶》中)和教会的职务、仪礼实践的次序(在他的《论教阶》中)。普罗克洛新柏拉图主义的其他方面需要更多的改造。在《巴门尼德篇》的评注传统中，将一系列否定用于太一，而一系列肯定陈述应用于较低的本体，这一做法已经很普遍。太一的绝对超验因此是由一种否定神学来保证的。然而，基督教作家必须要能解释上帝如何行动来创造世界并且照看他的创造。奥古斯丁通过将某些第二本体(nous)的特征归于上帝本身来应对这一挑战。伪狄奥尼修斯所遵循的策略则有所不同。他篇幅最长的论著《论圣名》中考察了上帝可以被他不同的名称描述的限度，例如"善""存在""太一"。他乐于认可这一类关于上帝的肯定描述，只要它们被理解成适用于那些预先包含在上帝之中、并且上帝是其原因的后果。然而，在其简短的《神秘神学》中，作者用一种有等级之分的否定神学来完善该进路。一物越接近上帝，则语言就越受限制，直到最终所有的言语和思想都被黑暗裹挟。没有语词可以描述上帝。不过，作者还是解释道，即使所有的描述都应该否弃，但否认上帝醉了或上帝在发怒，比否认他是善的或他存在要更真。

约翰·斐洛珀诺斯

约翰·斐洛珀诺斯(John Philoponus，约490—570年代)是一个基督单性论基督徒，阿摩尼乌斯的学生。他的早期作品是他老师那种风格的亚里士多德评注；其中一部分实际上看起来像是他记录的阿摩尼乌斯的讲稿。但在其职业生涯过半时，斐洛珀诺斯对异教新柏拉图派不加怀疑地接受的若干亚里士多德的核心主张发起了攻击。这些反亚里士多德论证首先出现在他的《物理学》评注中(约517年)，不过它们也可能是后来添加的。非常有可能的是，斐洛珀诺斯思想的新阶段开始于他529年的论战作品《驳普罗克洛论世界的永恒》，就在这一年查士丁尼关闭雅典的异教学园，这可能并非巧合。稍后，斐洛珀诺斯还完成一部《驳亚里士多德论世界的永恒》，辛普里丘曾对之予以反击，从后者的直接引用中我们可以部分地重构这部作品。

正如这些标题所示,斐洛珀诺斯主要关心的是为基督教的相关观点提供辩护:世界并不是永恒地存在,而是有一个开端(见专题研究 B)。不过他同样拒斥亚里士多德的如下观点:星体由土、水、气、火之外的第五元素以太构成,而月下的世界则由前四种元素构成。他同样不接受亚里士多德的想法,将这四种元素的运动解释成各自有其可以回归的自然位置(气在火之下等等);与之相反,他认为元素在上帝给定的秩序中追求它们的位置。他重新考察了亚里士多德(和柏拉图)的原初质料观念——某种作为形式承载者的没有形式的东西——将其替换成纯粹的三维广延。他还驳斥了亚里士多德对抛体运动的解释。假如我把这本书朝你扔过去:什么使它穿越空气而持续运动?亚里士多德认为他需要设定前后接续的若干外在推动者——这里就是若干气流——每一个都由前一个推动。不同于此,斐洛珀诺斯论证了,这样的运动可以通过赋予对象的最初冲力(impetus)来解释。

斐洛珀诺斯将其冲力理论进行了神学化的拓展,以便论证正是从上帝最初的冲力当中,星体和动物获得了它们自己的运动。泛泛地来说,虽然斐洛珀诺斯的物理学和宇宙论的某些方面预示了 17 世纪的进展(并且在其发生过程中扮演了一定的角色),然而他的反亚里士多德主义背后的基本动机正是他的大敌辛普里丘所反对的:他想要从可见的宇宙,尤其是从天空中清除异教新柏拉图派眼中的力量和神秘,以此支持基督教的全能的上帝。这一论证重心在他为《创世纪》开篇所作的评注中尤为明显:《论世界的造成》(546 年之后)。在他生命最后的大约二十年的岁月里,斐洛珀诺斯致力于更加专门的神学写作。他用来捍卫他的基督单性论的——该立场认为基督只有一个本性(参 3 章 1 节)——正是波埃修用来支持正统的基督二性论、同样以逻辑为根基的论证,而在他所发展的三位一体理论中,他比大多数基督徒都更接近于接受实际上存在三个上帝。斐洛珀诺斯的教义论著很快就被遗忘了,但他在广阔的东方传统中仍是一个极其重要的人物,他以"语法学者约翰"而闻名:他的反亚里士多德论证对伊斯兰、犹太作家,并且经由它们对拉丁基督教作家的影响也非常可观。

专题研究 B:永恒与宇宙:奥古斯丁、波埃修与斐洛珀诺斯

大多数中世纪作家区分了如下两个问题:

(1) 世界(指上帝之外的整个宇宙)是被创造的吗?
(2) 世界的存在有开端吗?

现代学者倾向于断言柏拉图、亚里士多德和古代传统的大部分哲学家会否定地回答(1)和(2)，而基督徒、犹太人和穆斯林则会给出肯定的答案。与之相比，中世纪思想家一般接受古代哲学家会同意他们世界在某种意义上是被创造的，但是他们会否认世界有一个开端(不过，中世纪思想还有一个重要的分支，认为亚里士多德并没有明确地得出结论说世界是永恒的)。这是一个核心问题，它标示出不同的基督徒、犹太人和穆斯林如何处理它们的宗教教义和古代哲学传统的理性推理之间的关系。其中最吸引人的推进将来自迈蒙尼德的著作(6 章 4 节)和 13 世纪巴黎大学的论战(专题研究 J)。不过，这问题在古代晚期已经有所讨论：奥古斯丁和波埃修对它的研究比任何前人都要精细得多，而约翰·斐洛珀诺斯则首先提出了在后来的世纪中会重登舞台的几个主要论证。

这些讨论同永恒的意义问题联系在一起。如今，我们会想要区分两种相互对立的永恒观念。如果 X 存在但它在时间中没有延展也没有位置，那么，X 是无时间地永恒(timelessly eternal, T-永恒)。如果 X 总是存在，那么，X 是永存地永恒(perpetually eternal, P-永恒)。P-永恒有弱的和强的形式。如果 X 在时间中的每一刻都存在，X 是弱的 P-永恒；如果 X 在时间中的每一刻都存在并且时间没有开端或终结或二者皆无，以至于 X 在时间中的延展是无限的，则 X 是强的 P-永恒。

尽管中世纪晚期基督教神学家非常仔细地考察了上帝永恒的本性(专题研究 J)，但他们将这一问题同他们有关能否证实世界不是 P-永恒这一立场的论战区分开来。不过，在奥古斯丁、波埃修和斐洛珀诺斯看来，这两个问题是相关联的，而且对他们和他们的后继者来说，还有比刚才对比的两种立场要复杂得多的永恒观念。

"上帝在创造世界之前做些什么?"在一个异教徒口中，这并不是一个天真的问题。它暗含了某些最为严肃的用来表明世界不可能有开端的论证：要是世界真的有开端，那么，上帝在创造世界之前做些什么？他只是无所事事？为什么他挑选了某个特殊的时刻来完成创世的行为？为什么不早些或晚些？有些人用玩笑来回避这一问题的冲击力：在创造世界之前，上帝为那些问这样的问题的人创造了地狱，奥古斯丁写道(《忏悔录》XI. 12-13, 14-15)，不过他随后给出了严肃的回答：

……如果一个人肤浅的思想徘徊于过去时代的形象，觉得非常诧异，认为你，全能的、创造一切、支撑一切的上帝，天地的创造者，在进行如此工程之前,虚度着无数世纪而无所事事,那么,他真该醒醒,留心看看:他所感到诧异的事情是错误的。[7]

奥古斯丁解释道,时间本身也是上帝创世的一部分。在上帝创造世界之前,没时间,因此也没有消耗时间的问题——没有上帝无所事事无数年月之后,在某个特定的时刻,不迟也不早地进行创世的问题。此外,奥古斯丁甚至在别处对为什么时间不能存在于世界之前给出了一个解释。柏拉图以降的许多古代哲学家认为,时间不能离开运动变化而存在,而在世界开始获得形式之前(《忏悔录》XII. 9.9-12. 15；XII. 19. 28)或者在出现了有心灵变化的天使之前(《上帝之城》XI. 12),并不存在运动变化(不过,这一理论并不完全符合奥古斯丁在《忏悔录》第 11 卷中所发展的观点,即真正存在的只有现在的时刻,而不是过去的和未来的时刻,因此时间必须从心理的角度分析成消逝的事物在心灵中引起的波动)。

奥古斯丁的解决看起来回答了异教徒最为困难的隐藏问题,但它付出了承认世界**在**时间**中**没有开端的代价:世界**同**时间一起发端,而这不可能是一个时间性的开端。考虑到他接受世界总是(尽管是以一种改变了的方式)持续,因此,在奥古斯丁看来,世界是弱的 P-永恒,因为没有一刻它不存在。它可能是强的 P-永恒吗？奥古斯丁或许不愿意承认,但他的理论可能不能排除这一点:时间是被创造的和时间仍然没有开端之间看起来并没有明显的不融贯。实际上,奥古斯丁关于神圣永恒的讨论或许会使这一观点言之成理。上帝(XI. 13. 16)(当然)并不"在时间上先于时间",而是由于"他永远当下性的永恒之崇高"。时间中的事物是在流动的时间之中,以至于它们的未来总是在变成现在和过去,而上帝存在于一个固定的、牢固的现在。初看起来,这似乎意味着在奥古斯丁看来,上帝是 T-永恒,但其立场要更加复杂。奥古斯丁所说的神圣永恒性显然是延续的,只是其中没有变化。上帝不在时间之中,因为他以一种特殊的、永固的方式存在;将时间中的位置或延展归于他是不恰当的,因为这意味着他正受或会受时间的限制,不过,奥古斯丁很可能会接受上帝现在存在、昨天存在、明天也会存在这是真的。

波埃修对世界永恒性的兴趣是要将它同上帝永恒的方式做对照。他在

---

[7]《忏悔录》中译文参考了周士良译本,有改动,下同。

《哲学的慰藉》中引入并定义了神圣的永恒之后,他继续(V. 6.9-11;参 V. 6.6 及《神学短篇集》I)写道,把柏拉图关于世界缺少开端和终结的观点理解成他认为世界和造物主共同永恒,这是错误的:

> 被引导着经历没有终结的生命是一回事,柏拉图将之归于这世界;而同时拥抱没有终结的生命的整个现在性(presentness)则是另一回事,我们已经清楚这是神圣心灵的突出特征。从时间的量来看,上帝不应该看起来比被创造的事物更古老,上帝之所以不同,更应该是因为他的本性的单纯。

由这一段得出结论认为波埃修接受了世界是 P-永恒的这一观念——此处归于柏拉图,较早则归于亚里士多德,而在《神学短篇集》中则属于"古代哲学家"——这是错误的。这里发言的是哲学女神,并非波埃修本人,而甚至她也只是在转述柏拉图的立场。尽管如此,最后一句很可能是波埃修自己的观点:它和奥古斯丁的立场完全一致,同时表达了从波埃修的神圣永恒思想中可以推出的立场。这也回应着奥古斯丁《忏悔录》十一卷中的主张,不过使其观点稍微显白了些。上帝的永恒是一种生活方式,其中生命的丰富整体被同时把握:它是不会改变的永远当下性。不少现代解释者满足于给它贴上"无时间的永恒"的标签;另一些人则在接受这标签的同时,试图解释波埃修所说的永恒何以仍然有延续性。不过,即使上帝被认为在某些方面超越时间或在时间之上,仍然可以追问的是波埃修究竟是否真的认为上帝是 T-永恒。

约翰·斐洛珀诺斯在异教徒对永恒世界的坚持和基督徒对开端的信仰之间的对比上接受了一个尖锐得多的观点——该观点预示并且实际上影响了中世纪的讨论。斐洛珀诺斯的姿态部分地反映了他职业生涯后半段的决心,要提出并且论证一整套适合基督教信仰,但与新柏拉图主义者普遍接受的立场相悖的主张(3 章 3 节)。它可能也关系到他对神圣永恒的思考。奥古斯丁和波埃修认为上帝多少具有持续性但仍然是永恒地现在,并且完成他的生命,而斐洛珀诺斯(John Philoponus, 1899, 114:20-116:1; Sorabji, 1983, 118)则明确地将永恒设想为伸展的,尽管它不包含变化,全然一致。正因为这一构想使神圣永恒更类似于时间(它可以说只是另一个时间流),斐洛珀诺斯才会想要找到正面的论证来证明受造的宇宙和永恒不同,并不是永久如此而是有一个开端;至少证明它不是强 P-永恒的。

斐洛珀诺斯在考察亚里士多德自己的无限思想(《物理学》III, 204a-8a)时发现了这些论证。在亚里士多德看来,无限就是没有界限之物,它总是可以不断地被追加,但从不能被穿越——"对它来说总有某个部分在外面"。这一理论让他能够合理地对待无限在某种意义上存在的直觉,同时避免无限的存在所产生的悖论。亚里士多德论证了,无限在潜能中存在,从不能在现实中存在:也就是说,从不存在任何无限大、无限多、无限长的事物,但是整个数、日子、人类世代的序列却可以不断被追加直到无穷。亚里士多德相信日子和世代的序列事实上在时间中也可以向后无限伸展,因为世界是永恒的,但是这种无限只是潜无限,因为人们已经死去,日子已经流逝。

然而,斐洛珀诺斯并不接受这样的无限**是**潜在的(出处见《指南》)。其理由在于他认为构成这些无限的个别事物都是可数的(countable)。比方说,亚里士多德主张过去的日子是潜在的无限,其根据是该无限在某一个时刻只能部分地存在,一如每一天的来来去去。然而,斐洛珀诺斯指出,当一个单元一个单元地去数这样的无限时,它必然会被穿越,因此它**甚至**要比无限多日子同时存在**还要**明显不可能,因为后一种情况可能不必去数这些日子。[8]一旦实际上排除了亚里士多德对潜能的依赖,斐洛珀诺斯就可以引入若干关于无限大的悖论。没有数可以比无限大。然而,如果世界及其物种,如亚里士多德所言,是永恒的,那么在苏格拉底的时代之前一定有无数的人生活过,而那之后将会有另外一些人——无限 + n。此外,一定有无数的人,无数的马,无数的狗等等——无限乘以 m。这些论证在未来的世纪中将会被重复、拓展和回应;不过,它们全凭斐洛珀诺斯灵机一动将可数性引入潜无限观念。

第四节　东方:从查士丁尼到倭马亚王朝[9]

拜占庭和波斯的基督教哲学

尽管查士丁尼于 529 年关闭了雅典的学园,亚历山大学园却得以延续,

---

〔8〕 该论证实际上比这里刻画的要复杂,尤其是为何可数性必然导致无限被穿越,从而导致这一类型的无限从根本上不能满足亚里士多德关于无限不可穿越的定义,可参见《阅读材料指南》中推荐的文献,尤其是 Sorabji 1983, 214ff。

〔9〕 一译伍麦叶王朝。

不过它的教员和听众都成了基督徒。埃利亚斯(Elias)和大卫是其中后人熟知的两位,他们的一些逻辑学评注得以流传。埃利亚斯在口头上把自己同那些和异教哲学相关的信念剥离开,但仍然忠实于该传统,甚至是在世界的永恒这一问题上。当时的倾向是将柏拉图(可能是因为更明显地难以同基督教教义相调和)从课程体系中清退;虽然埃利亚斯可能讲授过他的作品,但看起来在该世纪末的时候,大卫不再继续这样的做法,他专注于亚里士多德的《工具论》,这一事实足以说明上述倾向。上述评注家传统的最后一位人物可能是斯特凡努斯(Stephanus),关于他的生平有很多疑点,但他极有可能大约在 550—555 年间出生于雅典,约 570 年来到亚历山大,并于 610 年被希拉克略(Heraclius)皇帝招至君士坦丁堡讲学;他可能写过非常传统的、但偶尔也夹杂公开的基督教立场评论的亚里士多德《解释篇》和《论灵魂》的评注。

不过,亚里士多德的逻辑学著作(直至《前分析篇》I.7)已经译成叙利亚语,古代学园的传统在几代用叙利亚语写作的逻辑学家那里得以延续。叙利亚传统可以追溯到希腊学园关闭或衰落之前。据 13 世纪叙利亚历史学家巴尔·赫布雷乌斯(Bar Hebraeus)所言,雷塞纳的塞尔吉乌斯(Sergius of Resh'aina,殁于 536 年)最早将希腊哲学(和医学)著作翻译成叙利亚语。当阿摩尼乌斯在亚历山大教书时,塞尔吉乌斯曾在那里学习。除了大量地翻译(盖仑,还有伪狄奥尼修斯)之外,他还为《范畴篇》写过一部评注和一部导论:和大多数希腊评注者一样,他不具原创性,但他非常富有想象力地从逻辑学不同部分撷取材料并加以整理,以提出他对该学科应该如何研习的思考。

下一代逻辑学领袖是波斯人保罗(其著作属于叙利亚传统,尽管它们可能最初用波斯语写成),科斯洛埃斯(库思老·阿努希尔万,531—578 年)宫廷的聂斯脱利派神学家和哲学家,最终成了一个琐罗亚斯德教徒。他的《论逻辑》清晰地展示了逻辑作为一门学科的结构:从宾词的研究开始,通过关注范畴和命题的构成要素,进而导向三段论推理。与此同时,这部著作好些地方也显示了他未能完全掌握三段论推理作为**形式体系**这一想法。保罗的另一部逻辑导论复制在一部阿拉伯语著作中(密斯凯维[Miskawayh]的《幸福〈类型的〉分类》),它比其希腊语原始文献(埃利亚斯、大卫及其周边)更清晰和明确地展示了命题的"分析性"区分,这后来为法拉比继承并在其思想中发挥了重要作用:产生确定性并在一切方面为真的命题(在《后分析篇》中处理),产生想象的印象并在一切方面为假的命题(在《诗学》中处理),产生更接近真理的强大意见的命题(在《论题篇》中处理),产生错误的命题(《辩谬篇》的主题),有说服力同时真假各半的命题(Gutas,1983)。大约一个世纪之后,塞维鲁斯·塞博赫特(Severus Sebokht,殁于666/667年)将保罗的一部论著从波斯语译成叙利亚语,他还将这部论著写成了数封信,其中展示出的对自由意愿的兴趣,看起来更像是出自波埃修的评注,而不是任何阿摩尼乌斯的著作。

至于这一时期最强大和最有原创性的思想家,我们必须要回到希腊人中,但他远离处于衰落的最后阶段的哲学学园:让人难以置信的是,他是一个苦修的隐修士。马克西莫斯("宣信者"或希腊语传统的 Homologetes; Maximus "the Confessor",580—662年)尽管受过良好的教育,但对异教哲学评价不高。他最有趣的思辨作品《疑难》(Ambigua——题献给约翰的是他写的第一组疑难,但出版时变成了第二组[10])是一部关于疑难段落的评注,尤其针对来自4世纪神学家纳西昂的格列高利著作的段落,他特别喜欢回顾他和尼撒的格列高利;不过,他也从埃美萨的涅墨修斯(Nemesius of Emesa)——一个深受亚里士多德影响的基督徒——的《论人的本性》中,从奥利金(专题研究C)以及特别是从伪狄奥尼修斯中吸收了很多思想。马克西莫斯因为不屈不挠地、几乎以一己之力对抗基督一意论(monothelitism,"一个-意愿-论")教义而受人人称颂,当时的皇帝和其他东方教会都把它看作使卡尔西顿大公会议正统教义更易为基督一性派接受的一种方式。后面会讲到,一性派认为基督只有一种本性;基督一意派承认他有两种本性,人性和神性,但是添加了他只有一个意愿来限定这一立场。正因为反对基督一意论,马克西莫斯在年近八旬时被流放,并且被砍去了舌头和右手;不过,在他去世后,一意论开始被看作异端,他也被视为正统教义的宣信者。然而,尽管马克西莫斯专注于基督教教义——在一定意义上也正因为如此——他仍然可以成为强大的哲学思考者;在他那里,抽象展示和论证的段落同对《圣经》主题的默想并行不悖。

马克西莫斯使伪狄奥尼修斯已经很强烈的否定神学更加极端化。在《疑难》10中,马克西莫斯论证了亚里士多德的两个范畴,位置和时间,总是在一起出现,它们的使命在于规定万物的界限,但上帝除外。上帝超越了存

---

[10] 该书共两组疑难,另一组题献给托马斯。

在,不受界限,不可认知(PG 90,1179-1180)。马克西莫斯有些地方甚至走得更远,他宣称并不是上帝是一回事,创世是另一回事。上帝是"相对于万物的万物",但他本身完全不是一个事物。通过允许分有他的事物存在,以及如此创造这些事物,上帝实际上创造了他自身。马克西莫斯(Perl,1994)将这一分有同道成肉身联系起来。像马克西莫斯这样的卡尔西顿大公会议正教传统的神学家急于强调圣子是一个 hupostasis[11],而不是两个,他们认为人的本性在三位一体的第二位格中"位格化"(enhypostasized)了。因此,在道成肉身中,人性接受了上帝的完满并且在一切方面神化,除了那些使它作为人性区别他物的特征。

地理政治学的转变

尽管像埃利亚斯、大卫、斯特凡努斯、马克西莫斯这样的思想家和前面提到的叙利亚基督徒在东罗马帝国比在西部享有更多的稳定,他们仍然要在战争、失利、再征服的背景下工作。甚至在波埃修的时代,东部帝国已经开始萎缩。西班牙在5世纪初被西哥特人占领,北方很快落入旺达尔人手中,意大利尽管名义上受东罗马皇帝管辖,实际上被东哥特人统治。波埃修死后的10年,查士丁尼和他伟大的指挥官贝利萨留(Belisarius),短暂地恢复了旧帝国的大部江山,在艰难的哥特战争末期重新征服意大利,并且收回了北非,甚至还有西班牙南部的一小部分。然而,约从570年开始,意大利开始遭到伦巴第人的袭击,尽管从未完全陷落,但逐渐落入后者手中。几乎同时,同波斯帝国的敌对关系导致了一系列战争、失利和再征服。到616年,波斯人已经控制了帝国的大多数东部行省,但希拉克略皇帝随后予以反击,并于630年凯旋进入耶路撒冷。不过,古代的两个伟大帝国,罗马帝国和萨珊帝国将遭遇一个全新势力的挑战——对于萨珊帝国来说还有溃败。

阿拉伯半岛的麦加,距红海约100英里的内陆地区,7世纪时已经是一个繁荣的贸易城市,同时也被公认为圣地,阿拉伯人朝圣的中心。此时的阿拉伯人,尽管当地的以及邻近的基督徒和犹太人影响力强大,大部分还是异教徒。大约610年,麦加居民穆罕默德因为有了若干神视的经验,开始把自己想成"上帝的使者";他鼓励他的麦加同胞去追随他所宣讲的生活道路,他还得到了在他看来的启示。他本人和追随者吟诵着有韵律的散文篇章,

---

[11] 如前文所见,指基督教传统中的"位格",新柏拉图传统中的"本体"。

起初短小,后来渐长。他死后人们将其誊写下来,并赋予其不容变更的形式,就成了《古兰经》。穆罕默德命令他的追随者崇拜的上帝就是犹太人和基督徒的上帝。阿拉伯人将它们的血统追溯到经由依市玛耳(以实玛利)追溯到亚巴郎(亚伯拉罕)[12],穆罕默德接受整个犹太先知的传统,包括童贞女麦尔彦(Miriam,玛利亚)之子尔撒(耶稣)作为他们的旁支,他自己是《古兰经》的中介,而《古兰经》就是不容变更的启示,这些教诲和预言是在为其作准备。这一新的生活方式被称作"伊斯兰",或顺服(上帝),它是严格一神化的,任何有关上帝"收养一位圣子"的观念都被严格禁绝。

穆罕默德的教诲同样强调富人有必要帮助穷人,它并没有赢得控制麦加的富有商人的支持。622年他迁徙(hijra)到麦地那(伊斯兰教纪年从此次迁徙开始)。他在那里成功地扩大了他所得到的支持,获得了压倒麦加的优势,并最终凯旋。到他632年逝世时,先前相互交战的阿拉伯部落在他的领导下统一起来。在之后的两任哈里发(穆罕默德的"继任者",伊斯兰教的领袖)阿布·伯克尔(Abû Bakr,632—634年)和欧麦尔('Umar,634—644年)统治下,穆斯林军队征服了波斯帝国、叙利亚、伊拉克、埃及和北非大部分地区,到700年时它们征服的疆域所及更远,甚至还推翻了西班牙的西哥特王国。

倭马亚王朝统治下的阿拉伯与希腊思想

伊斯兰哲学的开端和政治事件的联系比早期基督教思想要更加紧密,因为在穆罕默德获得启示后的几十年中,一个幅员广袤的帝国在穆斯林统治下形成。伊斯兰哲学的两个分支——凯拉姆(kalâm)[13]传统和以希腊为根基的爱智学(falsafa)[14]传统——直到750年后的阿拔斯王朝时期才有了真正的发展。不过,凯拉姆传统的某些前提或根基已经奠定。同很多伊斯兰教历史事件一样,凯拉姆传统和穆罕默德逝世之后的继任者问题联系在一起。很多人认为他的天然继承人是他的堂弟、他钟爱的女儿法蒂玛的丈夫阿里。656年,第三任哈里发奥斯曼('Uthmân)被谋杀后,阿里终于成了哈里发。但他面对的是那些坚信他必须惩罚谋杀奥斯曼的凶手的人掀起

---

[12] 古兰经中译本分别作易司玛仪、易卜拉辛。

[13] Kalâm,本义为"词语",后用来指用理性论证来为自身信仰辩护的伊斯兰神学,详下文。

[14] Falsafa 一词完全源于希腊语 philosophia,本义为"爱智慧"。此处生造"爱智学"以强调其希腊渊源。

的叛乱,其中包括叙利亚的统治者穆阿维叶(Mu'āwiya)。在隋芬(Ṣiffîn)战役中穆阿维叶请求将问题交予第三方仲裁以避免很可能遭遇的失败。有些站在阿里一边的人认为他同意这一请求是个错误。他们离开了阿里(kharaja——由此他们得名'Kharijites,"出走派")。仲裁人的决断对阿里不利。阿里不肯接受他们的决断,但他本人不久也被谋杀,穆阿维叶很快获得支持成了哈里发,并将他的王朝——倭马亚王朝——的首都迁往大马士革。

这些事件造成了各种分裂。尤为突出的是,阿里的支持者——什叶,"阿里党人"不愿接受穆阿维叶的合法性:什叶派不仅成为伊斯兰政治而且成为伊斯兰思想的一个重要因素。出走派提出了一条严苛的道德法则:任何犯重罪者都将自己等同于不信道者。这一法则使谋杀奥斯曼或反抗倭马亚王朝的叛乱成为合法。对立的观点——即甚至重罪犯也还是,或至少应被认为是信道者——的形式多种多样,被称为延缓教义(irjâ'——其持守者因此被称为 Murji'ites,"穆尔吉亚派"),因为重罪者的判决被延缓到其死后。

在对罪和伊斯兰共同体成员资格的上述考量之外,该时期教义论战的另一个主题是决定论。在前伊斯兰的阿拉伯文化中潜伏着一种宿命论,它既部分地被《古兰经》对上帝全能的强调所吸收,也部分地与其相冲突。那些想要强调人的责任,并使上帝免于为任何恶负责的穆斯林被他们的对手称作"盖德里叶派"(Qadarites),因为他们想要将行动的能力(qudra)归于人类——不过这个词也适用宿命论者(qadar 意味着命运或预定)。不过,这些围绕教义的紧张和不确定性究竟从什么时候开始,以什么样的方式引发哲学讨论的呢?

早期伊斯兰的大多数神学活动的中心是一些完全非哲学化的活动:讨论《古兰经》文法繁琐的细节,收集和精研先知穆罕默德的言行(ḥadîth)的谱系。凯拉姆则被认为是一种完全不同的活动,它包含为伊斯兰的教诲提供论证和辩护(而对大多数人来说,它也因此当受抨击)。尽管这可能和亚里士多德的《论题篇》有关,很多历史学家相信这一实践出现在亚里士多德的影响之前。毫无疑问,它在一定程度上受到叙利亚神学讨论的影响,不过,穆台凯里姆(mutakallimûn)[15]发现问题、解决问题的鲜明特征也可能源自《古兰经》本身,因为它常常会提出并且解答富有挑战性的问题。

---

〔15〕 该词本意为"演说家"或"辩证学家"。中世纪,凯拉姆发展为伊斯兰教的教义学,"穆台凯里姆"成为教义学家的专有名称。

早期伊斯兰凯拉姆的主导学派是穆尔太齐赖派(Mu'tazilites),后文将阐明(3章5节,4章2节),他们当中自然包含着那些在神学语境中展开工作,但按照任何标准都是极富想象力的哲学家。不过,从历史书写的角度看,穆尔太齐赖派与斯多亚派非常相似:该学派早期最有创造力的成员的大批著作一部也未能传世,因此他们的观点必须从后世的转述中拼凑。该运动的起源尤其晦暗难明(他们的名称也是如此,它意为"远离者"——很可能指远离极端的政治-宗教立场)。按照伟大的12世纪宗教史家沙赫拉斯塔尼(Shahrastânî)的说法,瓦绥勒·本·阿塔(Wâṣil Ibn 'Aṭâ',殁于748/749年)和更难以稽考的阿慕尔·本·俄拜德('Amr Ibn 'Ubayd)传统上被看作其奠立者。瓦绥勒组织了商人传教团,将他们的商业活动同宣讲正确的伊斯兰教义结合起来,他看起来显然更像是自由意愿和道德责任的捍卫者(因此,在一定程度上是个盖德里叶派),他同时也是关于重罪者的所谓"居中"立场的初创者。他断言这样的罪人的状态是居中的——他们既不是严格意义的信道者,但也不是不信道者,因此不可向他们发动战争或杀害他们。所以,瓦绥勒所设计的方案的宗旨,与其说是提出一个正面的、全新的立场,不如说是试图找到一个出走派和穆尔吉亚派都能同意的折衷立场。这种"居中立场"成为穆尔太齐赖派的一个与众不同的信条,但在8世纪晚期他们的思想所经历的种种发展,是瓦绥勒非常单纯的想法始料不及的。

在倭马亚王朝的统治下,被征服民族的文化、语言和宗教持续繁荣。依照《古兰经》的权威(例如 xxii. 17)和穆罕默德的示范,犹太人和基督徒("有经者")以及赛伯伊人(Sabaeans,哈兰[Harrân]的曼德教[Mandeans]和异教徒,他们自认赛伯伊人)[16]都被允许和平地践行他们的信仰,只要他们服从伊斯兰统治并支付比穆斯林高的税金。对大多数东方说叙利亚语、反对卡尔西顿大公会议正统教义的基督徒来说,尤其是聂斯脱利派和基督一性派,伊斯兰给他们带来了解脱,因为他们不再面对拜占庭当局的迫害。

不过,伊斯兰早期最富盛名的基督教思想家,大马士革的约翰(John of Damascus,殁于754年前)却是拜占庭(卡尔西顿)正统的追随者。他的祖父曾是穆阿维叶的行政长官,而约翰本人继任倭马亚王朝的行政官员,直到欧麦尔二世治时(717—720年)基督徒被禁止担任此类职务,这之后约翰

---

[16]《圣经》中作示巴人,此处指伊斯兰教以前阿拉比亚西南部的一个民族。

成了一名隐修士。他最著名的作品《知识之泉》(*The Source of Knowledge*)作于 743 年。它包括一篇逻辑学导论(《辩证法》,*Dialectica*),一部异端研究,和堪称首部希腊神学大全(*summa*)的论著《论正统信仰》(*On the Orthodox Faith*),它大约在 1150 年被比萨的布尔贡迪奥(Burgundio of Pisa)译成拉丁文,影响了拉丁系统神学的发展。在逻辑学上,约翰局限于给出有关哲学的种种定义和关于《导论》(*Isagogue*)以及《范畴篇》材料的基本描述;他甚至比前几个世纪的叙利亚基督徒逻辑学家还不思进取。《论正统信仰》是一部汇编之作,但在某些领域,约翰可能也进行了自己的思考。例如,有学者论证(Frede,2002),在谈到人的行动和自由时,他不止于简单地转述宣道者马克西莫斯的想法,而且他所带来的改变为阿奎那和其他拉丁思想家发展意愿观念铺平了道路。他还有一部个人色彩更浓的短篇《穆斯林与基督徒之辩》,因为其中穆斯林对基督教的反驳和论证策略("假如基督在十字架上自愿受难,那么就应该感谢犹太人完成了上帝的意愿")反映了他对伊斯兰思想第一手的知识。毫不意外,约翰让书中的基督徒为人的自由意愿辩护,说上帝在第六天后完成了他的创世工程,以此反驳穆斯林,后者采用的《圣经》引文似乎表明了上帝预先决定万物。不过,这一论证用的都是很泛泛的术语,作者并没有尝试去分析其中包含的概念。

第五节 阿拔斯王朝统治下哲学的多样性

先知穆罕默德的叔父阿拔斯(al-'Abbas)的后裔于 750 年攫取政权,建立阿拔斯王朝('Abbâsids),这对伊斯兰土地上的哲学有两个重要影响。无论其政策实际情况如何,新王朝的哈里发自诩为正直的道德和宗教领袖,因此毫不意外,在一定时期内,他们——尤其是马门(al-Ma'mûn,813—832 年)及其继任者穆台绥姆(al-Mu'taṣim,833—842 年)——会偏爱伊斯兰思想中最富进取、道德上最不妥协的学派穆尔太齐赖派。他们也将权力中心从大马士革转移到巴格达新城,阿拔斯王朝第二任哈里发曼苏尔(al-Manṣûr)于 762 年迁往此处,他们特意向波斯人求助,在后者的支持下得以掌权。从希腊影响到波斯影响的这一变迁带来一个未曾料及的后果:哲学的**希腊**传统的复兴。

早期穆尔太齐赖派

阿拔斯王朝早期,穆尔太齐赖学派得以成型,而阿布-胡载里(Abû-l-Hudhayl al-'Allâf,约740—约840年)和奈萨姆(al-Naẓẓâm,约殁于840年前)则是其中富有原创性、涵盖面广泛的两位思想家。阿布-胡载里定义了区分穆尔太齐赖派的五条官方原则。一为上帝[17]的独一性,其次是上帝的正义,三是与之相关的奖(善)惩(恶)承诺原则。至于其他两条和该运动早期阶段相关的原则,其中"令善止恶"原则变得不再那么重要,而关于重罪者的居中立场则仍然是其显著特征。第一条原则标志着穆尔太齐赖派坚定地拒绝任何类别的拟人论(anthropomorphism),并且接受一种他们自觉难以完全描述的否定神学。它同样和他们最声名狼藉的立场相关——他们坚持认为《古兰经》的受造性并反对其永恒性:它之所以声名狼藉是因为哈里发马门833年开设米哈那(miḥna)——通过测试著名神学家和官员、并在必要时通过刑罚来以官方方式强推上述教义。大约15年后,当穆塔瓦吉勒(al-Mutawakkil)废止米哈那时,掀起了一场强烈抵制与之紧密相关的穆尔太齐赖派的运动。第二和第三条原则指向他们的道德秩序感,该秩序不仅约束人类,而且决定上帝如何对人类行事。今天的伊斯兰思想研究者不太愿意使用"唯理论者"这一前代学者给上述思想家贴上的标签:他们指出穆尔太齐赖派都是神学家,其思想框架来自毫无争议的天启宗教,并在他们的思考过程中根据阿拉伯语语法和伊斯兰教法的特性和迫切要求逐渐塑造成型。不过,穆尔太齐赖派比任何人都要更专一地去实践的凯拉姆这一学科,它包含着对论证的投入以及由此而来的对理性融贯性的寻求。对他们思想的完整的研究会将它作为神学呈现,并同其他伊斯兰研究学科保持紧密联系——教法、古兰经释经学和语法。但是,我们要强调的是他们讨论中那些和本书主题亦即哲学关注相关的线索。

阿布-胡载里是巴士拉人,很晚才来到巴格达(9世纪20年代),但对曼苏尔和他的宫廷影响深远。他的形而上学很少和穆尔太齐赖的五条原则直接相关。构成其背景的主要是三位略早的神学家。阿萨姆(Al-Aṣamm,殁于816/817年)提出只存在物体,不存在任何偶性。当一个物体变化的时候,其模板不是一个基体保持同一而属性发生改变。实际上,物体应当被看

---

[17] 此处的译名可参见本书最后的"翻译说明"。

作由上帝转化。从理论上说,上帝即刻可以产生的转化在程度上没有任何限制:如果他愿意的话,他能将芥子变成高山。迪拉尔·伊本-阿慕尔(Ḍirâr Ibn'Amr,728—796年)的观点几乎完全相反。他相信物体只是偶性的简单聚合物。不过,这些偶性并非独立存在的事物。只有当它们聚集成物体时,它们才能存在。迪拉尔将一定的构成性(constitutive)偶性和其他非构成性偶性区分开来,前者他描述成物体的部分(它们总是成对出现:生命与非生命、重与轻、硬与软、暖与冷、湿与干,还有颜色、味道、健康/正常运作),而后者则类似能力、痛苦和知识或无知。

与这两位思想家不同,发展出一整套神学观点的穆阿迈尔(Mu'ammar,殁于830年)特别关心他认为由原子(他称之为"特殊的不可分实体")构成的自然世界的构造。物体由原子集合而成:构造一个有长和宽的平面需要四个原子,而再添上其他四个原子就成了立方体。上帝创造了原子,但他并不为它们所具有的偶性负责;这些偶性——这是所有人们能知觉到的东西——自然地从原子中产生。穆阿迈尔的难题是去解释为何这个事物(例如我杯中的威士忌)具有这个偶性(比方说湿),而那个事物(我的地毯)有那个偶性(干)。他可以通过断言这些偶性源自原子来做出一个回答的姿态,但他并没有关于原子结构的细致理论来使这样的回应不止是一个姿态。当被问到单个事物变化的偶性时,他甚至还会有更大的麻烦——比方说,我把威士忌洒在了地毯上,使它变湿,而因为我打扰了别人,我的脸变红。穆阿迈尔的回答是,存在一个 ma'nâ 或决定性因素来解释这一变化,还有一个 ma'nâ 来解释那个解释第一个 ma'nâ 的 ma'nâ,如此以至无穷。穆阿迈尔的同代人和继承者正确地批评了这一理论,因为它对于它理当解决的问题并没有给出任何答案。

阿布-胡载里也是一个原子论者。他认为只需要六个本身非物质(incorporeal)的原子来构成一个物体——两个用作右和左,两个用作前和后,两个用作上和下。大多数专家认为阿布-胡载里是在阐释这些六个原子的群组构成了某些特定的形状(一个其始作俑者放弃的例子是斜方六面体,它由两个底对底的金字塔形构成),而且原子本身就是这一形状,尽管它们没有维度。但我们不清楚后人的证言是否该如此解读以至于使穆阿迈尔的立场如此不融贯:他可能只是认为至少需要六个原子,每个维度两个来构造立体图形,因此物体也是如此,仅此而已。阿布-胡载里关于偶性的观点与穆阿迈尔针尖对麦芒。他相信个别地内在于原子中的偶性只有运动和静止。其他的偶性——无论是穆阿迈尔的构造性偶性如颜色和硬度,还是他说的非构造性偶性,如知识——只是内在于物体中。根据阿布-胡载里的主张,还存在着组合(以及并置与毗连)和分离的偶性,它们使一个事物作为该事物经历时间的变化而保持统一,或带来其解体。与穆阿迈尔不同,上帝不止要为创造原子负责,还要为将它们结合成物体和通过偶性使它们分离负责。以这样一种方式,对物体经历时间而延续以及对它们的变化的单纯观察,就成了上帝存在并统治宇宙的直接证据。

建立在阿布-胡载里思路之上的 原子论,在经过修改和精致化后,成为穆尔太齐赖派的标准学说。阿布-胡载里似乎是通过借用、统合和修改前辈思想家的想法来达成其体系。他们看起来都了解亚里士多德《范畴篇》中的某些想法,而且都拒绝拥有确定本性或本质的实体这一亚里士多德的核心观念。对亚里士多德来说,无论是在《范畴篇》还是在《形而上学》中,月下世界是由各种不同的特殊实体(人、马、树)构成,它们属于不同的自然种类,并因此拥有不同的本质属性。尽管这些实体会产生也会毁灭——人的死亡,树被焚毁——,但它们都有某种稳定性,并且充当着那些大多并不恒定或转瞬即逝的偶性的基体。与此形成对照的是,阿布-胡载里和他的先辈都设想一个高度不稳定的世界,由本性或本质理论所提供的对该世界的那类解释必须像在穆阿迈尔那里一样,被某种更加晦涩而且不那么令人满意的理论所取代。他关于事物由偶性聚合而成的想法在希腊传统中确有先例,例如在斐洛珀诺斯的著作中,但在大多数场合,研究进路的分歧看起来是一种不同的世界观的结果。此外,尽管该世界观可以同认为上帝的权能无处不在的倾向联系在一起,就像在阿布-胡载里那里一样,但穆阿迈尔想要清除此种解释的愿望表明,上帝的全能并不是它唯一的根据。

阿布-胡载里思想所覆盖的领域远比基础形而上学要宽广。比方说,作为神学家,他希望能对上帝做出单纯否定之外的陈述——作为《古兰经》的虔诚读者,他必须如此。迪拉尔·伊本-阿慕尔满足于说"上帝是强大的"意味着"上帝不是弱小的",而"上帝听和看"意味着他不是聋的或瞎的。从最后一个例子可见,他并不仅仅是在玩弄语词:他要表达的观点一定是,这样的概念对上帝来说全然不合用,因此我们在谈论他时不要遵循日常交谈的含义,后者会让我们以为被描述为"不强大的"东西在力量等级上处于被描述为"强大的"东西之下。阿布-胡载里为该理论补充了两个额外要素。当我说上帝是强大的,我做了三件事:

(1) 我否认上帝是弱小的。
(2) 我断言有一个行为出自上帝的威能,该威能与上帝相等同。
(3) 我指称这个行为的对象。

这样的观点会招致一个明显的反驳:假如所有述谓上帝的句子都通过一个和上帝相等同的行为来解释的话,那么,上帝的威能、他的智慧、他的善和所有其他属性如何可以相互区分？命题(3)则为阿布-胡载里提供了一个好的答案。阿布-胡载里答道,所有这些行为的对象是不同的。他所拥有的这个理论,或至少是其雏形,同迈蒙尼德和阿奎那若干世纪后提出的理论并无二致:上帝是全然统一、远超描述的,但他之所以可以被说成是智慧的、强大的、善的等等,是因为他的创世。

阿布-胡载里的侄子阿布·伊斯哈格·易卜拉辛·奈萨姆(Abû Isḥâq Ibrâhîm al-Naẓẓâm)是一位哲学家、神学家,而且远不止于此:他是一位风趣、优雅的作家,吟咏歌唱男孩美貌的诗篇和讨论本体论同样得心应手,他对希腊哲学和波斯宗教都有兴趣。他的形而上学远没有他叔父的有影响,但仍然是中世纪思想家曾经设计出的最为精致、最有想象力和原创性的方案。他拒斥原子论,坚持认为质料可以无限(ad infinitum)分割。他还提出实体和偶性的区分,甚至比其他穆尔太齐赖派还要截然不同于亚里士多德的观点。他接受的唯一偶性是非常宽泛地理解的运动:运动依赖于人的意愿,不仅包括比方说我走过去吃午饭,而且包括我在那里的谈话和事后的沉默,我关于现在是 8 月中旬的知识,和我对完成这本书所需的诸多知识的无知。物体由元素构成——不仅仅是火、气、水、土(它们本身由更基础的元素如轻和干构成),还有颜色、味道和质感——元素相互混合,还能彼此渗透。通常某物的元素处于潜伏的状态中(kumûn)。例如一块木头中潜伏着火,但它由于其他构成要素而处于均衡之中。当木头接近其他火时,均衡就会被打破,而潜伏着的火就会毁掉它构成其部分的结构。

奈萨姆对物理世界的解释的另一个不同寻常的特征是,他认为由于不可能穿越构成任何距离的无限区分,因此运动不能解释成连续的变化而必须包含跳跃,这想法很可能同晚期异教新柏拉图主义者大马士革乌斯(Damascius)的玄想有关。现有资料归在奈萨姆名下的关于这一论题的不同思想试验错综难解,因为他在对抗阿布-胡载里这样的原子论派对他的进攻的同时,又试图站在对方的立场上对之进行反驳,指明他们也必须设定跳跃。

在他关于上帝和人性的关系的思考中,奈萨姆(和他穆尔太齐赖派的同道)强烈地直觉到道德律法的绝对性甚至约束着上帝,同时又断言上帝是全能的,他试图调和这两者。他相信,错误的行为之所以会产生,只能是左右着偶然的、物质性的事物的有限性或想要避免伤害的愿望的后果。由于上帝不受限制,也不能被伤害,因此他不可能做错。因此,他不能撒谎,而他也就必须完成他的承诺去奖赏义人、惩治恶徒。事实上,他没有选择,只能使万物成为最好,而且奈萨姆不在令许多神学家为之着迷的上帝的不可思议性(divine inscrutability)中寻求庇护。他总是愿意在一定程度上阐释清楚这一规定的后果。他曾经(比奥古斯丁要更人性化地)说过:上帝**不能**在地狱中惩罚儿童。不过上帝的自由在更普遍的意义上得以保全,因为奈萨姆同样坚持上帝有无数种方式使世界成为最好(al-aṣlaḥ)。这一立场至少隐含着有关共时性可能事态的一种非亚里士多德式的理解。

除了我们提到的之外,这一时期还有许多其他穆尔太齐赖派思想家。阿布-胡载里和奈萨姆的影响集中在巴格达宫廷,但他们的根却在巴士拉。不过,另有一个巴格达的穆尔太齐赖学派,他的创始人比希尔·本·穆尔塔米尔(Bishr Ibn al-Mu'tamir)高龄逝于825年。它的气氛不那么纯粹和理智化,同巴士拉派相比,它的宗旨更具有传道色彩。

翻译运动

几乎与穆尔太齐赖派的观点百花齐放的同时,在阿拔斯王朝的哈里发们的支持下,同一批统治者官方赞助了一场翻译运动,到10世纪末渐入尾声时,它将古代晚期的亚历山大所滋养的希腊科学和哲学的很大一部分引入阿拉伯语(很多著作经由叙利亚语转译)。虽然哈里发们,尤其是马门可能真的有思想上的兴趣,不过,阿拔斯王朝确实有很好的政治理由去鼓励翻译(Gutas, 1998)。第一代阿拔斯国王借助波斯的支持夺取和维持政权。萨珊王朝的国教琐罗亚斯德教以极为开放的态度对待外国科学。据后世记载,琐罗亚斯德教徒相信琐罗亚斯德曾经写过一本巨著,它仿佛直接出自博尔赫斯瑰丽的想象。全书一万二千卷,以朱红墨水写就,水牛皮装订,一个词用一种语言,下一个词又是另一种,以此类推;当所有现存的语言穷尽之后,琐罗亚斯德又从第一种语言开始。这部巨著包含的不只是所有语言,还有一切科学:学问的传承可以追溯回琐罗亚斯德,人们相信希腊人的知识来自波斯人。搜罗和翻译科学和哲学著作就是在恢复散佚的古波斯遗产,将其重新化为己用。曼苏尔接受了上述意识形态,并将它转交给阿拉伯语的翻译,以此既能取悦保留自己宗教的波斯人,也能确保那些皈依伊斯兰教的人仍然可以保存他们的文化遗产。对马门来说,希腊科学翻译的政治价值有所不同。随着帝国的伊斯兰教化逐步推进,马门致力于表现得像波斯君主一样,成为政治、宗教和文化权威的源泉;对他来说重要的是,可以将倍受希腊人的基督教后裔即拜占庭人轻蔑的伊斯兰世界,建设成古希腊智慧的知识宝库。

最早翻译的大多是科学著作,尤其是天文学和占星术作品。非常早的一部哲学译作是亚里士多德的《论题篇》,由曼苏尔的继任者马赫迪(al-Mahdî)委托聂斯脱利派牧首提摩太一世完成于782年。它说明了伊斯兰教求助于希腊人的另一个理由:《论题篇》是一本论证手册,马赫迪深知对穆斯林来说重要的是要能信服地驳倒摩尼教徒、基督徒和其他向他们挑战的人。

到了9世纪中期,追随哲学家铿迭(al-Kindî)[18]的学圈出产了大量的哲学译文:铿迭很可能自己不能读希腊文,只是根据自己的兴趣来选择要翻译的文献。铿迭因此了解了大量亚里士多德著作,包括其逻辑学的一部分、自然科学论著、《伦理学》《形而上学》(欧斯塔提欧斯[Eustathios]所译,他很可能是一个希腊基督徒)以及《论灵魂》,他时而根据意译(例如《论灵魂》),时而根据更忠实的版本(如《形而上学》)。铿迭学圈的两部译作尤为重要,这是由于它们以特殊的方式将改编后的新柏拉图文献加入亚里士多德著作。《纯善之书》非常贴近普罗克洛的《神学原本》,它在伊斯兰世界并未得到广泛使用,但在拉丁传统中却极其重要,贡迪萨尔维(Gundisalvi)将它译成《论原因》(Liber de Causis)。西方拉丁世界一无所知,但在伊斯兰世界影响却更为深远的是《亚里士多德神学》和其他两个短篇(《论神圣科学信札》和归于"希腊圣贤"的语录),它们成了阿拉伯的普罗提诺。它们都来自同一源头,都是对普罗提诺《九章集》四至六卷的部分意译,现在认为由铿迭学圈汇编而成。改编者有独特的形而上学观,他努力使普罗提诺与之一致:最让人震惊的是,普罗提诺的太一成了某种类似伊斯兰教的创世主上帝的东西,而有关太一的不可思议性的讨论,则反映出穆尔太齐赖派关于神圣属性的思考。

《亚里士多德神学》题献给哈里发穆阿台绥姆,因此它显然完成于他统

---

[18] 又译铿迪、肯迪。

治的 833—842 年间。在某些方面,两位聂斯脱利派译者,侯奈因·伊本·伊斯哈格(Ḥunayn Ibn Isḥâq,殁于 873 年)和他的儿子伊斯哈格·伊本·侯奈因(Isḥâq Ibn Ḥunayn,殁于 911 年)使铿迭学圈的翻译作品黯然失色并将之取代。侯奈因的希腊语知识极为出众——据说他能背诵荷马史诗,虽然没有任何记录表明他翻译过任何希腊诗歌——他大部分作品是叙利亚语译文,但也有阿拉伯语译文。除了大量医学著作译本之外,他还翻译了盖仑写的柏拉图精粹和盖仑的逻辑学。伊斯哈格专注于哲学,他的译文包括亚里士多德的《范畴篇》《解释篇》《论生灭》《物理学》和《伦理学》。

铿 迭

阿布·优素福·伊本·铿迭(Abū Yūsuf Ibn Isḥâq al-Kindî,约 801—866 年)并不像拉丁中心论的历史书写传统所认为的那样,是第一个伊斯兰或阿拉伯哲学家。上一节已经表明,他是一个与阿拔斯王朝意识形态相和谐的合作计划的推动者和组织者——翻译、研究和利用希腊科学的一切方面,据说他撰写过超过 200 部著作,大部分有关科学和数学,这一兴趣决定了他以独特的思路去研究当时已经存在、充满活力的哲学传统。铿迭所专注的有些问题与穆尔太齐赖派相同,但他试图表明最好是利用亚里士多德来处理这些问题。他对亚里士多德著作的了解比穆台凯里姆(伊斯兰教义学家)要更全面和直接。亚里士多德的著作体系完结于《亚里士多德的神学》一书(实际上是普罗提诺的作品),这个文本对铿迭有特殊的亲合力。

铿迭现存最重要的哲学作品当推(显然未完成的)论著《论第一哲学》。它和《亚里士多德的神学》一样,题献给穆阿台绥姆。书的标题很亚里士多德化,正如第一章里所宣告的研究计划一样,它要通过亚里士多德所区分的四种原因——动力、质料、形式和目的——来探究第一因。铿迭在这章结束时呼求读者接受那些过去献身哲学的人们——"那些并非说我们的语言的人们"——所获得的真理:他(与亚里士多德相一致,《形而上学》993a-b)强调真理的知识需要借助共同的努力一砖一瓦地建造。铿迭自己的论述从第二章开始,从该章开篇来判断,读者会怀疑这部作品是否为亚里士多德思想的初级读物,从感知的讨论开始,推进到对理智的需求以及证明的使用来达到真理。不过,随后讨论的方向变了。铿迭想要阐明,存在某种无限之物,它没有原因,从不改变,始终完满,而且它不是一个物体。他还借用可以追溯到约翰·斐洛珀诺斯的若干论证来争辩,世界一定有一个开端:它不可能存在了无限长的时间。铿迭将是阿拉伯亚里士多德-新柏拉图传统中少数坚持世界并非永恒的思想家之一,而这一立场是穆台凯里姆——同样借用斐洛珀诺斯类型的论证——长篇累牍地加以辩护的。

铿迭在该书中继续论证万物是多,但也是一,而且为了这统一性它们必须依赖自身之别的东西。由此,他在最后一章中证明万物中的统一性来自太一,它是无限的而且不属于任何一个属。唯他才是真正的一。其他的事物只是以一种有限的方式成为一;他在那些"异端"归于他的属性(凯拉姆中在讨论该问题时用的词是ṣifât)之上。

铿迭从《形而上学》中的亚里士多德推进到《神学》中的亚里士多德,同时又极端偏离《神学》以便坚持宇宙不是永恒的,铿迭由此成功地得出一个结论,它能够完全符合穆阿台绥姆所青睐的穆尔太齐赖派对伊斯兰教正统的解释。这一启示同希腊哲学和宇宙论的综合,在他的一部短篇论著中表现得更让人吃惊,这部著作是回应他所督导的穆阿台绥姆的儿子所提出的一个问题:他能"用理性的论证"解释《古兰经》55章6节:"星辰和草木'向他俯首'"吗?[19]铿迭特别关心"星辰",他认为这指的是天球,它"俯首"隐喻服从上帝。他利用这个机会来说明亚里士多德的宇宙,并且求助于更接近《蒂迈欧篇》而不是亚里士多德的丰富性原则(Principle of Plenitude)。上帝以其慷慨来布置宇宙,以便所有潜在的和并非不可能的东西得以实现,这就是所有行为中最好的行为(al-aṣlaḥ)——这一遣词方式表明,铿迭是在针对凯拉姆有关最好世界的论战中提出自己的亚里士多德式解决方案。

因此,在察看铿迭时代伊斯兰土地上的哲学时,重要的是不要将后来的亚里士多德-新柏拉图传统同神学传统的太过鲜明的区分投射回去。从10世纪到12世纪,有一群思想家会有意识地自称"爱智学者"(faylasûf),即追随古代传统的哲学家。尽管在一定意义上铿迭位于这场运动的开端,但他的诉求更接近那些穆台凯里姆。

第六节 阿尔昆和查理曼宫廷的哲学

在西方拉丁世界,也是在一位伟大统治者的宫廷里,哲学再一次开始兴盛。因为宫廷和隐修院、主教座堂学校一样,是中世纪早期的文化中心,而被称作"第一位中世纪拉丁哲学家"的英格兰人将这三个背景在其生活和

---

[19] 马坚译本作:"草木是顺从他的旨意的。"此处从原书所引英文本。

教育中有机地结合起来。阿尔昆(Alcuin)在约克的主教座堂学校受的教育,他在生命的最后年月(796—806年)成为图尔的修道院长。不过,从8世纪80年代起,虽有间断,他活动的主要领地是查理曼的宫廷:这位国王没有受过教育,但在思想上充满野心,他最终定居亚琛,在宫廷中汇聚学者、拉丁诗人和思想家,阿尔昆是其中一员。到了8世纪90年代,阿尔昆成为非常有影响力的人物,和他的学生圈子促成了整个帝国的教育改革。尽管阿尔昆在一部"散韵双生体"(*opus geminatum*,散文和韵文结对[20])的作品中纪念过约克的老师和图书馆,但很可能他物质和思想上的兴趣都在大陆。总之,他不动声色地成为了一位伟大的革新者。

初看起来,阿尔昆的作品几乎完全是衍生性的蹈袭之作,只是拼缀了大多数没有注明出处的引文和权威文献的摘要,尤其是奥古斯丁的作品。不过,阿尔昆并非不假思索地搜集和重复现有资料。他**通过**其资料来源进行思考。他采取不同的立场,但这只显露于他如何改编他人的语词和想法。他的研究方法的一个绝佳例证是短论《论真哲学》(*De vera philosophia*),这构成他的语法教科书的前言,他在其中阐明了研究自由诸艺的理由。他效仿的一个文本是波埃修的《哲学的慰藉》——这也是该作品现知最早的借用;让人吃惊的是,波埃修的哲学代言人的含混晦涩竟然简化成了智慧这样一个圣经形象。不过,阿尔昆也把自由诸艺说成支撑撒罗满(所罗门)圣殿"智慧之所"的石柱。这使得他能将奥古斯丁(2章9节)有关这些学科作为升往神圣默观的阶梯的想法,整合到卡西奥多儒斯有关自由诸艺研究的真正鹄的在于《圣经》解经的前提中。阿尔昆本人践行着这些篇章所提出的研究计划,他是一个多产作家,留下大量受益于教父评注的《圣经》解经作品。

阿尔昆的逻辑教科书《论辩证法》(*De dialectica*),虽然大部分也只是汇集现存的材料,但其作为第一部中世纪拉丁教科书的重要性不仅仅是象征性的。首先,它的编写表明,逻辑学作为自由七艺中的一门如何在中世纪早期拉丁课程体系中找到确定的一席之地——哲学的其他部分都做不到这一点(阿尔昆的源泉之一卡西奥多儒斯已经预示了这一发展)。由于语法也得到了集中的研究,阿尔昆的著作为11、12世纪主教座堂学校以逻辑学-语

---

[20] 该文体通常分为两个不同的文本,一为诗体,一为散文体。它与《哲学的慰藉》这样的诗文合璧作品不同,后者是在同一个文本内部交替转换韵文和散文。

言学为基础的哲思的繁盛做好了准备。其次,阿尔昆在这些教材中提出了一个他在自己著作中进一步广泛扩展的特殊论题。他在卡西奥多儒斯和伊西多尔的百科全书之外的一个重要思想来源是一部4世纪的亚里士多德《范畴篇》的意译——部分是自由翻译,部分是评注,它以《十范畴》(*Cagetoriae Decem*)闻名。阿尔昆对这部著作的缩写支配着整部论著,和卡西奥多儒斯、伊西多尔,实际上和古代课程体系一样,他并不认为逻辑研究导向对论证形式的考察,而是集中在范畴之上。阿尔昆相信奥古斯丁是《十范畴》的作者,他以奥古斯丁的名义重新发行这部著作(这为时人接受),并附以序言诗。和奥古斯丁的这一关联有助于解释为什么他认为范畴如此重要。在《三一论》中(V.1.2-V.2.3),奥古斯丁考察了亚里士多德的范畴是否适用于上帝(2章9节)。在《论圣三一之信仰》(*De fide sanctae trinitatis*)中,阿尔昆改写、缩编了奥古斯丁的论述。阿尔昆赋予这一主题极为突出的地位,在作为序言的书信中他不惜进一步断言"无范畴理论精微推理之助,断不能阐明圣三一最深幽难解之问题"。

阿尔昆的方式并不是加洛林时期思想家研究逻辑的唯一进路。查理曼宫廷思想家的一个值得大书特书的成果是《加洛林著作集》(*Libri Carolini*),或更准确些《查理曼大帝驳公会议书》(*Opus regis Karoli contra Synodum*,指第二次尼西亚大公会议)。这是以查理曼的名义发行(791—793年)由奥尔良的狄奥多尔夫(Theodulf of Orleans)完成的对拜占庭偶像崇拜立场的官方回答。该书的结尾(IV.23),狄奥多尔夫转向逻辑学来攻击他的对手。他毫无必要地将一个简单论点包裹在多重三段论中,然后他停下来,以一种炫耀学问的方式来解释他的反驳的逻辑。显然,他相信自己的三段论技巧本身就是一个强有力的武器。狄奥多尔夫撰写《查理曼大帝驳公会议书》的时候,阿尔昆远在英格兰。尽管IV.23和《论辩证法》之间的关系尚有争议,看起来最有可能的是,阿尔昆的教材已经完成,而且狄奥多尔夫对它有所了解。不过狄奥多尔夫对于逻辑的兴趣,本质上非常不同于阿尔昆:对他来说,锻造论证至关重要,而且他特意借用了当时可以获得的最好的三段论理论来源,阿普列尤斯的《解释篇》(*Periermenias*)。

阿尔昆最好的学生可能要算英格兰人坎迪杜斯·维佐(Candidus Wizo)。和他的导师一样,他摘编、收集权威著作。和他有关的名著节选表现出和他导师同样强烈的对范畴以及范畴和上帝关系的兴趣,不过,它们还包括一个(来自奥古斯丁的)上帝存在的证明、有关三位一体的讨论(和阿尔昆不同,它用到了波埃修的《神学短篇集》)、三段论技巧联系以及展现出对过往异教哲学的好奇心的段落——包括卡尔基狄乌斯的《蒂迈欧篇》评注的摘要。阿尔昆的另一个学生弗雷德吉苏斯(Fredegisus)写过一篇短论《论虚无与阴影之实体》(*De substantia nihili et tenebrarum*),它发展了相当幼稚的语义学主张:"虚无"一词应当指定(designate)某物,因此虚无一定是某种存在的实体。

在阿尔昆和他的学生们的著作中,拉丁世界的哲思所采取的延续至1200年的三条路径已经彰显:以逻辑为形式并且由逻辑激发思考;展示和分析基督教教义;以及——如阿尔昆对《哲学的慰藉》的借用以及他的追随者们引述卡尔基狄乌斯所暗示的——联系一组不多的古代哲学文献,这些文献和范围更广的逻辑学文献一起在下一个世纪得到恰当的运用。在当时,最重要的哲学资源是奥古斯丁,把人们偏爱的哲学文献《十范畴》归在他的名下,虽然不正确,却再恰当不过。

第七节　约翰·司各托·爱留根那和9世纪

隐修院与宫廷的哲学

尽管查理曼的帝国解体,他儿子虔诚的路易(Louis the Pious)的统治被看作文化衰落的时代,但在伟大的隐修院中仍然延续的,不止有《圣经》解经和百科全书编撰——例如富尔达(Fulda)的修道院长赫拉班(Hrabanus Maurus,约783—856年)倾尽毕生心血之作——还有更加思辨的思考。科尔比(Corbie)的隐修士拉特拉姆努斯(Ratramnus,约800—868年后)不止写圣餐这样的神学论题,而且在860年代时,还写过一部《论灵魂:答奥多》(*De anima ad Odonem*),其所针对的观点,可以追溯到某个别的方面不为人所知的爱尔兰人马卡利乌斯(Macarius),其论点建立在对奥古斯丁的歪曲上,认为人的灵魂既是多个又是一个事物。拉特拉姆努斯可能正确地看到了隐藏在马卡利乌斯观点之后的共相实在论,因为(非柏拉图式的)实在论者恰恰认为共相既是一也是多。拉特拉姆努斯一定仔细读过波埃修的《神学短篇集》,他在第5篇中找到一个段落(Ratramnus of Corbie, 3:198-204),并将其扭曲以便彻底否认共相在心灵之外的存在。9世纪中期另一位知识分子隐修士戈特沙尔克(Gottschalk)的思想将在专题研究C中讨论。

爱留根那和自由诸艺

正是在关于预定论的论战中作为戈特沙尔克的对手，9世纪杰出的拉丁哲学家约翰·司各托·爱留根那(John Scottus Eriugena)，才初次青史留名（专题研究C）。约翰不是隐修士，他似乎于840年代曾在查理曼那钟爱希腊的孙子秃头查理的宫廷中担任导师。"司各托"在这个时期指爱尔兰人，而"爱留根那"是以更自我标榜的方式说同一回事。当时有一群在学问上傲视大陆学者的爱尔兰移民（他们包括拉昂的校长马丁[Martin]，列日的塞杜里乌斯[Sedulius]，以及爱留根那的一些学生），约翰是其中最引人注目的一位。在查理曼的朝廷中他似乎教授过一套围绕自由七艺的课程体系——语言学的"三艺"（语法、逻辑和修辞）和数学的"四艺"（算术、集合、天文和音律）——他把马提阿努斯·卡佩拉的《论斐萝萝嘉和墨丘利的婚姻》用作教科书。尽管很难准确地确定现存的哪些注疏是他的作品（3章8节），约翰看起来是一个富有想象力的解经者，沉溺于异教的神话学，急于找机会炫耀他从马可罗比乌斯、《蒂迈欧篇》和卡尔基狄乌斯那里得来的柏拉图派的知识。他认为自由诸艺作为马提阿努斯这部诗文合璧作品的主题，其本原内在于人类自身之中。但它们不易被揭示，并不能通过它们的感性显现而被确切把握。他从这个角度来解释奥尔甫斯和欧律狄刻(Orpheus and Eurydice)的故事(John Scottus, 1939, 192-193)。奥尔甫斯代表声音之美，欧律狄刻则是"具备最深刻的音乐之理的音乐艺术"。和奥尔甫斯试图从地府营救欧律狄刻一样，音乐家下潜到音乐学科的幽深处去恢复"艺术的统治，使音乐之声得以安置"。但是，和奥尔甫斯一样，他失败了：他所创造的只是"转瞬即逝的、物质的声音"，它缺乏音乐之理。

爱留根那、希腊人与《论自然》

秃头查理的宫廷以拜占庭为文化效仿的模板。因此，查理决定，当年口吃者米哈伊尔(Michael the Stammerer)皇帝作为礼物送给他父亲的（当时所有人认为是）阿勒约帕哥（亚略巴古）的狄奥尼修斯的著作抄本，需要一个更好的翻译，来超越由几乎不通希腊语的圣德尼的修道院长希尔杜恩(Hilduin of St. Denis)勉力完成的译本，这一点也不意外。他求助于约翰·司各托。他很可能粗通希腊语（还可能已经使用过一些希腊文献；见专题研究C），并在进行翻译之前达到精通的水准。他继续翻译了来自同一个基督教柏拉图主义传统的其他希腊语著作，宣信者马克西莫斯的《答塔拉西乌斯诸难题》(*Questions to Thalassius*)和《疑难》(*Ambigua*),尼撒的格列高利的《论人的造成》,还可能有一部非基督教作品(见间奏 ii)。研习这些文献转变了他的世界观,尽管他思想中的某些核心倾向,如不愿把上帝看作惩罚者在他的《论预定》(*De praedestinatione*)中已有端倪。

爱留根那撰写的几部作品,展示出他对希腊作家的彻底吸收——一部伪狄奥尼修斯的《论天阶》评注,一部未完成的《若望(约翰)福音》评注,还有一篇论及该福音书序言的讲经,以优美的、散文诗般的文笔概述他的思想。不过,正是在大约 862—866 年完成的 *Periphyseon* 中(《论自然》——亦称《论自然之区分》[*De divisione naturae*],不过希腊化的标题出自作者之手,更为有力),爱留根那将其体系发挥到极致。《论自然》是一部师生间的对话,学生通过提出反驳和追求更深层的解释来引出导师的思想。它在结构上借用了加洛林时期人们熟悉的两个模板。爱留根那将整个自然分成四类:不被创造但进行创造者(上帝),被创造同时又进行创造者("始因",见下文),被创造但不进行创造者(自然界),不被创造且不进行创造者(作为万物归向者的上帝)。在对第一个分类的讨论中,他按照阿尔昆和他的学生们(他们又回溯波埃修和奥古斯丁)的传统,考察了亚里士多德的十范畴是否可以述谓上帝。而在对其他分类的讨论中,他评注了《创世纪》的开篇。不少教父和加洛林时期的导师们,包括阿尔昆自己都写过《创世纪》评注,尤其关注创世的故事。这些和 9 世纪写作模板的相似之处有助于阐明,《论自然》并没有完全脱离它产生的思想世界,不过将这些相似处推得太远,则会让人误解。无论如何,爱留根那受到尼撒的格列高利、伪狄奥尼修斯和马克西莫斯著作的启发,他选的路是他同代人万万预料不到的。

对奥古斯丁来说,从范畴来思考上帝的一个要点是去解释,即使 9 种偶性,假如可能的话,能以某种特殊的方式用于上帝,然而,比任何其他都要更恰当的是,上帝是存在(being),是第一个范畴(*essentia/ousia*,他避免使用"实体"这一术语,因为这似乎会暗示上帝是偶性的基体)。加洛林时期的逻辑学家狂热地追随这一思路。与此形成对照的是,《论自然》第一卷的目标就是要阐明没有任何范畴适用上帝,甚至存在也不行。甚至在他开始讨论范畴之前,约翰就已经提出了这一核心论点。全书一开始,爱留根那提出了比前述四分还要更基础的区分:存在的与不存在的。他尤其专注于一种不存在:某物之所以不存在,是因为它**超越**了存在。对约翰来说,上帝,并且只有上帝以这样的方式不存在。在此,爱留根那已经使自己同奥古斯丁以及除了马理乌斯·维克托里努斯之外的所有拉丁传统的思想家鲜明地区别开来。他们回避了晚期新柏拉图派接受并使之更加明确的普罗提诺的主张,后者认为太一,亦即解释的最终依据不是存在,而是超越存在。取而代之的是,他们倾向于用和第二本体理智联系在一起的术语来思考上帝——考虑到上帝在基督教的创世、救赎和末日审判中所起的积极作用,该选择可以理解。爱留根那之所以可以更全心全意地接受新柏拉图的主张,是因为他接受了伪狄奥尼修斯的一个区分。

爱留根那解释道(I,458A-D),存在两种神学(谈论上帝的方式):肯定的或"以肯定的方法而得的"(cataphatic)和否定的,或"以否定的方法而得的"神学。肯定神学确认、肯定上帝的属性。爱留根那按照宣信者马克西莫斯的建议,认为这样的肯定命题只要不是从字面义来理解,仿佛我们在陈述上帝是某种存在的东西,而是从因果性上来理解,它们就是真的。从字面义来说,上帝不是善的或正义的,从字面义来说,他甚至不存在。但是,他是善、正义和存在的原因,因此这些属性可以作为隐喻来说他——事实上,就像那些不那么明显的属性一样;所以上帝是狮子,上帝(甚至)是虫。否定神学否定上帝的一切属性,断言上帝在任何场合都超越该属性:上帝不是 F(善的、智慧的……),而是多于 F(more-than-F)。爱留根那非常严肃地对待这些表述。它们并不被读解成单纯意味着任何人或任何造物都不能理解上帝。在第二卷中(586-590),约翰提出一个他自己也承认极其古怪和惊世骇俗的观点,他让对话中的学生首先拒绝接受它:上帝不知道他是什么。爱留根那根据两个理由为这一立场辩护。第一个根据明确地回溯到有关范畴的讨论。恰当地理解的话,如果没有任何范畴适用上帝,那么,对于"他是什么"这样的问题就不会有答案,因为任何这样的答案都要给出他的实体。上帝没有实体,因为他不是任何存在的事物,因此他甚至不能知道自己,因为他不是任何可知的事物。其次,约翰诉诸上帝的无限这一观念。他论证,如果上帝真的是无限的,那么他就缺乏一切边界,他也就不能被界定,因此就他是什么而言,从原则上说他就是不可知的。

那么,上帝就是虚无。爱留根那(III, 681A-C)提出,按照基督教教义,上帝自虚无中创造,这里的虚无就是上帝自身。这仅仅是在玩弄语词吗?乍一看似乎是这样。"上帝自虚无中创造宇宙"这一基督教信条的表述并没有确认一个事物,以便上帝从它出发来创造宇宙,而是说没有任何预先存在的东西上帝可以用做创世的质料。然而,爱留根那似乎是把"虚无"理解成它指定了某物,然后进一步转折,指出它所指定的上帝不是任何事物。但是也可能爱留根那一点也不迷糊,而是在大胆地指出,我们应当拒斥隐藏在先前提出的转写——上帝没有使用任何预先存在的事物——之后的权威思路。上述转写将上帝构想成一个存在,它使另一个存在即宇宙以一种特殊的方式(不需要预先存在质料)得以存在。对爱留根那来说,并没有两个存在:上帝和宇宙。只有宇宙才是存在(或者更应该说,若干存在)。非常严格地说,上帝完全不是任何事物。不过,他在宇宙中得以显明。约翰从希腊作家借来"神显"(theophany,"上帝的显现")这个术语,帮助他阐明这一观点。只有在神显中才能认识上帝,而不能直接把握;整个创世就是神显。正如他自己所言(III, 681A):

> 当上帝被理解成超越理解,他就正确地因其卓越而被称为虚无。然而,当他在神显中渐渐现身,他就被说成是在生发(proceed),仿佛从虚无成了某物,而那被恰当地看作在一切本质之上的,他也应当被认识为在一切本质之中。因此所有可见的不可见的造物都被称作神显……

爱留根那对上帝和范畴的论述不仅仅在于澄清了约翰对上帝彻底的否定理解的根基。它在很多方面修正了范畴理论,阐明了在奥古斯丁或波埃修那里未能澄清的范畴间的区别和相互关联。在爱留根那和波埃修所传承、西方拉丁世界的逻辑学家所接续的评注传统之间,还有一个根本的和更加极端的区别。波埃修(3 章 1 节)接受波菲利的观点,认为亚里士多德逻辑应当用亚里士多德自己的术语来理解成适用于可感世界。爱留根那(以某些晚期新柏拉图派评注者采取的方式)试图将他自己的柏拉图主义读到范畴学说中。他说第一实体是非质料的,而量和质也是如此:物体是它们汇集的结果。位置不仅被看作物体的边界,而且被看作界定(definition),爱留根那随后发展出一套理论,使得界定被视为创造性的[21]——这想法他将在第三卷中展开。

《论自然》第二至五卷专注于阐释《创世纪》,爱留根那受到奥古斯丁、安布罗斯和希腊世界的奥利金、巴西略、尼撒的格列高利和马克西莫斯的强烈影响。他的解经法将两种貌似矛盾的倾向结合起来。一方面,他认为神

---

[21] 按作者解释,在爱留根那看来,去界定一个事物,就是去创造该事物,将其置于一定的边界之中使其存在。

圣文本以一种近乎魔法的方式而有意义:对它而言存在着无限多的可能解释,甚至最短的段落也包含无数意义,就像一片孔雀羽毛最细小的部分也有不可尽数的斑斓色彩(III, 749C)。虽然这一观点看起来让他可以任意差遣《创世纪》,把它当成他想要详述的系统思想的工具,然而,爱留根那对《圣经》的尊重使他高度关注其语言的每一个细节、每一处用语转折、每一处省略。

自然的第二分类,被创造的并且进行创造的,由"始因"构成。它们类似上帝心灵中柏拉图式的理念和《〈创世纪〉字义解》中所说的"种子因",奥古斯丁用它来解释为何上帝创世是瞬间发生的,但其效果却逐渐演进并根据自然律延续。爱留根那完全以安布罗斯为榜样,将乐园的故事寓意化,以至于亚当和厄娃(夏娃)不再被看作两个历史人物,甚至也不是神话中的人物——这一态度允许他接纳马克西莫斯的主张,认为性的分别是堕落的后果。然而,爱留根那并没有详述人的堕落状态。爱留根那并未以奥古斯丁的方式把原罪设想成彻底地败坏了人性,而是受到了希腊世界的影响,可能还有中世纪早期神学的裴拉基派思潮的影响,他倾向于认为堕落的后果更多是外在性的。人类在他的万物图表中的地位倍受青睐,约翰强调人作为上帝肖像的《圣经》主题:人的理智(II, 585A-B)甚至和上帝一样,不能认识它自身本质上是什么——不过人的理智的本质是可知的,唯有上帝可知。

实际上,爱留根那在谈及人的灵魂的能力时,视野不同寻常地广阔。他常常逐字逐句地跟随马克西莫斯描述(II, 572C-3B)灵魂的三种运动:理智的、理性的和感觉的运动。第一种运动是关于超越灵魂自身本性的上帝本身,他"根据其所是"来认识上帝——尽管这仅仅是知道上帝不是任何事物,他之所是不能得到界定。理性的运动(按照通常的新柏拉图派方案,这是第三本体灵魂的活动)将上帝认识为万物的原因。爱留根那的二元论是彻底的:灵魂需要身体,把它用在它的第三种也是最低的运动之上,不过,灵魂不止有别于身体,而且可以说灵魂创造了自己的身体(II, 580B)。事实上,他甚至断言——这发展了第一卷中提出的界定是创造性的这一想法——所有事物在人之中被创造并且在他之中持存(III, 764ff.)。要让这些听起来异想天开的论题融贯,需要细致的解释,不过它们在涉及约翰整个立场的上下文中得到详细的论证,而不仅仅是断言。

爱留根那虽然是在评注《创世纪》,他还是对3章22节提出了一个不同寻常的解读("……不要让他伸手摘取生命树上的果子,吃了活到永远……"),它认为这预言了亚当终将吃到生命树上的果子,活到永远。第四卷和第五卷致力于讨论万物向自然的第四分类中所描述的上帝的回归——朝向那不被创造也不进行创造者。在(下面的)专题研究 C 中,这个在拉丁传统中显得怪异的想法,将被重置于约翰早期作品和当时的神学论争的语境中。我们的讨论将表明,不应该把爱留根那看成完全孤立于他自己的时代和国度。然而,从大面上说,虽然他影响到评注传统,爱留根那开创的方向并没有人追随。他在毫不系统的希腊基督教文献基础上,成功地重组了高度体系化的新柏拉图观点,除了其中对《创世纪》故事的成功吸纳之外,普罗克洛和他的追随者对该观点也会有兴趣。爱留根那还将这个观点读回他的逻辑论述中。与此形成对照的是,从爱留根那的时代直到 12 世纪末,最出色的哲学家发展他们自己更宽广的形而上学思考的基础,是一种亚里士多德式的、更接地气的对逻辑和语言的思考。

专题研究 C:戈特沙尔克、爱留根那及其同代人论预定和救赎

关于基督徒该如何看待神圣预定,奥古斯丁留下的图景让人困惑(2 章 9 节)。不过,他的晚期著作清楚地强调人类极端依赖上帝白白给予的恩典。奥古斯丁思想的这一维度吸引了戈特沙尔克(Gottschalk,约 803—867/869 年),一个幼年时即献身富尔达隐修院的撒克逊贵族,在一首堪称中世纪最出色的诗作中,戈特沙尔克曾为他对隐修生活的不满而哀叹。从 840 年代开始,戈特沙尔克全心投入捍卫一种双重预定论(Dual Predestination, DP),认为上帝选取了某些他将给予恩典使之配得上救赎的人,以及另外那些他将定罪的人(Gottschalk,1945,202):

(DP)所有人或者受预定要得救赎,或者受预定要被定罪。

上帝的选择不取决于人的功德,但戈特沙尔克坚持上帝在给那些他选来受永恒惩罚的人定罪时,是在正义地行事。

戈特沙尔克得到他同时代一些最博学的人的支持,包括费里耶尔(Ferrières)的修道院长兼著名拉丁古典学者卢普斯(Lupus)。但是,DP 招致其他教会领袖人物的激烈攻击,包括兰斯总主教安可马尔(Hincmar)和百科全书作家、《圣经》评注者、富尔达的修道院长和时任美因茨总主教赫拉班(Hrabanus Maurus)。在 849 年基耶尔济(Quierzy)的公会议上,戈特沙尔克被谴责,终身监禁在欧维莱尔(Hautvillers)的隐修院。安可马尔和赫拉班担忧的是 DP 破坏了道德基础——既因为 DP 将上帝的公义表现为独断的,也因为它看起来暗示人们所做的一切不会改变他们的永恒命运,因此夺走了人们按照基督教教诲行动的动机。安可马尔和赫拉班接受上帝预先**知道**一个特定的人将得到救赎或被定罪(他们并未进而讨论预知论提出的难题),但他们坚持只有单一的预定(single predestination):

> (SP)某些人受预定要得救赎,而且只有他们将得拯救。所有其他人完全未受预定。

SP据称可以使上帝免受随机选定某些人并决定他们将被定罪的控诉。但是,既然那些人未受预定,因此也得不到他们所需的恩典,他们因此将被定罪,那么,DP和SP之间的差异看起来至多就是做和允许间的差别。根据DP,人们下地狱是上帝一个行动的结果——虽然这个行动就是选择**不**给他们恩典;而在SP中,上帝允许那些他没有预定他们获救的人被定罪。至少安可马尔试图将他的立场和戈特沙尔克的更鲜明地区别开来,他有时提到那些被定罪的人选择不接受供给他们的恩典,或者上帝不把他的恩典给予那些他预见了将会误用它的人。

大约850年,安可马尔向当时在王室宫廷教书的约翰·司各托求助,请他答复戈特沙尔克。约翰的论著《论神圣预定》,从产生它的论争语境来看,是一部奇怪的作品。和《论自然》不同,虽然它已经表现出对伪狄奥尼修斯和尼撒的格列高利的某些了解,但它的出发点大部分还是来自拉丁传统。部分地看,它是赫拉班和安可马尔所给出的那类答复的一个思想上成熟得多的版本,拒绝DP,支持SP,并且单方面地引用奥古斯丁来捍卫这一立场。虽然爱留根那强调人类甚至在堕落之后仍然保有他们的意愿的自由选择(*liberum arbitrium*),但他明确地拒绝裴拉基主义,因为他认为堕落之后的人**已经**失去了意愿的"力量和能力":没有不依赖功德的恩典的帮助,他们不能充分利用他们的意愿而得到救赎。不过,爱留根那还是发展了两条相互交织的原创思路。

首先,他区分了理性意愿和人性本身。上帝创造了人的本性,而且人类的一个——实际上他表明了这是唯一的——本质特征就是他们拥有理性意愿。这样一种意愿必须是自由的,因此可以自由地作恶,就像实际所发生的那样,因此它将受惩罚。但是人性本身并不作恶,它未受败坏,并且不受惩罚。

其次,爱留根那想要阐明恶徒要为他们自己所受的惩罚负责。他提出,这一惩罚可能仅仅在于无知,或者知道被褫夺了至福直观。或者,在他对这一主题最复杂的发展中,约翰不把预定看作上帝针对每一个个人所做出的决定,而是一套律法,它们以不同的方式影响着善人和恶徒。上帝给每一个存在一种本性,而该本性有其界限。没有事物能超出它本性的界限,但是理性的造物(人和天使)有能力去**意愿**超越这些界限。约翰修改了(见于奥古斯丁的,并且在波埃修的《哲学的慰藉》中非常明确的)恶是善和存在的缺乏,以及恶徒在一定意义上不再存在这一想法,他解释了恶人想要如此远离作为至高本质的上帝,以至于他们完全不再存在,成为虚无。上帝的律法设定了一个尺度,阻止他们实现他们的愿望。就这样,那给善人带来幸福的同样的律法,限定着恶人的意愿,因此恶徒由于欲望的挫败而受到惩罚,或者更应该说,他们惩罚自己:"同一项律法……使平等的共同体朝向最公正的秩序,因为它赐予那些愿意好好生活的人以生命,而给那些不想好好生活的人以死亡。"——就好像同样的食物,健康人尝起来甜美,病人觉得苦涩一样。

然而,爱留根那并没有将这一大胆的思路整合到他所接受的广义的奥古斯丁恩典教义之中。他仍然坚持恩典是必需的:只有那些预定得到救赎的人,它们的意愿得到解放,以便他们可以欣喜地安居于神圣律法设定的界限之内,不愿越雷池一步;不应当责备上帝惩罚罪人,因为是他们在惩罚自己;然而,他们的罪和他们的惩罚看起来是不可避免的,除非上帝选择赐予他们恩典。人性本身不受惩罚,这千真万确,但是很难理解承认这一点就可以帮助那没被赐予恩典并且因此犯罪受罚的个人,或者使上帝针对他们的作为不那么独断。

爱留根那对正统教义的表面接受并没有使他的论著免遭里昂的弗洛鲁斯(Florus of Lyons)和特鲁瓦的普鲁登奇乌斯(Prudentius of Troyes)(他们精确地指出,他的恩典理论留给他所宣称要维护的意愿自由的空间何等狭小)的双重攻击,以及 855 年瓦朗斯(Valence)公会议上的谴责。尽管如此,在《论自然》的第五卷中,约翰重回救赎与定罪的论题,发展了他早期著作中的两个原创想法,还补充了更加大胆的内容。人性本身未受玷污不受惩罚这一想法,通过他的回归主题(它包括"人性恢复到其原初无损状态";880B)——即在爱留根那看来代表着人性整全的乐园的失而复得——而获得充满活力的形式。他说(944B),"理性本性中错误导向的意愿的非理性活动会受到惩罚",这回应着《论神圣预定》中的理论,而人性本身将"无论何地,无论在它本身还是在它的分有者中,始终是善的、被拯救的、完整的……不可朽坏的、不可作用的、不变的"。

爱留根那从希腊传统中接过 theôsis（神化）这一观念，将之加以改造以便拓展该理论。希腊教父倾向于从神化来理解救赎，它意味着与上帝相似，而不是完全和他等同。某些人如阿塔纳修（Athanasius）和尼撒的格列高利，将它视为一切人类的命运：因为上帝成了人，所以所有的人都会神化。其他人——特别是宣信者马克西莫斯，爱留根那最青睐的作家之一——则热衷于回避奥利金对于普世拯救的异端信仰，他们论证只有善人才能实现神化。爱留根那追随马克西莫斯将神化留给选民，同时保留了普世神化理念的要素——尤其是来自尼撒的格列高利的，它体现在他有关所有人性普遍回归自然的原初无损状态。

接近《论自然》的结尾，上述基本方案经历了若干修正。首先，爱留根那似乎打算（977B-8B）提出末日审判时人性的三重区分。彼时将有神化者，他们接受神显；然后是那些过着好的但不是最好的生活的人，他们将接受感觉印象作为对他们的奖赏；还有那些没有好好生活的人，他们也接受感觉印象，但它们将以野兽的形式出现而且是作为对他们的惩罚。不过，在全书末尾解释明智的和愚蠢的贞女的譬喻时（1011A-18D），约翰的评论可以看作是进一步解释那些过得还算不错的人将会收获何种形式的感性回报，尽管表面上他在谈论的是**所有**没有被神化的人。他解释道，几乎所有"愚蠢的和不明智的人都……为他们高贵的出身，他们庞大的家族，他们坚实的身体、力量和健康，他们敏锐的才智和言辞的魅力，美貌体贴的妻子……大量的土地和财产感到幸福和满意"。那些没有被神化的人将要回归的是这一状态——加洛林贵族（或心满意足的 21 世纪消费者）的尘世乐园——"单纯由自然之善构成，没有美德装点"的状态。没有任何斯多亚派会如此横扫一切地蔑视普通男女孜孜以求的善。没有任何上帝会像爱留根那的上帝这样如此具有理智或精神精英主义者色彩——或者如此纵容每一个远远低于这一精英标准的人。不过，爱留根那的不同提案所表现出的究竟是混淆、犹豫还是只是某个实际上想要否认有任何人会受永恒惩罚的人明智的圆滑，这仍然是一个可以商榷的问题。

第八节　评注传统：拜占庭与西方拉丁世界

爱留根那用少数几部希腊基督教文献来重构普罗克洛或大马士革乌斯

不会感到陌生的整个新柏拉图体系的同时，两度被废黜的君士坦丁堡的牧首弗提乌斯（Photius，820—891年），正在编撰他的鸿篇巨制《图书集成》（*Bibliotheca*），这是他对过往希腊文献广泛阅读的记录。搜集在他的《辩疑》（*Amphilochia*）中的书信表明，他对基督教教义问题有自己的观点，这对一个牧首来说可能毫不意外，但是在《图书集成》中——尽管该书覆盖每一个学问领域——他所开创的一个潮流既解放又束缚着拜占庭的思想。虽然大多数希腊教士仍然对一切异教学问心存怀疑，但一连串拜占庭思想家将像弗提乌斯一样，耐心地发掘和纪念希腊的过去。这一活动和神学完全分离，但常常受到局限，因为他们过于顺从过去的思想家，对他们的兴趣既没有现代历史学家也没有独立哲学家那样的超脱。在弗提乌斯的《辩疑》中，有一篇《范畴篇》评注（qq. 137-147）和与《导论》相关的对属和种的讨论（qu. 77）。他处理《范畴篇》的方式是详尽的意译，看起来针对的是这个领域的初学者。有关《导论》的讨论更加精致，和这一段的许多评注不同，它非常严肃地对待属和种是否**物质**的问题。我们还需要仔细考察可能的资料来源以确定弗提乌斯是否发展出一套个人的观点。恺撒利亚的阿瑞图斯（Arethus of Caesaria）约于900年写成的《导论》和《范畴篇》旁注（scholia）当然不过是一部汇编，可能只是从一部或多部存有大卫、埃利亚斯、斐洛珀诺斯、辛普里丘和早期新柏拉图派注疏资料的抄本转抄而来。

然而，爱留根那的大胆与同时代拜占庭学者的模仿态度的对照只是片面的。甚至《论自然》本身也像一部评注（或两部评注：论《十范畴》和论六天创世），而爱留根那早期的著作也是以注疏的方式评述马提阿努斯·卡佩拉。9世纪末的拉丁哲学家依照这一模板，评注马提阿努斯、波埃修的《哲学的慰藉》和他的《神学短篇集》、马可罗比乌斯《西比阿之梦》和伪奥古斯丁对《范畴篇》的意译。9世纪50年代至90年代的这一教学记录保存在抄本的叶边和字里行间的注疏中。即使到了该世纪末，欧塞尔（Auxerre）的隐修士雷米吉乌斯（Remigius，840年代早期—908年）执掌兰斯的主教座堂学校，自900年起在巴黎教书，他连续不断地评注《哲学的慰藉》和马提阿努斯·卡佩拉的作品，将注疏中的资料编织在一处，其中马提阿努斯的评注还包括爱留根那的注疏。

《神学短篇集》的注疏也显示了爱留根那思想留下的踪迹。最有趣的是《十范畴》注疏。其最早抄本的独特之处是，在相当一部分注疏中，伪奥古斯丁转写中的逻辑思想成了形而上学或神学离题散论的托辞，后者让人想起《论自然》,只是没有那么缜密。不过,很快这些就被评注传统根除掉了;见习逻辑学家们更专注于掌握亚里士多德范畴理论的基本概念,而不是跟随他们的先驱乘着想象力的翅膀飞翔。

间奏 ii:Pricianus ad regem Osdroe

试想你在察看一个手抄本(Milan, Ambrosiana B 71 sup.),当世最权威的文书学家告诉你,它出自欧塞尔,写于850—875年间。这是一个9世纪思想家仔细研究的逻辑学著作《十范畴》的副本,叶边上写满注疏。在缩微胶片上它们几乎无法辨读,但是如果你仔细地看真正的抄本,你就能把它们辨认出来。有一处,拉丁作者谈到了 *fantasiae*,叶边的注疏写道:*priscianus ad regem Osdroe dixit quid inter fantaston et fantasiam et fantasma*. 这个句子 *dixit* 之后的部分很容易翻译:"……说到了 *fantaston* 和 *fantasia* 以及 *fantasma* 之间的[区别]。"但是,究竟谁是 Osdroe 国王呢?这个普里西安(Priscianus)指的又是哪一个呢?

答案既明显,又出人意料。"Osdroe"正是库思老(科斯洛埃斯[22])一世阿努希尔万(Khusrau [Chosroes] I Anushirwan),酷爱哲学的萨珊王朝国王,6世纪初期统治波斯。普里西安指的是吕底亚人普里西安(Priscianus Lydus),一个在雅典学园关闭后前往他的宫廷的希腊异教哲学家。正如波斯人保罗曾将一部逻辑学论著题献给阿努希尔万,吕底亚人普里西安同样赠予他对一系列问题的解答,主要是关于自然科学。吕底亚人普里西安的《释疑:答科斯洛埃斯》很有可能在9世纪中期由爱留根那译成(并且仅存于)拉丁语——这似乎是他唯一知道的希腊语写成的异教哲学著作。米兰抄本的注疏者在解释时采用了该译本,所以他可能和爱留根那的追随者欧塞尔的埃里克(Heiric of Auxerre)关系密切。

当你破解这些含混不清的语词时,本章和上一章所横跨的、表面看来无比遥远的世界就会变得如邻人般亲近:最后的异教哲学家,其意识形态笼罩阿拔斯王朝的波斯君主,秃头查理和他热衷希腊的宫廷,还有那个欧塞尔的隐修士,那些他几乎不能理解的观念和名称,让他既晕头转向,又神魂颠倒。

---

[22] 此为库思老的希腊语译音。

第四章 传统分道而行

"普里西安"注疏所昭示的文化交融到了9世纪末期已经渐成遗响。在10世纪和11世纪,拜占庭、拉丁和东方,这三个传统各自踏上了不同的旅程。拜占庭不再对西方拉丁世界有重要影响,而东方的传统则独立发展。只有到了12世纪,随着新的材料从希腊文和阿拉伯文译成拉丁文,不同的传统才再次交汇(5章8节)。

该时期的拉丁和拜占庭哲学将在本章后半部分讨论。此二者都扎根于一种语言,并且是在宗教正统的背景下得以推进——西方拉丁世界的大公教会根基在罗马,而正教会则以君士坦丁堡为根。东方的传统更加复杂。阿拉伯语现在成了伊斯兰国度的通用语(lingua franca),它被用在最哲学化和神学化的写作上,尽管说波斯语的人偶尔也用他们自己的语言写作,而且叙利亚语文献的传统得以幸存。10世纪时,巴格达的思想生活既对穆斯林也对基督徒开放——事实上,亚里士多德运动主要是基督徒的工作,虽然其中杰出的思想家法拉比(Fārābī)是穆斯林。除了阿维森纳11世纪时将会调整和发展的亚里士多德学派,还有凯拉姆的传统,以及将哲学和神学观念相结合的各色思潮。

不过,本章将从阿拉伯传统的另一个支流开始,它将构成中世纪哲学的第四个传统:犹太哲学。

第一节 中世纪犹太哲学的开端

犹太哲学的根源当然要早于10世纪。除了亚历山大的斐洛对《创世纪》的柏拉图式的评注(2章7节)之外,来自希腊化时期的犹太作品中还有一些带有哲学倾向,如《玛加伯(马加彼)》第四卷(公元前1世纪);还有巴比伦的拉比们,尽管他们可能敌视哲学,也投入到准哲学论战策略的研究,还可能投入到《圣经》段落的隐喻解释中。尽管如此,只有在伊斯兰,中世纪犹太哲学传统才真正开始,它深受犹太思想家生活其间的穆斯林所采用的各种哲思形式的影响。他们当中最早的两位犹太哲学家,展示出阿拉伯文化两种不同思潮的影响。以撒·以色列利(Isaac Israeli)在铿迭的新柏拉图哲学传统中工作,而萨阿迪亚(Saadia)则受凯拉姆的影响,虽然他的著作在很多方面都有所不同。

以撒·以色列利也是出名的医生,他出生于850年,非常高龄才去世。他用阿拉伯语写作,可能既为了穆斯林也为了犹太听众,虽然他的著作中有些只有希伯来语流传;其中两部12世纪时译成拉丁语:《定义之书》(*Kitâb al-ḥudûd*)和《元素之书》(*Kitâb al-Usṭuquṣṣât*)。以撒是一个新柏拉图派,作为哲学家写作并进行论证,但他也认为万物由上帝自虚无中创造;就这一态度而言,他很接近铿迭,其著作是他的一个重要思想源泉。尽管以撒特别从一部失传的伪亚里士多德论著中接受了一种新柏拉图的流溢方案(他喜欢用光自树荫而出来加以描述),它最终在很多方面还是和柏拉图的方案有所不同。最重要的是,第二本体理智被看作是第一形式和第一质料的结合,而且它是由拥有权能和意愿的上帝创造的。第三本体灵魂则根据亚里士多德的方案区分为理性、感性和植物灵魂。

对于犹太和穆斯林思想家来说,预言是非常重要的论题。因为和基督徒不同,在他们看来,这是神圣者借助中介传达给人类的主要方式。通过一种对预言半自然主义的论述,法拉比、阿维森纳和迈蒙尼德这样的思想家可以调和他们的宗教和一种亚里士多德哲学的世界观。在《元素之书》中,以撒迈出这个方向的第一步。当上帝想要将他的计划向世界启示时,他是通过理智的中介来实现的。作为一个新柏拉图派,以撒相信理智包含柏拉图式的理念——未质料化的、普遍的形式。启示给人的并非这些形式本身,而是介于它们和我们用感觉知觉的物质形式之间的某种形式。这些形式因此要求诠释,完成这一使命需要理智的"光与辉"。对于那些心智的黑暗遮掩了理智之光的人来说,唯有形式的物质表达,而非其精神意义是显明的。

以撒年轻的同辈萨阿迪亚·本·约瑟·法优密(Saadia ben Joseph al-Fayyûmî)是巴比伦古代塔木德学院院长或"高昂"(Gaon)。作为一个宗教导师,萨阿迪亚完全沉浸在犹太仪礼和塔木德传统中,然而他的智识世界却属于同一时期的阿拉伯思想,而且他用阿拉伯语写作,因为犹太听众受过阿拉伯语教育。他的伟大成就之一是将《圣经》译成阿拉伯语,后来成为权威译本。他的两部重要的哲学作品,一部是《〈创世纪〉评注》(*tafsîr kitâb al-*

mabâdî),另一部是论著《论教义和信仰》(*al-amânât wa-l-i'tiqâdât*)——这几乎是他的思想最重要的来源。萨阿迪亚通常被看作犹太的穆台凯里姆,或更具体些,犹太的穆尔太齐赖派。不过,这描述只是部分准确。当他在论著中强调上帝的统一和公义,以及坚信理性及其解释上帝如何行为的能力时,萨阿迪亚接近穆尔太齐赖派。然而,他不像奈萨姆和阿布·哈希姆(Abû Hâshim)这样的思想家对精微的形而上学有很大的兴趣,他更一心一意地投身论证正统犹太教诲之真理、反驳他的主要对手的工作:来自古代哲学的理论、二元论和各种犹太异端教义。此外,他们工作生活和文本传承非常不同的条件,使得将他和同时代伊斯兰思想家直接进行比较变得很困难。萨阿迪亚作为一个权威性的人物进行写作,试图引导正统的犹太民族;而穆尔太齐赖派则将生命投入彼此之间和与对立学派的论战之中。萨阿迪亚的思想在一部现存的论著中得以系统展示,而穆尔太齐赖派的思想则必须从后世的证言中耐心地重构。

萨阿迪亚对若干具体哲学问题的探索也相当地娴熟。例如,他在《教义与信仰》中为世界之有开端而给出的论证中,包括了斐洛珀诺斯引入的论证理路,它以不可能穿越无限为根据。有人会反驳,甚至在走很短的一段距离时,我们事实上也穿越了无限,因为任何距离都是无限可分的,对此萨阿迪亚答道,如此无限的区分纯粹是想象中的,而不是现实的。他接着批评了柏拉图在《蒂迈欧篇》中阐释的宇宙生成论,他对其做了字面的解读,并根据其不可能性,以及有些论点的非理性加以驳斥。萨阿迪亚接下来(2章)考察亚里士多德,采用的方式和中世纪早期传统直接相呼应(3 章 6 节和 7 节),他考察了亚里士多德十范畴和上帝的关系。按他论证,没有一个范畴可用于上帝。

萨阿迪亚最细致、最有原创性的思想关系到《圣经》和口头宗教传统与理性推理如何相关这一二阶问题。一方面,萨阿迪亚捍卫传统的可靠,他(和休谟一样)注意到日常生活需要一种普遍的对报道的信任,并且天真地坚持在整个犹太民族这样一个巨大的群体中不可能出现证伪。另一方面,他认为传统所传承的真理也可以通过将三种获取知识的方式结合来达到:"亲眼见证"(也就是直接的感知)、理性、推断(若 x 属实,则 y 一定属实)。我们需要传统——它本身最终就是亲眼见证的知识,同时也可以合理地推断其传承是可靠的——,因为人们如果直接进行理性思考和推断,错误就很可能出现,同时也因为它包含一段关于那些对其民族尽职或不尽职的先人的历史叙述,这可以用来激励人们好好做事。不过,萨阿迪亚似乎也考虑到了,从原则上,同样的由传统所教导的真理和道德教训,也可以通过上述三种方式实现。那些通过这些方式来寻求它们的人们,不止可以在面对敌对信念时有一个立场来捍卫它们,而且对它们掌握得更好,这就好像要了解一个人剩下多少金子的时候,拿一个懂得利用算术计算他付出去金额的人,来和一个只能靠称重的人作比较。

第二节　凯拉姆传统

848年之后,哈里发们赞同流行的反智情绪,不仅放弃了米哈那(miḥna)——他们曾经用来强化穆尔太齐赖派《古兰经》受造说的宗教裁判——而且亲自支持先知传统,反对思辨神学。不过,穆尔太齐赖派在宫廷外思想上仍然活跃,继续改造和阐释他们的想法。这一时期最杰出的两个人物来自巴士拉学派:阿布·阿里·祝巴仪(Abû 'Alî al-Jubbâ'î,殁于915年)和他的儿子阿布·哈希姆(Abû Hâshim,殁于933年)和他们的前辈一样,他们复杂的思想完全需要从二手报道中重构;这里只是简单看看某些同当时和后来其他哲学讨论最明显相关的论题。

穆尔太齐赖派旗帜鲜明地坚持,上帝有不容推卸的义务去依照严格的公义为人类做到最好,这一立场的弱化应归于祝巴仪。在祝巴仪看来,上帝给了人类他能给的最好的宗教,这就已经完成了他的义务。倘若还有更好的方式让人们正确地信仰、善良地行事,而上帝却不肯把它给人,那么上帝就该被追究。然而,不应该仅仅因为上帝没有让人们比他们实际上更顺从,就去责备他。很可能正是他(而不是通常所认为的艾什尔里[Ash'arî])用著名的三兄弟的故事来支持这一对严格主义立场的背离。故事里讲到,曾经有三兄弟,一个善良,一个邪恶,一个夭折。善良的兄弟在天堂中得到赏报,邪恶的则在地狱中受惩罚,而第三个既未得赏又未受罚。第三个兄弟抱怨到,因为死得早,他失去了好好生活得享天堂的机会。然而,他被告知,上帝之所以让他死得早,是因为上帝预见了他长大成人后会变得邪恶。不过,却没有人能答复第二个兄弟的抱怨:为什么没有让他在作恶前让他死去,而这些恶行将他送到了地狱。

祝巴仪坚持现成的穆尔太齐赖派主张,认为上帝和他的属性同一,而他的儿子阿布·哈希姆最为人所知的则是对此做了一点修正,力图在面对那些显而易见的反驳时挽救该立场(参见 Shahrastani, 1934, 131-149)。拥有知识和权能这样的神圣属性乃是"样态"(modes, ahwâl, 单数：hâl)，它既不是存在也不是不存在。阿布·哈希姆通过考察日常的概念性思考来解释他的意思。一个黑球和一个红盒子的共同之处是它们都有颜色。然而，它们有颜色，这并不是一个在黑色东西的黑和红色东西的红之外的另一个偶性。阿布·哈希姆论证，他的对手宣称黑色的和红色的东西所拥有的共同之处只是"有颜色的"这个词，这却是错的：它们的共同之处在于有颜色这个特性，而它们的区别则在于一个是圆的，一个是方的，这是一个实在的特征。不过，这一比较如何应用到上帝身上呢，他完全没有任何偶性？阿布·哈希姆的想法大概是，就像某物不可能是黑的却没有颜色，或者说能认识却没有生命，因此某物也不可能成为上帝却没有上帝的属性。这些属性不是对他偶然的限定，补充了他在别的情况下可能的存在；但它们也不只是语词：当上帝被描述成"智慧的""有大能的"，这些描述通过事物实际所是的状态得以证实。

阿布·哈希姆对后来的穆尔太齐赖派产生了有力的影响，至少将其中一群学者锻造成一个统一的学派。不过，对伊斯兰思想产生了更远大后果的乃是祝巴仪的另一个学生。阿布-哈桑·艾什尔里(Abû-l-Ḥasan al-Ash'arî, 约 873/4—935/6 年)遵循祝巴仪的思想一直到大约 913 年。是年，显然因为受到穆罕默德向他发言的一系列神视的影响，艾什尔里公开谴责穆尔太齐赖学说，转而皈依一种他自己修正过的传统主义。这一皈依并不意味着他放弃了哲学上精致繁复的、论证性的神学。恰恰相反，艾什尔里保留了穆尔太齐赖的论证方式和他们形而上学框架的大部分，但是放弃了他们同(他现在认为是非受造的)《古兰经》的字面解读相冲突的、有争议的神学教义。例如，艾什尔里驳斥穆尔太齐赖派死后不能看见上帝的主张，以及他们解释经文中提到上帝的脸和手时所采用的隐喻方法，尽管他同样坚持上帝是非物质性的；他认为上帝的本质不同于他的属性，虽然他不能解释它们何以不同。

或许艾什尔里和他的追随者(他们主宰着接下来几个世纪的凯拉姆)对穆尔太齐赖派学说的颠覆中，最让人震惊的是他们处理自由与责任问题的方式。充满悖谬的是，这一转变得到艾什尔里着手取而代之的穆尔太齐赖派原教旨原子本体论的青睐。穆尔太齐赖派常常用他们的原子论来展示上帝对一切事物的绝对权能，因为他们的原子宇宙每时每刻都需要上帝的维持。然而，穆尔太齐赖派强烈的道德责任感使他们将人的行动排斥在上帝的这种控制之外。他们认为,除非某人现实地成为一个行动的行动者,否则他不会因为它而受到公义的上帝的斥责或赞扬;他们认为大多数人类行动在这个意义上是自由的。与此相对照,艾什尔里将上帝的统治甚至拓展到人的行动。他认为人类并不是执行他们的行为,而是获得它们;只有上帝才有行为。从他追随者的发展来看,这想法显然被理解成是对人类自由的限制,但艾什尔里本人可能并没有这样的意图。当艾什尔里谈到一个行为是获得的,他是想要把它刻画成**不**受限制的;此外,按照对他的评述的一种解释,上帝之外的所有行动者都必须获得他们所执行的每一个行为的能力这一事实,并未排除不同的行动选择向他们开放。因此,或许在他的思想的这一重要领域,艾什尔里本人并非艾什尔里派。

间奏 iii:阿拉伯的自由思想家?

伊斯兰教最初的几个世纪看起来不大适合自由思想家——怀疑论者、无神论者、唯物论者。不过,确实也有关于这些立场的讨论,而且甚至可能还有一定程度的辩护,以一种在伊斯兰世界消失了、而在中世纪西方拉丁世界几乎不为人知的方式。根据帕特里夏·克罗恩(Patricia Crone)最近提出的一个大胆的论点,这些希腊化哲学中的思潮,在古代晚期遭到新柏拉图主义的驱逐,在波斯的希腊人中幸存下来,然后在阿拔斯王朝统治下伊斯兰教精英亲波斯的文化中重新浮出水面。她的理论是否站得住脚,取决于在对反伊斯兰教思想进行谴责时,当时的神学家们在多大程度上依据他们所批评的著作的真实特征,没有经过夸张和扭曲。不过,该时期至少有一个人物长期被看作离经叛道和具有怀疑精神。伊本·拉万迪(Ibn al-Râwandî,生于 815 年,有学者认为殁于约 860 年,其他人则认为在 910 年之后)起初是穆尔太齐赖派,后来反对该学派并激烈地抨击其观点。他似乎乐于有意地制造自相矛盾——以至于先写一部论著,再写一部驳论。这种要看到一个问题之两面的态度,与其说是表明其思想不稳定,不如说是一种经过思考的怀疑论立场。这甚至出现在他声名狼藉的著作《祖母绿之书》(*Kitâb al-Zumurrud*)中,它攻击预言——伊斯兰教的根基——的一切表现。

另一个比伊本·拉万迪年轻一辈或两辈的同样摒弃预言观念的思想家是阿布·巴克尔·拉齐(Abû Bakr al-Râzî,约 865—约 925 年)。拉齐是所有中世纪医生和医学作家中最富盛名者之一,在伊斯兰和拉丁传统中都是如此。身为一个视野更加宽广的思想家,他的离经叛道不限于驳斥伊斯兰教,还拓展到对哲学家们的偶像亚里士多德有很大的保留。他反其道而行之,非常明确地将柏拉图和苏格拉底当作他的哲学英雄。不过,他那些可以被东拼西凑起来的观点是折衷主义的。其中有很强的柏拉图元素(据说他评注过《蒂迈欧篇》)。特别要提到的是,轮回转生是拉齐理解人的现状的核心。他认为灵魂囚禁在身体之中——动物和人的身体之中。尽管只有在人的身体中,灵魂才能最终使自己摆脱对重新肉身化的需要,不过,即使在动物中,灵魂在一定程度上也是理性的(拉齐对理性的理解比亚里士多德传统要更宽泛)。引导灵魂走向解放的那种生活是哲学生活,拉齐部分采用柏拉图关于克服激情的论述来理解它,部分采用伊壁鸠鲁的说法,后者同样强调节制的重要性。

阿布·巴克尔范围更广的宇宙论和形而上学的一些具体细节,出现在他与一个同样由赖城(Rayy)而得名的伊斯玛仪派达伊或传道师(Ismaili dâ'î),阿布·哈特姆·拉齐(Abû Hâtim al-Râzî)的论战之中。他是个原子论者,但他的理论不同于穆尔太齐赖派,因为他的原子不是没有维度的,尽管它们在物理上不可分。他还设定了五种事物的永恒存在:上帝、灵魂、时间、空间和质料。不过,他所有的观点中,从其时代背景来看最奇怪的是——尽管我们看起来并不奇怪——在涉及真理的可获得性时缺乏一种精英主义立场。在法拉比、阿维森纳和阿维洛伊的传统中,一个核心的主题至关重要,即将真理限制在理智上有能力恰当地理解它的小团体中至关重要。然而,拉齐坚持认为每个人都和他一样有能力追求真理,只要他们摆脱其他兴趣并且投身哲学。

第三节 法拉比

拉齐是个惹人注目的局外人,阿布·纳赛尔·法拉比(Abû Nasr al-Fârâbî)则是一个核心人物,通过他的势力和引发的回应,影响所及不止于阿维森纳和阿维洛伊,还有犹太和基督教传统。初看起来,法拉比的思想似乎是某种新柏拉图体系,它以令现代心灵震惊、充满奇想的宇宙论完结。然而,一旦理解了他使用的术语,法拉比就会锋芒毕现,不仅是一个野心勃勃、富有想象力的哲学家,而且其心志之坚让人尤为叹服。

生平、著作与志向

法拉比的生平鲜为人知。他大约出生于 870 年,很可能有突厥血统,生命中大多数时间在巴格达度过,直到 942 年离开;950 或 951 年,他死于大马士革,在那里他曾受到当地君主的保护。有些迷人的、应景的故事把他说成是苦修好斗的知识分子,生活节俭,还曾经当过园丁,但都缺乏历史依据。毫无疑问的是,他和那些延续亚里士多德传统的基督教学者过从甚密,包括尤翰纳(约翰)·伊本·海兰(Yûhannâ Ibn Haylân),法拉比曾向他学过逻辑。这一亲密关系清楚地体现在他的一组著作中,包括亚里士多德逻辑学著作的意译,《解释篇》和(今已不存)的《前分析篇》《尼各马可伦理学》评注,以及他的短论《论理智》。不过,法拉比还写过一系列内容更广泛的哲学论著,包括三部曲《论幸福的获得》《柏拉图哲学》和《亚里士多德哲学》,以及论著《论二圣(即柏拉图和亚里士多德)之和谐》。此外,他还完成了三部具有重要政治内涵的作品:《理想城邦公民观点之原则》《城邦政策》和柏拉图的《律法篇》意译。正如最后一部的标题所示,柏拉图的政治理论强烈地影响了法拉比。没有任何柏拉图对话的完整阿拉伯语译文流传下来,也没有记载曾经完成过这样的翻译。不过法拉比很可能可以接触盖仑的《理想国》和《律法篇》精要,也有证据表明《理想国》的某些部分有更贴近原文的直译在流通(6 章 3 节,间奏 vii)。

法拉比还写过他所说的《字母/小词之书》(Kitâb al-ḥurûf),五十年前才初获编订,但仍少有人研究。它的编订者把它当作一部有关亚里士多德形而上学的作品呈现给读者,因为《形而上学》也被称作 Kitâb al-ḥurûf,而其中每一个章节都以一个字母为人所知。然而,最近(Diebler, 2005)的研究表明,这里的 ḥurûf 也可能有另一个含义"语法小品词",因为这部作品大部分在讨论亚里士多德的范畴,而用来表达它们的语词被看作小品词。实际上,这本书的主题,和它所包括的语言、哲学和宗教发展的历史叙述(见下文)一样,既涵盖了《范畴篇》的,也囊括了《形而上学》的内容:或许法拉比的标题就是有意要模棱两可。

在覆盖面如此宽广的写作过程中,法拉比有时会对同一些问题给出不同的、甚至矛盾的解答:柏拉图和亚里士多德在多大程度上一致?人类能够获得何种不朽?积极实践的政治生活要胜过静观的生活吗?有些学者将这些歧异解释成法拉比采用了不同的思想资源;有些则更加合理地用为不同的听众所采用的不同的写作类型来解释。但还有些人利用这些内在的张力去论证法拉比是一个系统化地掩藏自己真实主张的作家,因此阐释者必须像侦探一样将这些主张搜寻出来。毫无疑问,《律法篇》意译前言这样的文本揭示了,法拉比相信古代哲学家常常隐藏他们真正的意图。然而,由此不能推出法拉比**系统化地**伪装他本人必须要说的内容,尽管确实有些时候(下文会提到一个例证),他变现得要让他的教诲比他实际所认可的更接近普遍接受的信仰。但是,对法拉比所谓的隐晦的强调带来了不幸的后果,因为它使这一研究进路的支持者和批评者,都倾向于对一种直白的、但有历史见地的作品解读所展示出的惊世骇俗的成就视而不见。

巴格达逍遥学派

法拉比取得的第一重成就是成为巴格达逍遥学派的一员,从而加入到这场由翻译家和哲学家(和他不同,大多数是基督徒)发起的运动之中,他们致力于追随和拓展叙利亚学者们的工作,延续新柏拉图学派的传统,尤其是其课程体系中亚里士多德的部分。法拉比在他对哲学史的讲述中,自觉地将自己同这一传统联系起来,断然将铿迭和他的学圈留在了该图景之外。逻辑学在叙利亚传统中很强大,它直接和古代学园最后的教诲有关。法拉比责备基督教主教们决议将叙利亚逻辑学研究限制在《导论》《范畴篇》《解释篇》和《前分析篇》第一卷的1—7章(论非模态三段论)。而他却能和他的(基督教)导师一直读到《后分析篇》的结尾,他还说服人们接受一种经过拓展的逻辑学课程体系,包括《论题篇》《修辞学》和《诗学》,而正如我们将要读到的,他所采取的方式在他的整个思考中产生了最重要的回响。法拉比并不是阿拉伯传统中第一个对逻辑学有兴趣的人。伊本·穆格法(Ibn al-Muqaffa',殁于757年)将一部止于《前分析篇》第一卷第7章的教科书译成阿拉伯语,《论题篇》则于782年为哈里发马赫迪译出,铿迭的著作包括了一部《工具论》大纲,当然还有侯奈因·伊本·伊斯哈格和伊斯哈格·伊本·侯奈因的译作(3章5节)。然而,法拉比是第一个重要的阿拉伯逻辑思想家。他通过同语法的对比来定义逻辑学。语法处理特殊语言中的语词,并且纠正使用语词中的错误;逻辑学处理一切民族所共有的思想,并且帮助人们避免运用这些思想时的错误。从阿维森纳的回应来看,法拉比显然发展了一套和《前分析篇》相关的模态逻辑的外延理论。

现存的《解释篇》评注引人注目,它思考了如何让针对由希腊语表述的命题的分析适用于阿拉伯语,因为和希腊语不同,阿拉伯语的日常言谈中并没有系词。法拉比的策略实际上是发明一套技术化的阿拉伯逻辑语言,它在句法上同希腊语平行对应,因此可以毫无困难地追随亚里士多德的逻辑句法。当亚里士多德在第 9 章中讨论到有关未来的真、偶然性和必然性的问题时,法拉比尤其富有洞察力。尽管亚里士多德本人只提出了逻辑决定论的问题(我明天将会说些非常蠢的话,该句子现在为真,这是否意味着必然地我明天将会说些非常蠢的话?),法拉比却和古代评注传统一样,提出了上帝对未来的预知是否会使一切事件成为必然的问题(19a32-b4 的评注)。他解释道,某事可以从另一事必然地推出,这并不意味着它本身就是必然的。他在这里确认了——比同样以古代资料为背景的波埃修做到的要明确得多(专题研究 A)——宽域的必然性和狭域的必然性的区别,前者给出一个真的条件句:

　　(1)必然地,如果上帝知道扎伊德将会待在家里,扎伊德将会待在家里。

而后者则产生一个错误的条件句:

　　(2)如果上帝知道扎伊德将会待在家里,那么扎伊德将必然待在家里。

不过,他并没有看到形式方面的差异,而更倾向于将该命题的真——命题 2——同扎伊德实际上能呆在家里或出门去的事实相对照。

　　接下来一节,法拉比提出一个他归于柏拉图(Aflaṭûn)的主张,不过它看起来并非来源于他,也不——像最近一个译者兼阐释者所建议的那样(Fârâbî,1981,95)——来自公元前 4 世纪到前 3 世纪的雅苏斯的狄奥多罗斯(Diodorus Cronus)的学生斐洛[23]。法拉比解释道,在"柏拉图"看来,一物可以永远为真但并不因此必然如此(同时,一物可以从不为真但仍然是可能的)。显然,法拉比在这里做的——以他的资料来源的名义——是要直截了当地摒弃亚里士多德提出的、在古代传统中被普遍接受的关于模态的统计解释,并且该解释在很大程度上也被中世纪亚里士多德派和新柏拉图派接受,直到 13 世纪晚期英格兰的司各托出现(专题研究 L)。这非常了不起,不过它在多大程度上推进了法拉比的论证呢?他已经预示并回答了如下反驳吗:即使(1)为真而(2)不是,但是上帝已经知道的东西就是过去

---

〔23〕 即麦加拉学派的斐洛,又称辩证法家斐洛,并非前文提到的犹太哲学家亚历山大的斐洛。

的,因此也是确定的,上帝必然地知道扎伊德将会呆在家里,因此再给定(1),从逻辑上就可以推出(2)？(13 世纪的西方拉丁世界对这一论证更形式化的理解的详情,见专题研究 I)如果是这样的话,他可能是在主张,只要事物——由始至终——能以多种可选择的方式出现,那么就可能存在一定的不会使未来变得必然的预知,因为事物可以变得不同,这在同时性的意义上是可能的。

哲学与幸福

雅典和亚历山大学园课程体系的组织,依据的是新柏拉图派和几乎所有古代哲学家都共享的主张——哲学不是一个单纯的学术科目,而是一种生活方式,通过研习哲学,我们将获得人类最高的幸福。在主要处理感知世界的亚里士多德逻辑学和哲学之后,学生们将推进到柏拉图,并通过他的著作达到更高的实在层面——一段越来越依赖异教祈祷和祭仪的旅程。上述课程体系的高级阶段容不下大多数基督徒,他们的宗教是他们通往至福的向导,而叙利亚传统则使该体系更加缩水。法拉比以令人侧目的胆量重新肯定了古人的立场:通过研习柏拉图和亚里士多德所实践的哲学,人类可以获得最大的幸福。这一进路引导着他整个思想计划,使他同铿迭及其追随者区分开来,对于他们来说,哲学提供了一种比神学更有效的建立伊斯兰教真理的方式,这也将他同巴格达的逍遥学派区别开来,尽管后者献身于哲学,但对他们来说,哲学仍然只是一个单纯的学院科目。

法拉比的无畏并不止于复兴似乎已经被三个世纪的文化史废黜的一种哲学进路和对哲学的评价。他贯彻这一进路的三个特殊方面使得它更像是一次重新发明,而不是重新发现。首先,他将柏拉图有关理智实在的看法同亚里士多德的宇宙论浇铸在一起,并且用亚里士多德理智认识理论来描述人类如何通往理智领域,因此用一种通过冷静地应用证明理性而实现的自我神化,取代了哲学家达于极致的神秘上升。其次,他利用自己对亚里士多德逻辑学范围的理解,设计了一种协调他的哲学和启示宗教的方式,不过是一种使宗教真理服从哲学真理的方式。第三,他相信哲学家对幸福的寻求需要在一个政治环境中实现,而且他在他所知的柏拉图《理想国》和《律法篇》的启发下,探究了大多数人民并非哲学家的民族整体如何在那些能通过哲学把握真理的人引领下得以繁荣。

重塑新柏拉图主义

法拉比从《亚里士多德神学》和其他地方了解到新柏拉图的方案,它将太一甚至置于存在之外,由太一流溢出理智,然后是灵魂,后者负责质料世界的一切实在。他也了解亚里士多德《形而上学》中的图景,理智被看作由同心天球构成的宇宙运动的目的因。

新柏拉图派和亚里士多德的方案看起来在他们归于最高本原的因果性类型上相去甚远。对亚里士多德来说,作为第一原因的理智,其功能只是**目的因**。然而,阿摩尼乌斯已经(3 章 3 节)认为,亚里士多德的第一推动者也是动力因,古代晚期新柏拉图主义的这一推进为法拉比将两种方案结合铺平了道路。

法拉比(在《理想城邦》第 3 章中最为完整地)接受了亚里士多德的宇宙论,不过是由托勒密天文学建立的更为复杂精细的形式,其中只有九个同心的天球,而星体运动的其他不规则性则由本轮(epicycles)来解释。这些天球和他们的推动者或智能(Intelligences)通过新柏拉图的流溢说来解释,因此得到解释的就不仅仅是这些天球的运动,还有它们的存在。从第一因永恒地流溢出非物质的第一智能(First Intelligence),它拥有两种思想,一关乎第一因,一关乎其自身。第一种思想产生第二智能,而第二种思想则产生第一天球。以此类推随后的智能:通过思考第一因,它产生下一个智能,而通过思考它自己的本质,它产生它的天球。不过从第九智能流溢出的智能既不负责产生另一个智能,也不负责产生天球;他的职责在人类定居的月下世界之中。

法拉比用亚里士多德的术语重思新柏拉图主义的大师手笔,是将这最后的智能等同于亚里士多德在《论灵魂》中所勾勒的主动理智(the Active Intellect)。阿弗洛狄希亚的亚历山大和忒密斯提乌斯(2 章 3 节)已经为这一推进做好了准备,他们将主动理智看作一个确定的、超验的存在;实际上对亚历山大来说,它和第一因是一回事。但是将它置于亚里士多德-托勒密宇宙论中,看起来是法拉比自己的创见(除非他是在一个如今失传的资料中发现的——这是一个不靠谱的假设,因为它如此紧密地配合并且强化着法拉比思想的其他要素)。法拉比不认为主动(或"行动者")理智负责创造月下世界的物体,像那些更高的理智产生它们的天球那样的物体。正是这些天球通过一套复杂的程序,产生了原初质料,并且决定了原初质料获得形式之后形成的实体(尽管在《论理智信札》中法拉比确实说过自然形式从主动理智流溢而出,但在其他地方则没这么说过)。而主动理智的重要性则——正如它在亚里士多德心理学中的起源所暗示的,也正如我们先前已经提到的——在于它在人类思考过程中的作用,因此也在于它使人们得以达至他们的目标。

实际上,不管法拉比赋予主动理智何等重要的作用,从功能上说它还同在亚里士多德那里一样。人类一开始的时候只有潜能或质料性的理智("质料[hylic]理智"——法拉比使用形容词 *hayûlânî*,这直接来自希腊语 *hyle*,即无形式的质料,并且为之注疏,[《理想城邦》13.2]"就是潜能理智"):也就是说,人类被创造成可以思考,但是不能没有某种不只是潜在地而是现实地思考的东西亦即主动理智的帮助。法拉比将它的活动同光相比照:在感觉的领域,光使在黑暗中只是潜在地可见的颜色现实地可见。亚里士多德的主动理智可以看成,既负责从感知中抽象共相,又负责提供某些基础的思想原则——逻辑推理的基本准则。法拉比为将这两种作用结合,他论证了主动理智将人们的感知转变为所有人共享的基本真理(《理想城邦》13.3),比方说,如果 a 和 b 各自同 c 相等,则 a 等于 b。法拉比接着解释,我们从主动理智获得的原则范围要比他的这个例子更广:它们包括生产技能的原则,使我们意识到人类行为善恶的原则以及为认识第一因和月下世界奠定基础的原则。不过,他们仅仅是原则:"最初的可理解物在一个人心中的出现,就是这个人最初的完满,但是它们被带到他面前,是为了他能够用它们来达到他最终的完满,亦即幸福。"(《理想城邦》13.5)为了实现幸福这一目标,人们需要从主动理智赋予他们的原则出发,不仅要获得完满的理论知识,而且要得到实践知识并在有德性的生活中付诸实践。

法拉比(《理想城邦》15.9)将人的思想过程标记为四个阶段:当他在主动理智所赋予的原则帮助下开始思考,他的质料性的理智(阶段1)成为现实的理智(阶段2)。质料性的理智在第二阶段成为质料,而现实的理智则成为形式。然后现实的理智(阶段3)成为以法拉比所说的"习得理智"(al-'aql al-mustafâd)作为形式的质料,而最终,当习得理智成为主动理智的质料,"主动理智就屈尊降临于人类之上";他实现了最高的幸福,而他的灵魂"仿佛同主动理智相统一"。法拉比的措辞带有某种超自然的、甚至是神秘的色彩——而法拉比实际上也会利用它在解释宗教现象时的价值,但总是以一种超然的、自然主义的方式。不过,法拉比全身心投入的是这样一种立场(在某些人看来属于亚里士多德式的立场):人类的幸福生活包含行动中最高的卓越品质和理论沉思中的智慧。在《论幸福的获得》中,他阐明了同样的人类理想,不过不再以流溢作为其手段,而且以此作为他讨论柏拉图和亚里士多德哲学的著作的序言。

宗教与哲学

法拉比的这些观点从伊斯兰教社会语境来看近乎丑闻，而且从某种重要的意义上说也确实如此。他的宗教和哲学的理论既将他的世界观同他的穆斯林同胞(以及其他启示宗教的信徒)相调和，同时又使他们视角的差异变得更加尖锐。凭借经波斯人保罗(3 章 4 节)证实的古代晚期传统中已经有所预兆的一个想法，法拉比区分了不同类型的论证，它们来自广义的逻辑学课程计划中所包含的不同学科，该课程所囊括的不仅有《前、后分析篇》，而且还有《论题篇》《修辞学》和《诗学》。其中核心的是《后分析篇》(在阿拉伯语中被称作 kitâb al-burhân,《证明之书》)所阐释的证明和修辞的区分。某物得到证明之后，理智把握其中所包含的本质并予以认可；举个例子，我把握了人的本质，它是理性的、会死的动物，因此认可如下命题："人类是理性的。"但是要认知某物，可以不通过其本质，而是借助某种它的相似物来想象它(就像我可以获得一个人的心灵图像)。在这个例子中，是说服力(persuasion)引领我们去给予认可。对可理解物的把握是哲学的领域，而宗教关心的是想象的相似性和通过说服力而获得的确信。倘若宗教通过说服中的相似性而使之为人所知的，实际上就是哲学所把握的相同的可理解物，那样的话，宗教就是一种通俗化的哲学，是对真正的哲学的模仿，法拉比允许大多数不能够参与哲学证明的人认识真理，尽管只是以隐喻的方式，而不是直接把握。

法拉比因此向宗教拥护者承认，他们的信念可能是真的，社会也需要真理以宗教的方式来再现和解释。但是，只有哲学家直接知道真理，而检测宗教真实性的依据则在于，宗教对真理的想象性的再现是否符合哲学所发现的真理。法拉比的宗教理论使得它允许任意数量的不同宗教存在，用通俗的、想象的形式来呈现哲学真理。从他的许多评述，包括《理想城邦》开篇的几章来看，法拉比决意在建立上帝的绝对一性(one-ness)和区别于一切事物的他异性(otherness)上不止胜过铿迭，而且要超越穆尔太齐赖派，显然，法拉比将伊斯兰教看作对真理的一种通俗的、想象的再现(基督教由于其神圣的三位一体，作为一种通俗化的哲学势必就不那么明显受欢迎)。法拉比的预言观(例如《理想城邦》14，15.10)和他的宗教理论的两面性相呼应。他并不否认预言的真理，但他通过一套复杂的理论来解释它们，其中包含理智影响下的想象的作用，而在预言的最高形态中，理智本身是处于同主动理智准合一的阶段。当先知预言某事将要发生,根据法拉比的理论,这就仿佛该先知运用实践理性的原则进行了一次正确的谋划,不过它的结论是立刻出现的,并且以想象为形式:他只是将未来的事件视觉化了。

政治与历史

法拉比的宗教理论需要政治理论来使之完整——事实上,法拉比是少见的严肃对待柏拉图政治哲学的小群体的一员(其他人包阿伯拉尔[间奏 iv]和阿维洛伊[间奏 vii])。对于只读过《蒂迈欧篇》中简短梗概的阿伯拉尔来说,柏拉图理想城邦最震撼的方面是它的苦修主义和共产主义:个体的目标屈从于整体的善。就算法拉比没有一手的认知,他对《理想国》和《律法篇》的了解也要更完整。和阿伯拉尔不同,法拉比强调哲学王的作用,以及将社会划分为具有不同自然能力的群体,各自以不同的方式实现自己的善。"伊玛目"(Imâm)、"哲学家""统治者"这些语词指的是同一个人:一个达到了习得理智阶段的人,他因此了解**如何**达到幸福,同时拥有雄辩的技巧,通过民众的想象来说服他们踏上理想的航程(《理想城邦》15.12;《幸福的获得》58)。法拉比有关宗教和哲学作用互补的主张体现在理想城邦的结构上:它的律法是统治者心中的哲学,大众心中的宗教。法拉比甚至提出(《理想城邦》16)民众死后的命运取决于他们所归属的城邦类型——他描绘了赐予理想城邦居民的天赐洪福和等待无知城邦的居民的灭绝,而给那些属于邪恶城邦的人的则是某种非物理的惩罚。不过,也有人论证(Davidson, 1992, 57-58),法拉比对死后生命的接受,和阿弗洛狄希亚的亚历山大并无二致,尽管他允许在一定意义上人可以通过前述同主动理智("习得理智")的准合一来获得不朽。不过,他甚至也可能放弃了人有可能同主动理智有任何结合的主张。根据两个后来的阿拉伯亚里士多德派伊本·巴哲(Ibn Bâjja)和阿维洛伊的说法,法拉比在他失传的亚里士多德《伦理学》评注中(显然是一部晚期作品)否认任何结合的发生,他在那里写道,"在死亡和终结之后不会有来生,政治的幸福之外别无幸福,可被感觉知觉的事物之外别无存在",任何认为在我们可以通过感觉知觉的事物之外还有存在的想法,都被斥为"老妪的无稽之谈"。此外,虽然伊本·巴哲否认这些是法拉比的真实主张,阿维洛伊却没有做出这样的说明。

以上概述提到了法拉比思想一个与众不同的特征,应该得到更明确的表述。尽管表面上存在他对流溢的叙述的新柏拉图转向(这事实上只是在应用他那个时代可以获得的最好的科学知识),法拉比是一个始终致力于非神秘化的哲学家,他对因果模式进行历史推断,以此来解释文化环境和信念是如何成为它们现在的样子。在《字母/小词之书》(§§108—157)中,法拉比对语言、修辞、哲学和宗教发展的解释提供了一个惊人的案例。法拉比一开始天马行空地玄想语言如何产生,以及不同语言如何根据不同人群发音器官各异的生理结构而逐渐发展。他解释道,言谈还有书写最早的方式是修辞性的,这根据他特殊的用法,是指它们建立在想象的相似之上并且专注于说服力。诗艺也在很早的阶段得到发展。然后是辩证的方法的发明,持有某个观点的人通过它来努力塑造自己的观点,使它能够抵御他人的攻击(法拉比心中想的是亚里士多德《论题篇》中所描述的那种论辩)。不过,到了一定阶段,就会有人意识到通过辩证法永远无法达到确定性,他们逐渐将证明同辩证法区分开来,就像哲学穿越柏拉图所达到的阶段,直到它获得亚里士多德那里的完满。从原则上说,法拉比相信,只有在这一阶段宗教才开始存在,它和立法(law-giving)内在相关:正是通过宗教——借助与真正的可理解物相似的想象来进行说服——大众才得到教育,并被引向幸福。但是,法拉比同样承认,这样一个简单的脚本并不能满足宗教或哲学从一个文化向另一个文化转移,他改造了自己的模板,以便他能够作为一个生活在10世纪的伊斯兰哲学家从一个外在的视角来审视自己的立场。他指出(§149)虽然伊斯兰教依赖一种完满的哲学,它的宣扬者却没有承认那种哲学就是真理,因为它是作为一种外来的哲学转交给他们的,而且是在宗教的言谈和思考方式已经完全生根之后。

很少有思想家会以法拉比的超然来审视他们自身和他们的处境。法拉比通过阿维森纳产生的最显著的影响,把他思想的这个面向闲置一旁;而他最出色的学生雅哈亚·伊本·阿迪(Yahyâ Ibn 'Adî),虽然是个多产的亚里士多德评注者,而且还写过一部伦理学论著,以其与任何特殊宗教无关的哲学立场而引人注目,但他仍然是忠诚的基督教护教士。不过,有一个人可以说以他自己独特的方式接受了法拉比这一极端的基本思想张力,他就是最伟大的犹太哲学家迈蒙尼德(6章4节)。

第四节　伊斯玛仪派与新柏拉图派

伊斯兰教很早就经历了一场巨大的分裂,"什叶派"穆斯林坚持效忠穆罕默德的堂弟阿里(3章4节)。他们这一时期至9世纪晚期的思想很难追溯,不过看起来他们已经极其强调伊玛目(Imam)的地位,即穆罕默德的正当继承人,作为拥有了解宗教律法内在意义这样一种特殊的、近乎先知的能力的精神领袖,他属于阿里这个支脉。在 765 年伊玛目加法尔·萨迪克(Jaʿfar al-Sâdiq)死后,该运动分裂成两个主要支派。伊斯玛仪派承认加法尔的孙子穆罕默德·伊本·伊斯玛仪(Muḥammad Ibn Ismâ'îl)作为(第七任)伊玛目,而"十二伊玛目派"则承认另一条支脉,直到第十二任伊玛目穆罕默德·马赫迪。对这两个群体来说,伊玛目的隐遁至关重要。十二伊玛目派相信 874 年成为伊玛目的穆罕默德·马赫迪于 940 年隐匿,有一天他将重现并带来一个新时代。伊斯玛仪派在某一阶段对穆罕默德·伊本·伊斯玛仪也持同样的信念。他们将过去的历史分成六个时代,各自由先知所开启的新的宗教律法统摄:亚当、诺厄(诺亚)、亚巴郎(亚伯拉罕)、梅瑟(摩西)、耶稣[24]、穆罕默德。作为第六个时代的第七任伊玛目,穆罕默德·伊本·伊斯玛仪将要重现并带来第七个时代,复活的时代。但是,随着伊斯玛仪王朝法蒂玛在埃及掌权,大多数伊斯玛仪派在被哈里发-伊玛目的一支统治时,开始接受上述重现的延迟。在经历了发展之后,伊斯玛仪派因为他们对一个现实的、在世的伊玛目的拥护和十二伊玛目什叶派形成鲜明对照,十二伊玛目派相信他们的伊玛目仍在隐遁中。两个派别和大多数逊尼派的差异在于,强调宗教律法的外在意义和它的真正的、内在的意义之间的区别。

伊斯玛仪派热衷于改变他人的宗教信仰。通过他们的传道(daʿwa),他们所追求的不仅是教育自己的同胞,还有使他人皈依伊斯玛仪派。不过,这些传教工作的领袖达伊(dâʿîs),通常不止是宣传员或宗教导师。他们的循环历史观,和对经文隐秘含义的信仰,使伊斯玛仪派知识分子非常开放,乐于寻求希腊哲学家中的智慧。伊斯玛仪派关于宇宙最早的思想采取了创世神话的形式:上帝的存在没有时间没有处所,他大声说出"*Kun*!"(存在!),然后从构成这个词的字母 *kâf* 和 *nûn* 创造了万物。将新柏拉图派思想引入伊斯玛仪主义的是两位达伊:阿布·哈希姆·拉齐(殁于 934—935 年)——哲学家拉齐的论敌——和穆罕默德·纳萨菲(Muḥammad al-Nasafî,殁于 943 年),他们主要的思想资源是普罗提诺和普罗克洛经过改编的译文,与铿迭和他的学圈使用过的《亚里士多德神学》和《纯善之书》类似。

最重要的达伊哲学家是阿布·亚古卜·西吉斯塔尼(Abû Yaʿqûb al-

---

[24] 这五位伊斯兰教通常译为阿丹、努海、易卜拉欣、穆萨、尔萨。

Sijistânî，约殁于 975 年），他写过一系列哲学论著，其中思考过预言、来生的奖赏与惩罚这样的论题，但并不是经文的阐释或专门的伊斯兰教条的讨论（像凯拉姆那样）。西吉斯塔尼接受普罗提诺建立的可理解世界的基本结构，包含太一、理智和灵魂的等级体系，但不包含晚期新柏拉图派详细讨论的种种等级。奥古斯丁这样受到普罗提诺影响的基督徒，倾向于在他们关于上帝的讨论中将太一和理智合二为一，而西吉斯塔尼则坚持上帝的绝对超验性，他所使用的术语甚至比拒绝将肯定属性归于太一的普罗提诺还要极端。在仅存于波斯译文的《昭示秘辛》（Kashf al-Mahjûb）中，西吉斯塔尼在第一章中透彻地解释了他的否定神学。他不止否定上帝在时间或处所中或拥有任何属性，而且否认他拥有存在。他同样否定对这些述谓的否定。举例来说，上帝既不是在时间中，也不是不在时间中。同样重要的是（I.7），既不要让上帝与任何其他事物同化，也不要让上帝完全空虚。就任何造物的肯定属性 A 来说，说上帝是非 A，这就避免了同化，而说他不是非 A，则避免了使他空虚。但是这两个命题必须放在一处，因为"上帝是非 A"本身是使上帝空虚，而"上帝不是非 A"则使他同化。西吉斯塔尼因此接受双重否定具有预料之中的肯定含义（X 不是非 A = X 是 A），除非它是以一种悖谬的方式和单重否定在一起被断定，如"X 是非 A，且 X 不是非 A"。对他来说，只有这样的悖谬陈述才恰当地捕捉到神圣的超验性。随后，他在发展否定神学的路上比一个世纪前西方拉丁世界的爱留根那（3 章 7 节）还要走得更远。

西吉斯塔尼的否定神学在 50 年后由另一位达伊，哈米德·基尔马尼（Ḥamîd al-Kirmânî，殁于 1021 年）导出其逻辑结论。基尔马尼是一个多产的作家，他改变了他所继承的建立于新柏拉图的太一、理智、灵魂诸本体之上的伊斯玛仪的宇宙论体系，使之更接近法拉比的体系，先是第一理智，然后是九个相继的理智依次从高于他们的理智中生发或流溢。基尔马尼接受西吉斯塔尼的双重否定神学，但是他担心甚至这样也不能完全使上帝的绝对统一性免于肯定的刻画。他因此坚定地认为，人类所有关于上帝的谈论，包括上帝存在的证明，实际上并未将上帝，而是将第一理智作为主词。从理论的、哲学的角度来看，我们对上帝本身就是一无所知。然而，我们并没有像基尔马尼的极端主义似乎会导致的那样，深陷于无知和事实上的无神论中无法自拔，因为上帝通过他的先知和伊玛目们直接干预尘世的事务。伊斯玛仪主义以这样的方式挽救了人类语言和推理不可避免的缺陷。

在一定程度上，伊斯玛仪哲学的特征也体现在自封 Ikhwân al-Ṣafâ'（精诚兄弟会）的《书信集》中。这部《书信集》实质上是一部百科全书，它论及数学、逻辑学、星相学、物理学、宇宙论和形而上学。几乎一切关于《书信集》起源的说法都晦暗不明、备受争议。几乎可以确定它们出自 10 世纪，而且就像复数的"兄弟会"所表明的，很可能是一个作家群体的作品。但是这些作家是谁呢？尽管毕达哥拉斯主义对他们影响深刻，但他们所提出的形而上学方案却是在阐释伊斯玛仪哲学家所青睐的新柏拉图等级秩序。在上帝之下是理智，然后是（世界）灵魂，他们还补充道，在灵魂之下是原初质料。流溢发生在时间之外，但是世界灵魂是在时间中由来自理智的原型赋予形式，它分裂成无数的灵魂，这些复数的灵魂将形式给予质料。精诚兄弟会相信，人类的灵魂通过从感觉转向理性，并且从理性转向属灵知识，就能将他们自己从质料中解放出来，重新上升到天上的世界。但是他们不可能没有预言的帮助做到这点——而他们对历史的周期和六位先知的叙述全都同星象的变化联系在一起，更强化了这部作品的伊斯玛仪派特征。

然而，可以强调的是，精诚兄弟会并不认为伊玛目是没有谬误的、必要的救赎向导，这是所有什叶派包括伊斯玛仪派的特征：《书信集》的读者被邀请加入的"兄弟会"这个共同体可以代替伊玛目担当救赎的使命。此外，《书信集》在面对特定的信仰和宗派时常常表现出一种超然事外的态度，以至于他们的作者虽然伊斯兰教背景深厚，但最好还是应该被看作哲学而非宗教导师。这种超然特别明显地体现在报道动物们在金的国王（the King of the Jinn）面前起诉人类的那封最富盛名的书信中。它们告发人类奴役、虐待和屠杀所有类型的动物：不同种类的动物代表对人类认为他们被赐予了对动物的控制权的主张提出质疑，极力鼓吹动物在能力和社会生活上的优越性。虽然结束时的判决根据只有人类得到了不朽生命的承诺因此暂时偏向人类，但整个论证的天平非常强烈地偏向动物一方。这种模棱两可正是这些作家们优雅文学技巧的一个印记——在他们对 10 世纪伊斯兰流行的不同宗教和宗派代表人物精心构造的、并不完全带着同情的夸张刻画中，这一点也很明显——它同那些作家笨拙的哲学思考形成了可笑的对比。

第五节　阿维森纳

阿布·阿里·侯赛因·伊本·西那（Abû 'Alî al-Ḥusayn Ibn Sînâ, 980 年

前—1037年)——他在拉丁语世界被称作阿维森纳——是阿拉伯传统最重要的哲学家。伊斯兰接下来六个甚至更多世纪的哲学发展主要仰仗于他,而他对12世纪晚期之后的拉丁思想家也影响深远。

生平与著作

阿维森纳生平复杂,对理解他的哲学关系重大,其中有两点值得一提。首先,阿维森纳是一个杰出的医生(他曾经写过一部成为中世纪权威医学教科书的作品),好几代君主都聘请过他:虽然他有学生,但他并非一个学派导师,也不是一个宗教神职人员,而是一个独立的哲学家。其次,他出生在伊斯兰世界的最东端布哈拉附近,生命的大部分时间在这一地区度过。空间距离帮助他培养了相对于巴格达哲学家的独立性。阿维森纳和这一传统的关系含混不清。他非常清楚地把自己看作亚里士多德派思想家,并将法拉比视为一个值得尊重的先驱。然而,尽管他思想中的要素和法拉比相似,而且有些论题——如流溢的方案——来自法拉比,但最后形成的整个世界观截然不同。

阿维森纳现存主要作品的特征强化了上述差异。法拉比的长篇作品主要是亚里士多德的直接评注和大量取材于柏拉图和亚里士多德,常常带有刻意的政治色彩的综合性作品。阿维森纳则投身于创作一系列百科全书式的著作,来阐释亚里士多德知识体系(但很少伦理的或政治的内容),并根据他自己的理解重新思考和重新整理该体系。最早的一部是《哲学全书:致阿鲁迪》(al-Ḥikma al-'Arûdîya),包括论述逻辑学(含修辞学与诗学)、物理学、形而上学和自然神学的章节。1020—1027年期间,阿维森纳撰写了他现存篇幅最长的百科全书《治疗论》(al-Shifâ'),论及逻辑学、物理学、数学和形而上学。正是通过他的论著,尤其是完整地翻译成拉丁语的有关灵魂(取自物理学的部分)和形而上学的章节,阿维森纳对拉丁哲学产生了巨大的影响。紧随其后的是一部精简些的概要《拯救》(al-Najât),主要是先前著作的汇编。很可能同一时期,他用波斯语完成了一部简明扼要地呈现他的思想的著作《哲学全书:致阿拉·达乌拉》(Dâneshnâme-ye'Alâ'î),包括论述逻辑学、形而上学和物理学的章节(就按这个顺序)。阿维森纳最后流传下来的全面论述是他的《指导与诠明之书》(al-Ishârât wa-l-Tanbîhât),它处理了逻辑学,然后是物理学、形而上学。尽管相对简短,《指导》一书绝不像标题所示的那么简单,阿维森纳并没有直截了当地阐明他的所有观点,而是给进阶的学生一些指导,让他们可以自己去重构他心目中正确的哲学体系。穆斯林学者直到上个世纪都集中研习《指导》一书——它在西方拉丁世界不为人知——，它成为一个评注传统和评注之评注传统的研究对象。

阿维森纳从一个宫廷到另一个宫廷，而那个时代政治的不稳定常常导致战争，他的生活环境造成他若干著作全部或部分散佚，包括《公正判断》(*Kitâb al-Inṣâf*) 和一部很可能称作《东方人》(*al-Mashriqiyyûn*) 的著作。《公正判断》(有残篇传世) 和阿维森纳其他著作不一样，它是一部详尽的、内容广泛的对整个亚里士多德著作的评注。它的存在突出了他在逍遥学派评注家传统中的位置，不过，它在其全部作品中的独特性，以及阿维森纳不曾尝试重写它的事实指明了他心目中何者在先。阿维森纳多次提到他的论述"东方哲学"的著作，以及"东方"的原则、证明和观点，这让很多伊斯兰思想的现代史学家相信，和他现存著作中宽泛的亚里士多德哲学一样，阿维森纳开创了一种东方哲学，"它标志着向由照明派和灵智派主导、后来成为大部分伊斯兰哲学特征的思想世界迈出了重要的一步"（Leaman and Nasr, 1996, 250）。尽管阿维森纳确实在这一神智学 (theosophical) 传统中被重用，而且承认阿维森纳思想中与法拉比不同的强烈的宗教元素这一点也确实重要，但是，他的"东方哲学"从另一个角度来解释更能让人信服。阿维森纳来自东方的呼罗珊 (Khurasan)，而且他在人生的某个阶段似乎用"东方的"来说明自己思想的特征：它以亚里士多德为根基，但会毫不犹豫地重构和纠正他，这与西方的巴格达居于主流的、更加顺从的亚里士多德主义截然相反。此外，阿维森纳似乎在他的职业生涯结束时放弃了这一标签，却并没有放弃既要做逍遥派哲学家又要反思亚里士多德的努力：在《指导》中他将这一努力方向贯彻到极致。

逻辑学

阿维森纳的逻辑学极好地说明了这一面对亚里士多德传统的整个研究进路：接受但仍然保持独立性。《治疗论》的逻辑学部分按照亚历山大学园教学中所采取的亚里士多德论著划分来安排其材料，并且对修辞学和逻辑学进行了完整的考察（他最早的百科全书也是如此），但在他晚期的《指导》中，亚里士多德不同文本中的材料被整合到一起，很自然地引向对证明性的三段论的讨论；所有其他讨论（包括范畴的问题）都被排除在外或置入背景。在《治疗论》和《指导》中，阿维森纳都成功地将对假言三段论的论述（和在波埃修那里一样，它仍然是词项逻辑中的论证，不过更加显而易见）同对范畴三段论的论述统一起来。阿维森纳进一步明确该学科的形式特征,他拒绝法拉比有关逻辑学处理意义,而意义为一切民族所共享,同特殊语言中的语词形成鲜明对照的主张。他反过来还说,逻辑学关心意义的意义,"第二意向"(second intentions)。命题"每一个人都是动物",从逻辑学家的观点看,"人"这个词项之所以有趣,不是因为它的意义,而是因为它是该命题的主词,而"动物"之所以让逻辑学家关心,是因为它是谓词。尽管该命题并没有写成形式图解,但逻辑学家应当能把它设想成那样。

阿维森纳在论述三段论时,并没有像亚里士多德那样从研究断定三段论开始,然后推进到模态三段论。他转而提供了一个统一化的讨论,其中断定三段论被认为有它自己的模态,他通过区分模态限定理解的不同方式,成功地实现了亚里士多德在他的逻辑学的这个分支中没能做到的融贯。他区分了六种类型的必然性(《指导》I.4),其中两种特别重要。"(一个)人必然是一个理性的物体"的必然性是实体性的(dhātī)。与"上帝存在"的必然性不同,它不是绝对的,因为正如阿维森纳所论,在任何一个个别的人那里,他或她始终是一个理性的物体会是假的(因为没有人一直存在)。但是,只要这个人作为一个实体存在(也就是说作为它所是的实体:作为一个人),他或她是一个理性的物体就是真的。与此相对,"所有运动的事物都在变化"的必然性就是描述性的(waṣfī)而不是实体性的,因为比方说当一块石头静止的时候,它就不在变化,但它仍然是同一个实体,一块石头:只有当运动的事物确实在运动时,必然性才适用。

实体性和描述性解释的差异可以广泛地用来分析命题。有时候,同一个命题为真或为假取决于是按实体性还是描述性解读。例如,"所有睡觉的人醒着"作为实体性命题是真的,因为所有睡觉的动物有时都会醒着,但它作为一个描述性命题命题则显然是假的,因为任何事物在同一时间既在睡觉又醒着,这永远不可能为真。晚近的分析指出,通过这一区分,阿维森纳获得了阿伯拉尔通过区分组合与分离含义所实现的成就(专题研究 G):借用一个阿伯拉尔的例子,"坐着的那个人正在站着,这是可能的"按照分离的/实体性的解读是真的,而按照组合的/描述性的解读则是假的。但是,在上述表面的相似性之下是值得进一步研究的双重反差。一方面,阿伯拉尔的分析与阿维森纳的不同,它致力于说明同样的语词排列可以表达两种不同的逻辑结构:其区别取决于其中的要素如何在结构上重组,而不是像阿维森纳所认为的那样取决于假设不同的限定。另一方面,正如在专题研究 G 中将要论证的,阿伯拉尔关于可能性的基本主张**不能**从命题如何构造来分析,而实体性的/描述型的区分也不能完全做到这一点。

形而上学

阿维森纳在他的自传中讲过一段广为人知的故事。亚里士多德的《形而上学》他虽然已经读过40遍,而且记诵在心,可是,他还是不能理解它想要表达的内容。有一天,一个执着的书商坚持要廉价卖给他一本法拉比的《论形而上学的目的》;他一读完,立刻就把握了他再熟悉不过的亚里士多德著作的目的。虽然史学家们对这则故事困惑不解,因为法拉比的著作是如此地简短,不过,最近有了一个让人信服的解释(Gutas, 1988, 242-254; Bertolacci, 2001)。法拉比主要关心的是去解释,亚里士多德在《形而上学》中的目的不是像铿迭的传统所认为的那样,要讨论上帝意义上的存在(Being)、至高存在和新柏拉图的本体:在法拉比看来,形而上学是"普遍的科学",它研究的是万物所共有之物;神学作为对上帝的研究只是这个学科的一部分。阿维森纳在他不同的形而上学论述中显然跟随法拉比的指引,不过是以他自己的方式。他的研究进路清楚地体现在他的论证上(例如《治疗论-形而上学》[HM] I, 1-2),形而上学的主题不可能是上帝,因为形而上学的任务之一是探究上帝的存在和属性,而没有科学会探究它的主题的存在,因为它必须预设它的主题的存在。与法拉比不同,对一般意义的存在的研究让阿维森纳走上了他自己阐释上帝的统一性和造物对上帝的依赖的道路,它同穆台凯里姆的方式构成惊人的反差。

这条路径导出三个相互紧密关联的主题,它们决定了阿维森纳对亚里士多德形而上学的反思:对共相问题的回答;著名的存在与本质的区分;上帝作为唯一本身必然的事物的主张。这三个论题的根基是研究存在之为存在的计划所提出的根本问题(当代形而上学家仍然视为一个出发点的问题):什么可以算作这个世界中的东西(item),以及什么是它们最基本的区分?

共相的问题尽管可以有不同的方式来表述(作为语义学的、逻辑学的或心理学的问题),但它关心的仍然是在个别事物(约翰·马仁邦、这粒珍珠)之外是否有共相(人、石头)存在。阿维森纳所熟知的古代论证的一个重要线索(De Libera, 1999, 499-509 and ff.)可以追溯到阿弗洛狄希亚的亚历山大(2章3节),并由波埃修传承到拉丁传统(3章1节)。它借用抽象和共同本性的想法试图坚持述谓(如"约翰是人")有其实在的根基,但又不允许任何普遍的事物可以既是一又是多:正如我们可以完全正确地将一条线段从质料中抽象出来，虽然在思想之外线段只能在质料中存在，因此也可以抽象地来考虑约翰和其他人共有的本性，虽然这一共同本性只能作为概念或个别的人的本性而存在。

阿维森纳对抽象论(*HM* V.1-2)的发展异乎寻常地精致而且成功。他的出发点是作为一和多的共相只能作为概念存在；但是他将证明，这并不妨碍存在着事物实在的、共同的本性。他论证说，我们可以仅仅从某物比如约翰·马仁邦的本性的角度来思考它——即他之为人。在这么做时，他说，我们不应该(*HM* V.1.9)添加任何外在的东西使我们的思考发生分化。阿维森纳这么说的意思是，我们不应该思考这本性是普遍的还是单一的——它是否使得关于它的**概念**(*ma'nâ*)可以述谓多个事物(就像它实际能做的那样)。他这样表述(*HM* V.1.4)："共相**作为**(*min ḥaythu*) 普遍的是一回事，**作为**普遍性附着其上的事物又是另一回事。"举例来说，"马性"(horseness) 的定义不同于也不包含普遍性于其中，虽然马的概念确实可以述谓多个事物。如果我们追问马性这一共同本性，我们要否定它是一或多，否定它存在于心灵之中或作为一个具体事物。

但这难道不是矛盾吗？阿维森纳认为析取"一或多"和"在心灵之中或作为一个具体事物"都等价于"A 或非 A"，它们穷尽了一切事物：那么，如何在马性和其他共同本性上否定这些析取呢？阿维森纳回答这个问题时解释道(*HM* V.1.5)，他并不是在断定"马性**作为**马性不是 A 或不是非 A"，而是"**作为马性**，马性不是 A 或任何其他事物"。其要点是"马性**作为**马性"可以当作一个指称性表述，它挑拣出某个特殊类别的对象 B，而且如果这是真的，B 是 A 或非 A 就是一个逻辑学问题。然而，实际上指称性表述是"马性"，"作为马性"只是表明单独对它进行思考的方面：即它之为马性的那个方面。从这个方面来考虑，任何对于"马性"就它之为马性之外的断定都是错误的(比较："作为这本书的作者，这本书的作者不是男性或女性")。同样的推理也构成了阿维森纳回应他的共相理论可能落入的陷阱的基础，那陷阱将使他不得不承认他力图避免的实在论。约翰的人性作为人性不同于彼得的吗？答案当然是否定的，因为人性作为人性所确认的是一个共同的本性。但是，由此可以推出存在两个人性在数目上是一，因此某物既是一又是多吗？不，阿维森纳指出：上述否定是绝对的。作为人性，约翰的人性就是人性，不是任何其他的东西，而且基于这一原因，断定它不同于彼得中的人性是错误的；然而，由此并不能推出，它并非不同于彼得的人性，并且因此在数目上与之为一。

因此,阿维森纳所构想的共同本性——他有时也称之为本质或实质(quiddities, mâhiyyât)——就其本身而言,既不是普遍的,也不是特殊的;不过要强调的是,他并不因此承认在这个世界中,除了特殊的事物和有关它们的心灵概念——后者可以是普遍的——之外,还存在其他东西,他只是解释了某种看待事物的表真(veridical)方式。确实,当阿维森纳论及理智知识时,他思想中还发展出另一种表面上极端实在论的论调,它似乎同上述共相问题的解决方案构成激烈的冲突。但事实上正如下文所论,这两条进路相互融贯,彼此砥砺。

阿维森纳思想中另有一脉络,其发展的背景可以远溯至阿弗洛狄希亚的亚历山大的新亚里士多德主义,而他对共相问题的处理与之相辅相成(Wisnovsky, 2003)。穆台凯里姆围绕是否有非存在的事物(non-existent things)这一问题曾有激烈的论争。问题的关键在于有关共相、纯粹想象中的存在物(如独角兽)和不可能者(impossibles,如方的圆)的心灵概念的状态。穆尔太齐赖派认为共相和独角兽是只存在于心灵中的概念,它们是非存在的事物;而不可能者如方的圆也是非存在,而且甚至不是事物。然而,大部分艾什尔里派和其他逊尼派则并不把概念看作事物。对他们来说,存在和事物是同一的。这一论争同样影响到哲学家们。法拉比有所保留地接受穆尔太齐赖派的主张,认为"事物"的指称要比"存在"宽泛,而阿维森纳则似乎站在别的逊尼派一方,因为他坚持所谓"共外延论"(co-extensionality thesis):"事物"和"存在"外延相同。然而,这里有两个极其重要的区别。阿维森纳和穆尔太齐赖派同样把概念看作事物,因此根据他的共外延论,他所捍卫的主张同穆尔太齐赖派以及他们的神学论敌都不尽相同:他认为它们是存在的事物(下表展示了上述立场的差异)。

	穆尔太齐赖派	艾什尔里派等	阿维森纳
个别对象	事物 存在	事物 存在	事物 存在
概念:共相	事物 非存在	非事物 非存在	事物 存在
概念:想象物	事物 非存在	非事物 非存在	事物 存在
不可能者	非事物 非存在	非事物 非存在	非事物 非存在

此外，阿维森纳虽然坚持共外延论，但他论证了"事物"和"存在"的内涵有所不同：谈论某物的事物性（thingness）和说起它的存在不是一回事。

那么，他所说的"事物性"指的是什么呢？他不时使用的同义词向我们暗示了答案："真理""本性"和 mâhiyya，字面义为"什么-性"（what-ness）或"实质"，它常常被译作"本质"。某物的事物性或本质将它作为一类事物区别于另一类事物，例如一个人之于一匹马。阿维森纳所做的区分在伊斯兰传统和拉丁哲学中都被标示为本质（mâhiyya）和存在（wujûd）的区分，它虽然源自凯拉姆中有关非存在的争论，但最终却适合另一个话语域。阿维森纳宁愿将概念算作存在的事物，他接受共外延论，这与其说是在延续伊斯兰教神学家们的论争，不如说是在使之平息。至于问到这世界究竟有什么样的东西，答案直截了当：有事物/存在者，其中一些是具体的对象，其他的则是心灵概念。不过，与他有关共同本性的思考相吻合，阿维森纳的区分表明一个自然种类的任何成员，根据事物的本性，都可以用两种方式来看待：作为属于一定种类的某物（一个人、一匹马），以及作为存在着的某物。因此，存在并**不是**像某些现代和中世纪拉丁世界的阿维森纳诠释者对这一理论的解读那样，被当成本质的一个偶性；绝不可能有非存在的本质（non-existent essence）（可以有某个心灵概念，它所关系到的这类事物并不会作为一个具体的个别事物而存在；但是，阿维森纳认为这个概念本身是存在的）。尽管如此，本质和存在的区分还是为阿维森纳建构他的上帝必然存在理论提供了一条路径。

不过，该理论有其完全不同的渊源。阿维森纳在其所有著作中都乐于提供一种两分法（例如 *HM* I.6），将万物区分为两类：一类就其本身而言**并非**必然地存在，因此也就是某种可能的存在者（如果它是不可能的，它就根本不是一个存在者）；另一类就其本身而言**就**必然地存在。阿维森纳认为，必然、可能、不可能这些交互关联的概念是我们可以也只能直接把握的原始观念，因此它们不能被其他术语恰当定义。尽管如此，他也承认有必要尽力澄清他使用它们时的含义。用亚里士多德的方式来解释这一区分中的"必然地"（necessarily）的含义，最明显的可能就是采用他的"统计的"模态模型（专题研究 A），它认为必然地为真的就是在一切时刻为真的。但是阿维森纳追随逍遥学派的传统和法拉比，反对铿迭和神学家们，他认为世界就其缺少开端而言是永恒的（甚至穆台凯里姆也设想某些上帝之外的东西——上帝的属性——在这一意义上也是永恒的）。由于阿维森纳有意用他的区分将上帝同所有其他事物区分开来,因此他用另一种方式来刻画必然性,这同样暗含在亚里士多德传统中:本身必然的(necessary in itself)存在者没有原因,而一个可能的存在者则有原因。阿维森纳认为这一区分是绝对的:没有任何有原因的事物因其自身是必然的,因为它需要其原因。任何本身不必然而只是可能的存在者,其存在都归于某个原因。给定了该原因,其存在也就是必然的,但这是因他物而不是因其自身必然。本质和存在的区分很自然地支持这一观点(参见 HM VIII. 4-5),因为某物只有在其本质就是存在时才必然地存在。只有在这种情况下,事物之所是的事实本身(即它的何物性[whatness]或本质)才解释了它存在的事实。

阿维森纳因此才能以某种方式标示出上帝与其造物的差异,这种方式为后来的伊斯兰教和基督教神学家所接纳。就想要标示这一区分而言,他在伊斯兰哲学家或神学家中并没有什么特别之处。然而穆尔太齐赖派和新柏拉图传统通常这样做的时候要仰赖否定神学。西吉斯塔尼(Sijistânî)和阿维森纳的同时代人基尔曼尼(Kirmânî)将该进路推至极端。阿维森纳可能是受了艾什尔里派的影响反对有关上帝的否定描述,也很有可能是因为与新柏拉图派截然不同,亚里士多德自己并没有为否定神学留下空间。因此,尽管阿维森纳极力强调上帝的统一性,他的形而上学的一个后果却是使上帝在一定意义上是可描述的。不过,这并不意味着将上帝人格化。恰恰相反,阿维森纳哲学被伊斯兰教和基督教神学家同样批评的一个特征正是他褫夺了上帝的自由和意愿,他的哲学只允许上帝拥有关于共相的知识。阿维森纳的上帝,尽管既是动力因也是目的因,他和亚里士多德沉浸于自我沉思中的理智一样远离人烟。阿维森纳确信他是造物主,但并不是在某个时刻进行创世或者根据其自由意愿做出创世决定的造物主。

灵魂和理智知识

尽管阿维森纳赋予形而上学重要意义,他更加关注的核心话题是灵魂,这是他的第一部哲学著作《灵魂精要》(Compendium on the Soul)的主题,而很可能是他最后一部短小论著的《论理性灵魂》(On the Rational Soul)也以此为主题。阿维森纳在法拉比所提供的流溢方案的语境中构建他的灵魂理论,对其进行改造使之更加融贯,以便智能(Intelligences)中的最后一位,即主动(行动者)理智能够成为月下世界的形式和质料的原因(参见 4 章 3 节)。虽然如此,他思考的方向和法拉比的截然不同。

引导阿维森纳的核心观念有两个,它们都和法拉比的观点针锋相对,而且,尽管阿维森纳不那么认为,它们也和亚里士多德的相对立。第一个观念是人的灵魂——也就是人所独有的灵魂的理智部分——是不朽的。这并不意味着它们总是存在着的:阿维森纳强烈抵制伊斯玛仪派所拥护的观点,后者令人想起柏拉图的灵魂转生说,认为个体灵魂源自某个宇宙灵魂。阿维森纳认为人的灵魂源自主动理智,由它流溢到准备妥当的质料中,但人的灵魂仍然是非物质的,并且在身体死亡后存活。这一立场出现在新柏拉图派悠久的亚里士多德评注传统终结之时,它通过解释亚里士多德所认为的灵魂之于身体犹如形式之于质料的观点,为一种灵魂不朽说奠定了根基(4 章 2 节)。阿维森纳所追随的评注者们专注于亚里士多德有关灵魂并不仅仅是身体的形式因而且也是其动力因的暗示:形式因被捆缚在它之为其原因的东西上,而动力因则能够独立存在(Wisnovsky, 2003, 21-141)。阿维森纳提供了一组论证(《治疗论:论灵魂》, 5.4)来阐明理智灵魂不仅能而且**必定**是不朽的。其中最彻底的一个论证大意是说:灵魂是非物质的和简单的(非复合的);它的简单性蕴涵了它不能在拥有持续存在的现实性的同时包含被摧毁的可能性。而既然它确实现实地存在,它因此也就一定会继续存在下去。

引导阿维森纳的第二个观念是灵魂只有通过与主动理智结合,并由它获得某个可理解形式才能进行理智思考;因此,在某种意义上说它并不是自己进行理智思考。存在于一个新生婴儿中的灵魂是阿维森纳所说的"质料理智":它是纯粹的潜能。它从主动理智中首先获得原始观念,例如先前提到的可能和必然的概念。这些观念的结构为它进行逻辑思考提供了基本工具。人类将种种想法合在一起构造三段论,这一联想(cogitation)的复杂而艰难的过程,是一个大脑中的物理过程,它包括寻找恰当的心灵图像;其宗旨在于使人的理智准备好与主动理智相结合,去现实地思考一个想法。借助这一联想和结合的模式,灵魂变得越来越擅长与主动理智相结合。阿维森纳否认有任何记忆可以存储想法,他坚持认为人在一个时刻只能思考一个想法。不过,人的理智不需要重新执行联想的过程来思考它先前思考过的一个想法:很简单,它只需要按自己的意愿同主动理智相结合来思考这个想法。最终,当理智在越来越多的想法中赢得了这一能力,它就像一只恢复了健康的眼睛:任何时候只要它愿意,它就能看见,但这并不意味着它总是在看。

在阿维森纳有关理智知识的论述和它同阿维森纳共相观的关联之中,似乎有某种紧张,甚至是不融贯之处。一边是自下而上的进路,从可感的个别物出发,通过抽象达至概念(这尤其主导了《拯救》中的阐释)。这非常贴合阿维森纳的共相抽象论。另一边是自上而下的进路,突出地出现在《治疗论》中,它认为理智知识直接来自主动理智,这与他的共相抽象论形成对照。不过阿维森纳思考的这两个方面是可以调和的。主动理智中的纯粹形式并不会造成实在论者提出的普遍事物既是一又是多的本体论问题:因为它们虽然不是通过抽象获得的,但仍然类似于概念。(根据阿维森纳的图表,它们事实上是事物,但这是因为所有的概念,或实际上所有的存在者,都是事物。)从认识论的观点看,有必要给出一种解释,来说明在主动理智中对形式的理解所获得的知识,有哪些是通过抽象获得的普遍概念所不能提供的。虽然阿维森纳并未处理这一问题,但他的相关表述提供了相当明确的答案。抽象而得的共相是在理解过程开始之时被把握的;主动理智的纯粹形式则只在这一过程终结之时才能被把握。两者之间则是复杂的、冗长的联想过程,它包含科学的、三段论的推理。由此看来,举例来说,当某人抽象出狗这个共相,他对狗是什么有了基本的把握,因此他可以进行和狗相关的推理,而通过与主动理智相结合并从它那里获得狗的可理解形式的人,他在理智上理解了狗本身(Dog),拥有对狗更加完满的科学知识。有一个算不上贴近但富于启发的类比,或许能更清楚地说明阿维森纳的想法。假设我们今天有一部完整的物理学教材,它因为主题的艰深,其所使用的术语对于普通的没有预备训练的读者来说完全不可理解。对于每一个主题,听众或许首先可以相当容易地把握某些基本概念的意义——比方说重力、质量、动量。在积年累月的学习中,读者们推导这些概念的相互关联,还可能展开与之相关的试验,这之后他们就可以站在理解的立场来阅读该教材中的相关章节,而一旦他们这样读过,只要有需要,他们就可以随时直接回到这本教材并把握它所说的内容,而不需要重复他们之前的推理和试验。

预言与来生

不过,对某些人来说,联想的漫长过程是可以回避的。他们拥有直观(ḥads)的天赋,这使他们可以无需准备直接同主动理智相结合,毫不费力地找到三段论的中项和结论,而且没有出错的可能。阿维森纳显然相信他自己拥有这方面的天赋。他讲述自己在哲学上主要靠自学取得的惊人进展、他毫无顾忌地裁断他读到的想法并得出自己的结论,这与其说(或者说不仅仅;阿维森纳绝不是个谦卑的人)是在夸耀,不如说是在说明直观如何运作。

直观对阿维森纳来说是一个尤为重要的概念,因为他用它来解释预言。先知就是一个具有最高层洞见的人,甚至比阿维森纳本人还高。他可以很轻易地随意从主动理智那里获得任何类别的可理解形式,并且即刻掌握他所想要的任何三段论。这一理智能力还可以同一种接近于法拉比所描述的想象能力结合在一起,将这些想法用形象(images)的形式呈现出来。

阿维森纳相信人的灵魂是不朽的,他试图确保以理性化的方式解释来生中的赏报与惩罚,迥异于伊斯兰教神学中物理意义的天堂和地狱,但思路相近。对于那在此生中使自己的理智得以完善的人来说,肉体的死亡使得他的灵魂得以不受搅扰地享受与主动理智的结合。至于其他类别的灵魂,阿维森纳则提到较低层的赏报或惩罚——包括灵魂所经历的不能完成他们所欲求的理智成就的那种惩罚,因为他们忽略了通过联想(cogitation)来改进他们的理智,而现在他们失去了身躯,也就不再有联想(cogitate)的机会了。在有些场合,他还提到某种来生中灵魂近于湮灭的状态,这是那些过着简单的、全然非理智的生活的人的灵魂。不过,他还勾勒了一种奇异的理论,来解释单纯相信伊斯兰教神学中的救赎与诅咒的人,何以有能力以想象的方式来经历经文在字面上向他们许下的那种赏报和惩罚。

阿维森纳有关灵魂、预言与来生的理论比其他任何地方都更清晰地表明,他的世界观如何与法拉比的截然相反,尽管它们表面相似。法拉比虽然借助了天球、智能与主动理智,他仍然试图从人类的思考自身来理解它,而阿维森纳则榨干了人类的能力,使其只能为最高层级的思考做些预备工作。法拉比所提供的有关预言的自然主义解释,印证着他的如下观点:先知的讯息不过是真理的通俗展示,而这些真理最好通过科学的探究来通达,在这方面先知并没有任何特殊的技能。与此相反,在阿维森纳看来,先知被赋予近乎超人的思考能力——对他来说,也就是与主动理智相结合的能力。法拉比是否真的承认任何人类个体的来生,有极大的空间可供怀疑,而阿维森纳则长篇辩护灵魂的不朽与永恒的赏报或惩罚。因此,尽管阿维森纳思想中某些亚里士多德要素后来遭致强烈的抨击,但他的体系却成为地道的伊斯兰哲学的根基,其中凯拉姆教义和亚里士多德传统得以在新柏拉图主义框架中和谐统一(9章3节),这一点并不让人吃惊。

第六节 11世纪西方拉丁世界的古代哲学、逻辑学与形而上学

对哲学史家而言，1000年前后的拉丁欧洲与同一时期的伊斯兰形成鲜明对比。10世纪对于文化生活来说是一个糟糕的时代，此时加洛林帝国分崩离析，北欧人肆掠城镇和隐修院。思想活动主要限制在几所大隐修院中，相比之前与之后，拉丁哲学思考都是在一个更加狭小的圈子中传播。尽管如此，在针对古代晚期哲学文献的评注传统中，逻辑学，甚至还有——与教义论争相关联的——形而上学仍然有一些有趣的进展。

评注古代哲学

注疏和评注古代课本的传统开始于9世纪中期（3章8节），持续到整个10世纪和11世纪。这些讨论中最有趣的是关于波埃修的《哲学的慰藉》，尤其是置于全书核心的那篇六步格诗（卷三，诗9，"噢，那永恒……"），它以祈祷的形式概括了柏拉图的《蒂迈欧篇》的核心主题。中世纪早期的评注者对波埃修的基督教信仰——他们也研习他的《神学短篇集》——和这首韵文论调间的不一致深感震惊，它不仅像《哲学的慰藉》的其他部分一样避免使用基督教专有的语言和观念，而且似乎接受了明显和其信仰相对立的观点，例如世界灵魂的存在和人类灵魂的重生。欧塞尔的雷米吉乌斯（Remigius of Auxerres）的思路（3章8节）是将波埃修的语言处理成隐喻式的。雷米吉乌斯深信他将基督教信息伪装在近于异教的外衣之下。因此哲学女神被雷米吉乌斯等同于《圣经》中智慧的化身（*Sapientia*）——阿尔昆已经预示了这一解释上的变化（3章6节），而且很可能表现在卡西奥多儒斯编订的版本的缩微画中。与此类似，讨论世界灵魂的段落则被解释成是在将人的小宇宙和世界的大宇宙相类比，以此消散其不可接受的内涵。

雷米吉乌斯的评注流传甚广，屡经修订。不过，不久之后科巍（Corvey）修院的院长博沃（Bovo，殁于916年）专为第三卷的第9首诗写了短篇评注，他在其中直接拒斥上述基督教化的读解。他承认波埃修写过论述基督教信仰的《神学短篇集》，但他认为在《哲学的慰藉》中，波埃修想要教导的是哲学家们的主张，并且说了许多反对基督宗教的话。借助马可罗比乌斯的《西庇阿之梦》评注作为了解柏拉图主义的原本，博沃相当精确地重构了诗歌中提到的《蒂迈欧篇》的思想。与博沃几乎同时，还有另一部评注同样以直接的、柏拉图派的方式来解读这篇韵文，并在其行文中采用了《蒂迈欧

篇》本身的译文。

逻辑学与形而上学

在千禧年之际,逻辑学家们超越了爱留根那对《十范畴》的玄想和谨慎吸收这部作品以及《〈范畴篇〉导论》(Isagogue)的阶段,他们现在开始掌握整套《旧逻辑》(logica vetus)。欧里亚克的吉尔伯特(Gerbert of Aurillac)和弗勒里的阿博(Abbo of Fleury)是这一时期的两位逻辑学领袖。他们的生平对照鲜明。阿博很能代表9世纪和10世纪的大多数学者,他的一生,从出生后不久(约945年)到作为隐修士去世(1004年),大部分是在卢瓦河谷的隐修院弗勒里度过,从这座修院的抄本及其注疏来看,它是10世纪和11世纪逻辑学研究的一个中心。吉尔伯特虽然也是隐修士,但和大部分11世纪和12世纪的思想家一样,他是兰斯的一所主教座堂学校(Cathedral School)的导师(11世纪70年代和80年代),他在那里讲授的内容,在《导论》《范畴篇》和《解释篇》之外,还包括了波埃修的逻辑学专著(这些构成了《旧逻辑》),他也知道西塞罗的《论题篇》。

吉尔伯特现存的唯一一部逻辑学著作颇为奇特。正如其标题——*De rationali et ratione uti*(字面义为:《论理性的及运用理性》)——所示,他打算讨论的问题来自研究《导论》的学生(见《论属与种差之共同特征》一章),关系到"理性的"和"运用理性"这两个术语。我们说,"理性的事物运用理性",但是,既然我们是在用某个外延较窄的某物去谓述外延较广的某物(因为并非所有理性的事物都在现实地运用理性),这个命题难道不是不能为真吗?吉尔伯特考察了谓述的类型以及"现实"与"潜能"使用的方式,他借此得以阐明,他的那些同代人在争论这个段落时,是如何断章取义地滥用不成体系的逻辑学知识。他还在著作中格外穿插了大量额外的知识——例如,在阅读波埃修有关《导论》和《解释篇》的论述(包括那些并非典型新柏拉图派的段落)时,吉尔伯特特意阐明了[波埃修]为波菲利所作的第一部评注开篇时提到的理智化事物(intellectibles)、可理解事物(intelligibles)和自然事物的形而上学等级。

吉尔伯特是个博学之士,他对拉丁经典兴趣浓厚,阅读广泛,还是一个知识渊博的数学家和天文学家。与大多数伟大学者不同,他受到最高当局的尊崇,先是做了总主教,最终成为教宗。阿博虽然没有那么出名,但作为逻辑学者可能更值得关注。他撰写过直言和假言三段论的导论。直言三段论是亚里士多德三段论理论,中世纪早期作家通过两个来源来了解它:一是波埃修的两部专著(3章1节);二是阿普列尤斯的《解释篇》(2章8节),以及那些整个或部分地依赖于他的百科全书中的论述(伊西多尔、卡西奥多儒斯和马提阿努斯)。阿博是第一个也是最后一个比较这两种阐释的中世纪逻辑学家。他在讨论假言三段论时提出了一个哲学上更加重要的并列比较。他主要的资源是波埃修关于这一主题的论述,但他从西塞罗那里重构出斯多亚派的推论模式,后者与波埃修的假言三段论不同,是真正命题性的,他还利用了波埃修的《论题之种差》一书,预示了阿伯拉尔如何将这两部教科书中的材料结合起来成为其命题逻辑的出发点(5章2节)。

下一代人最有趣的逻辑学讨论的来源让人难以置信。苦修士彼得·达米安(Peter Damian,1007—1072年)致力于劝阻他的同行们不要太过重视包括逻辑学在内的世俗学问,因为他们所需要知道的一切都可以在《圣经》中找到。然而他自己的论著《论上帝的全能》(De divina omnipotentia),过去常常被讥讽为主张上帝不受不矛盾律的支配,实际上是安瑟尔谟之前的这一时期最富冒险精神的逻辑学讨论,它表明,不管达米安如何指责别人,他自己是在研究亚里士多德和波埃修。这部著作的出发点是哲罗姆的一句评论:"上帝能做一切,但不能恢复一个女孩所失去的贞洁。"这段隐晦的评论提出三个不同类别的问题:(1)上帝的全能应当如何定义?(2)上帝能恢复这个女孩的贞洁吗?(3)上帝能撤销过去,使发生过的没有发生吗?达米安针对前两个问题的答案相当直接。对上帝来说(§4),全能意味着他能做任何他愿意的事;但他不会愿意作恶。不过,彼得多少有些逃避问题地说道,这并不是缺乏权能,而是来自他的过度充盈的善。彼得进一步论证,虽然有很多种场合,这女孩失去贞洁符合上帝对人最好的眷顾,但并不能排除使其恢复也是善的,此时恢复它也就是上帝能做的事;这里所牵扯的只是一个物理意义的奇迹(§5),和上帝行过的许多奇迹相比,它一点也不夸张。

问题(3)要困难许多。达米安首先指出(§7),虽然有许多可能发生或不发生的日常事件(我今天可能见或不见我的朋友),但如果我们考虑"陈述之间彼此蕴涵的方式"(consequentia disserendi),那么,它就不会向其中一个或另一个结果开放(ad utrumlibet)。根据他的解释,他的意思是,"如果将要发生的是天要下雨,那么天要下雨就完全是必然的,因此天不下雨就完全是不可能的"。这一原则适用于过去、现在与未来:"任何过去存在的(was)都必然曾经存在,同理,任何现在存在的,只要它存在,它就必然存在,而任何将要存在的也必然将存在。"达米安将过去和未来包括在内,这表明他这里所谈论的显然不是亚里士多德的现在的必然性。初看起来他似乎做了一个错误的推论:因为"如果 x 过去/现在/将来如此,那么,x 过去/现在/将来如此"是一个重言式因此必然为真,所以,如果 x 过去/现在/将来如此,所以 x 过去/现在/将来**必然**如此。恰恰相反,事实上他接下来所说的恰恰表明他以自己的方式注意到了这种推论是无效的。

他解释道,他刚才关于过去、现在和未来的必然性所提出的观点仅仅关系到"辩证法的技艺":它只涉及语词如何前后相继,与权能和事实无关。他说,用基于语词逻辑必然性(verbal logical necessity)的观察结果去限制上帝能做什么,是完全错误的,这尤其是因为它会使上帝不仅无力改变过去,而且无力改变现在和未来——达米安并未放过这个机会来贬低逻辑学研究,把它描绘成幼稚的和俗世的。那么,当达米安刻画他称之为纯粹语词的必然性时,他究竟指的是什么呢? 看起来他含蓄地承认波埃修并不承认的(这一点有争议,见 3 章 1 节)一个决定论论证的弱点,该弱点来自它们错误地将一个命题蕴涵另一个命题的必然性当成了其中一个命题内的必然性,不过他缺乏恰当的工具来在必然性算子的辖域中做出区分(广域:必然地,如果 p,那么 q;狭域:如果 p,那么必然地 q),以此来解释为什么这些论证所使用的推论是无效的。他的策略又退回到接受该推理,但把它说成是只和语词相关,而不反映实在,尤其不反映上帝的权能。

然而,达米安仍然没有解决他主要的问题。尽管在某种意义上说未来就是那将要发生的,正如过去就是已经发生的,但仍然有一个重要的区别:我们现在事实上可以影响到那将要到来的未来,但我们不可能以这样的方式影响过去。达米安正确地看到,说上帝并不能使未来不发生,这根本不会限制他的权能,因为无论现实中会发生什么,它**就是**未来。同理,无论现实中已经发生了什么,它就是过去。但是,坚持认为这一事实当中没有决定论的威胁,这并没能为上帝如何能**改变**过去的事情提供任何简单易懂的解释。达米安也确实意识到他需要做得更多,他接下来(§§8-10)提出另一个想法。与波埃修《哲学的慰藉》中的语言相呼应,达米安解释,上帝一眼就能把握万事万物,过去、现在与未来。由于所有时间对上帝来说都是现在,他的权能延伸到过去和未来的一切,所有这些事物对他来说都不是过去或未来,而是现在。波埃修提出的是关于神圣预知的理论,而达米安在谈论的则是上帝影响过去的权能。他的主张似乎是从上帝的角度看没有任何事物是过去的。上帝决定事件的权能是同一的,无论这事件对我们来说是过去的、现在的还是未来的,它们对他来说都是现在。如果我要问上帝此刻是否能使得我昨天上午(时间 t)在剑桥——当时我实际上在法国——,达米安的回答会是,我的提问会给人以误导,因为诸如"此刻"之类的时态指示符并不适用于上帝的行动,尽管它可以用于他的行动所造成的后果。如果上帝愿意,上帝能够在他的永恒的现在中使得我在时间 t 在剑桥(请注意,这种思考方式表明达米安比司各托以前的大多数作家都更接近同时性模态[synchronic modalities]的概念[主题研究 L])。

11 世纪 60 年代和 70 年代贝伦加尔(Berengar)和朗弗朗(Lanfranc)有关圣体的论争激发了 11 世纪关于形而上学最敏锐的思考。按照基督教信仰,在圣餐中祝圣过的饼和酒成了耶稣基督的肉和血。"成了"指的是什么? 贝伦加尔虽然不否认基督的肉和血是某种属灵的临在(spiritual presence),但他在《驳朗弗朗》(*Rescriptum contra Lanfrannum*)中坚持认为饼和酒应当被理解成记号,而不是它们所意指之物。朗弗朗则在他的《论我主的肉和血》(*De corpore et sanguine Domini*)中论证了饼和酒真正地变成了基督的肉和血——这也是今天的天主教徒和正教徒所信奉的——,尽管它们看上去、感觉起来和尝起来仍然像饼和酒。不过,是贝伦加尔而不是朗弗朗自己,将朗弗朗的立场转化成亚里士多德《范畴篇》中的语言,不过,他这么做是为了揭示其弱点(Berengar,1988,138,158-9)。很明显,从亚里士多德的术语来看,朗弗朗所构想的那种实在的圣体的临在必然包含实体的变化和偶性的连续,因为看起来祭坛上仍然是饼和酒。这一偶性的连续有两种方式可以发生。或者是(1)数目上同一的偶性,它们是饼和酒的外表、味道和感觉的原因,并且能成为肉和血的偶性;或者是(2)有一整套偶性,它们同作为饼和酒的外表、味道和感觉的原因的偶性属于同一类别,但在数目上并不同一,它们可以成为肉和血的偶性。按贝伦加尔的论证,虽然(2)是可能的——上帝可以创造偶性并随意地将它们贴附在任何实体上,但是在(2)之中所发生的并不能被恰当地描述成祭坛上的饼和酒变成了基督的肉和血。事实是,在(2)之中,饼和酒停止存在,并被基督的肉和血所取代,后者以奇迹般的方式被造成饼和酒的样子。与此相反,贝伦加尔相信,(1)肉和血的变化实际地发生在饼和酒上,即使对于上帝来说也是不可能的。尽管没有明确说出来,他的理由在于他对偶性的看法:他认为偶性是由他所归属的实体个体化的,这种对亚里士多德的解释不无道理,但不同于大多数 12 世纪的思想家,例如阿伯拉尔(5 章 2 节)。这片饼的白(w1)正因为属于这片饼而区别于其他特殊的白。认为 w1 可以转化为另一个事物 X 的偶性从而使之变白,这是自相矛盾。如果 X 变白,它是因为一个特殊的白 w2,它尽管与 w1 完全相似,但在数目上并不相同。

第七节　安瑟尔谟

有些杰出的思想家,他们所代表的利益和价值既是高度个人化的,又是具有普遍性的,安瑟尔谟正是其中一员。他似乎独立于他那个时代的历史和思想氛围,这不是因为他——像爱留根那那样——能接触到其他人所不能的资源,而是因为他明显地漠视权威文献和传统。他的对话录和论著都仿佛是以全新的方式处理基督徒要面对的最重大的问题,作者横溢的才华是其唯一的向导。当然,这样的印象会误导人。若仔细考察,安瑟尔谟对《旧逻辑》、波埃修和奥古斯丁的细致解读是显而易见的;若再进一步深入考察,他和同时代人逻辑学、语义论战间的关联就会昭然若揭。然而,安瑟尔谟显然有那种罕见的能力,可以无意中发现那些在其语境之外仍然能够保持甚至增添其魅力和重要性的想法和表达——正如他著名的所谓(康德命名为"本体论")**论证**以如此惊人的方式显现出来的那样(见专题研究 D)。

著作及其主题

当安瑟尔谟 1075—1076 年撰写自己第一部哲学著作《独白》(*Monologion*)时,他已过不惑之年。他出生于意大利北部阿尔卑斯山区的小城奥斯塔(Aosta),20 岁时离开家乡,到贝刻(Bec)师从朗弗朗,并于 1060 年在那里成为隐修士;后来他成为修院院长,并于 1093 年接替朗弗朗成为坎特伯雷总主教。《独白》已经展示出他研究进路的标志性特征。安瑟尔谟不诉诸权威,无论其来自《圣经》还是教父,而是径直提出论证,来证明上帝存在,他拥有不同的完满性(善、正义、单纯、永恒等等),以及他是三位一体的。(安瑟尔谟坚持阿奎那和后来大多数中世纪神学家所拒斥的奥古斯丁的观点,认为三一论教义可以通过推理认识,而不仅仅是通过启示。)《宣讲》(*Proslogion*,1077—1078 年)论证了同样的结论,但更加简洁有力,很少强调神圣的三一性。安瑟尔谟接下来在 1080—1086 年间写成三部哲学对话。在《论真理》(*De veritate*)中,安瑟尔谟探讨了这样一种真理概念,它包含真理最直白的含义(2 章),即当事物如一个命题所陈述的那样时,该命题为真，但它的适用范围远不止于此，因为安瑟尔谟认为真理的根在于他所认为的正确性（rectitudo），同时他还附带地将正义（iustitia）解释为正确的意愿。第二部对话《论意愿的自由》（De libero arbitrio）同样围绕上述概念展开，根据他的论证（第 13 章），由于自由意愿关系到的并非是能够在不同的可能性之间进行选择（上帝和好的天使都缺乏这样的自由），而是为了正确的意愿本身保存正确的意愿的能力。第三部对话论及魔鬼的堕落（De casu diaboli），通过分析路西法反叛的道德心理来考验上述观念：天使的意愿本身是善好的，它怎会抛弃正义，选择恶而不是善呢？安瑟尔谟很可能在这一时期还写了 De grammatico（该标题无法翻译，详见下文），这是他唯一一部——还有一些哲学残篇——只探讨逻辑学和语义学问题，而没有任何直接神学目标的著作。

安瑟尔谟晚期的作品更明确地导向和基督教教义相关的问题，其中最重要的是《上帝何以成人》（Cur Deus homo，1095—1098 年）和在他 1109 年死前完成的《论和谐》（De Concordia，1107—1108 年）。《上帝何以成人》试图向任何接受犹太教徒和基督徒共有的某些基本假设的人证明，上帝注定要道成肉身并被处死。上帝的恩典的安排毫无瑕疵，其本意在于让某些人获救（以取代堕落的天使）。然而，由于原罪，人类伤害了上帝以至于他们不再能行善，因为人类已经亏欠了对作为他们造物主的上帝的完全服从；此外，任何对上帝的不服从都会造成严重后果，以至于没有任何单纯受造之物可以作为对它的补偿。然而，既然神圣的安排要得以实现就必须要有"补赎"（satisfaction），那么，这补赎如何完成呢？通过人，因为是人犯的罪；但也要通过上帝，因为只有上帝才能提供足够的补赎。因此，就需要上帝向着自己牺牲自己。在其最后一部著作《论和谐》中，安瑟尔谟转回他更加熟悉的话题。其完整的标题"论上帝的预知、预定、恩典与人的自由相容"说明了他的主题，它用基督教专有的恩典教义将《论意愿的自由》和《论魔鬼的堕落》的话题结合起来。

完美存在者神学

人们通常认为，安瑟尔谟最著名的作品《宣讲》提供了上帝存在的证明，而《独白》则被看作针对同一目标较早的、不太让人满意的尝试。由于安瑟尔谟认为构造这样的论证的能力只被赋予一个已经相信基督教上帝的人，他的立场似乎有某种循环，这使得某些评注者认为他实际上无意提供一个证明。不过，更有益的做法是承认上帝存在的证明可以"薄"或者"厚"。

薄的证明只是试图表明存在某种第一因或完美的存在者,不需要考察其本性为何(阿奎那的"五路",独立来看就是个例子,见专题研究 H);而厚的证明则意在阐明至高的存在者的存在有一整套属性。安瑟尔谟想要给出的是若干厚的证明。正如他在《独白》中所言(Anselm, 1946, 13∶5-10),他相信自己能够"只用理性"向任何人——只要这个人还不知道——不仅证明"存在一个本性,它是所有存在的事物中最高的",而且证明这个本性"只凭自身就能使自己处于永恒的幸福中",而且正是他"通过他全能的善赐予并且带来如下事实:所有其他的事物都是某物,并且它们在某个方面都是好的",还可以证明"我们认为必然符合上帝和他的造物的其他许多事情。"《独白》和《宣讲》是完美存在者神学(perfect-being theology)的大量练习:澄清一个十全十美的存在者必须具有什么样的本性。而这些练习比安瑟尔谟在奥古斯丁和波埃修那里可以找到的任何论述都要目标专一、结构紧凑。尽管安瑟尔谟声称要通过理性的方式通达信仰已经持有的立场,然而,他实际进行的理性探究还包括,仔细地思考什么使一个属性成为完美,每一种完美在应用于上帝时应当如何理解,以及它们在表面不一致时如何可以相容。验证安瑟尔谟论证的一种方式是,它们是否能推出这样一个上帝,他拥有基督徒凭教义和直观相信他拥有的那一整套完美属性;然而,通过这一测试并没有穷尽这些论证的目的,因为它们的宗旨在于为有信仰者提供他们先前所匮乏的分析性理解。

  安瑟尔谟完美存在者神学的主要工具或许可以称作上帝必然完美原则,它可以从《独白》第 15 章和《宣讲》第 5 章导出。如果 F 是一个非关系性属性,而在其他条件一样的情况下,是 F 要比不是 F 更好,那么,F 就是一种完美;而如果 F 是一种完美属性,那么,上帝就是 F。在《宣讲》中,这一原则同他在写作《独白》时还没有发现的另一个原则联系起来。上帝是"无法想象比其更伟大的事物"。这一表述同上帝必然完美原则紧密相关。如果 X 缺乏任何完美属性,且假定一切完美属性是相容的,那么,就可以想象某种比 X 更伟大的东西,因此 X 就不是上帝。根据安瑟尔谟的解释(Anselm, 1946, 93∶4-9),和《独白》完全不同,他在《宣讲》中采用的是单一论证(argumentum),此时他所指的很可能就是上述表达式,因为该表达式使他不仅可以确立上帝的属性,而且可以确立——在较早的《独白》中他不得不独立地证明的——上帝的存在。然而,这一表达式还需要对上述原则做进一步阐发,才能推出一套确定的神圣属性。

根据上帝必然完美原则,很容易像安瑟尔谟在《宣讲》中所做的那样阐明上帝是自虚无中创造万物的造物主,是正义的、真的和幸福的(第 5 章)。上帝能够有知觉,他是全能的、有同情心的、不受感动的(impassible),而且不是一个物体(第 6 章)。上帝不受地点和时间的限制(第 13 章),而且没有部分(第 18 章)。不过,这些属性可以相容吗?在上帝的不受感动、同情和他的正义(《宣讲》8-11)之间有明显的冲突:同情难道不是包含着怜悯的感觉,因此也就不是不受感动的了吗?而同情所要求的仁慈又如何能与正义相调和呢?安瑟尔谟答道,上帝的同情纯粹是针对它的对象;因为被同情者免受惩罚,他们因此感受到其后果,而上帝本身是不受影响的。与此相反,上帝的仁慈是纯粹针对他自身:虽然就上帝与罪人的关系而言,惩罚他们对于上帝来说是正义的,但就上帝与自身的关系而言,对他们仁慈则是正义的,因为这符合上帝的善。(在安瑟尔谟的推理中,他的奇思妙想很少像在这里一样经不住推敲,因为正义就其本性而言,需要建立在行动者和他们应得的赏罚之上;安瑟尔谟的主张逻辑上暗含着一个邪恶的法官可以正义地惩罚无辜的人,因为伤害他们符合他的邪恶。)

上帝不受时间和地点的限制看起来不会和任何其他的属性相矛盾,但仔细的考察(《独白》20-24;参《宣讲》19-20)却证实它包含着一个悖论。考虑上帝与时间的例子。由于所有事物的存在都依赖于上帝,看起来神圣永恒性(eternity)就应当被解释成永存(perpetuity):上帝没有开端和终结,因为没有一个时刻他**不存在**。然而,如果上帝每一个时刻都存在,那么他就可以分成无数与时间相关的部分,因此也就不是单纯的而是复合的。说上帝是非时间的,说他没有开端和终结是因为没有一个时刻他**存在**,因为他在时间之外,这不是更好吗?安瑟尔谟的回答实际上将非时间性和全时间性(omni-temporality)整合成一个单一的神圣永恒性概念。安瑟尔谟追随波埃修,清楚地阐明了上帝与时间的关系完全不同于受造的事物:他的生命是一次成全的(all-at-once),他绝不会随着时间的流动而被改变。因此,确切地来说,他不能说成是在时间之中。但上帝**总是如此**(semper),安瑟尔谟比波埃修更加明确地坚持认为上帝的永恒性在这一意义上包含着一切事物。

逻辑学与语义学

De grammatico 是安瑟尔谟唯一一部不包含明确神学内容的完整作品,它有时被看作亚里士多德逻辑学的初级读物,但把它视为对亚里士多德尤其是对其《范畴篇》的批评会更加合理。这部对话录的核心是《范畴篇》中

讨论过(1a12-25)的同根(或"名词派生")现象。同根现象就像该书标题中的 *grammaticus* 一样，用来表达它们的语词源自意指偶性而不是实体的名词（在这个例子中则源自 *grammatica*，"语法知识"——*grammaticus* 指的是一个懂得语法的人；类似的，*album*，"白的东西"一词被认为是源自 *albedo* 白色）。因此，同根词就是用一个偶然的性质来谈论一个实体（或实体的复合物）的词（严格地来说，该词要在词形上与它所发源的词有关联；12世纪的时候用 *sumptum*[派生词]这个术语来泛指任何派生出来的语词，无论有没有词形上的相似）。然而，安瑟尔谟和他的同代人并**不**认为同根现象指的是一种词，尽管有词可以表达它们，而是一种事物。安瑟尔谟必须要解决的问题是他所列举的同根现象，*grammaticus*，究竟是一个实体还是一种性质。亚里士多德认为 *grammaticus* 是一种性质，但有一个强大的论证可以证明 *grammaticus* 是一个实体；所有的 *grammaticus* 都是人，而每一个人都是一个实体。在获得其解决方案之前，安瑟尔谟进行了一系列复杂的分析，表明他对和普里西安有关的论战主题了如指掌(5章1节)。那么，他的解决方案是怎样的呢？

通常认为他的解决是在对话录的结尾(Anselm, 1946, 163:23-25)。安瑟尔谟在此处利用了意指(signification)和命名(appellation)的区分。意指是一种语词和思想的因果语义关系：一个词"w"通过在听者的心灵中产生关于 x 的思想来意指 x。"命名"通常被等同于当代所使用的"指称"，但它更确切地被描述成一个语词的语用能力，它可以用在一个具体的语境中挑拣出一个对象(King, 2004, 93)。安瑟尔谟利用这些概念提出 *grammaticus* 是一种性质，而"*grammaticus*"这个词意指一种性质，不过从命名来说的话，*grammaticus* 则是一个实体。这一解决看起来似乎让人满意。同根词——"*grammaticus*"，"白的东西"——所挑拣出来的对象实际上是实体，因此这些语词指称或者命名实体；但是这些语词谈论它们的方式却是针对诸如语法知识或白色这样的性质。安瑟尔谟事实上做出了一个重要的语义学区分，一边是必须单纯从广延来设想的命名，另一边则是某种内涵式的语义关系，它虽然不同于弗雷格术语体系中的"意义"，但是同样可以和指称形成对照。然而，同源现象首先是事物，不是语词，这一解决方案背离了最初的论证，却并没有给出任何拒绝该论证的理由。不过，就这点来说，安瑟尔谟在此前的论述中(Anselm, 1946, 154:7-21)给出了更好的回答。*Grammaticus* 就其是一个人而言(*secundum hominem*)，它是一个实体，而就其拥有语法知识而言,则是一种性质。这一回答并非搪塞之词,而是直截了当的、符合常识的解决方案,不过它与亚里士多德的范畴理论恰好背道而驰。安瑟尔谟在如何解决最初的难题上模棱两可,这似乎是在邀请他的学生同他一起质疑亚里士多德理论,但同时也为他们提供了一种固守亚里士多德理论的方式。(还有另一种更加融贯的方式,安瑟尔谟未必愿意接受它,但被与他几乎同时的某些学者采纳[5章1节],这就是认为《范畴篇》只关系到语词,这样的话,意指和命名的区分就足以清除上述困难。)

专题研究 D:安瑟尔谟的"本体论"论证

安瑟尔谟的"本体论论证"很可能是中世纪哲学家所设计的最为知名的单个论证。虽然在12世纪它多少为人所忽视,而在13世纪则往往不被接受,但自近代早期起,它就成为哲学讨论的一个核心主题。笛卡尔、斯宾诺莎和莱布尼茨都采用并且捍卫过它;休谟和康德则拒斥它。当代的宗教哲学家也构建了他们自己的版本,并在这样做的同时探索了模态理论的艰深领域。研究这个论证创造了极佳的机会,不仅仅是按照安瑟尔谟看起来所愿意的那样去考察其推理思路,并衡量其论证强弱,而且可以将这一中世纪的讨论与其现代的重构版相比较:在多大程度上它还是**安瑟尔谟的**论证?

安瑟尔谟设定了一个特殊的论证处境,以此来表明通过他的表达式"无法想象比其更伟大的事物",他的单一"论证"就可以证明上帝存在。试想《圣咏集》(《诗篇》)中提到的愚人(xiii, 1; lii, 1),他否认上帝存在。但即使他也可以理解无法想象比其更伟大的事物,因此,无法想象比其更伟大的事物也就在他的理智中。安瑟尔谟接下去写道:

> 可以确定的是,"无法想象比其更伟大的事物"不能只存在于理智之中。因为如果它只存在于理智之中,那么就可以想象它同时也在实际中(*in re*)[25]存在,这是更伟大的。因此,如果无法想象比其更伟大的事物只存在于理智中,那么,无法想象比其更伟大的事物就是可以想象比其更伟大的事物。(《宣讲》II)

这一表述论证的方式表明,安瑟尔谟正在进行的是归谬(*reductio ad absurdum*)——这种类型的论证表明从某个特定的前提 p,以及其他被认定为

---

[25] "in re"通常译为"在现实中",指独立于心灵的存在状态。但因本书通常用"现实"来翻译 actual,故此处译为"实际"以示区别。

真值不容置疑的前提出发,运用有效的推理会得出自相矛盾的结论。如果真的是这样的话,那么事实必然是 p 为假(因为一个从真前提出发的有效论证一定有真结论)。在安瑟尔谟的论证中,他想要证明为假的命题 p 就是(5)"上帝(= 无法想象比其更伟大的事物)在实际中不存在",而自相矛盾的结论是(9)"无法想象比其更伟大的事物就是可以想象比其更伟大的事物"。

他是这样来构造其论证的:

(1) 上帝是无法想象比其更伟大的事物。[前提]

(2) 如果某人理解了表达式"a",那么,a 就存在于(est)他的理智中。[前提]

(3) 愚人理解"无法想象比其更伟大的事物"。[前提]

(4) 无法想象比其更伟大的事物存在于愚人的理智中。[2,3]

(5) 无法想象比其更伟大的事物在实际中不存在。[进行归谬的前提]

(6) [某个以某种方式断定在实际中的存在比只在理智中的存在更伟大的前提。]

(7) 如果无法想象比其更伟大的事物只存在于理智中而不存在于实际中,那么,就可以想象某物比它更伟大,亦即同时存在于实际中的无法想象比其更伟大的事物。[6]

(8) 可以想象某物比无法想象比其更伟大的事物还要伟大。[4,5,7]

(9) 无法想象比其更伟大的事物就是可以想象比其更伟大的事物。[8]

(10) 无法想象比其更伟大的事物不在实际中存在,这并非事实。[通过归谬否定 5]

(11) 上帝在实际中存在。[1,10]

其中前提(6)并没有给出精确的表达式,这是因为文本中暗示它的短语(*potest cogitari esse et in re*, *quod maius est*,"可以想象它同时也在实际中存在,这是更伟大的")是不精确的。安瑟尔谟可能意在断言一切在实际中存在之物都在某种意义上比只存在于理智中的东西伟大,但是由于存在明显的反例——实际存在的罪或病比只在理智中存在的要伟大吗?——最好

则是保持一个仍然能够满足论证需要的弱的前提,例如:

(6a) 无法想象比其更伟大的某物,如果同时存在于实际中和理智中,它就比只存在于理智中更伟大。

然而,即使解释成(6a),安瑟尔谟思考中的这一步骤通常被认为是有争议的。批评者们抗议,要么存在根本就不是属性(或者用康德的话说,"存在不是谓词"),要么即使它是一种属性,它也不是能够使某物伟大的属性。康德正确地指出,"存在"不是谓词,存在也不像别的东西一样是一种属性。在成为任何(别的)述谓的主词/拥有任何(别的)属性之前,一个事物必须先存在。然而,安瑟尔谟是要在不同的存在类型之间构造对比——只在理智中的存在,在实际中的存在。选定一个以某种方式确实存在的存在物——例如,小说中的一个人物或我的心灵中的一个概念,然后去考虑它是否拥有在实际中存在的额外属性,这完全合乎情理。此外,实际的存在也有一种明显的、合乎直觉的方式使某物变得伟大——拥有亿万虚构的美元的沃尔特·米蒂(Walter Mitty)[26]真的像拥有亿万真钞的比尔·盖茨一样富有吗?

前提(2)用一种空间化的方式谈论"在"(in)理智中的事物,这大概会让当代读者觉得怪异。事实上,安瑟尔谟很可能预设了源自奥古斯丁《三一论》和波埃修(尤其是他对亚里士多德的《解释篇》的第二部评注)的语义理论作为其背景,他在《独白》中曾经解释过(第10和33章)。在安瑟尔谟看来,口头的语词自然地在听者的心灵中产生内在的"语词"。这里安瑟尔谟用"语词"指某种概念或形象(image)(他并没有指明是哪一个),它相似于产生它的口头语词所意指的对象。这些概念和形象同它们的对象的相似使得我们可以思考我们自身之外的事物。在命题(2)—(4)中,安瑟尔谟断言"无法想象比其更伟大的事物"这一表述在愚人的理智中产生了一个心灵语词(mental word)。可以说,该论证此处有一个缺陷,安瑟尔谟自己后来也注意到了:因为很难设想这里所涉及的心灵状态,通过它愚人当即理解了"无法想象比其更伟大的事物"这个表述,这足以使它生成一个心灵语词,

---

[26] 詹姆斯·瑟伯短篇小说《沃尔特·米蒂的秘密生活》(Walter Mitty's Secret Life)中的主人公,充满奇想的温顺男子。小说初版于1939年,曾于1947年和2013年两次搬上银幕,2013版电影中译名又作《白日梦想家》。

但这一理解还不足以使对上帝存在的否认变得不可能,因为安瑟尔谟接下来(第3和4章)论述无法想象比其更伟大的事物不能被想象为不存在。

不过,这个论证最为严重的困难却在别处。当愚人听到"无法想象比其更伟大的事物"这个表述时,在他的心灵中产生的是什么概念?让我们考虑一个类似的例子。你听到并且理解"拉普兰地区一个拥有超过500万人口的城市"这一表述。你所掌握的这个概念,它的内容是拉普兰地区一个拥有超过500万人口的城市。把握这样一个概念的能力并不包含这样一个城市实际存在。在你翻检参考书发现并不存在这样的城市之前,这对你来说很可能是一个开放的问题。然而,这个概念的内容并**不是**拉普兰地区一个拥有超过500万人口并且只存在于心灵之中、在实际中不存在的城市。如果是那样的话,你在查验了事实之后说"没有任何东西符合我刚才听到的表述",那就错了。同样地,愚人在他的心灵中所把握的概念内容也不是仅仅作为概念存在、在实际中不存在的某个无法想象比其更伟大的事物,而单纯地就是无法想象比其更伟大的事物。然而,这样的话,上述论证中的步骤(7)就无法接受了。愚人在心灵中所获得的概念并不是那近乎自相矛盾的无法想象比其更伟大的、但又并不实际地存在的事物,而简单地就是无法想象比其更伟大的事物。

在接下来的一章中,安瑟尔谟论证了无法想象为不存在的比可以想象为不存在的要更伟大,这样的话,如果要避免自相矛盾,那么,无法想象比其更伟大的事物就一定是无法想象为不存在的。有些当代哲学家认为这是关于上帝存在的一个独立论证,不过安瑟尔谟自己很显然不这么认为。这不仅仅是因为他在结束第二章的时候,已经使得任何关于无法想象比其更伟大的事物实际存在的进一步论证显得多余("毫无疑问,无法想象比其更伟大的事物存在,既在心灵中,也在实际中"),而且因为他在第3章中继续确认,"他真真切切地确实不能被想象为不存在"。因此,安瑟尔谟已经确立了上帝实际地存在,他现在是要用上帝必然完满的原则来确立上帝的一个属性:他的非存在是不可设想的。我们今天会说"必然存在",这一描述本身并不会产生误导,因为当代思考可能性和必然性的一种方式就是可设想性。然而,仍然会有问题产生,它体现在安瑟尔谟论证的改编史中。

当代哲学家讨论的本体论论证最有力的形式大多是阿尔文·普兰丁格所设计的论证的变体,其灵感来自《宣讲》的第2章和第3章。该论证的具体阐释虽然相当技术化,但其背后的想法却简单而优美。且让愚人承认上帝的存在是可能的,并且假定以下前提成立(或许可以认为第 3 章确立了这一前提):如果上帝存在,那么他必然存在。由这两个前提出发,凭借直觉和些许精致的逻辑策略就可以从形式上推出:上帝可能必然存在(possibly God exists necessarily)。然而,根据 S5,也就是被视为最能体现我们日常的模态观念的模态逻辑体系,可能必然 p 蕴涵必然 p。这一推导可以用为这些体系提供语义学的可能世界框架来解释。根据该语义学,若 p 在一切可能世界为真,则 p 必然为真,而若 p 在有的可能世界为真,则 p 可能为真,而在 S5 中,所有可能世界是彼此可以通达的。说 p 可能必然为真,也就是说相对一个世界而言,它在所有世界中为真;然而,那样的话,它就是在所有世界为真,因此简单地说它就是必然的。因此从前提上帝可能存在出发,普兰丁格就可以证明上帝存在,而且事实上必然存在。

普兰丁格的论证由于窃取论点(question-begging)而招致批评。考虑到承认上帝存在是可能的所导致的后果,为什么愚人还会承认它?他不应该那么蠢!普兰丁格或许可以辩解,他并不试图提供一个无神论者会接受的上帝存在的论证,而仅仅是要表明有神论者和无神论者同样理性或同样非理性:一个接受上帝可能存在但并不能解释这一点,而另一个同样没有理由地否认该命题。然而,人们或许也会追问是否应该假定如果上帝存在则他必然存在这一前提。

那么,普兰丁格的论证和安瑟尔谟的之间有何联系呢?普兰丁格并不宣称他在转写安瑟尔谟的论证;他使用安瑟尔谟的要素来建构自己的推理框架。普兰丁格的论证依赖从可能世界的角度来理解可能性(我们应当记住,出版于 1974 年的《必然性的本性》一书是将这一讨论模态的方式引入分析哲学的先驱之一):只有当"上帝可能存在"——来自安瑟尔谟论证中的命题(3)——被理解成上帝至少在一个可能世界中存在时,它才能成立。然而,我们有充分的理由认为安瑟尔谟对模态的理解完全不同于表现在可能世界中的模态。这并不仅仅是因为他缺少相应的逻辑工具和可能世界的隐喻:安瑟尔谟对可能性和必然性的理解完全不同。

在回应马尔穆捷(Marmoutiers)的隐修士高尼罗对其论证所提出的反驳时,安瑟尔谟阐释了他自己有关可能性和必然性的观点。他在那里论述道,无法想象比其更伟大的事物不会在任何地方或任何时间不存在,这是它的一个本质特征:如果有某个时间或某个地点它不存在于其间,那么就可以想象某物比它更伟大(回应1)。通过这一评述,安瑟尔谟表明他是根据事件随着时间的流动而发生的单一方式来思考可能性——也就是说从时间的方面来思考,这在广义上是亚里士多德式的:根据这一主张,虽然未来可以有不同的可能方式,但并不存在别的可能世界。

或许人们会说,安瑟尔谟区分了从亚里士多德的角度、从时间的角度来理解的可能性观念和某种可设想性观念,后者更接近可能世界语义学所描绘的可能性概念。然而,安瑟尔谟在《宣讲》后文中的论述表明,无论我们如何理解可能性,将安瑟尔谟的可设想性(可以想象)转译为可能性都是错误的。在第15章中,安瑟尔谟论证了无法想象比其更伟大的事物就是那比可以想象的更伟大的事物——否则就可以想象某物比它伟大。而如果可以想象——可设想性——等价于可能性,那么,既然上帝比可以想象的更伟大,因此也就是无法想象的,他也就是不可能的。

第八节 普谢罗斯、伊塔洛斯与12世纪拜占庭的亚里士多德派

与拉丁西方世界安瑟尔谟时代贫乏的古代哲学文献相比,以希腊语为母语的拜占庭学者可供利用的资源浩如烟海,令人难以置信。然而他们的文化中有两个要素令哲学家倍感窒息,甚至其中最决绝果敢者也难以幸免。一是对"希腊"——任何与前基督教的希腊文化相关的东西——的怀疑,当所涉及的文献宣扬违背基督教义的异教思想和教义时,它就会变得尤其敏感。另一点则已经体现在弗提乌斯作品的特征中,即对百科全书式的博学的敬仰,这种学问概述、摘录、转写或者重写历史文献,很少包含中世纪传承者的思想。

米哈伊尔·普谢罗斯(Michael Psellos,1018—1096年)是11世纪拜占庭的哲学思想领袖。当时,君士坦丁堡有一所官方学园,曾任皇家顾问的普谢罗斯在那里获赐首席哲学家席位("哲学家们的执政官",Consul of the Philosophers)。他在受到皇帝冷遇时成为隐修士,并于当时和临终时在隐修院度过一段时光。然而,在这之间,普谢罗斯——他看起来终究还是个官员——参与了新皇帝对牧首米哈伊尔·凯卢拉利乌斯(Michael Cerularius)希腊主义倾向(Hellenism)的指控。可是,普谢罗斯自己的兴趣恰恰就在这个方向上。他推崇的古代哲学家不是别人,正是极端异教化的普罗克洛,而他所推崇的古代著作似乎也曾经包括了《迦勒底神谕集》——晚期新柏拉

图派曾将之奉为启示经典,作为他们对《旧约》和《福音书》的回应。在他的短篇论著中,甚至是那些以某个希腊教父的文本讨论作为出发点的作品中,他都热心于讨论哲学家们的主张,虽然他也乐于提到自己只是在谈论这些哲学家,并不认可他们所说的一切:他强调古代的哲学教导在很大程度上同基督教相一致,但并不冒险坚持这样的主张。

对于类似普谢罗斯这样浸淫于漫长的历史传统中的写作者来说,其原创性是一个难以回答的问题。举例来说,他著有若干亚里士多德逻辑学评注。他有古代晚期的评注传统可以追随,而且大体上是照搬其思想资源。不过晚近的研究(Ierodiakonou, 2002)表明,他的《解释篇》意译中有若干背离其思想源泉的评述;我们没有理由认为这一偶然闪现的自我思考能力仅仅应用在这部特殊的评注中,但要清楚地勾画普谢罗斯自己的哲学观点,我们还有很长的路要走。

普谢罗斯虽然热衷于"希腊的"哲学,他还是设法保护自己不被指控为异端。他的学生约翰·伊塔洛斯(John Italos),下一代的哲学领袖,则没有这么幸运。他的兴趣和他的老师一样广泛,而且似乎尤其热心亚里士多德逻辑学评注,不过,他的研究进路看起来——真正的学术研究还有待展开——全然因循守旧。1076—1077 年针对他的若干异端谴责(anathemas)表明,在拜占庭将亚里士多德哲学用于神学问题是何等危险。比方说,他被指控用"辩证的"方式来解释基督的二性——在西方世界波埃修则因为类似的工作而备受尊崇。另一些异端谴责则表明,约翰容许古代哲学的教导迫使他接受在基督徒看来无法容忍的学说,例如转生(metempsychosis)和质料永存:他被归入其中的那类人"不仅为讲授之用而沉湎于希腊研究,而且遵从古人的空言罔论并奉之为真理"。不过,他在提出这些(柏拉图派的)主张时,是否像他的控诉者所说的那样信心十足,这值得怀疑。一位 13 世纪的作者曾以讽刺的口吻提到约翰在冥界遇上毕达哥拉斯前来迎接,后者对他讲了这样一番话:"你虽然穿戴加里肋亚人[即基督徒]的服装,身披他们所说的来自天国的神圣的长袍——我说的是洗礼,你这个可怜虫却想要就这样加入我们的行列,在知识和三段论的智慧中永生;那就请褪去这长袍,不然就离我们这群人远些。"据这位作家说,约翰却并不想脱去他的长袍。他看起来更像是一个急于在那些眼中只有不和谐的人群中调和古代哲学和基督教的人(颇具讽刺意味的是,在这位作者笔下,躲过了谴责的普谢罗斯却得到古代哲学家们的尊敬)。

无论如何,在伊塔洛斯的时代及其后几十年间,拜占庭的亚里士多德评注繁荣起来。尼西亚的欧斯特拉提乌斯(Eustratius of Nicaea,约1050—约1120年)和伊塔洛斯一样,部分地因为他允许自己所受的亚里士多德训练进入神学讨论而遭致谴责,他曾经评注过《后分析篇》和《伦理学》的部分内容,它们都被译成拉丁文,为13世纪大学里的学者所用。另一位更多产的亚里士多德评注家是以弗所的米哈伊尔(Michael of Ephesus,他极有可能在12世纪前半叶活动,不过有些学者把他同一个世纪前的另一位学者视为一人)。米哈伊尔同样被指控为异端。虽然有语言的优势和帝国的学园,在拜占庭或新罗马做一个哲学家,要比在巴格达或在刚刚被诺曼人征服的土地上要难。

第五章　12世纪的拉丁哲学

研究西方拉丁世界的历史学家们常常会谈论"12世纪的文艺复兴"。这标签形象地展示了12世纪尤其是在巴黎,如群星般璀璨的导师们如何争夺生源、交锋思想、批评彼此的论证。中世纪的拉丁世界过去曾有过与世隔绝的杰出人物,例如爱留根那和安瑟尔谟,但却从未涌现过这样一批博大精深、富有哲学气质的思想家之间的互动。不过,这标签也会产生误导。12世纪思想的兴盛并不像15和16世纪文艺复兴的繁荣那样,由新的文献或翻译的出现促成。12世纪哲学导师们的思想基石来自《旧逻辑》(logica vetus)中的著作,其中大部分自9世纪起开始流行,剩下的则从大约1000年起;来自普里西安的《语法教育》(Institutiones grammaticae),8世纪起已有人研习;来自教父学著作,尤其是波埃修的《神学短篇集》;来自早在加洛林王朝时期已经为人所知的柏拉图派作品四重奏:柏拉图的《蒂迈欧篇》、马可罗比乌斯的《西庇阿之梦》评注,马提阿努斯·卡佩拉的《论斐萝萝嘉和墨丘利的婚姻》,波埃修的《哲学的慰藉》。确实,托莱多(Toledo)12世纪中叶已经开始声势浩大的翻译运动(5章8节),不过,要等到1200年之后,它的成果才开始改变思想生活,摧毁先前在古代哲学资源如此稀薄的土壤上过早发育的哲学文化。

此外,"文艺复兴"这个标签(和"12世纪的人文主义""12世纪的柏拉图主义"等说法一起)太过频繁地被用在中世纪拉丁哲学的一种传统的历史书写中,与13世纪构成对其不利的对比。它将12世纪正确地呈现为一个文学与思想普遍复苏的时代,其中哲学与文学的藩篱比中世纪任何其他时期都要松散。不过,它接下来暗示,与一个世纪之后大学思想家们以整个亚里士多德思想为支撑而取得的成就相比,12世纪的思想无足轻重,而且最好把它看成这些后来成就的铺垫。这样的判断忽略了如下事实:存在着一种特立独行的12世纪拉丁哲学文化,它不仅比13世纪的大学文化更加文学化,而且更加坚实地奠立在逻辑学和语言分析的基础之上。

该文化的地理分布较为局限:它兴盛于法国北部和中部的主教座堂学校,并随着这个世纪的推移逐渐以巴黎为中心,大批导师在那里讲学。其最为杰出的代表包括彼得·阿伯拉尔(Peter Abelard,本章 2 节,专题研究 E,F,G),所有时代最伟大的逻辑学家之一,也是一位勇于进取的神学家和有力的道德思想家;普瓦捷的吉尔伯特(Gilbert of Poitiers,本章 4 节,专题研究 G),他的人生不如阿伯拉尔多姿多彩,但在思想的原创性上毫不逊色;以及孔什的威廉(William of Conches,本章 3 节),他的兴趣更多地在科学和理解古代哲学上,而不是逻辑学和形而上学上。本章的前三分之二将围绕这三位思想家展开,将他们置于同时期语法学、逻辑学与神学的背景之中。12 世纪晚期缺少如此地位显赫的人物,但在这一时期,巴黎的学校里进行着极其精深的逻辑学和神学研究工作(本章 7 节),还存在一股强大的深受柏拉图主义影响的思想潮流(本章 6 节)。这一时期托莱多翻译家们的工作(本章 8 节)将促成随后数十年间哲学的变革,使得 12 世纪最伟大的成就很快被人遗忘。

第一节　12 世纪初的逻辑学与语法学

安瑟尔谟或者甚至彼得·达米安的著作都表明,11 世纪的思想家已经细致地研究亚里士多德、波菲利和波埃修的著作和评注,它们构成了《旧逻辑》。然而,除了《十范畴》的整套注疏、波埃修著作的零散注解和一部对话体改编之外,没有任何关于这些逻辑学著作的评注的年代可以令人信服地定在 11 世纪 90 年代之前。与之形成对照的是,现在所知的写于 1100—1150 年间的《旧逻辑》评注超过 100 种,其中约有 20 多种很可能写于 1120 年之前。它们表明此时人们对逻辑学研究更加热情,而且尽管波埃修的评注树立了典范,常常还提供了大量素材,但教师们已经不再满足于此。波埃修评注的一个缺陷是,它们缺少抽丝剥茧般的逐字疏解,而 12 世纪的教师需要向他们非常年幼的、初入门径的学生提供这样的疏解,这也成了他们的一个思维习惯。人们开始写作字面评注,几乎完全专注于论证的基本构架(所谓 continuatio),而那些依循波埃修式较为散漫的研究进路的评注通常也会增补字面直解的要素。此外,波菲利和亚里士多德著作某些段落的解释成为激烈论争的对象,其中波埃修所解释的古代立场常常得到推进或因为更新的、更精微的理论而被抛弃。一个广为人知的例子是《导论》中的著名段落,波菲利在那里提出关于共相的若干问题但并没有给出解答。不过,构成有关这一特殊段落论战背景的,是一种更一般性的差异,它牵涉到该如何理解古代的逻辑学文献。

到了 12 世纪 80 或 90 年代,逻辑学家们似乎有了分歧,有的将《旧逻辑》著作解释为"关系到事物"(*in re*),有的则将它们解释为"关系到语词"(*in voce*)。《解释篇》显然是关于语言的;但是《范畴篇》《导论》(它被视为《范畴篇》的引论)以及波埃修有关论题和区分的论著却是既可以解读成直接关系到事物,也可以是关系到语词。"语词论者"似乎以此为原则,坚持认为亚里士多德谈论的是"实体""量""质"等语词,而波菲利则是"属""种""偶性"和其他一些语词。这种解释姿态无需伴随任何形而上学信念,去断定这世界是否存在与这种解释所认可的、逻辑学权威所讨论的语词相对应的事物:事实上,没有一个正常的形而上学会将**所有**实体和偶性,无论个别还是一般,变成单纯的语词。大约 1100 年以来的相当一部分著作展现出这种不关注形而上学的解释姿态:包括某些匿名评注、阿伯拉尔最早的逻辑学著作(5 章 2 节)和贝桑松的吉尔兰都斯(Gerlandus of Besançon)的《辩证法》(*Dialectica*)。后者是一部深入论述《旧逻辑》的著作,其特点不仅在于其坚定不移的语词论解释,而且在于该作者对"诡辩"(sophisms)的偏爱,借之表明他想要驳斥的立场如何包含着可笑的谬论。

语词论解读的拥护者中,除了阿伯拉尔之外——他的解释方法很快将发生变化,最知名的是阿伯拉尔的老师罗色林(Roscelin)。不过罗色林的作为(可能是到了晚期——他一直活到 1120 年之后)远不止于实践某种类型的解读。我们只能从他人(通常是他的对手)的转述中了解他的观点,他似乎对世界的基本构成给出了一种论述,尽其可能地为语词论解读提供形而上学的对应,而不使由事物构成的宇宙变得荒无人烟。要清楚地理解他和其他人的立场,一种有益的做法是,将罗色林和他的同代人阅读《旧逻辑》时所接受的该书暗含的基本本体论范畴牢记在心。首先是对自然事物和人造对象的截然区分。自然事物原则上可以是实体,也可以是非实体(它们被称为"形式"——这个词涵盖了苏格拉底的白这样的偶性和苏格拉底的理性这样的种差);而实体**和**非实体都可以是个别的或个别的。(这里的"和"用黑体是因为 12 世纪广为流行的个别形式这一观念对于许多哲学家来说是陌生的,不过当代的殊质[trope]理论家接受了类似的想法。)非自然的个别事物并不被看作实体,因此也不属于任何属或种。安瑟尔谟将共相只是 faltus vocis——当我们说出一个语词时所产生的气息——这一观点归于罗色林,而阿伯拉尔(Peter Abelard, 1970, 554-555)则在其《辩证法》(*Dialectica*)中批评了罗色林的整分论(mereology,有关部分和整体的理论),从他们的证言来判断,罗塞林并不接受普遍实体或普遍形式的存在,也不接受部分的存在。他很可能甚至并不把个别形式算作独立存在的事物,因此,留给他的就只有自然的和非自然的个别整体事物。我们并不知道的是,他是否处理过如此大胆的理论所带来的巨大困难,比方说语义上的困难。

通常用来同罗色林的所谓"唯名论"或"唯词论"(vocalism)形成对照的是香浦的威廉(William of Champeaux)的实在论。1100 年,威廉在巴黎圣母院的主教座堂学校教逻辑学,曾为罗色林学生的阿伯拉尔受威廉作为逻辑学家的名声吸引而到访。阿伯拉尔明确地提到(Peter Abelard, 1967, 65：82-89),威廉提出了一种实在论("质料本质实在论";参专题研究 E),而阿伯拉尔的抨击迫使他抛弃这一理论,转而接受一种形式更为精致的实在论(某种"中立"理论;同上,及 Lottin, 1959, p. 192：116-20)。看起来我们有很好的理由认为,至少在这个事件发生时(约在 1108 年),威廉并不是单纯地用"事物论"(*in re*)来阐发古代文献,而是在提出一种明确的、实在论的形而上学立场;不过,很难断定这在多大程度上是自觉的立场——这一时期的编年太不精确,我们无法确知究竟是他在回应罗色林这样的逻辑学家的观点,还是单单回应语词论解读的实践,还是罗色林理论的发展是在回应威廉的理论等等。然而,更重要的是,要认识到威廉在逻辑学上主要关心的并非共相问题。他写过两个版本的短篇逻辑学教材(他的《导论》[*Introductiones*]),将这一学科当作一门语言学学科,其宗旨在于在错误中辨识真理——这和他的同代人吉尔兰都斯的想法别无二致。威廉对于构建论证的兴趣走得更远;他对于模态命题该如何构造有不同的观点(参专题研究 G),他在细致地反思波埃修的《论题之种差》的基础上,提出了句子的"语法的"和"辩证法的"(逻辑的)意义的区分。正如下文所见,这一著作对于逻辑学作为一门论证学科的发展意义重大。

没有任何一部现存的逻辑学评注归在威廉名下,不过有人曾试图将一整套匿名评注(包含对同一文本的不同评注)归于他。这些归属之所以不能让人信服,尤其是因为不同的"香浦的威廉"评注提出了迥异的、不相容的观点。不过,上述资料所揭示的,远比单纯发现一个单一作者的整部作品要有趣得多:它证实了早在 12 世纪初期逻辑学家们就有热烈而精深的讨论。这些评注应当和普里西安的语法学短篇注疏(*Glosulae*)放在一起来读,后者是该时期思想生活最不寻常的记录之一。同一批导师既研究语法也研究逻辑。普里西安的著作大部分是对拉丁语用法的琐细研究,但也有(依托 2 世纪斯多亚派语法学家阿波罗尼乌斯·狄斯克鲁斯[Apollonius Dyscolus]的著作)论及更普遍的语义理论的段落。它们同《范畴篇》及《解释篇》所提出的问题联系来一起,为哲学讨论提供了合适的机会,而这些导师们把握住了这机会。普里西安的意义理论以一个词假想的发明者所提出的意义为根基,它同波埃修以意指(signification)为根基的语义学之间的紧张关系,引导着普里西安和亚里士多德的评注者们去分析,当人们说一个词是"有意义的"(significative),这究竟说的是什么;究竟是说者还是听者必须要有能力从这个词中获得意义?"吐火兽"这样的词看起来有意义但又并不指称任何事物,它们又该如何理解呢?(Cameron, 2004)普里西安的评注者和《范畴篇》的解释者们还有一个共同的兴趣,即紧密结合有关声音的物理理论来定义话语(utterances)的本性。

第二节　彼得·阿伯拉尔

阿伯拉尔的生平与著作

在谈到罗色林和香浦的威廉时,我们已经提到彼得·阿伯拉尔早年生活的一些重要细节。阿伯拉尔出生于 1079 年,青年时受教于罗色林,后受威廉的名声吸引前往巴黎。他很快就同新老师发生争执,自己成为逻辑学教师,任教于梅隆(Melun)、科贝伊(Corbeil),最后还有巴黎。1113—1117 年间,他最终接替威廉在圣母院的职位。很可能正是在这一时期,他写成自己最伟大的逻辑学教材《辩证法》(*Dialectica*)。这也是他和爱洛伊斯(Heloise)发生罗曼史的时期。爱洛伊斯是一个受过良好教育的聪慧女子,她和她在巴黎圣母院任咏祷司铎(canon)的舅舅菲尔贝(Fulbert)住在一起。阿伯拉尔担任她的私人教师,很快就成了她的恋人,并且不顾她的劝告同意秘密结婚。当菲尔贝以为阿伯拉尔想要把爱洛伊斯打发去当一个修女时,他召集一伙暴徒冲进阿伯拉尔的房间将他阉割。这成为阿伯拉尔人生和思想的转折点。他决定成为圣德尼修院的隐修士(并且坚持让爱洛伊斯成为修女)。他仍然继续教授逻辑学,他为《导论》《范畴篇》《解释篇》和《论题之种差》所做的长篇评注《逻辑学 LI》(*Logica Ingredientibus*[1]，简称 *LI*)来自他在圣德尼的早期岁月(约 1119 年)，而他关于《导论》较晚的评注《逻辑学 LNPS》(*Logica Nostrorum petitioni sociorum*，简称 *LNPS*)和《论思考行为》(*De intellectibus*)则写于六年之后。不过，这些著作成了他流传下来逻辑学著作的最后篇章。

早在 1113 年，阿伯拉尔就有心于教授基督教教义，他为此前往拉昂(Laon)聆听安瑟尔谟(5 章 5 节)[2]的课程(很快就被迫离开)。成为隐修士后，他变得更加专注于神学问题。他开始汇编《是与否》(*Sic et non*)——一部篇幅浩瀚的章句汇编，大多取自教父作家，探讨基督教教义中有争议的问题，其中往往包含不一致的立场(5 章 5 节)。他的第一部神学著作讨论三一论，他认为自己是在攻击以前的老师罗色林持异端邪说，可是这部论著，《至善之神学》(*Theologia Summi Boni*)，本身却在苏瓦松(Soissons)公会议上被定为异端。阿伯拉尔被迫将手稿付之一炬——这经历在他的笔下比被阉割还要痛苦。然而，阿伯拉尔丝毫没有放弃他所提出的立场，在他大约 1125 年写成的篇幅剧增的新版《神学》(《基督教神学》，*Theologia Christiana*)中，他进一步阐释和捍卫自己的主张。该书有一个部分不同寻常(第二卷)，它专门探讨古代哲学家类似隐修士的美德(见间奏 iv)。阿伯拉尔虽然最初并非由于属灵的理由而成为隐修士，但他开始异常严肃地对待隐修生活和隐修院改革。他离开圣德尼去建立自己的高等研究隐居/隐修中心，护慰者圣神修院(Paraclete)。他 1126 年获得并接受了位于布列塔尼沿岸的圣吉尔达(St Gildas)修院院长一职。但是，他对改革的热切渴望招致了隐修士们的反抗，大概 1132 年，他重新成为巴黎的一名导师。出自这一时期的作品包括他的《神学》的最终版(《经院神学》，*Theologia Scholarium*)，保禄的《罗马书》和《六日创世》(*Hexaemeron*，《创世纪》中关于创世的叙述)的评注，以及收录成阿伯拉尔的《箴言集》的内容广泛的基督教教义讲座。阿伯拉尔还写过两部重要的伦理学著作：《对照篇》(*Collationes*，很可能写于

---

[1] *Logica Ingredientibus* 为该书拉丁文开篇的前两个单词，学界多以之指称该著作，下文的 *LNPS* 也是如此，为方便汉语读者勉强分别译为《逻辑学 LI》和《逻辑学 LNPS》。

[2] 此处提到的是拉昂的安瑟尔谟，并非上一章所提到的坎特伯雷的安瑟尔谟。

圣吉尔达修院）[3]和《认识你自己》(Scito teipsum, 约 1138 年)[4]。1141 年在明谷的伯纳德(Bernard of Clairvaux)的煽动下，桑斯(Sens)公会议将阿伯拉尔作为异端审讯。虽然他的定罪得到教宗的批准，但阿伯拉尔已经病入膏肓，他在克卢尼的修院求得庇护，当地仁慈而博学的院长，可敬者彼得(Peter the Venerable)并未将他视为异端，而是奉为可敬的宾客。他大概于1144 年去世。

逻辑学革新者阿伯拉尔

阿伯拉尔最早的逻辑学评注（论及《导论》《解释篇》和《论区分》，约作于1102—1103 年）表现出他热衷于语词论解读(5 章 1 节)。虽然他十年后放弃了该研究进路，并且坚信逻辑学教材中大部分段落是关系到事物的（而有些段落则可以选择语词的和实在论的解读），但他从未放松过对理论立场的语词表达式的关注，以及对语言含混性及其可能产生的矛盾的关切——这以某种方式回应着吉尔兰都斯对诡辩的兴趣。阿伯拉尔的特点是，他先引述一个给定的表达式，然后来考虑可以采取哪几种不同的逻辑方式去解读它。例如(《辩证法》，Peter Abelard, 1970, 218)：

(1) 如果(a)一个事件可能以不同于上帝所预见的方式发生，那么(b)，上帝就可能犯错。

这个条件句的前件(a)可以有不同的解读，这取决于如何对它进行划分，例如

(a*) <u>一个事件</u>的<u>发生</u>是<u>可能不同于上帝所预见的</u>。(That-a-thing-happens is possible-otherwise-than-God-had-forseen.)

或者

(a**) <u>一个事件以不同于上帝所预见的方式发生</u>，这是可能的。(That-a-thing-happens-otherwise-than-God-had-foreseen is possible.)

阿伯拉尔的很多结论都依赖这个和其他类似的区分[他认为曾经如此困扰波埃修的预知难题（专题研究 A），其症结正在于以谬误的方式从(a)推出(b)为真：这之所以是谬误的，是因为可以推出(b)的是真值为假的(a**)，

---

[3] 通常译作《对谈集》
[4] 又作《伦理学》。

而不是真值为真的（a*）（Marenbon，2005a，67-70）]。重要的是要记住阿伯拉尔研究方法的这一突出特征，因为它可以帮助我们正确地限定如下断言：阿伯拉尔发明了一种新的**形式**逻辑体系。一方面，（虽然使用了令人费解的中世纪术语体系），阿伯拉尔确实完全清楚一个论证的形式有效性和其结论的真值之间的区别。但另一方面，他并没有像现代形式逻辑学家那样使用精确的符号语言，而是用日常语言来工作，而日常语言是含混的，并且不可避免地既指命题的内容也指命题的逻辑形式。

正如晚近研究所见（Martin，1987，1991，2004），阿伯拉尔所发明的逻辑体系正是命题逻辑。和阿尔昆以来的逻辑学家一样，阿伯拉尔接受亚里士多德三段论，不过他也注意到模态三段论中的问题并作出相应的调整。在亚里士多德的谓词逻辑之外，古代世界也有命题逻辑，也就是斯多亚派的逻辑。但到了古代晚期，人们已经不再懂得这种逻辑，因此波埃修作为中介的效用是有限的（3章1节）。尽管如此，阿伯拉尔看来是部分通过目光如炬地**通**读波埃修有关假言三段论的著作，部分通过他自己的想象，重新发明了货真价实的命题体系。阿伯拉尔对分析句子和消除句子歧义的偏好使他具备了获得这一发现的气质，不过该发现的一个前提条件是他对命题性（propositionality）的把握。阿伯拉尔同波埃修对照鲜明，他能够理解命题内容这一观念以及关于它的命题演算（例如否定和后承）；举例来说，他完全明白为何否定"如果 p，那么 q"并不是否定前件或后件（更不必说任何构成它们的词项），而是否定 p 蕴涵 q。

阿伯拉尔主要是在讨论论题推理时发展了他的命题逻辑（Martin，1987，2004）。阿伯拉尔想要阐明的是，波埃修的论题及其最大命题中究竟是哪些奠定了真条件句（"如果……那么……"命题，或者用阿伯拉尔的术语说，"推论"[consequentiae]）的根基。关于这些条件句的真值，他有极其严格的标准。"如果 p，那么 q"只有在以下情形为真：(1) 不可能 p 为真而 q 为假（即严格蕴涵的现代标准）；(2) p 的意义中包含 q。因此，并不是所有合理的论证都可以转化成真条件句。从"a 是一个人"人们可以正确地得出结论"a 不是一块石头"（因为不可能有任何人是一块石头）。然而"如果 a 是一个人，那么 a 不是一块石头"仍然为假，因为"a 是一个人"的意义中并不包含 a 不是一块石头。它的意义中包含的实际上是"a 是一个动物"（因为"人"的意义是"理性的、会死的动物"），因此，"如果 a 是一个人，那么 a 是一个动物"为真。阿伯拉尔以这种方式来展示以某个给定的论题为基础的条件句中的错误,是要阐明从它和无可争议地为真的前提出发,可以推出不可接受的结论——或者是矛盾,或者是违背某些连接定律,由此排除那些蕴涵着其否命题或者为其否命题所蕴涵的命题。对阿伯拉尔来说不幸的是,他12世纪中叶的对手,巴黎的阿尔贝里克(Alberic of Paris)设法证明了甚至阿伯拉尔可以接受的条件句也会产生他所拒斥的结论;问题的关键在于阿伯拉尔自己创立的命题逻辑体系中的一处不融贯。这个缺陷并未削弱他在理解命题逻辑上取得的成就,不过它可以解释为什么之后中世纪在这个领域的思考很少推进他的洞见。

阿伯拉尔在逻辑学其他许多领域也提出了若干令人惊艳的新颖想法。例如,他非常细致地探究动词"是"的功能,他是少数试图分析"有恶存在,这是好的"(it is good that there is evil)这样的非人称句的逻辑学家之一。他有关模态的想法将在下文的专题研究中考察。因为关系到他对条件句的处理以及他的唯名论(专题研究 E),另一个论题尤其值得一提。阿伯拉尔是第一个考察命题语义学的中世纪拉丁作家,尤其是在涉及推论(*consequentiae*)的语境中。当我们说"如果 p,那么 q"(例如,"如果它是一朵玫瑰,那么它就是一朵花"),我们试图用"如果……那么……"这一关系勾连起来的是什么?由于即使没有任何玫瑰存在这个条件句仍然为真,这一关联不可能是事物之间的关联。由于即使没有任何人在思考这个条件句,它仍然为真,阿伯拉尔由此推断,这关联也不能是它是一朵玫瑰和它是一朵花这两个想法之间的关联。阿伯拉尔所选择的解决方式明确地表现出他对命题性的理解。条件句将前件所说的和后件所说的关联起来:我们将其称之为"命题内容",阿伯拉尔则用了术语 *dicta*("所言";单数形式是 *dictum*)。所有的命题,无论它是否构成某个条件句的一部分,都有其所言,这就是它所要断定或否定的东西。但是,这些所言确切地来说是什么呢?阿伯拉尔有关它们的评述游移不定,或者将它们看作事件或事态(作为真值制造者[truth-makers]),或者更接近当代意义的命题(作为真值承担者[truth-bearers]);也就说在以下两种想法间犹豫不定:把"约翰是在变秃"的所言理解成事物存在的方式,它使得约翰正在变秃为真;或者将其理解成上述事实使之为真的东西。不过,阿伯拉尔毫不犹豫地断定所言不是事物:它们并不是世界的构成要素中额外的东西。

对12世纪的思想家来说,逻辑学著作的评注往往超出逻辑学的问题域。许多13、14世纪作家会在《形而上学》相关的讨论中处理的基本本体论问题都可以同《范畴篇》——看来这部作品与其说是逻辑学的,不如说是形而上学的——以及与之紧密关联的《导论》联系起来讨论。而《解释篇》在课程体系中的地位,以及对普里西安的兴趣确保了这些形而上学讨论都突出地同语义学纠缠在一起,正如阿伯拉尔对共相问题的处理所展示的那样。

专题研究 E:阿伯拉尔论共相

虽然阿伯拉尔在其《劫余录》(*Historia Calamitatum*)中以挖苦的口吻说那些研究共相问题的人以为这就是逻辑学的全部,但他对该问题的解决却是其思想的核心所在(至少在他 12 世纪 20 年代中期兴趣转变前如此),这既因为他的形而上学有赖于此,也因为这给语义化理论思考的一个杰出篇章提供了展示的机会。

香浦的威廉这样的实在论者认为存在个别的和普遍的实体,也存在个别的和普遍的形式。阿伯拉尔则认为只存在个别实体和个别形式。他坚信把任何实际的事物说成是普遍的是不自洽的,他还建构了若干强大的论证来驳斥在他的同代人中流行的这一实在论主张的种种变体。实在论最简单的形式——威廉在大约 1111 年前持这一观点,阿伯拉尔的攻击迫使他随后将之放弃——是"质料本质实在论"(material essence realism):任一给定类别的所有个体中都存在同一实体或质料本质(*materialis essentia*),它们彼此间通过"较低的形式"相互区别。这里"较低的"指的是在波菲利树(2 章 5 节)中位置较低:实体这个范畴首先通过种差性形式(*differentiae*)区分为物质的和非物质的,分为物体和精神,随后物体又被相继而来的种差进一步区分,一直分到最为专门的种——例如人。人可以通过他们的偶然属性(也称之为"形式")进一步区分。但是阿伯拉尔指出,根据这种观点,同一个普遍的实体就会被对立之物赋形(informed)——例如动物就不得不既是理性的,又是非理性的(*LI*[= Abelard 1919-1933] 11-13)。

实在论者可能会抱怨,他们认为形式所赋形的是个体而不是共相。动物这一普遍实体既不是理性的,也不是非理性的,而布朗尼这头驴(Browny the ass)是非理性的,西塞罗这个人则是理性的。不过,阿伯拉尔会问:布朗尼是什么?显然布朗尼不能等同于为它赋形的形式。在经过某个因为文本讹误而变得费解的论证之后,阿伯拉尔得出结论:布朗尼是他自身之中这些形式之外的任何东西。这同样适用西塞罗:他是他自身中为他赋形的形式之外的任何东西。然而,根据质料本质实在论,西塞罗和布朗尼由同一质料本质和他们各自相异的形式构成。因此,西塞罗和布朗尼就是一样的,由此可以推论(西塞罗中的)理性形式和(布朗尼中的)非理性形式不仅是在同一个共相之中,而且在同一个个体之中。

阿伯拉尔引述更多的论证来驳斥质料本质实在论(根据其逻辑结论,它将世界还原为十种普遍事物——十范畴;而如果它用偶性来区分个体,那么它就会使偶性先于这些个别实体,而后者也就因此无法成为偶性的基体),以及一系列形式各异的论证来驳斥那些为了回应他对质料本质理论的成功打击而引入的更加精致的实在论类型。

阿伯拉尔自己的正面理论(至少根据一种解释:Marenbon,1997a)在本体论上并不像它看起来那样简洁,这与他构想形式的方式有关。形式依存于实体,但并不是绝对地依存。所有形式都属于某个实体,而且没有任何形式可以在为实体 A 赋形之后又给另一个实体 B 赋形。然而,实际上为实体 A 赋形的某个给定的形式却曾经可能实际上为 B 赋形:为西塞罗赋形的可能是在现实中使塞涅卡成为理性的那个特殊的理性(*LI* 84,92 及 129)。尽管如此,阿伯拉尔并未将实体还原为形式的聚合,而是坚持每一个实体都有它自己的本质,它(而不是任何偶然属性)使该个别实体区别于同一个种的所有其他实体(*Dialectica* III,2;Abelard,1970,420-421)。因此在这种本体论中存在各色各样的形式,一如实体。不过有迹象表明,阿伯拉尔在 1120 年代重思自己的观点,他做出决断:某些范畴(例如关系)的形式不拥有任何独立的存在。

阿伯拉尔将这种唯名论立场和一种不加怀疑的信念结合起来,即亚里士多德和波菲利的属、种方案对世界的分割深中肯綮。虽然并不存在一个普遍的人这样的事物,它不是苏格拉底、柏拉图或其他某个个体,但是,苏格拉底、柏拉图和其他人就其作为人,也就是作为理性的会死的动物来说完全相似,这一点却无可争议。阿伯拉尔并不认为有必要进一步推进讨论,去追问苏格拉底的理性和柏拉图的理性因为什么而都成为理性。它们完全相似,这就足够了。

阿伯拉尔的本体论立场为他自己提出了一个困难的语义问题。如果一切都是个别的,既然"*homo*"(人)显然是一个普遍词,那么,"Socrates est homo"(苏格拉底是人)这样的句子如何能为真呢? 阿伯拉尔承认他在这里面对着语义学上一个难以解决的问题。他在 *LI* 和 *LNPS* 中都讨论过这个问题。这里只讨论 *LI* 中(篇幅较长)的分析;事实上,*LNPS* 所引入的新要素证实了以下解释。

当代读者如果用更加易懂的当代术语来把上述问题说成是关系到 *homo* 的指称,就会误解这里的困难。对于阿伯拉尔和他的同代人来说,这是一个与意指相关的问题。这里的 x——即 Socrates est homo 中 homo(人)所意指之物——显然是一个共相;然而,在阿伯拉尔看来,没有任何事物是普遍的。阿伯拉尔采用两种互为补充的方式来拆解这个问题。一方面,他表明有一种 x,它是一个事物但不是普遍的,而且可以被 homo 这样的一个普遍词意指;另一方面,他表明这样的词也可以意指另一种 x,它是普遍的但不是一个事物。

阿伯拉尔之所以能够采取上述两种进路,是因为意指是一个范围极广的语义学术语,而他区分了它的两种变体:经由命名的意指(或者直接就是"命名")和(不加限定的)意指。经由命名的意指相当接近当代意义的指称:它是一个词和世界中的一个事物或若干事物的非因果性关系。(不加限定的)意指则是一个词和心灵意向的因果关系(因此,它和后弗雷格时期讨论中通常与"指称"相对峙的那个语义学术语——"涵义"[sense]——的意义没有太多共同之处)。让我们回想中世纪讨论中"意指"的一般定义:语词"w"通过在听者的心灵中产生关于 x 的思想来意指 x。阿伯拉尔将它分为两层:"w"和 x 之间是(通过)命名的(意指)关系;"w"和关于 x 的思想之间是(不加限定的)意指关系。在下面这个来自《逻辑学》的段落中,阿伯拉尔清楚地宣告了自己的策略,不过这里可能缺失一个短语:

> 因为〈普遍词〉(a)既以某种方式经由命名来意指多个事物,但并不产生源自这些事物的思想,也不单独关系到其中任何一个事物[缺少说明(b)的短语]——因此,举例来说,"人"这个口头表达(a)既根据一个共同的原因来命名单个的人,亦即他们都是人,因此,"人"也被说成是一个共相;(b)同时,它又生成某种思想,这是〈关于所有人的〉共同思想,而不是〈关于任何个人的〉独特思想,该思想关系到所有单个的人,它构想他们共同的相似性(《逻辑学》论波菲利,Abelard, 1919-1933, 19)。

根据(a),也就是命名关系,一个普遍词得以指称事物——某个给定类别的一切事物。尽管如此,这个词仍然能被称之为"普遍的"是因为存在一个单独的理由来解释比方说为什么"人"指称所有人,并且只指称人;这一

"赋值(imposition)的共同原因"就是人们在他们之为人上是相似的,他们共享为人(being a human)这一"状态"(status)。然而,阿伯拉尔强调这一状态并不是一个事物。他还提到(*LI*,19-20)其他一些其原因并非事物的例子来为自己辩护。无论如何,既然状态是事物存在的方式,而且这意味着只有一个与阿伯拉尔不同、愿意将事实和事态事物化(reify)的哲学家才能融贯地将状态看作事物,那么,阿伯拉尔的立场看起来显然是正确的。阿伯拉尔指称理论的一个有趣的特征是——这可能是他将指称与不加限定的意指相分离的后果——赋值者(比方说那最初决定将某种毛茸茸的动物称之为"狗"的人)在语词和世界之间建立的联系并不依赖于赋值者自己有关世界结构的信念。一旦这个赋值者指着某个确实是一条狗的动物,赐予它"狗"的名称,那么"狗"这个词就适用于任何本质上与这条狗相似的动物,尽管该赋值者并没有将狗与鬣狗和狼相区别的种差的观念。

至于说到(b),不加限定的意指,阿伯拉尔对于我们如何理解普遍词"x"所(不加限定地)意指的关于 x 的思想有一个非常精致的解释(*LI* 20-2)。他区分了思考这一行为(*intellectus*)和作为思想对象的形式或形象。举个例子,如果我想起泰姬陵,我就将我的思想导向泰姬陵的形象。尽管阿伯拉尔以类似图像化的方式谈到形象,他的区分同样可以用于非图像化的心灵内容(比方说,虽然他不曾说过,但他确实可以说我拥有指向正义这一概念或蕴涵这一观念的某种思考行为)。其要点完全不是区分思考当中的概念要素和形象要素,而是要彰显心灵内容本体论地位的缺乏,以及它和实在世界之间的**意向性**关系。接下来阿伯拉尔区分了 *intellectus*(思考活动)意义上的思想、思想内容和思想对象。他相信思考行为和(大多数)思想对象是事物:思考行为是心灵的偶性(我们今天或许会愿意说大脑状态),对象则是人、泰姬陵等等。然而,思想内容却不是事物——为了阐明这一点,他请我们去考虑(*LI*,21)我们的思想所指向的一座塔的形象。显然,塔的形状和高度并不是为思考行动赋形的实际的形式。当代的平行例证在这里很有用。当我想起泰姬陵时,有一位科学家试图测量我的大脑活动并将它与我所讲述的我自己的思想相对应,他会以一种方式来描述正在发生的事情("有这样的化学变化"),而我则会用另一种方式来描述泰姬陵的形象("白色的""美丽的""穹顶状的")。此外,我们接受科学家正试图描述的是实际的正在发生的事情,而我们不大会相信我的穹顶状的、白色的、美丽的心灵图像是一个实际事物。

与"泰姬陵"不同,homo("人")是一个普遍词,所以当某人听到它时所产生的思想指向相关的形象,这世上却并没有任何一个单个的对象能够成为该形象的对象。实际上在听者的心灵中所产生的是关于所有人所共有之物的含混构想。正是这一并非事物的心灵图像——它是思想内容,不是思考活动或思想对象——才是 homo("人")这个普遍词不加限定地意指之物。指向上述形象的思考活动"关系到所有单个的人,它构想他们共同的相似性",阿伯拉尔的这一评述表明思想对象由所有单个的人构成。意指的两个变体由此吻合,因为 homo("人")通过命名意指所有单个的人。

阿伯拉尔的神学计划

1120年代,阿伯拉尔将他的大部分精力投入我们今天或许可以称作"神学的"研究计划。他用来贯彻这一计划的探讨神圣三一性的是一系列不同版本的《神学》(*Theologia*)、《圣经》评注和涵盖基督教教义主要领域的《箴言集》。这一计划有若干不同的侧面。它可以看作神学系统化进程中的一步,而阿伯拉尔则可以被描述成经院方法的先驱甚至创立者,该方法在12世纪后期的学校中得以发展,使大学的神学教学(7章1节)得以成形。阿伯拉尔计划的这个侧面将在下文中更宽泛的12世纪神学语境中加以讨论(5章5节)。它也可以(而且确实往往被)看作将逻辑学方法应用于神学的尝试。阿伯拉尔计划的这一面当然重要,但它很可能被夸大了,尤其是在他的逻辑学被认为具有批判性和摧毁性的时候。阿伯拉尔是一个比他的前辈和同代人都要出色的逻辑学家,但他神学中的逻辑学方法并非创新。安瑟尔谟已经做了先导,而许多阿伯拉尔的同代人也一直以他为楷模。阿伯拉尔计划的另一个侧面在于,他希望古代哲学家能够在智慧和美好生活上成为他的同代人的楷模(间奏 iv);还有一个侧面是发展出了一套融贯的、内容广泛的伦理学理论(专题研究 F)。不过,对于阿伯拉尔本人来说最重要的是,他在努力通过自己的作品使基督教教义与理性思考、他本人内心深处的道德直观相一致。

无论是为了颂扬还是斥责阿伯拉尔,19世纪和20世纪初的历史学家都热衷于将阿伯拉尔描绘成一个挑战通行的基督教教义甚至基督教本身的理性主义者(例如,伟大的法国史学家朱尔·米什莱[Jules Michelet]这样写到他对基督教的态度,"他小心翼翼地触碰它,但它在他手中融化了")。当代学者已经对这种描述中的时代错乱做出了正确的回应,指出他思想中诸多内容的教父学根基,他对隐修生活和教会改革的严肃兴趣,以及他并不成功地通过小心的限定来力图保护自己的立场不受任何异端沾染,这一点常常为伯纳德和他的其他批评者所忽视。不过,阿伯拉尔想要呈现对基督教教义的一种令人信服的、道德上可以接受的解释,并且在必要的时候愿意扭曲正统教义来达到这一目的,这也是事实。举个例子,阿伯拉尔并不宣称神圣的三一性可以通过理性解释,但他仍然试图给出逻辑上融贯的解释,通过强调三一论中的位格可以理解成神圣权能、智慧和爱来弱化圣父、圣子、圣神中内含的拟人观(anthropomorphism)。还有,在解释为何上帝之子必须受苦牺牲以使人类获救时,阿伯拉尔将重点放在了基督由此展现出的道德范例上:他爱他人以至于为他们而死。而在他有关恩典的讨论中,阿伯拉尔接受,一个人要过上美好的生活则恩典是必须的,以此避免裴拉基主义,但他也论证了对于那些寻求恩典的人来说,恩典是可以自由地获得的。

间奏 iv:阿伯拉尔、哲人(Philosophus)与古代哲学家

虽然早些时候曾有适度颂赞柏拉图和亚里士多德的传统,阿伯拉尔的《基督教神学》(*Theologia Christiana*)第二卷不加约束地歌颂古代的前基督教世界尤其是其哲学家,还是给人耳目一新之感。在其《神学》的最初版本《至善之神学》中,阿伯拉尔已经利用包括柏拉图在内的古代作家来为三一论提供见证。他也因为仰仗他们而受人攻击,在他的批评者看来,这些作家都是异教徒并且因此应当受到诅咒。然而,当阿伯拉尔将他的著作改写成《基督教神学》时,他完全没有放弃或修订他的立场,而是解释道,古代世界的智者只是在名义上是异教徒。根据阿伯拉尔的论证,他们把握了上帝的三一本性这一事实表明,他们事实上是基督徒。阿伯拉尔甚至进一步暗示,柏拉图可能已经预先知道道成肉身(II. 15-16)。根据阿伯拉尔的观点,古代哲学家是美德的典范,包括禁绝性欲、自我否弃等典型的隐修美德在内。他从《蒂迈欧篇》的开篇中了解到柏拉图《理想国》的梗概,但他把一切事物公有并以共善为目的而加以组织的理想城邦当成现实。在他眼里,这正像他生活的时代的隐修院——只不过"异教徒们"的有德性的举止会让他那个时代的隐修士们蒙羞。

在大约写于数年之后的《对照篇》中,一位匿名的古代哲学家——他没有启示宗教信仰,只听从理性——有血有肉地出现在一个梦境的意象中,在那里他先是和一个犹太人,随后同一个基督徒论辩,而做梦

的人阿伯拉尔则是他们的裁判。从其观点来看，这位哲学家可以算作斯多亚派，他认同斯多亚派对尘世的善好以及对感官的快乐的厌弃——为一个通常受到鄙视的学派平反昭雪，这在中世纪非常少见——，但他也关注伊壁鸠鲁，把他表现成一种清苦生活方式的倡导者。哲学家在对话中高度受人尊重。他在论证中胜过了犹太人，哪怕犹太人提出的若干观点也可以来自基督教的捍卫者。然而，基督徒还是驳倒了哲学家，并且证明他的若干立场是无法持守的，不过裁判阿伯拉尔并没有给出他的判决。

显然，阿伯拉尔并没有简单地将自己等同于这个哲学家，或任何古代哲学家。然而，他以一种特殊的方式实际上就是哲人（*Philosophus*）。哲人这个术语在13世纪通常指亚里士多德，最卓越的哲学家，而它正是阿伯拉尔在亲近的学生中的称号。

专题研究 F：阿伯拉尔与中世纪早期伦理学

坎特伯雷的安瑟尔谟虽然没有建立完整的伦理观，但分析了若干重要的伦理学概念，例如正确、正义（4章7节）和善（《独白》1）。而在拉昂，与他同名的另一位安瑟尔谟和他的学生，开始以奥古斯丁作为他们的出发点来思考道德心理学。他们对神学的关注并没有遮掩哲学问题。在自愿地完成一个被禁止的行为的过程中，一个人究竟是在什么阶段（stage）犯罪？拉昂的安瑟尔谟偏好"阶段"理论，其中，当罪人从有关完成这个行动的最模糊想法，过渡到主动地考虑它、谋划它和将它付诸实效，罪责的量也会随之增长。

然而，在中世纪拉丁学者中，是阿伯拉尔第一个建立了内容广泛的伦理理论——它试图将善恶及其与上帝关系的本体论、伦理术语语义学、道德心理学和美德理论结合起来。阿伯拉尔尤其是在很可能写于1130年代的一系列著作中发展了这些理论：《对照篇》《罗马书》评注、《箴言集》和《认识你自己》。

阿伯拉尔（接续安瑟尔谟在《独白》中的分析）认为（《对照篇》对话2 §§199-227），"好"（good）与"坏/恶"（bad/evil）的部分意义，通常来自他们所限定的那一类事物：一匹好的马奔跑迅捷，一个好的小偷长于偷窃。不过，"好""坏"和"中立"也可以不加限定地使用。阿伯拉尔不会允许一匹跛脚的马、甚至一个行为恶劣并且败坏他人的人在不加限定的意义上被称为"坏"——因为这些特征并不是这些实体的本质部分。然而，与他那个时代通行的观点相反,阿伯拉尔坚持符合常识的立场,认为某些事物**确实**在绝对的意义上是真正的恶:它们不是实体而是某些个别偶性,例如死亡、疾病和悲伤。这些恶的存在并不会损害上帝创世的善,因为我们可以用"善"与"恶"来限定的不止是事物,还有所言(dicta),而我们应当依照这一用法来思考神圣眷顾,亦即对事情如何发生的安排。阿伯拉尔热衷于坚持:"有恶存在,这是好的。"全能的上帝总是确保最好的结果,因此"好"不是用来述谓一切事物,而是一切所言。

然而,这一最好的眷顾,既不是出于上帝的选择,也不是出于他的本性的结果。阿伯拉尔采取了他深知很少有人会接受的立场(《经院神学》III. 27—60),坚持认为上帝并不能比他所做的做得更多或有所不同。他排除了任何类似于上帝通过选择一个行为而使之为善的想法——在这种情形下,上帝就像一个将自己的意愿凌驾于法律之上的僭主。他接下来推断,给定上帝的善和权能,在任何给定的时刻,无论上帝做什么,那必定是可以做到的最好的,因此去做别的任何事情就是去做不是最好的。

像比他年长的拉昂学派的同代人一样,阿伯拉尔通过考察罪行来发展他的道德心理学,他在《认识你自己》中阐明了其发展理论(Marenbon, 1997)。与他们的阶段理论相反,他确认了一个特殊的时刻,在那一刻一个先前无辜的人变得有罪:也就是这个人**认可**(consent)他或她明知是被禁止的行为的时刻。("认可"这一术语大概是在写作《认识你自己》时才引入的,但是它表达的是阿伯拉尔在1130年代初之前就已经有的想法。)当一个人准备好去执行一个行为,而且只要不被阻挠就会去做,他就认可了这个行为。认可理论所暗示的道德生活观与阶段理论的大为不同:当我满怀喜悦地看着别人光彩照人的妻子,并且想着引诱她会带来多大的快乐,想着如何着手实现,从阿伯拉尔的观点看,只要最后我因为知道这是一个恶的行为而最终没有引诱她,我就并不是在犯罪。实际上,我越和自己的欲望争斗,我发现性诱惑越强烈、越势不可挡,只要我不认可,那么,我的功德也就越大。然而,如果我准备好了要将引诱付诸实践,却被人阻止,那么我就跟与这妇人同过了床一样有罪。有罪的行为在现实中实现并未增添任何道德要素。然而,与其说阿伯拉尔的理论,不如说他的同代人的理论(或者他们所源出的奥古斯丁的观点)才是伦理学内在化的范例,在其中心灵状态成为道德评判的主要对象。对于阿伯拉尔来说,道德评判总是针对行动,哪怕这行动实际上从未被实现。

这个潜在的通奸者在上文被描述成"知道"他的通奸为恶。阿伯拉尔有一个强大的自然法理论。他相信除了心智残障者之外,所有成年人在历史上任何时期都能知道什么类别的行为上帝通常是禁止的。因为在阿伯拉尔看来,上帝常常禁止我们想做的事情——无论是与这个美丽的妇人同床还是在自卫中杀死拿刀追我的人,避免罪是一件困难的事情。他强调,**不想**实现一个被禁止的行为,这并不足够:我更愿意这个妇人没有结婚,而我最不想的事情就是杀死追我的人(事实上,在阿伯拉尔的例子中,这个人实际上是我的封地领主,如果我杀了他,我就会使我自己和我的家庭陷入家族世仇中)。

下文将会阐明,对阿伯拉尔来说,后果在一个行为的道德判断中并不重要。考虑到他对于神圣眷顾的总体看法,这一决定不难理解:无论一个人做什么,哪怕其目标是恶的,上帝也会带来好的结果;一个命题无论它如何断定一个行为,它的所言(*dictum*)是好的,这总是为真。一个人无法干扰上帝善好的眷顾,但任何时候他选择某种神圣律法禁止的行为时,他就能表达出对上帝的轻蔑。而对阿伯拉尔来说,犯罪就是表达对上帝的轻蔑。

在这样一种主张中,(《对照篇》II 和《箴言集》中所发展的)美德理论似乎没有立足之地,但阿伯拉尔还是将美德理论加以改造以符合他的理论的其他要素。他主要的思想来源出人意料——这是一部古代的异教作品,但并不是一部人们现在会说成是伦理学的著作。在其短小精悍的导论性论著《论修辞取材》(*De inventione*)〔5〕的结尾,西塞罗展开了有关什么是应当寻求的事物的讨论:有内在价值的事物(*honesta*)——美德、知识与真理,有用的事物,和两者兼备的事物。西塞罗随后对美德进行分类。阿伯拉尔深受这段文字的影响,不过他改造了相关的美德——明智、正义、勇敢和节制,以便唯有正义拥有独立地位。明智是其先决条件,勇敢和节制则为其支撑。正义的行为就是好的行为,而阿伯拉尔尤其关注如何避免罪。他将道德生活看作一场同恐惧和诱惑的持久战斗,我们需要勇敢来抵御恐惧,而节制则能约束追逐快感的诱惑。

西塞罗在伦理学上首先是个斯多亚派,而阿伯拉尔追随《论修辞取材》,也了解西塞罗其他一些作品,他还仔细地读过塞涅卡,人们很容易把他看作一个新斯多亚派伦理学家。在他的自传体书信《劫余录》接近结尾

---

〔5〕 前文中作者又译作《论辩论之设计》。

处,有一些时刻他看起来似乎接受了斯多亚的宿命论。在他的对话录《对照篇》中,他借哲学家之口来阐释美德,而公正地说,这个哲学家显然是个斯多亚派。然而,这一身份断定必然会让人质疑阿伯拉尔对斯多亚伦理学的态度,因为就像上文提到的,在论辩中占了上风的是基督徒。而他显然驳倒了类似一个人在美德上要么十全十美要么一无是处,以及美德是唯一的善之类的斯多亚派主张。此外,阿伯拉尔对"好"的定义虽然可能部分归功于西塞罗的《论修辞取材》中关于内在价值和有用性的讨论,但它的引入是为了一个不同的目的。西塞罗和斯多亚派想要将不加限定的"好"的外延限制在美德、知识和真理上,而阿伯拉尔则希望让它非常宽泛。他引人注目地认为非实体事物如死亡和疾病是恶,而它们的对立面生命和健康则为善,再没有比这更偏离斯多亚派的观点了。

  阿伯拉尔 12 世纪的后继者没有一个试图像他那样发展全面的伦理学体系,不过巴黎的神学家们探讨了许多他思考过的伦理问题(5 章 5 节)。当时最广为流行的"哲学"伦理学类型,以写于该世纪中叶的《道德哲学教条》(*Moralium dogma philosophorum*)为代表,它的作者归属五花八门,包括孔什的威廉和诗人沙蒂永的沃尔特(Walter of Chatillon)。这部作品声称以梦境的形式呈现西塞罗、塞涅卡和其他人的道德教导,它广泛取材于西塞罗的《论义务》(*De officiis*)。不过,它与其说是哲学讨论,不如说是(受到阿伯拉尔影响的)美德分类,它借用了古典拉丁诗歌的章句以作说明——这提醒我们,以古代文献为根基的道德教育乃是中世纪语法导师的传统任务之一。《道德哲学教条》虽然辞藻华丽——它毫无疑问采用了古代的视角,没有提到基督教教义,但还是保留了其思想源泉的观点。它极为流行并被大量翻译成中世纪方言,经它稀释之后的西塞罗和塞涅卡所产生的影响,远远超出阿伯拉尔对斯多亚道德思想透彻、同情但又富于批判性的论述。

第三节 学校、柏拉图主义和孔什的威廉

巴黎的学校

  12 世纪大多数哲学著作和此前章节中讨论到的论争都发生在巴黎。当初阿伯拉尔和香浦的威廉在那里互争名头时,巴黎圣母院的学校和所有其他主教座堂一样,只有一名校长,而巴黎在政治和经济上也没有太多重要性。然而,等到阿伯拉尔 1130 年代归来任教时,巴黎已经壮大,卡佩王朝的

国王们将它变成他们的一个权力中心,而最重要的是,任何有资格的教师现在都被许可建立一所学校,只要向主教座堂当局支付一笔许可费即可。虽然巴黎大学要到1200年才建成,12世纪的学校和它们大量的语法学、逻辑学和神学导师已经构成一所大学,唯独结构松散些,没有那么强的自我意识而已。

沙特尔的伯纳德和"沙特尔学派"问题

多数对12世纪哲学的讲述,都把重点而且常常还有最尊贵的位子给了沙特尔(Chartres),而不是巴黎。与上文所考察的亚里士多德和分析伦理学形成对照,它们用"沙特尔学派的柏拉图主义"这个口号来刻画这个世纪思想最为显著的特征。这里关系到两个不同的有争议的历史书写问题。第一个是地理学的问题:12世纪的思想领袖在何处任教?第二个问题既是描述性的也是评价性的:如何才能最好地刻画这一时期哲学最激动人心和最具特色的内容?

附属于沙特尔伟大的主教座堂的学校至少从菲尔贝(Fulbert)时期开始就已经出类拔萃,菲尔贝11世纪初时在那里担任校长,随后出任主教。菲尔贝追随吉尔伯特(4章6节)将整套《旧逻辑》引入沙特尔。一个世纪之后(约1110—1124,可能更早),伯纳德(Bernard)成了这里的老师。"沙特尔的"伯纳德作为柏拉图的追随者而闻名——至少使他得以成名的索尔兹伯里的约翰(John of Salisbury)在《为逻辑辩》(*Metalogicon* I. 24;约1165年,5章6节)中将他作为柏拉图主义者纪念。直到最近,约翰的叙述是我们了解伯纳德思想的主要来源。他在其中成了12世纪语法学所包含的、当代人看来完全不同的两个领域的专家:与普里西安联系在一起的语义问题(几乎写于同一时期的《短篇注疏》[*Glosulae*]中讨论的问题)和包括哲学文献在内的古代经典作家研究。《为逻辑辩》并没有足够的信息使我们能在伯纳德身上辨识出任何独特的思想架构,不过,他似乎采纳了波埃修《神学短篇集》中的观点,认为存在单一的柏拉图式的理念,内在于个体中的形式在某种意义上肖似于它。已经有人论证柏拉图《蒂迈欧篇》最古老的中世纪评注是他的作品,并且以他的名义编订了该书。即使这一作者归属是正确的(寻找单个作者很可能是错误的:这一时期的评注通常由不同教师的贡献层积而成),这部评注也无力让伯纳德的心灵肖像变得清晰。这是一个谨慎的、拘泥字面的注经家的作品,他尊重柏拉图,试图替他遮掩,让柏拉图不必为那些他视为可耻的观点负责(例如《理想国》中的共妻)。

没有人质疑沙特尔是伯纳德工作过的学校。但在多数人看来，还有其他一系列重要的思想家在此教书——普瓦捷的吉尔伯特（Gilbert of Poitier，5章4节），沙特尔的蒂埃里（Thierry of Chartres，5章6节），孔什的威廉（见下文）。这一观点40年前为历史学家理查德·萨瑟恩（Richard Southern）所驳斥，将它看作"浪漫的误解"。不过他未能让沙特尔学派的支持者缄默。他们确实可以提出将吉尔伯特、蒂埃里、可能还有威廉同沙特尔联系起来的证词，而伊普尔的埃弗拉德（Everard of Ypres，5章7节）的一处评述表明，吉尔伯特确实在那里教过一段时间。然而，没有充分的理由认为沙特尔是他们主要的活动中心，反之却有坚实的证据表明吉尔伯特和蒂埃里都在巴黎教书。

有的历史学家接受沙特尔并非其拥护者所宣称的经院哲学中心，但仍然想用"沙特尔派"来描述由这所学校所联系起来的导师们某种共同的思想倾向——不止前面提到的三位，还有伯纳德·西尔韦斯特里斯（Bernard Silvestris）和曾经（错误地）被早期学者同沙特尔联系起来的里尔的阿兰（Alan of Lille）。可是，这样的标签难逃曲解之嫌（为什么要用那个地名？），而且这里绝**没有**任何共同倾向。吉尔伯特和阿伯拉尔一样很难算得上柏拉图派，而威廉、蒂埃里、阿兰和伯纳德·西尔韦斯特里斯的柏拉图主义完全不同。如果说有关沙特尔学派的争论还有什么有用的目的的话，那也不是它成功地确认了12世纪思想的地理中心，或者其思想内核，而是它有助于指明这一时期哲思方法的巨大差异。

孔什的威廉

我们无法确切断定孔什的威廉是否曾在巴黎或沙特尔教过书。威廉晚年时担任过诺曼底公爵儿子的私人教师，一直持续到1155年之后；这之前他曾经是索尔兹伯里的约翰的一位老师，而约翰正确地把他看作沙特尔的伯纳德的精神继承人，因为威廉也是一位语法教师，为普里西安写过一部评注，为柏拉图派四重奏中的三部——《哲学的慰藉》、马可罗比乌斯、最后还有《蒂迈欧篇》——写过数部评注。他为《哲学的慰藉》写的书，无论是初版还是修订版，都成了这部广为研习的文本的标准评注，直到14世纪才为尼古拉·特里维特（Nicholas Trivet）的评注所取代。他的《蒂迈欧篇》评注代表中世纪拉丁世界柏拉图对话研究的高峰。然而，威廉还有一些兴趣，远远超出了伯纳德。甚至在《哲学的慰藉》的评注中，他（与波埃修不同！）已经展示出对自然科学的极大兴趣。他在写完该书后不久，开始研究一些从阿拉伯文翻译过来的科学资料,尤其是非洲的康斯坦丁(Constantine of Africa)的《医术大全》(Pantegni),一部10世纪阿拉伯医学百科全书的译文。这些影响非常清晰地体现在自然科学论著《世界之哲学》(Philosophia mundi)中,也体现在稍后写成的《蒂迈欧篇》评注中。威廉对自然主义解释的热忱,以及他对《圣经》宇宙论中类似苍穹之上的水之类特征字面真实性的否认,导致他受到西多会士圣蒂埃里的威廉(William of St Thierry)的攻击(此人在向明谷的伯纳德"告发"阿伯拉尔中也出过力)。多年以后,他将《世界之哲学》修订成一部对话体著作,称作《对话录》(Dragmaticon),删去了某些可能被视为异端的想法。《对话录》后来成了极为流行的著作,尤其是在中世纪晚期,它甚至被译成加泰罗尼亚语。

威廉评注的三部柏拉图派著作,全都包含着基督教读者在字面上会觉得难以接受的段落。在某种意义上,威廉所采用的方法,把欧塞尔的雷米吉乌斯(4章6节)以来的评注家们将异教或基督教色彩有欠明确的文献基督教化的倾向发挥到极致。他原则上愿意承认他的异教权威可能犯错,承认基督徒不应该跟随他们走向异端,但在实践上他很不情愿接受他所尊崇的柏拉图是错的。他更愿意说,柏拉图并不是照着字面说的:他使用了某种 *involucrum* 或 *integumentum*——某种隐喻的遮掩,解释者需要解开它才能彰显真正的含义。不过,威廉的研究进路另一方面也反映着他对自然现象及其解释的兴趣。他使用的文献中那些给他机会讨论物理现象的段落尤其受到他的关注,将他和阿伯拉尔对一个著名的解释难题的态度相比较很给人启发。

在基督教有关天和地的思想中并没有《蒂迈欧篇》中所描述的世界灵魂的位子。"拯救"柏拉图(还有《哲学的安慰》第三卷第9首诗中的波埃修)的一个办法是,假定柏拉图说的是隐喻,认为他实际上指的是圣神。威廉在最早的波埃修评注中,曾经乐于接受这想法,但之后由于该主张的争议色彩,他在所有后继的作品中越来越与之保持距离,直到在《对话录》中将其摒弃。阿伯拉尔则在他的《辩证法》中,以一个逻辑学家对表面上荒谬的事物的不耐烦驳斥世界灵魂这一观念。但他后来却热心于证明(这似乎与威廉无关),柏拉图在描述世界灵魂时实际上在以隐喻的方式谈论圣神,而且阿伯拉尔不曾收回这一主张。坚持这样的解释对于阿伯拉尔很重要,因为这构成了他有关柏拉图这样的古代哲学家是没有名分的基督徒这一观点的一部分,而这一立场反过来支持他的伦理学所赖以奠立的自然法观点。

与此相反,威廉几乎在他将世界灵魂等同于圣神的那一刻,就可以坦然放弃这观点。对他来说,这只是一个无关痛痒的细节,因为它不容许他从中汲取任何科学信息。与阿伯拉尔不同,威廉对于让基督教认领柏拉图,或勾勒一种值得一个柏拉图接受的基督教观点没有特别的兴趣:在他的科学柏拉图主义中,《蒂迈欧篇》的伟大价值在于它是有关物理世界的信息来源。

威廉作为一个自然科学家——尤其是年轻时的威廉——热衷于为《圣经》中任何他觉得物理上不可能的事情加以辩解:他认为从字面上说,并不存在水在苍穹之上,上帝也并没有真正地给亚当"取了肋骨"来创造夏娃,这值得留意。但更引人注目的是他的原子论:虽然某种类型的原子理论在12世纪不足为奇,但很少有人像他这样如此彻底地发展这样的理论(《世界之哲学》I, 22;《对话录》I, 6)。正如非洲的康斯坦丁所言,四元素一定是"性质上单纯的,数量上最小的"。该定义可以追溯到盖仑,但在康斯坦丁那里只是个点缀,威廉却从它出发建立了整套原子理论(Pabst, 1994, 111)。威廉指出,由此可以推断,原子就**不能**是水、土、气、火,像他那个时代的人们通常追随亚里士多德所说的那样。它们既不是数量上最小的,也不是"性质上单纯的",因为它们包含着干、湿、热、冷这些性质的混合。因此,元素是最小的、没有广延的微粒,它们每一个都拥有单一的、各不相同的性质。将它们结合起来,就可以构成通常所说的元素,但它们应称之为 elementata(元素化的事物)。威廉意识到他的理论和伊壁鸠鲁派很接近(他似乎没有意识到它在允许原子的性质可以各不相同这点上有所不同)。在《对话录》中,他让他的对谈者就这一点向他发起挑战(I.6.8),他答道,伊壁鸠鲁派的说法确实包含真理;他们的错误在于认为原子(这是他使用这个词的唯一场合)没有开端。

威廉远远没有阿伯拉尔那样富有争议,他移居到公爵的宫廷,可能就是有意地远离学校生活中的对立纷争。他和阿伯拉尔一样希望使基督教教义理性化(如果这个词使用时不包含时代错乱的话),但驱动他的看起来很少是对逻辑融贯的渴望,或是道德的考虑,而更多的是他对自然科学的兴趣。虽然他有关古代异教作家的研究甚至比阿伯拉尔还要更全面,但他把它们作为科学源泉来研究的进路使得他在有必要审慎行事的时候,更易于承认它们出了错。此外,泛泛地来说,神学对他来说远没有对成为职业神学家的阿伯拉尔那样重要。当受到压力时,威廉总是准备好撤回或是修订他的学说,只要他能继续进行有关自然科学和语法的工作就行。相比12世纪的任何哲学家,威廉都更称得上是13世纪60年代和70年代巴黎的艺学硕士(Arts Masters)[6]的先驱。

第四节 普瓦捷的吉尔伯特

普瓦捷的吉尔伯特是12世纪仅次于阿伯拉尔的、最强大的和最有创新精神的哲学家。他的生平经历要简单得多。他大约生于1085—1090年间,问学于沙特尔的伯纳德,随后在拉昂得到安瑟尔谟的指导。大约1126—1142年间,他在巴黎和沙特尔任教,在沙特尔担任过咏祷司铎,后为校长,1142年成为家乡普瓦捷的主教。从他12世纪晚期的追随者的兴趣来看,吉尔伯特在逻辑学领域的教学内容广泛。不过,几乎他所有的哲学思考都来自一部著作,写于12世纪30或40年代的波埃修《神学短篇集》的长篇评注;他其他的传世著作,《圣咏集》和保禄的《罗马书》评注并未触及他最富创新性的思想领域,尤其是形而上学。

和阿伯拉尔一样,吉尔伯特也是明谷的伯纳德针对波埃修作品评注的攻击对象。伯纳德虽然得到伦巴第人彼得(Peter the Lombard)[7]和梅隆的罗伯特(Robert of Melun)这样地位显赫的神学家相助,还是没能让兰斯公会议(1148年)给吉尔伯特定罪,普瓦捷主教得以名誉无损地回到他的教区。

吉尔伯特的《神学短篇集》是对波埃修文本的细致讨论,他按照他认为必要的解读方式,如同口技艺人一般详细地解释每一个句子。《神学短篇集》除了第三篇(3章1节),都是在考察基督教教义,其宗旨在于支持或驳斥不同的神学立场。然而,吉尔伯特——毕竟6世纪的基督论和三一论论争和他少有关联——的目标和波埃修有所不同。其中一个是建立一种形而上学,它虽然借用波埃修的语言,但更多的是吉尔伯特自己的哲学,而且其线索来自12世纪的问题和新发展。另一个目标则是更加深入地思考波埃修在讨论上帝和范畴时提出的一个问题:人类何以能谈论与上帝相关的事物?

---

[6] 此前的译文中将主教座堂的"master"译为"导师"。13世纪大学兴起之后,"Master"成为大学中的学位和头衔,故此处及后文中将该头衔译为"硕士"以示区别。但应当注意的是,这些硕士和前面所说的导师一样担任教职,详见7章1节。

[7] 一译彼得·隆巴德。

吉尔伯特基本的形而上学区分是：**其所是**(*quod est*)与**因其是**(*quo est*)（例见[Gilbert of Poitiers, 1966] = G 91:51-58, 116:47-49）。基于解经的需要，吉尔伯特还使用了诸多其他的、不那么有解释力的术语来作出同一区分——尤其是 *subsistens*(= *quod est*)和 *subsistentia*(= *quo est*)。[8]虽然吉尔伯特的观点是形而上学的，但很容易用语言学的方式来接近它。设想一个个别的、具体的完整事物，比如苏格拉底这个人。他可以描述成"一个动物"和"一个人"，但也可以描述成"一个理性的事物""一个会笑的事物""一个6英尺高的事物""一个白色的事物"。所有这些表达的所指都是一个"其所是"。当然，吉尔伯特并不认为这些"其所是"是各自不同的事物；它们是同一个事物，即苏格拉底。然而苏格拉底是一个具有复杂结构的事物，当我们考虑与这些"其所是"各自相应的"因其是"时，这一点表现得很清楚：动物性、人性、理性、笑的能力、六尺高以及白色。苏格拉底由于多重的因其是而是其所是。比方说，没有一个理性的因其是使他如此，他就不会是理性的，而没有一个白色的因其是，他也就不会是白的。

我们将会看到，因其是就是12世纪其他思想家所说的个别形式——或者是种差，比如说理性，或者是偶性的形式，例如白色。然而这一术语体系并不是什么蒙昧主义，也不单纯是波埃修的残余：正如它们的含义所表明的那样，因其是与其所是有一种相关联的、因果的关系。任何其所是都不可能存在，除非因其是使它们得以成为它们之所是（G 144:58-60; 145:95-100; 279:11-12），同时也没有任何因其是可以离开一个其所是而在现实中存在（G 278:8-279:12）。因此，吉尔伯特的因其是看起来比阿伯拉尔的个别形式的本体论独立性要小。而且，吉尔伯特的体系可以容纳复杂的因其是/形式，阿伯拉尔或其他同代人的体系看起来则不可能。例如，苏格拉底的理性是一个简单的因其是，而他的人性则是复杂的，其结构可以通过波菲利树来展示：它必须将与人的种差相对应的因其是（理性和必死性）和所有人所归属的更宽泛的属的种差（有感觉、有生命、物质的）结合起来。所有因其是中最复杂的——吉尔伯特称之为"整体形式"——是那将所有苏格拉底的因其是结合起来的因其是：苏格拉底性（Socrateity）——包括他所有的本质特征和所有过去、现在和未来的偶然特征（吉尔伯特补充道，甚至还有那些他在现实中从不曾拥有的；见专题研究 G）。

---

[8] 字面义为"持存者"和"持存"。

吉尔伯特一定了解他的同代人正在忙于争论是否有任何事物是普遍的。他没有明确表达的答案很清楚:没有这样的事物——每一个因其是都是个别的,因此每一个其所是也是个别的(或者用吉尔伯特偏好的术语,是单一的;G 167:7-19;301:86-95)。然而在他和 12 世纪唯名论者的立场之间有一个重要区别。后者断言:

(2) 没有任何事物是普遍的。

因此

(3) 所有事物都是个别的(individual)。

吉尔伯特接受(2),但是他完全拒斥(3)。他同意所有事物都是单一的(singular),然而单一性只是个别性的必要而非充分条件。任何在现实中或根据本性与别的事物完全相似的东西都是**可分类的**(*dividual*)[9]而不是个别的。显然存在着数量众多的完全相似的理性或白色的因其是,而且即使碰巧没有一个因其是与这个因其是完全相似,那么根据本性也可能有一个(G 143:52-144:78; 270:73-271:82)。吉尔伯特认为唯有一个其所是的整体形式,例如苏格拉底性(G 274:75-84),这样的因其是不是可分类的,而是个别的(参专题研究 G)。考虑到这个区分,吉尔伯特对于共相问题给出了一个实在论的回答,至少其语言如此。他愿意接受,一群完全相似的、单一的因其是可以被看作一个共相(一个可分类物,而不是一个个别物),因为它们产生完全相似的效果(G 269:34-50;312: 95-113)。事实上,他对单一性和个别性的考察为他提供了一种原则性的方法,可以允许一个事物既是一又是多。

吉尔伯特关于具体的完整事物构成的论述牵扯到一个有关不同学科的观点,以及谈论受造的事物和将语言应用于上帝之间的关系。他的出发点(G 79-80)是《神学短篇集》I.2 中的一段,波埃修在那里利用亚里士多德的《形而上学》(1026a6-19),将研究非抽象的、变化的事物的自然科学同研究抽象的和不可变的事物的神学,以及关注非抽象的但不可变的事物的数学进行对比。自然科学和神学间的对比是显而易见的。波埃修认为在具体的事物中存在具身的特殊形式(embodied particular forms),但也存在一个单一

---

[9] 请留意此处"可分类的"与"个别的"在词源上的关联。

的可以同上帝相等同的形式(Form),个别形式作为肖像源出于它,这就把亚里士多德和柏拉图的视角结合起来。吉尔伯特相信,自然科学关心的是具身的形式,而神学则关注上帝。数学的任务因此变得奇怪而且大受局限(仿佛吉尔伯特是被他所读的文本强拽着,去在前两个学科已经充分的地方非要去考虑第三个学科)。数学考察的是既与它们所促成的具体的完整事物相分离,又同它们所结合的其他因其是相分离的因其是。实际上,这一要求意味着数学家的任务是将因其是分派给九个偶性中的一个(G 86,117-118)。分析具体的完整事物的工作就落在了自然科学上,而这里关键的对比就在于自然科学和神学。

虽然吉尔伯特关心的正是这两项研究,但他也认可一系列不同的学科——比方说自由诸艺和伦理学,而且还提出了承认此种多样性的论证理论。这一理论与亚里士多德的《后分析篇》惊人地相似;然而吉尔伯特似乎不太可能知道这部著作,他很可能是通过思考论题论证(topical arguments)来发展自己的思想。吉尔伯特观察到人们在推理的时候都会使用一定的理由(rationes)[10]——自明的命题——它们在不同的学科中有不同的名称:例如,辩证法家将它们称为"最大命题",几何学家则称作"定理"(G 189:67-190:74)。有些理由(rationes)是"共同的",可以用在所有学科,其他的则是"专有的",只能用在一个学科。由此可以推知表达学科 A 所专有的一个理由(ratio)的命题在学科 B 中可能是错的,而以它为基础的推理在学科 A 中是正确的,在学科 B 中则可能导致错误。(在讨论波埃修第三篇神学论文开始处明确地谈到的一系列公理时,除了一个之外,吉尔伯特非常融贯地为它们提供了两种解读:科学的和神学的解读。)因此,吉尔伯特指出,有些人接受适合于推理人类及其关系的自然科学专有的理由(rationes),并且将它们用在神学上,这些人相信从"圣父是上帝,圣子是上帝,圣神是上帝"并不能推出,"圣父、圣子和圣神是一个上帝,不是三个上帝"。然而,如果他们采用神学专有的理由(ratio),他们就会明白这推论是可以接受的(G 72:46-65)。

吉尔伯特有关学科及它们的理由(rationes)理论所做到的,不止于让他可以驳斥基督教教义的批评者。虽然必须避免将一个学科专有的理由(ratio)

---

[10] 单数形式为下文的 ratio,该拉丁词含义丰富,此处较为接近"理由""原理",不过是一种特别的、自明的、支配着相关论证的关键理由。

直接应用于另一个学科,但是吉尔伯特发展了波埃修《论题之种差》中的一个想法,他确实允许理由(rationes)"适当地"转移(他称之为"转借"[transume])。这一原则容许神学家吉尔伯特在探索有关上帝的问题时可以利用自然科学专有的、容易获得的论证方法,只是心中牢记它们并不完全合适——这只能是适当的转借。因此,吉尔伯特是在以更加理论自觉的方式发展波埃修在方法论上的创新,试图标定出逻辑学和科学话语在讨论神性时失效的那一刻(3章1节)。转借也可以用在另一个方向上,吉尔伯特就将它用于解决第三篇论文所提出的谜题(G 220-221)。他认为从自然科学的角度看,波埃修面临的困难是无解的:如果"所有存在的事物都因存在就是善的"是真的,那么所有事物都会实体性地(本质性地)为善,因此也就与上帝等同。然而,这并不是一个自然科学的句子,而是伦理学的,而伦理学家们这里所依据的是来自神学话语的"名词派生性转借"(denominative transumption)。当我们说事物因存在是善的,我们使用"善的"一词的方式正如我们使用"人的"。比方说,当我们说桌子是人的发明,它是人的,是因为人制造了它。因此,我们这里说的仅仅是,所有存在的事物是善的,因为它们来源于本质性地为善的上帝。

专题研究 G:阿伯拉尔与吉尔伯特论可能性

阿伯拉尔在《辩证法》中(Peter Abelard, 1970, 195)谈到,在他以前的老师香浦的威廉看来,模态命题应该理解成关系到其所根源的非模态命题的"意义"(sense)——或者用他稍后使用的术语,所言(dictum)。以非模态命题"约翰是在焦虑"为例。对于威廉来说,模态命题"约翰可能是在焦虑"应当理解成是在说:约翰处于焦虑中/约翰是在焦虑,这是可能的。阿伯拉尔不同意这一点,他认为用威廉的方式解释的命题根本就不是真正的模态命题(Peter Abelard, 1970, 198)。对他来说,可能性和必然性应当理解成是在限定一个命题中的谓词内在于(inhere)主词的方式。"约翰可能是在焦虑"所断定的不是焦虑内在于约翰中,而是它以可能的方式内在于其中。

我们也可以在更复杂的例子中区分这两种分析此类命题的方式,正如阿伯拉尔在他的《逻辑学 LI》(Logica Ingredientibus)中评注《解释篇》时所做的那样(Minio-Paluello, 1956b, §18)。试考虑如下命题:

(4) 那个站着的人可能是在坐着。

根据阿伯拉尔的解释,(4)可以理解为:

(5) 以下是可能的：这个人(在同一时刻)既站着也坐着。

或者是

(6) 这个人是在站着，但他也可能是在坐着。

(5)是一个依据香浦的威廉之思路的从意(de sensu)或"组合"(composite)解读,而(6)则是阿伯拉尔自己的观点,他在《辩证法》中认为这才是真正的模态命题,而现在他称之为从物(de re)或分离解读(他所使用的术语"组合的"和"分离的"意义来自亚里士多德的《辩谬篇》[参5章7节])。(5)显然是假的。而阿伯拉尔承认(6)是含混的。它的含义可以毫无争议地为真,也就是

(7) 这个现在站着的人可能曾经坐着或者将要在另一个时候坐着。

但它的意思也可以是

(8) 这个现在站着的人可能**现在**是在坐着。

要接受(8)为真,看起来就要抛弃亚里士多德有关现在的可能性和必然性的观点,还要承认同时可供选择的可能性(synchronic alternative possibilities,专题研究A)。那么,阿伯拉尔认为(8)是真的还是假的呢？

阿伯拉尔至少在一些段落中表明他不满足于一种简单的模态统计解释。根据统计学的模态观,"这个失明的人可能看得见"是假的(假定"失明"意味着不可治愈的视力丧失)。然而,阿伯拉尔肯定(LI 中的《范畴篇》评注；Peter Abelard, 1919-1933, 272-273；参 Martin, 2001, 110)一个失明的人在他失明的时候,就他可能不会失明而言,他确实是可能看得见的。阿伯拉尔进一步解释,按照这种方式,某个现在站着的人现在也可能坐着,虽然他不可能同时坐着和站着。这一认可似乎表明阿伯拉尔接受(8)为真。但事情没有这么简单。

正如这个(以及许多其他)段落所示,阿伯拉尔喜欢从属于一个特殊物种(species)的事物所具有的权能(potency)来思考可能性(这是另一个亚里士多德范式)——他似乎把"x 可能 F"和"x 能 F"看成是可以互换的。某个物种 S 的一个成员可能做任何与它作为一个 S 的本性不矛盾的事情：在这个意义上,一个人现在可能坐着,即使事实上他是站着的,而一个失明的人也可能看得见。

这种将可能性归属于人而不是事态的方式在《经院神学》(III.39,49-58)的一个论证中表现得尤为鲜明。由于阿伯拉尔认为上帝不能做不同于他实际所做的事情(专题研究F),看起来一个事实上将要被罚入地狱的人不可能被拯救,因为只有上帝愿意他才能被拯救,而上帝不会愿意不同于他实际所愿意的事情。然而,阿伯拉尔认为,虽然"某人被上帝拯救"和"上帝拯救某人"意思一样,但由此并不能推出

(9) 他(即罪人)能被上帝拯救。

和

(10) 上帝能拯救他。

有同样的含义。在(9)中,可能性指向这个人,因此也就指向他所是的那种事物,即人类。它的意思应当理解成他将被拯救,这和他作为一个拥有人的本性的事物来说并不矛盾,因此是真的。而在(10)中,可能性指向上帝的本性,而由于根据假设这个人是邪恶的,因此也就不适合被拯救,所以(10)是假的。

以上表明阿伯拉尔确实把(8)看作真的,但仅仅是以这样一种不会迫使他接受可供选择的可能事态的方式。他使用潜能(potentiality)这一想法来解释通常用同时多重选择来阐释的那些直觉。这一态度已经体现在他在《辩证法》中论及模态命题的本性时所阐述的观点之中。当阿伯拉尔区分从意和从物解读时,他在思考的不是模态算子统辖命题范围的两种不同方式——仿佛(5)可以被正确地转化为:可能(p和非p),而与之不同,(6)应当转化为:p和可能非p。根据阿伯拉尔的解读,从命题逻辑的角度来说(它只是:p和q),(6)不可能得到富有启发性的转化,因为模态限定词并不适用于一个命题所表达的,而是适用于一个命题中词项间的关系。

然而,当把吉尔伯特零散的评述的含义汇集起来时(例如 Knuuttila,1993,75-82),我们可以认为他与阿伯拉尔不同,已经明确地接受了同时可供选择的可能性这一想法,并用它来阐明自己的形而上学。给他带来这一想法的是对神圣全能的信念。吉尔伯特看起来认为有些基本的逻辑准则是上帝不能改变的,但他在附带的评论中也提到上帝可能创造不同的自然定律(G 322:43-49),而他显然接受上帝可以创造不同于他实际所创造的事物。他的有些表述异常直白(虽然现代读者往往会将它们错解成是在断定上帝可以撤销过去这样的悖谬主张):"……正如任何不曾存在的事物都能

存在,而任何现在不存在或将来不存在的事物也能存在,因此任何曾经存在的也能不存在,任何现在存在或将要存在的也能不存在。"(G 125:29-28)显然,吉尔伯特这里谈论的并不是阿伯拉尔所说的潜能,这既是因为谈论一个非存在的事物的潜能没有什么意义,也是因为他清楚地表明这里所涉及的权能是上帝的,不属于相关的对象。

先前的吉尔伯特形而上学概述(5章4节)已经触及一个在当前的模态研究中会更加清楚的观点。我们说构成苏格拉底性、苏格拉底的"整体形式"的——那个包含着一切使苏格拉底成为苏格拉底的复杂的因其是(*quo est*)——不仅是苏格拉底现在、过去和未来实际拥有的所有因其是,而且还有他并不实际拥有而是"根据本性"拥有的因其是(G 144:77-78;274:75-76)。根据本性,苏格拉底可以拥有任何一个人可以拥有的因其是:例如,他根据本性可以通过相应的因其是成为秃顶,尽管现实中他从未掉过头发。而我们可以推定,他不能拥有使他能够靠自己的力量飞翔的因其是,因为他根据本性不适合于此。吉尔伯特为他的理论仅仅给出了最小的暗示,但一个个体根据本性能够拥有的看起来界定了这个人或物的一切可能历史。吉尔伯特的思想指向的是那种认为同一个体能在不同的可能世界中保持同一性的现代观点(Knuuttila, 1993, 81)。

然而,吉尔伯特的观点会带来一个直接的困难。试考虑苏格拉底和另一个人柏拉图的整体形式。构成苏格拉底性的是一个人的本质特征和一个人能够拥有的所有因其是;而构成柏拉图性的则是一个人的本质特征和一个人能够拥有的所有因其是。我们还记得,吉尔伯特认为唯一不完全相似于其他的因其是的那种因其是就是某物的整体形式。然而,他求助于苏格拉底**根据本性**的所是,这看起来将会带来如下后果:同一个物种的所有个体的整体形式将会完全一样。吉尔伯特可以回答,虽然当人们汇总每个人在所有上帝所眷顾的计划(或者用现代的术语,在所有的可能世界)中的因其是,其结果是一样的,然而,对于不同的人来说,这些因其是在不同的可能世界里的分配是不一样的。比方说,苏格拉底在现实世界中有满头的头发,在可能世界 a-h 中也是如此,而在可能世界 j-t 中则是秃顶;柏拉图在现实世界中是秃顶,但在可能世界 a-t 中则不是如此。任何物质个体在同一个可能世界中不可能拥有同样的整体形式,因为赋予它们时空位置的因其是不可能一样。因此,吉尔伯特要让他的体系——或者更应该说让他的提议或者暗示,因为他也就说了这些——融贯,吉尔伯特就必须通过仅仅包含个体现实地拥有的因其是的那个复杂的因其是来清楚地确认个体的同一性,然后才去考虑他们每一个在不同的可能世界中可能拥有的不同历史。

吉尔伯特的模态观预示了邓斯·司各托的思想(专题研究 L)。它非常适合那种聚焦于上帝如何作出决断去意愿某种特殊的眷顾方式的思想方式。不过,不应当把阿伯拉尔的研究进路看成不够精致或者缺少可信度。他的上帝不能做不同于他实际所做的事情,他并不**选择**某种眷顾方案。阿伯拉尔一再强调所言(dicta)并非事物(nothing),因此绝不容许所言被模态化,这是非常合理的:当我们把我正在打字确认为一个所言时,我们并不会误导自己,但是,阿伯拉尔指出,如果我们试图要超出这个并非事物的所言,并且赋予它模态性质,我们就会误导自己——最好还是坚持只谈论那些实际存在的事物的能力,比方说我自己、我的桌子和我的电脑。

第五节 拉丁经院神学的开端

现代读者可能会更为这一时期的逻辑学、形而上学和伦理学感到兴奋,然而,基督教教义研究——我们今天所说的"神学",但当时还不是——才是最吸引 12 世纪最杰出头脑的学科。香浦的威廉和阿伯拉尔都亲身示范了逻辑学家们如何热衷于将他们很大一部分精力投入神学。普瓦捷的吉尔伯特也是如此,因为他显然也是一位技巧高超的逻辑学家。只有少数导师如孔什的威廉和伯纳德·西尔韦斯特里斯才会抵制这一潮流。其后果是具有鲜明的经院特征的神学方法的发展,它从 13 世纪将主宰那些著名大学的思想生活。然而,当这些神学技巧在巴黎的学校发展时,朝向属灵生活的隐修进路也有着巨大的吸引力,招募到许多新成员,并且创造了它自己的准哲学文献。如果是从思想生活史而不是哲学史来研究 12 世纪思想,就要有足够的篇幅来考察明谷的伯纳德哲学上缺乏竞争力但修辞上充满想象力的著作、圣蒂埃里的威廉和里沃的艾尔雷德(Ailred of Rievaulx)为了基督教隐修的目的而改编的西塞罗,以及他们的西多会同修斯特拉的艾萨克(Isaac of Stella)。

在这一系统神学发展过程中,最关键的人物是拉昂的安瑟尔谟和香浦的威廉(12 世纪初)、阿伯拉尔(12 世纪 30 年代)、圣维克多的休(Hugh of St Victor,12 世纪 30 和 40 年代)及伦巴第人彼得,后者的《箴言集》(Sentences)最终版出现于 1158 年。系统神学成长的根基是《圣经》释经学。它可能首先会被看成思想家们试图按照《圣经》研究的引导来澄清和整理自己的思考,但实际上它包含大量教父作家已经完成的思考。它有两个特征:它提问、引用和协调相互冲突的相关权威文献的方法,这后来发展成大学里的问答术(*quaestio*-technique);再有就是它的系统编排。

拉昂的安瑟尔谟和香浦的威廉的 *sententiae*(通常译作"箴言"——它的意思大致是"观点")是对最初出自《圣经》段落的教义难点的短篇评注,尤其是那些看起来同经文的其他部分相冲突的观点。阿伯拉尔 1120 年代汇编了他的《是与否》(*Sic et non*),更加明确了教义难点应当得到解答这一想法。在这部著作中,他提出一系列问题,涵盖了不可争辩的、基本的信仰真理(上帝是否是三位一体的)和无法确定正确答案的问题(是否只有上帝是非物质的,是否只有仁爱[charity]才是美德?),正如其标题所示,阿伯拉尔对每一个问题都引述回答"是"和回答"否"的权威文献,不过在那些无可争辩的真理中,互相矛盾的文献只要正确地语境化之后,并不会真的产生矛盾。阿伯拉尔在《是与否》中没有讨论任何问题和文本,但他偶尔会在他的著作中将某些文本整合到一个论争中来进行讨论。一个突出的例子是他在《经院神学》III. 27-56 中讨论上帝是否能做不同于他所做的事情(专题研究 F)。阿伯拉尔收集了这个问题正反两边的权威文献,但也为他所偏好的解决方案提供了长篇论证,预想它可能招致的反驳并作出回应。除开某些专业词汇和结构之外,阿伯拉尔在这里所呈现的几乎就是一个已经完全成形的经院问答(*questio*)(7 章 1 节)。

安瑟尔谟和威廉的"箴言"出现在一本篇幅浩瀚、结构松散,大部分由教父作品摘抄构成的文集中(《金言集》,*Liber Pancrisis*)它们本身看起来宗旨就不在于系统地整理资料。而阿伯拉尔则显然关注《是与否》不同修订本中的秩序结构,而到了 12 世纪 30 年代和 40 年代,巴黎的神学导师们开始以涵盖基督教教义的整个领域为己任。许多导师遵从编年的次序安排:例如圣维克多的休在其《论圣事》(*De sacramentis*)中从"造物之工"入手——从《创世纪》开始,继之以"恢复之工",从道成肉身直至时间终结。阿伯拉尔遵循的是经过更多理性设计的次序,它在写作《箴言集》时从信仰的讨论(三一论、上帝的本质属性、道成肉身)转向仁爱(美德、恶德、功与罪),然后是圣事。

伦巴第人彼得曾是阿伯拉尔的学生,也是较少冒险精神而有更多奥古斯丁色彩的圣维克多的休的学生,他第一次尝试将这个正在发展中的神学方法的若干方面结合起来,而他所采取的方式使得他的《箴言集》被接纳为中世纪大学神学教科书绝非偶然(7 章 1 节)。《箴言集》以相当逻辑的次序涵盖了整个基督教教义。它从上帝、三一论开始(第一卷)。第二卷讨论了创世和人的堕落。第三卷将道成肉身和美德结合起来,而第四卷则考察圣事。和《是与否》一样,《箴言集》充满教父的引文。它们的安排原则上并不是为了相互矛盾,但它们往往如此,而彼得就会介入,解释它们应该如何调和。因此,《箴言集》并不像《是与否》那样只是一个摘录簿或某种索引卡片。但它通常也不会像《经院神学》这样的著作一样沉浸于高度复杂的沉思。它更多呈现的是隆巴德如何理性地看待什么是有关一切问题正确的、由权威核准的答案。

第六节　12 世纪晚期的柏拉图主义

12 世纪上半叶常常被历史学家错误地描述为柏拉图主义的时代。12 世纪 40 年代至 13 世纪间有一股更显著的柏拉图主义潮流在某些思想家中流行——或者应该说数股潮流。因为 12 世纪晚期柏拉图主义的一个突出特征就是它的多样性。

历史学家、美文家、思想界的辛辣评论家索尔兹伯里的约翰就是一位三心二意的柏拉图派,他在 12 世纪 30 和 40 年代求学于巴黎(阿伯拉尔是他的老师),1159 年写成《为逻辑辩》(*Metalogicon*)。约翰虽然把沙特尔的伯纳德,"我们世纪最完美的柏拉图主义者",当成他的英雄之一,但他却时时会嘲讽柏拉图主义者过度的野心,更推崇亚里士多德和他的追随者更加人性化的思考。在他早期的作品《哲学家信条导引》(*Entheticus de dogmate philosophorum*)中,他曾经毫无保留地称颂柏拉图,但是尤其突出他是一位承认人类理性限度的哲学家。

科学家和翻译家卡林西亚的赫尔曼(Hermann of Carinthia,5 章 8 节)把他的老师沙特尔的(或布里托,布列塔尼人)蒂埃里说成是"上天重新赐予凡人的柏拉图的灵魂",而在某些历史学家看来,蒂埃里也是日渐昌盛、富于冒险的 12 世纪柏拉图主义的核心鼓吹者。然而,几乎一切关于他职业生涯的说法都不清不楚。他曾在巴黎任教,也可能曾在沙特尔任教,可以确定的是在 12 世纪 40 至 50 年代,但也可能要早得多。他显然是一位渊博的艺学导师。人们将他作为《新逻辑》(*logica nova*)的先驱加以纪念(5 章 8

节);他为西塞罗的修辞学写过评注,他还汇编了一部包罗万象的自由诸艺文集,称之为《七经》(Heptateuchon)。他作为柏拉图主义者的当代声誉源自一部篇幅短小的有关六日创世的论著,《论六日之工》(De sex dierum operibus),还有一整套波埃修《神学短篇集》评注。《论六日之工》由他的学生阿拉斯的克拉伦博尔德(Clarembald of Arras)传承下来,它处于未完状态,但很可能原版就是如此。该书由对《创世纪》前五节的"自然和字面"阐释构成,追随可以溯源到奥古斯丁和希腊教父的传统,但它非常严格地以不顾一切的姿态专注于自然主义解释,《蒂迈欧篇》和卡尔基狄乌斯是他加以利用的主要资源。它似乎是孔什的威廉的"科学柏拉图主义"的一个范例,而它可能也从威廉那里借鉴了某些想法。然而,这部著作的后半部分——至少按照克拉伦博尔德的说法——用代数类比探讨了上帝和他的三一性:圣父为统一性,而圣子则是他异性(otherness)。

有三部《神学短篇集》评注通常归在蒂埃里名下,但它们所表达的观点相去甚远;其中至少有一部,也就是有时被称作《此书》(Librum hunc)[11]的那一部很可能相当贴近蒂埃里的教导。所有三部评注都以波埃修自己的区分(3章1节)作为它们形而上学沉思的出发点:与上帝相等同的唯一的真形式与内在于物质事物中的个别形式。根据《此书》(Thierry of Chartres, 1971,81-84;相关评注中的对应讨论,参同上书,176,276),其他所有形式都从"那作为所有事物的形式的简单的神圣形式"流溢而出。然而,评注者在最后的分析中希望摒弃这些个别的形式。假如质料不存在,那就只有唯一的形式。质料本身完全没有多样性,多样性来自(单一的)质料和(单一的)形式的结合。那么,他该用什么来解释人性形式和神性形式的区别呢?答案很不让人满意:形式只有在与质料接触时才能获得其作为人性形式的突出本性,这类比于不同的镜子中看到的一张脸,每一面镜子都有不同的形状,因此使得这张脸看起来各不相同。然而,这样去构想质料的作用就给了它某种形式特征,某种去塑形的能力,这和评注中其他地方有关它的论述难以协调。

通往柏拉图主义的另一条路径来自伪狄奥尼修斯。卢卡的威廉(William of Lucca)曾有一部篇幅浩大、未能最终完成的《论圣名》评注,写于1169—1177年间。威廉也受到普瓦捷派(Porretanism,5章7节)潮流的影

---

[11] 该书开篇为"*Inchoantibus librum hunc*(此书为初学者……)",故名。

响，他和《此书》的作者有许多共同之处，不过他将上帝的意愿等同于"万物之理念"，这并不能解释上帝和多种多样的形式之间的关系。圣维克多的理查德(Richard of St Victor)则利用了伪狄奥尼修斯思想的另一方面，发展出一套详尽而又精心设计的、以沉思为阶梯的神秘攀升体系，同时他也成为经院神学讨论三一论采用的权威作者之一。

间奏 v：柏拉图主义与诗歌

曾在图尔任教的伯纳德·西尔韦斯特里斯(Bernard Silvestris，约1100—1160年)应当收入中世纪哲学史吗？伯纳德为马提阿努斯·卡佩拉和《埃涅阿斯》写过评注，写过一部迷人的诗作《数学家》(Mathematicus)，在非基督教语境中探讨预定论问题，还有《宇宙学》(Cosmographia，完成于1148年)，一部隐喻体的诗文合璧作品(一部交替使用散文和韵文的作品)，论述世界和其中包括人在内的有生命事物的创造。其背景的设定与基督教断然无关，伯纳德主要从《蒂迈欧篇》和卡尔基狄乌斯的评注中搜寻资源——他的戏剧中的女英雄是努伊斯(Noys，理智)和隐得莱希娅(Endelichia，世界灵魂)，反英雄则是席尔瓦(Silva)，宇宙从中得以塑形的没有形式的质料——不过，他也求助于马提阿努斯·卡佩拉的诗文合璧作品，甚至波埃修。

《宇宙学》没有展示任何哲学论证，但它提供了对12世纪思想家可以获得的古代哲学核心段落一贯到底的沉思，它完全不受束缚，不需要从中抽取明确地与基督教教义平行或对立的内容。诗文合璧的哲学作品这一风尚来自一位出人意料的人物，巴斯的阿德拉德(Adelard of Bath)，他更多的是作为自然科学家而为人所知(5章8节)。继之而起的是多才多艺的里尔的阿兰，他也是一位杰出的神学家(5章5、7节)。

阿兰的《自然哀歌》(De planctu naturae)以波埃修的《哲学的慰藉》为模板，将散文和各色韵文形式交织在一处。不再是哲学女神安慰哀伤的哲学家，而是上帝的代言人自然女神在阿兰面前哀叹。她为沉湎于同性之爱而违背自然秩序的男人们悲伤。阿兰用博学的比喻和典故来吸引语法和逻辑学的学生。这部作品缺少《哲学的慰藉》的哲学论证，但似乎并不缺少面向不同解释的开放性。《驳克劳狄阿努斯》(Anticlaudianus，1182—1183年)是一部六步格史诗，讲述一个完美的男子如何在自由诸艺的协助下被创造出来(其描述方式令人想起马提阿努斯)并打败恶德的故事,但他的胜利发生在一段接引灵魂的天路历程之后,而这只能来自上帝的眷顾。正如在《自然哀歌》中一样,阿兰谈论基督教主题,而且是在他所认为的基督教伦理框架下,但他很多论题的推进借用了非基督教的术语。不过,他在两部著作中都小心翼翼地为理性所能把握的和信仰启示的内容划定了非常清晰的界限。而在苍穹之上的水这样的问题上,他表现得像一个保守的神学家。

这些精雕细琢的作品突出地展现了,12世纪是拉丁文化中哲学和文学写作藩篱松散、可以轻易而有效地跨越的一个时代;技术上最为精湛的逻辑学家阿伯拉尔也用梦境的形式来写他的《对照集》,还写过生动地体现他主要伦理思想的诗作。

第七节 12世纪晚期的巴黎学校

逻辑学派别

1120—1150年这一时期是杰出而又风格各异的逻辑学家们在巴黎开坛设讲的年代:不只是阿伯拉尔和普瓦捷的吉尔伯特(他的逻辑学著作未能流传,但貌似如此),还有博尔舍姆的亚当(Adam of Balsham,或小桥派/小桥的[Parvipontanus/of the Petit-Pont],他在那里建立了自己的学校)和巴黎的阿尔贝里克(Alberic of Paris)。亚当唯一流传的逻辑学著作《论述的技艺》(Ars disserendi)完成于1132年。它表现出他对考察论证谬误和创设新语汇的兴趣,后者使得他的想法有时看起来比它们实际上要古怪。阿尔贝里克的观点只能间接地通过听过他讲授的学生们的评注来了解。他似乎是阿伯拉尔终极对手,阿伯拉尔唯名论的实在论敌人,正是他指出了(5章2节)阿伯拉尔命题逻辑体系的根本缺陷。另一位仅有神学作品流传的杰出逻辑学家是梅隆的罗伯特。

由这些导师们发展而来的逻辑学派别,构成12世纪后半叶巴黎思想生活的鲜明特征。阿伯拉尔的追随者就像现在大多数历史学家所接受的那样被称为唯名派(*nominales*),吉尔伯特的则被称为普瓦捷派(*Porretani*,偶尔也做吉尔伯特派[*Gilebertini*]),博尔舍姆的亚当的追随者是小桥派(*Parvipontani*或亚当派*Adamitae*),阿尔贝里克的是阿尔贝里克派(*Albricani*)或山岳派(*Montani*,以左岸的圣热纳维耶芙山命名,阿尔贝里克和阿伯拉尔曾在那里讲学)——如果这不是另一个派别的话——,罗伯特的则是梅隆派

(Melidunenses)或罗伯特派(Robertini)。每一个派别都有一套其追随者显然必须认同的论题,它们通常与《旧逻辑》的解释相关。有些论题直截了当:唯名派否认属是事物,而其他都是实在论者的派别则认为它们是。然而,许多论题的设计看起来显得悖谬:例如唯名派认为无物生长,而梅隆派则认为种不能作谓词。

现存的 12 世纪逻辑学评注几乎无一例外地写于 1150 年前,因此它们只能提供这些学校初建时的信息。幸运的是,有些教材幸存下来——一部普瓦捷派的逻辑学纲要、梅隆的罗伯特的追随者极其重要的长篇《梅隆艺典》(Ars Meliduna),很可能属于阿尔贝里克的追随者的《山岳派长篇、短篇导论》(Introductiones montane maiores and minores),卢卡的威廉的《辩证法技艺大全》(Summa dialetice artis),他是公开的唯名派和阿伯拉尔的追随者。

在一定意义上,这些学校是在实践他们各自追随的 12 世纪初的导师们所设定的日程。例如,唯名派宣称无物生长,这只是以一种令人震惊的方式展示阿伯拉尔的还原论的整分论(mereology),它并不把由部分构成的整体算作分立的事物。阿尔贝里克发现阿伯拉尔的命题逻辑定律中的一个缺陷,其影响广泛。阿尔贝里克的论证(其重构见 Martin, 1987, 394-395)依赖于两个前提:第一个是所有人都接受的条件句("如果苏格拉底是人,那么,苏格拉底是动物":$p \to q$),第二个前提是由同样的命题 p 和 q 构成以下形式的条件句 $p \& \sim q \to \sim q$,在阿伯拉尔及大多数体系中这因为可对其形式运用简化定律(或"合取消除")而为真。当然,这个前提会有一个不可能的前件(也就是"苏格拉底是人并且不是动物"),而山岳派应对这个困难的方式就是拒绝接受有这样的前件的条件句。普瓦捷派则基于一个不同的理由拒绝第二个前提:他们反驳,p 在这个推论中没有发挥任何作用。唯名派限于困惑之中,而小桥派则替阿伯拉尔接受阿尔贝里克论证所带来的不可接受的结论,其中不可能的 $p \to \sim p$ 也蕴涵着对它自身的否定,因为他们和经典的当代逻辑学家们一样认为从不可能性中可以推出一切。

12 世纪后期学校的导师大部分是匿名作家,其中不乏原创思想家。普瓦捷派的论著以吉尔伯特的不同学科有不同理由(rationes)的理论作为其出发点,但它发展出一套引人入胜的述谓理论,其中真正的述谓只出现在自然科学中,而逻辑学和伦理学的表面述谓则需要特别的分析。我们没有理由认为所有这些推理都可以追溯到吉尔伯特。此外,尽管阿伯拉尔深信他已经阐明实在论的所有变体都不可捍卫,实在论各派(也就是说除了唯名派的所有派别)还是设计出新的、精致的实在论版本。例如,根据《梅隆艺典》一书,当心灵思考共相时,它就把握了事物的"汇聚"(communio)。但它随后补充了一个柏拉图式的转折:在实体范畴的共相(属和种)中,这一"汇聚"使得那分有它的得以**是**(is)某物。

逻辑学导师们的某些创新和新出现的逻辑学文献联系在一起——《新逻辑》,它包括了亚里士多德逻辑学《工具论》中公元1000年前没有流通的文献:《前分析篇》《辩谬篇》和《论题篇》(《新逻辑》的另一个文献是《后分析篇》,它在13世纪前没得到太多研究)。阿伯拉尔已经能接触到《前分析篇》的部分文本,索尔兹伯里的约翰很熟悉《论题篇》,不过似乎很少有逻辑学家分享他对它的热情。然而,对这些导师来说,《新逻辑》中最重要的文献是一个现代读者常常认为可以忽略的文献:《辩谬篇》,亚里士多德的谬误指南,涉及那些建立在不正确的、尽管有时表面上有说服力的论证之上的谬误。阿伯拉尔已经读过《辩谬篇》,但这部著作没能让他产生兴趣。自12世纪30年代后期或更早一些时候起,逻辑学家们开始热情地研习这个文献。他们之所以被它吸引,很可能是因为他们对语词含混与论证分析之间交互作用的兴趣。12世纪晚期的逻辑学还展示出后来被称之为现代派逻辑(logica modernorum)的萌芽和发展,也就是逻辑学学科那些在古代资料中没有发展的分支(7章2节,8章8节):推论(consequentiae,即可以追溯至阿伯拉尔及之前的命题逻辑);词项属性理论(某种命题语境中的指称理论);诡辩(sophismata,含混命题的解决,与谬误研究紧密相关,可以追溯到贝桑松的吉尔兰都斯[5章1节]);还有助范畴词研究,例如"只有""此外""开始",在澄清包含它们的命题的逻辑形式之前需要首先对它们进行阐释。

神学家

除了一个例外,在神学家中似乎并没有与逻辑学家相对应的派别之分。阿伯拉尔的神学确实有影响(虽然是间接的影响,但远比他的逻辑学要持久),但他的影响是通过反映其教导的箴言汇编来实现的,比如说将它同来自圣维克多的要素结合起来的《箴言大全》(Summa Sententiarum),当然,首当其冲的还是伦巴第人彼得的《箴言集》。在逻辑学中,新一代的导师们看起来把握住了将他们的老师们彼此分隔的那些特征,而在神学中,运动的方向则是和谐。1150—1200年间的许多神学家按照伦巴第人的模式来工作,编撰系统的箴言汇编,常常以比伦巴第人更加大胆、逻辑上更加精致的方式来处理教义论争的难点。其中最为精致的一部出自普瓦捷的彼得(Peter of

Poitiers),他的《箴言集》大约完成于 1170 年。他采用由阿伯拉尔建立、伦巴第人传承(通常加以驳斥)的立场,并进一步加以论述。例如,他和所有人一样拒绝阿伯拉尔有关上帝不能做不同于他所做的事情的观点。他在反驳时做了一个区分:命题的组合的与分离的意义,这是阿伯拉尔推理的基础。

(11) 上帝只能做要由他完成的善。

从分离的意义看,(11)意味着上帝能做的只是要完成的善,也就是说,只是那种就现状来看最佳的行动方案。然而,从组合的意义看,(11)意味着无论上帝做什么,它都将是要由他完成的善。彼得拒绝分离的意义,而接受组合的意义,它不会限制上帝所做的事情,反而肯定了因为上帝做了某事,它才是善。虽然看起来这里阿伯拉尔被他本人所惯于做出的区分所驳倒,但实际上他毫无疑问会拒绝复合意义的读法,因为这包含着他(正确地!)看作僭主标志的那种唯意愿论:阿伯拉尔曾尖酸地引用尤维纳里斯:"这是我想要的,所以我就这样下令。我的愿望就是你需要的所有理由。"(《经院神学》III.33)

普瓦捷派就是前面提到的例外。确实有过风格鲜明的普瓦捷神学运动,决定其方向的是吉尔伯特对不同学科进行区分的主张,以及他的下述想法:包括神学在内的一切学科都有他们自己的一套原则。普瓦捷的彼得(或维也纳的——**不是**上一段讨论的那个彼得)的《箴言集》(约 1150 年)提供了一个范例:它给出了适用于受造物的一套法则,然后利用吉尔伯特的转借概念,暗示它们可以用来达到对上帝的某种理解。将神学奠基于它自己的法则的更为彻底的尝试出现在里尔的阿兰的《天国权利法则》(*Regulae caelestis iuris*,约 1170—1180 年)。与吉尔伯特不同,阿兰专注于这些特殊的法则,将它们作为一个演绎体系的一部分,一个法则可以从另一个导出,他同时专注于自然科学语言和神学语言的区分,而不是它们的共同之处。不过,吉尔伯特对他的影响也是明显的,他用吉尔伯特的语言来描述有关学科法则的想法。

普瓦捷派最有吸引力的著作也可能是他们的最后一部,《拉提乌斯与埃弗拉德的对话》(*Dialogus Ratii et Everardi*),由伊普尔的埃弗拉德作于 1191 年。埃弗拉德是吉尔伯特的追随者,后来加入了西多会,吉尔伯特的迫害者明谷的伯纳德所属的修会。埃弗拉德的对话录——一部高度文学化的对话,其场景不同寻常地丰富,讨论间杂着想象生动的插曲——是他在尝试进行一场身后的调解。埃弗拉德所提供的,不仅仅是对吉尔伯特核心思想才华横溢的展示,而且对其中一些内容进行了反思,以便在他的导师受到攻击的地方为他辩护。吉尔伯特用自然科学的语言区分了因其是(quo ests)与其所是(quod ests),虽然他认为这一区分不适用于神,但他仍然愿意把"上帝是神性"(Deus est deitas)或"上帝是真理"这样的命题看作假命题。这一立场正是对伯纳德的异端指控的主要根据之一,因为它似乎暗示了在上帝中存在区分。埃弗拉德发展了吉尔伯特一带而过的有关数学讨论的想法(Everardus of Ypres,1953,257,269-270)。他说,一个正常的数学句子通常具有"神性是神性"的形式,而它应该理解成用预设事实的方式(factively)表达了"神性使上帝成为上帝"。他说,"上帝是神性"这个句子应当按同样的公式来解释,它也就意味着上帝使上帝成为上帝。这样理解的话,埃弗拉德相信我们就能明白吉尔伯特对它的驳斥是正确的:它要么没有意义要么是假的,因为是神性而不是上帝使上帝成为上帝。

　　甚至普瓦捷学派也不是整齐划一的。普瓦捷派的思想对各色各样的柏拉图化的思想家都有吸引力(且看伪狄奥尼修斯的评注者,卢卡的威廉:5章6节,以及《论第一与第二原因》:5章8节),而里尔的阿兰的成就也远远超出一个单纯的吉尔伯特追随者。除了他的两部文学—哲学作品外,他还写过一套《箴言集》,以 Summa Quoniam homines(summa[12]意为教科书,他后来取代了《箴言集》这一标题;quoniam homines 是这部著作的前两个词)闻名,它在形式上遵循伦巴第人的一般进路,但更富思辨色彩,对材料的利用范围也广得多。他还写过另一部《大全》(Summa),驳斥各色非基督教及异端团体——犹太人、穆斯林和纯洁派(Cathars)(纯洁主义[Catharism]是一种二元论异端,与摩尼派并无不同,当时在法国南部广为传播),还有一部怎样写布道辞的论著,以及他自己写的布道辞,其中包括一篇论可理解的天球的所谓布道辞(sermo),是我们已知的一句名言的最早出处,但他却将其归于西塞罗,"上帝是一个可理解的天球,它的球心无处不在,周长却无处可寻"。

第八节　巴黎之外:科学家与翻译家

　　由前面的章节可见,12 世纪的拉丁哲学是极其受限的,这既体现在其

---

[12]　通常译作"大全"。

地理分布上——局限于巴黎和一两个法国的主教座堂学校——也表现在使用的资料来源范围上:就像本章开头所解释的,主要是少数古代哲学和逻辑学著作,它们至少已经使用了一个世纪,很多更久。这一图景就这个时期的主要哲学成就而言是正确的,但需要加以限定。首先,存在一缕对科学的兴趣,它将一群学者带过了阿尔卑斯山,促使他们使用新的文献。其次,在托莱多产生了极富成效的翻译运动和与之相关的若干衍生而来、但富有原创性的著作。

我们已经提到新阿拉伯科学同孔什的威廉的关联(5 章 3 节);巴斯的阿德拉德则以某种更直接的方式参与其中。阿德拉德曾在图尔求学,他随后旅行到了意大利南部,很可能还去了安条克(Antioch)。他最早的著作是一部短篇的隐喻体诗文合璧作品《论同一与差异》(*De eodem et diverso*),它虽然采用了来自柏拉图派的标题(指《蒂迈欧篇》中世界灵魂的构成),但和柏拉图大为不同,阿德拉德部分地以马提阿努斯·卡佩拉为模板,阐述了自由七艺,以此来证明为何爱智慧要胜过爱尘世,它还给共相问题提出了一种解答,依循的是香浦的威廉在被阿伯拉尔逼迫放弃他的质料本质实在论之后所采取的思路(5 章 1 节)。阿德拉德后来的对话录《自然科学问答》(*Quaestiones naturales*)却如其标题所示,致力于以理性的方式解释自然现象。与孔什的威廉的《世界之哲学》不同,它似乎没有显示任何阿拉伯的影响,不过,阿德拉德后来很可能得到说母语的人的帮助,将阿拉伯天文学著作译成拉丁文。卡林西亚的赫尔曼曾在法国南部工作,是一位更多产也更有自信的阿拉伯语译者。他在《论本质》(*De essentiis*,完成于 1143 年)一书中用到的亚里士多德思想,得自他所翻译的天文学家阿布·麦尔舍尔(Abû Ma'shar)的著作,也可能还得自铿迭的哲学传统。

虽然 12 世纪时亚里士多德是直接从希腊文译成拉丁文(7 章 1 节),但最重要的翻译运动是从阿拉伯文到拉丁文,而其最有活力的中心是基督教西班牙的文化中心托莱多。当时的翻译活动中有两股主要潮流(Burnett, 2001, 2005)。一股以克雷莫纳的杰拉德(Gerard of Cremona, 1114—1187 年)为中心。他是主教座堂里的一位咏祷司铎,其主要兴趣在于自由诸艺和自然科学,以及法拉比的一部他译为《论科学起源》(*De ortu scientiarum*)的短篇著作中所建立的科学的更宽泛的哲学基础。他的翻译填补了拉丁课程体系中自由诸艺领域的空白,集中在几何学和天文学上,但也包括了亚里士多德的《后分析篇》。其科学翻译则包括《物理学》和亚里士多德的《自然诸篇》(libri naturales,论自然科学的著作),以及他的伪作《论原因》(Liber de causis;3章5节,7章1节,间奏 viii),但没有形而上学。

第二股潮流关系到托莱多的总执事(archdeacon)多明尼克斯·贡迪萨尔维(Dominicus Gundisalvi),他活动于12世纪60到90年代。贡迪萨尔维和他的圈子延续了一部早期译作中的关注点——即塞尔维亚的约翰1152年之前翻译的古斯塔·伊本·卢加(Qusṭa Ibn Lûqâ)的《论身体与灵魂之差异》——,他们对和灵魂有关的文献尤其有兴趣。他们没有翻译亚里士多德自己的著作,而是那些来自伊斯兰和犹太哲学传统中的亚里士多德派著作——最引人注目的是阿维森纳的《治疗论》中论述灵魂的章节(以及其他章节;形而上学和部分逻辑学),阿弗洛狄希亚的亚历山大、铿迭和法拉比论述理智的著述,安萨里的《哲学家的宗旨》(但不是他的《哲学家的矛盾》,因此给拉丁思想家留下了实际上并非完全错误的印象:他们口中的"阿尔加泽尔"[Algazel]是一个彻头彻尾的阿维森纳派哲学家[6章1节]),还有犹太思想家所罗门·伊本·加比罗尔(Solomon Ibn Gabirol)的《生命之泉》。

所有这些翻译将对未来数十年间哲学学习的方式和内容产生深远的影响。拉丁传统的发展先前几乎完全独立于伊斯兰和犹太传统,现在三个传统得以合流。在翻译家们周围,这一互动、融合的过程已经拉开序幕。象征着它的是拉丁人所知的"阿文多思"(Avendauth)这个人物,他曾经和贡迪萨尔维合作翻译。而这个阿文多思正是犹太哲学亚里士多德主义的先驱亚伯拉罕·伊本·达吾德(Abraham Ibn Daud,6章4节)。他的《崇高的信仰》(Book of the Exalted Faith)虽然没有译成拉丁文,但也同贡迪萨尔维所阅读的拉丁传统、阿维森纳、所罗门·伊本·加比罗尔以及其他阿拉伯语作家一起,成为贡迪萨尔维自己折中主义写作的来源。更让人激动的思想来源的结合出现在稍晚(约1200年)的匿名作品《论第一与第二原因》中:阿维森纳、普瓦捷的吉尔伯特、伪狄奥尼修斯和约翰·司各托·爱留根那。这位匿名作者和贡迪萨尔维都不能进行原创性的思考,这使得他们的作品更像一块百纳布。但他们的文本生动地展示出,当专门针对论断表述方式的、相当精确的分析形式在巴黎繁荣发展的这个时代,有一些哲学家却宁愿陶醉于半知半解的新柏拉图形而上学中。这样的思想家并不只限于托莱多。亚里士多德和阿维森纳的翻译要到13世纪才在西班牙之外为人所知,而新柏拉图派的《论原因》的成功则迅捷得多,它最早的一个读者正是——正如我们从他的心智特征和他对爱留根那的热情可以期待的那样——里尔的阿兰。

第九节　12世纪拉丁哲学的多样与特色

　　用现代术语来说,12世纪的拉丁世界的权威思想家主持着三个主要研究项目,其中两个与中世纪早期大有渊源。一个关注《旧逻辑》和普里西安著作中哲学段落的理解,它回望着阿尔昆所开启的逻辑学传统。它在12世纪最初的倡导者是罗色林和贝桑松的吉尔兰都斯;最后的拥趸则是匿名的唯名派、小桥派、梅隆派等。第二个项目的核心是理解《圣经》,探索其表面矛盾,然后从这一表面不融贯的材料出发构造关于基督教教义的条理清晰、全面的论述,它不注疏难点,而是把它们当作淬炼和增强自身的一种方式。它回望的是像沙特尔的伊沃(Ivo of Chartlres)的《法律大全》(Panormia)这样的11世纪文献汇编,并远眺教父时期教义手册的传统。拉昂的安瑟尔谟和香浦的威廉是其12世纪的发起者,它经由伦巴第人彼得延续到普瓦捷的彼得和普雷珀希提努斯(Praepositinus)这样处于世纪之交的神学家。第三项研究计划牵扯到借助推理和通过搜寻、研究新的文献来理解自然世界。巴斯的阿德拉德是这一倾向早期的追随者;克雷莫纳的杰拉德则以他独特的方式成为其后期最重要的贡献者之一。同一个人研究不止一个项目非常常见——比方说,阿伯拉尔和普瓦捷的吉尔伯特就涉猎了前两个。

　　第二个项目,也就是对系统神学的追寻,显然得到了第一个的帮助:逻辑学可以用来建构和解决教义难题。然而,第一个项目的范围远远超出了今天所说的逻辑学,延伸到形而上学和心灵哲学,它几乎持续到了这个世纪末。在这之后,该项目很大程度上中止了。13世纪和14世纪大学的经院主义可以看作是第二个和第三个项目的结合(就像贡迪萨尔维所做的那样,第三个项目被推广到囊括一切新获得的文献,既有科学的也有哲学的)。有关亚里士多德的科学、形而上学和心灵哲学的知识,在其新柏拉图背景中终结了在逻辑学和语义学上建立整个哲学的尝试。

第六章　12世纪伊斯兰的哲学

伊斯兰土地上哲学与神学复杂的交互作用,在11世纪晚期和12世纪达至顶峰。这一时期开始时,安萨里将两种**既**对立**又**和谐的传统汇聚到一处,他既是阿维森纳最激烈的批评者,也是沿着阿维森纳的思路重建凯拉姆最关键的人物。接下来的数十年间阿拉伯哲学最重要的发展出现在伊斯兰土地的最西端——穆斯林西班牙(安达卢斯,al-Andalus)以及北非与之接壤的部分(马格里布,Maghrib),它们在穆瓦希德王朝(Almohads)统治下统一。一种具有安达卢斯特征的研习和实践哲学的方式在伊斯兰和犹太思想家中成长起来。穆斯林中造诣最高、最富冒险精神的倡议者是阿维洛伊,他创建了一种净化过的亚里士多德主义,对拉丁和犹太哲学家影响巨大,但在伊斯兰中则几乎没有影响。与此同时,他长时间致力于反思伊斯兰教和哲学的相容问题,这带来了比安萨里还更加极端的和谐说。在犹太思想家中,迈蒙尼德毕生以晦暗的方式反思他祖先的信仰和他所钟爱的亚里士多德主义之间的关系,这反思在他的后继者中隐约可辨,一直延伸到并超出斯宾诺莎的时代。

第一节　伊斯兰教神学与阿维森纳

凯拉姆传统

当年阿拔斯哈里发们曾经大力扶植穆尔太齐赖的论辩活动,并试图将他们的观点强行定为正统,穆尔太齐赖的这一光荣时代早已逝去,但他们仍然在论证、教授和写作。教法官(qaḍî)阿卜杜勒·贾巴尔('Abd al-Jabbar,930—1025年)的20卷《大全》(*Mughnî*)中14卷的出版很早就改变了我们对该学派的理解,在该书中,穆尔太齐赖学派内部对他们所钟爱的论题的复杂讨论,他们的原子、存在和属性本体论学说得以详尽演示。然而,伊斯兰教神学——以一种怪异的方式——**和**哲学的未来却在艾什尔里派一边。艾什尔里派的楚瓦伊尼(al-Juwaynî,1028—1085年)在他的两部论著中蹈循当时已有的、为所有逊尼派神学家接受的阐释神学的次序(阿卜杜勒·贾巴尔也遵循它):在设定了普遍的知识论法则之后,讨论世界的受造性和上帝的存在,上帝的统一性和他的属性,以及与这一主题相关的对穆斯林和非穆斯林教义的批评;接下来考虑的是先知、上帝对人的行动的决定、罪、罚和信仰。这一框架,尤其是开篇时将受造的世界与神圣存在并置,有助于澄清楚瓦伊尼作为其早期见证者之一的一个现象(Wisnovsky,2004):阿维森纳的概念和语言逐渐侵占凯拉姆,尤其是他对本质和存在的区分,对作为本身必然之物的上帝和其他的经由他者必然的事物的区分。

尽管有未经承认的阿维森纳的影响在,楚瓦伊尼首先关心的还是在凯拉姆传统中论证艾什尔里派的观点。据楚瓦伊尼转述,穆尔太齐赖派在替推理辩护时指出,那种与他们相反、强调要依赖先知启示的观点,本身也预设了一系列推理以确保启示是可靠的。楚瓦伊尼反驳他们的立场,因为他断言对推理的依赖也会要求在先的推理。尽管如此,楚瓦伊尼是在教义的框架下以论证的方式来忠于艾什尔里提出的理念。虽然不太成功,他还是试着去辩护艾什尔里派有关神圣属性的立场:既不应认为它们与上帝相等同(像穆尔太齐赖派一样),也不能认为它们能够独立于他而存在。楚瓦伊尼的想法是(《导论》,*Irshâd*,14.1),a 和 b 可以是两个事物,但是 a 并非不同于 b:他断言他的对手没有提供必要的推理来驳斥这一可能性。在论及人类活动时,楚瓦伊尼非常坚定地提出已经成为艾什尔里派评判标准的基本思路。没有人创造他自己的行为:上帝是万物的唯一创造主,包括人的行动在内。

安萨里

楚瓦伊尼最有名的学生是阿布·哈密德·安萨里(Abû Ḥâmid al-Ghazâlî,1058—1111年),直至今天,他仍然被尊奉为伊斯兰最伟大的宗教思想家之一。按照过去常常出现在中世纪哲学史背景中的伊斯兰哲学的简化论述,安萨里在他那本标题大言不惭的《哲学家的矛盾》(*Tahâfut al-falâsifa*)中,曾经攻击过法拉比和阿维森纳所实践的亚里士多德哲学,作为他们的对手,安萨里的作用鲜明突出、毫不含混。然而,关于安萨里本人,没有一件事是毫不含混的。他在自传《迷途知返》(*al-Munqidh min al-ḍalâl*)中讲述的生平故事和对真理的追求,都展示着他复杂的性格。安萨里出生于波斯,他很快就作为一个杰出的法学者而声名鹊起,在巴格达得到一个显赫的职位。他先前研究法律的同时也研究过凯拉姆,现在他开始深入并且批判性地研究阿拉伯亚里士多德派,那些自封"哲学家"(falâsifa)的著作。为了这个目的,完全以阿维森纳为其哲学体系用波斯语写成的入门书《哲学全书:致阿拉·达乌拉》为根基,安萨里撰写了一部阿拉伯语的著作,他称之为《哲学家的宗旨》(Maqâsid al-falâsifa)。他把它同他的《哲学家的矛盾》联系起来,尝试驳斥哲学家们的教导中与伊斯兰教义相矛盾的每一个论点,其中包括认为世界是永恒的,不允许上帝拥有关于个别物的知识,或者是在他和他的属性之间做出区分,否认死者肉身复活。(前面已经提到,以拉丁语翻译流通的只有《哲学家的宗旨》,而没有《哲学家的矛盾》,这一事实导致阿尔加泽尔在基督教大学里被看作阿维森纳似的亚里士多德派——这是双重的讽刺,因为后文将表明,这个误传中包含一个重要的真实要素。)同一时期,安萨里还撰写了一部艾什尔里派的神学论著《温和的信仰》(al-Iqtisâd fî-l-i'tiqâd)。然而,安萨里并不满意凯拉姆给他提供的答案。他经历过一次精神崩溃,突然发现自己一句话也说不出,这之后他放弃了自己的职位和大部分财产。当时流行的属灵思潮伊斯玛仪派似乎也不能吸引他。他转而到苏菲派那里寻求智慧,他们是一种秘传的、神秘的伊斯兰教信仰形式的追随者,精通此道者寻求对神圣者直接的、经验性的知识。他在这一时期写过一部论著来调和苏菲派和正统伊斯兰教义(《圣学复苏》,Ihyâ),随后还有若干同样展示出苏菲派影响的短篇作品。在 11 年后,安萨里重拾法律教席,开始写作他论伊斯兰教法的主要作品。

  这一概述证实了安萨里在《迷途知返》一书中的说法,"自年幼时起,为达到真理而饥渴,就是我持久而习惯的状态"。根据《迷途知返》,安萨里就像 5 个半世纪之后的笛卡尔一样决定,在他对真理的追寻中,他应当摒弃所有不能给他确定知识的信仰。他的确定性的标准是感官的直接证据,他最初也愿意将逻辑和数学真理当作同样确定的。接下来他向自己提出一系列怀疑论论证——这与笛卡尔的相似再次让人吃惊——,它们引导着他去怀疑这两种表面确定的信念。他解释道,人们常常会被感官欺骗——例如星体在感官看来是微小的,但理性的论证表明它们实际上很大。此外,假定我们已经习惯于做梦,习惯于发现我们认为存在的事物没有任何实在性,我们如何能知道那我们在清醒的生活中所经历的并且将其判断作实在的,会不会从某种状态来看也同样的虚幻,这状态之于我们的清醒就像我们的清醒之于睡眠?(安萨里进一步补充,苏菲派时而达至的状态或许就是此类状态的一个范例。)至于数学和逻辑真理,人们如何能够确信没有一种隐蔽的判断方式会证明它们实际上不是真的,就像理性的判断证明感觉印象(比方说,星体像是很小)没有呈现事物的实在一样呢?可能存在这样的判断,这一可能性本身就足以削弱其确定性。

与笛卡尔不同,安萨里并没有找到理性的方式来驱散怀疑论。他反而将它描述成一场大病,上帝在几个月之后将它治愈。不过,治疗的内容包括承认确定性依赖于"来自上帝的光"。然而,它并不是赋予知识的光,而是帮助安萨里对真理的探索得以硕果累累的光,这要求他深入那些向人们承诺知识的每一种不同的思想方式的本质。他认为最严肃的事情有三件:艾什尔里派神学、亚里士多德派(阿维森纳派)哲学和苏菲主义。虽然他最终将荣耀之位给了赐予他神秘体验(dhawq)的苏菲主义,它让他"品尝"或直接经验到上帝,但他也看到其他两种方式的价值。他确实以凯拉姆之名攻击亚里士多德派哲学,而《温和的信仰》(Moderation in Belief)可以看作提出正面的神学教义以平衡纯批判性的、否定性的《哲学家的矛盾》。然而,他对凯拉姆也有严重的保留意见:他在接受苏菲主义之后想要推荐他自己的《温和的信仰》,他所采取的方式是将它同艾什尔里派的官方著作**区别**开来。有一个哲学的分支他无条件地接受其价值,这就是逻辑学,由此确保了今后几个世纪它在伊斯兰课程体系中的地位。而在实践中,安萨里虽然小心避免他所指控的任何异端,但他还是大量借用阿维森纳,比他的艾什尔里派前辈要多许多,以至于他那个时代之后,阿维森纳哲学和凯拉姆就倾向于合流(9章3节)。

初看起来有一个领域,安萨里在其中是忠实于他所继承的艾什尔里派的遗产的,并且攻击了亚里士多德派和阿维森纳派思想的一个重要基础,这就是因果性。在《哲学家的矛盾》17节中,他反驳了原因及其结果之间存在必然联系的主张。根据亚里士多德的观点,当火接触棉花的时候,棉花就会燃烧,而且只有棉花不接触火,它才会不燃烧。在安萨里看来,火不必然使棉花燃烧,棉花没有火也能燃烧。理由是一切事件的真正原因是上帝。原则上说,上帝可以按他所欢喜的方式将事件联系在一起,但实际上他已经建立了自然的某种习以为常的方式,而那些我们看到过常常联系在一起的事件——例如将火柴靠近棉花和棉花的燃烧,——我们就会期待它们总是联系在一起。而它们确实也几乎总**是**如此,不过奇迹则是例外。因此,安萨里似乎是推进了凯拉姆原子论中的机缘论(occassionalism)倾向(3章5节),

并且将艾什尔里的获得性理论一般化(4章2节),在该理论看来,在任何情况下,人类如果事先没有从上帝那里接受行动的能力,他们就不能执行任何行动。虽然因果机缘论是安萨里最为人知的哲学论题,但是已经有人质疑他是真的持有这一观点,还是恰恰相反,接受一个严格的阿维森纳因果模型适用于所有月下世界发生的事情(Frank,1992b;1994)。安萨里有一处(《哲学家的矛盾》17.18)看起来确实愿意接受普通的因果性(例如火烧棉花),只要假定有某种方式可以容许奇迹即可。《哲学家的矛盾》的辩证方法使得我们难以确知以上提出来的这些立场哪一个是安萨里真正坚持的——或许他只是试图在这一章的主要论证中证明,哲学家对违背普通因果律的奇迹的怀疑是没有根据的,因为无法确定原因和结果间有必然联系。不过,安萨里在别的地方也维护与之密切相关的获得性理论(例如《温和的信仰》)。

既然安萨里的上帝极其有可能是万物的直接原因,那么,人类就缺少中立的自由;这样的结果并不会让一个艾什尔里派感到不安。那么,上帝本身又如何呢:他有多自由呢?安萨里反驳亚里士多德派以及穆尔太齐赖派,坚持认为神圣属性不同于上帝,因为这允许他设想上帝的行动是来自其意愿,而不仅仅根据他的本性。《哲学家的矛盾》中有些段落表明,安萨里以一种司各托将会在拉丁传统中充分拓展(专题研究L)的方式,去设想神所眷顾的历史的,或者用今天的术语说,可能世界的同时可供选择的可能方案,他也因此成为一位模态理论的开拓者(Kukkonen,2000)。但是与这些最多可以看作暗示了这种立场的文献相反,我们必须考虑《圣学复苏》中的一个非常重要的段落,它写于安萨里晚年,成为数世纪神学论争的焦点。他在那里转过头去考虑著名的基于恶的存在的无神论论证,他论述道,既然上帝是全能的,而且无上地慷慨,那么他创造世界的方式一定是世界能被创造的最好的方式:不可能有比它更优秀的、更完美的或更完整的。假定上帝的本性和他的权能,由此看来上帝没有选择只能按他实际所做的来运用他的意愿——也就是说,让可能世界中最好的那一个存在。阿伯拉尔(专题研究F)和莱布尼茨会发现他们的论证会导向同样的立场。但这两位哲学家都极力与这一决定论后果抗争。安萨里看起来则很高兴地接受了它:或许他的上帝和阿维森纳的上帝的区别,比他们谈论上帝的方式的差异所暗示的要小得多。

间奏 vi 苏哈拉瓦迪——神智学家还是哲学家?

(极有可能是在)1191年,一位年轻的哲学家——他还不到40岁——因为萨拉哈丁(Saladdin)[13]的命令在阿勒颇(Aleppo)被处决。苏哈拉瓦迪当时还曾得到地方统治者的支持,也有学生追随,是一个由阿维森纳派转变而来的柏拉图主义者。他的《照明哲学》(Philosophy of Illumination)中有大量的内容会给人异端的印象。尽管不是以作者本人的名义,它阐释了一种灵魂转生理论,它凭空想象了一个由古代中国、印度、埃及和波斯哲学构成的思想框架当作其理论背景,尽管其真正的来源是阿拉伯传统中随处可得的新柏拉图派作品和阿维森纳本人。然而,萨拉哈丁还是心怀疑虑,很可能是担心苏哈拉瓦迪是伊斯玛仪派——而他显然不是。

苏哈拉瓦迪之死看起来是因思想身份被误认而招致的不公待遇,但他作为一位思想家的名声是否也是如此,则是个可以商榷的问题。他被视为"照明"哲学学派的奠基人,而《照明哲学》一书的评注者接连不断,包括了17世纪伟大的哲学家毛拉·萨德拉(Mullâ Ṣadrâ)。现代史学家中苏哈拉瓦迪最重要的支持者,是伟大的东方学者亨利·科尔班(Henri Corbin)。在科尔班看来,苏哈拉瓦迪是一种哲学的伟大倡导者,它虽然取材自柏拉图,但根本不同于伊斯兰主流哲学传统的新柏拉图亚里士多德主义。科尔班乐于将它称作"神智学"(theosophy),因为它包含有关上帝的一种特殊的智慧知识。按照他的解释,苏哈拉瓦迪发现在阿维森纳所区分的本质和存在之下,还有一个更深的纯粹在场的层面或者他所说的光。苏哈拉瓦迪因此显得更像一个神秘派而不是哲学家。因此毫不意外,科尔班在其法语译本中略去了《照明哲学》第一卷中逻辑学的讨论和对亚里士多德的详尽批评,而是套用伊本·图斐利(Ibn Ṭufayl)所歪曲的阿维森纳的"东方哲学"这一理念(6章2节),将其题作《东方智慧之书》翻译出版。

不过,苏哈拉瓦迪现在正重新被评为哲学家(Walbridge, 2000, 2001),看起来,曾将他隐微的语言翻译成更容易理解的术语的毛拉·萨德拉这样的评注家们也是这样看他。可以将苏哈拉瓦迪看作阿维森纳的敏锐批评者:他摒弃了本质和存在的区分,是因为并没有原则性的

---

[13] 拉丁语名萨拉丁。

理由可以阻止我们将同样的区分用在它的每一个要素上,以至于无穷。他的知识理论则可当成对亚里士多德知识论一个关键缺陷的批评:即假定在我们日常的认识中,我们对世界的分割可以毫无困难地深中肯綮。此外,他虽然是柏拉图派,但也是一个彻底的唯名论者。

第二节 安达卢斯的哲学

进入 12 世纪后,穆斯林西班牙为两个来自北非的王朝所统治:先是穆拉比特人(Almoravids),他们把严苛的伊斯兰教法强加给这一地区,但被宗教改革家伊本·图马尔特(Ibn Tûmart)的狂热追随者穆瓦希德人指责道德败坏,并被他们所取代。在这个世纪的演进中,安达卢斯不再是文化上落后的行省,这一时期杰出的哲学家在这里工作或者因他们所受的教育自认为安达卢斯人。

所罗门·伊本·加比罗尔和犹达·哈列维

在穆瓦希德人统治前,安达卢斯的犹太人得以参与他们的阿拉伯统治者的文化活动。安达卢斯第一个重要的哲学家是犹太人所罗门·伊本·加比罗尔(Solomon Ibn Gabirol,约 1021/1022—约 1058 年)。一方面,他是犹太人特有文化很重要的一部分,他写作的希伯来诗歌很可能在他生前为他赢得庇护,并确保他的重要性一直延续至今。另一方面,他的两部哲学作品最初都用阿拉伯语写成。一部是实践导向的伦理学论著《道德品质的改善》(Iṣlaḥ al-'akhlâq),它以亚里士多德的中道观念为根基。另一部是《生命之泉》,全本仅借贡迪萨尔维的拉丁译本(Fons Vitae)流传,现存部分阿拉伯语的残篇,还有闪·托夫·本·约瑟·法拉奎拉(Shem Tov ben Joseph Falaquera)13 世纪译本中的节本。

所罗门的犹太信仰在他的诗歌中几乎随处可见,但《生命之泉》所采取的是彻底的哲学进路,因此它的拉丁读者并不清楚他们所知的叫作"阿维斯布朗"(Avicebron)、"阿维森布罗尔"(Avencebrol)、"阿维斯布罗尔"(Avicebrol)或诸如此类的作者是一个犹太人。所罗门主要的思想来源是曾经在铿迭与他的追随者中流行的阿拉伯语新柏拉图派文献,《亚里士多德神学》(即经过改造的普罗提诺)、《纯善之书》(拉丁世界的《论原因》——普罗克洛),还有精诚兄弟会的《书信集》和他的犹太前辈以撒·以色列利(Issac Israeli)的著作。恢复和重建逍遥学派传统的事业,曾经让法拉比为之劳碌,也曾由阿维森纳接管,却和所罗门完全擦身而过;在《生命之泉》中,他(就像铿迭在《论第一哲学》中一样)试图建立的是一种本体论,一种单纯凭借理性的有关宇宙基本构成的理论。

所罗门的宇宙在某种意义上可以看作由上帝或第一本质流溢而出,并由不同层级的存在构成,就此而言,它是新柏拉图式的,但它在两个重要的方面偏离了它所继承的模型。他以典型的新柏拉图派做派将上帝本身看作不可知。他说,可以达到的最高的知识对象是上帝的意愿。这一有关神圣意愿的想法对一个新柏拉图体系来说是异质的,在这样的体系中万物必然从第一本原流溢而出。此外,所罗门认为我们可以通过质料和形式构成的世界来辨识上帝的意愿。形式是神圣意愿的产物,但(与通常的新柏拉图学说形成强烈对比的是)质料是上帝本人所造。所罗门在《生命之泉》中还将大部分精力放在推进普遍质形论(universal hylomorphism)上,认为在存在等级中低于上帝及其意愿的**每一个**层级上,事物都由质料和形式组成。

所罗门将所有上帝之外的事物区分为复合物质实体和简单精神实体,然后再对它们作进一步的细分。物体(body)作为形状和颜色这样的偶性形式的质料,但物体本身由不可感的质料和物体性(bodiliness)这一形式组成。复合实体的存在直接就是自明的,而简单实体的存在则需要大量论证(第三卷)。由于较低的实体的特征来自较高的简单实体,因此简单实体也必须是质料和形式的组合。所罗门认为我们也可以设想一般的质料和一般的形式。他的普遍质形论因此产生了将所有受造物的不同层级聚拢的效果,它们都展示出同样的底层结构模式,与全然他异的、不可知的上帝形成鲜明对照。所罗门确实是新柏拉图派典型的,尤其是在伊斯兰发展起来的否定神学的拥护者,但他以一种崭新的方式提出了这一理论。

犹达·哈列维(Judah Halevi, 1075年前—1141年)是另一位犹太诗人思想家,他在西班牙居住时,基督教收复失地运动和穆瓦希德统治的后果已经开始让犹太人的生活变得艰难。哈列维在1130—1140年间撰写的《为被轻视的宗教辩护与论证》,通常因其设定被称作《哈扎尔之书》(*Kuzari*)。[14] 9世纪时,中亚民族哈扎尔人的王曾经接受犹太教作为国教。哈列维假想了一个对话,其中试图发现正确宗教信仰的哈扎尔国王先后同一个哲学家、一个基督徒、一个穆斯林和一个犹太人交谈。它虽然在形式上表现出与拉丁传统

---

[14] 也有人音译作《库萨里》。

的两部杰作相似——彼得·阿伯拉尔的《对照集》和柳利(Llull)的《异教徒之书》(*Book of the Gentile*,9 章 1 节)——但却缺少它们的不偏不倚。哈列维允许哲学家、基督徒和穆斯林简短地发出他们的声音,但十分之九的篇幅交给拉比去为犹太教辩护,其根基是被当成历史叙述的上帝与他的选民立约,而不是哲学推理。实际上,虽然哈列维了解广义上阿维森纳传统的哲学,当他愿意的时候,他也能进行论证,但他毕竟是犹太思想中反哲学思潮的早期代表之一,该思潮在中世纪结束时蔚为大观。

伊本·巴哲

伊本·巴哲(Ibn Bâjja,拉丁世界做"阿文帕斯"[Avenpace];1100 年前—1139 年)是第一个在安达卢斯工作的重要的穆斯林哲学家——虽然他本人可能有犹太血统。他最为人所知的是他在《索居者指南》(*Rule of the Solitary*)中所取的政治或者更应该说是反政治立场。法拉比非常清楚追求真幸福的好人在不完美的城邦中生活会遇到的困难,但他并未因此放弃理想的政治幸福——实际上,有一种解读认为,真正的幸福是一种政治幸福,它是法拉比所认为的**唯一**向人开放的幸福。与此相反,伊本·巴哲强调真幸福的追求者极大地孤立于他生活其间的共同体,哪怕是身处大众之中,他们也应当追求一种索居的生活。

什么是幸福?伊本·巴哲认为它在于同主动理智相结合,这在我们正常的生活过程中是可以实现的。虽然这论题让人想起法拉比和阿维森纳——伊本·巴哲的宇宙观从广义上说是阿维森纳式的——,但仍然存在重大差异,这差异远远超出了去质疑法拉比是否认为这样的结合有可能发生。对于两位较早的哲学家来说,虽然有主动理智的作用,智慧的追求者还需要以一种与艺学、科学和哲学教育相应的方式来建立一幢科学知识大厦。对伊本·巴哲来说,重要的是——大众做不到的是——去思考那些尽可能远离质料的思想;伊本·巴哲勾勒出一套更加抽象的思想等级,从与感觉形象密切关联的共相,经由完全不涉及物理世界对象的思想,达到对于所有思想者保持同一的、最后的、终极的思想。当一个人的可能理智——伊本·巴哲认为他只是人的灵魂中的一种倾向性(disposition)——和作用于其上(但不是像阿维森纳所说的,作为其思考的真正所在)的主动理智结合时,这个人就达到了幸福。这一结合的状态,虽然需要这个人的努力,但伊本·巴哲还是把它说成是上帝的馈赠。在它之中,不再有任何不同的人的理智的区分,因为这理智等同于它之所思,而这思想对于所有人来说是一样的。

伊本·图斐利

如果只根据他所提出的哲学理论来判断的话,阿布·贝克尔·伊本·图斐利(Abu Bakr Ibn Ṭufayl,1110年前—1185年,拉丁世界作"阿布巴克尔"[Abubacer])几乎不值一提。他对阿维森纳的体系亦步亦趋,无论在他赋予主动理智的作用上,还是在他把上帝视为唯一必然存在者上,不过他给它们涂抹上神秘色彩,而他也明确承认受安萨里的影响。在他看来,法拉比和伊本·巴哲所追求的纯粹的理智成就,同在出神中与上帝合一相比,也就是同他所认为的思辨的真正目的相比几乎毫无价值。伊本·图斐利将他在阿维森纳那里发现的这股神秘主义思潮同他的"东方哲学"联系起来,开创了一个延续至今的误解学派。使伊本·图斐利成为一个迷人的作家的,是他传达自己思想的方式。他唯一流传的作品是一部哲学寓言,它的标题但不是故事借自阿维森纳,《哈伊·本·叶格赞》(Hayy Ibn Yaqzân,"清醒者的在世之子")。不过,小说化的讲述方式所做的,并不仅仅是以一种轻松易懂的方式来表述哲学思想。

哈伊在一个孤岛长大,没有父亲、母亲或任何人类为伴。他由一只雌鹿养大,当这只鹿年迈死去后,哈伊开始搜寻她的身体里究竟发生了什么使她的生命活动中止。这是他科学探索的开始,它将他引向有关动物的活动方式、有关物理本性的知识然后通过他自然地获得的推理能力达到有关上帝、有关必然存在的知识。哈伊成了苦修者,只吃必要的食物,在一次出神静观上帝时迷失了自己。多年之后,一位宗教人士阿卜萨勒(Absal)——书中表明他是穆斯林,不过没有大费篇章——来到岛上过隐士生活。阿卜萨勒教会了哈伊人类的语言,他们一开始交谈,阿卜萨勒就意识到哈伊对上帝及其与世界的关系,对他在静观上帝时的喜悦的描述,就是他自己的宗教知识以象征表象的真理。阿卜萨勒现在懂得如何解释他的宗教著作。与此同时,哈伊接受了阿卜萨勒告诉他的宗教传统和实践。两个人决定前往阿卜萨勒曾经生活过的邻近有人烟的岛屿,以便将他们的理解传布给大众。不过哈伊发现,一旦他超出传统宗教的教诲,他的听众就没了兴趣,或者怨憎以对。不久之后,他断定这布道错了位。他现在相信,不应该鼓励大众去做任何事情,而是让他们跟随已经建立的传统宗教仪式就好。他和阿卜萨勒回到无人岛,追求在出神中亲近上帝。

伊本·图斐利的故事包含两个思想实验,意在证实法拉比和阿维森纳传统的哲学家所共有的两个相互关联的核心思想的真实性。第一个试验主宰着哈伊和阿卜萨勒离开小岛前的叙述,它意在表明一个完美的有理性者(reasoner)在通过哲学论证、没有启示的条件下所达到的真理,人们会立刻看到它们完全符合宗教,尤其是伊斯兰教以隐喻的方式教导的内容。第二个试验意在说明为什么非隐喻的哲学真理应当为精英私用。伊斯兰哲学家中,最信服这两个立场的,要算伊本·图斐利年轻的同事阿维洛伊。

第三节 阿维洛伊

在拉丁世界,阿维洛伊拥有他在伊斯兰世界所缺少的读者和名望,他只是简单地以"评注者"(Commentator)为人所知,正如他如此虔心敬意地解释的文献的作者被唤作"哲学家"。察看他的作品清单,确实是评注占据了绝对优势,而且几乎全是论亚里士多德的,他的著作的这一核心特征也给了我们好的出发点。但绝不是终点:属于哲学家、宫廷医生和教法官阿布·瓦利德·穆罕默德·伊本·阿迈德·伊本·路世德(Abû-l-Walîd Muḥammad Ibn Aḥmad Ibn Rushd,约1126—1198年)的要多得多。

评注者

阿维洛伊的亚里士多德评注有三种类别:精要或短篇评注(jawâmi';也作 tajrîd——梗概);意译或中篇评注(talkhîṣ);以及完整或长篇评注(sharḥ/tafsîr)。精要很可能写于阿维洛伊职业生涯早期,但有些后来做过修订,它们论述了亚里士多德作品中的主要思想,通常是借助了晚近的评注。意译则是阿维洛伊受人所托的结果(1168年或1169年),委托他的是他的庇护人,穆瓦希德的统治者阿布·雅各布·优素福(Abû Ya'qûb Yûsuf),他要求阿维洛伊用一种像他这种外行也能理解的方式解释亚里士多德。根据这一要求,这些评注由从文献本身精选摘引出来的句子构成,它们同其他部分的半引半述、总结、意译和释义交织在一起。阿维洛伊表达了他自己对亚里士多德含义的理解,但通常不以自己的身份发言或引述其他评注者。这些精要和意译覆盖了几乎所有亚里士多德的著作,而他只为五部特别重要的文献写过完整的评注:《后分析篇》《论天》《物理学》《形而上学》和《论灵魂》。在完整评注中,阿维洛伊将文本分成段落,从逐字讲解亚里士多德的含义入手。他接下来以较长的篇幅进一步考察解释中的问题,讨论不同评注者的观点和他自己对它们的评价。

这一事业本身展示着对那些它深入考察和解释的文献的虔敬,而若干评述也证实,阿维洛伊将亚里士多德当作英雄崇拜。这样的姿态非常清晰地体现在他的逻辑学研究进路上,他拒绝阿维森纳的创新,而且甚至在亚里士多德明显为之困惑的模态三段论中,他也试图用亚里士多德自己的术语来拯救他。更一般地来说,阿维洛伊认为自己作为评注者,是在让亚里士多德摆脱他的解释者,尤其是晚近的阿拉伯解释者,特别是阿维森纳对他的肆意歪曲。在相当一部分案例中,事实上,阿维洛伊本人先在职业生涯之初接受了已成为标准的亚里士多德解读,后来却将其斥为非亚里士多德的解释。这一类变化中最重要的一个关系到流溢理论,它由法拉比提出,是阿维森纳形而上学的核心。

阿维洛伊在他的《形而上学》精要中遵循阿维森纳的流溢观点,只做了些微调整。但该精要后来的一个修订表明他改变了自己的想法,他的新研究进路充分地体现在《形而上学》的完整评注中(1190 年)。阿维洛伊保存了诸种理智的架构,包括最低的主动理智,但他反驳(《〈形而上学〉长篇评注》12 论 1073b1；§44)"我们的同代人"有关它们彼此依次流溢而出的观点。这一过程不可能适用于那些完全是理智、没有任何要素可以从潜能成为现实的事物。阿维洛伊断言,这一流溢说之后有一个原则是他要拒斥的:即"从一和简单者中只能产生或得到一"。恰恰相反,如果 x 是以被人在理解中把握的方式来引起其后果的话,那么它以这种方式引发不止一个后果,这并不会损害其统一性。假定第一理智之后的诸理智都在某种意义上独立地存在,它们各自获得它们赋予自己天球的运动,并通过沉思各自形成的对第一理智的表象而获得他们独自的完满。他说,这些理智间的关系就像一个好国家里的居民,他们以统治者的行动作为自己行动的模板,以此为建立好的政体而合作。与他的前辈不同,这一理论允许阿维洛伊将作为第一因的上帝同最外圈天球的理智相等同。

这样的观点看起来背离了古代晚期的一个观念,即早已为阿摩尼乌斯所接受的上帝既是目的因又是动力因的观念,重新回到亚里士多德对上帝的粗疏理解,认为他的存在是为了解释一个已经存在着的宇宙的运动。同样的研究进路使得阿维洛伊反对阿维森纳,坚持认为亚里士多德在《物理学》中已经用一个基于运动的论证证明了上帝的存在。他相信形而上学接受物理学已经建立的内容,并专门考察自然科学已经表明其存在的不动实体(immovable substance)。与他的亚里士多德派观点相一致,阿维洛伊拒绝阿维森纳关于就其自身来考虑就必然存在的事物——只有上帝——和就其自身来考虑并不必然存在的事物之间的关键区分。为此，他坚持用亚里士多德最重要的时态模型(而不是依赖阿维森纳所采用的以因果关系为根基的观点)来理解必然性。他和阿维森纳都相信诸天是永恒的。但既然它们是永恒的，它们就必然不加限定地是必然的。

然而，阿维洛伊并不满意于将上帝作为一个纯粹的目的因。在我们的由质料和形式构成的世界中，他认为(《〈形而上学〉长篇评注》论 1072a26)存在动力因和目的因的区分。以我出门去游泳池为例：我心灵中游泳池的形式是动力因，它使得我动身去游泳池，而游泳池质料中的形式则是目的因。可是在天球和它们的理智世界里并不存在质料，因此目的因和动力因就是一回事。

人的灵魂与理智知识

在阿维洛伊力图比他的同代人更加本真地理解亚里士多德的努力中，最著名的、初看起来也最令人费解的是他对《论灵魂》的解读。针对亚里士多德论述人的灵魂与理智知识的观点，阿维洛伊至少提出了三种解释。这些解释就它们赋予主动理智的作用而言是一致的。虽然主动理智不像在阿维森纳那里那样，可以现实地为思想者供给可理解形式，但仍然是它使思想过程得以可能，人类思考的最终目标是与它结合。与此不同，阿维洛伊对于质料理智的看法则完全没有这么清楚和确定。在他的《论与主动理智相结合信札》和《论灵魂》精要中，质料理智就是灵魂的一种倾向性。根据这一接近伊本·巴哲和阿弗洛狄希亚的亚历山大的解读，思考从想象形式(imaginative forms)成为可理解形式开始。(而根据《信札》，思考结束于一种结合，在其中质料理智与主动理智的结合要比在伊本·巴哲那里更加完整。)想象形式在其中成为可理解形式的质料理智并不是灵魂的一部分，也不是外在于灵魂的某物，而是灵魂中的想象形式所具有的成为可理解形式的倾向性。这一倾向性与作为其基底的形式"不相混合"。这一解读可以(或者说已经被 Davidson，1992a，353)解释成自然主义的，比阿维森纳的观点更贴近亚里士多德的真实意图。但是，这个理论也相当令人困惑。一个倾向性如何能与它作为其倾向性的东西"不相混合"呢？确切地说，个体的人是以什么样的方式和这个倾向性相关联呢？《信札》(§2)做了一点澄清。就像一个可感形式进入想象，它同时既自身变得完满，也使想象力得以完满，同样地，一个变成可理解形式的想象形式，它也因此变得完满，同时使理智得以完满。可理解形式依赖有生灭的想象形式的存在，但它们也独立于想象形式。

在《〈论灵魂〉意译》中,阿维洛伊先提出了同第一种解释非常接近的理论。可以认作质料理智的只能是一种倾向性,不能是灵魂或人,因为这一倾向性与它的基体(subject)"不相混合"。然而,阿维洛伊当即确认这是阿弗洛狄希亚的亚历山大的理论,并补充其他评注者认为质料理智是存在于一个分离实体中的倾向性,它在这个意义上"不相混合"。阿维洛伊承认两种观点都可以批评。针对亚历山大,人们可以反驳,只有某种理智的存在才可能拥有接受可理解物的倾向性(这是对亚历山大自然主义学说不加区别的拒斥,阿维洛伊可能从来没有真正接受过它)。另一方面,他指出,忒密斯提乌斯和其他评注者使自己陷于不得不接受需要设定某个仅为潜能的分离实体的荒谬境地。整个新柏拉图和后期逍遥学派的传统都将分离实体设想为纯粹的形式——天上的理智;而根据亚里士多德的观点,形式处于现实之中。阿维洛伊接下来提出一个折中的解决方案(§283)。他一直在探讨的倾向性存在于个体的人之中,不在分离实体中;但是,这倾向性变得依附于一个分离的实体,即主动理智,因为主动理智开始同人类相结合。质料理智本身不再等同于该倾向性,而是由该倾向性和与此倾向性相结合的主动理智构成。

阿维洛伊坚持认为质料理智应当同人的身体的任何方面都"不相混合",这里所暗示的一个难题在后来的完整评注中变得更加清晰,并且得到解决(§5;Averroes,1953,387-388)。亚里士多德理智认识理论包含这样一个基本想法:形式以个别的方式存在于质料中,形成个别的、具体的完整事物(这个人或那匹马);而同样的形式被理智把握时,则以普遍的方式存在于质料理智中。倘若质料理智是身体的一部分或者与之相混,它如何能不成为与身体的质料同样的质料呢,如何能不因此接受个别而不是普遍形式呢?阿维洛伊在完整评注中提出的观点——这是他试探性地提出的观点,他完全清楚它在解释上的与众不同——克服了上述困难。他说(§5),质料理智是单一的、分离的实体,对于所有人来说是同一的。然而,考虑到他在《意译》中对忒密斯提乌斯观点的反驳——质料理智处于潜能而不是现实中,它因此就不能是形式,像其他分离的实体一样——,这如何可能呢?根据阿维洛伊的解释,除了第一理智之外,哪怕是分离实体也有形式的和质料的要素;他的理由是,不这样的话,它们就不能在数目上相分离。显然,质料理智和主动理智构成了一个由质料-形式复合而成的分离实体。

但是,还有一个明显的反驳,如果质料理智对于所有人都是一个,那么,所有人在同一时刻就会有完全一样的思想。事实上,我们还可以沿着这一批评的思路比阿维洛伊本人走得更远:这一解读难道不是完全剥夺了个体的人的思考吗?你或者我在拥有一个思想这事上能发挥什么作用呢?阿维洛伊为了回应这一反驳的后半部分,他解释道,每一个个体的人都拥有联想(cogitation)的能力(有时也称作"受动理智"[passible intellect])作为其想象官能的最高部分,它整理并净化形象,使它们适合理知(intellection)活动。这一活动本身虽然包含两个联系在一起的分离实体,质料理智和主动理智,但仍然通过不同的人而个体化,因此我们不必全都思考同样的事情。正如亚里士多德所坚持的,人的所有思考行动包含着想象中的形式,正是通过这些形式——它们当然因在不同的想象中而不同——思想得以个体化。阿维洛伊说,我们可以从感觉的类比来理解思想过程中想象中的形式的作用。所有的感觉活动都有两个基体:那使感觉活动为真的(veridical)("真")世界中的感觉对象(例如我正在看的半满的咖啡杯)和通过它可感形式得以存在的感觉官能(我的视觉)。同理,在理智认识中也有两个基体:使认识得以为真的想象形式和可理解形式存在于其中的质料理智。然而还存在另一个因素——主动理智。正是它使想象形式成为可理解形式。正如颜色只有有了光才成为可见的,想象形式也只有被主动理智变成现实的可理解的才能作用于质料理智。

有学者指出(Averroes,2002)《纲要》中的许多段落似乎以完整评注为根据,因此看起来是在其后完成的。但是,我们如此清楚地看到阿维洛伊在他的完整评注中确认并处理他在短篇评注中未能解决的问题,而且背离他在那里所追随的早期评注者,所以,我们很难不接受他在长篇评注中的理论是他深思熟虑之后的最终观点。在最后的分析中,阿维洛伊和阿维森纳都从同一个视角来构想人类思考这一问题,他们得出的结论虽然不同,但有相当的共同之处。我们为了解释阿维洛伊为什么使质料理智成为一个分离实体,已经提到过这一视角,但它在大多数现代哲学家看来会显得奇怪,因为它的产生缘于亚里士多德认知理论的一个独特之处。从现代的观点看,人类这种有生有死的物理有机体可以思考不变的共相并且构造与之有关的合理论证,这完全没有任何问题可言。但如果认识像亚里士多德所认为的那样包含着同化作用(assimilation),那就很难解释一个可朽的、物质的事物的某些方面可以通过充当某共相形式的质料而与该共相同化。因此,我们就会自然地像阿维森纳和阿维洛伊那样,从掌控形象这个方面来理解人类对思考的贡献,同时将可理解物自身置于人类的领域之外——对阿维森纳来说,它们在主动理智之中,对阿维洛伊来说则在复合的主动-质料理智之中。理知活动的这两个侧面,人类的和超人的,彼此关联;在阿维森纳那里联结松散,对他来说联想只是为可理解形式的注入(infusion)做准备;在阿维洛伊那里则紧密得多,在他看来,主动理智正是照耀在那些已经恰当地准备好的形象上去揭示它们的可理解内容。阿维洛伊的理解虽然出发点怪异,但它包含一个额外的因素使得它更接近我们关于思考的思考方式。在阿维洛伊看来,正是可感的形象使思想成为,正如他所写的,"真的"。今天的科学实在论者并不会觉得以下的说法奇怪:存在永恒的科学定律,而无论有没有人理解这些定律,它们总是存在;在科学中,人类研究者这些纯粹生理的有机物确立了特殊的真理,在其中,通过其感觉材料而被感知的可感世界中的事物以及它们的交互关联是根据科学定律来理解的;科学家们通过发现更多的关于世界的特殊真理来发现更多的定律。阿维洛伊的术语有所不同,但他所说的几乎与此别无二致。

阿维洛伊与穆瓦希德王朝:哲学与宗教

所以,阿维洛伊生活的思想世界并非与今天哲学家们的格格不入,但是,他生活于其间的那种伊斯兰教社会类型,以及他本人在其中的地位都是非常特殊的。不了解这些,我们就不能理解他对于哲学与宗教的关系和哲学家在社会中的位置的更宽泛的思考。伊斯兰的哲学家常常仰仗统治者的庇护,而他们所能回报的一项技艺往往是医术,就像阿维森纳那样:1182年,阿维洛伊接替另一位哲学家伊本·图斐利,成为伊斯兰西班牙和北非的统治者阿布·雅各布·优素福的私人医生,他还写过一部重要的医学教科书。不过,阿维洛伊出生于一个受人敬仰的法律家庭:阿维洛伊保持了这一传统,1180年他被任命为科尔多瓦的大教法官,这是他的祖父曾经担任过的职位。由于这样的身份,阿维洛伊成为统治精英中的一个重要的官方人物,而阿布·雅各布与他的父亲和他的儿子曼苏尔(al-Mansûr)推行的穆瓦希德[15]政体的宗教信仰政策强大有力、与众不同。穆瓦希德人取代堕落的穆拉比特人成为安达卢斯和马格里布的统治者,他们是自称马赫迪(mahdî)的宗

---

〔15〕 穆瓦希德意为"信仰独一神的人"。

教改革家伊本·图马尔特(殁于1130年)的追随者。伊本·图马尔特希望伊斯兰教恢复原初的单纯,他强调上帝的统一性,必须避免对《古兰经》过分字面的解读,以免导致拟人论。穆瓦希德的统治者试图将他们的原则付诸实践,并且将它们有关伊斯兰教的激进主张强加给民众。虽然很多法官,马立克法学学派的拥护者反对他们,我们有充足的理由认为阿维洛伊的任命是穆瓦希德改革的一部分,而在他伟大的法学论著《热心向学者的开端》(*Bidâyat al-mujtâhid*)一书中,他飘然于任何特定学派的学说之外,试图勾画出法学的基础原则。在其生命临近终结时,阿维洛伊经历了一段耻辱和流放的时光,而他的敌人则设法让曼苏尔反对古代哲学研究。不过,这背后的原因更多是政治阴谋,而不是阿维洛伊身上任何宗教的或意识形态的异议。

将阿维洛伊不仅描绘成一位教法官,其工作是根据《古兰经》中奠定的教法(*sharî'a*)来进行司法判决,而且说成是一个严格的伊斯兰政体的忠诚仆从,这和他广为人知的形象相冲突。阿维洛伊以自由思想家或者至少也是理性主义者而知名。难道他过着双重生活,白天根据严格的宗教律法宣判,夜里将活力注入亚里士多德派哲学,而在这种哲学中,他公开宣扬的宗教信仰并不比寓言故事更可信?然而,阿维洛伊作为评注家的活动主要一部分是在回应穆瓦希德统治者的请求,这一事实使得上述明显荒诞不经的想法更让人难以置信。此外,晚近已有学者指出(Urvoy, 1998; Geoffroy, 1999),阿维洛伊有关宗教与哲学的思想以其特有的古怪方式印证着穆瓦希德改革的原则。解决这一出人意料的麻烦的关键在于,伊本·图马尔特依据古兰经的立场,高度评价人的自然理性,他认为理性能够通过它自己的能力发现上帝的存在和统一性。伊本·图马尔特也严厉地批评"泰格利德"(*taqlîd*)——盲目地、不加批判地因循所沿袭的思想,而且,尽管有一个虚构的传统将他同安萨里联系起来,这一态度使得穆瓦希德人产生了对艾什尔里派凯拉姆的猜疑。

阿维洛伊在1179年至1180年间一气呵成完成了三部讨论哲学与宗教关系的作品:《决定性论文》(*Faṣl al-Maqâl*)、《宗教信仰中例证方法揭示》(通常称作"揭示"[*Kashf*])和《矛盾的矛盾》(*Tahâfut al-Tahâfut*)。看起来阿维洛伊将这些年看作穆瓦希德人构建自己的政治-宗教意识形态的关键时刻,它以伊本·图马尔特的传统为根基,但使它朝着狂热信徒们几乎无法逆料的方向前进,其中亚里士多德研究不仅是合法的,而且在伊斯兰国家中要变成义务。在《决定性论文》中,阿维洛伊以他本人教法官的身份发言,他根据神圣教法(sharī'a)的观点来对哲学研究宣判(他指的是建立在证明推理之上的亚里士多德派哲学):它要被禁止、允许还是要成为义务?在推进这一任务时,阿维洛伊以《古兰经》和伊斯兰教传统的共识为基础。他提出哲学研究之所以是义务,其根据(§2)在于《古兰经》要求通过理智来研究存在的事物,而且尤其要求通过证明这一最好的方式来进行研究。通过证明而达到的结论有时会违背《古兰经》的字面意义,因此所涉及的段落就必须"诠解"——以隐喻的方式理解。然而,这样的诠解绝不会违背共识,因为(§15)通过共识所认可的是某些章句要得到诠解,但没有说明是哪些,而涉及(与实践事务相对的)理论问题的章句中,没有一个是人们达成了共识认为它**不应该**得到诠解的。

  哲学因此是义务,但是阿维洛伊还想强调,它不是所有人的义务。人们的理智能力有不同等级,神圣律法号召我们根据它们来表示同意:有的人因证明的方式而同意,有的人因为(与证明式的论证相对的)辩证法,有的人因为修辞性说服。如果人们所获得的论证比他们自己的能力高,他们就有极大的危险会被引向不信,因为他们会因此怀疑经文的字面含义,但又没有能力把握其更深的含义。因此,应该只允许那些能够运用证明的精英从事证明,或者让他们读到哲学家们的著作。阿维洛伊将穆台凯里姆尤其是安萨里的方法看作辩证推理,而按照他论证的逻辑,看起来他们的神学迎合的是这样一群穆斯林,他们天资不如哲学家,但又强于其他那些只能由修辞性说服才能同意的人。然而,阿维洛伊事实上认为,安萨里和其他神学家尽管有良好的意图,但他们带来的危害要多于好处。阿维洛伊这一立场的理由很可能在于穆台凯里姆全力声讨哲学家,宣称他们自己独占经文的正确解释;对普通穆斯林来说更糟的是,这些神学家们自己也意见分歧,而在安萨里那里,甚至连他自己的著作都不能前后一致。

  这些意识形态作品的另外两部则体现出阿维洛伊与凯拉姆对立的其他侧面。《宗教信仰中例证方法揭示》一书尝试阐释阿维洛伊认为适合于不能进行证明的(因而也不适合于在他耗费大半生精力写成的评注帮助下研究亚里士多德)广大民众的那种神学。与此同时,它也是对神学家们尤其是艾什尔里派的批判:它依循他们的神学论著中常见的区分,但拒斥他们的论证和方法,取而代之的是更直接地以《古兰经》为依据的推理——这是穆瓦希德派已经认可的策略。《矛盾的矛盾》以针尖对麦芒的方式驳斥安萨里的《哲学家的矛盾》。阿维洛伊清楚地表明这是一部辩证著作:它试图摧毁安萨里的本身就是辩证的推理,而不是达到真理。因此,《矛盾的矛盾》并不是简单地通过提出一个哲学观点来替代神学观点。实际上,虽然安萨里的目标是阿维森纳,阿维洛伊却常常在结束时指出他的哲学同行的立场在他看来有什么样的缺陷。

阿维洛伊的意识形态肯定哲学的独立性,但它是在伊斯兰教法的框架内加以肯定。他也并不认为哲学是一种得到许可的实践,但却是一种超然于宗教信仰所获得的真理之外的实践。恰恰相反,他将哲学呈现为达到这一真理的最佳方式。在哲学家的证明和神圣教法之间不**可能**有任何对立:正如《决定性论文》(§12)所论:"真理不反对真理,而是与之一致、为之作证。"然而,看起来阿维洛伊这样的亚里士多德传统的哲学家被迫要在三个——安萨里所提出的——教义要点上选择立场,要么跟随伊斯兰教,要么跟随亚里士多德:世界的永恒、上帝有关个别物的知识和死者的复活。然而阿维洛伊相信,在这三个问题上他可以融贯地接受两边的立场。

就世界的永恒性来说,阿维洛伊只是简单地强调没有任何来自《古兰经》的理由可以认为它不是永恒的。至于上帝有关个别物的知识,阿维洛伊则指出,哲学家们在否认这一点时,是在否定上帝通过生成的知识(generated knowledge)来认识个别物。他实际上是作为它们的造物主来认识它们——阿维洛伊暗示哲学家们一般都同意这一点。在他的各种讨论中,他很少澄清这一创造的知识(creative knowledge)的本性,不过,在这一领域他似乎愿意让他的上帝观偏离亚里士多德《形而上学》中超然的上帝,以便不同伊斯兰教义发生冲突(不过,我们也可以认为,他这样做的著作中没有一部是针对哲学听众的,因此他可能不是在表达他自己真正的意见)。死者复活的问题有些方面与此相似,有些方面则不同。在《决定性论文》和《矛盾的矛盾》中,阿维洛伊看起来,即使有所保留,还是接受了这一教义;他强调有义务相信我们在死后继续存在——谁否认这一点就是异端,并且将被处死。然而,在《论灵魂》完整评注中,在他对他所认为的亚里士多德证明科学的展示中,不仅没有身体复活的问题,似乎也不存在个人不朽(personal immortality)。实际上存在人的不朽(human immortality)。不朽的条件是与永恒的主动理智相结合,而质料理智总是与它结合在一起。虽然质料理智是分离实体,但为了实现它的功能,它需要人的想象形式,想象形式由联想准备,随后通过主动理智的活动成为可理解形式。基于这一理由,阿维洛伊论证了人类将会永久延续下去,而这个世界的某个角落总会存在哲学家,通过他们的哲思来确保质料理智持续发挥作用。然而,冷静地来看,这一不朽仅仅相当于断言总是会有人存在,他们中有些会进行理知活动,而这些理知活动的对象是永恒的。阿维洛伊似乎愿意跨越这一立场同伊斯兰教所要求的信仰之间的鸿沟,或者——更有可能的是——掉头不顾这一鸿沟。他缺乏法拉比英雄般坚定、清晰的意志,不过穆瓦希德的安达鲁西亚的思想环境与10世纪巴格达宗教与文化的混杂迥然不同,清晰性或许要求的不仅仅是英雄般的坚定。

间奏 vii:《理想国》中的婚姻

在阿维洛伊漫长的亚里士多德评注书单中,引人注目的是一部关于柏拉图的著作《理想国》的评注,它仅以希伯来语翻译传世。法拉比也对这部对话录兴趣浓厚。此外至少还有一部盖仑的意译,不过最近还发现了一个更完整的阿拉伯语版本中的一部分柏拉图文本,它保存着对话录的形式。

阿维洛伊评注采用的是他的梗概体。他剔除了所有单纯辩证的推理,意图从中抽取有关人在社会中的善的证明性论证。阿维洛伊意在向他的穆瓦希德庇护人间接地传授政治学,因此这部评注可以同他尝试为这个政体建立新的意识形态的原创三部曲(《决定性论文》《宗教信仰中例证方法揭示》《矛盾的矛盾》)相比对。不过,他也不时展示出非常清楚地把握柏拉图本意的能力,无论它背后的思想离他自己的社会规范多么遥远。

一个例证是他有关妇女地位和柏拉图理想城邦中的护卫者-哲学家的婚礼一段的讨论。他不仅接受柏拉图的观点——在古希腊和在12世纪的伊斯兰一样不同寻常——认为具有适当的理智和身体能力的妇女应当训练成护卫者和哲学家;他捍卫这一立场,并且提到在柏拉图之外的其他城邦,妇女不被允许发展她们作为人的美德,并且被当作植物一样对待——这一对待妇女的方式使她们成为男人的负担,造成共同体的贫困。柏拉图在他的对话中进一步描述了一套机制,把护卫者-哲学家拣选出来,让他们按照优生的标准行房,不过,他们因为受了欺骗还以为自己的配偶是抽签选出来的;孩子不属于他们的父母,由城邦共同养大。12世纪的拉丁读者在《蒂迈欧篇》的开头读到这个体系的概述,他们为之震惊不已,想尽办法假装柏拉图从来不曾提出过(在他们看来)如此道德败坏的主张。阿维洛伊不仅听信柏拉图的话,而且还为此反对盖仑。盖仑似乎提出过一种可能,柏拉图设想这些结合是永久的婚姻。阿维洛伊嘲笑这种主张,正确地看到允许护卫者-哲学家建立自己的家庭,结成夫妇,这违背柏拉图整个意图,它危及将共同体凝聚起来的兄弟姊妹之爱。他说,只有在需要妇女受孕的时候,夫妇才能行房。

阿维洛伊与阿维洛伊主义

阿维洛伊著作的身后命运不同寻常。在近代之前,它们在伊斯兰世界几乎被完全遗忘。与此形成鲜明对比的是,犹太和基督教学者热切而广泛地研究它们。13 世纪和 14 世纪法国南部和意大利的犹太哲学家使用阿维洛伊的梗概和意译来评判亚里士多德,亚里士多德自己的文献他们反倒很少研究(9 章 4 节)。这些评注很多被译成希伯来语,它们往往也只借这些译本而得以传世。对于拉丁世界的基督教思想家来说,阿维洛伊是他们通往亚里士多德文献必不可少的向导,但**不**是它们的替代品(可能《诗学》除外)。《形而上学》和《论灵魂》的长篇评注尤其重要:后者只借一部拉丁译本流传(除开最近发现的一些残篇),它对亚里士多德的解释将信仰与理性的问题推到它的读者面前,这产生了一个专注于思考这些问题的拉丁思想学派(7 章 6 节,8 章 6 节)。然而,甚至这位思想家最狂热的拉丁信徒的阿维洛伊主义也是片面的:他们不知道《决定性论文》,《矛盾的矛盾》14 世纪才得以翻译,很少被人阅读。阿维洛伊独特的**神学**姿态始终不为人知,而且几乎无法想象。

第四节 迈蒙尼德与犹太亚里士多德主义

亚里士多德主义、哲学与犹太教:伊本·达吾德与迈蒙尼德

迈蒙尼德不是第一个接受亚里士多德主义的犹太哲学家。1160 年,在迈蒙尼德完成他的第一部主要著作之前,亚伯拉罕·伊本·达吾德(Abraham Ibn Daud)完成了《崇高的信仰》(*al-Aqida al-rafi'a*,用阿拉伯语写成,但只有希伯来语译本流传,作 *ha-Emunah ha-Ramah*)。伊本·达吾德在该书中不仅向读者介绍阿拉伯亚里士多德派所理解的亚里士多德主义的基本原

则,而且展示了它们如何可以理解成与犹太教相融贯。上帝被看作阿维森纳哲学中的必然存在,而分离实体则被等同于天使。当《圣经》的字面含义不符合亚里士多德的科学时,伊本·达吾德愿意以隐喻的方式来解释它,他所依据的原则是经文的写作照顾到了理解的所有层次:头脑简单的取表面含义,而智者则必须穿透它。然而,伊本·达吾德并不认为他自己会在任何意义上损害传统的犹太教;恰恰相反,他的著作大半篇幅致力于建立拉比传统的本真性,该传统可以上溯至梅瑟(摩西)和上帝对他的启示。

伊本·达吾德所成就的不只是改变了早期犹太哲学家对柏拉图的忠诚。他的前辈或者像穆台凯里姆那样在神学的框架内进行哲思,或者像以撒·以色列利和所罗门·伊本·加比罗尔那样,他们写作自己哲学的方式,就仿佛它是在同一个哲学传统里写作的一个非犹太人、一个穆斯林的作品。伊本·达吾德同样关注伊斯兰哲学传统:关注法拉比所奠定、他的继承者以不同的方式改进的范式,按照该范式,宗教为普通民众采用隐喻的方式来阐释,而亚里士多德哲学则揭示出其内容的真正含义。不过,在伊斯兰世界,正是那些自觉地作为哲学家来进行写作的作者采用该范式,而伊本·达吾德是作为犹太人来采用的,他在辩护犹太宗教及其启示传统的同时提出他自己对宗教教义的哲学理解。

我们并不清楚伊本·达吾德对迈蒙尼德有什么样的影响,如果有的话。不过,迈蒙尼德的工作有很大一方面是直接延续和拓展伊本·达吾德的事业。迈蒙尼德试图让犹太教去神秘化和理性化,为此断言其根本教义中很重要的一部分,如果理解得当,就和他所理解的亚里士多德科学完全是一回事(他对后者的了解源自阿拉伯传统,不过会追溯到亚里士多德自己的著作:法拉比是他偏爱的思想源泉,他对阿维森纳评价没么高)。如果这就是迈蒙尼德努力奋斗的全部,那么他可能会成为一个相当重要的犹太思想家,但绝不像人们通常认为的那样,成为最伟大的中世纪犹太哲学家——实际上也是最伟大的犹太哲学家。迈蒙尼德引人注目的方式也不同于中世纪其他杰出的哲学家,例如阿维森纳、阿伯拉尔、阿奎那、司各托。毫无疑问,迈蒙尼德有能力进行强大而精确的论证,就像他在思考上帝的不可描述性和世界的永恒性时所做的那样,但他在逻辑学、形而上学、心灵哲学或伦理学上并未提出原创性的观点,他也没有提出任何强有力的新论证来处理这些领域的任何经典问题。《迷途指津》(*Guide of the Perplexed*),这部他作为哲学家的声名为之所系的作品,有一个更加与众不同的特征:它关心的几乎全是二阶(second-order)的问题。它并不直接研究哲学,也不试图用哲学工具来探寻或者捍卫宗教教义。取而代之的是,迈蒙尼德将亚里士多德科学和哲学大体看作一个确定的知识体系,它需要通过最好的思想资源来仔细地学习,但不需要进一步的发挥。他最关心的问题是一个忠于自己宗教的犹太人应该如何看待这一科学。他的出发点不是这问题本身,而是在他的拉比文献中(沿着与伊本·达吾德相同的思路)已经给出的答案。他并不拒斥这一回答——实际上,他用多种方式将其拓展。然而,他也使它成为问题。正是在这里,在它所探究的困难之中,而不是在它所提供的任何解决中,才藏有《迷途指津》令人着迷的秘密,也可能是它对犹太思想产生巨大影响的秘密。

迈蒙尼德的生平与著作

摩西·本·迈蒙(Moses ben Maimon)("迈蒙尼德"是拉丁人的叫法;犹太人通常用缩合 Rambam[16] 来称呼他)(很可能)于 1138 年出生于科尔多瓦。他是阿维洛伊的同代人,年纪略小(他晚年在完成主要作品之后才了解到阿维洛伊的著作)。和阿维洛伊一样,他来自一个出众的知识分子家庭——他的父亲是一个犹太教法官,他在教育上也受惠于伊斯兰西班牙丰富的阿拉伯文化,以及他们的亚里士多德主义倾向,虽然他对亚里士多德的直接了解非常有限,至少在他职业生涯早期如此。不过,在 1148 年开始掌权的穆瓦希德王朝——阿维洛伊伟大的庇护人——统治下生活,对于西班牙的犹太人来说并非易事:如果犹太人待在他们的土地上还不成为穆斯林,他们就会受到死亡的威胁。根据某些叙述,迈蒙尼德有一段时间假装皈依了伊斯兰教,不过这些资料来源很可疑。我们所知的只是迈蒙尼德的家庭离开了科尔多瓦,在北非的非斯(Fez)住过一段(也是在穆瓦希德统治下),1166 年定居埃及的开罗地区,那里的伊斯兰统治更宽容些。迈蒙尼德人生的最大变故来自一场个人悲剧。1177 年前后,他的兄弟大卫在海难中溺亡。除了带来巨大的悲伤之外——据说他因为抑郁一年卧床不起,这场事故迫使迈蒙尼德要为自己和他的家庭谋生。大卫曾经是个商人,他照管着家中的财务,让迈蒙尼德得以进行他作为拉比的工作。1177 年之后,迈蒙尼德不得不花费大量时间行医,为开罗的朝臣服务。埃及的犹太人把他看

---

[16] 全称是"Rabbeinu Moshe ben Maimon",意为"我们的摩西拉比,迈蒙的儿子"。

作一切宗教事务的伟大权威,另一件耗费他时间的事情则是在法律事务上做出判决。

迈蒙尼德的三部主要作品是一部密释纳(Mishna)[17]评注、《托拉再述》(*Mishneh Torah*)和《迷途指津》。其他著作包括一部有关613条梅瑟诫命的论著、公开书信(包括一篇重要的有关死者复活的论述)和许多人提到的一部简短的逻辑学论著,不过该书的真实性最近受到质疑。

理性化神学:拉比文献

迈蒙尼德的前两部主要著作关系到他和他的同代人所说的口传律法(Oral Law)。人们认为梅瑟在从上帝手中接过托拉五书的同时,他还被赐予了来源同样神圣的口传律法,它经过一代代的拉比传承下来。最终这些口传的律法陈述被汇集起来,并在密释纳中书写成文,该书被归在人称"犹大亲王"(Judah the Prince)的拉比名下。密释纳在犹太世界被广泛研习,由此产生篇幅浩瀚的讨论和评注,它们往往通过力透纸背的解读、交互索引,通过辩证的考察从文本中抽取出惊世骇俗的结论。这一评注传统收集在《巴勒斯坦塔木德》和《巴比伦塔木德》中。迈蒙尼德的密释纳评注用阿拉伯语写成,其宗旨在于按照巴比伦塔木德来解释文本,以便一个学者在试图理解一个给定的段落时,可以获得通常稀疏地散落在塔木德中的相关讨论,而当塔木德给出不同的判断时,他可以选择迈蒙尼德根据他对整个传统的知识做出的决断。

这个评注的计划虽然野心勃勃,但看来并未给哲学思辨留下多少空间。不过,在各种导论、不经意的评述、离题的讨论,而且尤其是在给犹太公会(*Sanhedrin*)密释纳的第10章的导论中——他在那里制定了犹太信仰的十三条准则,迈蒙尼德提出以阿拉伯传统中的亚里士多德科学为基础的观点,将它说成是口传律法正确理解之后的内容(Davidson, 2005, 152-165给出了详尽的讨论和出处)。这里所呈现的不同要素将在《托拉再述》和《迷途指津》中重现。其中最重要的如下:(1)宇宙的结构依循阿拉伯传统的亚里士多德模板,地球由九个同心天球环绕,月下世界的事物由四元素构成。(2)上帝是非物质的,没有任何物质偶性(例如运动或静止)可以用来述谓他。(3)有关伦理学的章节(*Shemona peraqim*)阐释了以亚里士多德中道学

---

[17] 一译"密西拿"。

说为基础的美德理论。(4)虽然死者复活被接受为犹太信仰的准则之一,对于那种认为无论是在此生还是在来世,我们都应该在生活中追求感性物质回报的想法,迈蒙尼德还是鄙夷不已。(5)用来解释预言的理论,完全根据来自法拉比(不过,他对预言重要性的限制并未被后人所接受)并为阿维森纳接受的主要思路加以设计。根据信仰的第六条准则,有些人拥有理智本性,并且预先具备了接受理智的形式的禀赋。在这样的情形中,人的理智与主动理智结合,并接受来自它的流溢。这些人正是先知。不过,迈蒙尼德在接下来的准则中补充道,梅瑟是个例外,因为上帝同他的交流没有中介。(6)与主动理智结合的观念可以解释的不仅是预言。迈蒙尼德至少有一处(Abot 3:20; Davidson, 2005, 164)暗示人的不朽在于将某种不会朽坏的事物作为思考对象。

迈蒙尼德的密释纳评注完成于1168年。希伯来语写成的《托拉再述》,根据他自己的证言,让他接下来日夜忙碌了十年,这是他篇幅最长、最有野心的作品。正如其标题所示,迈蒙尼德的目标不亚于将整个口传律法集结于一部单一的、系统化的著作中。他的思想源泉是密释纳和塔木德,但他剔除了它们论证中一来一往的辩证形式,以便更清晰地展示犹太律法。和他的早期评注一样,迈蒙尼德在这里也超出了律法的框架,去考虑更一般的犹太信仰问题,以此重新肯定和拓展他的理性化立场。尤其是第一卷,其主旨在于提出作为整个律法根基的诫命,它汇聚并且更加有力地论述了早期作品中的若干哲学观点[上文提到的(1)—(6)]。迈蒙尼德现在更加明确地指出(VIII)将临的世界**不**是物质的,并进一步论述道,就将临的世界而言,灵魂不是那赋予身体以生命的东西,而是把握可理解本质、物理学和形而上学的理解力。迈蒙尼德在阐明天球处于永恒运动中时(I.4;I.6;这是他有关上帝存在及其统一性的论证的一部分),补充了另一个重要的亚里士多德原则——铿迭之外整个阿拉伯哲学传统接受的原则,他借此暗示世界就其没有开端和终结而言是永恒的(不过人们可以说,就像迈蒙尼德后来在《迷途指津》中所表明的那样,他接受这个观点只是为了论证的需要)。

在《托拉再述》中,迈蒙尼德用来为他的亚里士多德版犹太教辩护的历史理论也开始变得清晰。犹太人并不是必须向亚里士多德学习。迈蒙尼德认为,阿拉伯的亚里士多德主义中包含的、公开表达的真理在《圣经》和拉比传统中也已经为人所知,不过被当成了秘密,因为它们不应当向普罗大众公布。事实上,古代的拉比们虽然没有表现出来,但将他们的一部分时间投入哲学,而且对它的尊崇要胜过表面上耗费他们光阴的塔木德推理(Twersky,1980,488-507)。《圣经》中有关创世的叙述,如果理解得当,就是在展示物理学,而所谓的"四轮车"(Chariot)的故事(《厄则克耳》[《以西结书》]1)则是在阐释形而上学。

并非"迷途指津"

迈蒙尼德的《迷途指津》(*Dalâla al-ha'irîn*)写于1180年代,根据他的介绍,这是一本为特殊的读者,用特殊的方式写成的一本书。这本书发言和题献的对象是他所钟爱的学生约瑟夫·本·犹大(Joseph ben Judah),他已经离开埃及去了叙利亚。它所针对的是那些像约瑟夫一样的人,他们既完全坚定地相信犹太律法,又研习过科学和哲学——也就是说,他们熟悉那些迈蒙尼德已经使之同化并传承给那些追求智慧的人的阿拉伯-亚里士多德科学体系。他们对《圣经》中的一些术语感到困惑,因为它们似乎在用物质的方式描述上帝,这和他们对上帝的哲学理解相矛盾,还有一些寓言如果根据它们的外在含义来理解看起来也不可接受。

考虑到他在自己的拉比文献中已经采取的立场,我们很清楚迈蒙尼德该如何解决约瑟夫和与他相似的人们的困惑。他需要引述他已经解释过的内容并加以扩展,向他们证明亚里士多德科学不仅不反对犹太教义,而且实际上和它其中的一部分是一回事。《迷途指津》中很大一部分在它写成时确实是在执行这一任务。

《迷途指津》明白地宣告了两个目标(I—导论),首先是要解释"某些模棱两可的术语",其次是要解释《圣经》中晦涩的寓言。模棱两可的术语指那些字面上暗示上帝是物质的或具有拟人属性的术语。有关这些语词的讨论占据了第一部分大部分篇幅,它是在系统地贯彻他在拉比文献中所强调的、其理性化研究进路根基所在的原则:上帝是非物质的。而迈蒙尼德承诺要去阐释的"晦涩的寓言",首当其冲就是创世的故事和四轮车的故事,就像他曾经指出的那样,他现在重申它们相当于犹太的物理学和形而上学。在《迷途指津》中,迈蒙尼德确实详尽地论述了——与他在拉比文献中的旁敲侧击不同——阿拉伯-亚里士多德宇宙论和物理学,以及它如何对应《创世纪》中的创世故事,对应更宽泛的经正确理解的《圣经》图景(II.1-12)。然而,拉比传统禁止揭开四轮车故事的秘密,这使得迈蒙尼德的相关论述尤为含蓄委婉(III.1-7),尽管它暗中表达的与他在别处公开陈述的并无抵牾之处。拉比文献中理性化理论的另一个方面在这里得到大幅推进(有一处变化,见下文),这就是预言理论:和过去一样,它是通过与主动理智的结合来理解的(II.32-48)。我们也有充分的理由认为,对人的不朽的理解,同样依赖于主动理智的永存和个体的人有能力提升他们的理智去把握它的永恒思考(Altmann, 1987)。

迈蒙尼德对经文中有关上帝的物质描述的非字义解读有一个极为重要的延伸,这就是他的否定神学。迈蒙尼德并不满足于论证上帝不应该用物质属性来描述。他主张,上帝根本没有属性。认为他有属性的信念就像认为他是物质的一样,是错误地依循经文的**外部**意义的结果。他的论证(I. 61-52)可以概述如下:

(1) 如果上帝有属性,它们要么是偶然的要么是本质的。
(2) 上帝的属性不是偶然的。
(3) 述谓 x 的某个本质属性就是定义 x。
(4) 上帝不能被定义。
(5) 上帝既没有偶然属性也没有本质属性。[2, 3, 4]
(6) 上帝没有任何属性。[1,5]

这一推理是有效的,第一个前提也无可争议。第二个前提对迈蒙尼德来说不难建立,因为他已经谈到上帝缺乏多样性,而且他还提前提到在第二卷中他将效仿阿维森纳论证上帝是唯一的必然存在者,他不依赖任何其他东西。如果上帝有偶然属性的话,他就不是完全统一的,也不是完全独立的。(3)这个前提最容易被许多神学家驳斥,他们坚持认为在某种意义上我们可以说上帝是一、善好的、智慧的和正义的。他们可能接受迈蒙尼德的观点认为上帝不能定义,这是在人们不能通过上帝如何构成来解释他这一意义上说的(正如同一个人可以定义为一个理性的、会死的动物),但是他们会说,正因为这一理由,我们可以谈论上帝必然拥有的属性,尽管我们对于它们实际是什么只能有微不足道的把握。

迈蒙尼德的观点可能实际上和这样的批评者并没有如此大的差异,因为他接下来允许我们用一种肯定的方式来谈论上帝——不过,他强调这种方式并不是真正地在谈论上帝自身。一类这样的属性(I.52)是行动,它们可以用来述谓某人:迈蒙尼德解释,但这不是在用某人的所作所为来刻画这个人("约翰做饭"——也就是说,他是个厨师,这是他的职业),而是简单地将某个行动归于某人,因为是他执行了这行动("约翰做了那份烩饭")。在这个意义上将行动归于上帝,这是正确的;迈蒙尼德指出(I.54),当梅瑟请求让他认识上帝的本质和他的属性时,他被告知,上帝的本质是不可知的,而他的属性就是他的行动。

迈蒙尼德将这些想法推得更远。虽然我们必须在字面上否定上帝的任何属性F(除了他的行动),我们仍然可以给出这样的述谓,只要它们意味着我们**否认**上帝有相应的缺乏(privation)。因此,"上帝是F"并不意味着上帝是非F。迈蒙尼德给出一系列例证说明如何可以用有意义的词项来澄清上述否定的含义,因为它们指的并不是自在的上帝。例如,我们应当将"上帝是有力的"(这种形式的述谓应当加以否定)解释成上帝不是无力的,而这个陈述反过来意味着上帝的存在足以使他之外的事物得以存在。此外,甚至直接的否定也可以帮助我们更好地理解上帝,迈蒙尼德相信,这就像对于某个物理对象,一个人可以通过一系列关于它不是什么的陈述逐渐传达出有关该事物的观念,就像使用一个肯定描述一样。

在迈蒙尼德的理性化方案的建构与拓展中,最令人印象深刻的方式出现在他有关犹太律法起源的论述中(III.29-50)。迈蒙尼德承认(III.31),许多人认为去找寻神圣赐予的律法的目的是完全错误的。但他强烈反对这一点。将上帝设想为没有任何目的地颁布法令,相当于将他放到比人还要低的地位,因为人的行动总是要实现某种目的。他相信上帝的律法在被赐予时,既是为了让他的子民和谐地生活,也是为了让他们远离身体快感,从而在道德上得以改进。迈蒙尼德可以把很多诫命直接解释成为这样的目的服务,但犹太律法还充斥着大量仪礼规定和细枝末节,他并不能假装它们可以直接为那些宏大的目的服务。他用一种更加复杂的涉及上帝行动方式的理论来对这些律法进行间接的解释。迈蒙尼德强调(III.32),上帝并不会以神迹的方式改变人类的本性:他**能**这么做,但他从未这么做过。他是一个教育家,不是一个玩偶艺人。然而,作为一个优秀的教育家,上帝深知他不能只是简单地规定他希望他的子民如何行事。他们一旦养成了坏的习性,就不能轻易地将之彻底抛弃。因此上帝常常采用 talaṭṭuf——出于恩典的欺骗,这是为了以一种适合他的子民能力的方式来引导他们以最好的方式行事。他让以色列人离开埃及后在沙漠里流浪了四十年,才到达应许之地,这就是个范例。在他们拥有他们自己的土地之前,他们需要时间来摆脱他们在被掳掠之后养成的奴隶习性,来学会独立。

迈蒙尼德相信,梅瑟时代的犹太人习惯于和他们居住在一起的异教徒的宗教实践。上帝知道他们不会轻易地放弃它们,因此在他的律法中,他朝着两个相反的方向推进。在有的领域,他所建立的犹太律法让人回想起异教的实践,不过将它们转换为对他自己、真正的上帝的崇拜方式。因此,上帝并不是禁绝所有牺牲,并强调对上帝的真正崇拜是内在的、通过祈祷实现的,而是用动物的牺牲取代了异教徒所偏爱的人牲。而在其他领域,上帝的命令有意违背异教某些特殊的仪礼实践。例如(III.37),之所以禁止男人穿女人的、女人穿男人的衣服(《申命纪》22:5),其理由是这正是有些异教风俗在崇拜行星时要求人们去做的。这些将犹太律法同异教实践联系起来的解释有一个极为不同寻常的特征:迈蒙尼德小心翼翼地为它们提供历史依据。迈蒙尼德在《占星术信札》(Letter on Astrology)中证实,他非常广泛地阅读所有可以找到的阿拉伯文献中有关异教(或者"赛伯伊人"[Sabaean]——他用这个术语泛指异教徒)信仰的论述,他对他们的习俗的精确知识(通常有文献出处作为支撑)在他的讨论中随处可见。不过,迈蒙尼德的写作和现代人类学家大相径庭。他相信,他在解释犹太律法背后的理由时,他是在说明上帝的计划如何运行。然而,通过使用异教风俗的文献证据来阐释犹太礼仪和禁令,通过强调宗教律法应当得到解释(尽管对他来说,这解释在于某种神圣目的论),他在宗教的彻底去神秘化上迈出了巨大的一步,可能比他意识到的或者他所接受的还要大。

复杂化的《迷途指津》

虽然以上描述的章节占据了《迷途指津》的大半篇幅,但这本书并不像单独考虑这些章节时可能会暗示的那样,是在直截了当地解释和贯彻拉比文献中暗含的理性化方案。在完成《托拉再述》之后,开始《迷途指津》之前,迈蒙尼德的态度发生了一个变化。他清晰而大胆的观点突然变得复杂而不确定。他仍然和过去一样敌视他的宗教同胞中的迷信和字面主义,并且和从前一样坚信理智的改进是人类生活的目的。然而,他不再认为,要回答一个犹太人应该如何回应亚里士多德派科学这一问题,可以简单地求助于拉比们所发现的、口传律法所传承的表面一致的科学。

迈蒙尼德现在承认,阿拉伯-亚里士多德派的观点尽管有很多与犹太思想一致之处,但存在一个根本的差别。阿拉伯-亚里士多德派的上帝作为必然存在,使智能(Intelligences)得以从中流溢而出,而最终整个宇宙也因为它得以形成,他的行动是必然的,不包含有关个人的知识或对他们的关心。犹太人相信的上帝创造了天地,他的眷顾延及个人,人们将根据他们的功过而被奖赏或惩罚。迈蒙尼德面临一个选择。要么继续保持他的哲学观点，从而将自己的犹太信仰变成一种从根本上与传统所接受的、政治上许可教授的教义相去甚远的信仰。要么，或者通过论证，或者单纯靠决心，去接受犹太信仰中那些与亚里士多德哲学相冲突的要素。

那么，他选了哪一条路呢？学者们意见分歧——从迈蒙尼德写完该书不久就一直如此。有人认为他将亚里士多德哲学推至极限，但不得不把这些信念隐藏起来。有些（目前是大多数）则指出，这种有关隐微的迈蒙尼德的想法纯属臆造，他对与犹太教不相容的哲学立场的反驳不是表面的，而是实实在在的。

所有解释者都必须考虑的一个因素是迈蒙尼德自己在《迷途指津》开篇所写的有关他打算采用的方法的论述。他非常担心，至少有一些他打算教导的内容是"隐秘的"教义，从未有人述诸文字。他感觉自己既有必要将它告知少数像约瑟夫这样有条件理解它的人，也有必要避免漫不经心的读者知道它。他的解决方案——至少他让人们会这样理解，是以一种特殊的方式来写作这部作品，使得要对它有所理解，就必须非常仔细地阅读，交叉比较相关段落。他强调这一点，在第一卷第1章接近结尾处，他罗列了一本书中会出现相互矛盾的说法的七种理由。其中，第五种理由——也是解释为什么认识真理的哲学家们的著作中会出现矛盾的唯一理由，是一个困难的问题有时必须要以某种不精确的方式引入，以便它能被人理解，然后再对它进行精确的解释。迈蒙尼德说，在《迷途指津》中会因为这一理由存在不一致之处，不过还有另外一个理由，这是他的列表中的第七个。第七个理由来自向某些读者掩藏一定问题的需求。因此，相关的讨论会在一个地方从一个前提出发，而在另一个地方则从与之矛盾的命题出发。然而，不应该允许普通的读者意识到这一矛盾。迈蒙尼德似乎在暗示，在有些场合，要辨别他真正的意思，就必须注意到两股推理由之出发的前提之间的矛盾，并选择一个论证思路，忽略另一个。

迈蒙尼德认为隐秘是必要的，这一事实似乎表明他隐藏其下的含义比他在拉比文献中相当公开地表述的理性化主张还要惊世骇俗。或许这只是因为他现在比过去更担心对广大民众能说些什么。这一有关隐藏机制的描述表明，并不是作者做出的每一个论断都可以理解成在表达他的真实意图。事实也可能是，迈蒙尼德从来没有用他所宣称的隐蔽方式进行写作。不过，《迷途指津》是极少数作者明确向解释者担保隐微写作的文本之一。

撒离：真相还是表象？

《迷途指津》的解读取决于在某些领域，迈蒙尼德是否真正地撒离他曾经持有的亚里士多德立场，或者说这撒离是否只是表面现象。关键的例证，同时也是迈蒙尼德著作中最受人争议的方面，是世界的永恒性问题。在考察它之前，我们先来考虑同一难题的一个简单例证。如上文所述，《迷途指津》接受并进一步阐释了他最早在密释纳评注中提到的用与主动理智的结合来理解预言的理论。不过，这里有一处变化。他不再认为任何理智足够出色的人都会自动成为先知。迈蒙尼德（II. 32）明确地将他的理论同哲学家们的区别开来，他补充了一个附带条件：一个人可能理智上适合成为先知但并没有真正地成为，因为上帝意愿如此。这难道不是一个明显的撤退吗？虽然并不重要，但它不是离开他先前的自然主义立场，转而赞同一种让上帝更接近《圣经》中在人身上进行选择的上帝的立场吗？然而，令人吃惊的是，紧接上述附带条件而来的段落并没有带来它看起来应该提供的说明，迈蒙尼德反而利用这个机会去反驳认为上帝可以选择任何人成为先知的想法——他轻蔑地评述道，除非是在上帝使一只青蛙或一头驴成为先知这个意义上说。

迈蒙尼德有关世界永恒性的讨论经历了一个漫长而复杂的过程。它同迈蒙尼德有关上帝存在的证明的观点密切相关。一方面，他相信，假如世界不是永恒的，而是自虚无中创造，那么几乎无需论证就可以推出上帝存在，因为必须有什么东西来作为一个无中生有的世界之存在的理由。然而，迈蒙尼德同样否认我们可以证明这世界有一个开端。基于这一理由，他放弃了凯拉姆根据世界有一个开端来证明上帝存在的方法。他提供了对穆台凯里姆的观点详尽然而极其富有批判性的论述，以此来支撑上述讨论（I. 74-76），他认为穆台凯里姆未能区分证明性论证和单纯或然性论证（probable argument）。而证明上帝存在及其统一性与非物质性的办法，就是要假定世界是永恒的这一前提。迈蒙尼德利用这个以及其他25个他证明合理的前提（II. 导论），得以沿着亚里士多德的思路，为他试图证实的内容提供了一系列精致的证明。然而，这些证明所要求的世界是永恒的这一前提，却不是迈蒙尼德——至少他再三宣称——信以为真的前提。不过，他为这整个进程提供了一个辩护。他的论证形式如下：

(7) 要么 p，要么非 p

(8) 如果 p, 那么 q
(9) 如果非 p, 那么 q

因此

(10) q

世界要么有开端,要么是永恒的。但如果事实上世界有开端,迈蒙尼德认为就可以直接推出必须存在一个上帝作为它的理由。如果世界没有开端,那么利用一个亚里士多德式的证明就可以证明上帝存在。

迈蒙尼德接下来解释他为什么不接受有关世界永恒性的前提。他先给出亚里士多德对为这一立场提出的种种论证,然后强调(I.15)它们不足以成为证明,而且,根据某些相当可疑的文本解释,亚里士多德自己也不这样认为,虽然他的追随者们宣称它们是证明。迈蒙尼德并不认为他自己有办法明确地表明亚里士多德的观点是错误的,并为它的对立面提供证明,不过他宣称他可以表明论证的砝码偏向世界有开端这一立场。他逐一讨论亚里士多德为永恒提出的种种理由(II.18),他还提出了一个一般性的原则(II.17)。绝不可能从已经达到其最终状态的某物辨认出它初生时所具有的特征。例如,通过观察成年人,谁能想象得出他们曾经能住在母亲的子宫内呢?然而,亚里士多德却从他有关当下的宇宙的知识得出结论,宇宙不能以某种特定的方式产生,这显然是我们没法作出的那一类推论的明证。不过,迈蒙尼德最成熟的反驳亚里士多德立场的论证建立在特殊化(particularization)这个观念上(II.19-20)。如果世界是永恒的,迈蒙尼德相信,就可以推出一切都必然产生且不能改变。然而,根据这一假设,又如何去解释诸天不同的特征所呈现的千差万别呢?

有些人想把迈蒙尼德解读成在有意地削弱他表面提出的主张,对他们来说,他的论证过程中有大量乏力、可疑、暗示性的论点,从他明显费时耗力地根据亚里士多德派前提详解上帝存在论证,一直到他对亚里士多德永恒性论证虚弱无力的批评。不过问题最多的部分是他公开宣布他所谓反驳世界永恒性的基本理由的那一章(II.25),但是,它看起来也为那些拒绝隐微解释的学者提供强有力的理由,去从字面理解迈蒙尼德。迈蒙尼德先是承认完全有可能根据世界的永恒性来解释托拉。而之所以拒绝这观点,其理由是,如果世界是永恒的并且因此以一种必然的、不变的方式存在,那么,整个犹太律法和它的准则就会被颠覆。然而,一旦相信世界有开端,"所有的神迹就成为可能,律法就成为可能,而所有关于这个主题可以提出的问题也就烟消云散"。

迈蒙尼德接下来进一步罗列了一系列问题,如果接受世界是永恒的因此也是必然的这一假设,就必须对这些问题给出基于理性的回答,而如果世界有开端,这些问题都不必提,因为答案很简单:"上帝以他的智慧就想要它这样。"这些问题包括为什么是这个人而不是另一个人被赐予先知的启示,为什么有些诫命和禁令被提出来,以及什么是律法的宗旨等等。不用太久,读者就会意识到,这个段落如果从字面解读的话,迈蒙尼德似乎忘记了他的基本教导。人们之所以成为先知,是因为他们的理智成就达到了一定的层次(虽然上帝可以干预并且中止他们的预言)。迈蒙尼德不厌其详地解释律法在实践中、在道德上的教育意图,他在《迷途指津》中还连篇累牍地以他伟大的创造力解释每一个单独的诫命和禁令之后的意图。此外,有关神圣眷顾的讨论和对《约伯传》的解释之间的关联(III. 17-23)似乎是,人类获得他们的奖赏,靠的不是任何会牵扯到上帝干预自然运行的东西,而是彻底远离物质的关注,投入理智的生活。然而,即使是这一章也不是全都支持隐微解读。当迈蒙尼德说接受世界永恒性的后果就是,在那些没有任何有理智的人会怀疑应当外在地理解律法的地方,弄错律法的外在含义时,我们很难认为他不是在直截了当地陈述他所相信的事情。

我们很难相信迈蒙尼德的基本立场要么是无忧无虑地完全接受他自称拥护的那些非亚里士多德教义,要么是完全拒斥它们,暗自默许读者从精心策划的暗示和自相矛盾中拼贴他隐匿的意图。从一个层面说——从它延续拉比文献中的宏大计划的那个层面说,《迷途指津》提供了约瑟夫所面临的困惑的解答。从一个更深的层面说,这些困惑就是迈蒙尼德自己的,而《迷途指津》一书以它复杂、时而凌乱的结构,以及有意策划的对不同解释的开放,成为探讨这些困惑的理想竞技场。正因为他们中许多没有得到解决,迈蒙尼德的著作才主宰着13、14世纪的犹太哲学,才可能仍然比任何其他中世纪哲学著作都更直接地向今天的我们发言。

第七章　巴黎与牛津的哲学:1200—1277 年

在所有中世纪得以发展的哲学思考的诸多方式中,13、14 世纪巴黎与牛津的神学家们,如波那文图拉、阿奎那、邓斯·司各托和奥康的经院主义,被很多非专业人士看作最有代表性的中世纪哲学,或者甚至就是中世纪哲学本身。事实上,它是中世纪哲思的一种非常特殊的方式,很晚才在中世纪哲学传统中发展起来,而且主要局限于拉丁思想家中,虽然它对犹太和拜占庭思想也有所影响(9 章 2 节、4 节)。经院的研究进路是两种完全不同的进展的结果:一方面是 12 世纪主教座堂学校里已经成长起来的学术实践的标准化;另一方面是与一整套从希腊语和阿拉伯语译介过来的新材料的相遇。本章将先考察这些进展,并从巴黎、牛津的研究模式和中世纪哲学神学赖以为生的文献类型来考察它们的影响。这一框架在大学中延续到甚至超出中世纪晚期。因此,第 1 节将为本章和下一章提供背景。

不过,本章余下部分考察的这一时期,1200—1277 年,有它自己专属的特征。虽然逻辑学和语法学中有趣的进展仍在延续(2 节),这些学科已经不再像上个世纪那样成为思想生活的中心。这并不让人吃惊,因为正是在这一时期,很多非逻辑学的新文献首次得到研究。当然,这并不是一种中立的解读:13 世纪的思想家是从他们自己的思想预设、长处、弱点和偏好来解读亚里士多德和更晚近的犹太和伊斯兰文献。不过,这些文献中还是有太多令他们激动、兴奋、有时甚至纠结和恐惧的内容。尤其是 1255 年之后大约 20 年间,哲学家和神学家们作为基督教神学家应该以什么方式、在多大程度上追随他们自认为源自新发现的亚里士多德文献和阿拉伯评注的思想,这对他们似乎成了一个开放的问题。在起初的同化时期之后(3 节),1250—1275 年这一时期的哲学家和神学家要面对的问题是,他们在多大程度上允许这种新的思想传统——或者他们对它的认识——去塑造他们自己的世界观。他们给出了三个不同的回答:第一个来自波那文图拉,第二个来自大阿尔伯特(4 节),第三个有不同的形式,出自阿奎那(5 节)和某些艺学硕士,如布拉班特的西格尔(Siger of Brabant)和达契亚的波埃修(Boethius of Dacia,6 节)。1277 年谴责(7 节)则标志着这一思想探索期至少是象征性的终结。

但为什么狭隘地聚焦于巴黎和牛津的大学呢？正如第 9 章所解释的,拉丁西方世界中世纪晚期的哲学当然并**不**局限于大学。尽管如此,13、14 世纪重要的拉丁传统哲学家大多数是在北部欧洲两所伟大的大学,巴黎和牛津受训练,并在那里任教过一段时间。12 世纪已经开始繁荣的博洛尼亚大学长于法律,萨莱诺和蒙彼利埃则是医学；大学在整个欧洲遍地生花是 14 世纪晚期的现象。隐修院和主教座堂学校不再是高等教育的领导中心,而巴黎、牛津和其他地方的托钵修会修道院则变得越来越重要。

第一节 巴黎大学和牛津大学:翻译、课程体系与哲学写作的形式

巴黎大学和牛津大学的体制结构

巴黎大学和牛津大学的渊源相差甚远。1150 年时,巴黎已是一个伟大的经院学术中心,学生和老师来自全欧,而牛津只是一所平庸的学校。但到了 13 世纪中期,两所大学有了相似的结构,不过巴黎大学仍然是影响力更大、更国际化的机构,在整个中世纪都是如此,可能只有 14 世纪 20 年代前后的一个短暂时期是例外。

从主教座堂学校的巴黎到巴黎大学的转化中,并没有一个突入起来的关键时刻,不过,人们公认的巴黎大学第一部宪章通常有一个象征性的日期:1200 年。与先前的学校相比,大学不仅与外面的世界区别更大,而且组织也更加紧密。例如,1200 年特许状(Charter)赋予所有大学生教士特权,而标志牛津体制化大学结构真正开端的 1214 年《教宗使节法令(Legatine Ordinance)》,它的颁布正是为了解决一场最初关系到学生作为教士能否豁免市政当局惩罚的争论。在巴黎,教宗使节库尔松的罗伯特(Robert of Courçon)颁布的 1215 年特许状,则表明艺学院(Arts Faculty)和高等学院之间的分裂已经产生。艺学院是所有学生(重要的例外是托钵修士,不过这也是象征性的:见下文)开始学习,也是大部分学生完成学习的地方；大多数人只完成七年课程的一部分,他们通常从 15 岁开始。完成了艺学课程的学生为了拿到学位,必须作为艺学硕士(Arts Master)服务两年(他们的"义

务任教"[necessary regency]时期)。这之后学生才能在某个高等学院中开始长期课程的学习:法律(教会法,某些大学也有民法)、医学和神学;许多艺学硕士同时也在某个高等学院(通常是神学院)学习。因此,从体制上说,艺学院占有优势。在巴黎,艺学硕士被分成四个"同乡会"(Nations)——法兰西人(包括意大利人和西班牙人)、诺曼人、皮卡第人(the Picard)和英吉利-日耳曼人,它们选出一个校长(rector),他实际上成为大学首脑。然而,从思想的角度说,拥有年长得多和已经受过良好训练的学生和硕士的神学院往往占据主导地位。

下面的表格说明了一个学生的求学生涯的阶段和各阶段所从事的主要思想活动(有关他们所研究文献的详情将在本节后面的讨论中给出):

年限(开始学习的大致年龄)	描述	主要活动
艺学院		
2年(15岁)	肄业生	参加有关语法学、逻辑学以及其他一些亚里士多德著作的导论性、讲评性讲授;参加论辩。
2年(17岁)	肄业生	同上,还要在论辩中做应答。
这之后他"可做决断"牛津3年,巴黎则较为灵活	学士(Bachelor)	同上,但讲授涵盖亚里士多德的自然哲学和《形而上学》,以及后四艺。在论辩中做应答,进行导论性讲授。
这之后他获得"教师资格"(licence),并作为艺学硕士(Master of Arts)"履新"(incept)2年,但可以延长(约22岁)	艺学硕士——义务任教	参加专门论辩等。进行讲评性讲授,并在论辩中做决断。
神学院		
7年,后缩短为6年		参加有关《圣经》的导论性与讲评性讲授和有关《箴言集》的(讲评性)讲授,参加论辩。
2年(30—31岁)	读经学士(Cursus/Baccalareus bilbicus)	同上,但要进行有关《圣经》的讲评性讲授,并在论辩中做应答。

续表

年限(开始学习的大致年龄)	描述	主要活动
2年,14世纪时缩短为1年(32—33岁)	箴言学士(Baccalarius sententiarius)	进行有关《箴言集》的讲评性讲授。
4年(33—35岁)	养成学士(Baccalarius formatus)	参加论辩,担任大学职务。
这之后	作为神学硕士履新	参与专门论辩等。
通常限制在(37—39岁)	任教神学硕士(Regent Master of Theology)	进行有关《圣经》的讲评性讲授,并在论辩中做决断。

这个表格可能会产生两种误解。首先,只有少数学生会完成表格中从头至尾的所有阶段。绝大部分学生停留在艺学院,他们中的大部分只参与部分艺学课程。其次,虽然这个表格所依据的章程暗示它是一个严格的、统一的体系,但来自个别硕士的证据表明它们并未得到一丝不苟的执行。

这个表格清楚地表明,在这个体系中学生和老师并没有严格的区分。当一个学生完成课程,他就可以先做导论性的,然后是更高级的讲授,而他在论辩中的作用也变得更加重要。一个思想家在神学院呆了8年或9年之后进行《箴言集》讲授,这为他创造了发展自己独特的哲学、神学立场的绝佳机会。相比学业的漫长(事实上它和今天一个德国学者获得教职资格[Habilitation]从而有可能获得教席所耗费的时间相差不大),更让现代读者吃惊的是,在任教硕士任期结束后,没有任何针对大学神学家的长期职业安排。虽然大多数艺学硕士一旦可能就离开他们的职位,他们中有一部分会保留硕士身份5—10年;对有些人来说,例如布拉班特的西格尔和约翰·布里丹,这似乎是一个经过深思熟虑的职业选择(7章6节,8章9节)。然而,数目受到大学严格限制的神学教席则承受着极大的压力;道明会会士〔1〕、方济会会士和其他托钵修士占有大部分神学教席,在他们那里压力尤其严重,因为同一修会的其他成员已经完成学业,等待履新(奥康的威廉的昵称"可敬的履新者"[Venerable Inceptor]即由此而来:他完成了成为神学硕士的一切要求,但是找不到空闲的方济会教席)。13世纪末期,道明会会士和方济会

---

〔1〕 一译多明我会。

会士的平均任教期是2—3年,隐修士和奥斯定会[2]会士长达十年,而在俗硕士(secular masters)则一年都没有;三十年后平均任教期下降为大约两年。因此,神学硕士们有些转任教会或他们修会的高级职位(例如波那文图拉成了方济会总会长);有些则管理自己修会的学堂。在极为罕见的例子中(最著名的两个是阿奎那和埃克哈特),一个硕士可以回到巴黎再次成为任教硕士。

教会与大学

同它们由之发展而来的主教座堂学校一样,大学也是隶属教会的机构,受当地主教和教宗职权控制(后者自11世纪晚期依赖逐渐中央集权化,并且贪恋权力)。在俗的硕士和学生——那些不属于任何隐修院或托钵修会的人,组成了一个行会(这就是 universitas[3] 的含义),就这样,他们设立了授予学位的课程体系和考试制度,来从内部规范自己的职业,同时又能集体行动,在面对当局时可以保证和改善他们的地位。为了这一目的,只要有必要,他们随时准备好进行长期罢工,有时甚至撤离、迁往别地。总体而言,他们应对世俗当局要比应对教会当局更成功,有关托钵修会的斗争就是例证。

托钵修会中最为重要的是方济会和道明会,它们本着属灵和牧灵的宗旨而成立(两者都在1210年前后)。不过,很快就有教会杰出的知识分子成为他们的会员。两个修会都有它们自己的学校体系,这些学校很快就包括了巴黎和牛津的"总学堂"(studia generalia)。托钵修士们通常在大学外规模较小的学堂(studium)接受艺学教育,他们不被允许旁听普通的大学艺学课程。虽然在神学院的层面,道明会和方济会的课程与大学的课表多有重合,但是,托钵修士们在身为大学一部分的同时,还是保持着他们独立的身份和独特的学术活动(例如学堂内的学术论辩、讨论和演讲);总而言之,修会们倾向于在更广阔的背景中理解他们在大学中的功能,即为他们自己的各级学校提供有能力进行神学训练的教师。从在俗硕士的观点看,种种理由表明托钵修会构成一个威胁。他们破坏了教师行会的垄断,因为他们不遵守在成为神学生之前先要有大学艺学教育的规章。他们诱惑许多最有才华的年轻学子加入他们。更糟的是,他们迅速夺取并把持着大部分神学教授席位。在1229—1230年巴黎在俗硕士罢工期间,托钵修士继续授课并

---

[2] 一译奥古斯丁会,天主教通常将奥古斯丁译为奥斯定,故名。

[3] 即大学。

且接纳在俗学生。道明会士克雷莫纳的罗兰(Roland of Cremona)正是以这种方式成为第一位托钵修会神学硕士,紧随其后的是黑尔斯的亚历山大(Alexander of Hales,7章3节),他已是神学硕士,1231年成为方济会士。一个硕士教席一旦被一个托钵修士占有,它就只能传给他修会中的其他成员,因此到了1254年,在俗硕士在巴黎的15个神学教席中仅占有3席。1253—1255年,巴黎的在俗硕士引入一系列措施对抗托钵修士,但在教宗干预下,托钵修士们的地位得到确认。在牛津,道明会士和方济会士同样占有优势,导致了1303—1320年间同在俗硕士发生一系列对抗。

中世纪学生和硕士职业生涯中最有特色的研究模式,从1250年代起,很大一部分是以12世纪后期开始使用的一系列新翻译的文献为根基的。这是我们接下来必须考察的内容。这一系列开始流通的文献都有哪些?是什么时候,如何开始流通的呢?

译 文

新材料的流入塑造了13世纪的大学研究,它是由四个要素构成的翻译运动的成果。(1)其中一个要素我们已经讨论过(5章8节):12世纪的托莱多,学者们从阿拉伯语翻译了亚里士多德文献及阿拉伯新柏拉图-亚里士多德传统作家(包括犹太人)的相关作品——最著名的是阿维森纳的《治疗论》的部分章节。(2)第二个要素在时间上更靠前,它是12世纪翻译家从希腊语翻译的作品。其中最重要的是威尼斯的詹姆斯(James of Venice)。1130—1150年间,他翻译了《后分析篇》《物理学》《论灵魂》、一些短篇的科学著作和《形而上学》的一部分(至少到第四卷第4章)。还有《论生灭》《尼各马可伦理学》第二和第三卷、第十一卷以外的《形而上学》全书的匿名译作。(3)此外,还有较晚的翻译家的工作:13世纪早期在西西里和托莱多的迈克尔·司各托(Michael Scotus),和专注于将阿维洛伊译成拉丁文的13世纪中叶的德国人赫尔曼(Hermann the German)与卢纳的威廉(William of Luna)。

(4)最后是中世纪最重要的翻译家穆尔贝克的威廉(Willaim of Moerbeke)的杰出贡献,他是一位道明会士,直接从希腊语翻译,可能曾在拜占庭学习过语言。1260—1280年间,他通过修订现行译本和必要的首次翻译(例如《政治学》《诗学》和《论动物的运动》),几乎清算了整套亚里士多德全集。在中世纪拉丁世界,穆尔贝克的译文成为亚里士多德逻辑学以外的著作的标准本——逻辑学著作仍然以波埃修的译本为准。穆尔贝克翻译了若干新柏拉图派评注和普罗克洛的《神学原本》。

当然,这四个部分并未涵盖一切。非常重要的还有罗伯特·格罗斯特(极少数学过希腊语的中世纪拉丁作家之一)和他的助手们1240年代翻译的亚里士多德的《尼各马可伦理学》。后面还会提到其他一些次要的或匿名的译者。

那么,到了13世纪晚期,拉丁思想家通过这场翻译运动可以获得的古代、古代晚期和阿拉伯(伊斯兰和犹太)著作的范围有多广呢?首先是近乎完整的亚里士多德著作——包括了阿拉伯传统中不为人知的《政治学》。与之相反,除了卡尔基狄乌斯不完整的《蒂迈欧篇》译文外,没有人直接阅读柏拉图;但事实上,《美诺篇》和《斐多篇》1150年后不久已经由亨利·亚里斯提普斯(Henry Aristippus)在西西里译成拉丁文。这些译文并未完全散佚,但看起来只有那些兴趣超出普通的亚里士多德派大学课程体系的人才知道它们:比如说博韦的文森特(Vincent of Beauvais,很有可能),标新立异的科学家和哲学家,阿奎那的学生,梅赫伦的亨利·贝特(Henry Bate of Malines,1246—1310年)和莫斯堡的贝托霍尔德(Berthold of Moosburg,8章1节)(与此类似,1280年时也有塞克图斯·恩披里柯[Sextus Empiricus]的拉丁译本[Wittwer, 2002],但似乎没有人用过)。

13世纪的拉丁思想家对从柏拉图到罗马帝国晚期这段时期的古代哲学的了解主要是通过拉丁作家,尤其是西塞罗和塞涅卡(2章3和8节)。和他们的阿拉伯同行不一样,拉丁读者没有普罗提诺的译文。然而,他们拥有以《论原因》知名的普罗克洛《神学原本》变本(间奏 viii),而通过穆尔贝克的威廉,也获得了《神学原本》的原始文本,他的三部有关神圣眷顾与恶的短篇(opuscula),以及他的《巴门尼德篇》评注。此外,还有若干新柏拉图派的亚里士多德评注被译出:阿摩尼乌斯论《解释篇》,辛普里丘论《范畴篇》和《论天》,约翰·斐洛珀诺斯论《论灵魂》(均出自穆尔贝克),甚至还有古代晚期亚里士多德派的评注,包括忒密斯提乌斯论《后分析篇》(克雷莫纳的杰拉德经由阿拉伯译本译出);阿弗洛狄希亚的亚历山大论《天象学》和《论感觉》,以及忒密斯提乌斯论《论灵魂》(均由穆尔贝克译出),和亚历山大的《论理智》(很可能由贡迪萨尔维译出)。最后,还有拜占庭作家厄弗所的米哈伊尔和欧斯特拉提乌斯为《伦理学》部分内容撰写的评注,它们由格罗斯特和他的团队译出。考虑到拉丁读者通过波埃修也了解不少波菲利有关《解释篇》的讨论以及他关于《范畴篇》比较简单的想法,他们所获得的古代逍遥学派和新柏拉图派的亚里士多德评注还是比较完备的,不过——这并不意外,它回应着他们针对原始文献的立场,他们并没有柏拉图评注,除了普罗克洛论《巴门尼德篇》,即使它也少有人使用。

来自伊斯兰作家的著作当中,最重要的一批包括不完整的阿维森纳《治疗论》,尤其是其中的《论灵魂》和《形而上学》,以及大量阿维洛伊的亚里士多德诠释——梗概、意译和完整评注;其中最重要的是《形而上学》和《论灵魂》的完整评注。铿迭和法拉比论理智的短篇著作在托莱多译出,同时译出的还有这两位作者的其他作品若干,但不包括法拉比最有个人特征的著作。阿维洛伊亚里士多德评注之外的著作一直不为人知,直到1328年犹太翻译家卡罗尼摩斯·本·卡罗尼姆斯(Qalonymos ben Qalonymus)为那不勒斯国王安茹的罗伯特(Robert of Anjou)将《矛盾的矛盾》译成拉丁文。他们了解安萨里仅仅是通过《哲学家的宗旨》的译文(不过,阿维洛伊的《矛盾的矛盾》实际上包含了他的《哲学家的矛盾》的完整文本)。至于犹太哲学家,他们可以读到以撒·以色列利的部分作品和所罗门·伊本·加比罗尔的《生命之泉》——但两位作者都不被看作犹太人。迈蒙尼德伟大的《迷途指津》1220年代在法国得到译介。这部非常自由的译文作者不为人知,很可能是一位犹太人和一个基督徒合作的产物,它依据的是杰胡达·哈里斯(Jehudah al-Hârisî)从阿拉伯原文译为希伯来语的第二个较为粗疏的译本。迈蒙尼德的著作除了本身很重要之外,它也是拉丁读者了解凯拉姆传统的唯一来源。不用说,在拉丁读者中也有节选流传。拉蒙·马提(Ramón Martí,约1220—1285年)致力于在穆斯林中为基督教辩护,他通过阅读原文了解大量的阿拉伯著作,其中大多是阿维森纳、阿维洛伊的《矛盾的矛盾》和安萨里的一系列作品。

大学里的亚里士多德与艺学院、神学院的课程体系

亚里士多德主义在大学里迅速崛起。当然,亚里士多德逻辑学自阿尔昆的时代起一直是精神生活的中心话题,但在1200年,对任何亚里士多德的非逻辑学作品的兴趣还很少见,而到了1255年,巴黎的艺学院已经接受亚里士多德的课程体系。

关于巴黎学者研究亚里士多德非逻辑学著作最早的明显证据,有些来自禁令:1210年桑斯的教省会议和库尔松的罗伯特的1215年特许状中都下令禁止该地艺学院研究亚里士多德的《形而上学》和《自然诸篇》(论自然科学的著作)。既然这些文献曾被禁止,那么显然他们当时正被人阅读;更

有甚者，罗伯特实际上还推荐了《伦理学》。这些禁令（需要强调的是，它们只适用于巴黎艺学院）一直有效，虽然1231年教宗任命了一个委员会来审查这些作品。禁令似乎有一定效果，因为一名巴黎艺学院硕士准备的学生手册中尤为强调了两部得到许可的著作：《后分析篇》和《伦理学》。不过，此时艺学院硕士们显然借助阿维洛伊来帮他们理解亚里士多德的《论灵魂》，与此同时奥弗涅的威廉（William of Auvergne，7章3节），也展示出广泛的，尽管并不总是精确的，有关新材料的知识。到了13世纪40年代，禁令失去了它们的效力：罗吉尔·培根于1240—1247年期间在巴黎教授《形而上学》《物理学》《论灵魂》和其他《自然诸篇》。牛津的研究模式与巴黎相似。

自1250年代起，巴黎和牛津艺学院的课程体系都彻底亚里士多德化了：不仅他的几乎每部著作都被研究，而且那些作为指定研究文献的著作也几乎全是亚里士多德派的——之所以说"几乎"，是因为普里西安的著作仍然是语法教科书，另外还有一两部非亚里士多德的逻辑学文献被人研究（7章2节）。

与艺学院品目繁多的教材相比，神学家们只有区区两种：《圣经》是意料之中的，还有伦巴第人彼得的《箴言集》（5章5节）。为什么这样一部半汇编的著作和神圣的经书并置，而且事实上得到比它多得多的注意呢？毕竟他的作者虽然擅长高明而不偏不倚的判断，但并不像亚里士多德那样心智超群。这部分是历史性的原因：《箴言集》已经成为塑造12世纪神学的一股重要力量，虽然它们曾经必须同普瓦捷派神学的强大势力相竞争，1215年的拉特朗大公会议将《箴言集》定为教会的官方学说。因此，《箴言集》为神学家们提供了经认可的正统教义概要，而且经过了逻辑的编排。伦巴第人所采用的问答术（quaestio）表明，他指出了神学家们需要应对的诸多难题，为他们提供了非常有用的教父文献档案，以及从基督教教义来说几乎所有问题的正确答案。从13世纪20年代即黑尔斯的亚历山大的时代起，神学家们从12世纪对《箴言集》写作方案的模仿转为对之进行评注，这变化给了他们更大的自由。尤其是到了14世纪，《箴言集》更多地被当作核查论题是否完全覆盖的清单，而不是一个需要分析的文本，甚至这些神学论题在很多场合也仅仅被当成讨论当时的哲学问题的借口。这一切是怎样发生的，将在有关大学教学方法和问答术使用的讨论中清楚起来。

间奏 viii：伪典与中世纪亚里士多德

错误的作者归属在中世纪哲学中发挥重要作用。最著名的案例之一是伪狄奥尼修斯的著作(3 章 3 节)。这些作品极有可能是一位叙利亚隐修士公元 500 年前后的作品，关于它们是否如它们所宣称的那样，真的出自由圣保禄皈依的博学的雅典人狄奥尼修斯手笔，最初的怀疑很快消散，而直到文艺复兴时期，这些文献近乎使徒时代般远古的特征给其中包含的新柏拉图主义晚期学说留下了特殊的权威烙印。伪典同样塑造了中世纪阿拉伯和拉丁哲学中的亚里士多德。

在阿拉伯世界，实为普罗提诺《九章集》部分篇章变体的《亚里士多德神学》一书，为铿迭及其追随者的亚里士多德主义添加了鲜亮的新柏拉图色彩。在拉丁世界，最重要的伪亚里士多德著作也是一部改编作品，《论原因》，它最初在铿迭学圈中用阿拉伯语写成（在阿拉伯世界称为《纯善之书》3 章 5 节），根据的是普罗克洛的《神学原本》，但添上了一神论的色彩。大阿尔伯特(7 章 4 节)认为《论原因》根据亚里士多德自己的著作写成，它提供了使其形而上学得以完满的神学。阿奎那手头有了穆尔贝克的威廉翻译的《神学原本》，他得以证明《论原因》并非亚里士多德自己所做，也不是其文献汇编，然而，大阿尔伯特的亚里士多德观和他自己对哲学的理解如此从根本上依赖《论原因》一书，以至于他完全拒绝考虑这一新发现。

其他还有许多被错误地归于亚里士多德的著作——晚近的清单罗列了近一百个条目(Schmitt and Knox, 1985)。最流行的有一部《众秘之秘》(*Secretum secretorum*)，一封虚构的亚里士多德写给亚历山大的劝诫信，其中混杂着向统治者提出实践和政治建议的章节，偶尔更加哲学化的段落，对占星术的辩护，以及有关多种神秘学的材料：面相学(physiognomy)。这部文献可能是一个漫长的冲积过程的结果：某些希腊化或罗马时期的亚里士多德伪典被译成阿拉伯文，随后其他材料添加进来，最后被译成拉丁文，又再被译成一系列中世纪方言。它得以传世的抄本比其他任何亚里士多德著作都要多，无论真伪。

同样非常流行的还有仿效《斐多篇》的《论苹果》(*De pomo*，或"亚里士多德之死")。它很可能先用阿拉伯语写成，随后译为希伯来语。据它所述，亚里士多德持有一种明显柏拉图派的灵魂不灭论。不是所有拉丁神学家都对之信服，但有相当一部分人捍卫它的真实性——尤其是那些想要论证亚里士多德自己会前往天堂的神学家。

大学教学方法与"问答";哲学与神学文献的文学形式

艺学院和神学院都有两种主要的教学形式:讲授指定文本和论辩。这两种方法不像它们看上去那么不同。人们确实可以仅仅讲授文献的大意("跑马式"[*cursorie*]阅读;当时称作"导论性讲授"[introductory lectures])。但他们也对文献进行深度讲授("普通"[*ordinarie*]阅读)。在这些深度"讲评性"(discursive)讲授中,教师关心的是文本所提出的种种难题和它们的正确解决方案,而不是简单地解释指定文本的含义。它们似乎也为讨论和论证创造了机会,尤其是在神学院的学生中,他们在哲学推理上已经经验老到。

神学院的论辩有两种类型。普通论辩由一位硕士为他的门生组织,针对他所选定的一个主题(比方说灵魂或恶),通常分为两段。在第一段论辩中,门生或者作为反对者(*opponens*)提出论证,反驳一个给定的论题,或者作为应答者(*respondens*),回击反驳者的论证并提出他们对该问题慎重考虑后的观点。而在第二段,该硕士则总结他们所给出的支持和反驳该论题的不同论证,并给出他自己的观点和他的相应论证,为这个问题做出"决断"。即席论辩(quodlibetal disputation)遵循同样的模式,不过不仅仅是该硕士自己的门生,任何学生都能参加,而所讨论的主题可以是任何人愿意提出的话题:它们是关于由任何人(*a quolibet*)对任何事(*de quolibet*)所提出的问题的论辩。艺学院也组织论辩。有的由逻辑练习构成,称作诡辩(*sophismata*,7章2节),它们是被专门设计来训练学生论证能力的。

对现代读者来说,讲评性讲授同论辩之间的差异甚至比它们当时举行时还要小,因为二者通常都用问答体(*quaestio*-form)写成,尽管讲评性讲授有时也包含相关文本的字义评注。伦巴第人彼得和12世纪的神学家已经使用问答体,不过很不严格、前后也不一致,同时它也出现在至少一部来自1150年前后的逻辑学评注中。在大学的哲学家和神学家看来,这种体裁已经成为一种手段,用来捕捉教室讨论一予一取的平等交流气氛,严密部署针对某一给定立场的正反论证。他们如此青睐它,以至于不时将它用在那些并非直接从大学教学活动产生的文献中——最著名的是阿奎那的《神学大全》,一部给神学生使用的综合手册(很可能用在那不勒斯低于大学水平的中等学堂[*studium*]),它并不出自托马斯教授过的任何具体课程。

在一篇问答中,要解决的难题被当作一个要回答"是"或"否"的问题提出来。例如，在《论真理》这部书面记录的论辩中，阿奎那追问（1 题，5 条）是否"任何第一真理之外的真理都是永恒的"（"第一真理"无疑指上帝）。(1)作者接下来为他**不**想给出的回答进行论证，他用这样的短语开始"**看起来**就是/不是这样"（*Et videtur quod sic/non*）。在我们的例子中，阿奎那想要论证没有任何真理是永恒的，除非它在上帝的心灵中并因此与上帝同一。所以，他就从反对上述立场的情形开始，说"看起来就是这样"（*Et videtur quod sic*）。阿奎那接下来引用了不少于 22 个论证去证明上帝或第一真理之外的真理是永恒的。大多数问答中这样的"论证"可能要少得多（在《神学大全》中，阿奎那通常保持在 4 或 5 个），但和这个例子一样，它们将权威引文——托马斯引用了亚里士多德、奥古斯丁和安瑟尔谟——同单纯基于推理的论证混合起来；例如，在论证 3 中，阿奎那提出如下观点：如果陈述的真理不是永恒的，那么就必然有一时刻没有任何陈述的真理。但是，这样的话，以下陈述，"没有任何陈述的真理"在那一刻就会为真，因此就会产生矛盾。(2)问答接下来的部分会以词组"反之"（*sed contra*）开始，然后是一两个简短的论证来**支持**作者想要采取的立场。在这个例子中，阿奎那提供了两个简短的基于理性的论证，不过更常见的是来自权威的说法（例如在《神学大全》著名的"五路"论证的那一条中，第一集 2 题 3 条，其中的"反之"部分，仅仅包含《出谷纪》III, 14 中上帝的话："我是自有者"[*Ego sum qui sum*]）。(3)这之后是问答的主体（*corpus*），作者在其中提出他自己在这个问题上的立场，并做出必要的配套解释和论证来说明其理据。(4)最后，作者逐一回应问答开始时反驳他所偏好立场的论证。有时，这些驳论（counter-argument）包含着重要的延伸论证，但通常问答主体中的讨论已经暗示了解决的线索；有时，作者断定他主体部分的回答使得再回应这些论证实在没有必要，他就会说，"因此，这些反驳的解决方案已经显而易见了"。

单个的问答通常作为"条"（articles）汇集成一个（令人费解的）所谓"题"（Question，它实际上更像一章）；举例来说，上文中阿奎那的《论真理》中的那一条，实际上是构成第 1 题的 11 条中的一条，而它们全都关系到真理最普遍的特征。"题"有时汇集成卷（通常相应于所评注的文献本身的卷数），而在评述《箴言集》时，文本被分成所谓"篇"（distinction）。因此，一部《箴言集》评注某个具体的段落就可能是，第一卷，39 篇，3 题，2 条，对第 4 个反驳的回答（通常简写做：I, d. 39, 1. 3, a. 2, ad 4）。在抄本时代，并不存在标准页码，因此这样的策略虽然看起来笨拙，但它们使得内部交叉引用和引用他人著作成为可能。

经院思想家对问答体如此钟爱,去猜想它所暗示的心态是很有趣的:他们希望逻辑地、全面地分割每一个主题,希望所获得的答案既经过严密的论证,又能调和表面上相互冲突的权威意见,无论它们是哲学的还是教父的、古代的还是中世纪的。然而,这样的猜想很容易被证明为没有根据,因为,问答体虽然延续到中世纪晚期,而且在某些领域还要更久,但是,早在13世纪末期它在大多数最为精致的神学写作中已经流于形式。随便翻翻邓斯·司各托的《箴言集》评注几乎任何一个部分很快就能证实这一点。论证、"反之"、主体和回答的结构还在,但它们不过是例行公事,主体部分膨胀成独立的哲学论文,通常字数上万,有它自己的内部结构,通常包含晚近思想家所取立场的论述,对它们的反驳,司各托自己观点的展示,对它的反驳和对反驳的回答(有时,还有对这些回答的进一步反驳,以及司各托的再一次回答)。

现存的大多数中世纪大学哲学和神学文献在形式上紧紧依托其教学方法。由于评注《箴言集》给了学生们处理整个神学领域以及所有相关的哲学问题的机会,所以一个大学神学家得以成名的主要著作通常都是以这些讲授为基础的。通常,在这位神学家成为一名硕士之后,他就会花时间写下并且修订他的《箴言集》讲授,完成一部所谓"订正本"(ordinatio)——经过润色、修订以供出版的版本。有时,他的讲授的一个或多个文字转录——"听录本"(reportatio)(如果经过作者的察对,则是"听录审定本"[reportatio examinata])——也会流传、流通。由于神学家们会两次或多次在不同的大学里讲授《箴言集》,因此现代编订者在判断抄本证据并从中建立一个或多个文本时面对着艰巨的困难(所有这些困难都出现在邓斯·司各托的作品中,8章3节)。这些文献都是问答体,反映着它们所记录或以之为依托的讲授形式,由普通和即席论辩而来的文献也是如此。根特的亨利(Henry of Ghent)和方丹的戈弗雷(Godfrey of Fontaines)这样的在俗硕士不必腾空他们的教席,因此能够多年享受神学硕士的头衔,他们的出版物则以论辩这一硕士所特有的教学形式为基础。

"大全"(summa)是独立于伦巴第人彼得和大学课程的系统展示神学问题的形式,它的使用和为后人所熟知,靠的是阿奎那(他写过两部)和他的老师阿尔伯特(也是两部《大全》的作者),但是此外并未被广泛采用。事实上,阿尔伯特和托马斯都没有受到大学教学形式的太多束缚,写过各种各样的论文和有关亚里士多德的评注。有时学者们也会使用同大学教学方法与辩论无关的更加文学化的形式:例如波那文图拉,他用一种个人化的、沉思性的风格来写《心向上帝的旅程》(*Itinerarium mentis in Deum*),让人想起安瑟尔谟和奥古斯丁,而达契亚的波埃修则让他的《论至善》(*De summo bono*)的架构介于散文和宣言之间。

第二节 语法学与逻辑学

艺学院有两个科目同亚里士多德的关联要比其他的松散:语法学与逻辑学。第一个毫不让人意外,因为亚里士多德并没有写过语法学著作,但是考虑到亚里士多德在逻辑学史上的杰出地位,人们会期待这些思想家们如果是亚里士多德主义者的话,首先是逻辑学亚里士多德主义者。然而,艺学硕士们事实上以一种奇特的方式使他们的语法学研究成为亚里士多德式的,而在逻辑学上,虽然它们对《工具篇》所涉及的整个领域都有兴趣,但还是把他们的精力投入别处。

思辨语法学

拉丁思想家从开始研究《后分析篇》的那一刻,就几乎如同阿维森纳和阿维洛伊一样沉迷于亚里士多德科学的完美典范。一个大学学科要受人尊崇,它就必须成为亚里士多德所定义的科学。这一理想在语法学上遇到了困难。拉丁语法学的研究以普里西安的著作作为教材,在12世纪时已经推进到一个高度技术化的层次。不过,语法学虽然与逻辑学关系紧密,它仍然是扎根于拉丁语这一特定语言个别特征的研究科目:它如何能像一门亚里士多德科学必须做到的那样,从必然前提获得必然结论呢?13世纪和14世纪早期创立的"思辨"(speculative)或"样态主义"(modistic)语法学,其宗旨就是通过用完全理论化的方式处理语法来应对上述挑战。

为了这一目的,思辨语法学家们——主要是13世纪70—80年代在巴黎的丹麦人:达契亚的约翰(John of Dacia[4])、达契亚的马丁(Martin of Dacia)和达契亚的波埃修——采纳了有关存在样态(*modi essendi*)、思想样态或理智地构想(某物)的样态(*modi intelligendi*)和意指样态(*modi significan-*

---

〔4〕 Dacia 在中世纪拉丁语中指今天的丹麦。

di)的观念来展示一种被设想为摆脱了随机细节的语法结构。按照马丁的说法,存在样态是一个事物根据它在理智之外的存在而具有的属性,思想样态是根据它在理智之内的存在而具有的相同属性,而意指样态仍然是同样的属性,但根据的是它在语言使用中的意指。他和其他思辨语法学家很宽泛地使用"事物"一词,指的是一种基本实在要素,它可以通过不同的方式被实现(相应地被思考、被意指)。举个例子,痛苦这一基本要素,它可以动态地(例如,"我的心让我痛苦""我痛苦着的心"),也可以静态地("我心中的痛苦""那种痛苦"),或者以修饰性的方式实现("我痛苦地生活着")。这一区分对应着我们思考痛苦的一种方式,以及三类语言成分之间的语法区分:动词和分词;名词(包括形容词)和代词;副词、介词、连词和叹词。存在和思想样态可以进一步细分,使它们匹配上述语言成分。例如,名词以稳定的方式和明确的指称来代表事物,代词则以稳定的方式和不明确的指称来代表它们。

在这些"本质的"意指样态之外,还有"偶性"样态,例如时态、语气、数、性、格——每一个都对应一种存在和思想方式。很多情况下,这种对应非常明显。例如单数代表其存在不可分或被设想为不可分的事物,复数则是可分的事物;主格是意指某物或它物是什么的方式,与格则意指给予它的或为了它的。甚至语法的性(拉丁语中很多没有生命的事物被看作阳性或阴性,而不是中性)也符合这一方案,因为它们被认为对应着主动、被动或中立的存在方式。

将什么样的声音同什么样广义的事物联系起来,这选择是独断的,同理,拉丁语赖以区分同一词根的名词、动词、分词等等的特殊方式,以及它如何标记数、格、时态和语气,这些都不是思辨语法要关心的。它们因语言的不同而不同,但意指样态的结构被假定为不变的,有关它的研究因此也是科学的。

借助以下几位的工作,思辨语法的风行一直持续到 14 世纪:拉杜福斯·布里托(Radulphus Brito,约 1275—1320 年或之后),他在大约 1300 年成为神学家前是艺学硕士;爱尔福特的托马斯(Thomas of Erfurt),他可能在 1300—1310 年间写过《思辨语法》(*Grammatica speculativa*,该书出名是因为它曾被误归于邓斯·司各托),以及库特赖的西格尔(Siger of Courtrai,殁于 1340 年),他对拉丁经典的兴趣与众不同。在这些晚期思辨语法学家中,区分成倍增长:意指和思想的方式可以是主动的或被动的,而这些主动的或被动的样态又可以分别从实质或形式来考虑。这一发展之后的动机很可能是,他们需要回答整个样态体系本体论的一个基本问题。达契亚的马丁提出,存在、思想和意指方式是一回事,尽管它们在偶性上有所分别——就像我无论是在家里研究还是在我学院的房间里,我都是同一个人;它们都根源于存在于外在世界的事物。达契亚的波埃修并不这样认为,这一点也不意外,因为马丁的观点看起来使得事物、概念和意指语词如此接近,以至于任何事物都不可能拥有一个不能被思想或在语言中意指的属性。波埃修认为这些样态是相似的,但并不同一,而且它们在不同的基体中:存在方式在事物中,思想方式在理智中,而意指方式在词组中。但这样的话,那存在的、被思想的和被意指的看起来就不再是同一个(广义上的)事物了。事实上,样态论者(modists)从未澄清充当他们理论化工作根基的广义的事物的本体论状态,这个缺陷使得他们的方案从内部就不稳定。

14世纪开始之后,思辨语法就没有再进一步发展,1330年前后,整个体系遭到约翰·奥里法贝尔(John Aurifaber)以本真的亚里士多德主义提出的挑战,他宣称后者提供了无须述诸意指方式来解释语言如何运作的思想资源。奥康也攻击样态论者的理论,强调有关意指方式的谈论只能看作隐喻式的。现代读者很可能会吃惊的,不只是与思辨语法核心思想相关的形而上学的含混,可能还有它的另一个弱点。这些语法学家试图建立适用于所有人类语言语法的普遍体系。然而他们完全依赖拉丁语,并且假定意指样态绘制区分的方式,也就是它区别广义的事物如何不同地存在、如何不同地被思考的方式,是所有其他语言共有的。但事实上并非如此(而且样态论者在语言、思想和实在之间所发现的同构现象本身至少部分地归因于他们表达实在的方式,而这是由拉丁语所锻造的)。具有反讽意味的是,思辨语法学家为了证明他们理论所暗示的语言的可交互翻译性而引用过的一个经验证据并不准确。他们说,逻辑学是用希腊语写成的,但它已经被成功地翻译成拉丁语。假如他们能像一部分阿拉伯逻辑学家所能做到的那样,去比较像希腊语那样有系词的印欧语言(拉丁语或者波斯语)对希腊逻辑学的翻译和日常使用中没有系词的阿拉伯语的翻译,他们就会明白,要发现语言之间所存在的一般的相似结构,就必须进入一个比以传统语法分类为模板的意指样态更深的层面。

逻辑学:《工具论》、诡辩与词项的属性理论

12世纪时,主教座堂学校的思想活力很大一部分贡献给了《旧逻辑》文献所提出的问题;《新逻辑》开始为人所知,但只有《辩谬篇》得到严肃的研究(5 章 7 节)。亚里士多德逻辑在整个中世纪都是艺学课程体系的一个基础部分,但它再未赢得曾经占据的核心地位。大学逻辑学抄本虽然会有很多变化,但总会包含一定数量的亚里士多德《工具论》(《范畴篇》《解释篇》《辩谬篇》《论题篇》和《前分析篇》——均由波埃修翻译;还有威尼斯的詹姆斯翻译的《后分析篇》)以及波菲利的《导论》,波埃修的《论题之种差》《论区分》和一部短篇论著《论六本原》(De sex principiis),后者很可能来自 12 世纪晚期,它仔细考察了亚里士多德匆匆带过的六个终极范畴(条件、姿态、位置、时间、行动和被作用)。然而在《旧逻辑》中,只有波埃修论直言和假言三段论的专著不再被使用。从 1240 年代起,学者们开始为刚得到研究的三部亚里士多德文献撰写评注:罗伯特·基尔沃比(Robert Kilwardby)为《前分析篇》写过一部后来很流行(大阿尔伯特从中多有借鉴)的字义评注(1240 年);格罗斯特(7 章 3 节)的《后分析篇》评注也是如此。直到 1300 年前后,仍然有人为波艾修的"论题"写评注,但人们的兴趣逐渐转移到亚里士多德自己的文本。在这三部作品中,影响最大的可能是《后分析篇》,它塑造了哲学家和神学家们看待自己作品的观点。在伊斯兰哲学家中,证明被看作一种科学典范,而每一个学科的拥护者们——甚至包括困难重重的神学家们和我们解释过的语法学家们——都希望能把他们所投入的事业看作亚里士多德式的科学,以属于它自己的、自明的原则作为根基。

在逻辑学中,从阿拉伯语译介过来的评注并没有它在其他地方那么重要,尽管阿维洛伊为《工具论》大部分篇目所写的意译式评注被翻译过来,还有阿维森纳和法拉比提供的很少的一点逻辑学材料。穆尔贝克的威廉翻译的辛普里丘的《范畴篇》评注和阿摩尼乌斯《解释篇》评注的拉丁文本都没有得到很广泛的使用。从我们现在缺乏相应的抄本来判断,曾经在 12 世纪激发过如此众多讨论的波埃修的评注已经不再被广泛阅读;但也有一些突出的例外——阿奎那在他自己的《解释篇》评注中小心地使用了波埃修的第二部评注(以及阿摩尼乌斯的评注),阿尔伯特和奥康的威廉也用过它。不过,我们知道得还是太少,这不允许我们对大学里如何研究亚里士多德逻辑学做太多一般性的论断。至少可以确定的是,在允许教师不受文本字义束缚的问答体评注实践推波助澜之下,有一种倾向要将亚里士多德逻辑学同"现代派逻辑"(logica modernorum)所关心的问题联系起来。

"现代派逻辑"——它指的是中世纪新发展的逻辑学分支,起源于 12 世纪(5 章 7 节),在 14、15 世纪发展到顶峰。其中大部分分支我们稍后再概述(8 章 8 节),不过这里有必要考察其中两个:诡辩(*sophismata*)和词项属性理论,前者是因为它们在艺学院中的作用极其重要,后者则很大程度上是 13 世纪的产物。

诡辩命题是一个给逻辑学家造成解释困难的句子,通常因为它是含混的,或者因为它至少在一定的语境中造成尴尬的后果,并因此可能被判断为真或者为假。这些含混性在拉丁语中比在英语中常见。例如诡辩命题"omne coloratum est"的意思既是"一切有颜色的事物是(即存在)",也是"一切事物都是有颜色的";它在第一个意义上为真,而在第二个意义上则为假。就像这里一样,这样的句子之所以造成困难常常是因为某个助范畴词项(syncategorematic term)。严格来说,可以用作一个命题的主词或谓词的词项是"范畴"词项,所有其他的(连词、副词和介词)都是"助范畴"词项。实践中逻辑学家们会作为助范畴词项研究的有连词"不"(*non*)、"除……之外"(*praeter*)、"除非"(*nisi*)、"或"(*vel*, *utrum*)、"和"(*et*)、"比"(*quam*)、"如果"(*si*);副词"只有"(*tantum*)、"必然地"(*necessario*)、"偶然地"(*contingenter*);以及若干可作为助范畴词使用的形容词和动词,例如"一切"(*omnis*)和"没有一个"(*nullus*),"开始"(*incipit*)、"停止"(*desinit*)。12 世纪和 13 世纪早期,有专门为助范畴词项而写的独立论著,但之后它们更多是在讨论诡辩的语境中出现。"诡辩"这个词同样用来指关于这些难句的一整套讨论,它们采取一定形式,产生了一种类似于论辩的文学体裁。首先是陈述难句,如果有必要则给出造成这个句子被认为有问题的情形(*casus*)(例如:"这两个男人知道自由七艺"会产生问题的情形是:男人 A 知道其中的三艺,而男人 B 知道剩下的四艺),接下来给出认为该句子为真的论证(证实),和认为它为假的论证(证伪),然后作者给出他自己的解决,先给出必要的解释和区分,最后再证明为什么他所拒斥的答案的证明是错误的。侦察表面的含混性只是一个开始:论证和驳论通常会变得复杂而精致,而诡辩也常常成为探讨与指称、量化、辖域和共相有关的问题的有力工具。

词项属性理论关系到在一个句子的语境中词项的指称(或按当时的叫法,"指代"[*suppositio*]),它发展于 12 世纪晚期和 13 世纪早期。西班牙的彼得——很可能是一个道明会会士,而不是通常认为的成为教宗若望二十一世的彼得——在1250年前写的极为流行的《论证》(*Tractatus*,也以《逻辑学概要》[*Summule logicales*]知名)中对其做了完备的探讨。其他论著如舍伍德的威廉的《逻辑学导论》(*Introductio in logicam*)也提出了该理论的不同版本。在中世纪理论家看来,一个范畴词项通过原初赋值(imposition)的方式(人们应该想象亚当指着某物说,"那是一条狗","那是一朵花"等等)获得意指某个普遍形式和拥有该形式的对象的属性。不过,一个词项根据它在句子中的用法也会具有一种或另一种指代。当它指称某个个别事物或若干个别事物,它具有人称指代;当它指称自身时则具有实质指代("狗"有八画,我们今天用引号来标明实质指代);当它指称某个共相时则具有简单指代("狗是一个种";或者照西班牙的彼得和其他少数人的说法,"每一条狗都是一个**动物**")。包括西班牙的彼得在内的有些逻辑学家认为,一个词项还具有自然指代,据此可以代表一切它自然地适合指代的事物,例如"狗"可以自然指代所有狗,过去的、现在的和未来的。自然指代比它初看上去要更适合语境式的研究进路。语境被认为可以"限制"或者"扩展"一个词项的指代:例如,在"这只**狗**曾经是"(The *dog* was)中,动词过去时态的效果是将"狗"的指代限制在过去的狗身上;在"这只狗可能是白的"中,"可能是"的效果是把指代扩大到可能的狗(possible dogs,彼得认为它指现在和未来的狗,IX.6)身上。因此,自然指代可以看作当语境不限制一个词项的指代时它所具有的指代。

  人称指代被进一步细分为确定的(determinate,"有一条狗正在跑"),周延的和模糊的(confused and distributive,"每一条狗都在跑")和单纯模糊的(merely confused,"每一条狗都是一个**动物**")。这些分类基于所涉及的命题之间的关系,以及它们所暗示的关于单个事物的命题("下降到单个事物")。命题"所有A是B"的主词具有确定指代,如果由此可以推出这个A是B,或那个A是B,或那个A是B……;它具有周延的和模糊的指代,如果它可以推出这个A是B并且那个A是B并且那个A是B;它具有单纯模糊的指代,如果它可以推出所有A是这个B或者那个B或者那个B……。虽然历史学家并不清楚这些人称指代的区分发明出来的目的,但它们给出了真值条件,并提供了有效的分析机制来帮助我们处理指称复杂命题,例如那些因为时态而复杂化,或者那些有多个量词的命题,例如那些常常用来磨练当代逻辑学生的脑力的命题("所有人都爱某个人")。

第三节 艺学硕士与神学家：1200—1250 年

早期艺学硕士

亚里士多德的《自然诸篇》[5]最早也是最引人注目的使用者之一是迪南的大卫(David of Dinant)，他的《短札集》(Quaternuli)被 1210 年的巴黎教务会议下令焚毁。大卫似乎懂希腊语，他为自己翻译过一些文献，但他在使用这些文献时所形成的对事物的理解，与亚里士多德的和正统基督教的同样相去甚远。他坚持对灵魂的自然主义理解(医学是他最大的兴趣之一)，同时还论证了尽管有许多身体和许多灵魂，但只有一个质料(hyle)和一个灵魂(anima)，它们彼此同一，而且与上帝同一。这奇特的斯宾诺莎的前兆可能导致亚里士多德科学被人怀疑，并且给针对相关文献的禁令添了一把火。在禁令之前，对它们的研究可能在巴黎的艺学院已经是常态。亚历山大·内克姆(Alexander Neckam)在 12 世纪末的作品中提到艺学生们不仅学习亚里士多德的逻辑学，也学习他的《形而上学》《论生灭》和《论灵魂》，而英格兰人约翰·布伦德(John Blund)，活跃于 1200 年前后，据说也在巴黎和牛津讲授"刚从阿拉伯人那里得来的"亚里士多德著作。他有一部著作留传下来《论灵魂》(De anima)：它遵循的是阿维森纳而不是亚里士多德的想法，而且采用了阿维森纳的意译式评注的形式。

在阿维森那的亚里士多德解读中(4 章 5 节)，主动理智被等同于从上帝流溢而出的诸理智中的最低者。但早在 1220 年代中期，一位匿名的艺学硕士讨论灵魂能力的论著已经拒斥阿维森纳的观点，转而支持被归于阿维洛伊的一种立场：所有灵魂不止具有一个潜能理智，而且拥有一个主动理智，这是它的能力之一。对阿维洛伊的这种解释非常不同于阿维洛伊自己写过的任何著作，也不同于后来所认为的阿维洛伊主义，却成为艺学硕士们所推崇的观点。到了 13 世纪 30 年代，有关亚里士多德《自然诸篇》的禁令(它毕竟仅适用于巴黎艺学院)看起来人们已经视而不见，而《论灵魂》已成为常规研究的文献，从 13 世纪 40 年代开始有评注传世。

有关其他新亚里士多德文献的评注也没有晚太久。一个关键人物可能

---

[5] 中世纪指亚里士多德的自然哲学著作，包括《物理学》《论生灭》《论天》《天象论》《论灵魂》《自然诸短篇》等。

是康沃尔的理查德·鲁弗斯（Richard Rufus of Cornwall）。他（很可能）于 1238 年成为方济会会士，之后无疑根据在牛津的讲授写过《箴言集》评注（约 1250 年）。他在巴黎学习之后还缩写过波那文图拉的《箴言集》评注。人们认为他在担任艺学硕士期间还写过《物理学》（约 1235 年）、《论生灭》和《形而上学》评注。如果这些是他的著作，那就是这些亚里士多德文献已知最早的拉丁评注；罗吉尔·培根为《物理学》所作的《问答集》（Quaestiones）始于 13 世纪 40 年代的巴黎。无论真相如何，归于理查德的这一系列著作非常有趣，它们的作者不仅乐于驳斥阿维洛伊，还在不同的领域反驳亚里士多德，例如他对抛物运动的解释。另一位富有影响的艺学硕士是后来成为坎特伯雷总主教的罗伯特·基尔沃比（Robert Kilwardby，殁于 1279 年），他曾于 1240 年前后在巴黎教书，其著作被大阿尔伯特大量借鉴。

除迪南的大卫外，艺学院早期的新亚里士多德研究给人的印象是，这些思想家们在尝试理解和消化新材料，但还不能让它服务于他们自己的目的，或对之做出回应，或抽身而出、思考它所涉及的内容。不过，没有受到巴黎禁令影响而且通常有更长的时间进行研究的神学家们，他们对这些新材料采取了更主动的态度。

奥弗涅的威廉与巴黎、牛津早期神学硕士

巴黎早期的神学硕士包括了欧塞尔的威廉（William of Auxerre，1140/1150—1231 年），他是《黄金大全》（Summa Aurea）的作者，该书以伦巴第人彼得的《箴言集》为模板，但采用了一系列彼得不了解的思想素材——亚里士多德的《物理学》《论生灭》《形而上学》《论灵魂》《伦理学》以及阿维森纳的著作，而且更加系统地探索了道德及上帝存在的可证明性等领域。总执事菲利普（Philip the Chancellor，殁于 1236 年）在他的《论善之大全》（Summa de bono）中也运用了类似的材料，它开创性地围绕至善理念来编排全书。第一位评注《箴言集》的硕士黑尔斯的亚历山大（殁于 1245 年）了解几乎整个亚里士多德全集，包括他看作亚里士多德著作的《论原因》。《亚历山大弟兄之大全》（Summa Fratris Alexandri）除了后来增补的第 4 卷之外，完成于 1236—1245 年间，主要由他的追随者如拉罗谢尔的约翰（John of La Rochelle，殁于 1245 年，他写了关于道德律的部分）等人汇编而成。这部《大全》给人印象最深刻的特征，是它在讨论神学课程每一个方面时的鸿篇巨制（罗吉尔·培根说它和一匹马一样重）和巨细无遗。

在所有这些作品中，亚里士多德和阿拉伯的新材料被吸收到现有的框架中,其主要根基是奥古斯丁和某些更晚近的基督教思想家,尤其是安瑟尔谟和圣维克多派(Victorines)。这些神学家在奥古斯丁的思想中发现一套观念,同他们在阿维森纳的《治疗论》译本中读到的内容相近。这一并非纯属偶然的相似,为上述综合工作助了一臂之力。奥古斯丁虽然没有提出形式化的知识理论,但他认为人只有获得神圣光照的助佑才能达到真理。他的动机部分来自他的柏拉图派信念:与意见相对立的真理的唯一来源是理念(他将其置于上帝的心灵中);部分来自甚至要将普通的认识行为置于神圣控制之下的愿望。阿维森纳至少部分认可奥古斯丁的柏拉图主义。对他来说(4章5节),理智知识包含与主动理智的结合,不过在他看来,主动理智是独立实体,但不是上帝。这也足以让拉丁神学家非常轻易地将两种观点融合起来。在黑尔斯的亚历山大和罗伯特·格罗斯特以及许多其他神学家共同接受的广义理论中,我对共相比如说马的思想之所以是马的思想,是因为我的理智被马的一个**可理解样式**(intelligible species)[6]形式化(informed),而该样式本身是从我通过感觉获得的一匹马或多匹马的**可感样式**(sensible species)中抽象出来的。从可感样式中抽象普遍的可理解样式的过程,并不能通过人的理智的内在能力完成:他们认为该过程需要主动理智,不过和阿维森纳不一样,他们不把主动理智看作分离实体,而是将它同上帝等同。由此产生的是**透过阿维森纳之眼的亚里士多德派理论**(不过很可能比阿维森纳更接近亚里士多德本人),然后它被重整到奥古斯丁派框架中。

有一个在中世纪及中世纪之后的形而上学史中大放异彩的想法,正是在这些13世纪早期的神学家,尤其是总执事菲利普这里第一次得到真正的发展。将善与存在紧密结合(奥古斯丁喜欢说恶就是无),并且宣称所有存在的事物都有统一性(如果它被打破,它就不再是该事物),这是新柏拉图派的老生常谈。例如,波埃修在他的《哲学的慰藉》中(3章1节)就采用过这两个观念,而在《神学短篇集》之三中,他从所有事物就其存在而言是善的这一被看作自明的前提出发:善与存在因此**至少**在广延上是等价的。以奥古斯丁和波埃修为背景,借助某些来自亚里士多德《形而上学》的线索,以及欧塞尔的威廉有关善的讨论(《黄金大全》III,10,4),总执事菲利普第

---

[6] 中世纪认识论中的 species intelligibilis 是一个很难准确翻译的概念,这里的 species 指的是事物在认识中显现出来的形式,是事物的"样子",或许可以更自由地翻译为"表象"。但考虑到应当保留其独特性,而且不同思想家对其解释也有区别,这里选了一个略为拗口的译法。

一个将上述想法整合成"超越者"(transcendentals)理论。他选择了所有事物都具有的四个属性:存在、善、统一性和真理。他指出(《论善之大全》1—11题),这些属性不仅在广延上是等价的——既然所有事物都拥有它们,它们必然如此;而且它们在实际中同一,仅仅在概念上相区别。如果存在被看作是不可分割的,那么它就被理解成统一性;如果存在被看作同它的形式因不可分割——即那使质料成为其所是的形式,它就被理解成真理;而如果存在被看作同其目的因不可分割,它就被理解成善。

这一时期最有趣的神学家却要算奥弗涅的威廉(殁于1249年),他13世纪20年代曾在巴黎教书,后于1228年成为主教。他曾写过一部神学百科全书《神圣与智慧的教诲》(*Magisterium Divinale ac Sapientale*),用一套独立的论文涵盖了《箴言集》所设定的整个学科范围,分别论述了三位一体、受造物的世界和灵魂(*De anima*)。他广泛使用新材料,不过反驳了其中的许多想法。他身上阿维森纳的影响比真正的亚里士多德要大(阿维森纳的观点常常被说成是亚里士多德的),威廉关于上帝是必然存在的观点,以及存在是其他所有事物的偶性的观点显然取自《治疗论》(有一定的扭曲)。不过,威廉非常急于反对阿维森纳宇宙的两个核心特征:即认为它的产生是必然的和在上帝和人的世界之间存在中介——阿维森纳的理智。威廉与基督教教义相一致,肯定上帝自由而且无需中介地创造了万物。该观点塑造了他思想最为独特的领域,这是一种知识理论,它提出了后来的神学家如阿奎那必须面对的问题,但给出了非常不同的解答。

威廉因为想要剔除中介的存在,他(《论灵魂》;William of Auvergne, 1674, II, 214-215)不能接受阿维森纳关于知识由一个分离的主动理智所传授的观念。他反过来认为人的理智通过一套内在记号(signs)来认识世界。世界中的对象在感官上留下印象,然后感官激活理智去形成适当的记号。人们直接从上帝获得这些记号,因为上帝呈现于人的理智之前,就像可感表象的世界呈现于人的身体之前。而自然或者从根本上说上帝赋予人类这样一种构造,使得某种特定的感觉刺激会激发正确的记号。威廉在有些场合似乎认为记号关联到它所意指的东西,靠的是与之相似,就像图画一样;有的记号,比如说热的记号,字面上并不相似它们所代表的对象,不过它们源于作为万物典范的上帝,这被认为确保了它们同其对象的关联。

今天的心灵哲学家常常会针对一个给定的关于某物X的思想提出问题:是什么使它成为**关于**X的思想?亚里士多德所暗示的回答是,它是关于 X 的思想,是因为它就**是** X:潜能理智成为它所思考的形式。威廉正在提出的是全然不同的应答思路,它更接近心灵语言体系(参 8 章 5 节)而不是任何亚里士多德体系的改编。

罗伯特·格罗斯特

罗伯特·格罗斯特(Robert Grosseteste,约 1168—1253 年)不太容易编入正在发展中的经院主义编年史。他虽然比黑尔斯的亚历山大活得更久,但他的神学研究却是非体系性的类型,以评注作为基础(例如 1238—1243 年的伪狄奥尼修斯评注;1230—1235[?]年的六日创世评注)。但他也是亚里士多德研究的先驱,《物理学》最早的评注中有一部是他的(可能开始于 1225 年之前,但完成时间晚很多),而已知最早的《后分析篇》评注也是他的。在某些方面,他拒绝完全融入经院模式:他 13 世纪 20 年代在牛津教过书,1235 年成为林肯主教,在他漫长的职业生涯快要结束时,他学习了希腊语——这在他那个时代的哲学家和神学家中是闻所未闻的成就,并且和助手们一起不仅翻译了希腊语神学作品,而且还有亚里士多德的《尼各马可伦理学》和《论天》的部分章节。他似乎还学过一些希伯来语。

格罗斯特常常因为他对科学方法的贡献和他所谓的"光的形而上学"而出现在中世纪思想史中。格罗斯特在他的《后分析篇》评注中确实提到过如何达到建立在经验之上的普遍原则(*pricipium universale experimentale*),但人们有时宣称他是中世纪最早设计了一套实验方法的思想家,这种说法在他的理论著作和更实践化的科学著作中都无法证实。格罗斯特的评注被广泛阅读,其主要成就其实在于,它传播了亚里士多德这部论著中的某些想法,它们并不在现代意义上指导科学研究,而是更多地帮助人们思考知识的组织方式。格罗斯特将奥古斯丁的光照观念融入他对亚里士多德的理解中,他认为,给定我们的堕落状态,科学推理的过程要求我们转向神圣之光。在他的《论光》(*De luce*)中,光被转化为一个形而上学本原。物质具有三维。但是,既然质料和物质性形式(form of bodiliness)都是简单的并且缺乏维度,那么,三维性是如何从这二者中产生的呢?如果光能被等同于物质性形式,这个问题就能得到解答,因为光在所有方向上延展自身。格罗斯特深入阐释这一基本观念,来说明作为同心天球的宇宙的结构从光这一简单的视角来看是如何产生的;在他的讨论中,格罗斯特还提到了不同大小的无限,这一想法和亚里士多德的差异非常有趣。

格罗斯特在一系列主题上展示了他的敏锐和富有原创性的心智。举个例子,他有关永恒和预知的讨论是阿奎那之前(专题研究I)最精微的讨论之一。他在《论自由决断》(*De libero arbitrio*,第二次修订本很可能写于13世纪20年代晚期)一书中以强有力的方式提出从神圣预知到未来必然性的论证(第1章),这种方式波埃修甚至阿伯拉尔都不了解,不过12世纪时阿伯拉尔的追随者罗兰和普瓦捷的彼得已经有所暗示。假定A是一个未来偶然事件。以下两个命题

(1) 如果上帝知道A将要发生,它就会发生。

和

(2) 上帝知道A将要发生。

都是必然的(也就是说,对于1:必然地,如果上帝知道A将要发生,它就会发生),由此可以推出

(3) 如果上帝知道A将要发生,它就必然会发生。

格罗斯特(第6章)求助于同时可供选择的可能性这一观念来解决这个问题(Lewis,1996)。上帝虽然在永恒中已经知道A,但他**曾经可以**(could)不知道A(那样的话,将会发生的就是非-A)。这样的话,在永恒中总是如此的某物的必然性就不是 2 + 3 = 5 那样的简单必然性。不过,格罗斯特进一步追问(第6—7章),上帝的永恒性并不会在时间中延展,在他之中怎么会有这种朝向对立面的能力呢?他的回答是,在上帝之中存在先与后的次序,但是它是因果性的,而非时间性的。格罗斯特并未像邓斯·司各托后来那样系统地发展这一洞见,不过他已经不得不应对司各托50年之后将会使用的思想素材。

罗吉尔·培根

罗吉尔·培根不可思议地长寿,他比阿奎那大10岁,但在他去世之后又活了20年。他和格罗斯特一样对自然科学有兴趣,同时比他更加坚定地强调数学对于理解自然至关重要。他从格罗斯特的光之形而上学中得到灵感,建立了有关样式(*species*)或相似性如何传递和增殖的理论,它成为13世纪和14世纪早期感性认识解释的一个标准构件。此外,1237—1247年在巴黎度过的那段时期,他还是亚里士多德非逻辑学著作最早的评注者之一。他的职业生涯的所有这些侧面,以及他对语言学习不同寻常的热情,都应当让他成为他那个时代出类拔萃的人物,同时也是现代科学的先行者。

不过，培根却是那种任何一个学界中人都会毫不费力地认出的那种人，今日亦然。天生一颗才华横溢、兴趣广泛的大脑、无尽的好奇心、无限的活力和不受约束的自信，他开始认为，只有他才真正理解新的亚里士多德科学，因此抱怨任何不分享他那些大胆而离奇的观点以及教育改革计划的人。培根性格的这些特征在他 1257 年加入方济会后甚至变得更加突出。这一举动不仅没有为他的观点赢得他期盼的声望；培根很快就同他的修会闹翻，方济会试图让他禁言。尽管如此，他还是设法让教宗克雷孟四世(Clemens IV)对他的思想产生了兴趣，而且为了他在 13 世纪 60 年代后期写成了三部内容广泛的著作：《小著作》(*Opus minus*)、《大著作》(*Opus maius*)和《第三著作》(*Opus tertium*)。

培根虽然对语言、数学和自然科学有兴趣，他在这些领域的实际成就很有限。他的一个杰出成就在一个完全不同的领域：记号研究。他在《大著作》的一部分中进行的这项研究最近才被重新发现。培根是第一个全面系统地讨论记号的中世纪作家。此外，他针对口头语言中的语词作出了两项创新。他拒斥亚里士多德和波埃修的模型，在他们看来语词意指思想，思想意指事物，而培根则在语词和它们所意指的事物之间建立了直接联系。同时他还承认，就像一个语词可以通过最初的赋值建立同一个类别的事物的指称关系，它也可以通过不那么深思熟虑，更多不加言明的赋值获得指称其他对象的能力。

第四节　巴黎的神学：波那文图拉和大阿尔伯特

对于 13 世纪中叶时思想走向成熟的思想家来说，巴黎大学的生活为他们提供了比他们前辈更多的机会，当然还有挑战。人们对亚里士多德、阿维森纳和阿维洛伊的很多领域的作品有了更好的了解。它们不仅提供了新的沉思路径，同时也为基督教神学家和艺学院的硕士们提出了难解的问题。1250—1275 年这一时期的三位伟大的思想家：方济会会士波那文图拉、道明会会士大阿尔伯特和托马斯·阿奎那(将在下一节中讨论)分别给出了他们各自的回答，同样的还有艺学硕士布拉班特的西格尔、达契亚的波埃修和他们的同事们。

波那文图拉

波那文图拉曾在第一位方济会硕士黑尔斯的亚历山大名下学习，他在

1253—1255 年间担任方济会教职；而从 1257 年到他逝世的前一年 1273 年，他曾任方济会总会长。他的作品包括一部《箴言集》评注（1250—1255 年），一部系统神学教材《简言》（*Breviloquium*，1257 年），他晚年的大学布道辞（*Collationes*），和两部与大学教学无关的短篇作品，它们精简地表达了他极富个性的思想；标题就很能说明问题：《论艺学向神学的回归》（*De reductione artium ad theologiam*）和《心向上帝的旅程》。

波那文图拉那个时代的人还没有关于亚里士多德整个思想的完整训练，这在下一代人中才成为理所当然；他虽然在成为方济会会士前曾经在艺学院学习，但那时完整的亚里士多德课程体系尚未引入。一个人打算如何研习新获得的文本，这是个人选择的问题。波那文图拉并未忽略它们，但也没有对亚里士多德及其评注者进行深入、细致的学习，像他的道明会同代人阿尔伯特和阿奎那那样。他有选择地采纳了来自亚里士多德、伊斯兰和犹太作者的想法。比方说，他虽然遵循一种广义上亚里士多德派的感觉观，但他依照奥古斯丁传统的思路认为涉真理的知识需要上帝的光照。他沿着所罗门·伊本·加比罗尔的路数将亚里士多德的质形说改编为一种认为上帝之外的所有事物都是质料和形式的复合的理论。因此，人的灵魂与身体的关系不是亚里士多德那里形式与质料的关系，而是质形复合物与质形复合物的关系。不过，波那文图拉（1882—1902，II，50；《箴言集》评注，II，d.1，pars 2，a.3，q.2）采纳这一立场来试图加强他的许多同代人所构想的身体与灵魂的关系：构成灵魂和身体的两个复合物有一种彼此连结的欲望，以便灵魂能使身体完满，身体使灵魂完满。

和几乎所有 13 世纪神学家一样，波那文图拉认为柏拉图式的理念存在于上帝的心灵中。不过，他对理念尤为强调，批评亚里士多德派拒斥它们，并且认为基督教思想家的使命就是通过读解理念在受造的自然、人的灵魂和《圣经》中的痕迹来通达这些神圣典范。这一过程正是《心向上帝的旅程》一书的主题，它不是对朝向上帝飞升的描述或是分析，而是为了它而进行的一段旅程。在勾画这段旅程时，波那文图拉得到奥古斯丁、伪狄奥尼修斯，可能一定程度上还有阿维森纳的引导。这段路途分三个阶段：向外观望、向内凝视我们作为上帝肖像的灵魂，以及超越我们自己、为对上帝的认识而欢欣。波那文图拉的思想过程与其说是论证，不如说是数字命理学（numerological）和隐喻，他将这些阶段同事物在质料、悟性（intelligence）和上帝心灵中的三重存在联系起来，同基督的物质的、属灵的和神圣的实体联系起来。他进一步将这些三分细分(因为上帝可以当作开端和终结,或者**透过**[through]镜子和**在**[in]镜子之中来观看),由此得出灵魂的六种能力,通过它们"我们自深渊升向顶峰,自外物进入内心,自短暂升向永恒":感觉、想象、理性、理智(*intellectus*)——这是普通的波埃修式的区分,随后是悟性(*intelligentia*)和"心灵的巅峰"或"良知(synderesis,这个术语通常指我们与生俱来辨识基本伦理准则的能力)的火花"。他举了大量经文中的六来作为类比,包括创世六日、撒罗满(所罗门)宝座的六级台阶、依撒意亚(以赛亚)所见色辣芬的六翼。飞升的六个步骤中每一个都以类比的方式来讨论:例如,被信、望、爱三种神学美德净化、光照和完善的灵魂可以比作天使的三个三重等级,三种律法(自然法、旧法与新法)和《圣经》的三重含义(道德、隐喻、类比[7])。

因此,波那文图拉对新材料和思想的回应,并不像人们有时认为的那样是拒斥它:他接受它,但是完全按照他自己的术语(这一立场在他有关世界永恒性问题的巧妙评述中变现得更加清晰[专题研究J])。这些术语重新回到的不是阿伯拉尔甚至不是伦巴第人彼得的精细逻辑,而是圣维克多派、伪狄奥尼修斯和奥古斯丁。后来的方济会神学家更专注于论证与分析,他们是受过更彻底训练的亚里士多德派。但他们看待波那文图拉时所带有的敬意并不仅仅是同袍兄弟的谦卑。他们以他们自己的方式来追随他相对于亚里士多德的独立,追随他贬低我们的世俗生活和我们费力获致的理性的倾向,这表现在波那文图拉激情四溢的神秘主义意象中,表现在他们有关上帝绝对权能的冷漠逻辑之中。

大阿尔伯特

谈到波那文图拉对他那个时代的思想家所面对的问题的回答,几乎没有比大阿尔伯特(1200—1280年)的回答差异更大的了。他生为斯瓦比亚人,约1220年成为道明会会士,1245—1248年间在巴黎任神学硕士,比波那文图拉早几年。他在科隆的道明会学堂(*studium*)任教,之后忙碌于他在修会和教会的职务,但也在继续他的写作。除了两部《大全》——一部来自职业生涯早期,一部来自后期,《圣经》评注、一部《箴言集》评注(1246—1249年),阿尔伯特还用阿维森纳的方式为亚里士多德文献写了一整套长篇意

---

[7] 此处波那文图拉原文做 anagogica,即神秘性含义。

译评注。这些文献不仅包括逻辑学著作、《伦理学》《形而上学》、自然科学论著 和《论灵魂》，还有《论原因》，他的另一部重要作品《论万物之原因与演进》(*De causis et processu universitatis*，1263 年之后)与该书密切相关。

阿尔伯特的奋斗目标同波那文图拉的差异从上述著作清单中就能表现出来。波那文图拉满足于像他的前辈如黑尔斯的亚历山大那样作为神学家工作，只不过对亚里士多德有更好的了解和更牢靠的把握。与此不同，阿尔伯特致力于掌握和统一大批复杂而异质的材料：真正亚里士多德派的、伪亚里士多德-新柏拉图派的、法拉比的、阿维森纳的和阿维洛伊的，他将超越自己的同代人更好地了解这些材料视为己任。阿尔伯特根据亚里士多德、阿维洛伊和其他人著作中的线索，发明出一套几近空想的哲学史来整理上述材料，其中不仅将某些立场归于柏拉图和斯多亚派，而且还归于阿那克萨戈拉这样的人物。解释和澄清正确的逍遥学派立场是阿尔伯特自我指派的任务（这想法可能来自阿维洛伊的刺激）。阿尔伯特的作品清单表明他也是不折不扣的基督教神学家（他事实上是教会的重要人物：德国道明会的省会长，后任雷根斯堡[Regensburg]主教）。不过，他相信自己在探讨自然科学及相关问题时应从其本身出发，而不是把基督教义强加给它们："神学的基本原则并不适合成为哲学的基本原则，因为它们建立在启示和默感(inspiration)而不是理性之上，因此我们并不能在哲学中讨论它们。"因此，阿尔伯特让他的神学与他的哲学并行不悖，使之倾向于神秘主义，并且大量利用伪狄奥尼修斯的著作。

阿尔伯特自视为逍遥学派（也就是亚里士多德派）哲学的棋手，这看起来有些奇怪，因为他大多数时候读起来像新柏拉图主义者。不过，这想法从以下两方面来考虑就可以理解了(De Libera, 1990)。首先，阿尔伯特著作中各元素的混合反映着阿拉伯的亚里士多德-新柏拉图传统，不过他无疑更倾向于新柏拉图主义的一面，而不是更严格的亚里士多德派巴格达传统。其次，考虑到他对《论原因》（一部在新柏拉图倾向的铿迭学圈中编订的作品：3 章 5 节）的态度，这一倾向也就不难解释了。阿尔伯特坚定地相信这部文献尽管不完全是亚里士多德的原话，但仍然以他一部失传的著作为根据。对阿尔伯特来说，《论原因》就是神学，是对最高存在的探讨，亚里士多德用他来完成他的《形而上学》，这样的话，《形而上学》就能看作对一般存在的研究。因此，对《论原因》的接受造就了阿尔伯特对"逍遥学派"形而上学的整体理解（见间奏 viii）。《论原因》造就了他独特的研究进路去处理其哲学中的一个核心主题:流溢。除了那些他自己的追随者之外,与大多数拉丁思想家不同,阿尔伯特接受阿拉伯传统中法拉比以来广为流传的观点,认为有一系列理智从上帝即第一因中流溢而出。他明确反对迈蒙尼德将这些理智等同于天使——这是他想要让启示同理性思辨分开的一个例证。不过,在求助于《论原因》时,阿尔伯特对流溢的理解不同于阿拉伯传统,因为他认为第一因也是一个目的因,即至高的善,而且他相信所有的质料都包含一个形式要素,可以由至善的吸引力将其呈现出来。阿尔伯特也小心翼翼地避免宇宙由上帝永恒地流溢而出这样的暗示;作为一个基督教神学家,他认为上帝与他所造的、有一个开端的世界截然不同。关于上帝本身在什么意义上永恒这个问题,阿尔伯特的立场非常微妙。和大多数神学家一样(专题研究 I),他希望将永恒的两种意义结合起来,一种意义使神圣永恒性不同于单纯在时间中永存,另一种意义则使它可以持续,无限地延伸到过去和未来。在他后来的那部《神学大全》(约 1270 年;5 论 23 题)中,他为了这一目的允许上帝的永恒性真正地就其本身而言是无时间性的(timeless),但是灵魂在要把握它时,就会将自身延展从而超越一切时间限度。他因此做到了在保留神圣永恒性与时间的绝对区别的同时,又允许某种认知上的关联。

在阿尔伯特的思想同阿拉伯思想来源的亲密关系中,最显眼的或最奇怪的,莫过于他有关理智知识的论述。阿尔伯特既是后来所谓阿维洛伊主义的第一个重要的反对者,也是第一个最本真的阿维洛伊主义者,尽管是在略微不同的意义上。一旦明白了艺学硕士们世纪初时对阿维洛伊的解读是错误的,而他的真正立场是存在一个为所有人共有的潜能理智,波那文图拉和阿尔伯特就开始抨击这种对亚里士多德《论灵魂》的解读。阿尔伯特 1256 年在亚历山大四世(Alexander IV)的请求下写了他的《论理智的单一性:驳阿维洛伊》(De unitate intellectus contra Averroem),并不断地在其整个写作生涯中将那种认为只存在一个单一的人类理智的观点斥为愚蠢,他把这种观点归在阿维洛伊和其他一些思想家名下。然而,在他的《论灵魂》评注中(1254—1257 年间),阿尔伯特宣称他完全同意阿维洛伊,而在他对亚里士多德的分析中,他确实全面地使用阿维洛伊的完整评注。此外,1260年代或之后的阿维洛伊主义者倾向于接受现成的解决方案,与他们不同,阿尔伯特像阿维洛伊本人一样去研究这个问题(《论灵魂》评注,III, tr. 2)。他将辨识亚里士多德的观点看作一个异常艰巨的难题,并且拿阿维洛伊作他的考场小抄(cribs),承认有很多种不同的解释。他同阿维洛伊一样,认为最根本的问题是去解释潜能理智何以不与身体相混并且是独立的:如何避免使它变得同原初质料一样,以同样的方式来接受形式。他满腔热情地接过阿维洛伊的解决方案:在潜能理智接受普遍形式时,该形式"决定"理智,而不是按照形式之于质料的方式同它结合在一起(第12章)。

那么,这个理智是一还是多呢?阿尔伯特回答:它两者都是(第13章)。它"根据自身"是分离的,但又同每一个个人结合在一起,因为理智存在于其中的实体同感觉和形象相联系,而后者对于每个人都是个别的。正如他在《伦理学》评注中所论(X,11,q.7),灵魂有一个较低的部分负责同身体感官相关联的能力,有一个较高的部分负责它的理智能力,同任何物质性的东西都没有关联。阿尔伯特解释道,这也是为什么亚里士多德和阿维森纳和阿维洛伊不同,要把理智说成是灵魂的一部分。而既然灵魂是"有器官的身体的完满"(因此根据身体的数目而个别化),那么,理智作为它的一部分,它在不同事物中的存在在数目上就不是同一的。但是"虽然我的理智是个别的并且和你的理智相分离,然而,理智在自身中拥有共相,它所依据的并不是它的个别化的存在":在理智中的就不是个别化的。共相"在每个人的灵魂中自始至终、在一切场合都是同一的,它不会因为灵魂而个别化",但我的知识和你的知识有区别,这是因为人的认识活动得以完成,需要感觉-形象(sense-images)。简而言之,阿尔伯特所说的看起来和阿维洛伊完全一样,但得出的结论截然相反。需要提出的问题是他这样做是否前后融贯:当阿尔伯特说理智是灵魂的部分并因此而个别化,而理智在实现它把握共相的功能时却保持非个体化的状态,他不是在玩弄语词吗?

在阿拉伯亚里士多德-新柏拉图传统中,人和主动理智的完全结合的观念常被提出来讨论,主动理智就不再只是人思考的动力因——这是任何理智思考所必需的——而且成为它的形式。达到这种状态的人会将纯粹形式作为他思想的对象,而纯粹形式是主动理智的内容,最终来自第一理智上帝。这样一个人通过哲学沉思,会实现某种自我神圣化。我们有理由怀疑伊本·巴哲(6章2节)之外的大多数阿拉伯哲学家真的会把这种目标作为哲学沉思生活的宗旨。对于写了《论灵魂》完整评注的成熟的阿维洛伊来说,完全结合的问题因为他有关主动和潜能理智都不属于个人的观点而复杂化;他相信它们永久地结合在一起,但是这一事实如何影响个人则不甚了了。阿尔伯特无须面对这样的问题,他借用了阿维洛伊大部理论,但是仍然认为每一个人拥有一个潜能理智。这样的话,留给他可走的路就很清楚了;尤其是在《论理智与可理解物》(*De intellectu et intelligibili*)一书中,他就沿着这条道路将完全结合作为哲学家的目标。

他正是从上述观念出发来解释亚里士多德《尼各马可伦理学》第十卷中有关沉思生活是人类最好的生活的讨论。他在哲学和神学沉思之间所做的比较很能说明问题(第十卷,16章,6题)。他说它们彼此相似,因为它们意味着不受激情的妨碍去沉思精神事物。二者都沉思上帝,但哲学家把他"作为一个证明的结论"来沉思,神学家则作为"理性和理解之外的存在";哲学家是凭借他所获得的智慧,神学家则是通过"上帝灌注的光"。阿尔伯特也承认哲学家的沉思是目的自身,而神学家的则是通往天堂中的神视(vision of God)的垫脚石。虽然有这样的反差,阿尔伯特还是给哲学家的沉思留下巨大的领地:它**确实**能在此生中产生某种神视。

因此,阿尔伯特对新材料的回应是满怀热诚的接受。不过,他所重构的哲学,虽然建筑材料大多来自亚里士多德和阿拉伯(拜占庭)亚里士多德-新柏拉图传统,却和它的任何一个原型都不相似;特别要说的是,他关于某种理智自我神圣化的描述虽然植根于他的思想资源,但远远超出了它们。阿尔伯特对于哲学和哲学家的投入似乎并未同他的基督教信仰以及他在教会中的高位形成任何张力。这部分是因为,阿尔伯特可能通过强调哲学独立于神学,并行不悖地投入它们的研究,以此避免了冲突。不过,他在确保没有任何不可解决的矛盾出现这一点上同样非常成功。或许,他的思想缺乏坚硬的棱角,否则就很难如此逍遥自在地在紧跟阿维洛伊的同时对他落井下石。

第五节 托马斯·阿奎那

生平与著作

阿尔伯特当年以"大"而知名。然而,他最伟大的学生后来如此声名显赫,成为大多数人心目中中世纪哲学的化身,以至于现在阿尔伯特绝大多数时候是作为他的老师而被人记住。托马斯·阿奎那1224/1225或1226年出生于意大利南部的一个小贵族家庭。他人生早年的两个决定性事件,一是在新建成的那不勒斯大学学习艺学,那里已经开始使用亚里士多德的非逻辑学著作,二是他顶住家庭压力选择成为道明会会士(1242年或1243

年)。1240年代后期,他在巴黎和科隆跟从阿尔伯特学习,随后前往巴黎,在那里注解《箴言集》(约1254—1255年)。这部评注是他第一部主要著作,他在其中已经发展了许多个性十足的立场。从他作为任教硕士组织的论辩中,编成好几套问答,最有名的是《论真理》(*De veritate*)。1260—1268年这段时期,他在奥尔维耶托和罗马任教,他的修会要求他在那里建立中等学堂。阿奎那已经(约1258—1260年)写过一部《大全》(全面的教材):《反异教大全》(*Summa contra Gentiles*),但他并未使用问答体,而这四卷中的前三卷没有使用任何经由启示的前提,而只依赖理性和自明的命题。现在他开始写作《神学大全》(*ST*),很可能是为了罗马的修道院,他采用了多少经过简化的问答,也不回避经由启示的前提,不过仍然非常关注没有这些前提我们能获得什么样的知识。这一时期阿奎那也开始写作他的第一部亚里士多德评注(《论灵魂》)。

很不同寻常的是,阿奎那被派往巴黎第二次成为道明会任教硕士(1268—1272年)。在继续《神学大全》和亚里士多德评注的写作、主持论辩(例如他后来写成《论恶》[*Quaestiones de Malo*]的论辩)的同时,阿奎那还忙于大学内部关于世界永恒性(专题研究J)和人类理智个体性(专题研究K)的论争。1272年他被派往那不勒斯建立道明会学堂,但他在1273年丧失写作能力,次年去世。

阿奎那通常被写成不仅是一个强大的形而上学和伦理学思想家,而且是一个特别擅长平衡的哲学家,在执著于奥古斯丁遗产的保守哲学家和在阿维洛伊庇护下追随亚里士多德的艺学硕士之间标示出一条中间路径;从而使基督教教义同亚里士多德主义得以"综合"——这个词常常用在他身上。然而他思想的两个最引人注目的方面,各自都是勇敢地拒绝妥协的明证。一个是阿奎那毫不掩藏的想要理解亚里士多德的每一个细节,同时极力卫护他所认为的(大多数时候正确的)真正亚里士多德立场来反驳他同时代神学家们的立场;另一个方面则是他为一种毫不遮掩的否定神学辩护。

亚里士多德派阿奎那

阿奎那对亚里士多德的热爱表现在,他在职业生涯很晚的时候,在完全没有任何教学要求的前提下,还决定为亚里士多德主要作品撰写详尽的、逐句讲解的评注。他同另一个亚里士多德爱好者,他的老师阿尔伯特形成鲜明的对照:阿尔伯特按照伊斯兰世界发展起来的亚里士多德-新柏拉图体系来阅读亚里士多德,他后来在发散性的评注中发展了自己对亚里士多德的理解,其文风接近阿维森纳,但阿维洛伊也是重要的思想来源;阿奎那则以阿维洛伊的长篇评注为典范,但注意力更紧紧地扎根于文本本身,执著于呈现亚里士多德本人所说的内容——当然是通过他托马斯的视角,但他是作为一个诠释者试图让眼前的著作言之成理。最能彰显阿奎那作为评注者的小心翼翼的,恰恰是他为《论原因》所做的评注。他所做的远不止于侦破其起源(间奏 viii)。他整部评注专注于细致地比较三种新柏拉图文献:《论原因》《神学原本》和伪狄奥尼修斯的著作。他留心《论原因》和伪狄奥尼修斯修订普罗克洛所表达思想的方式,这使得它们更亚里士多德化,**因此**也更容易同基督教教义相一致。这一对大多数亚里士多德的真正教诲(也就是对已知问题的最理性的、最科学化的回答)可以为基督徒接受的信念,参与塑造了阿奎那有关人类灵魂、认识和(在更多保留条件的前提下)人类的美好生活的观点;在巴黎神学的背景中,这些亚里士多德派观点义无反顾、略显刺耳,我们在本节接下来的简短讨论中将会印证这一点。

否定神学

阿奎那的否定神学大多学自迈蒙尼德(6 章 4 节)。他确实没有像他的犹太前辈那样(《迷途指津》I, 52-54),断言只能通过上帝的行动来将属性归于他——作为一个**基督教**神学家,他怎么能做这样的断言呢?阿奎那旗帜鲜明地拒斥迈蒙尼德的观点(《神学大全》一,13 题,2 条),他说它未能解释为什么"善"比"物质"更适合用于上帝,而且它也违背了说话人的意图。然而,两位思想家的间隙并不像上述对比表现得那样大。阿奎那自己的回答(《神学大全》一,13 题,3 条)使用了意指样态(modi significandi)的观念(7 章 2 节)。用来表达完满的语词,例如"善"和"生命"不仅用于上帝,而且从它们所意指的**内容**(what)来看,确切地来说,它们更适合用于上帝而不是他的任何造物,但是它们并没有"确切地"用于上帝,这是因为它们意指的方式要适合于造物。这一针对我们描述上帝的能力而做出的让步事实上并不能走得太远:"善"适用于上帝,但我们不知道如何适用;当我们谈论上帝是善时,我们必然地在以适用于造物,以适用于上帝使之为善的事物的方式使用语言。

阿奎那根据多义性与单义性(equivocity and univocity)对上述观念略微做了进一步的解释(《神学大全》一,13 题,5 条)。这一区分出现在亚里士多德的《范畴篇》第一章(1a)[8]。一个语词指称同一个类别的事物或者针对同一个方面,这一普通用法就是单义的:例如我把约翰、简、弗利西蒂都叫作"人",或者我说他们都是卷发(因为他们确实如此)。而如果我把"人"这个词用在约翰和一个人的肖像画上,哪怕画的是约翰本人,我就是在多义性地使用"人"这个词:人和画出来的形象不是同一类事物(或者更显而易见的是,"bank"是多义的:我可以坐在一条河的bank[岸边],只要它的岩石不多,而我也能把我的钱放入一个bank[银行],假如我有钱的话)。在阿奎那看来,任何事物都只能以多义的方式来述谓上帝和他的造物。智慧这样的属性看起来似乎是个例外:上帝是智慧的,而某些人也是如此。然而,阿奎那指出他们是以两种不同方式成为智慧的:在人那里,这是通过一种区别于他的本质的完满来实现的,而上帝之为智慧的,与他之为上帝并无区别。说一个人是智慧的,这是将他限定在一定范围内,但是说上帝是智慧的,上帝仍然是"不可把握的,并且超出这个语词的含义之外"。阿奎那认为上帝的无限性以上帝的完全单纯性为基础,而这使得单义化陈述绝无可能。尽管如此,阿奎那立刻补充道,这里的多义性也不是完全的,否则关于上帝就没有任何是可以证明的。他允许语词可以用一种介于单义和多义陈述之间的方式来谈论上帝和他的造物:这就是类比的方式。这个想法同样是亚里士多德的(《形而上学》第4卷,1003a)。我们以类比的方式说一个病人、他所服的药和他的尿液都是"健康的":这个语词的使用有着同样的关联,即关系到健康,但它以不同的方式关系到三个不同的基体(subjects):它描述了病人的状态,药品产生的结果和尿液颜色所表示的内容。

类比的引入软化了阿奎那否定神学的棱角,但并未将它根除。它甚至在一个意想不到的讨论中更加鲜明地浮现出来:阿奎那表面上试图通过断定上帝的本质就是存在来描述上帝。

本质与存在

某物的本质(essentia)就是它所是的那一类事物——例如人或石头(它也是阿奎那所说的一个事物的**形式**,同该事物的**质料**相对立),它的存在(esse)就是它成为一个存在的事物。早在与《箴言集》评注同时完成的《论存在与本质》中,阿奎那就已经详尽发展了他的一个著名立场:在所有被造

---

[8] 在亚里士多德研究中,这一对术语也译作"同名异义"(synonymy)与"同名同义"(homonymy)。

物中,本质和存在是现实地分立的(不仅仅是在思想中可以分离),但在上帝之中它们为一:上帝的本质就是存在。这观念帮助阿奎那解释上帝如何区别于他所创造的世界。当时的学者如波那文图拉接受上帝之外的一切都是质料-形式复合物的观念(一个同所罗门·伊本·加比罗尔联系在一起的立场)。阿奎那和亚里士多德一样,想要给作为纯粹形式的造物留下存在的空间——托马斯就是如此描述天使的;但是,他仍然可以坚持认为即使天使也是由本质和存在组成的。这一区分的首创者是阿维森纳(4章5节),但他的文本很容易被拉丁传统误解,以为他使得存在如同本质的一个偶性。阿奎那通过引入亚里士多德在潜能和现实之间所做的关键区分(2章1节)避免了这一结果。阿奎那认为存在之于本质(或形式),正如形式之于质料,正如现实之于潜能。因此,在他看来,一个石头之为现实的石头,最终不是因为它的形式而是因为它拥有存在(esse)。然而,存在并不是石头本质的一部分,不是石头之为石头所必需的,因此它的存在自外而来:来自那唯一本质地存在的上帝。存在与本质的区分使得阿奎那可以让上帝为他的造物的持续存在负责。

阿奎那的区分尽管具有形而上学的简洁明快,但遭到两种批评。他的许多同代人和后继者认为去思考被创造的存在(a created being)绝对是个错误,就像根特的亨利说的(《即席论辩集》1,q.9),仿佛它是在没有被阳光照亮前完全处于黑暗之中的空气一样;每一个存在都更应该被想成本身就是一束微光。万物在本质中就是对上帝的摹仿,因此存在不会在任何本质中完全缺席。有些现代学者从不同角度批评了这一区分以及相关的上帝是纯粹存在的观念。这一批评源自反驳安瑟尔谟上帝论证的同一思路:存在不是谓词(专题研究 D)。现代逻辑学家通过说有(一个或多个)x 并且 x 是 F(例如石头)来断言某种类型的事物(这里是石头)存在。在这种方案中,纯粹作为属性的存在找不到位子:"存在着的事物"不能代入 F,因为整个表达式的含义可以转述为:一块石头或一些石头是存在着的事物。然而,这样的反驳在三个层面上误入歧途。首先,因为某个中世纪原则不能用弗雷格最初设计的逻辑术语来表达就将它作为不自恰的加以拒斥,这是原则错误;我们可以得出的结论至多是弗雷格的基本形而上学直觉不同于这位中世纪作家。其次,有关安瑟尔谟的讨论已经表明,即使从现代逻辑的角度看,在一切场合排除存在作谓词也可能是错的。最后,当阿奎那说上帝的本质是存在,它并不是给出上帝的一个定义性属性,这是他一再声明不可能做到的。恰恰相反,他在强调的是上帝的不可定义性,他和他的造物中的任何一个都不一样。阿奎那在论述为什么"存在者"(*Qui est*)是最适合上帝的名称时解释了这一点。他说,"我们的智在此生中不能认识上帝在其本身中的本质。无论它如何使自己对上帝的理解变得明确,它都不能把握上帝在他本身中的存在。基于这一理由,一个名称越**不**确定,它越能不加限定地用于万物,也就可以越确切地被我们用来言说上帝"。所以,说上帝的本质是存在,这是说他之所是**不能**被定义的一种方式。

这样的话,阿奎那看起来是在错误地用两种相反的方式来谈论上帝的本质是存在:在暗示上帝的无限性和不可知性的同时,又在解释某种我们都知道的事情——我们和我们周围的事物都存在。不过,阿奎那可以回答,我们确实知道我们周围的事物存在,我们也能推算出它们的存在是有原因的,我们由此可以推导(他相信我们能)它们一定有一个不被创造的造物主;我们不能确切把握的是他作为造物主不依赖任何其他事物的存在。假如说我们把握了它,那也是间接地通过创造这一事实。

灵魂与身体

阿奎那时代以前,几乎所有基督教思想家在他们有关人的灵魂和身体的论述中,或多或少都是实体二元论者。他们认为灵魂和身体是两个此生中捆绑在一起的实体(或者更生动些,身体被看作囚笼,而灵魂则是它的囚徒);用这种方式,他们可以很容易地解释灵魂在死后存活:在他们看来,这就是灵魂与身体分离。12世纪的阿伯拉尔,虽说没有他的同代人那样强的二元倾向,但还是很不耐烦地对灵魂可能只是身体的形式这样的建议不屑一顾(Peter Abelard, 1919-1933, 212-213)。亚里士多德的《论灵魂》的出现并没有立刻改变上述处境。虽然亚里士多德的立场正是灵魂是"潜在地拥有生命的身体"的形式,《论灵魂》的早期拉丁读者如黑尔斯的亚历山大、理查德·菲舍克尔(Richard Fishacre),奥弗涅的威廉,甚至在某种程度上还有波那文图拉和阿尔伯特,都通过阿维森纳的棱镜来解读他的学说(4章5节),而阿维森纳虽然保留了亚里士多德的术语,但将人的灵魂看成一个可以同身体相分离的实体。即使他们把灵魂描绘成形式,他们也不把它看作普通的亚里士多德形式,而且他们中大多数认为身体也有它自己的形式。因此像奥弗涅的威廉这样的学者,可以在把自己说成是在追随亚里士多德的同时,仍然将灵魂描述成一个操作员或统治者,而身体则是他的工具——这是那种连笛卡尔都厌弃的柏拉图式的比喻。

241　　　尽管有的人如波那文图拉(7 章 3 节)试图应对这一难题,但这些思想家似乎都愿意牺牲人的统一性。与之相反,阿奎那坚决反对二元论:人不是使用身体的灵魂,而是身体-灵魂复合物。这一姿态取决于他的三个立场。阿奎那论述了(《神学大全》一,76 题,3 条)同一个灵魂负责人不同层次的生命功能:生长、感觉和理智推理。该观点如亚里士多德所言,认为灵魂虽然三分但仍然是统一的,这并没有什么新意:奥古斯丁教导过人的灵魂的统一性,而不论阿奎那的前辈还是他后来的对手,实际上也没有人想暗示人有不止一个灵魂。然而,阿奎那补充道,其次,这个统一的灵魂是人的唯一实体性形式:不存在与身体相分离的形式。第三,灵魂正是人的身体的形式(《神学大全》一,76 题,1 条),而且阿奎那是严格按照亚里士多德的意义来理解"形式"。

　　阿奎那接收了这样的立场,使他自己免于二元论的困难。但天主教教义要求他必须卫护灵魂的不朽,这就困难重重了。为做到这一点,阿奎那论证(《神学大全》一,75 题,2 条)人的灵魂既是形式也是持存的事物(aliquid subsistens)。阿奎那将它称作"持存的事物",他的意思是它是一个因其本身的存在物(entity)(不同于普通的亚里士多德形式),它能够独立地存在。阿奎那为这一立场所提供的论证在现代读者看来可能相当薄弱。他的根基是以下前提:人的灵魂有它自身的活动,即理智地思考,它在该活动中是独立的,因为思考(与感觉、想象、并列记忆中的形象不同)并不使用身体器官。

　　只要阿奎那能够让人信服他的断言,灵魂不是质料-形式复合物,而是既是形式又是持存的事物,那么,他就不仅打开了坚持灵魂不朽的路径,而且证明了灵魂就是如此(《神学大全》一,75 题,6 条)。根据亚里士多德的术语,处于现实中的形式是一个事物存在的原因,因此当形式同质料分离时,这个质料-形式复合物就会停止存在。而一个作为"持存的事物"(aliquid subsistens)的形式,它能独立存在,因此就不可能毁灭,因为它不能同自身分离(当然原则上它可以被上帝消灭)。在这一系列推理之外,阿奎那的思考还有另外一面,它吸收了基督教关于末日审判时死者身体将要复活、并且在属灵的状态中同它们的灵魂重新结合的教义,强调我们的灵魂独自存活并不意味着我们得以存活。

理智认识

　　阿奎那有关认识尤其是理智认识的研究,非常明确而自觉地采取了亚里士多德的进路。不过他所追溯的主要传统和他那些自称亚里士多德派的同代人中的大多数,从《论灵魂》中得出了完全不同的理论。阿奎那必须自己重构亚里士多德的思想,而在这样做的过程中,他进一步证实了自己有关人的本性及其在宇宙中的地位的基本观点。上述传统值得我们回顾(参2章2节,4章5节和6章3节),以便更清楚地理解阿奎那在其中的位置。

在亚里士多德及其传统中,理智思想的对象被限制在严格的范围内:它只关涉共相,因为人们认为只有通过把握共相才能获得科学知识。亚里士多德在解释我有关马的思想何以是有关普遍的马的思想时指出,质料中的形式使一个具体的完整事物成为一匹马,正是它为我的潜能理智赋予形式。阿拉伯传统将亚里士多德的意思解释成,我的潜能理智(在阿维洛伊看来则是唯一的潜能理智)通过主动理智获得关于马的纯粹形式,该形式并非通过抽象获得,而是最终源自上帝。思考本身因此被看作为人类完成而不是由人类完成的过程。不过,阿拉伯哲学家通过强调联想的重要性,将人的努力同思考联系起来:联想以可感形象为基础,它的宗旨在于让人准备好接受来自主动理智的形式。阿奎那时代的拉丁主流传统则让思考与个人更多些渊源,他们为此接受了一种不如亚里士多德那样直接的实在论。对他们来说,我关于马的思想之所以是一个关于马的思想,是因为我的理智被马的可理解样式赋予形式。可理解样式是通过感觉形象的抽象而达到的,但它需要与上帝相等同的主动理智的干预。

阿奎那认为理智灵魂是人身体的形式,更广一些来说,他希望确保人在神圣安排的秩序中能施展他们自己的自然能力,与此相一致,他(《神学大全》一,78题,4—5条)追随13世纪早期的艺学硕士,在每个人中安排了一个个别的主动理智:因此,所有灵魂都有一个主动的要素和一个潜能的要素。阿奎那将主动理智称为"光",并且强调是上帝将它放置在人类之中,以此向光照说致敬,但无可置疑的是,他的理论在让思考过程去神秘化和人性化上成就可观。人不需要**特殊的**神圣佑助来进行理智思考:通往科学知识的途径是他们自己的。这看起来是,而且从根本上就**是**,对人及其自然能力高度乐观的写照,但它仍然是一种等级制知识观的一部分,这限制了它对人类能力的信赖,使得阿奎那的立场略微接近他的阿拉伯和拉丁前辈,不过,它也证实了阿奎那思想另一个个性十足的论题:具身性(embodiedness)是人之为人的一个典型特征。

阿奎那深信,人类在存在等级中的地位和他们所配备的认识方式之间有严格的一一对应。在此生中，我们的理智灵魂因其本性就是具身的，因此他们理智思考的本质活动要依赖扎根于身体之中的感知，这是恰当的。分离的灵魂和天使思考时，使用他们从对上帝的至福直观中所获得的纯粹形式，与此不同，人类在此生中的思考，只能以从感觉形象中抽象而来的可理解样式为基础。主动理智将可理解样式抽象出来之后，人类需要经过一个漫长的推理过程，以自明的第一原则为基础，将他们的思想整合成命题的形式（"组合与分解"），再构造三段论，如果运气够好的话，最终达到真理。确切地来说，理智思想在阿奎那看来是即时的、不可错的，它因此同推理的过程形成对比，后者需要时间和努力，并且总是有出错的可能。至于完全意义的理智思考，阿奎那则必须转向天使，他们不仅能直接通往上帝心灵中的形式，而且可以在瞬间完美地完成推论式思考的所有阶段。然而，人类的思考仍然能看作理智的，因为它包含两个理智的瞬间：主动理智赋予它科学推理中自明的第一原则（我们或许会称作"先天"真理），以及主动理智清理可感形象以提供可理解样式。

　　阿奎那常常被看作一种直接实在论的倡导者，在他的理论中不会出现困扰笛卡尔和洛克传统哲学家的知识论问题，对于后者来说，我们通过观念或我们心灵之眼中的外部实际的表象来感知外部世界。最近的研究（尤其是 Pasnau, 1997）已经充分强调了这样的判断离真相有多远。对阿奎那（实际上还有他所属的整个传统）来说，我们通过我们理智中的 X（一个共相）的可理解样式来思考 X。确实，这一可理解样式在因果上关联到那些例示 X 的个体，因为它是从这些个体所产生的可感形象中抽象出来的，但是洛克和笛卡尔的（非内在）观念也可以这么理解。此外，阿奎那坚持认为（《神学大全》一，85 题，2 条）可理解样式并不是我们认识的**对象**，而是使我们得以认识的**依托**。我们知识的对象是事物的"实质"（quiddities），那使事物成为它们所是的那类事物的普遍形式。阿奎那说，如果我们把可理解样式当成我们知识的对象，我们就只能认识我们心灵的内容，而不是外部实在。因此，可理解样式就是心灵的表象，它们和它们所表象的实质是意向性的关系。阿奎那进一步使它在另一个层面变得复杂。和大多数他那个时代及之前的中世纪拉丁思想家一样，他接受波埃修所构建的亚里士多德《解释篇》中的语义学方案：语言中的语词意指心灵中的语词。他并不愿意（《神学大全》一，85 题，2 条，回答 3）将这些心灵语词等同于可理解样式。他说，一旦潜能理智从一个可理解样式获得形式，它就会形成一个心灵语词（或他在

《反异教大全》中所说的"意向",一部 53 章 3—4 节)。形成命题和三段论的过程都在这一心灵语言中完成。

以上的分析漏过了阿奎那论述中的一个重要特征。正如亚里士多德所言,思考的过程必然伴随感觉形象。阿奎那相信这一现象是我们普通经验的一部分:"任何人都会有这样的亲身经历:当他试着思考一个事物时,他会构造感觉形象用作事例,就仿佛是在观看他试图思考的对象"(《神学大全》一,84 题,7 条)。虽然我们实际上是不是这样进行思考这可以争论(我当然不是这样思考),但是阿奎那通过严肃对待亚里士多德的这个想法,他得以回答一个其他情况下难以解决的问题。假定理智思想不使用任何身体器官,那么,为什么大脑损伤不仅使一个人不能(通过从感觉形象中抽象的方式)获得新的理智知识,而且使他不能运用他已有的理智知识呢?阿奎那可以回答说,这个人之所以不能思考,是因为他受损的大脑不能产生与之相伴随的感觉形象,而这对于思考是必不可少的。他找到了一种方式,在不否认理智的完全非物质性的同时,允许思想和具身的人类大脑功能之间保持联系。

伦理学

12 世纪最敏锐的道德哲学家彼得·阿伯拉尔提出了一种主要是义务论的伦理学,其中自然法提供了确保每个人都知道自己义务的方式。(专题研究 F)与之形成对照,阿奎那深受(但不是只受)亚里士多德《尼各马可伦理学》的影响,欣然接受美德伦理学,不过它为义务性的考虑留出了空间(他根据我们能够把握某些第一性的、但非常一般化的道德准则这一想法发展了一种自然法理论),他的道德理论最完整的展示(大约 2000 页)是在《神学大全》第二部的上、下两部分中;它的上半部(*prima secundae*)开篇论述幸福,然后讨论了道德心理学、情感、亚里士多德式的美德和律法。第二部的下半部(*secunda secundae*)开篇讨论非亚里士多德的"神学"美德,继之以对个别美德与恶德极其完备的考察,其中他对亚里士多德的想法和基督教教义进行了细致入微的比较、对照,常常还有整合;该书结尾处考察了不同的生活方式,包括实践的和静观的,还将宗教生活的选项考虑在内,即成为一名隐修士或者一个托钵修士。

阿奎那(当然是错误地!)从亚里士多德那里提出一个原则,凡是人们所欲求的,他们就将它设想为善。不同的人会为了某个东西而欲求所有别的种类的事物,而这种只因为自身而被欲求、其他东西都是为了它而被欲求的就是幸福(*beatitudo*)。亚里士多德和阿奎那一致认为该幸福不仅作为无可动摇的事实是人们恰好都欲求的:它是他们的自然目的(对于阿奎那来说,是上帝设定的目的),而道德哲学家的任务在于向人们展示如何实现它。对亚里士多德来说,幸福类似于占位符,它立刻会带来如下问题:什么样的人生才是幸福的? 亚里士多德回答,它是由合乎人的美德的活动所构成的人生。亚里士多德通过人类特有的功能来确认人的美德,而他在人类理性思考的能力中发现了这样的功能。这一立场导致他将最好的人生描述成奉献给理智、沉思不变事物的人生;不过,他也承认还有次好的人生,它由合乎道德美德的活动构成。阿奎那在讨论幸福时频繁引用波埃修的《哲学的慰藉》,其中波埃修(3章4节)把亚里士多德开放的、需要以描述某种类型的人生来填充的幸福概念,转化成一个单体性(monolithic)的概念:所有人都欲求的幸福是最高的善,也就是上帝。

　　从一个基督教神学家的视角来写作,阿奎那既能接受波埃修的概念,也能接受亚里士多德思想中的两条线索。从作为不朽存在的人的观点来看,幸福确实在于上帝,或者更准确地说在于对他的至福直观。然而,这一幸福是此生不能拥有的:在此生中,幸福的获得依靠合乎美德的活动。阿奎那接受人们所习得的亚里士多德式的美德,但他也讨论了信、望、爱这些他深信由上帝直接灌注的神学美德。和亚里士多德一样,他细致地探讨了实践生活所包含的道德美德,而以对沉思生活的推崇结尾,不过他并未向他同时代某些艺学院的思想家所做的那样,把沉思生活刻画成某种哲学的迷狂,而是一个沉思的宗教人士的生活。不过,还有一种生活甚至要优于纯粹的沉思:"正像照亮[他人]要比单纯被照亮更加伟大,所以,把沉思过的内容传达给他人比单纯的沉思要好"(《神学大全》二下,188题,6条)。年轻叛逆的托马斯为自己选择的生活,道明会思想家、硕士和布道者的生活,就是**那**最好的生活。

间奏 ix:阿奎那与中世纪哲学的历史书写

　　略知哲学史一二的人(这个群体包括许多英语世界的职业哲学家)常常把阿奎那等同于中世纪哲学家。他也频频被当作天主教会的准官方哲学家。他独一无二的声望和官方的宗教地位反映着中世纪以后的发展,如果让它们来塑造中世纪哲学史的话,那就会造成歪曲。

　　在世时和去世后不久,阿奎那确实被看作大人物,但是有争议的一位,他的有些教导被公开地或含蓄地谴责。泛泛而言,道明会捍卫他的主张,将他作为他们教导的根基,而方济会则比较犹疑。虽然1323年被封圣赋予他特殊的地位,但当时他的思想已经完全过时。在15世纪的大学里,托马斯派只是阿尔伯特、司各托、奥康和布里丹组成的不同学派中的一个。然而,到了16世纪初,《神学大全》终于开始替代《箴言集》成为神学生的主要教材。阿奎那的思想很受特利腾大公会议(1543—1563年)所开启的反宗教改革运动的青睐,该运动致力于重建和维护天主教教义,对抗新教日益增长的势力。这些努力以新建立的耶稣会为先锋,其创立者依纳爵·罗耀拉(Ignatius Loyola)让会士们学习亚里士多德和阿奎那。15—17世纪伊比利亚的经院哲学家常常回到阿奎那的思想,不过他们也深受司各托和其他更晚近的思想家的影响。

只有到了19世纪,阿奎那才被给予特殊的地位,使他同其他中世纪哲学家区分开来,并几乎使他成为天主教官方思想家。耶稣会士约瑟夫·克罗伊特根(Joseph Kleutgen,1811—1883年)等作家倡导一种新经院主义,它返回亚里士多德和阿奎那,作为在哲学上对抗敌视天主教的现代思潮的一种方式。该运动得到教宗良十三(Leo XIII)的强力支持,他的《永远之父》(Aeterni patris)通谕论证天主教徒有必要具备哲学修养,并鼓励他们以经院哲学为根基。阿奎那被挑选出来作为经院学者的领袖,高耸于众人之上,他将知识体系的零散篇章汇聚为一个整体。哲学因此被看成一个确定的体系,它同基督教教义完全和谐,而其最好的根基已由阿奎那的作品奠定。

虽然许多关于中世纪哲学史的早期著作来自不同的角度(例如法国的维克多·库辛[Victor Cousin]和巴泰尔米·奥雷欧[Barthélemy Hauréau]这样的学术型自由思想家),但新经院主义和《永远之父》为这个领域带来了新的方向和活力,尤其体现在20世纪上半叶莫里斯·德维尔夫(Maurice de Wulf)这样的学者的作品中。将阿奎那视为中世纪哲学顶峰和规范的倾向以更精微的方式,出现在费尔南德·范·斯腾贝尔根(Fernand van Steenberghen)被广泛阅读、至今仍有价值的著作中,也以一种独特的、不同寻常的视角出现在艾蒂安·热尔松(Étienne Gilson)的著作中。

阿奎那思想的特征与导向

以上的章节粗线条地勾勒了阿奎那哲学的一些主要领域。它们很少展示出他思想的特征或导向。接下来的章节将为这幅思想肖像增补些细节。它们包括了有关两个论证领域的研究:阿奎那力图用来证明上帝存在的宇宙论论证和他处理预知问题的方式。接下来,在介绍了1260年代的艺学硕士提出的想法之后,将会有两个更进一步的专题研究,考察阿奎那如何回应那些有关信仰与哲学的观点。到了第二个专题研究的结尾(专题研究 K),我们就能为阿奎那思想的一般导向提供更好的说明。阿奎那如何回答新的材料所提出的问题:是波那文图拉式的谨慎否定,还是他老师阿尔伯特的热切赞同?

专题研究 H:五路

阿奎那拒斥安瑟尔谟那种依据短语"无法想象比其更伟大的事物"的逻辑蕴涵来证明上帝存在的方式(专题研究 D),他错误地以为安瑟尔谟用该论证来说明上帝的存在是自明的(《神学大全》一部,2题,1条;《反异教大全》1卷,10—11章)。安瑟尔谟的论证是一个归谬论证,它推导出明显的矛盾:存在某物比无法想象比其更伟大的事物还要伟大(专题研究 D,p.124)。但是,阿奎那说,只有当无法想象比其更伟大的事物确实在实际中存在时,这才构成矛盾,但这一点有待证明。虽然这一批评看起来很奇怪地错过了论证的要点,但很可能事实并非如此:既然事实上不存在最大的素数,谈论比最大的素数更大的素数包含着矛盾吗?有鉴于此,阿奎那在《神学大全》刚开篇(一部,2题 3论)著名的"五路"(Five Ways)论证中,更倾向于用一系列宇宙论论证来证明上帝的存在;这些论证依赖于有关这世界的一些偶然的、但极其明显的事实。每一个阿奎那的阐释者都会强调,五路只是阿奎那上帝存在证明的一个片段:它们的宗旨在于阐明必然存在某个没有原因的第一因。在接下来包含超过50页密集论证的九个问答中,阿奎那解释了为什么这个第一因必然拥有上帝的其他特征。单纯性是他的上帝概念的关键所在,从它入手,阿奎那论证了第一因一定是完满的、善的、无限的、不可动的、永恒的和为一的(和大多数大学神学家一样,他认为上帝的三一性无法被证明;它只能通过信仰来接受)。

五路本身,至少是前三个,是比它们初看起来要复杂和值得研究的论证。但与此同时,即使从它们自己的角度来看,它们也是那种可以提出非常严重的反驳的论证。批判性的考察可以帮助我们更清楚地展示这些论证的结构、前提和意涵。

已有学者指出(Kenny 1969b),五个论证都有一个共同的结构。他在每个论证中都提出存在于事物彼此之间的某个关系 R,它是非自反的(irreflexive,一个事物不能以这种方式同自身相关)和传递性的(如果 a 相对 b 具有关系 R,b 相对 c 具有 R,那么 a 相对 c 具有关系 R)。他接下来表明,要么存在一个彼此拥有 R 关系的事物的无穷序列,要么存在某个事物,其他事物相对于它处于 R 关系中,而它本身不相对于任何事物处于 R 关系中。阿奎那将亚里士多德的四种类型的因果性都看作这样的关系,并对之依次考察:动力因果性(第一和第二路);质料因果性(第三路);形式因果性(第四路);目的因果性(第五路)。这一分析过于图解化。第四和第五路的论证比前三路要松散得多,而第三路和前两路的区分并不在于第三路中的上帝被看作质料因——他并不是质料因,而在于前两路是亚里士多德的运动证明的变体,阿维洛伊曾经借用过,而第三路则要归功于阿维森纳,它试图证明宇宙的存在依赖于一个必然的原因(a Necessary Cause)。

第二路尤为清晰地展示了阿奎那如何构建前三路中的核心论证,它依循上一段所述的样板:

(1) 存在(动力)原因和它们的结果。[来自感觉观察的前提]

(2) 如果存在原因,要么(a)某些事物是它们自己的原因,要么(b)存在原因和结果的无穷链条,要么(c)存在一个第一因。[前提]

反驳 2(a)

(3) 所有原因都先于它的结果。[前提]

(4) 没有事物先于它自身。[前提]

(5) 如果一个原因引起它自身,它就会先于它自身。[3]

(6) 没有原因引起它自身。[4,5]

反驳 2(b)

(7) 如果不存在第一因,就不存在中间的或最终的原因。[前提]

(8) 如果存在无穷的原因链条,就不存在第一因。[前提;"无穷"的含义]

(9) 如果存在无穷的原因链条,就不存在原因。[7,8]

(10) 不存在无穷的因果链条。[1,9;否定后件式]

辩护 2(c)

(11) 存在第一(动力)因。[10]

(12) 所有人都称第一因为上帝。

阿奎那的问题看起来在于说明他拒绝接受无穷倒退的理由,也就是说明(8)的理由。[9] 为什么没有第一因,就没有中间的或最终的原因？每一个原因自身都应当是被引起的,为什么这一过程不能推至无穷呢？此外,这个问题看起来可能对他尤为尖锐。如果世界有一个开端,那么,解释现在正在发生的事情的因果序列不能永远追溯下去,而是在世界开始时开始,这样说合乎情理。但如果世界没有开端,那么,有些因果序列看起来就是可以永远追溯下去的,因为它们并没有开端。虽然阿奎那作为一个好基督徒确实接受世界有开端,但他认为这是不能被证明的,而必须通过信仰来接受这是事实(专题研究 J),既然阿奎那是要试图给出一个有关上帝存在的证明,他大概不能把信仰的条目作为论证的前提。

阿奎那对这个问题的解决出现在《神学大全》后面的讨论(一部,46 题,2 条,7 答),他在那里写道:

> ……在本身(per se)的动力因中不可能无穷推进,也就是说某一后果本身需要的原因不可能无穷递增;比方说一块石头被一根木棍推动,木棍被手,如此以至于无穷。但是在作用因(agent causes)中偶然地(per accidens)推至无穷却不被认为是不可能的,也就是说无穷递增的原因"各自"朝向一个原因,而它的递增是偶然的;例如一个工匠偶然地使用了许多锤子,因为它们一个接一个地坏掉了。因此,这只锤子在另一只锤子的活动完成之后发生作用,这对于它来说是一个偶然事件(an accident)。同样地,一个人生养后代,而他自己为别人生养,这对于这个人也是偶然事件。因为他能生养是因为他是人,而不是因为他是另一个人的儿子。因为所有能生养的人在动力因中占有一个位置,也就是说,一个特殊的生养者的位置。这样的话,人由人生养以至无穷,这并非不可能。但是,如果这个人能生养依赖于那个人,依赖于某个元素物质,依赖于太阳,如此以至无穷,这就不可能了。

因此,那退回第一因的因果链条并不是由偶然排列的原因组成,而是由本身排列的原因构成。在阿奎那看来,这样的原因构成的链条似乎是有时间性的,不能无穷进行下去。阿奎那并没有解释为什么,但是如果 B 不止负责

---

[9] 原文如此。

引起 C,而且负责 C 引起 D,那么看起来就必须在某一阶段有一个原因 A 来负责整个因果链条,否则的话就完全没有因果关系。想象一列没有动力的车厢组成的火车穿过原野,每一节车厢拖动着后一节,但我们会推断它之所以能做到这一点,是因为在我们视线之外的某处有一个发动机在拉着它们前进。如果我们被告知没有发动机,只是一节车厢拉着另一节直至无穷,我们会相信它吗?

因此,阿奎那对于为什么本身原因(per se causes)不能构成无穷的链条有了一个坚实的解释。他真正的困难在于为这样的会导向单一的第一因的因果链条的存在给出一般的证明。石头被木棍被我的手推动,而我们可以说我的手被我的意愿推动:为什么我们还需要把这链条再往后推呢?

第三路也依赖以同样的方式阻隔无穷倒退,但这一步之前有一个复杂的导论。从有生灭的事物存在这一可观察的事实出发,阿奎那论证了两种必然存在者的存在。这一论证很容易让现代读者觉得困惑,因为它依赖的"可能"和"必然"的含义与这些术语今天的用法不能对应。阿奎那在亚里士多德的时间性的意义上使用这些模态词项,在它看来,一个在一切时间存在的存在者就是必然存在者。根据阿奎那在别处的论述,当他讨论第一种必然存在者时,他所想的是纯粹形式,它们没有毁灭的潜能会在某个时刻实现。他论证了一定有这个意义的必然存在者,因为如果所有事物都仅仅是可能的,也就是说都有开端和终结,那么现在事实上就会无物存在:

> ……那有可能不存在的,在某个时刻就不存在。因此如果所有事物都可能不存在,在某个时刻就没有事物存在。但是如果这是真的,那么现在也就没有事物,因为除非是从某个存在的事物开始,不存在的事物不能开始"存在"。因此,如果过去没有事物存在,那么就不可能有任何事物开始存在,因此现在也就没有事物存在,而这显然是错的。因此所有存在者(entia)都是可能的,这不是事实;在事物中一定有某种必然的事物。

这个论证有两个缺陷:首先人们会反驳断言"除非是从某个存在的事物开始,不存在的事物不能开始'存在'":它依赖于亚里士多德和新柏拉图传统推理中普遍假定的充足理由律,但这并不是自明的。而在该断言之前的论证还有一个更严重的问题:即如果没有事物在所有时刻都存在,那么就有一个时刻无物存在。从

(12) 没有那种在一切时刻都存在的事物。

我们不能推出

(13) 在某一时刻没有事物存在。

即使可以承认论证中的这一步,阿奎那也只是表明一定存在某种不朽的"必然"存在者,并不是第一因。不过,他可以进一步解释。这样的存在者之为必然是在一个有限定的意义上:

> 所有必然的事物其必然性的原因要么来自别处,要么不是。但是在那些其必然性有一个原因的必然事物中不可能有无穷倒退,这和我们已经证明了的动力因的情形一样。因此,必然要假定有某个本身(per se)必然的事物,它的必然性的原因不在别处,而且它是其他事物必然性的原因。

阿奎那为我们现在已经熟悉的倒退阻隔所添加的新想法,正是阿维森纳所引入的通过它物而必然和因其自身而必然的区分(4章5节)。由此来看,阿奎那论证的第一步在效果上就变成修辞性的了。仿佛阿奎那在说,根据亚里士多德关于必然性的时间性观点,我们确实可以(他是这么错误地认为的)表明存在一个或一些必然存在者,但这并非上帝的必然性和他的造物的偶然性之间的正确对比。为了找到正确的对比,阿奎那求助于一个经阿维森纳改造过的、与此不同的亚里士多德模态范式。

专题研究 I:阿奎那论永恒与预知

本研究将为阿奎那有关一个重要神学问题的论证,提供一个不同寻常的解释。

在当代有关预知问题的讨论中,人们经常认为,波埃修和阿奎那提出了几乎相同的解决方案:因为上帝的永恒是非时间性的,因此他并非**预先**知道(foreknow)事件,这就不会对偶然性造成威胁。专题研究 A 试图表明波埃修的回答更加复杂,而且本质上不同于一般对它的解释,而在专题研究 B 中则说明了,将现代的非时间的永恒性观念归于他是错误的。那么,阿奎那又如何呢?

波埃修所处理的问题,可以通过指出其中的一个逻辑谬误来解决(比方说,就像阿伯拉尔后来所做的那样;5章2节)。不过,他凭借直觉把握到,这个问题的根源更深,它关系到预知中所包含的时间间隙(time-gap)。

到了格罗斯特的时代(7 章 3 节),神学家们对该问题的提问方式将波埃修的直觉形式化地呈现出来。这一论证(阿奎那特别留意过的"偶然的必然性论证"[accidental necessity argument])步骤如下:

(1) 上帝过去已经知道任意给定的未来事件 E 将会发生。(前提:上帝的全知)

(2) 必然地(如果某人知道一个事件将会发生,它就会发生)。(前提:"知道"的含义)

(3) 过去所发生的事情是偶然地成为必然(accidentally necessary),因为它是不可改变的。(前提)

(4) 必然地上帝知道 E 将会发生。(1,3)

(5) [必然地(如果 p,那么 q),并且必然地 p]蕴涵着必然地 q。(必然性转移法则)

(6) 必然地,E 将会发生。(2,4,5)

假如阿奎那认为神圣永恒性是非时间性的,那么他就可以非常轻易地回应这一论证。他可以否认(1),因为就上帝而言并不存在过去。阿奎那采纳的是一个不同的思路,而要理解它,我们需要先来看看阿奎那对预知问题的核心解答。

阿奎那首先作出了一个看起来非常出乎意料的论断:

(7) 没有任何未来的偶然事件是可知的(假定知识排除一切错误)。

那么,既然作为全能者的上帝必定知道未来的偶然事件,他如何做到这一点呢?阿奎那的回答是:

(8) 上帝的认识和他所认识的事物之间的关系总是一个当下的事物和当下的某物之间的关系。

因此,上帝可以知道未来偶然事件,因为

(9) 就上帝对未来事件的认识而言,它们并不是未来的。

然而,(9)可以有两种不同方式的解读。根据"实在论"的解读,它意味着上帝就是这样的存在,他同所有未来(实际上还有过去)的事件的关系都只能是当下性(presentness)的关系:每一个时刻都与上帝的永恒同时。不过,根据"认识论"(epistemic)的解读,阿奎那所断言的并不是所有事件都实际地与上帝的永恒同在当下(copresent),而是上帝认识所有未来(和过去)事件的方式,与其他认知者认识当下事件的方式一致。

中世纪和当代的解释传统都压倒性地倒向实在论的解释。它立刻会带来时人已经注意到、当代评注者重新发现的一个困难。按照该解读,一切事件都与上帝的永恒同时。因此,举例来说,刺杀尤利乌斯·恺撒就和刺杀肯尼迪总统就都与上帝的永恒同时。然而,如果 A 和 B 都与 C 同时,那么 A 和 B 也就彼此同时:因此尤利乌斯·恺撒和 J. F. 肯尼迪同时被刺杀。当代哲学家设计了巧妙的方案来应对该反驳:神圣永恒与时间中的事物的同时性属于一种特殊的类别,按他们的说法,一种不具有传递性的类别(因此从如果 B 是上帝,从 A 和 B 以及 B 和 C 的同时性推不出 A 和 C 是同时的)。不过,也有相当一部分人怀疑这些方案是否可接受,甚至怀疑它们是否完全自恰,更多的人怀疑它们与阿奎那有多少关联。这些困难本身已经为我们接受另一个选项,也就是认识论的解读提供了一定依据。阿奎那的文本提供了更多的理由。虽然偶尔有些段落(例如《反异教大全》一部 66 章 8 段,但请参照一部 67 章 9 段)确实会暗示实在论解读所支持的形而上学观点,但阿奎那通常会谈论事物当下呈现于上帝的**知识**或他的**视野**之前,而不是它们与上帝实际地同时。他重申来自波埃修(专题研究 A)的认知模式原则,"所有被认识的事物不是根据它自己的能力,而是根据那些认识它的事物的能力而被把握"。他看起来是依照如下思路来说明(9)的理由:给定认知模式原则和上帝是永恒的这一事实,上帝以永恒存在者的方式来认识事物,他不受时间流逝的约束;所有的事物当下呈现于他认识它们的方式之前。

现在我们可以回到偶然的必然性论证。阿奎那不是通过拒斥(1)来做出回应。恰恰相反,他接受(1)—(5),因此,当下的问题是:

(5*)[必然地(如果上帝知道 E,那么 E 就会发生),并且必然地上帝知道 E]蕴涵着必然地 E 会发生。

不过,阿奎那会争辩,(5*)中的后件,即 E 必然地发生应当在一定的条件下来理解,因为前件包含着一个涉及认知的命题("认知"[cognitive]命题)。阿奎那提出与认知模式原则相关的如下原则:

(阿奎那原则)如果一个条件句的前件包含一个认知命题,后件就应当根据认识者的模式,而不是根据被认识的事物的模式来理解。

因此,(5*)的后件必须解读成:"必然地 E 就会根据它被上帝认识的方式发生。"由于上帝认识万物的方式与我们认识当下之物的方式相同,由此可以推出(5)的后件在这样的限定条件下仅仅意味着:当 E **当下**正在发生时(因为上帝认识的方式是当下的),E 是必然的。因此,E 的必然性只不过是阿奎那和波埃修同样接受的亚里士多德的当下的必然性(专题研究 A)。

然而,我们应该接受阿奎那原则吗?他引用如下条件句来做说明:

(10) 如果我理解某物,它就是非物质的。

(10)看上去像一个诡辩命题。要使它毫不含混地为真,后件就需要像阿奎那原则所要求的那样,通过引入前件中的认知模式来加以限定,而这个条件句就该读作:

(11) 如果我理解某物,它根据被理解的方式就是非物质的。

然而,有很多以认知命题为前件的条件句并不适用阿奎那原则。例如,

(12) 如果我凭触觉感觉到某物,它就是一个物质性的事物。

(12)的后件并不需要类似"根据它被触摸的方式"这样的短语来限定。任何我触摸的事物一定是物质的,这本身就为真。

当我们可以很简单地根据神圣永恒性是非时间的来否定(1)时,为什么阿奎那要采用这样一个糟糕的论证呢?答案可能在于,和大多数现代史学家所认为的相反,阿奎那并不把上帝的永恒性看作非时间的。这并不是说他把神圣永恒只当作永存(perpetuity)——没有开端和终结地进行延展的时间。阿奎那指出,永恒性之所以区别于时间,是因为它缺乏接续性(这也是为什么上帝的永恒认知模式类似于我们认知当下这个时刻的某物的原因);它绝对不包含任何运动。然而这一立场并不蕴涵上帝在严格的意义上是非时间的,即他缺乏时间中的位置,而任何与上帝有关的带有时态的或者是关涉时间的命题都是假的。阿奎那(还有大多数 13 世纪的同代人以及他的前辈)更接近那种或许可以归于波埃修(专题研究 B)和安瑟尔谟(4 章 7 节)的立场。阿奎那因为喜欢将永恒性理解成与时间的延展相对立的一个点而几近于使永恒性变成非时间的。然而,阿奎那同时认为上帝的永恒性包含着所有时间中的事物,而且和现代学者通过永恒性所缺乏之物来将它界定为非时间的不同,阿奎那的永恒性被设想为某种存在的充盈,它不包含运动和变化这样的匮乏。

第六节 拉丁阿维洛伊主义：
13世纪60年代与70年代的巴黎艺学院

13世纪60年代的巴黎艺学院发生了一场历史学家通常称作"拉丁阿维洛伊主义"的运动。已经有人质疑该称号（Van Steenberghen, 1966），不过如果理解得当的话，这个标签是有益的，这不仅仅是因为它反映了当时的用法——这些思想家和他们的追随者在中世纪后期被称作阿维洛伊派（averroistae），尽管通常是他们的敌人这么称呼他们。现代史学家埃内斯特·勒南（Ernest Renan）在他的《阿维洛伊与阿维洛伊主义》（*Averroes et l'Averroïsme*，出版于1852年）一书中将上述标签发扬光大，他承认拉丁阿维洛伊主义不是对阿维洛伊的精确解释；他们将阿维洛伊推举或还原为一个象征。不过，该象征通过种种联系和曲解同真正的阿维洛伊联系起来，拉丁阿维洛伊主义者了解、研究并且模仿阿维洛伊的评注。此外，今天的历史学家虽然不会接受勒南的观点，认为拉丁阿维洛伊主义包含着对"超自然物、神迹、天使和神圣干预的否定；以及将宗教和道德信念解释成欺诈的产物"，然而，他的夸张之辞所指向的方向是正确的，因为尽管范围有限，拉丁阿维洛伊主义者确实倡导某种自由和对理性的崇敬。

13世纪60年代杰出的阿维洛伊主义艺学硕士，能够确定身份并且其作品为人所知的有两位：布拉班特的西格尔和达契亚的波埃修。西格尔出生于1240年前后，1255—1257年间在巴黎学习。他应于13世纪60年代早期成为艺学硕士。到了1275年，他仍是艺学硕士，这个事实很重要。大多数硕士在他们义务任教期结束后离开艺学院。西格尔，还有达契亚的波埃修，看起来下定决心全身心投入艺学院的工作：教授逻辑学和注解亚里士多德。他在1265年之后十年间写成的著作印证着上述印象：有些是亚里士多德文献的评注，包括关于《论灵魂》《物理学》和《形而上学》的注解，还有一些是相关的论著以及一组逻辑学著作（包括《诡辩》）。虽然多少有年代错乱的嫌疑，我们可以说西格尔成为了一名职业哲学家。虽然西格尔似乎并未像过去认为的那样成为一个阿维洛伊主义支派的领袖，但他的观点确实给他带来麻烦，以至于1276年他被传唤去应对异端的指控，不过他很可能被宣判无罪，在他多年担任咏祷司铎的列日去世。波埃修的生平更模糊不清：他大约在1270—1280年间在巴黎任艺学硕士授课，而他已知的作品全都写于 1277 年之后。这段时期之后他可能成为道明会会士。他的作品包括亚里士多德物理学和逻辑学(《论题篇》)评注,一部重要的样态主义语法学著作(7 章 2 节)和若干有关梦、至善和世界的永恒性的论著。

西格尔和波埃修的著作以及他们 14、15 世纪的后继者所体现的拉丁阿维洛伊主义具有如下特征,尽管并不是每一个阿维洛伊主义硕士都展示了所有这些特征(斜体的评论表明在多大程度上"阿维洛伊主义者"这个标签应当被看成象征性的——也就是说,在多大程度上这些特征区别于阿维洛伊的思想)。

(a) 拉丁阿维洛伊主义者全心投入他们作为艺学硕士精确诠释亚里士多德的职责,为此他们求助于阿维洛伊的评注(该特征很大程度上为大多数艺学硕士共有)——**阿维洛伊同样致力于解释亚里士多德;他认为这种活动独立于他作为神学家针对更广泛听众的工作,但他同样认为该活动给那些有能力的人提供了理解伊斯兰教真正意涵的最好方式。**

(b) 他们接受阿维洛伊在他的《论灵魂》完整评注中的解释,认为所有人类只有一个单一的潜能理智——**阿维洛伊是在同文本几番斗争之后才得出这种解释,而且他对之非常没有信心。对他来说,这是一个重要的学说,但并非核心学说。没有理由相信他觉得该学说对一个具备出色的理智能力的穆斯林是不可接受的,但他应该不会认为这对伊斯兰普罗大众是合适的。**

(c) 他们接受亚里士多德关于世界永恒的观点,认为这是从自然理性角度做出的正确回答,而且对亚里士多德的物理科学意义重大。**阿维洛伊也这么认为,但大多数亚里士多德传统的伊斯兰哲学家也是如此。阿维洛伊明确地论证了世界的永恒性同古兰经的教诲是可以相容的。**

(d) 他们附和《尼各马可伦理学》第十卷的观点,对(以艺学硕士为代表的)此生致力于哲学的人可能获得的幸福评价甚高。**见下一条。**

(e) 他们采用某种策略来解释为什么他们身为基督徒却同意(b)、(c)、(d)。**阿维洛伊并不认为他在调和(b)、(c)和伊斯兰教时会有困难——不过他的大多数穆斯林同胞会有不同意见。**

虽然西格尔也接受世界的永恒性,至少把它作为一种哲学内部可以坚持的立场,但最让他感兴趣也给他带来最多麻烦的是(b),即阿维洛伊有关潜能理智的立场,这也决定了他针对(e)给出的答案的变化。在他 1265 年之后写成的问答体《论灵魂》第三卷评注中,西格尔反复地、长篇大论地简单重申阿维洛伊的观点:所有人类只有一个潜能理智(用阿维洛伊的术语:质料理智)。他当然不是第一个发现阿维洛伊立场的拉丁哲学家。虽然 13 世纪早期的艺学硕士的想法有所不同,但到了 13 世纪 50 年代波那文图拉和阿尔伯特(7 章 3 节)这样的神学家已经确认了这一点。不过他们和稍后的阿奎那一样,引述这种亚里士多德解释是为了驳倒它。西格尔看起来是第一个认为它正确的拉丁学者。他对阿维洛伊的解释是简化的,但其主要特征并没有明显的歪曲。不过,西格尔陈述该观点的**方式**,却使得他的理论变得与其原型大为不同。阿维洛伊是在经过一番理解和调和不同评注者的斗争之后才得出他自己的观点。而对西格尔来说,这就是解决一切问题的明显答案。此外,对西格尔来说,宣称所有人只有一个理智的直接理由是,作为非物质形式,它的数量不可能增长。即使阿维洛伊很有可能会接受这样的论证,该论证对他来说也不具有它在西格尔那里所发挥的作用。阿维洛伊必须从他所认为的别人的观点出发,即每个人都有一个潜能理智,然后来表明为什么此种理论无法解释理智在什么意义上与质料不相混合。西格尔的出发点是阿维洛伊煞费苦心建立起来的存在一个独一无二的潜能理智,然后他去寻找理由来说明为什么这种观点事实上是正确的。

当西格尔 1273 年左右在他的《论理智灵魂》(*De anima intellectiva*)中回到这个主题时,他无法再用先前直接而绝对的方式来展示阿维洛伊的解释。1270 年 12 月,巴黎主教斯蒂芬·唐皮耶(Stephen Tempier)已经谴责了一系列错误,其中有好几条关系到西格尔对理智的看法。同一年,阿奎那也在他的《论理智的单一性》(*De unitate intellectus*)将阿维洛伊的解释和他的拉丁追随者置于强大的火力之下(专题研究 K)。尽管如此,《论理智灵魂》的主旨仍然是展现西格尔的阿维洛伊主义主张,它现在进一步简化后,呈现为一种真正的单一灵魂论(monopsychism)的形态,在它看来,所有人类只有一个单一的(理智)**灵魂**。不过,他在该书的前言中指出,这本著作的宗旨在于解释哲学家们的思想,其中没有任何观点是他西格尔本人的。而在论及理智灵魂是一还是多时,西格尔给出一长串论证来支持理智灵魂为一的观点。在这之后,他从阿奎那那里摘录了几个论证来证明理智灵魂为多,在每个人中个体化。接下来,西格尔总结道,这些反驳所带来的困难让他很长时间为什么是依据自然理性的正确答案和什么是亚里士多德的观点而犹疑难定,"在这样的疑惑中,一个人应该与高于所有人理性的信仰保持一致"。稍后在写作《论原因》评注时,西格尔愿意拒斥所有人有一个理智的观点,将它作为异端的和非理性的主张(不过有人怀疑这一文献的真诚与可信)。虽然人们忍不住在他立场的转变中看到官方压力的后果,但还是有一个融贯的哲学主题贯穿这三部作品。西格尔不满意阿奎那对人的理智灵魂同身体如何结合的解释,他决心要找到更好的解决方案。在他摈弃阿维洛伊的思路时,他也得出自己的理论,主张一种比阿奎那那里还要更加紧密的灵魂和身体的结合。

达契亚的波埃修没有留下他关于潜能理智的观点的记录。他更多地是通过在专题研究 J 中将要讨论的他那篇短小而复杂的著作《论世界的永恒性》(De aeternitate mundi),以及更加简洁的《论至善》(De summo bono)来奠定他作为拉丁阿维洛伊主义者的立场。后者的论证精炼,高度简化了亚里士多德在其《尼各马可伦理学》结尾提出的相关主题。人的善通过他们最好的、最高的部分也就是理智的活动而获得。理论理智的思辨是比理智的实践运用更高的活动,因此人类的目标以及他们"依从自然本性"的生活就是要投入这种类型的思辨,这将他们引向(这里的推理偏离亚里士多德)对万物的第一因和他的善好的沉思。那些能够做到这一点的,就获得了此生中可能实现的最高的快乐,而他们也将充满对第一因的爱。那么,这些幸福的人是谁呢?他们是哲学家——而且看起来很明确,波埃修所指的不是古代的异教哲学家,而是他那个时代像他一样通过在艺学院教书献身哲学的人。波埃修总结道,"哲学家在第一因以及对他的善好的沉思中获得至高的快乐。这就是哲学家的生活,谁没有这样的生活就失去了正确的生活"。

在如此铺张地赞颂自己生活方式的选择上,波埃修并非孤家寡人。自1250 年代起,艺学硕士开始用那些原本为启示的知识和神学所提供的智慧而保留的词句来谈论他们的学科(Piché,1999,261-272)。更早些年,西格尔大学政治中的对头,兰斯的奥布里(Aubry of Rheims)已经写过一部有关哲学的论著,他在赞颂哲学生活上同样高调张扬,该书还分享了波埃修的另一个论题:正是对感性快乐的渴望和贪婪使大多数民众在哲学的道路面前畏缩不前。不过,正是在世界的永恒性这个问题上,波埃修发展了他对艺学硕士的崇高使命,同时也是对他们作为认知权威的限度的最为独特的构想。

专题研究 J：世界的永恒性：波那文图拉、阿奎那和达契亚的波埃修

世界的永恒性问题是整个中世纪哲学传统中绵延最久的问题之一。它奠定了古代晚期新柏拉图派和基督徒相互对抗的基调（专题研究 B），让反驳它的凯拉姆传统的思想家同通常支持它的伊斯兰哲学家陷于分裂。当 13 世纪晚期的巴黎为之论战时，这个问题初看起来范围大大缩小，但它实际上获得一个额外的维度。1215 年的拉特朗第四届大公会议彻底清除了任何有关基督徒是否可以支持世界永恒性的疑惑，它将世界的时间性开端奠立为信仰的教条。因此，没有任何论战的参与者会否认，就事实而言，世界在时间上确实有一个开端。人们的注意力更多地转向世界的这一时间开端为人所知的基础，以及为相反观点辩护的论证的力度。因此，关于问题实质的专门论证（都是些古老的论证）相对而言不再重要，不过它们也得到了恰当的阐述。这个问题更多地激励着哲学家们和神学家们去讨论推理和启示、哲学和基督教的关系。

不过，并非所有解决这个问题的方案都会带来二阶的问题。如果一个神学家相信有证明性论证可以反驳世界的永恒性，那么，他就可以轻而易举地让这些正确地运用推理的论证服务于理性地阐明基督徒通过信仰已经接受的学说。这种姿态或许可以称作"伪波那文图拉"的观点。波那文图拉和一长串后来的思想家都了解和重复过斐洛珀诺斯的论证，它主张一个永恒的世界蕴涵了某种现实的无限（后者在亚里士多德看来是不可能的），以此利用亚里士多德的原则来对抗亚里士多德（专题研究 B）。但他们认为这些论证是证明吗？有的人确实这么认为，例如方济会的巴廖尼的威廉（William of Baglione），他的著作写于 1260 年代；此外非常明确的是，阿奎那**相信**波那文图拉本人也持这种观点。波那文图拉的观点实际上很可能要复杂得多（Michon, 2004, 51-55）。从他在《箴言集》评注中详尽的讨论（1250）以及其他著作中的讨论来看，看不出他在处理这个问题时会认为，理性借助斐洛珀诺斯的论证——尽管他觉得它们很强大——已经完全排除了永恒世界的可能性。实际上，波那文图拉似乎认为，这个论证最有力的版本的依据，在于永恒世界要求那些势必要存在的灵魂现实的无限性，他同时承认这对于一个接受灵魂转生或者否认人的灵魂不朽的人来说并不是问题。另一方面，波那文图拉认为世界自虚无中受造和世界之为永恒之间确实存在矛盾。他相信，只有借助信仰之光，信徒们才能认识到世界是以这样一种方式自虚无中受造。

对阿奎那来说，世界的永恒性从一开始就是一个会在方法论上造成困难的问题，它也是他在职业生涯中立场有明确转变的论题之一。阿奎那在波那文图拉五年之后开始评注《箴言集》（二部，1 分，1 题，5 论），他既排斥哲学家们肯定上帝之外存在永恒事物的立场，也拒绝伪波那文图拉的观点："世界有开端，这不仅为信仰所接受，而且有证明的支持。"他断言，证明世界有开端并不比证明上帝三位一体的可能性更大。这些所谓的证明已经被哲学家们所驳倒，那些依赖它们的人让信仰成了笑柄。然而，这个问题并不像它看起来那样，会直接导致哲学与基督教教义的相互对峙。阿奎那在这一时期和其他人一样，根据《论题篇》中的一处评述（104b）认为，亚里士多德本人并不认为世界的永恒性是可以证明的。阿奎那公开引述迈蒙尼德，解释为什么这个问题不能以证明的方式解决：从一个事物的完成形态不可能有效地推导该事物在其初始阶段的本性，而我们只拥有关于世界的完成状态的知识。因此，当波那文图拉从上帝是造物主这一信仰的立场出发来研究这个问题，并以之为基础做进一步的推理时，阿奎那先用哲学的方式来处理它，在发现哲学没有也不能为一个答案给出证明，他才转向信仰给出解决方案。

阿奎那在评注亚里士多德著作，尤其是在评注《物理学》的过程中对其思想有了深入研究，这导致他放弃了那种让人安逸的论点，认为甚至亚里士多德都没有宣称证明了世界的永恒性。不过，在《神学大全》的第一部（46 题）（1266—1268 年）中，他仍然断言亚里士多德的论证并非**不加限定地**就是证明性的：它们针对的是早期哲学家，他们所提出的世界起源的种种方式实际上是不可能的。到了 1270 年撰写《论世界的永恒性》（*De aeternitate mundi*）时，阿奎那探究这一论题的方式发生了转变。

在这部短篇论著中，阿奎那几乎完全不关心传统的支持或反驳世界永恒性的论证。他在结尾处谈到了如果世界永恒就会有灵魂的现实无限性这一所谓的难题，但他大笔一挥就将其打发了。上帝可以让这世界没有人类及其灵魂，或者他可以永恒地创造世界，但只在某个时间点创造人类；他进一步补充，无论哪种情况，有谁证明了**不能**存在现实的无限？这些论证的论调揭示出阿奎那看待这个问题的新视角。他在这篇短文的开头发问，假定这世界像天主教教义所认为的那样确实有一个开端，那它**能不能**没有开端并且是永恒的？阿奎那并不像他先前对这个问题的处理那样，先讨论关于究竟发生了什么的事实问题，再讨论我们对其答案的认知途径这一二阶问题。事实上,阿奎那将实际发生了什么完全置于讨论之外,他考虑的是曾经有可能发生什么。他分析了一系列可能性,而正因为他处理的是纯粹的逻辑自恰的问题,他得以用证明的方式进行论证,尽管这一领域就其所涉及的现实而言,没有任何证明对他来说是可以接受的。此外,他非常乐于强调,就他所处理的这类问题来说,给出错误的答案并不会变成异端,就像说上帝能改变过去并不是异端,尽管阿奎那认为这不是真的。

阿奎那承认,关于什么是可能的,有一种特定的理解**会**导致异端立场。一个具体的由质料和形式构成的整体只能从预先存在的质料产生,它也就是现实事物的"被动潜能"。"A 是可能的"或"A 能存在"可以理解成"存在 A 的被动潜能"。因此,去论证上帝之外的某物可能永恒,按照这种解释,也就意味着某物的被动潜能即质料确实永恒地、现实地存在。做这样的断言,也就是要跨出可能性的领域,并且同排除一切上帝之外的永恒存在的基督教教义相矛盾。与此相反,只要对可能性的理解不包含这样的矛盾,阿奎那就可以自由地提出他的主张。

阿奎那还强调,他在考虑的并不是上帝之外的某物可以在不以上帝为原因的意义上能够永恒地存在。他认为这种观点不仅异端,而且违背理性并已为哲学家反驳。这里的问题只关系到是否存在某物,它虽然以上帝为原因,但却可以同他一起永恒。如果有什么妨碍了这一可能性,它不会是上帝缺乏某种能力,而只能是或者(1)x 是 y 的原因,然而 y 却与 x 一起永恒之间存在矛盾;或者(2)x(自虚无中)受造和没有一个 x 不存在的时刻之间存在矛盾。阿奎那阐明了两种情形都没有矛盾:(1)上帝作为原因,可以即刻造成他所产生的事物,这不需要经历一个运动变化的过程,因此某物同即刻造成它的原因同时存在,这里并不一定存在矛盾。(2)安瑟尔谟已经意识到,"自虚无中受造"仅仅意味着某物受造,但它不是从其他事物中造出来的。它并不是说,存在某个在万物之先的虚无使万物得以受造。因此,某物受造但同时是永恒的,这完全可以接受。

《论世界的永恒性》中的论证大胆、出色。它不仅直接反对伪托波那文图拉的立场,而且对抗波那文图拉的真正立场,后者使对世界受造的理解立刻指向承认其时间上的开端。不过从某些方面来说,它也可以看作阿奎那立场的一种退却。阿奎那不再考虑关于现实的世界什么能、什么不能证明,以及讨论哲学推理和启示不同的竞争力,而是转向纯粹关于可能性的问题,它在一定意义上预示了 14 世纪神学家通常采取的工作方式。似乎他感觉到只有从这个角度来处理这个话题,他才能免受异端的指控。

波埃修的《论世界的永恒性》几乎与阿奎那同时或略晚写成,他在其中也表现出同样的对异端指控的担忧,不过他试图通过专注于二阶问题来直接面对。他的出发点当然与阿奎那的不同,因为他是一位艺学硕士。他之所以写作《论世界的永恒性》,是因为发现自己所选择的艺学硕士或哲学这一职业受人诟病,他决心挺身为之辩护。

波埃修的独特在于他构造了一个论证,为艺学硕士按照他们学科自己的方式去从事研究辩护,不必担忧他们的结论会给他们留下异端的烙印。他以一种极为尖锐的方式提出这个问题。他指出,从自然科学、数学或形而上学的原则出发,我们不能证明世界有一个开端。因此,没有任何一个从事这些学科研究的人会从物理学、数学或形而上学的立场断定世界有一个开端。此外(§7),看起来自然科学家也不能仅仅采取一个中立的态度:他必须现实地否认某种可以生成的东西能够自虚无中受造,而不需要经历自然的生成过程,就像他必须否认死者可以复活一样,因为承认这些立场违背了他这门科学的原则。波埃修可能看起来是有意地让科学家同基督教对立起来,但他有逃脱的办法。就像在任何一个艺学学科中,任何人说任何事都一定是根据该学科的原则,因此他所说的也可以理解成是由这些原则所限定的。"自然科学家说世界和运动没有开端,这样的结论绝对地来理解是错误的,但如果从他达到这一结论的理由和原则来看,它是可以从它们中推导出来的。"(§8)当自然科学家在言辞上否认复活这样的基督教真理时,他说的实际上只是,根据自然原则复活是不可能的。波埃修并不是一个彻底的相对主义者,因为他愿意不断地强调基督教教义是绝对地而不是相对地为真。不过,涉及个别亚里士多德学科中所获得的知识,波埃修是一个相对主义者。每一个学科有它自己的基本原则,而以此为基础所得到的结论也只有在它们实际所在的学科中是合理的。就自然科学而言,波埃修大抵认为它的原则对我们理解周遭世界的运作是有效的工具,但在涉及事物的终极真理时则往往具有欺骗性。

然而,就此认为波埃修是在用波那文图拉的方式断定启示知识的优越性,那是一种误读。他最后几段的论调可以说明为何如此。他夸耀道,他所做的足以表明针对哲学的抱怨是没有依据的,而且绝不能说"将自己的生命奉献给智慧研究"的哲学家违背基督教教义,因为他所建构的一切都必须自动地理解成是仅仅依据自然原因为真的内容。

波埃修、西格尔和他们的艺学院同事在回答新材料所带来的问题时还暗暗提出一个请求。他们仿佛在说:"我们这些人决心致力于贯彻这些新材料所暗含的一切立场。我们想要自由地按照它们自己的方式来做到这一点。不过,我们不愿意用它们来挑战任何基督教教义所确立的结论。我们只想要清清静静地继续我们的工作。"波埃修的论证试图让这一请求变得让人无法拒绝。

专题研究 K:潜能理智:阿奎那、阿维洛伊与布拉班特的西格尔

阿奎那一年前,也就是 1270 年完成的《论理智的单一性:驳阿维洛伊主义者》(*De unitate intellectus contra Averroistas*),使得他和同一时期艺学硕士领袖布拉班特的西格尔对立起来。这本书从两方面补充了《论世界的永恒性》一文,并与之形成对照,一是它的研究进路,一是它所揭示的作者对于信仰和理性的观点。《论世界的永恒性》为其所处理问题的一个方面给出了一个简短有力的论证,而《论理智的单一性》篇幅是它的七倍,其宗旨在于全面抨击阿维洛伊有关所有人只有一个潜能理智的理论。它同时提供了哲学的历史诠释和哲学化的论证。阿维洛伊曾经断言,将所有的因素考虑在内,他的解释是对亚里士多德的《论灵魂》的最佳解读。阿奎那在第一章中对亚里士多德的文本进行了抽丝剥茧的考察,充分利用他 1267—1268 年间撰写相关评注时所获得的全面知识,证明亚里士多德确实没有打算提出阿维洛伊归于他的理论。接下来一章旨在澄清(和托马斯的导师阿尔伯特的信念恰恰相反)在希腊和阿拉伯逍遥学派中,阿维洛伊是唯一坚持这一理论的人:他考察了忒密斯提乌斯、特奥弗拉斯托斯(通过忒密斯提乌斯了解)、阿弗洛狄希亚的亚历山大、阿维森纳和安萨里(根据他的阿维森纳式的《哲学家的宗旨》)。这两处讨论充分显示阿奎那作为历史学家的自信与老道。他并没有像阿尔伯特那样,为了自己的目的借用阿维洛伊穿插的历史叙述,而是充分调动个人的广泛阅读。

接下来三章的目的在于证明阿维洛伊的观点在哲学上是不融贯的。第三章意在反驳潜能理智与灵魂分离的观点;与之相反,阿奎那论证了它必然是作为人的形式的灵魂的一部分。第四章面对的是所有人的潜能理智是同一个这一核心论断,而第五章则(以问答体的形式)回应了那些反驳有多少人就有多少人类理智的论证。阿奎那的论证中有两个最为有力:第一个针对理智的分离,第二个则针对理智不会增多的想法。阿奎那在这两处试图阐明,阿维洛伊的理论不允许我们说人类能够思考。

阿维洛伊试图坚持潜能理智既是分离的,又与每一个人相关联,为此他指出当主动理智之光照耀于潜能理智之上时,那作用于它并对它起决定作用的是(属于个人的)想象形式。大略说来,这个思想之所以是我的思想,是因为潜能理智需要我的想象中的形式来思考它。然而阿奎那提出反驳(Ⅲ,65),"通过一个可理解样式,某物**被人思考**,而通过一种理智能力,某物**得以思考**"。他将阿维洛伊所描述的关系来同墙和视觉的关系相比较:墙上有颜色,而在视觉中颜色被看见。潜能理智如同眼睛,人如同墙,想象形式则是墙上的颜色。正如我们不会说墙看见,而是说墙上的颜色被眼睛看见,因此阿维洛伊就要被迫承认根据他的理论,人不思考,实际上是人所构想的想象形式被潜能理智思考。这种批评的缺陷在于,他没有意识到,阿维洛伊那里(6章3节)人的想象形式和潜能理智关系的复杂性,想象形式也是潜能理智的推动者。不过,它确实抓住了阿维洛伊理论中至少会让人不安的一个方面:在阿维洛伊看来,思考活动包含主动理智、潜能理智和我们的感觉形象;我们在这个过程中究竟扮演什么角色?

在接下来的一章中(Ⅳ,85-86),阿奎那更多地运用类比来抨击阿维洛伊的立场。这是阿奎那另一个给人印象深刻的论证,不过它是从阿奎那自己的、他的对手并不完全接受的假设出发,这里涉及的是灵魂和身体的关系。如果只存在一个理智,它不可能是个人的形式。因此,阿奎那为了论证的缘故假定,即使理智和人类之间的关系只是推动者和被推动者的关系,我们也可以说人类在思考。然而,如果所有人只有一个理智,人类还会个体性地思考吗?还是说只有那唯一的理智在思考呢?阿奎那进行了两组比较。他首先将许多人用同一个工具(他给出的例子是士兵使用一辆巨大的攻城投石车)和一个人使用多个工具相比较。前一种情况,我们会说许多人在行动,而后一种情况则是一个人在行动:其中的决定要素是那为行动负责的主导因素,而不是工具。第二个比较将理智与眼睛相类比。根据阿维洛伊的理论,所有人只有一只眼睛。而如果眼睛并不是人类的主导因素,而是存在某种更高的事物为人的观看活动负责,那么,它就像许多士兵和一辆投石车的例子:我们可以说许多人在用同一只眼睛看。但是如果眼睛就是那负责观看活动的主导因素,那么它就像一个人使用许多工具:观看是由一只眼睛利用许多人来完成的。阿奎那解释道,眼睛所代表的理智显然是人的主导因素,为他的一切活动负责,因此这里应该是第二种情形。他说,这样的话,阿维洛伊就不得不承认只有一个事物在思考,而个人只是它的工具——

这样的立场摧毁了意愿的个体自由以及道德。

然而,阿奎那的《论理智的单一性》的主要目的,并不是要抨击阿维洛伊的理论,这一点他早已完成,尤其是在《反异教大全》中。他的著作针对的不是阿维洛伊(contra Averroem),而是阿维洛伊主义者(contra Averroistas):他的目标是同一所大学里教授阿维洛伊理论的艺学硕士,主要是布拉班特的西格尔。阿奎那在论战中通常是一个持论平和、尊重对手的参与者,但他却采取了不同寻常的嘲讽姿态。看起来,艺学硕士们宣称拉丁人误解了亚里士多德的理智学说,这深深地刺痛了阿奎那。他长篇累牍的历史分析的部分目的是要表明,恰恰相反,要为他们选择跟随的那种解释(误解)负责的就是阿维洛伊一个人,这种解释违背了希腊和阿拉伯传统其他人的观点。阿奎那抨击的还有另一种傲慢:他抱怨艺学硕士处理的主题关系到启示,因此超出了他们的能力范围,他提到了被定罪者的灵魂在地狱中是否受到物质火焰的折磨,西格尔在他的《论灵魂》评注中以一种怀疑姿态来对待这个问题。

然而,阿奎那还有一个更糟的抱怨:

> 他们说:"依照理性,我必然认为理智在数目上为一,然而依照信仰,我坚持对立的观点。"因此,他认为信仰中包含着那些我们可以证明其相反命题必然为真的事物。因为可以证明其必然为真的只能是必然真理,而它的对立面则是假的和不可能的,根据他们所说的就可以推出信仰包含假的和不可能的,而这是连上帝都不可能产生的东西。(5.119)

阿兰·德利贝拉(Alain de Libera, 2004b)已经阐明这一抨击作用于两个层面。当某人说"依照理性,我必然认为理智在数目上为一",这里存在分析哲学家所说的"会话含义"(conversational implicature),大意是说这个人相信理智在数目上为一是真的;这同样适用于"依照信仰,我坚持对立的观点"。因此,艺学硕士们就以非形式化的方式陷入自相矛盾,这根据的不是严格的逻辑,而是会话的语用学。然而,这里还有更深层的问题,因为在阿奎那看来,他的对手认为理智在数目上为一是**必然**的。这样的话,按照阿奎那的解释,就可以推出信仰的教义也就是他们所说的对立观点必然不仅是假的,而且是不可能的——甚至上帝也不能使一个不可能的事物为真。阿奎那赋予艺学硕士的立场(德利贝拉将它描述成一个陷阱),变得与它初看起来的样子大为不同:不再是一个困惑的知识分子以不可知论者的态度默许启示,而是在隐蔽地侵蚀基督教教义。

事实上,同西格尔或其他任何有记录可言的艺学硕士在这个舞台上曾经说过的相比,阿奎那都要走得更远,德利贝拉认为他的抨击和唐皮耶主教的 1277 年谴责(见下文)所造成的后果,是建立了他们致力于反驳的阿维洛伊主义。就阿奎那本人而言,他对潜能理智的姿态与他在世界永恒性上所采取的立场相结合,构成了关于信仰和理性关系的一种表面上简洁有序的立场。有一些基督教教义的真理,不仅仅是三一论和道成肉身,还有比方说世界有一个开端这一事实,它们是任何推理都不能确立的。然而在构造证明性论证时,正确使用的理性绝不可能像单一潜能理智的倡导者所主张的那样,可以得出与基督教教义不相容的结论。因此,信仰为我们断定什么样的证明推演是错误的提供了指引,但在涉及任何给定的启示教义时,信仰并不能表明事实上能不能得到一个关于它的理性证明。然而,这一立场的简洁有序是有欺骗性的。要坚持这样的立场,除非这个同时也是基督徒的哲学家,在他尽可能细致地研究之后,找不到任何一个证明是没有瑕疵的,并且与启示教义相矛盾。在这种情形下得出结论,认为[如果找得到]这样的证明,它无论如何一定是以某种隐蔽的方式出了错,这需要信仰的跳跃,而只有在那些已经愿意接受这跳跃的人那里,这跳跃才能得到辩护。

不过,阿奎那从来不必面对这样的情形。虽然在第一个层面,也就是亚里士多德文献和思想该如何理解的这个层面上,他研究亚里士多德的思路变得同阿尔伯特的大为不同,然而,在第二个层面,也就是回答新的亚里士多德和阿拉伯材料向基督教神学家所提出的一般性问题这个层面上,阿奎那的回答几乎和他的老师的如出一辙。他们两人都满怀热诚地接受新思想,不过阿奎那在思考他自己的立场时更加缜密。作为一个神学家,在面对这些新思想时,他对上帝赐予的理性与神圣启示之间的融贯信心满满,不会受到从局外人的观点来看不可避免的那些隐忧的搅扰(或者西格尔的态度暗示了这样的难题,因此激起了如此不同寻常的极端回应?)。

第七节 1277 年谴责及其意义

1277 年 3 月 7 日,巴黎主教唐皮耶罗列了 219 个他认为与艺学院相关的命题予以谴责。这是中世纪范围最广、最为重要的一次谴责,不过,现代学者对其意义的判断却大相径庭。那么,当时具体发生了什么呢?

唐皮耶 1270 年已经谴责过 13 个命题,有些与布拉班特的西格尔的主张有关(7 章 6 节)。其中包括只存在一个潜能理智、世界和人类是永恒的、上帝不知道个体或他之外的任何事物等断言和对人的自由、神圣眷顾的否认。同一年,阿奎那在他的《论理智的单一性》中抨击西格尔关于潜能理智的观点(专题研究 K)。1277 年谴责延续着 7 年前开始的诉讼程序。一月,教宗若望二十一世(John XXI)致信唐皮耶,表达了他对巴黎所教授的某些思想的忧虑。唐皮耶可能是因为教宗的关注而采取行动,也可能是出于自己与之同时的动议。他指派包括根特的亨利在内的 16 位神学家仔细阅读可疑文献,并汇集一系列命题以供审查。他们匆忙地完成了他们的任务(如果他们是在教宗若望的信收到之后才开始的,那就太匆忙了),提供了一份混乱的清单,中世纪和现代的编辑都忍不住要对其重新编排。唐皮耶威胁要对任何公开宣扬违禁学说的人施以绝罚。甚至那些听过这些教导的人也被要求在当局面前斥责它们,否则将面临同样的惩罚。

被谴责的观点大多数与 1270 年更加简洁地罗列和审查过的那些命题相同。唐皮耶更加清楚地表达了他反对任何阿维森纳流溢模型、反对任何看起来会限制上帝权能或威胁人的自由的事物。所有这些条目看起来是针对一系列成分混杂的、字面上与基督教教义相冲突的学说,它们来自亚里士多德本人(世界的永恒性,上帝仅仅是沉思自身的理智)和他的阿拉伯诠释者(潜能理智的单一性、流溢、宿命论)。也有一些更加专门的神学观点受到审查,例如与天使和上帝的可知性有关的命题。更让人吃惊的是,这个清单中包含着若干涉及道德和宗教信仰的命题,它们在中世纪基督教世界的语境中几乎骇人听闻,还有一些在同神学和建立于启示之上的智慧的比较中抬高哲学——也就是艺学院所进行的理性知识的探寻——地位的命题。举例来说,有一个命题([Piché,1999,no.]177/[Hissette,1977,no.]200)断言只有习得的才是美德,因此排斥信、望、爱这些上帝灌注的基督教美德;另一个命题则说谦卑不是美德;还有一些(17,18,25/214-216)则挑战肉身复活的可能性。受谴责的条目中,有一条(16/201)宣称一个东西是不是异端无关紧要,另一条(180/202)说人们不应当祈祷,还有一条说人们只应当"为了形式的缘故"而做告解。还有的条目违背三一论(1/185)和道成肉身教义(2/186),或者暗示部分基督教教义和童话故事相差无几(152,174/183,181)。在抬高哲学地位的条目中,有两条声称最佳的生活状态在于投入哲学研究(40/1),而且"这个世界的智者"(sapientes mundi)只可能是哲学家(154/2)。又有条目断定从自明的原则出发的亚里士多德科学方法,是达到确定性的唯一途径;权威不能成为确定性的基础(37,150,151/4,5,3)。

唐皮耶并没有点名任何具体的艺学硕士,不过他作为导论的信函表明,这些谴责主要针对的是"那些僭越了自己院系界限、在巴黎学习艺学的人"。这不仅标明艺学硕士和他们的学生这样一个团体,而且回应着阿奎那在《论理智统一性》中对误入神学讨论的艺学硕士的傲慢的斥责,数行之后,借着粗陋地重提阿奎那的著名陷阱,这回声变得更强:"他们说这些事情从哲学来说是真的,但从基督教教义来说则不是,仿佛它们是相互反对的真理……"和阿奎那一样,唐皮耶心中想的是布拉班特的西格尔,这在若干接近西格尔作品表述的条目中得到印证。还有一些条目转述或引述了达契亚的波埃修的说法,其他一些则能追溯到现存该时期艺学硕士的匿名作品。确实,有很多条目重构的是译自阿拉伯语的著作中的主张,而不是任何目前所知的艺学硕士自己采取的立场。但唐皮耶在他信函一开始就说得很清楚,讨论这样的异端邪说本身就是错误。比照那些受谴责的命题与波埃修和西格尔的著作,我们会看到很多场合的评论都脱离了语境,或者剔除了本来可以使这些命题可以接受的限定。而且,大多数直接反对基督教的条目,目前都没有在任何当时的文献中找到对应。

哲学史家们对上述复杂证据的反应方式正相对立——他们的反应不仅仅表明判断上的一种特殊差异,因为在每种反应之后是非常不同的中世纪哲学观(或者更宽泛些说,是非常不同的思想视野)。一方是极小主义者(Minimalists)。他们强调完成这一委托时的仓促与草率,以及他们通过脱离语境及断章取义的方式扭曲了布拉班特的西格尔和达契亚的波埃修的真正观点;完全不考虑波埃修公开承认基督教训导的绝对真理;毫不顾及西格尔在1271年之后转向接受正统立场(一般这么认为)。他们指出,这219个条目,大多数场合要么是陈述真正异端的、但没有任何已知拉丁思想家持有的观点,要么是将艺学硕士实际提出的并不是异端的观点加以歪曲,使它们成为异端,而有些场合则提出完全不应看作异端的学说。根据极小主义者的观点,唐皮耶作为教会领袖,出于对一般民众的信仰的可以理解的关切,他树立了一个稻草人来予以攻击,也就是一种大学里无人所知的反基督教亚里士多德主义。对他们来说,1277年谴责虽然是一个戏剧化的事件,而且由于它的禁令给未来的大学思想家带来一定约束,但在哲学史上并没有大的影响。

与之形成对照,极大主义者(Maximalists)指出该谴责在限制哲学讨论上的持久影响,不过,他们更着重于强调谴责所揭示的中世纪哲学发展的重要性。他们虽然承认有一部分条目不能准确代表艺学硕士的立场,但他们争辩,当谴责作为整体并在其语境中阅读,就会浮现出哲学作为一门独立自主学科的图景,它有能力探索一切领域,要求其实践者束身自修,过一种苦修式的生活,并将它们带向最高的幸福,因此为人们在基督教苦修主义和基督教死后的赏罚之外提供了一种世俗的选择。尽管在相当程度上这一图景是唐皮耶自己的发明,但极大主义者争辩,他只是彰显并且夸大了某种实际情况。布拉班特的西格尔、达契亚的波埃修和他们的同事们自觉地将他们自己看作哲学家,期望在他们的学科内部有沉思的自由。唐皮耶的错误在于认为他们想要直接挑战基督教教诲,但他也正确地看到,他们正在严肃地建立自己的另一种立足点。

不过,或许由于专注于艺学硕士,甚至极大主义者也有降低1277年的重要性的危险。唐皮耶开篇就拒绝存在两种真理的想法:一个在哲学中,一个在神学中,他的这一评论正是以大为简化的方式取自阿奎那的《论理智的单一性》;而那部作品尤其体现出阿奎那强烈地反对阿维洛伊关于潜能理智的观点,以及那些认为这些观点有说服力的艺学硕士。然而,唐皮耶对阿奎那并不友好。219条中有一些是谴责阿奎那的学说的(例如有关天使的和有关道德心理学的条目),不过它们并不是唐皮耶施展进攻的主要手段。看起来,唐皮耶1277年打算双管齐下对付他视为异端的教导。对他所认定的艺学硕士的教导的谴责只是其中一面。另一面是对阿奎那的身后谴责以及对罗马的贾尔斯(Giles of Rome)的谴责,后者尽管并非对阿奎那言听计从,但支持了许多在唐皮耶看来可疑的立场。事实上,在1277年3月底之前,唐皮耶已经成功地确保51个来自贾尔斯作品的论点受到谴责。贾尔斯被拒绝授予神学教学许可,不得不再等10年才能继续他的教学生涯。有迹象表明,唐皮耶在3月8日—3月28日期间还准备单独谴责阿奎那,但为阿奎那的支持者阻止。无论如何,带有阿奎那鲜明特征的立场确实通过对贾尔斯论点的谴责受到抨击(Thijssen 1998对上述证据有不同的解释,他认为只有针对贾尔斯的诉讼程序,不过其宗旨同样是要抨击阿奎那的学说)。与此同时,坎特伯雷总主教罗伯特·基尔沃比于3月18日谴责了据说在牛津教授的30个语法学、逻辑学和自然科学命题:其中有三个明显和阿奎那的单一实体形式论有关。当理查德·纳普韦尔（Richar Knapwell）1284年在牛津公开捍卫阿奎那的这一主张时，约翰·佩卡姆（John Pecham）重新予以谴责，并将纳普韦尔绝罚。此时，方济会的威廉·德拉马尔（William de la Mare）已经写成他的《纠正托马斯弟兄》（Correctorium fratris Thomae），一部大范围抨击阿奎那神学诸多方面的著作。

事实上，阿奎那确实有强有力的支持者，尤其是在道明会会士中，他们很快将他的教导变为正统。针对《纠正托马斯弟兄》一书，道明会会士们写了一系列《纠正》（Correctoria）予以回应，不过他们更愿把威廉的著作称作《败坏托马斯弟兄》（Correptorium）。到了1325年，即阿奎那封圣两年之后，教会公开宣告1277年谴责如违背阿奎那的教导则不具效力。不过，阿奎那的名望和他自己的修会的支持不应让我们忽略，1277年的种种事件作为一个整体，在很大程度上是针对他以及他做哲学和神学的方式的攻击，正如它们之于艺学硕士一样。而在某种程度上，针对阿奎那的攻击实现了它的目标，而对艺学硕士的学说的谴责则未能做到这一点。它标志着并且部分地促成了神学研究方式的转向。

14世纪的主流神学家更倾向于追随的，正是波那文图拉针对新材料提出的问题所做出的回应，只是思想更加复杂精致，对亚里士多德及其评注者了解更深。尽管唐皮耶的仇视显而易见，艺学硕士们的回应却未被抛弃。只要艺学硕士们强调他们从根本上效忠基督教教义，艺学硕士实际上仍然被允许发展他们的亚里士多德解释，哪怕是照着他们所偏好的阿维洛伊主义的思路（8章7节）。阿尔伯特和他的门徒们给出的回应，在一个独立的德国传统中也得以繁荣（8章1节）。阿奎那自己的回应，那种对新材料的热切接受、对新材料最终不会与基督教教义冲突的信念和对亚里士多德的缜密解读（它在清除其传承中所沾染的新柏拉图外饰上比阿维洛伊走得还要更远）却未能传承下去。经院哲学早期（例如萨顿的托马斯，Thomas of Sutton，约1240—1315年）和后期（例如约翰·卡普雷欧鲁斯，John Capreolus，约1380—1444年）都有思想家成为热情的托马斯主义者，但他们并没有遵循阿奎那自己的研究计划，它本质上包含着直接面对古代哲学文献。时代的气氛已经转变。

第八章　大学里的哲学:1280—1400年

对于大学里的思想家来说,13世纪的前75年满是新发现带来的刺激。他们的兴奋不仅在于新出现的亚里士多德文献和伊斯兰、犹太哲学家所带来的丰富多彩、内容广泛的论证,更多地在于他们所提出的关于如何既做基督徒又做哲学家的种种问题(或者说究竟有没有可能同时成为这两者)。这些非常一般化的问题是开放的,波那文图拉、西格尔、阿尔伯特和阿奎那的回答相去甚远。不过,到了13世纪90年代,经院神学的研究方式已经得以确立,使得思想家个人无需再面对这样的问题。活跃于这一时期的三位思想家(8章2节)——根特的亨利、方丹的戈弗雷(Godfrey of Fontaines)和彼得·约翰·奥利维(Peter John Olivi)——生动地说明了这一时期思想生活运动的方向。

由于大学的教育结构(7章1节),14世纪受过最良好训练、最有野心的哲学家往往集中在牛津和巴黎的神学系,他们通常占有或力争占有方济会或道明会的教席。神学家们有充分的自由,可以全面使用整个新柏拉图亚里士多德传统的大量技术化思想资源。不过,这自由的出现,是以接受并阐释一种在某些方面非常具有限制性的基督教正统解读为代价的。尽管有这样的限制,但就某些在基督教教义中处于边缘,但对哲学来说极为根本的问题来说,总的氛围还是为不同意见留出了巨大空间。因此,邓斯·司各托和奥康的威廉仍然有充分的机会成为具有创新精神、富有创造力、学问广博的哲学家。就算他们当时没有必要创建自己的世界观,现成地摆在他们面前的那种奇怪的世界观,那种在基督教教义条款同亚里士多德主义诸多元素之间被迫妥协而形成的世界观,也要求他们细致地清算其哲学内涵。他们尤其必须强调基督教上帝的自由与偶然性,以此同亚里士多德的第一推动者形成对照。上帝自由地行动当然一直是基督教教义的一部分,但此前从未有神学家不得不在一种精致的形而上学、知识论和伦理学研究计划中彻底澄清这一观点及其内涵。

巴黎和牛津的主流神学并不是这一时期哲学史的全部。自1350年起，大学体系极大扩展，这在1400年后更为明显：大学在欧洲各处遍地生根，包括克拉科夫、维也纳、海德堡、爱尔福特和科隆（8章9节）。这一拓展为该体系带来一定的多样性，不过可能只是相当肤浅的多样性，因为神学课程的结构和关注点往往是相似的。大学思想中还有其他一些重要的潮流：逻辑学的发展（8章8节）；"阿维洛伊主义"在若干艺学院的繁荣（8章6节），以及布里丹，一位决定在艺学院中度过职业生涯的杰出硕士的著作（8章8节）。而尤其在该世纪初，还有一个本章开篇就要提到的传统。它可谓德国道明会的自留地，但却在巴黎教授。该思想路径上溯至大阿尔伯特，反映出他对亚里士多德宇宙论和阿维森纳与阿维洛伊所推进的理智学说，它猛烈地冲击着即将引导大学神学的规范：因此它最重要的倡导者大师埃克哈特被谴责——尽管是在身后，一点也不让人意外。

第一节 阿尔伯特传统

上述德国的、道明会的、阿尔伯特的传统根基由阿尔伯特的两位早期追随者奠定：休·里普林（Hugh Ripelin）在13世纪60年代写过一部教材展示他导师的思想，而斯特拉斯堡的乌尔里希（Ulrich of Strasbourg）曾先后在巴黎和科隆随阿尔伯特学习。乌尔里希在1272年去世前曾经写过一部大型的大全类著作《论至善》（De summo bono），比阿尔伯特本人更加明白无误地拓展了如下想法（他以阿维森纳为依据，或者更应该说他歪曲了阿维森纳）：人的理智可以提升自身，以便同主动理智相结合成为半神。

人的理智同样也是弗莱堡的迪特里希（Dietrich of Freiberg，约1250—1318/1320年）关注的重点，他曾在巴黎学习，1293—1296年间担任过道明会德铎会省（Province of Teutonia）的会长，1296—1297年间在巴黎任神学硕士。在用类似阿维洛伊处理天上理智的方式来处理人类理智的路上，迪特里希在《论理智与可理解物》（De intellectu et intelligibile）一书中迈出了最初的关键一步：天上的理智通过它们各自认识第一理智的方式来使自身完满（6章3节）。人类理智思考的对象是上帝自身，正是这一对上帝的思考构成了理智。在同一个认识行动中，理智同时将自身认识为那认识上帝的存在。此外，理智在认识其起源亦即上帝时，也就认识了万物，因为上帝是它们的典范。迪特里希进一步论证，理智以一种特殊的方式存在。在考察理智时，我们不应该认为存在某些事物，它们拥有一种特殊能力，即理智的方式进行思考的能力；而应该认为，一个理智就是那使它得以认识上帝的思考活动，它构成了迪特里希所说的"观念的"(conceptional)存在类型。

迪特里希在《论范畴事物的起源》(*De origine rerum praedicamentalium*)一书中考察人的理智与亚里士多德范畴的关系，进而阐明他有关人类理智具有神一般能力的观点。依据迪特里希的观察，理智认识的是十范畴下的经验对象：它们同理智是什么关系呢？他论证道，它们不等同于理智，它们也不是理智的原因——这严重违背亚里士多德的观点。一个原因必须拥有比它所引起的结果更"形式化"的力量，而理智比任何经验对象都更接近形式。因此只能得出结论，理智本身是这些对象的原因。他并不坚持它是唯一的原因，但在结尾处，他确实赋予人类理智在它所把握的世界的构成中更加广泛的作用，超过了任何早期基督教思想家，唯有爱留根那可算例外。

这一派德国思想家中最让人着迷的是大师埃克哈特(Meister Eckhart，约1260—1327/1328年)。埃克哈特是道明会会士，曾在道明会科隆学堂受教。他于1302—1303年和1311—1313年两次在巴黎担任道明会任教硕士——这罕有的荣耀阿奎那也曾享有，并于1322—1325年间执掌科隆学堂。不过，他在神学上的革新让科隆的总主教倍感怀疑，一项针对他是否教授异端学说的调查随即开启，埃克哈特为此求助于教宗。1329年，他著作中的28个命题被谴责，不过此时埃克哈特已经去世。埃克哈特的学术成果与大多数巴黎硕士不同，部分是拉丁作品，没有完成的《三部曲》(*Opus tripertitum*)和《巴黎问答集》(*Parisian Questions*, 1302—1303年)；部分是为大学之外的普罗大众用德语写的布道辞和其他作品。虽然后者为埃克哈特挣得了神秘主义者的名声，但其中包含的哲学思想与他大学作品中所发展的关系密切，将它们分别评判是独断的。

迪特里希通过论证人类的理智并非具有某种活动的一个事物，挑战了普遍接受的理智观念；事实是理智的活动使它得以成为自身。埃克哈特将同样的推理用于上帝。在上帝那里说理智地思考(*intelligere*)和存在(*esse*)是一回事，这是老生常谈，事实上从上帝的单纯性就可以推出。不过，埃克哈特进一步论证上帝首先应当被看作理智，他的存在来源于此。上帝并不是"因为存在所以才思考，而是因为思考所以才存在：以至于上帝就是理智和思考，而这思考就是他存在的根基"。埃克哈特进一步补充，《若望(约翰)福音》开篇并不是"太初有物存在(*ens*)，这存在者就是上帝"。而是"太初有言"。根据他的解释,"言"是一个适合理智的术语。埃克哈特坚持认为上帝不应该用"存在"(esse)或"存在者"(ens)来描述,因为适合他的是更高的事物。他开创了一条非常个人化的思路,不同于他那个时代最有影响的根特的亨利和邓斯·司各托的思想,后者建立在上帝作为一种存在的观念之上。不过,与此同时,他重申道明会伟大先行者阿奎那的否定神学要旨,使之甚至更接近普罗克洛和伪狄奥尼修斯。

埃克哈特关于人类理智的玄思就不那么容易嵌入传统框架之中,尽管它们显然与他的上帝观念以及弗莱堡的迪特里希的思想有关。在德语布道辞中,他拓展了灵魂的"根基"(grunt)或"火花"(vunke)这一论题。埃克哈特理解这一"根基"或"火花"的方式与迪特里希将主动理智描述成灵魂发源的基础有些类似。不过,埃克哈特不得不强调该根基不属于灵魂,尽管它在灵魂中,因为他还想强调这个"某物"(this "something")是"不被创造、也不可创造的"(Mojsisch,1983,133-134)。当我想要离开虚假的自我,去发现真实的我时,当我的潜能理智背离它思考所依赖的形式时;当它什么也不意愿,什么也不认识,不受任何事物作用时,这时理智就必须回归灵魂中的这个某物。这不被创造的根基是上帝,也就是说,是我们所有人内心中的神圣火花吗?埃克哈特不会提出异议,他甚至希望走得更远。他指出,上帝这一观念蕴涵了同它物也就是他的造物的关系。这里所说的根基,或"我之为我"只与它自身相关:它产生自身,它甚至还产生上帝。

埃克哈特就这样将阿尔伯特的思考方式颠倒过来。根据阿尔伯特对阿拉伯传统的读解,对他来说,人类理智通过充满可理解内容而成为半神,而这些内容最终源自上帝自己的思想。对埃克哈特来说,我们每一个灵魂都包含着一个根基,一个"我之为我",它是神圣的,甚至比神圣的还要更高,但要发现它,我们只能去除理智的一切内容(人们或许该问一下,埃克哈特的神秘主义热情在多大程度上接管了他作为哲学家的良好判断力?)。埃克哈特还提出了一种新的道德观,与他对人类理智的目标的理解以及他的德语布道辞所针对的普通听众相匹配。埃克哈特的理想生活是贫穷的、谦卑的、克己的,他将这一切浓缩到"超然"(abgeschiedenheit)这个词中。

在莫斯堡的贝托霍尔德(兴盛期约1335—1360年)的作品中,阿尔伯特传统呈现出另一种形态。阿尔伯特是自我标榜的逍遥学派,但他的亚里士多德主义,通过《论原因》一书深受普罗克洛影响。与此相反,贝托霍尔德是自我标榜的柏拉图派,他唯一流传的是一部并不完整但篇幅浩大的普罗克洛《神学原本》评注(《论原因》正取自该书)。贝托霍尔德尤为关注古代的两个哲学学派,柏拉图派和亚里士多德派,以及亚里士多德及其追随者所研究的存在之为存在的科学如何偏离了柏拉图派和基督教思想家所发展的神学。

第二节 根特的亨利、方丹的戈弗雷和彼得·约翰·奥利维

根特的亨利、方丹的戈弗雷和彼得·约翰·奥利维大概是13世纪末巴黎最出色的哲学家,他们间的对比很予人启发。亨利(殁于1293年)很大程度上是1227年后新秩序的代表——确切地来说,他是当年唐皮耶召集来咨询的神学委员会中的一员。不过,这身份并没能保护他自己不受主教和教宗使节的质询,在他们看来,他对阿奎那所持的理智为人类单一实体形式立场持一种过分宽容的态度,应予澄清。亨利顺从地更改了自己的想法,同意谴责该观点。他是这些思想家中最有影响的,他所设定的神学问题模板邓斯·司各托几乎是亦步亦趋,而他所提供的解决方案,司各托和其他14世纪早期的神学家也认为是最值得讨论的。戈弗雷始终与亨利相敌对,他在思想上更亲近阿奎那和13世纪六七十年代的艺学硕士。他的思想当然被人严肃对待,但没有亨利那样的影响。彼得·约翰·奥利维是比其他两位要更有冒险精神的思想家,他以异端的名声告终,只是到了晚近,学者们才开始恢复他思想的真正价值。

根特的亨利

作为在俗硕士,亨利不必将他的教席交给修会中别的成员,他因此得以从1276年到逝世前都能担任神学硕士,对巴黎的精神生活产生广泛的影响。他的作品在世时就被汇集成册,有些还经过修订,组成一套未能完成的长篇《普通问答集》(*Quaestiones ordinarie*)和一套鸿篇巨制的《即席问答集》(*Quodlibets*)。

亨利的形而上学以阿维森纳为标杆,他在重塑和发展来自《治疗论》的观念过程中,在不知情的情况下重新发现,本质-存在区分起源于有关非存在事物的论战(4章5节)。他的第一个区分是在一定意义上可能的事物(*res a ratitudine*——"来自根基的事物")和不可能的存在,例如合体怪喀迈拉(chimaera),它不具有任何类别的存在,但我们仍能以某种方式想象它,res a reor reris("来自'我想象一个事物'的事物")。任何来自根基的事物 x

是一个可能存在,在亨利看来,因此有必要有某种存在来解释其可能性,并将它同单纯来自"我想象的一个事物"的事物区别开来。他将这种存在称之为"本质之在"(esse essentiae)。尽管本质之在甚至先于 x 在上帝心灵中的存在,但它并不独立于上帝。上帝对于他之外的万物与创世有关的知识开始于他对自己本质的理解,认为其本质可以通过多种方式被仿效,而在这样做的同时他就创造了他随后可以认识的本质之在。创世只是使上帝得以被仿效的一种方式,这个观念来自阿奎那,但他并未区分出以这种方式存在的一系列可能事物。在亨利看来,可能之物的范围,或本质之在,必然地来自上帝的本性,并被他的理智所把握,而他的意愿自由地决定它们中哪些将会现实存在。现实存在的事物拥有的不仅是本质之在,还有存在之在(esse existentiae)。亨利采用了一种新型的区分,介于实在的和纯粹概念的区分之间,"意向的区分"(intentional distinction),以此来解释上述两种不同的存在之间的关系。

亨利形而上学上的另一个立场是,关于上帝和他的造物的述谓只能是类比性的。亨利的观点和阿奎那的没有太多不同;不过,他对其做了一定限定,允许同样的概念在对其认识不明确时可以单义地用于上帝和他的造物,但这是错误的。他还做了一项重要的改变,将该讨论同阿维森纳有关存在是形而上学的主题的观点联系起来。阿维森纳认为我们拥有一种存在的观念,在把握有关上帝和造物的观念之前,我们已经先把握了它,而这个无区别的存在概念可以用来谈论上帝和造物的实在。亨利拒绝这一立场,因为它暗含了上帝和他的造物拥有某种共同的实在(reality),他用来解释和辩护这一拒斥的是他的类比学说,而在他的讨论中,该学说因此主要成了存在的类比。他坚持认为有两个不同的概念,上帝的存在和造物的存在,它们不能进一步化约,只能以类比的方式相关联。

亨利形而上学的这两个方面将成为司各托的出发点,司各托对它们提出严厉批评,但他自己思考的形态又从中借鉴不少。亨利对理智知识的处理,同样影响了他的后继者,这似乎也是亨利本人为之苦苦求索的一个话题,他对于它的观点在其职业生涯中一直在发展变化。在其职业生涯早期,亨利看起来对我们如何理智地认识事物的真理有两套平行的说法:广义上亚里士多德式的理论和光照论。亨利用"事物的真理"来指的,既不是对一个个体或共相的简单把握,也不是有关一个命题的知识。根据他早期亚里士多德式的论述(《大全》1 题 2 条),我能运用我自己的心灵能力从我所看到的一个给定物种的诸多个体中抽象出可理解样式(和阿奎那的理论一样)——例如从小狗费多、罗孚、萨布尔等等中得到狗的共相:知道一个事物的真理在于将个别事物比如说萨布尔同狗的共相相比较。例如,当我把萨布尔想成一只黝黑的德国牧羊犬或是一个能侦查绿色植物的生物,我就没有把握住有关它的真理。但当我把它当作一只狗,并且理解它如何展示这个物种的特征,我就把握了它的真理。不过,亨利说这仍然不是"绝对的真理"(sincera veritas),后者需要通过一种完全不同的方式达到,他在平行的光照说中对其做了展示(《大全》1题3条)。绝对真理所指的只是上帝心灵中事物的理念。天堂中蒙福的人拥有关于神圣理念的直接知识。我们在此世并不拥有这种直接知识,但"神圣的光"可以将自身散布在不同物种的事物中并进入我们的心灵,由此在我们的理智中形成关于事物自身的完美概念。这一结果将从个体中抽象出来的可理解样式同上帝心灵中事物的理念结合起来,在我们的心灵中形成亨利所说的一个"语词……同事物中的真理完满相符的语词"。

亨利从未放弃他的光照说,不过他在职业生涯后期更专注于亚里士多德式的论述,但他的修订使得"亚里士多德式的"这一标签不再合适(《即席论辩集》IV, q. 7; V, q. 14; XIV, q. 6)。许多神学家(尤其是方济会的)长期以来一直抵制亚里士多德的理论,认为它使人的潜能理智变成某种纯粹被动的接受可理解样式的潜能。亨利沿着这一思路,实际上从他的理论中移除了亚里士多德意义上的可理解样式。这个术语确实还在。但亨利将可理解样式区分成"内印的"(impressed)和"外显的"(expressed)。内印的可理解样式尽管名称如此,它实际上是感觉印象或记忆中将感觉形象呈现给心灵的能力。外显的可理解样式属于理智,但它是由理智产生,而不是刻印在理智之上。我理智认识的过程从个体比如说萨布尔开始。我的主动理智剔除了我的萨布尔形象中的个体化特征,直到我达到该形象中的共相(有一处——《大全》58题, 2条, 3答——亨利甚至谈到了"普遍的可感形象")。理智运用这个仍然含混的共相,进行一系列的分析直到它可以确切地将萨布尔定义为一条狗,并由此产生外显的可理解样式。

上述理论让亨利可以比他的前辈更容易处理有关个体的理智知识这一难题(《即席答辩》IV, q. 21)。阿奎那需要设定一个迂回缠绕的反观感觉形象的过程,而理智认识行动正是基于这些感觉形象。对亨利来说,感觉形象就包含在理智行动本身之中:理智知识实际上植根于个体的世界中。亨利还一带而过地提到上帝、天使、可能还有天堂中的灵魂能获得的另一种理智地认识个体的方式,它就像直接看到它们一样。这个想法比亨利复杂的知识理论的任何一个部分都更被司各托和后来的思想家推崇。

方丹的戈弗雷

方丹的戈弗雷(1250年前—1306/1309年)是另一位得以保留其教席比亨利还要更长(1285—1303/1304年)的在俗神学硕士。他的作品大部分由即席论辩构成。

戈弗雷捐赠给索邦的部分手稿和他笔记本中抄录的作品(自约1280年起)表明,还在巴黎念书时他就对阿奎那的亚里士多德主义和13世纪六七十年代的艺学硕士有浓厚的兴趣,这足以显现他的思想导向。他关于有争议问题的观点往往处于亨利的对立面上,并且常常是在批判亨利的观点中得以推进,考虑到上述背景与倾向,这可能就不那么让人意外了。让我们来考察1277年后的巴黎这一背景中两组很能说明问题的对照。亨利追随波那文图拉认为不仅世界有开端,而且这一事实是可以证明的,而戈弗雷则接受阿奎那的立场:世界有开端,这是我们通过信仰得知的,理性并不能证明它有,也不能证明它没有开端。此外,亨利略带鼓励地默许对阿奎那将理智灵魂作为人的单一实体形式理论的谴责,而戈弗雷则强烈批评所有赋予人多样性形式的理论。即使在教会刚刚公开谴责统一性理论之后,戈弗雷(《即席论辩》III, q. 5)仍然坚持统一性和多样性理论在神学上都是可以捍卫的,不过,他没有进一步公开宣称他自己对阿奎那观点的支持,尽管他的哲学承诺暗含了这一点。

戈弗雷尖锐地批评本质之在与存在之在这一亨利形而上学的核心区分,以及与之相关的如下想法:存在着与此类似的既不是概念的也不是实在的意向性区分(《即席论辩》III, q. 1),后者在一定意义上预示了奥康对司各托形式区分的态度。对戈弗雷来说,只有两种存在方式:要么在实际中,要么在心灵中,后者是一种较低的、削弱了的存在方式。戈弗雷并不试图用某种特殊类别的存在来谈论可能性,他满足于亚里士多德现实和潜能这一工具。并不现实地存在的事物可能具有存在的潜能,因为已经有可以成为它的质料的质料存在,或者已经有可以成为它的原因的原因存在。

戈弗雷在他对理智知识的解释中(《即席论辩》V, q. 10),看起来异乎寻常地接近亨利,或者至少是晚期的亨利,因为他试图摒弃可理解样式。共相只是简单地通过每个人自己的主动理智之光从可感形象中抽象出来。不过,就像预料之中的那样,戈弗雷并没有可以和亨利相对应的光照说。他满足于修正阿奎那太过亚里士多德化的理论。

彼得·约翰·奥利维

13世纪晚期的方济会不乏受过高度训练、哲学能力出众的神学家,包括米德尔顿的理查德(Richard of Middleton,约1249—1302年)和波那文图拉的学生、修会总会长阿夸斯帕尔塔的马修(Matthew of Aquasparta,约1240—1302年)。理查德有一些有趣的、富有原创性的主张。例如,他的同修威廉·德拉马尔抨击阿奎那有关神圣预知的观点(7章7节)时,很可能错误地将万物都实际地呈现于永恒上帝之前的观点归于阿奎那,并加以攻击,而理查德则选择捍卫这一处理上帝知识的方式。如果未来的事物实际地与上帝的永恒同在(co-exist),而上帝的永恒与我们的现在同在,未来的事物怎能不当下呈现呢?他指出,神圣永恒性有两个方面:一个与我们的现在同在,另一个则无限地延伸到他之前及之后。未来的事物只与后者同在。

不过,这个时期最有意思的方济会会士也是最有反叛精神的。彼得·约翰·奥利维(1248—1298年)曾在巴黎学习神学,但从未获得学位。他于1279年写过一篇为一种极端形式的方济会清贫辩护的问答,它和他的一些末世论主张导致了1282年对他的作品的谴责,并被禁止授课。这个年代末期,在阿夸斯帕尔塔的帮助下,他才得以恢复名誉,但在他死后,他的作品再次被谴责(1319年和1326年)。主要是因为这个原因,历史学家们直到最近才重新发现了这颗深刻而富于原创性的哲学头脑,这尤其体现在他关于《箴言集》第二卷的大型评注中。不过,奥利维自己会畏惧"哲学"这样的描述语。他比波那文图拉对亚里士多德的保留态度要走得更远。在奥利维看来,不能期待异教哲学有太多成就,因为它的作者对于世界和人的本性受了太深的误导。在实践中,奥利维充分利用亚里士多德研究给受过训练的神学家们带来的技术工具,但他也乐于反驳那些他的同代人和略早的前辈视为思想根基的亚里士多德基本学说。

就认知理论而言,他的观点(尤见《〈箴言集〉评注》II, qq. 58, 72, 73)尤其不同寻常。与波那文图拉及其后两代方济会中大多数人不同,他的叙述中没有光照的空间,上帝心灵中的理念也不发挥任何重要作用,因为这些理念没有任何内容。不过,在该领域的其他方面,他的思想倾向都是典型的方济会式的,但是推进到其极端后果(他有关清贫的观点也是如此)。我们已经提到,从亚里士多德的认知理论开始被吸收时起,方济会会士们就倾向于反对他将人的心灵很大程度上刻画成消极的接受器,并强调它行动的能力。奥利维走得更远,他否认认识的对象的作用能够超出认知的目的因。认知的动力因在人的灵魂之中。这一理论的后果是,可感和可理解样式不能发挥它们在其同代人的认知理论中所发挥的作用,因为它们在那里可以作为动力因的一部分。无论如何,他不会接受样式可以像阿奎那和其他许多人所认为的那样发生作用,作为实在世界中的事物得以为人所知的中介。把握这些样式需要将注意力集中在它们身上,而这在他看来会使它们变成知识的对象。奥利维认为,通过我们的认知活动,我们认识外间世界的事物;我们最基本的理智知识是关于个体的,而不是像亚里士多德的理论所认为的那样是关于共相的。

奥利维有关意愿的思考预示了 14 世纪思想中居于主导地位的一股思潮。他生动地描述了(《〈箴言集〉评注》II, q. 57)为何几乎所有区别人类生活与非人类动物的特征——不仅仅是道德判断,还有友爱与慎思——都取决于我们拥有自由意愿;他坚持认为这一自由意味着意愿是绝对不被决定的。单单说意愿在 t^1 时刻有能力去选择或不选择在下个时刻 t^2 去做 φ,这还不够。奥利维想要坚持的是(同上,ad 10),即使在 t^2 时刻,意愿也能选择或不选择在 t^2 做 φ,尽管这里只包含时间中的一个时刻,但在意愿在 t^2 的选择和它根据这一选择在 t^2 的行动之间仍然存在本性的优先性。根据奥利维的论证,如果在 t^1 到 t^2 之间,意愿因为某种原因失去了 t^2 做 φ 或不做 φ 的自由,那么就它在 t^2 如何行动而言,意愿实际上是不自由的。支持这一理论的是同时性的、非亚里士多德式的模态概念,它强烈预示着司各托将因其成名的模态革命(专题研究 L),奥利维还将它用在上帝的意愿上,不过奥利维不愿意把神圣意愿描述成"偶然的",他更愿意说,它是"自由的"。

第三节 邓斯·司各托

在传统的中世纪哲学历史书写中,邓斯·司各托被认为在重要性上仅次于阿奎那。就中世纪的拉丁传统而言,这一判断低估了他。尽管阿奎那一直是有影响力的人物,在中世纪终结时又重获新生、赢得显赫地位,但他的成就非常深地扎根于 1250—1270 年代的特殊环境,它是第一次调和亚里士多德整个思想的热情努力。出生于 1265 年或 1266 年的司各托,他思想的发展基于更加谨慎的后 1277 年神学的背景,那是根特的亨利那一代学者,而司各托自己立场的确立,尤其针对亨利,远胜过任何其他思想家。他是一个高度学院化的思想家,熟悉并且安于大学神学的限制与方法,不过,他还是在其内部引入了一系列新理论,它们转变了神学及其哲学基础的几乎每一个方面。接下来的章节考察他的一些最重要的创新:存在的单一性和他的共相理论;直观认识;可能性的本性(专题研究 L)以及它如何影响到他对神圣眷顾、人类自由和道德的理解。这些当然只是选择了最契合这整部历史讨论的哲学论点的一些议题。和他的同时代人一样,司各托是一个职业神学家,他的形而上学工具意在帮助解决基督教教义特有的问题。例如,下面讨论的形式区分在解释三一论中三位格之间的关系时尤为有用。

生平与著作

让人意外的是,司各托这样一个影响巨大的思想家,我们对他的生平却所知甚少。他于 1265 年或 1266 年出生于苏格兰的邓斯(Duns),后加入了方济会,并在牛津研习神学,他 1300 年前在牛津评注过《箴言集》。司各托随后被派往巴黎,他在那里再次讲授《箴言集》,并于 1305 年成为方济会神学任教硕士。其中一段时期,可能是 1300 年,也可能是 1304 年(当他和其他支持教宗的方济会会士被要求离开法国时),他显然也在剑桥讲过课。他很可能在 1307 年 10 月被派往他的修会在科隆的学堂任教,第二年他在科隆去世。

司各托首先是在讲授《箴言集》的过程中发展他的哲学和神学观点,我们也正是通过这些讲座的书面版本得以最为全面地了解他的思想。司各托至少两次讲授《箴言集》,先在牛津,后来在巴黎。他牛津课程中关于第一和第二卷的原始文本得以传世(《讲授本》[*Lectura*]),不过更为人们所知的是这些讲座的《订正本》(*Ordinatio*)(有时也称作《牛津著作集》[*Opus oxoniense*]),他的余生都在零星地修订这部作品,去世时也未能最终完成。巴黎讲座的记录通过若干《听录本》(*Reportationes*)得以保存,有的已经出版,有的没有。司各托其他重要作品还有即席问答,出自他在巴黎担任硕士时期;一些很可能是早期写成的亚里士多德逻辑学评注;一部在他职业生涯不同时期写成的亚里士多德《形而上学》评注和同一部作品的《释要》(*Expositio*);部分根据《订正本》写成的论著《论第一本原》(*De primo principio*,上帝存在的证明)。另有一部有关亚里士多德的《论灵魂》评注,其真伪仍有争议。

司各托的区分

司各托一系列的创新的根基是他的思想中引入的两种紧密联系的区分:形式区分(formal distinction)与样态区分(modal distinction)。

当我们区分两个事物 a 和 b 时,我们心中所想的通常是中世纪思想家所说的"实在区分"(real distinction):a 和 b 是数目上不同的事物——我的桌子和桌上立着的一瓶威士忌,或者那个瓶子和我橱柜里同样的瓶子。不过,我们有时也会做单纯概念上的区分——所谓"理性的"区分:例如晨星和昏星在概念上是不同的:一个是我们早晨看见的星星,而另一个则是我们在傍晚所见的星星,但它们实际上是同一个事物,即金星。理性的区分基于人们如何设想某物。司各托提出,我们还可以以实在为根基做出另外两种区分,它们不仅仅在于我们思考的方式,但也不是实在区分。

假设 a 和 b 在实际中同一(司各托的标准是:a 和 b 的分离在逻辑上是不可能的),但它们有不同的定义或刻画。司各托会说 a 和 b "在形式上"是有分别的,他(至少在部分作品中)将类似 a 和 b 的存在物称为"形式性"(formalitates)或"实在性"(realitates)。他在辩护这一区分时论证,如果 a 和 b 确实可以不同的方式定义或刻画,那么在事物的本性中一定有什么东西使它们区别开来。然而,司各托的形式区分虽然只是清楚地阐明了他之前的思想家已经运用过的一个观念,但它显然容易招致不能自恰的攻击(8 章 5 节)。

样态区分的观念与此相关。假设我要为自己的习作选择颜料,我查看了一系列色块样品,它们都是红色的,不过从非常明亮的、极端强烈的色调向更接近我的品味的仅有些许红色的色调变化。所有这些色块都共有红的本性,但它们拥有的方式彼此不同。阿伯拉尔会将红的亮度作为红这个偶性的一个独立的偶性,而 13 世纪的物理学家则愿意用红这同一个形式的强弱来谈论它。司各托接受了他们的理论并加以一般化,以至于存在本身也可以根据他所说的有限和无限存在这样的"内在样态"(intrinsic modes)来描述。属性和它的内在样态的样态区分类似于两种形式性之间的区分:它基于实在,但并不会使相互区分的东西成为两个不同的事物。

形而上学:单一性与共相

正是样态区分使司各托得以贯彻他最有个性的一个立场:在上帝和他的造物那里,存在是单一的。司各托按照阿维森纳的观点认为形而上学的主题是存在之为存在,他还从他那里接受了如下想法:我们可以把握一个对于神圣的和造物的保持中立的存在概念。不过,这些论题服务于和他的先行者一个不同的目的。对阿维森纳来说,将形而上学看作存在的科学,能够以中立的方式设想存在,这是通过借用另一个名称避免该学科沦为凯拉姆的一种方式(4章5节)。对司各托来说,这种对形而上学的理解使它能提供一套完整的思路,去研究他为之献身的广博的神学事业的一个分支(即我们所说的"自然神学"):之所以是完整的,是因为它可以用一个单一的观念来理解上帝和他的造物。司各托的立场有意地在颠覆根特的亨利的立场,这在他的著作中很常见(8章1节)。亨利借用类比理论来辩护神圣的和造物的存在不能还原为任何一个单一的概念。司各托认为存在一个单一的存在概念,这意味着他必须提出一种单一理论,就像他所做的那样。他愿意接受我们确实有许多有关上帝的概念与我们有关造物的概念可以类比,但他不接受这是它们之间唯一可能的联系。

为了支持一种中立的存在概念,使它对于上帝和他的造物来说是单义的,司各托论证如下:

(1) 我不能对同一个概念既确定又怀疑。

(2) 我可以确定上帝是一个存在,但怀疑他是一个有限的存在还是一个无限的存在。

因此

(3) 存在的概念和有限或无限存在的概念不是同一个概念。

而且

(4) 有一个存在的概念,它不同于有限或无限存在的概念(它是后两者共有的)。

这个论证看起来以一种危险的方式接近蒙面人谬误(我知道我的父亲,但我不知道这个蒙面的人;因此这个蒙面的人不是我的父亲),但司各托和他的同代人认为这对他的立场构成强有力的支持。

单一性理论家立刻就要面临的问题是如何确保上帝和他的造物之间的距离——司各托倾向于用无限和有限存在的析取来阐释的距离。对阿奎那来说,上帝的无限性和他的完满一样(7章5节),是他的单纯性的结果(《神学大全》一部,7题,1条)。因为上帝是单纯的,也就没有任何事物可以限制他纯粹的形式,所以他就是无限的。然而,司各托用一种不同的方式来构想无限性。它不只是缺少界限,因此单纯性本身并不能确保它。存在的无限性更应当依照一种完满的内在样态这一思路来理解。既然一种内在样态在实际中并不能同它所归属的属性相区分,而只是在样态上与之不同。因此司各托可以一方面说,无论无限还是有限,存在都是同一个观念(因为使存在成为无限或有限的内在样态与存在并无不同),另一方面又说(上帝的)无限存在和(他的造物的)有限存在之间的差异有实在的根基,因此造物与造物主的鸿沟得以保存。

在共相问题这一形而上学的另一个关键领域中,司各托的回答(《订正本》II, d. 3, pt. 1, qq. 1-6)依赖先前提到的形式区分这个观念。司各托的出发点仍然是阿维森纳:此处他所利用的是既非个别亦非普遍的共同本性观念(5章6节),例如纯粹的马性。但他看起来并不接受阿维森纳提出的精巧的解决方案,而是论证了需要一种个别化(individuation)的本原来解释因为马性这一共同本性而成为一匹马的黑美(Black Beauty)如何能是这匹个别的马。在反驳了包括质料造成个别化等若干其他可能性之后,司各托断定,一定存在某种"此性"(haeceitas,但他很少使用这个词,而更愿意谈论某物的"单一性"[singularity])使这匹特殊的马区别于其他所有的马,但它在实际中与这匹马的本质并没有区别。他将这些个别化要素(它们必须同那些碰巧作为事实将黑美标记出来的偶性特征严格区分开来,例如她鼻孔特殊的歪斜)同波菲利树底端使种和种相区别的种差进行比较。事实上,司各托已经改变了由波菲利勾画、为整个亚里士多德-新柏拉图传统接受的亚里士多德图景,将"个体的无限性"置于他理论反思的范围内,而在此之前,它一直在哲学家的视野之外,因为哲学家专注于共相,总是从最低的种开始讨论。在司各托的万物图景中,个体被赋予全新的重要性,这将在他的认识理论中得到回应(见下文)。

存在、超越者与上帝的存在

司各托认为存在可以作为单义的谓词,并且区分为无限的和有限的存在两种内在样态,这观点是他发展超越(transcendental)属性学说的根基。13世纪的思想家已经意识到有一系列属性与存在共外延,因此不适合亚里士多德的《范畴篇》的分类,例如统一性、善和成为一个存在物(being-an-entity)或成为一个事物(being-a-thing)(7章3节)。司各托为之增补了析取性的属性,例如必然或偶然、现实或潜能、无限或有限。这一清单实际上只是思考存在的一种方式,它可以无尽地延续下去。其中最重要的是"无限的或有限的",因为它被用来说明单义的存在同亚里士多德的范畴之间的关系。存在分为无限的(上帝)和有限的(上帝的造物),而有限的存在又分为十范畴。司各托还将他所说的"纯粹完满"算作超越者,这是一组与存在并不共外延的属性,但它们在以下意义上涵盖所有存在:任何种类的存在只要拥有这样的完满就会因此变得更好。比方说,胖可能对于猪来说是好的,但对于狗、人或天使来说显然不是;而智慧尽管不是一切事物都拥有,但它使任何拥有它的事物变得更完满,因此它可以看作纯粹完满。随着司各托对这一理论的扩展,形而上学成为对超越者的研究,这一直延续到并且包括康德在内。

有限与无限存在的区分也是司各托高度复杂的上帝存在证明的根基,它出现在不同的场合,包括《订正本》(I,d. 2,q. 1)和专注于此的短篇论证《论第一本原》。司各托将论证分为两个部分。第一部分接纳并改编根特的亨利的方案,司各托在其中表明有一个在三方面都至高无上的存在(所谓的"三重至尊"):它是其他所有事物的原因(动力和形式因);它是万物追求的目的(目的因);它是最完满的(卓越性)。在第二个部分中,他主要专注于证明这样一个至高的存在一定是无限的。

这个证明尽管复杂细密,但在其第一部分每一个下属章节中始终回响着的论证主线和阿奎那的五路的基底结构如出一辙。司各托试图阐明,和偶然成序的因果链条一样,至少存在一个本身(per se)成序,或者如他所说的"本质"成序的链条,偶然的链条可以延展到无穷,本质成序的则不能。这个论证中最富创新的一面可能在于,司各托断言,它是完全形而上学的证明,而不像先前的宇宙论证明一样建立在任何偶然事实之上(见专题研究L)。在第二部分中,司各托提供了若干可供选择的论证来证明最完满的一定是无限的:最单纯的和最有效的一定是那样,因为存在可以是无限的(存在和无限之间没有矛盾),而无限的比有限的要更大也更完满,一个并非无限的存在不会是完满的。

直观的与抽象的认识

亚里士多德传统以共相为研究焦点,而理智认识正是其中尤为引人注目的一个领域。人的认识的最高形式被认为由理智完成。由于理智认识被认为在于接受普遍形式并在此基础上建构知识体系,因此这里没有为有关个体的理智知识留出明显的空间。这一理论缺口(正如阿奎那的处理所表明的,见7章5节)让基督教神学家难堪;司各托在恢复个体的哲学地位的同时填补了这一空白。他接受亚里士多德理论对感性和理智认识的区分,称之为"抽象认识",不过他还设定了另一种类型的认识,即他所谓"直观"认识(这一名称会让人想到通过看到某物而认识它)。这样的想法并非没有先例:阿夸斯帕尔塔的马修(约1240—1302年)和富尔诺的维塔利斯(Vitalis of Furno,约1260—1327年)曾用这个术语来指灵魂对它自己的行动的知识;根特的亨利至少允许上帝和天使可以通过某种方式看到个别物来理智地认识它们。那么,司各托以他自己的方式对该理论有所推进吗?

前面已经解释过,司各托区分一个事物的本质(黑美的马性)和它的单一性,后者使它成为这一匹特殊的马。他并不认为(《〈形而上学〉评注》7,15,nn.5-7)我们在此生中能认识事物的单一性(那将意味着我们可以辨别两页完全相同的纸)。然而,尽管司各托拒绝存在与本质的实在区分(他可能认为它们之间是形式区分,但这一点并不明确),但他承认某物存在与否会造成对它认识的差异。认识并不现实存在的某物就是抽象地认识它:记忆就是一种感性的抽象认识,例如我回想起黑美的图像。但当我看着站在眼前的黑美时,这就是直观的感性认识。司各托认为理智认识中也有这样的对比:抽象认识是根据亚里士多德理论而获得的有关共相的知识(我把握普遍的马性),而在直观的理智认识中,我理智地把握现实存在的、当下在场的一个个体,就像当我看到它在我眼前时我在感性上所把握的那样。

后来的思想家,比方说奥康(8章5节),将司各托的抽象认识和直观认识的图解用作他们讨论理智知识的主要模板。不过,司各托本人通常将直观的理智认识同与身体分离的人类或天使的灵魂联系起来,而且他明确地指出(《即席论辩》6,n.8),尽管我们可以确认抽象认识,但对于我们是否经历了直观的理智认识,我们却无法确定。司各托在这个领域的立场,看起来与根特的亨利没有太多不同。然而,我们有理由相信,司各托确实认为直观的理智认识也属于此生中正常的认知过程,它伴随着我们抽象认识的活动,只不过对我们来说没有那么明显而已。我们可以通过考察理智记忆这一现象来阐明这些直观的理智认识必然会发生(《订正本》IV d. 45,qq. 2-3)。

这里的"记忆"需要按严格的意义来理解,它排除了单纯将某个共相带到心灵中的能力,比方说我"记得"某个共相,我将人的定义即理性的、会死的动物带到心灵中来。记忆必须以某种过去的事物作为其最接近的(proximate)对象。尽管我们的理智活动(就目前欠缺有关直观认识的确定性而言,我们暂且作此假定)关系到普遍的事物,因此不可能成为过去,但是,我们可以记得自己过去的理智认识活动。因此,严格地来说,我记得的是我对人这个共相的认识;尽管该共相作为记忆活动的最终对象是非时间的,但我曾经的认识活动作为记忆活动最接近的对象,它已经过去。这种严格意义的记忆看起来属于理智而不是感觉,因为它关系到理智的活动。我们不能用使我获得人这个共相的知识的可理解样式来解释它。考虑到我们确实在严格意义上理智地记得,我们就更应该设定有另一种可理解样式来解释理智记忆,它是在上述认识活动进行时刻印在我们之中的,而且它必定是在直观知识的条件下刻印下来的,作为某种现实存在的和当下在场的东西,否则它不能产生任何有关那个过往的认识活动的记忆。借助理智记忆这一现象,司各托确立了我们确实参与到对自己理智认识活动进行直观的理智认识之中。不过,他走得更远。与身体分离的灵魂所拥有的唯一的记忆是理智记忆,因此,如果他们要拥有关于他们在世时的知觉的记忆,这就需要用可理解样式来解释。司各托因此认为,我们所有的认识活动,无论是感性的还是理智的,都伴随着对它的直观的理智认识。他的理论因此同亨利的有了鲜明区别,不过,他同阿夸斯帕尔塔的马修和富尔诺的维塔利斯的距离,也比部分学者愿意接受的要近。

间奏 x:司各托,法国国王与犹太人

1303年,司各托被要求离开法国,同行的还有其他同会的弟兄,他们在美男子腓力(Philip the Fair)与教宗博尼法奇乌斯八世(Boniface VIII)的论争中拒绝站在腓力一边。司各托的选择却并非顺理成章。巴黎修会的方济会会士只有微弱多数站在教宗一边;司各托亲近的弟子阿尼克的威廉(William of Alnwick)是选择留下的弟兄中的一员。晚近的研究(Marmursztejn and Piron, 2005)表明,司各托的动机与其说是对教宗的忠诚,不如说是对英王爱德华一世的忠诚,而在这忠诚之后的,是他对英王犹太人政策的格外赞同。

1290年,爱德华将犹太人逐出英格兰。司各托当时在牛津研究神学,不可能没有注意到这一事件,特别是考虑到该城中还有一个犹太社区。在他的《箴言集》评注中(IV, d. 4, q. 9),司各托针对犹太人受洗采取了一个非常不同寻常的立场。在他的时代,北欧和南欧大部分地方都有犹太人居住。至少从名义上说,他们处于教会的保护之下,虽然

不时有人尝试让他们皈依,通常还多多少少带些公开的威胁,但是主张未满理性年龄的犹太孩童,为了他们的好,必须强制他们离开父母并接受洗礼,这样的论调人们是坚决反对的。阿奎那第一个将该话题引入神学讨论,他的解释是,未满理性年龄的孩童属于他们的父母,违背他们父母的意愿给他们施洗,即使这是为了孩童们的好,它也违背了自然法,因为这是在对父母们施加伤害。

与此相反,司各托不仅为强制犹太孩童离家和受洗辩护,而且还论证也应强制他们的父母受洗——这立场在神学家中独一无二:

> 我相信,如果统治者用恐吓与威胁让父母们接受洗礼,并在接受新的信仰之后将其保存下去,那么他行动的方式是符合宗教信仰的;因为,即使他们在自己的灵魂中并不是真正的信徒,让他们在保持自己不正当的律法时必受惩戒,这也比让他们能够自由地保持自己的律法要好。此外,他们的孩童倘若得到良好的教育,三代或四代之后就会成为真正的信徒。

有人反驳,应当允许犹太人保持他们的宗教,因为依撒意亚(以赛亚)预言了犹太人在世界末日时的皈依,对此司各托答道,这并不要求"这么多犹太人、在世界上这么多地方,这么长久地坚守他们的律法"。把他们中的一点人赶到某个荒岛上就够了。

既然爱德华的所作所为就是司各托在评论中建议一个统治者去采取的实际行动:让犹太人们选择皈依或离开,那么,司各托这里真的是像马穆尔斯泰因和皮龙(Marmursztein and Piron)所说明的那样,是作为爱德华犹太人政策的热心辩护者在写作吗?无论如何,他的姿态和阿奎那的对比很能说明问题。

可能性、神圣眷顾、人的自由与道德

在司各托之前,拉丁和阿拉伯传统的哲学家使用的可能性与必然性的模型主要是亚里士多德的,它用时间频率来分析模态。之前的章节和专题研究已经表明,尽管这一模型居于统治地位,它并不是独一无二的:也有人用事物的潜能和因果依赖性来思考可能性。此外,司各托第一个非常清晰地阐明并且坚持非时间性模态理论中一个最为重要的要素——即现在并非必然这一观念:我现在坐着,但我现在站着,这也是可能的。专题研究L将更细致地考察司各托对这一观点的阐发,以及就他的模态理论的创新而言,我们可以得出,以及得**不**出什么结论。司各托关于可能性的立场,无论具体采用什么方式来构建,它确实在他对神圣眷顾和人的自由的观点中产生了非常重要的后果。

这些后果体现在他对上帝认识宇宙的设想中和他对比理智和意愿的方式中。上帝通过认识自身必然能认识所有必然真理以及所有偶然的可能性,用今天的话说就是所有可能世界(不过他并**没有**这样来表述:见专题研究 L)。然而,这些偶然的可能性中哪些才是真理呢?和可以追溯到波埃修及之前的大多数思想家一样,司各托不允许上帝有关偶然事件的知识由这些偶然事件本身引起。上帝有关偶然真理的知识基于有关他自己意愿的自由选择的知识,它决定了哪些可能性将成为现实。根据司各托的观点,无论上帝的还是人类的理智,都是一种自然能力:它只把握实情;它的运用没有选择可言。与此相比,他认为意愿可以极端自由地在不同选项间进行选择——他指出,从某种意义上说这在内省中是显而易见的,它不能被进一步解释。那么,以上帝的理智为例。它知道一切可能性——司各托似乎将可能性想象成一系列析取矛盾:"或者 X 或者非-X"(《讲授本》I, d. 39, qq. 1-5,§§62-3)。上帝的意愿选出每个析取中将为真的那个选项,而他的理智则知道他的意愿所做出的选择。不过,这一过程并不像这里的描述听起来那样,是一个时间性的或符合逻辑的过程:司各托竭力强调这些步骤每一个都实际地构成了一个单一的、无时间的神圣行动,他有时会用"本性的瞬间"(instants of nature)来谈论它们——这个生造的术语使他得以区分没有时间顺序的要素的先与后。

因此,世界存在的方式,来自上帝的意愿在无限的可能性选项中的选择。如果神圣意愿在做出选择时是必然的,那么所发生的一切就会必然发生。按照亚里士多德的必然性模型,这一结果看起来无可避免:司各托认为上帝以非时间的方式永恒,因此上帝在他非时间的现在中永恒意愿的就是他必然地意愿的。司各托清楚地理解现在的偶然性,这让他得以避免上述结论,毕竟该结论会从上帝的意愿那里夺走在他看来任何意愿都应具有的本质特征。但他要面对另一个同样严重的问题:上帝命定何种可能性将成为现实,即使是以偶然性的方式,仍然威胁到夺走人的自由,而它是司各托道德理论的基础。

我们自然地欲求幸福,司各托(和阿奎那一样)相信这一点。然而,我们还有另一种倾向:朝向正义的倾向。司各托有关道德生活的论述取决于,当它们发生冲突时,我们能选择听从朝向正义的倾向而不是朝向幸福的倾向,而这选择的工具正是我们的意愿。当它做出选择时,我们可以给出理由,说明它为什么听从这个或另一个倾向;但选择本身是极端自由的,司各托相信这一点。然而,当上帝选择何种可能性将成为现实时,我们的选择如何能是自由的呢?**上帝**偶然地选择,这并没有根除这个问题,因为问题的关键是人的选择的自由。一个线绳被木偶师随时变化的念头支配着的牵线木偶,和一个线绳被机器控制、按照预先确定的计划运行的一样,在选择他如何运动上同样没有自由。

对于这种思路的反驳,司各托确实有一个回应。他认为人类的行动是人类行动者和上帝的因果关系合力的结果。不过,上帝并不被看作人类意愿发生作用的直接原因。作为一个本质成序的原因系列的第一因,上帝所负责的是行动者的因果关系自身:所以,人的意愿可以发生作用,而正是由于上帝,人的意愿才得以发生作用。在此基础上我们就可以为司各托论证,只要上帝对我们未来的知识是非时间的,它也就没有成为过去,并因此在同我们的行动的关系中没有固定下来,那么,人类就不会被还原成受神圣线绳支配的玩偶状态(Normore,2003,138-139,144)。然而,这一辩护要真正成功,它就必须限制上帝对我们的意愿的因果作用,让他赐予我们可以自由运用的意愿;如果确实是这样的话,上帝就应当从我们自由选择的行为中获得他的知识——而这是司各托明确拒斥的立场。他的理论确实使以下命题为真:当我们意愿 x 时,我们可以意愿非-x,它也允许我们完成整个意愿的过程,在其中我们在 x 和非-x 之间进行选择。然而,最终解释我们为什么意愿 x 而不是非-x 的,是第一因上帝。简单来说,司各托的论述比他所愿意的要更接近相容论。

专题研究 L:司各托论可能性

《箴言集》第一卷,第 39 篇中提出的问题关系到对未来偶然事件的神圣知识,司各托在回应该问题时发展了他的可能性概念。《订正本》的主要文本缺少这一节,但有一个大概从司各托多次讲授课程中汇编而来的版本在抄本中流传。不过,他第一次表述自己立场的《讲授本》给出了尤为清晰的论证。

首先(§§31-37),司各托反驳了可以看作是阿奎那的立场。阿奎那满足于让上帝以某种必然的方式来成为原因,因为他认为可以通过第二因(secondary causes)将偶然性引入所发生的事情。司各托指出,由于第二因依赖第一因,所以如果第一因是必然的,则第二因也是必然的。因此,如果存在任何偶然性,它必然来自第一因。它也不可能来自上帝的理智,因为司各托认为理智以必然的方式(在其自身中)行动,所以,如果有偶然性的话,偶然性的源泉一定是上帝的意愿。但这里有一个问题,它如此明显,以至于司各托都没有把它明确说出来。按照他那个时代人们通常对可能性的亚里士多德式理解,现在是必然的。如果一物存在于永恒的现在之中——司各托认为上帝就是如此,那么,无论他的意愿是什么,它都必然存在;因为不然的话,按照这种对可能性的时间性理解,那就会要求至少存在两个瞬间,这样神圣的永恒性就会在时间上分裂。司各托转向人的意愿,考察它的能力,以此来应付以上困难,毕竟我们更能理解人的而不是上帝的意愿。

意愿的一个决定性特征是它能意愿不同的对象。我可以意愿继续写这个句子,或者停止写它,转而关注背景中播放的贝多芬奏鸣曲。"这种可能性和偶然性"彰显自身的一种显而易见的方式是时间(§48)。五分钟前,我愿意继续写作;现在作品 109 号的优美深深地吸引着我,我愿意停下来听斯维亚托斯拉夫·里赫特(Sviatoslav Richter)。不过,我们的意愿还有另一种方式成为偶然的。首先(§49),司各托解释了他所说的是纯粹逻辑的可能性(potentia)。当词项可以放在一起而不产生矛盾,就有逻辑的潜能,哪怕并没有实际的可能性(real possibility)。司各托给出的例证是,在这个世界存在之前说出的命题"世界可能存在"(Mundus potest esse):它当时是真的,因为在世界和存在之间并没有矛盾,尽管它并不指称任何实在的事物。

司各托接下来(§50)在意愿的运行中发现了这种逻辑可能性。给定时刻 t^1,如果意愿在 t^1 意愿 x,那么,在 t^1 就不存在它不意愿 x 的实际的可能性。但是逻辑可能性仍然存在。为了支持他的论断,司各托设想了只存在一个瞬间的意愿。由于它在其存在的唯一的瞬间意愿 x,这不可能是意愿的本质特征,而只是一个偶性,因此,假定它不意愿 x 就不可能产生矛盾。因此,存在着它不意愿 x 的逻辑可能性。司各托接着写道(§51),存在某种"实际的能力"(real power)与这种逻辑可能性相对应。他为这一论断提出的理由看起来是,没有这样一种实际的能力,就不会有意愿产生,那么,先前确立为可能性的就不再可能。因此,人的意愿在任何时刻都拥有在对立中选择的实际能力:意愿 x 或不意愿 x。司各托通过对模态命题的不同分析来解释他的观点,他所采用的方法可以同 12 世纪的论争(专题研究 G)巧妙地联系起来,尽管他对后者并无直接了解。从组合的意义上说,命题"在

t^1 愿意的意愿可以在 t^1 不愿意"为假,因为它意味着:"以下是可能的:在 t^1 意愿既愿意又不愿意。"然而,在分离的意义上,它是真的。这并不是因为我们必须替换成较弱的"意愿在 t^1 愿意,并且它在 t^2 不意愿是可能的",而是因为我们同样可以断言"意愿在 t^1 愿意,并且它在 t^1 不愿意是可能的",因为意愿在 t^1 是**自由地**意愿。

将司各托的发现用于上帝的意愿很容易。从受造的意愿成为偶然的第一种方式来说,上帝的意愿不是偶然的:它不可能先意愿 x,然后不意愿 x。然而,上帝在永恒中所拥有的单一意愿根据刚才解释的第二种方式,它可以是不同的:它可以永恒地不意愿 x 而不是永恒地意愿它。

虽然普瓦捷的吉尔伯特已经部分地预见到这里所采取的步骤,但司各托论证和发展他观点的方式前无古人。他意识到他是在建立一种新的看待可能性的方式,这体现在他愿意改变义务对答(obligatio,艺学院采用的一种论证游戏:8 章 8 节)的既定规则。按照这些规则,如果一个假的关于现在时刻的假定命题被提了出来,它必须要作为不可能的加以反驳:司各托毫不客气地抛弃了这个规则。以上的讨论充分表明,偶然因果关系对于司各托思考神圣眷顾和人类自由何等地重要。不过,对于司各托立场的融贯性,以及它和分析哲学家今天处理模态的方法的相似性,我们不得不提出重要的保留意见。

上帝的意愿可以不同于他的作为,然而司各托不会满意于只建立这种纯粹逻辑的可能性。他需要进一步确证上帝有实际的能力去意愿别的东西。但可以质疑的是,能力是否可以固定到这个或那个时刻(Kenny 1996)。很有可能,像司各托的论证所要求的那样,去谈论在 t^1 时刻的某种实际能力简单来说就是不合语法的(ungrammatical)。或者,就像奥康所论证的那样(专题研究 M),去设定一种行动的能力,它在某种意义上根据设定就是行动者从来不会运用的能力,这很可能在逻辑上就是自相矛盾:这样的能力在什么意义上是**实际的**?

自 20 世纪 60 年代起,模态逻辑学家们开始采用一种普通语言形象地称为可能世界的语义学。一个命题的模态地位取决于它在什么样的可能世界为真:如果它至少在一个世界为真,那么它就是可能命题;如果都为真,它是必然命题;如果都不为真,它是不可能命题。如果它在现实世界为真,那么它(简单地)就是真命题。司各托从未使用"可能世界"这一短语,不过这个术语是司各托派在近代早期发明的,并为莱布尼茨沿用,而现代逻辑学家的理论从他这里改编而来。然而,司各托自己对模态的处理同莱布尼茨的相去甚远,更不用说它同当代逻辑学家的距离。司各托并没有用可能世界的真值、共可能事态的极大集来进行思考,他考虑的是一个命题的词项矛盾与否;而他对矛盾性(repugnantia)的理解要比现代的逻辑不可能性观念宽广得多,比方说,对他来说,羊鹿(goat-stag)就是矛盾的,因而也是不可能的(Normore,2003)。此外,司各托的兴趣不止于标记逻辑可能性,还包括考察事物的实际潜能:就此而言,他离亚里士多德式的模型相差不远。

以上观察得到司各托上帝存在论证中最为重要的一处创新的支持(见上文8章3节)。宇宙论证明总要从同世界有关的一个明显事实出发,例如某物变化,或被产生,或消亡。因此,它们的第一前提是偶然的,所以严格来说,它们并不是亚里士多德式的证明。然而,司各托相信,他可以让其第一前提不再是关于偶然事实的陈述,而是关于可能性的陈述,以此重塑他的论证,使之具有严格的证明形式。他不说"某物被产生",而说"某物可以被产生",后者是一个必然真理(因为事物的概念和被产生的概念之间没有矛盾)。这样的论证将会导出的结论不是至高存在者存在,而是它可能存在。不过,司各托相信他还可以补充必要的进一步的论证步骤。

他认为至高存在者除此之外还是第一动力因。如果它是**第一**动力因,它就不能被任何其他事物产生,因此它的存在就是来自它自身(potest esse a se)。司各托相信这样的存在者,如果它能存在,它就必然存在(因此也就实际地存在)。接受这一观点的主要理由(撇开《论第一本原》3.22中一个窃取论点的论证)看起来是,如果有某物可以不需要任何其他事物、因其自身而存在,那么,它的不存在怎么可能得到解释呢?无论这个考虑的说服力如何,它对于当代考察可能世界的方式来说显然是异质的,在后者看来,关于一个可能世界中任何事物的缺席,除非这个世界中其他事物在逻辑上有要求,我们不需要进行任何解释。

第四节　司各托与奥康之间

14世纪的前20年,巴黎和牛津遍地都是高素质、头脑敏锐的神学家。道明会和方济会的教育机制将他们最优秀的年轻人,那些已经在逻辑学和亚里士多德科学上受过高度训练的学者,送往巴黎讲授《箴言集》,并继任修会中的一个教席,但只能短短任教几年。其他的托钵修会,如加尔默罗会(Carmelites)和奥斯定会(Augustinian Hermits)也有他们自己的硕士,此外还有一些在俗的神学家。虽然有"因袭他人"(*secundum alium*)讲授的现象，即教师只是毫无批判性地追随某个领袖人物(如司各托)，大多数人还是给《箴言集》所覆盖的整个哲学论域以及许多相关的哲学问题给出了基本上属于自己的回答。这么做的时候，教师们往往会在宽泛的意义上追随前两三代一位伟大的、原创的、综合型的哲学-神学家的步伐，同时贡献他自己的变化和发展，常常还要回应针对该观点新近提出的批评。

这样的从属关系通常和他们的修会身份联系在一起。因此，阿奎那的最强有力的捍卫者之一是牛津的道明会会士萨顿的托马斯(Thomas of Sutton, 1250—1315年)。另一位道明会会士赫尔维乌斯·纳塔里斯(Hervaeus Natalis, 1250/1260—1323年)[1]曾于14世纪初讲授过《箴言集》，后成为修会领袖，他延续着托马斯派的传统。他的托马斯主义更多地是对阿奎那的诠释，他根据1270年以来的发展，尤其是司各托的作品做了相应的调整。1309年之后，道明会要求它的会士必须赞同阿奎那的学说，而且赫尔维乌斯下定决心使他的托马斯主义成为道明会正统。

不出所料，早期的司各托派是方济会会士。阿尼克的威廉(William of Alnwick, 约1275-1333年)于1314年在巴黎讲授《箴言集》，他很可能担任过司各托的秘书。他虽然并不墨守司各托所有观点，但很乐于在14世纪10年代和20年代批评的浪潮接踵而至时为他挺身而出。另一位方济会会士，纽卡斯尔的休(Hugh of Newcastle)，曾于14世纪20年代在巴黎授课，他为司各托的思想提供了清晰的阐释；还有一位是梅罗讷的弗朗西斯(Francis of Meyronnes, 约1288—1328年)，曾于1320—1321年在巴黎讲授《箴言集》，他捍卫司各托的大部分观点，并且发展了他自己的"形式性"观念，其中尤为突出的是他的形式区分。

并不是同一个修会的所有成员都会依循修会的教义倾向。圣普尔森的杜兰德斯(Durandus of St Pourçain, 1270/1275—1334年)是一位道明会会士，他在1307/1308年写过一部《箴言集》评注，很可能是依据他在某处的学堂的讲授，它在没得到他许可的情况下开始传播。其中的教导在很多论点上不同于道明会改编后的托马斯主义。杜兰德斯观点的一个突出特征涉及一个看起来纯粹技术化的问题，即关系的问题。关系是亚里士多德的偶性范畴之一，中世纪思想家通常并不像现代逻辑学家那样将关系看作二元谓

---

[1] 一译埃尔韦·内代莱克。

词(××是××的父亲),而是把它看作内在于(inhere)某个根基的偶性。如果约翰是马克西莫斯的父亲,那么,父亲性这个关系就内在于它的根基——约翰之中。但这样的一个偶性具有什么样的本体论地位呢?至少根据赫尔维乌斯·纳塔里乌斯使之成为道明会标准的解读,阿奎那只允许它具有某种"弱化的"存在,并且认为就实在来说,它与它的根基没有区别。从某些方面看,杜兰德斯的论证似乎进一步削弱了关系偶性的实在性,他断言它们只是其根基的一种存在方式。但与之相伴的是他的另一个观点:这种存在方式只不过是别的东西存在的一种方式,它绝对不同于实体或量、质等偶性所拥有的那种存在。杜兰德斯由此得出结论:关系在实际中不同于其根基。这观点表面上涉及一个很小的哲学问题,但它在三位一体神学中产生了巨大反响,因为它意味着三一关系是与它们的根基即神圣本质不同的存在,而这将使神圣统一性大打折扣。杜兰德斯虽然在他在巴黎大学正式讲授《箴言集》时从他的文本中剔除了反托马斯的想法,但赫尔维乌斯所领导的道明会并不满意,两次对他予以谴责。不过,杜兰德斯仍受教宗宠信。他在 1326 年成为莫(Meaux)的主教之后,他发行了他的《箴言集》评注的第三个校订本,又重新回到他在第一版中提出的许多富有争议的论点。

这一时期真正出类拔萃的思想家,毫无疑问是彼得·奥里奥尔(Peter Auriol,约 1280—1322 年)。奥里奥尔虽然是方济会会士,但并不是司各托的追随者,而是一个原创哲学家,他的立场在他生前和身后多年都有争议。他 1316 年开始在巴黎讲授《箴言集》,但此前在图卢兹的方济会学堂讲授期间,他已经完成了有关《箴言集》第一卷的第一部评注(《写定本》Scriptum)的大半内容。奥里奥尔为一整套形而上学、知识论问题设计各种理论;其中最有趣的两个关系到理智认识和上帝对未来偶然事件的知识。

1250 年以降,大多数哲学家和神学家在解释理智认识时会用到可理解样式的观念(7 章 5 节)。我对(共相)马本身的思考之所以是关于马本身(而不是关于狗本身),是因为在该思考中,我的潜能理智被可理解样式赋予形式,而可理解样式是从感觉和记忆形象(phantasmata)中抽象而来的,后两者来自我对一匹匹马的感知。可理解样式的倡导者认为样式不是我们认识的**对象**,而是我们得以思考事物的**工具**。然而(和奥利维一样;8 章 2 节),奥里奥尔(《写定本》d. 27, pars 2, Resp.)并不认为他们的理论允许这一步推导。在他看来,可理解样式理论以及其他一系列相关的理论,设定了某种心灵中的或想象中的事物作为事物和我们所完成的思想之间的中介,它们会导致无法接受的结论。例如,命题"玫瑰是一种花"就会为假,因为两个作为中介的存在物(也就是玫瑰的可理解样式和花的可理解样式)并不相同;此外,我们将永远无法知道我们自己的心灵内容之外的任何事物。奥里奥尔不接受被动的认知模型,其中理智必须要受一个外在的可理解样式的作用,他依循方济会思想中反复出现的一个论题,提出了一个主动的认知模型。他依赖感觉作为典范,特意提到了后像(after-images)这样的现象,以及人们有办法通过快速地旋转一根木棍在空气中画出一个圆圈(假如奥里奥尔知道的话,他会用上电影动画的例子)。他认为这些现象表明,感觉已经使所关注的对象进入一种特殊的存在样态,表观存在(*esse apparens*),在其中它看起来不同于它实际的存在。他说,同理,理智使其对象进入表观存在或"意向性"或"对象性"(objective)存在("对象性"指的是像一个思想的对象一样),尽管对象本身完全没有改变。奥里奥尔认为所有事物都有两种存在:实际的存在和相对于感知者的多种类型的对象性或表观存在。为什么要有多种类型呢?奥里奥尔接受理智直观是关于共相的,而黑美会让我们想到许多不同的共相:马、动物、会死的东西。只要让黑美进入对象性存在,我就可以思考它们中的任何一个。因此,当我要思考这个世界,将它拆分成自然类别时,在奥里奥尔看来,我只需要我所感觉到的个别对象就够了,我可以(在对象性存在中)将它们构想成它们所属于的每一类事物(把黑美构想成一匹马、一只动物等等)。

  奥里奥尔拒斥此前有关预知问题的解决方案。他(《写定本》d. 38)并不认为司各托的思路,即上帝知道他自己的偶然意愿的决定,可以保存人的自由。他也拒斥未来事物可以实际地当下呈现于神圣永恒性之前的观念——这是对阿奎那理论常见但很可能是错误的解释。他将不可改变性等同于必然性,这使得如果上帝知道未来事件,就很难不得出结论它们是必然的。奥里奥尔自己的回答可能不像他清理其他人的理论那样有力。他说,上帝在他自身中作为未来事件的典范**确实**知道未来事件;然而,他并不是把它们作为过去的、现在的、未来的或与他同时的事件来认识,而是以"零距离的方式"(*indistanter*)。他的想法似乎是,如果上帝的知识不是关于未来的,那么它不会夺走偶然性,而且说任何事件和上帝都是"零距离的",这始终为真。为了避免逻辑决定论的后果——如果一个未来时态的命题必须拥有真值真或假,那么该命题所表述的就必然发生或不发生——奥里奥尔认为我们需要三值逻辑,以便未来偶然命题既不为真也不为假,而保持中立。

第五节 奥康的威廉

奥康的威廉在"哲学史"中出现时,通常是作为中世纪最后一个重要哲学家,作为一个终结者似的人物:以阿奎那和司各托为代表的经院哲学传统,在一定意义上是因为他对其中许多基本论点的抨击而走向终结。上个世纪下半叶,奥康的价值在被重估的同时也被贬低。对他的逻辑学和语义学全新的理解,对他的著作全貌更加细致的分析,帮助学者们将他展现为不仅仅是一个摧毁性的批评者,而且是一个善于创造的、知识广博的建构性的思想家。不过,人们也不再像过去那样把他看作一个孤立的人物。尽管推进的路径不同,奥里奥尔已经预示了奥康对司各托主义的某些回应;奥康本人的思想也是在和同代人如沃尔特·查顿(Walter Chatton)的对话中演进的;此外,下一代牛津哲学家与其说是奥康学派的成员,不如说是接受了他思想一定方面的独立思想家。

奥康的职业生涯并不平顺。他出生于大约1288年,年轻时就是方济会会士,在伦敦可能还有牛津的方济会修院受的教育,他于1317—1319年在牛津(也可能先在伦敦,后在牛津)讲授过《箴言集》。虽然他已经具备成为神学硕士的资格,但没有方济会的教席空出来,直到1324年他都在方济会的修院(很可能是伦敦的那间)教授哲学。他所有的神学-哲学著作都来自1317—1325年的八九年间。最可观的文献是他的《箴言集》评注:第一卷有一个《订正本》(1318);第二至四卷通过《听录本》为人所知。由于他1319年之后曾在神学院外任教,他完成了亚里士多德的《物理学》和《范畴篇》《解释篇》以及《导论》的评注,还有一篇独立的关于神圣预定、预知和未来偶然事件的论著。在这个时期(约1323年)他还写了一部重要的、篇幅较长的《逻辑学大全》(*Summa Logicae*),以及一套《即席论辩》(1322—1324年,修订于1324—1325年),尽管他并不是硕士。

逻辑学、语义学和奥康的唯名论方案

奥康的作品中有一条核心线索让现代读者立刻回想起阿伯拉尔和他12世纪的追随者。几乎可以确定奥康并没有直接受到影响,但看起来此前150年所关注的问题——有关亚里士多德形而上学和心理学的论战及其解释传统——大部分被人遗忘,而"将整个哲学建立在逻辑学和语义学之上的努力"得以复兴(我们将看到这个表面现象很具有误导性)。和阿伯拉尔一样,奥康是一个重要的、具有革新精神的逻辑学家,这和他们之间任何一位重要哲学家都不一样。《逻辑大全》第三卷针对亚里士多德未能解决的、为模态三段论提供一个令人满意的体系这一难题给出了自己的解决方案,而他的条件句理论也超出了今天看作形式系统的边界,这部作品值得更多的关注,而不是像这里一样一带而过。不过,他们之间的相似处还要更多。两位哲学家都将自己的形而上学建立在通常所谓"唯名论"之上,它可以更确切地被描述成一种本体论还原计划,这需要一种新的语言学理论来使之可信。和阿伯拉尔一样,奥康认为所有事物都是个别的;和后期的阿伯拉尔一样,但更加极端,奥康否认相当一部分——实际上几乎是所有——亚里士多德偶性范畴中有实在事物的存在。

奥康驳斥他那个时代流行的各种各样精致的实在论,攻击它们在构建时所采用的理性的区分和形式的区分(8章3节)这些理论工具。奥康不会(《订正本》I, d. 2, q. 3)接受晨星和昏星是可以"通过理性区分"的两个事物,在这一点上他比阿奎那和司各托要更接近现代观点。根据他的论证,事物如果彼此区分,就只能是实在的区分;而概念之间或概念和事物之间(例如金星这个事物同晨星这个概念)则可以通过理性区分。因此,他将理性的区分这一概念还原为构想同一事物的不同方式的区分。司各托所引入的形式区分被认为以某种方式植根于实在,因此会阻止这样的还原。奥康论证了(《订正本》d. 2, q. 1)形式区分是一个不自洽的观念,因为如果 A 和 B 在形式上有所区分,那么,在某种意义上它们就是非同一的(non-identical)。对非同一性加以分析,我们就会看到至少有一组对立的 x 和 y 使得 A 是 x,而 B 是 y。由此可知 A 和 B 不能是同样的事物:它们一定是不同的事物或不同的概念,或者一个是事物,一个是概念。而一旦这些区分被禁止,奥康就可以尽情地抨击各种各样的实在论本身(《订正本》d. 2, qq. 4-8)。例如,司各托的立场依赖如下观念:一个个别的事物通过某种单一性区别于它和同物种的其他个体共享的普遍本性,而单一性在形式上而不是实在上区别于它的本性。

然而,只要实在论者坚持他们的直观,就没有任何理由会让他们觉得奥康的论证有说服力。奥康在哲学圈内和圈外最出名的是他的"剃刀",即"如无必要,勿设定多样性"原则——这是本体论简约性的一般法则。然而,无论是唯名论者还是实在论者,没有人会认为一个多余地设定存在物的解释是令人信服的。问题在于**什么样的**存在物是多余的,而奥康这里的对手开始时是有一定优势的。接受共相的实在存在比否认它是一种更显而易见的立场,也更接近我们的日常实践和语言的运用。奥康理论成功与否的关键在于他是否能找到一种方式,在不需要共相的前提下解释通常用共相来解释的所有语义学与形而上学问题。他的本体论还原的另一个主要领域情形也是如此。他相信存在着个别实体和个别性质(使这页纸成为白的那个白色),而其他 8 个范畴中的偶性则不存在,除了某些类别的关系之外,奥康似乎纯粹是基于神学理由允许它们存在。同样地,他必须阐明在这种情形下我们如何有效地解释世界,如何构想和谈论世界。奥康的解释依赖三个主要概念:心灵语言、指代(supposition)和内涵(connotation)。奥康每一次都是采用一个已经存在的观念,然后根据自己的目的加以变化。认为有心灵语言存在的观点在中世纪哲学中根深蒂固,这要归功于亚里士多德《解释篇》开始时关于语词是思想记号的评论和波埃修的相关讨论。奥古斯丁也曾利用心灵语言来进行思考。奥康在《逻辑大全》(I,1)一开篇就提到这两位作者以及语言三重性的观点:书面的、口头的和心灵的语言(concepta)。出于神学理由,奥古斯丁是 13、14 世纪讨论特别重要的思想来源。奥古斯丁在他的《三一论》中(2 章 9 节)利用人类的各种认知过程作为类比来帮助我们把握三位一体,他很轻易地在它们中辨认出心灵"语词"(word)的产生(与上帝的圣言[Word]相对应)。由于伦巴第人彼得利用奥古斯丁的思想来建立他自己的三一神学,这鼓励了经院神学家们在讲授《箴言集》第一卷关于三一论的讨论时,去长篇累牍地分析和争辩人们的认知活动和它们所产生的心灵语词。然而奥康在他的语义学中赋予心灵语言一种多少不同于传统的地位。

依照传统,在认知的过程中,世界和人类认知者之间建立了某种联系——在大多数理论中,这是通过从感觉样式中抽象出来、并赋予理智以形式的理智样式实现的,而心灵语词是作为这一认知的结果产生出来的。口头语言中的语词意指心灵语词,并通过它们来意指世界之中产生该心灵语词的那一类事物。然而,对于奥康来说,心灵范畴语词(它们同人类语言中那些适合做主词或谓词的词项相对应)**自然地**代表一类给定的事物。"马"这个语词是某个人类赋值者随意选择的因素(亚当也可以说"esroh"或者"instf"),而心灵语词"**马**"[2]则在某种意义上专门适合于代表马而不是奶

---

〔2〕 原文大写作 HORSE,强调它是心灵语词或词项,中文改为加黑,并加下划线以示强调,下同。

牛或别的东西。心灵词项与其对象的自然适配性(fittingness)确保了思想和世界之间的关联。然而,这一自然适配性并非完全没有解释——就此而言奥康的理论和他之前的经院学者的理论并没有**那么**不同:虽然奥康对于心灵语言中的词项具体是什么改变过想法,但它们总是以这样一种方式形成,以便它们能够相似于它们作为词项表达的事物(见下一小节)。不过,奥康确实改变了事物、思想和口头语言相互关联的既定图式。人类语言中的语词不再像传统图示中那样是思想或心灵语词的记号。实情是,心灵语言和人类的口头语言中的词项都意指世界中的对象(《逻辑大全》I. 1)。

正是通过将指代的一种特殊用法同这种心灵语言的观念结合起来,奥康得以贯彻他的本体论还原方案。指代理论比心灵语言理论要新,但在奥康接受它之前大约1个世纪,西班牙的彼得已经对指代的类型,即词项在一个句子的具体语境中如何指称,给出了经典阐释(7章2节)。彼得处理词项的方式暗含了一种实在论的姿态。一个语词通过它的赋值得以意指一个共相(因此"人"意指人这个共相),当它指代它所意指的对象时(例如"人是一个种"),它具有简单指代,而当它指称这个共相之下的一个或数个个体时,它具有人称指代。然而,在奥康的体系中出现了两个重大的变化。首先,和他的基本语义学一致,心灵语言和人类口头语言的词项都有指代。其次,人称和简单指代的定义不同(《逻辑大全》I. 64)。依照传统,当一个语词指代一个或数个个体时,它是在以人称的方式指代;在奥康看来,所有事物都是个别的,当一个词项指代它所意指的,它就是在以人称的方式指代,无论它所意指的是"一个灵魂之外的事物、一段话、一个心灵概念(intentio)一段写下来的话,还是任何可以想象的东西"。传统认为当一个词项指称共相时就是简单指代。奥康则把它描述成"一个词项指代心灵概念但不意指它"。奥康还补充了一个额外的分类(《逻辑大全》I. 11-12)。心灵语言、口头语言的词项可以用来指代事物或心灵词项、口头词项。一个指代事物的心灵词项是"原初概念"(primary concept),它更常被译为"第一意向"(*intentio prima*),例如<u>马</u>;而一个指代其他心灵词项的心灵词项是"次生概念"(*intentio secunda*)[3],例如<u>种</u>。指代事物的口头词项是"具有第一赋值"(of first imposition)的词项("马");指代其他口头词项的是"具有第二赋值"的词项("'马'是一个种"中的"种");指代心灵词项的则被称为是"具有第二

---

[3] 此处拉丁文直译为"第二意向"。

意向"的词项("马是一个<u>种</u>"中的"种")。

借助这一理论工具,奥康得以解释我们通常包含共相的谈论方式,却无需接受任何普遍事物的存在。当我说"黑美是一匹马",口头词项"马"和心灵词项<u>马</u>都各有人称指代,它们依靠它得以指称任何一匹马。当我说"马是一个种","马"指称的是心灵概念<u>马</u>,不是这个词所意指的,即一匹匹的马,因此它是以简单的方式指代;这同样适用于与之平行的心灵词项和命题。在奥康看来,语词"种"意指特定类别的心灵概念,那些像<u>马</u>一样,但和<u>黑美</u>不同,可以指代多个事物的心灵概念。因此,尽管在"马是一个种"中,"种"指代的是一个概念,不是一个事物,但它仍然是在指代它所意指的。然而,它是一个具有第二意向的语词,而在心灵命题<u>马是一个种</u>中,心灵词项<u>马</u>是一个次生概念(或"第二意向")。

奥康还原计划的第二阶段是还原亚里士多德的范畴,它的实现借助了绝对词项和内涵词项(connotative terms)的区分。奥康做出这一区分时借用了"展示法"(exposition),这是现代派逻辑(*logica modernorum*,8章8节)发展起来的一种新技巧。逻辑学家们认为有些命题的表面结构是模糊的或者会造成误导,在其中成问题的词项得到"详述"(expounded)——用等价的、可以清除不明确性的解释性短语来替换——之前,它们在用于论证时就会造成歧义。奥康说(《逻辑大全》I.10),当"词项并不是原初地(primarily)意指某物,然后次生地(secundarily)意指它物或同一物",它就是绝对词项。他进一步解释,当词项既原初地意指某物又次生地意指某物时,它就是内涵词项。他所说的原初地和次生地意指是指什么呢?他通过例子来说明。"动物"直截了当地意指奶牛、驴、人和其他动物,它是一个绝对词项;而"album"(拉丁语中性形容词,意为白色的事物)则是内涵词项。所以,内涵语词就是中世纪早期逻辑学家所说的"派生"词(4章7节;派生词的一个较大的下属类别被称作"名词派生词"或"同根词"[paronyms]):我们可以用这些词根据某物所拥有的属性来意指某物——属性,用奥康的术语来说,就是其内涵。这样的话,如果一个内涵语词根据X来意指某物,那么我们就总是可能为它构造一个唯名定义(nominal definition)。我们不能给"动物"任何唯名定义,但我们可以把album解释成"被白色赋予形式的某种东西",而在这样一个定义中,一部分("某种东西")是直接给定的,因此也就是这个语词首要地意指的东西,而另一部分则是间接给定的("被白色赋予形式的"),因此也就是次生意指。

所以,一个内涵词项"X"在所有情况下都可以详释为"以这样或那样的方式同 X-性相关的某物"(最常见的是"被 X-性赋予形式的某物";不过,请注意内涵词项"原因",奥康说它的意思是"因其存在其他事物随之而来的某物"。)奥康将内涵词项和绝对实体词项描述成(《逻辑大全》I. 5)"具体的",而具有逻辑形式"X-性"的词项则称为抽象的——其他的人大多将它们描述成指称亚里士多德九个偶性范畴的词项,但奥康不是这样。由于内涵词项总是可以详释成包含抽象词项的表达式,奥康还原计划的第二阶段就取决于他如何确定抽象词项的指代。奥康相信,亚里士多德质的范畴下所包含的大多数但不是所有偶性(此外,出于神学理由还有少数关系范畴的偶性)是这个世界中实在的事物:比方说,存在着实在的白色,它们都是个体(就像阿伯拉尔所说的个别偶性)。这页纸是白的,是因为它在实在中被一个特殊的白色偶性赋予形式。因此,命题"这页纸是白的",当内涵词项"白的"得到详释时,它就读作"这页纸是某种被白色赋予形式的东西"。"白色"指代实在的白色偶性,正如"纸"指代一页页纸。然而,当其中的抽象词项不是表达这种性质(或少数几种关系)的词项时,奥康认为它们就同与之相应的具体词项同义。例如,"马性"与"马"、"长度"与"长的事物"同义。奥康认为,那些根据一匹匹马彼此相似而认为马性一定也是世界中的一个事物的人——或者说认为相似性一定也是世界中的一个事物的人,他们是甘于让自己被语言的表面结构误导;而那些认为长度和长的事物,或行动和行动的事物同样存在的人也是如此。内涵理论提供了一种避免这样的混淆的方式,不过奥康要贯彻他对范畴的还原,他还需要非常细致的一个范畴一个范畴的分析(《逻辑大全》I. 40-62)。

心灵语言与世界

心灵语言由什么构成?口头语言由话语或舌头引起的空气振动构成;心灵语言由心灵词项或概念构成,但它们究竟是什么呢?

奥康对这个问题的回答在他的学术生涯中发生过变化。在他早期的解释中(《订正本》d. 2, q. 8),理智在领悟某物时会产生一个虚构事物(fictive thing),它与理智所领悟的相似,但并不是一个心灵中实在的性质;它事实上仅仅是所知者,因此其存在仅仅在于它被人思考。这些虚构事物是心灵命题中的范畴词项。凭借这一同奥里奥尔有诸多共通之处的理论,奥康将思考的意向性特征带到关注的中心:要拥有关于黑美的想法,就要让黑美成为我思考的对象。他进一步确认,心灵语言在起源上关联到它所意指的对象,他同时解释了这一关联如何应用到心灵语言中的一般词项,例如**马**和**人**;因为我在感知黑美时所产生的虚构事物和其他马也相似,所以我可以把它作为共相来指代任何马。奥康后来的理论受到沃尔特·查顿的启发,后者抨击了虚构事物(*ficta*)的概念,奥康因此主张心灵概念或词项可以等同于思考它们的心灵活动。这一新理论使奥康可以避免古怪的虚构事物,而且他明确指出,这有利于简约性原则,但它看起来也使心灵词项(也就是思考活动本身)和它们所意指的对象之间未加解释的自然关系承担了巨大的重负。一个建议是,奥康认为(《即席论辩》IV, q. 35;参 Panaccio, 2004, 119-143)思考活动可以具有与其对象的相似性,就像他早期理论中的虚构事物一样。或者这关系部分是结构相似性的关系,部分是世界中的事物和它们所引起的心灵活动之间的因果关系(Perler, 2002, 372)。

因此,奥康通过心灵命题中词项的指代将它们同世界联系起来,而指代本身以词项(无论是作为虚构还是活动)同事物的自然相似性为根基。但是这并不足以使这些命题一定关系到这世界。奥康还必须解释我们如何构造心灵命题以提供他所谓"明证知识"(evident knowledge),这里他指的是某种类似于得到辩护的真信念的知识。以可理解样式为基础的理论不适合他的唯名论形而上学。可理解样式是共相,在标准理论中(奥康想到的是与阿奎那相近的观点),它们通过被认知的事物刻印在理智上。然而,考虑到在奥康看来事物都是个别的,它们不可能去刻印这样一个**普遍**的样式(《订正本》d. 3, q. 6)。事实上,奥康在他的论述中没有为任何类别的样式留出位子,无论是理智的还是感性的。他取而代之的是潜伏于司各托知识论背景之中的直观认识的概念,并使之成为论述的核心。

奥康认为有两种命题可以产生明证知识。那些我们通过考察其词项就可以确定其为真的命题——用现代术语说,就是分析命题。但还有那些我们可以认识到它是当下实际情况的命题——例如:"(我正试着写这段话时坐的)这辆巴士是臭的"这个命题中词项所涉及的对象是这辆巴士和这臭味,我们对它们的认识是直观的。此外,它们是直观的**理智**认识,尽管奥康也承认直观的感性认识。所有直观认识在正常条件下,一定是关系到存在着的并且在当下的个别事物。任何其他类别的认识,无论是哪种类型,都是"抽象的":例如,我对这辆巴士的记忆,我可以当作心灵词项来指代任何巴士的巴士的普遍概念、基于上述直观认识的判断行为(这辆巴士是臭的,或者这个或那个分析句是真的)。

不过，奥康不得不在他这个齐整的理论中打一个结。原则上存在着不正常的条件，使得其中的直观认识关系到的不是存在着的事物。奥康常常求助于上帝的绝对权能这一观念——上帝可以做任何不包含逻辑矛盾的事。其中，奥康根据上帝的绝对权能来挑拣什么是可能的，什么是不可能的，他在某种意义上作出了类似于当代逻辑可能与逻辑不可能的区分。虽然正常情况下直观认识只能由一个当下存在的事物产生，但奥康认为，假设上帝可以通过神迹赐予某人对不存在者的直观认识，这并不会包含任何矛盾。不过，他指出这将是把对象**作为不存在者**的直观认识。但沃尔特·查顿对奥康提出反驳，奥康的做法排除了上帝让某人在某物并不存在时相信它存在的可能性，这是对上帝的全能的不恰当的限制。奥康的回应是(《即席论辩》V. 4；参 Karger, 1999)，如果上帝愿意通过神迹的方式这样做，那么他可以直接在我们心中产生如下判断：一个不存在的事物存在，但他不可能产生将不存在的事物作为存在者的直观认识。

绝对权能、守序权能和奥康的伦理学

以上的论述或许会让人认为奥康几乎就是个世俗哲学家，沉迷于逻辑的形式性和创造一个自洽而简约的本体论。不过，他也是，而且首先是一个方济会思想家，对他来说，上帝压倒一切的力量是基础性的，而他对于人的理性能否把握神圣者也缺乏信心。比方说，与司各托不同，他认为能被理性证明的只是亚里士多德的第一推动者的存在，不是无限的上帝的存在。奥康和 14 世纪的其他思想家讨论上帝的一种方式是区分上帝的守序权能(*potentia ordinata*)和他的绝对权利(*potentia absoluta*)。上帝的绝对权能是他做任何不包含矛盾的事的能力，而他的守序权能则是受到他所立的约(旧约和新约)和他所确立的自然秩序约束的权能。20 世纪早期的学者认为，奥康这样的作者利用该区分来削弱一切确定性，因为上帝凭借他的绝对权能，可以按完全无法逆料的方式行事。然而，有学者在修正主义解释中(Oberman, 1963)争辩，该区分并不意味着上帝曾经在他的守序权能之外行事，而只是说他可以这样做：上帝拥有不按他实际所采取的方式行事的权能。不过，人们发现这观点本身也过于简单化，因为从 13 世纪后期起，思想家们受到教会法律师有关教宗权能的讨论的影响，他们**已经**开始将上帝的绝对权能看作一种运用过的能力，它可以违背万物既定秩序、直接在世界中行事。

关于奥康观点最为细致的论述提供了某种折衷的主张(这就使它近于

司各托的观点)(Gelber,2004,309-349;奥康《即席论辩》6,q.1)。上帝的行动只和他规定的秩序相一致,但是新的律法取代了旧的律法,这说明他拥有并且使用他的绝对权能,去改变上述规定的秩序。上帝同样享有极大的解释自由去决定上帝所规定律法的个别应用,以便他可以在一般的规则之外破例,但又不至于使他所规定的律法效力中止。奥康对上帝意愿自由的强调,以及同样地对人的意愿自由的强调,为他复杂的伦理理论奠定了根基。在他的伦理学中,道德美德(基督徒和异教徒都可获得)和功德(merit)界限分明,只有后者才能导向拯救;而且,与阿奎那不同,他认为人们**可以**意愿去做他们视为恶的事情。

"可敬的履新者":奥康职业生涯的终结

奥康被人称作"可敬的履新者"(Venerable Inceptor),因为他完成了成为神学硕士的所有要求,但从未能履新获得一个教席。1324年,正当他在伦敦授课,等待接受方济会教席期间,教宗将他招至阿维尼翁回应有关他正统性的指责。奥康在那里卷入到有关绝对清贫的论战中。问题的关键是基督和他的使徒是否拥有任何集体财产,还是绝对地一无所有。方济会会士们宣称后一种观点才是正确的,而且他们的修会就是在追随这一理想,因此过着最接近基督的生活。三十年前教宗尼古拉斯三世接受该立场[4],其解决办法是将方济会会士们为维持他们的生活和工作所需用度之物的所有权归于教宗名下。不过,若望二十二世(John XXII)决定重新讨论这个问题,于1322—1323年发布一系列宪章反驳方济会的贫穷学说,并拒绝继续执行有关他们用度所有权的解决办法。当时也在阿维尼翁的方济会总会长切塞纳的迈克尔(Michael of Cesena)恳请奥康研读教宗的通告,奥康得出结论,它们不仅错谬、愚蠢、违背自然理性,而且是异端邪说。

1328年5月26日,奥康和迈克尔一起逃亡,投奔与教宗作对的神圣罗马帝国皇帝巴伐利亚的路易(Ludwig of Bavaria),先是在意大利,后来到了他在慕尼黑的宫廷。奥康在那里一直待到1347年去世,一直在撰写反对教宗若望和支持帝国事业的论著。这些作品包含大量的理论反思——例如,关于异端与领主权、关于最佳统治方式是由一人还是多人实现等。不过,这些作品和奥康早期的逻辑学、哲学和神学著作有何联系呢?虽然拜晚近20

---

[4] 应为1279年。

年的研究之赐,奥康现在已经为人熟知并得到很好的理解,但现代的专业划分倾向于将他变成两个几乎相互独立的思想家:一个管哲学-神学,一个负责政治。究竟是什么把他所有的创作整合成出自同一颗心灵的产物,仍然无迹可寻。

专题研究 M:奥康与预知问题

奥康的《神圣预定与预知论》(*Tractatus de praedestinatione et de praescientia divina*)中有三个立场尤为引人注目,它们每一个都能深刻展示奥康的基本思想:(i)奥康为协调基督教预定论教义表面的决定论和未来偶然事件而设计的别出心裁的逻辑"出路";(ii)奥康在解释上帝**如何**认识这些未来偶然事件时的无能为力;(iii)他对司各托有关偶然意愿的观点及其所依托的模态创新的拒绝。

奥康在处理(i)时(Q. 1, *Suppositiones* 2-4),采用了他在建构自己的形而上学和语义学时发挥过重要作用的语言分析工具。正如"偶然的必然性论证"(专题研究 I)所示,有一个问题专门同上帝的**预知**或**预**定相关。奥康提出或许可以称之为"奥康的原则",把握住了这个问题的关键:任何字面上和实际上(verbally and really)都是关于现在的真命题(可以称之为"真正地"关于现在的命题)都蕴涵着一个关于过去的必然命题。如果"约翰正在写作"现在为真,那么"约翰那时在写作"在未来的任何时刻都必然为真。关于过去的命题是必然的,因为过去是无法改变的。

基督徒相信,一个人要么被"预定"(即临终时他将上天堂),要么被"定罪"(即临终时他将下地狱),这个命题为真,对所有人都一样。假定事实上伯多禄(彼得)现在被预定。那么,根据奥康的原则,他那时被预定过这个命题在未来将始终为真,而这个过去命题也将成为必然的。那么,他会被定罪吗?如果不会,那谋划和计划就会徒劳无功,他还有什么必要去操心自己该如何行动呢?如果会,那就得承认他将被定罪是可能的。然而,我们已经假定,他已经被预定了,这将始终是一个必然真理,这样也就产生了矛盾。

为摆脱这个困境,奥康指出,有些在字面上关于现在的命题并不是真正地关于现在,而是等价于关于未来的命题,因为它们的真值取决于一个关于未来的命题。从单纯字面上而不是真正地现在时态的命题出发,推不出任何关于过去的必然命题。他进一步论证,所有关于预定和定罪的命题都属于这一类型——因为它们的真值取决于未来发生的事情(奥康认为这一点显而易见);即伯多禄实际上将要上还是不上天堂。事实上,奥康所做的,就是彰显使"伯多禄现在被预定"这样的命题看起来具有决定论含意的逻辑原则,然后通过详释这些句子("伯多禄现在被预定"=伯多禄将要上天堂)来展示它们并不应归在该逻辑原则之下,而归在该原则下真正现在时态的句子,例如"伯多禄正在走路",当该原则应用于它时,并不会造成任何决定论后果。

　　这一回答所预设的未来的开放性带来我们所熟悉的关于上帝预知的难题:上帝如何能对尚未明确之事拥有确定的知识?奥康并没有提出一个理论,来说明上帝如何通过他的永恒性的特殊本性,能够将未来当作现在来把握,或者是让未来当下呈现于他。事实上,他并没有对这个问题做出任何回答,不过他解释自己立场的策略很能说明他的想法。他将这个困难说成是亚里士多德的(*Suppositio* 5)。在亚里士多德看来,如果 E 是一个未来偶然事件,那么,在析取句"E 将会发生或 E 将不会发生"中,说一个析取支是真的理由就不会比说另一个多。因此就没有任何确定的真理可以让上帝认识。不过,奥康进一步断定(*Suppositio* 6),"必须毫不怀疑地相信上帝确定无疑地知道所有未来偶然事件":他确实知道究竟是"E 将会发生"还是"E 将不会发生"为真。但这如何可能?他说,司各托有一个解释:上帝之所以知道,是因为他知道自己的意愿,而他的意愿决定将要发生之事。奥康拒绝这样的回答,因为他指出,要么司各托无法解释上帝如何知道那些只取决于非神圣意愿的决定的事情,要么就不会给任何上帝之外的意愿留下进行选择的空间——这一批评思路看起来很有说服力,那样的话也就没有什么善功与罪过可言。司各托是驳倒了,但奥康自己的说法也乏善可陈:

> ……要清楚地表达上帝认识未来偶然事件的方式绝无可能。不过,我们应当相信他只是偶然地(contingently)知道。而之所以应当相信这一点,是因为教会的圣徒们说,上帝知道要做的事情,和他知道已经做过的事情的方式没有什么不同。

奥康至多只是提供了一个相当模糊的类比。他说,我们关于一组矛盾的一面或另一面的明证知识的基础,可以是相同的有关对象的直观认识(他的想法似乎是"这个杯子在我桌上"和"这个杯子不在我桌上"都是由可以视为相同的直观认识来证实,因为两种情况都是关于这个杯子和我的桌子的认识)。同理,上帝拥有关于过去的一切和未来的一切的单一直观认识,这使他在任何情形下都知道究竟是"E 发生过/正在发生/将会发生"为真还是"E 没有发生过/不在发生/将不会发生"为真。

奥康在论著的后半部分考察司各托解答的另一个方面。司各托并不只是解释了上帝通过他的意愿知道未来,他还第一次明确地引入一种包含同时可供选择的可能性在内的模态观(专题研究 L),他认为这是保护上帝意愿的偶然性必需的。由于奥康和司各托不一样,他并不认为上帝存在于永恒当下的单一时刻中,因此他不需要这样的模态创新。而且,他还认为司各托的这一推进是错误的(Q. 3)。他将司各托的论点简述如下:

> 有人设想……在时间的同一个瞬间(instant of time)存在多个本性的瞬间(instants of nature),假如有一个受造的意愿只能存在一个瞬间,而在那个时刻它偶然地意愿了某个对象,那么这个意愿,它在本性上先于这个意愿行为(volition),它在所假定的这个意愿行为的同一瞬间就有朝向与之相反的"意愿"行为的潜能:作为本性上优先者,它可以不意愿那个瞬间的对象。

然而,奥康认为这样的"朝向与之相反的行为"的潜能不可能存在。按照奥康的论证,这种假象的潜能根本不可能实现,因此并不是一个真正的潜能。司各托所宣称的是:

(1) W 在 t 意愿 X,并且在 t 拥有不意愿 X 的潜能。

奥康的论证则是,如果该潜能变成现实,那么就会是以下情况:

(2) W 在 t 意愿 X 并且 W 在 t 不意愿 X。

(2)是矛盾,因此不可能。不过,奥康指出,司各托的拥护者或许会回答:

(3) 如果事实是 W 在 t 不意愿 X,那么,W 在 t 意愿 X 就不会是事实。

因此,和奥康所宣称的相反,在 t 不意愿 X 的潜能可以实现,而且不蕴涵(2)。奥康可以用他的原则来反驳这一论证。任何真正现在时态的命题都蕴涵一个关于过去的必然命题。因此,如果像这里所假定的那样,W 在 t 意愿 X 是真的,那么必然地 W 在 t 意愿过 X 就将为真。因此(3)就为假。在奥康看来,要让一个意愿在给定的瞬间 t 偶然地意愿 X,并且假定它在 t 之前不存在,那么只要它在 t 之后的某个瞬间可以不再意愿 X,这就足够了。

奥康在为有关预定者的难题寻找出路时表现得非常像一个逻辑学家,

通过分析命题和揭示其深层结构来解决困难。当他试图讨论上帝如何认识未来偶然事件时,则浮现出他研究进路的另一个方面:他乐于在某个节点上承认上帝的完全不可解释性,并且接受教会的教导而不能对之有所解释。然而,他对司各托有关意愿偶然性的解释的反驳又引出奥康的另一个侧面。奥康并不是简单地拒斥司各托想要引入的模态原则。他的批评的聪明之处,部分在于其所依赖的奥康的原则只要求过去的必然性,而不要求现在的必然性,而司各托看起来接受过去是必然的——这可能违背了他的理论的根本方向(《讲授本》I, d. 40, qu. un.; Normore,2003,136)。而且,奥康彻底拒斥司各托的模态革新,坚守一种纯粹的亚里士多德立场。尽管他在知识论和形而上学上持反亚里士多德的立场,在其思想中的某些方面,奥康是个亚里士多德传统主义者,而司各托则是极端派。

第六节　巴黎艺学院与 14 世纪的阿维洛伊主义

在布拉班特的西格尔和达契亚的波埃修离开之后,教师们以不那么富有争议的方式继续着艺学院的事业,例如评注过《政治学》的奥弗涅的彼得(Peter of Auvergne,殁于 1303 年)和受到阿奎那影响的法弗舍姆的西蒙(Simon of Faversham,约 1260—1306 年),不过吸引后者的除了亚里士多德,还有阿维森纳和奥古斯丁;他们两人后来都成了神学家。拉杜福斯·布里托(Radulphus Brito,约 1270—1320 年)也是如此,他曾经为样态主义理论的建立做出过贡献(7 章 2 节)。而同西格尔和波埃修联系在一起、在 1277 年受到谴责的研究进路,重新出现在让丹的约翰(John of Jandun,1285/1289—1328 年)的作品中,他于 1310—1326 年在巴黎艺学院授课,为亚里士多德著作撰写过一系列评注,包括《形而上学》和《论灵魂》。

有些现代学者更愿意将约翰,而不是西格尔或波埃修看作第一个拉丁阿维洛伊主义者,因为他看起来在大量作品中始终采取阿维洛伊对亚里士多德的解释,包括那些明显同基督教教义相冲突的问题,例如世界的永恒性和所有人类只有一个潜能理智。他的著作被广泛阅读,并对随后的几十年博洛尼亚和帕多瓦某种阿维洛伊主义思潮的建立发挥过重要作用,该思潮在这个世纪晚些时候的爱尔福特,15 世纪的克拉科夫和 16 世纪意大利都曾流行。

约翰为他接受这样的立场给出的解释,在思想上接近达契亚的波埃修在《论世界的永恒性》中所奠定的策略(专题研究 J),但在修辞上大为不同。让我们来考察一下他的一些评论(均来自《论灵魂》评注,III,q. 5):

> 如果我们假定灵魂作为一个自然事物是由某个特殊的事物所造,该事物通过将某种处于潜能的质料带入现实而产生灵魂,那么所有这些[为阿维洛伊的人类灵魂观辩护的]论证就成立;然而,事实并非如此,灵魂是由上帝直接创造的,因此它可以拥有许多其他物质形式不能拥有的属性……如果这些初看起来不足以回应那些[违背基督教立场的]论证,我们也不必因此烦恼,因为毫无疑问的是,神圣权威必定掌握着比人们所设计的任何推理都要强大的信仰,就像一个哲学家的权威要强过一个孩童所提出的、缺乏说服力的推理。
>
> 我断定这个结论[基督教教导的结论]无条件地为真,而且我单纯凭借信仰毫不怀疑地坚持这个结论。我愿意对那些反驳这个观点的论证做简单的回复,说明这些论证证明为不可能的所有那些事情对于上帝都是可能的。

和波埃修曾经做过的一样,约翰所接受的基督教教义,并不是因为基于不同的原则而相互冲突的若干有关实在的论述中的一种,而是无条件的真理。不过,波埃修只是简单地这样声明,没有多余的表现,艺学硕士们骄傲地坚持他们工作的自主性和重要性,他们在这样的背景中遵循着亚里士多德科学的原则,而约翰却刻意强调人类的推理在与基于信仰的教义相比时的无力。此外,尽管他愿意论证,根据理性,哲学家通过沉思纯粹形式可以达至幸福的巅峰,但他随即强调这一结论,这一亚里士多德和阿维洛伊的结论,是错误的,因为"根据信仰和真理",我们只会在死后才能面对面地看到上帝(《〈形而上学〉评注》II,q. 4)。然而,在实际中,在一页又一页的评注中,约翰所做的显然就是波埃修的哲学家-艺学硕士应该做的,他根据亚里士多德的文本自身来对它们进行解释。

考虑到约翰对评注者阿维洛伊表面上的忠诚,这是否意味着他是在忠实地译述阿维洛伊的亚里士多德解读吗?对其评注的深入研究(Brenet,2003)表明并非如此。在约翰的著作中,阿维洛伊解释的几乎每一个方面都根据拉丁版本的阿维洛伊和对他的攻击,根据拉丁世界对认知的思考重新加工过。约翰既愿意遵从阿维洛伊实际上要表达的内容,也同样愿意跟从布拉班特的西格尔,甚至阿奎那,而他重构过的观点宗旨在于回应阿奎那针对阿维洛伊的发难,解释以什么样的方式可以断言人类个体确实在思考。

约翰作为艺学硕士的职业生涯被迫终结,不是因为任何针对他的方法或结论的反对意见,而是因为他和帕多瓦的马西利乌斯(Marsilius of Padua)过从甚密。马西利乌斯1312—1313年曾任巴黎大学校长,他看起来和他的朋友一样兴趣广泛,归在他名下的有一部非常接近约翰的《形而上学》评注。马西利乌斯声名广播,在当时及之后超过了几乎所有单纯的大学哲学家,这仰仗于他的《和平的保卫者》(Defensor Pacis),这部书直接来自那个时代的政治斗争,但也间接地反思了他和约翰共同的问题。自11世纪教宗俄我略七世(Gregory VII)改革以来,教廷日益要求压倒世俗统治者的最终治权(jurisdiction),社会关系一直紧张。由此造成的纷争于1320年代早期落在巴伐利亚的路易身上,他被选为神圣罗马帝国皇帝,并于1322年击败了同样声称赢得选举的对手。教宗若望二十二世宣称,路易在合法地加冕之前必须先得到教廷的认可。路易不肯同意,教宗于1324年对他施以绝罚,试图将他废黜。路易在另一个与此无关的问题上也攻击教宗若望,他支持基督和他的使徒的绝对清贫,这是一部分方济会会士所宣扬的观点,他们将之作为典范加以追随(8章5节)。

《和平的保卫者》完成于1324年;它题献给路易。1326年,马西利乌斯的作者身份暴露,他和让丹的约翰逃离巴黎,投奔路易的宫廷。从某些方面看,《和平的保卫者》几乎可以看作路易的宣言。该书第二篇占据全书篇幅的四分之三,它深入地考察和驳斥教廷对世俗权力的要求(并在12—14章中捍卫绝对的使徒清贫)。第一篇所展示的政治主张,为获选的统治者辩护,也可以看作是对路易的声援。然而,《和平的捍卫者》远远不止于一部应景之作。就政治理论史而言,马西利乌斯提出的方案中最重要的特征,在于他的法律概念和单一国家(unitary state)概念,以及他对民众意见的看重。马西利乌斯认为,法律的制定不是通过其合理的内容,而是依靠单一的、世俗的权威,教会也在其治权之下。他认为法律是由公民整体制定的,尽管有些人会被赋予比其他人更大的影响力。对哲学史家来说,这部作品的特殊意义在于,它对宗教在政治组织中的地位如何处理关系到拉丁阿维洛伊主义者的态度。

在考虑一个城邦所需的不同人群时(例如农夫、技工、士兵),马西利乌斯(I. 5)愿意追随亚里士多德(《政治学》VII. 9)将神职阶层描述成它们中的一员。他先描述了古代哲学家已经注意到的一点:神职人员和宗教律法的宗旨指向该城邦世俗的善。为了劝导人们品行良善,尤其是针对那些可能被掩藏起来的行为,哲学家们设立宗教律法和神职人员来宣扬这些品行,辅以惩罚的威胁和许诺来生的福报,尽管哲学家们自己并不相信人的不朽。不过,马西利乌斯继续指出,异教有关上帝的观点是错误的,而且他直截了当地给出了(I. 6)基督教有关人类创造、堕落和救赎的叙述,教会的建立是为了宣讲福音,将民众引向永恒的幸福。他早些时候(I. 4. 3)已经承认人的美好生活有两种:一个是尘世的,另一个是永恒的和天国的。第二种美好生活在哲学的辖域之外,因为它既不是自明的也是无法证明的。以此为根据,马西利乌斯从亚里士多德派的视角出发,确立了城邦组织的方式,以及神职人员在其中的地位,而将他并不否认的由信仰所奠定的宗教的真正价值搁置一旁。

上述步骤同拉丁阿维洛伊主义者,比方说让丹的约翰,所奉行的策略之间的平行对应清晰可辨,后者毫不犹豫地将基督教教义接受为真理,但仍然继续发展与之相违背的亚里士多德解释。但二者之间仍有三点重要区别。首先,马西利乌斯贯彻他计划的方式是让丹的约翰最终没有做到的。第二,马西利乌斯并不是作为一个艺学硕士在写作,执著于他自己领域不经启示的文献和推理,所焦虑的只是如何保存他在其中的自主性。由于他所应对的是以《圣经》为根据的教廷的要求,他将《和平的保卫者》大半部分用来处理神学素材。第三,马西利乌斯至少在这里看起来并不接受拉丁阿维洛伊主义者颇具野心的哲学概念,将它当作此生中自我神圣化的一种方式。他的城邦所追求的美好生活是物质保障与和平,马西利乌斯关注的并不是只有少数知识分子才能实现的目标,而是为所有人提供一种可以容忍的生活。这一立场可能是某种奥古斯丁式悲观主义的产物,它认为尘世的社会可以给人类提供的,只是他们的精神追求所需要的宁静——而且马西利乌斯甚至接受奥古斯丁的观点,认为政府和国家是原罪的后果。或者,我们也可以将马西利乌斯的进路同法拉比《伦理学》评注中表面高举的那种非柏拉图化的亚里士多德主义(甚至比亚里士多德本人还要非柏拉图化)相比较(4章3节),后者认为人类最高的幸福是政治的幸福。

第七节　奥康之后牛津与巴黎的神学

1325—1350 年间牛津与巴黎的神学给哲学史家提出一个特殊难题。新的研究越来越清楚地表明,当时有大量受过高度训练的神学家,他们讨论着极其复杂的哲学问题,在牛津尤其如此,这些年可以算作它思想上的黄金时代,不过在巴黎也是这样。因此,有相当的理由表明,大多数有关中世纪拉丁哲学的论述把1325—1350年处理成他们所认为的阿奎那、司各托和奥康意义更加重大的成就的拾遗补缺,这是本末倒置。但也有人极力反驳这一点,他们认为这些思想家虽然有独立的见解,但他们的兴趣特别集中在一个相当技术化的层面。甚至可以说他们中没有一个人能够像他们伟大的前辈那样,以一种原创性的方式将来自哲学整个领域的观念整合起来。尽管如此,这一节所能提供的只是对该时期思想的粗略速写,而无论它最后应该如何评价,它都值得更细致的讨论。这些思想家尚未得到充分的研究,我们并不清楚他们的思想在高度复杂的同时,是不是达到了他们那些前辈的广度和原创性。不管怎样,他们应当得到比这里的篇幅所允许的更加透彻的研究(我比往常更要鼓励读者利用《阅读材料指南》,去阅读中世纪这一领域新出的一些重要著作)。

牛 津

沃尔特·伯利(Walter Burley 1274/1275—1344年或之后)和沃尔特·查顿(Walter Chatton,约1290—1343年)都不能说成是来自奥康"之后"。伯利的职业生涯将奥康的夹在中间,有如三明治一般。沃尔特是一个在俗神父,他1301年前在牛津做艺学硕士;他约于1309—1327年间在巴黎学习,并成为神学硕士。自1334年起,他成为杜伦主教、藏书家贝里的理查德(Richard of Bury)家宅中的一员。伯利很可能是一个认为共相在心灵之外存在的实在论者,曾受到奥康的抨击。反过来,伯利一了解到奥康的思想,就着手攻击他的唯名论的所有基本论题。他坚持共相确实存在,但不会同个体相分离;他拒斥奥康对亚里士多德范畴的还原,认为有实在的事物同每一个范畴相对应,同样,他还反驳奥康有关变化和时间这样的物理观念的还原理论。不过,和奥康一样,他作为逻辑学家技术成就斐然,他特别有兴趣讨论假言命题和发展现代派逻辑的分支(8章8节)。他的《论逻辑技艺的纯粹性》(*De puritate artis logicae*,14世纪20年代后期)将他著作的两个方面结合起来,它既在暗自回应和批评奥康的《逻辑大全》,同时本身也是一部富有创新色彩的逻辑学论著。

查顿于1321—1323年期间曾和奥康同在伦敦的方济会修会,他在那里讲授过一次《箴言集》后,又于14世纪20年代后期到牛津继续相关讲授。他是奥康最有批判性,也最有价值的哲学同行,他在所有领域同奥康争辩,迫使他放弃早期有关概念为心灵虚构的理论,并推动他进一步修订有关非存在物的直观认识的思想(8章5节)。查顿往往捍卫司各托派的立场,例如他反驳奥里奥尔对存在单义性的抨击。他在构造自己的论证时,提出了一个方法论的原则,有意同奥康的简约性原则形成对比:当一个命题因事物而为真,就有必要设定尽可能多的事物作为使其为真的必要条件。

亚当·沃德汉姆(Adam Wodeham,殁于1358年)是查顿在伦敦方济会神学院的学生,但他完全不同意查顿对奥康的批判态度,而是追随奥康的很多想法。然而,沃德汉姆也不像过去所认为的那样只是个奥康派。他是一个比奥康更加精细、也更加复杂的思想家,而且司各托和奥里奥尔对他也有影响。沃德汉姆最为今日学者所知的,大概是他的三部《箴言集》评注中的第二部,它大约于1329年在诺维奇讲授,只有第一卷的讲稿留存。他认为人的理智和感性灵魂为同一个简单形式,这样的观点既反对司各托也反对奥康,回到了一种类似在英格兰受到谴责的阿奎那的立场(沃德汉姆小心翼翼地将它纯粹作为一种意见提出来)。考虑到欺骗既可以自然地发生,也可能来自上帝,他比奥康更关心直观认识所提出的怀疑论问题。在其严格意义上说,命题只有当它们是我们所说的分析命题时才是自明的,或者自证的(self-verifying,例如"我存在")。从事物不可能不是它们表现出来的样子这一意义来说,关于心灵之外偶然事物的命题绝不可能是明证的,不过这一类命题中有一些可以是严格明证的,如果我们补充上限定语"除非上帝是在欺骗我"。沃德汉姆也是有关命题语义学的论战最重要的贡献者。

奥康、查顿和沃德汉姆都是方济会会士;英格兰的道明会会士借用了他们的方法,但仍然遵循他们自己的研究日程。威廉·克拉索恩(William Crathorn)曾于1330—1332年在牛津讲授《箴言集》,他发展了一种独特的认识理论,它包含唯名论有关共相的论述,这将他导向极端的怀疑论立场,唯一能使之有所缓解的是,他确信上帝可能时不时会欺骗我们,但并非必然如此。与他同会的罗伯特·霍尔科特(Robert Holcot)1349年死于黑死病,他可能是这一代所有引人注目的英格兰思想家中最有趣和最有原创性的。除了一部牛津的《箴言集》评注(1331—1333年)和即席论辩,他还写过好几部圣经评注,包括一部传抄极广的《智慧书》评注,这很可能是因为,它为一般读者提供了关于大学神学院特有论辩类型的一个简明导论。霍尔科特对奥康的许多想法深信不疑,尽管在一些重要的节点上他有所不同(例如,他的认识理论保留了样式),他往往强调没有神圣佑助的理性不足以把握神学真理。根据他在《箴言集》评注中的论证(I, d. 4),因为亚里士多德三段论无法接纳三一论神学,因此,就像基督教教义会为自然科学和伦理学增添理性本身不能达至的概念,信仰也需要给亚里士多德逻辑增补特殊规则。这样的话,亚里士多德逻辑学就不是普遍有效的,因为它并没有囊括适合一切主题的论证。

间奏 xi:霍尔科特与哲学家

罗伯特·霍尔科特阅读古典作品的范围,对于一个14世纪的大学思想家来说很不寻常,苏格拉底、柏拉图和亚里士多德,更不必说赫尔墨斯·特里斯墨吉斯忒斯(Hermes Trismegistus)的名字,在他广为流行的《智慧书》评注中俯首可拾。人们常常认为他对待古代异教徒尤其哲学家异常地宠溺,特别是在谈到他们获救的机会时。他们常常为此引用霍尔科特的名言:"尽其内心所能而为者,上帝不拒之以恩典"(*facientibus quod in se est deus non denegat gratiam*)。然而,这样的态度怎能与一个处处强调人类理性不足和上帝绝对权力的思想家的世界观相匹配呢?

以下是一个简单的回答。霍尔科特相信上帝能做任何不包含矛盾之事,然而上帝一直约束自己去遵循自己自由地创立的自然秩序。在该秩序中,如果异教徒尽他们的自然能力去找寻上帝并且好好生活,他们就应该得到所有他们为获得救赎所必需的东西。事实上,对霍尔科特来说,问题要复杂得多。一方面,《智慧书》的文本本身(还有保禄的《罗马书》)使他不得不接受异教哲学家确实拥有关于上帝的知识。另一方面,他(和奥康一样)相信人们不可能获得有关上帝存在的理性证明。霍尔科特的解决之道是接受奥古斯丁的一个观念,并且假定有一种针对所有人的原初启示:

> ……他们之所以接受信仰,是因为这世界一开始就有人信奉上帝——例如亚当和他的一部分孩子,洪水之后的诺厄(诺亚)和他的孩子们。此外,教导神圣信仰的先知绵延不绝,他们的名声曾经传到埃及、阿拉伯(!)、希腊和迦勒底哲学家的耳中。所以,正如奥古斯丁在《上帝之城》18卷47章中所言,上帝的先知先于一切人类的、尘世的智慧……因此,我们已经充分证明,通过先祖和先知,有关上帝信仰的知识(以及有关他们的生平和宗教仪式的

知识)已经为生活在他们数千年之后的哲学家所获悉(《〈箴言集〉评注》III,q. 1,a. 5)。

凭借这一假设,霍尔科特虽然能解释某些古典哲学家的救赎,但其一般性的效果反而是降低了对他们的尊崇。哲学家并没有英雄般地通过他们的推理把握到与上帝相关的真理,而是受益于启示。不过,他解释道,他们并没有意识到所发生的事情:他们认为自己是通过推理而成功,而事实上在这些问题上推理从来不可能带来成功。

另一位死于瘟疫(与霍尔科特同年,1349 年)的英格兰哲学家是托马斯·布拉德沃丁(Thomas Bradwardine)。他去世时为坎特伯雷总主教,先前曾在牛津的默顿学院担任艺学硕士和院士。同理查德·斯温赫德(Richard Swynshead)、威廉·海特斯伯利(William Heytesbury)、罗吉尔·斯温赫德(Roger Swynshead)、约翰·邓布尔顿(John Dumbleton)以及理查德·基尔文顿(Richard Kilvington)一样,他也是所谓"牛津计算师"(Oxford Calculators)中的一员,他们将数学技巧应用于自然科学问题(见 8 章 7 节)。他随后研习神学,14 世纪 30 年代后期成为神学硕士;他在 14 世纪 40 年代中期的著作《替上帝驳裴拉基》(De causa Dei contra Pelagium)大肆攻击他所认为的他的同代人和之前的一代学者中的新裴拉基主义。布拉德沃丁相信,奥康及他之后相当一部分神学家回答预知难题的方式(专题研究 M)暗中削弱了上帝在预定他的造物中的作用,该解答宣称有关上帝预知的命题是开放的,因为它们并不是真正的过去时态。他用严格的奥古斯丁术语强调,人的努力和功过与一个人是否会被定罪无关,起作用的只是人们不配得到的上帝的恩典。布拉德沃丁确实容许宇宙中存在偶然性,因为他遵循司各托的模态概念,认为上帝曾经可能创造一个不同的世界。但他不认为生活在这个世界中的个人有任何可能避免或改变其命运和来生的最终目的地,这是上帝为他们选定的,其理由如果不是独断的,也是完全无法思议的。

巴黎神学

这一时期巴黎的神学没有牛津活跃,牛津繁荣、巴黎衰落的很大一部分原因在于,英格兰的学生自 14 世纪 10 年代起开始留在国内,14 世纪 20 年代和 30 年代只有很少人前往巴黎。不过,有两位重要的英格兰思想家 14 世纪 20 年代时呆在巴黎:一个是先前讨论过的伯利,另一个是加尔默罗会的约翰·培根索普(John Baconthorpe,殁于 1345—1352 年间),他大概 1323

年成为神学硕士,1330 年后回到英格兰。培根索普往往攻击根特的亨利和司各托的观点,在有所了解之后也攻击奥里奥尔;他看起来不了解奥康的思想。令人吃惊的是,作为一个神学家而不是艺学硕士,培根索普对阿维洛伊有特别的兴趣。事实上,奥古斯托·尼福(Augusto Nifo)曾经把他说成"阿维洛伊主义者的领袖"。不过,"阿维洛伊主义者"的标签是错误的,因为他并没有试图独立地推进理性立场。他看起来更多是偏好某些阿维洛伊的观点,但非常愿意改编它们,使之与基督教信仰协调。例如,他引入潜能理智和人类"双重结合"的观念,这让他可以断言潜能理智虽然在某些方面为一,但它在个人中演变为多。

  形形色色的司各托主义是当时一股强大的势力。多少保持独立的司各托派包括 1333 年成为神学硕士的方济会会士尼古拉斯·博内(Nicholas Bonet)。关于绝对清贫的论战(8 章 5 节)对该时期大多数方济会会士影响深远。梅罗讷的弗朗西斯(Francis of Meyronnes,8 章 4 节)支持绝对清贫,但他一直是教宗若望二十二世的盟友。与之相映成趣的是,在学术上与他大致同代的马尔基亚的弗朗西斯(Francis of Marchia)(他 1334 年前任神学硕士)正是受绝对清贫信念的引导,加入了巴伐利亚的路易宫廷的知识分子阵营,同属该阵营的还有奥康的威廉和帕多瓦的马西利乌斯。马尔基亚是一个高度独立的司各托派,他的思想只是到了最近才重新被发现。他有关未来偶然事件的讨论影响深远,他坚定地拒绝奥里奥尔的三值逻辑,并且试图通过一系列区分保存人类自由行动的可能性,不过它们造成的问题和它们解决的一样多。梅罗讷也热衷于反驳奥里奥尔有关神圣预知的观点,他更青睐的是司各托的主张。

  马尔基亚或者直接地或者通过马萨的迈克尔(Michael of Massa)影响了里米尼的格列高利(Gregory of Rimini,约 1300—1358 年)对奥里奥尔预知论的有力批评。格列高利既影响了 14 世纪后半叶巴黎神学的发展进程,同时在中世纪晚期也被广泛阅读。他属于奥斯定会,14 世纪 20 年代在巴黎学习神学。随后,他在属于自己修会的若干意大利学堂任教多年后回到巴黎,于 1343—1344 年讲授《箴言集》。格列高利在意大利任教期间接触到 14 世纪 20 年代、30 年代牛津神学家的思想,例如奥康、查顿和沃德汉姆。这是架构《箴言集》评注中格列高利自己思想的两股主要力量之一,它改变了巴黎神学的关注点和风格,后者此前同英伦的发展毫无关联。对格列高利的另一个决定性影响因素是奥古斯丁。他对奥古斯丁的著作烂熟于心,奥古斯丁晚期反裴拉基论著中出现的对人的自由极其消极的观点,他也持同情态度,这同经院哲学之前的主流背道而驰。因此,在坚持源自奥康的唯名论立场的同时,和同一时期英格兰的布拉德沃丁一样,格列高利还特意有计划地抨击他眼中的裴拉基立场。因此他反驳奥里奥尔有关未来偶然事件的观点,这一点也不让人意外——不过,他接受这是对亚里士多德的准确诠释。和布拉德沃丁一样,格列高利满足于让事态中的偶然性建立在如下事实之上:上帝曾经可以选择与他实际选择的这个世界同时的另一个世界。他也乐于强调奥古斯丁有关恩典的教诲中最富有决定论色彩的方面(正是500年前戈特沙尔克为之受谴责的那些方面:专题研究 C)。

奥特库尔的尼古拉(Nicholas of Autrecourt,殁于1369年)和影响极大的格列高利形成鲜明对照:他是大约1320年前的艺学硕士,其神学研究被迫中断,先是1340年被传唤到阿维尼翁的教廷,随后于1346年被判犯有传播错误和异端学说罪,他的学术生涯因此告终。从那些受谴责的条目和他流传下来的作品来看——主要是一部有关艺学课程的论著(《有序的要求》,*Exigit ordo*)和一组通信,尼古拉的异端学说所违背的更多是亚里士多德而不是基督教教义。他绝不像历史学家们曾经描述的那样,是一个极端的怀疑论者;恰恰相反,他乐于接受我们的感觉官能通常是可靠的,因此表面现象在很大程度上是可以信任的。他以不矛盾律作为试金石,奠定了一种非常类似阿伯拉尔的条件句真值标准(5章2节),并将其更加广泛地应用,涵盖一切可以接受的推导:不仅仅前件真而后件假是不可能的,而且后件的意义必定等于前件或者包含在前件中。他根据这一标准,拒斥亚里士多德形而上学的大部分主张,因为按照这个观点,一个人不能从结果推出原因,或从我们所感知的偶性推导传统的、亚里士多德派观点认作其基底的实体。然而,他并没有将这种确定性的不可能性作为怀疑一切的理由,而是(Grellard,2005)接受一种或然性观点的理由,认为不同的信念都有不同程度的辩护。他的思考的这个方面表明,同人们错误地将他同怀疑论联系起来时所呈现的样子相比,他是之后几个世纪哲学和科学一个远远重要得多的先驱。

"复杂的可意指物"

有一场论争最能体现这个时代的特征,它将我们刚才讨论过的一些神学家联系起来,并形成对照。一个命题整体意指什么呢?这个问题之所以重要,是因为它追问的是什么才是科学知识的对象。然而,13世纪时它并没有得到太多讨论;12世纪时阿伯拉尔曾经给出一个明确的回答:命题意指完全不是事物的所言(*dicta*),这一观点将在两百年后牛津和巴黎的神学家中得到回应(尽管并没有直接的影响)。

14世纪的论争中主要有四种理论。奥康认为,在科学知识中,我们所认可的对象就只是命题。与此不同,伯利和查顿指出,我们所认可的和一个命题所意指的,就是该命题范畴词项所意指的。而霍尔科特提出命题意指心灵语言词项之组合的理论(因此接近奥康的观点),沃德汉姆则发展了复杂的可意指物(*complexe significabile*):命题 p 意指**事实-p**(*that p*)。举例来说,"上帝是上帝"所意指的就是上帝是上帝或上帝-之为-上帝(God-being-God)。沃德汉姆认为他的理论可以同时避免奥康的立场与伯利和查顿的立场中相互对立的缺陷。针对奥康,沃德汉姆指出,我们所认可的是一个事实,而不仅仅是一个命题。而针对伯利和查顿,他强调我们的心灵活动太过复杂,以至于命题的意指物不可能是其范畴词项所意指的。命题告诉我们的不仅仅是范畴词项所意指的事物存在,而是它们**如何**存在。沃德汉姆反驳道,按照伯利-查顿的观点,命题"上帝是上帝"和"上帝不是上帝"的意指有什么分别呢?

沃德汉姆自己的观点接近阿伯拉尔的所言理论,不过,复杂的可意指物比阿伯拉尔的所言更明确地被看作真值制造者,而不是真值承担者。但和阿伯拉尔一样,沃德汉姆坚持认为复杂的可意指物并不是任何实在的事物:它不属于亚里士多德的任何范畴,有关它是什么的问题是不恰当的,因为它不是一个什么,而是一个成为什么(*esse quid*)。这里的情形是不是既想要保留本体论的蛋糕又要吃掉它,这可以争论:有学者指出(Perler,1994),复杂的可意指物非常类似当代术语所说的随附(supervene)在一个事物其他特征之上的性质。把一个杯子说成是易碎的是有意义的,但是并不存在额外的东西来说明它之为易碎的。里米尼的格列高利接受亚当的理论(实际上这理论的发明曾归在他名下),不过他作出了调整和简化,失去了沃德汉姆关于知识问题的整体论思路和他对如下事实的敏锐意识:如果他要坚持复杂的可意指物在一定意义上是无,他就必须澄清它们应当被理解成是关于"如何",而不是关于"什么"的问题。

第八节 现代派逻辑

14世纪大学思想家最重要的成就之一是现代派逻辑的建立,逻辑学的不同分支在中世纪第一次得到推进。1300—1350 年间最出色的逻辑学家，有些我们已经讨论过：奥康、伯利和布拉德沃丁。其他重要的逻辑学家包括理查德·基尔文顿，1325 年写过他的《诡辩》，他和伯利、布拉德沃丁一样被看作"牛津计算师"的一员（8 章 7 节），此外还有威廉·海特斯伯利（殁于 1372—1373 年），该世纪晚期还有拉尔夫·斯特罗德（Ralph Strode）。正如这个名单所示，英格兰－牛津－逻辑学居于主导地位，甚至伟大的意大利逻辑学家威尼斯的保罗（Paul of Venice，约 1369—1429 年），在完成他包罗万象的逻辑学教材《大逻辑》（Logica Magna，1396—1399 年）之前也曾于 1390—1393 年在牛津学习。与之相似，这个时期另一位伟大的大陆逻辑学家萨克森的阿尔伯特（Albert of Saxony），1351 年巴黎艺学硕士，维也纳大学的建校校长（1365 年），他虽然延续的是布里丹的传统（他将在后面讨论，本章 9 节），但深受奥康、伯利、布拉德沃丁和海特斯伯利的影响。

前面已经考察过现代派逻辑的三个分支：奥康和布里丹（8 章 5 和 9 节）以不同方式发展和采用的词项属性理论（7 章 2 节），作为奥康内涵理论根基的详释（8 章 5 节）和诡辩（7 章 2 节）。诡辩在训练艺学学生时占据核心地位，并在一部分英格兰作家那里（基尔文顿、海特斯伯利、布拉德沃丁）形成特殊的风格，因为它们提供了思想实验的良机，成为物理学理论发展的根基。现代派逻辑的其他三个重要分支是推论（consequentiae）理论，不可解命题（insolubilia）和被称作义务对答（obligationes）的逻辑游戏。

推论特别吸引当代逻辑学家的关注，因为它们被看成是现代命题逻辑体系的中世纪版，有些哲学家也是这么来处理它们的。不过，这种相似性部分地是有欺骗性的，关于推论也还有很多内容相当让人费解。阿伯拉尔在波埃修论题论证的背景下推进过有关推论的一种精微理论（5 章 2 节）。不过，14 世纪有关推论的论著的发展很可能完全独立于《论题篇》的讨论或任何亚里士多德论著；阿伯拉尔在一个论证的有效性和条件句的真值之间的截然区分，虽然理论上说人们可以读到，但并没有任何人公开追随。许多史学家会说，推论既指"如果……那么……"命题，也指论证，也就是说，蕴涵（implication）和推理（inference）的区分几乎完全被忽视。然而，最近已有有力的证据（King，2001）表明，抛开 14 世纪逻辑学家的语言不论，他们实际上将推论看作"好"或"不好"、"有效"或者"无效"的推理，而不是看作或为真或为假的条件句。

从伯利的著作《论逻辑技艺的纯粹性》来看，他似乎是最早对推论次序进行系统化的逻辑学家之一,也可能就是最早的那一位。他和奥康区分了"形式"和"实质"(material)推论。形式推论的有效性在于它们所包含的词项间的偶然关系、或词项间的必然关系、或(从助范畴词项中表现出来的)命题的语义关系。与此相反,实质推论的有效性在于陈述的真值条件,而在大多数逻辑学家看来,只有两个条件:即现在所说的严格蕴涵悖论:从不可能命题可以推出任何命题,任何命题都可以推出必然命题。由此看来,把伯利的或奥康的推论看作命题逻辑,具有双重误导性:一方面,它们常常以一种与命题体系相异的方式提到原子命题的内部结构;另一方面,许多推论被认为其有效性在于它们的词项的含义(例如"如果所有的动物都在跑,那么,所有的人都在跑"),因此也就处于通常所认为的形式逻辑范围之外。不过,以上评论不应当看作对这些逻辑学家的批评,而是预警不要误解他们,用一个同他们格格不入的模板来强迫他们。

不可解命题就是撒谎者类型的悖论,例如:

(P) 这个命题是假的。

中世纪对不可解命题的兴趣可以追溯到12世纪的博尔舍姆的亚当(Adam of Balsham),而最初人们是在一般的谬误语境中讨论它们。其困难显然在于为这样的命题选定一个明确的真值,如果它们为真,它们看起来就是假的,而如果它们为假,看起来就是真的。早期的解决办法是否认这样的命题可以表达任何事实,或者指出自指绝不会发生[例如,(P)中的"这个命题"不可能指整个(P)]。布拉德沃丁的解决较为复杂,他指出每一个命题都蕴涵它是真的。因此,从(P)可以推出,

(1) P 是真的。

但是从 P 的含义可以推出

(2) P 是假的。

由于布拉德沃丁同时相信命题意指任何可以从它推出的东西,所以,P 意指(1)和(2),这产生矛盾,因此 P 就是假的。另一位牛津逻辑学家罗吉尔·斯文赫德(殁于1365年)提出了一种不同的应对不可解命题的方式,他认为一个命题要为真,则必须既(i)符合现实,又(ii)不会证伪(falsify)自身。P 因为(ii)而不能为真。

义务对答是在逻辑学家的训练中占有重要地位的一种逻辑游戏;有关

义务对答的论著确定其规则。它早在 12 世纪就有所发展,在 14 世纪得以繁荣。有两个玩家:反对者和应答者。按照这个游戏最流行的形式,先提出一个假定命题(*positum*)——一个玩家都务必接受为真的命题。这个命题几乎总是假的,有时是不可能的,不过从来不是没有人会愿意考虑的、明显自相矛盾的命题。反对者的任务是提出一系列或真或假的命题,应答者必须在每一个命题提出来时对它认可、否认或怀疑,自然要根据一套规则,其中最常见的表述(出现在沃尔特·伯利那里)具体如下:

(Ⅰ)如果这个命题隐含在假定命题和他已经接受为真的任何命题的合取中,就要认可它。

(Ⅱ)如果该命题与假定命题和他已经接受为真的任何命题的合取不一致,就要否认它。

(Ⅲ)如果情形既不是(Ⅰ)也不是(Ⅱ),则该命题是不相关的,而应答者根据现实情况来认可或否认它,或者如果他不知道事实,就要怀疑它。

罗吉尔·斯文赫德在他的《义务对答》(*Obligationes*,约 1330—1335 年)中提出一套略有变化的规则来简化该游戏。按照新规则,任何命题只要没有暗含在假定命题中,或者与之不一致,它就是不相关的。有些作者追随斯文赫德,但大多数(例如斯特罗德和威尼斯的保罗)则拒斥他的新规则。

对于反对者来说,这个游戏的目的在于迫使应答者陷入矛盾。不过,义务论辩还有更深的意义吗?有的学者认为其目的仅仅是逻辑练习。但已有学者指出,它意在探索反事实的逻辑(Paul Spade),因为必须被接受为真的假定命题几乎总是在陈述事物和它们实际所是的不一样。然而这一解释不能说明那些要被评判为不相关的命题的出现。此外,如果它的想法是要探索反事实条件句,那么,即使抛开那些被判断为不相关的命题,对于反对者可以提出的命题也应该有所限制。用现代语言来说,仅仅得出在某个可能世界中可以从假定命题推出的一系列命题,这显然不够:我们会想要知道,从它推出的什么样的命题会出现在最接近现实的那个可能世界中,在该世界中反事实前件为真。考虑到这些反驳,有人提出了一个不同的理论:义务对答应当看作思想实验。接受一定的逻辑或语义论题,将会让应答者用一定的方式来评判某些命题。如果这些评判将他导向矛盾,那么即使他别的地方论证是正确的,这也构成反对所涉及论题的一个论证。

第九节　约翰·布里丹

中世纪艺学硕士往往以献身于追求哲学化的、非天启的智慧为生活理想,而比其他人都更能在实践中成功贯彻这一理念的可能要算约翰·布里丹(John Buridan)。布里丹(约 1300—约 1360 年)1320 年前是巴黎艺学院的硕士。虽然他积累的个人财富可以保障,他只要愿意就能进入"更高的"神学院,他还是选择保留艺学硕士身份,度过漫长的 40 年学术生涯,并在大学里担任管理职务。他将他的逻辑学说汇集成专著和一部长篇巨制的《辩证法概要》(*Summulae Dialecticae*),还常常不止一次地大量评注亚里士多德。布里丹影响甚巨:他确保唯名论在这个世纪剩下的时间里成为巴黎的主导思想,而他在中世纪后期的追随者让奥康黯然失色。由于缺乏中世纪伟大神学家所得到的教会支持,也没有西格尔或达契亚的波埃修的戏剧性角色,布里丹现在才开始为人赏识,人们才意识到他是他那个世纪最强大、最有创新精神的哲学家之一。

作为一个满怀热诚的艺学硕士,布里丹为逻辑学教学和写作投入了大量精力。他的《辩证法概要》最初是为西班牙的彼得广为流行的手册(7 章 2 节)写的长篇评注,不过它们很快就被视为一部独立作品。它的结构大致依循彼得的著作:在第一卷中做了初步阐释之后,第二至三卷和第五至八卷依次探讨《导论》《范畴篇》《前分析篇》《论题篇》《辩谬篇》和《后分析篇》中的内容,而第四卷则是一篇关于指代和词项属性理论的论文。布里丹的一部关于诡辩的专著通常会附在其后作为第九卷,他也为推论问题写过一部独立的论著。

布里丹细致地采用并拓展了一种类似奥康曾经声嘶力竭地为之辩护的唯名论立场。和奥康一样,布里丹认为所有存在的事物都是个别物,只有概念是共相;布里丹也和他一样不接受将大多数亚里士多德范畴中的偶性作为世界中的实在项,但与奥康明显不同的是,他既接受质的实在性,也接受量的实在性。和奥康那里一样,心灵语言被用来提供唯名论从实在世界中所剔除的区分。布里丹的心灵语言同口头和书面语言一样,是复合的:较大单元的含义建立在较小单元上,而将后者联结起来的是心灵中的概念,它们等价于言辞中的助范畴项(syncategoremata),比方说系词。

布里丹利用这个策略解释掉心灵语言这一理论工具中遍布的种种区

分,因而用一种比奥康更加安静的方式化约了他的本体论承诺。例如,他反对奥康把简单指代——即句子中的某个词项指称共相——解释成指称概念。布里丹认为无需挑拣出这种指称作为一个特殊类型。我们只需要两种主要类型的指代:当一个词项指称一个或多个事物(也就是个别物,因为没有任何事物是普遍的)时,它就是人称指代,而当它指称若干概念或其他语词时则是实质指代。而且,泛泛而言,布里丹首先关心的总是和教学相关的问题,所以他非常关注(与心灵语言对立的)实际的口头或书面语言如何运用,以及其中非字面表达的多样性。有鉴于此,他作为校长参与1340年12月29日发布的艺学院反奥康派条令,这就一点也不让人意外,因为该措施反对的正是奥康著作中部分段落导向的一种过度字面化和僵硬的解释倾向。

布里丹在处理推论时采用了一种明显具有独创色彩的思路,而且他比该时期其他任何逻辑学家都更能将它固守到底。他用一种与伯利和奥康大相径庭的方式来构想形式和实质推论的区分。实质推论是取决于词项含义的推论,例如"如果一个人在跑,那么一个动物在跑"。形式推论则在一种接近于今天的逻辑学家会承认的意义上是形式的:测试它是否有效,不在于前件是否包含后件,或者是否前件真后件假是不可能的,而是在于无论你如何一致地替换其范畴词项,它都始终为真。布里丹正确地将三段论包含在这类形式论证中。不过,他并没有尝试提出一个形式体系,因为他仍然为非形式的、实质论证留出了广阔天地。他在《辩证法概要》的最后一卷中(诡辩7-12)详细地讨论不可解命题。虽然他所采纳的解决方案整体框架大多要归功于布拉德沃丁(悖论式命题之所以为假,是因为在它和另一个陈述它为真的命题之间会产生矛盾),但他拒斥布拉德沃丁关于所有命题都**意指**它本身为真的断言:他认为,假设我们有一个命题(例如"这匹马在跑")并且我们将它称作命题"A",那么,从

(1) A

(2) 命题"A"存在。

可以推出

(3) A 是真的。

布里丹教授过艺学所有科目,而在讨论诸如亚里士多德的《物理学》和《论灵魂》这样的作品中,他也同样面对过所有艺学硕士在思考和基督教教

义不一致的概念时都要遭遇的问题和机遇。他当然不是一个拉丁阿维洛伊主义者,因为他反对阿维洛伊派最有个性的主张,即依照最好的理性论证,所有人类只有一个潜能理智。他的著作中有些段落实际表明,他并不像阿维洛伊主义者那样热衷于(至少在原则上)保存理性思辨的自主性。他在《物理学》评注中提醒读者,所有艺学硕士必须宣誓不讨论任何纯粹的神学论题,如果他们碰巧讨论到一个同时触及信仰和哲学的问题,他们要按照信仰的要求做出解答,"而且,那些'反对符合信仰的解答的'论证,在他们看来应当得到怎样的回应,他们就该怎样把它们解决掉"。布里丹严肃对待这个誓言,在他的哲学推理中,当他有必要遵循神学观点时,他很乐意不时转向神学讨论(Sylla,2001)。例如,在讨论世界的永恒性时,他愿意将他的论证延展到普通物理学的领域之外,去想象可能的事实,以此来表明第一运动完全是可以设想的。不过,布里丹最为突出的立场仍然是,他接受自虚无中创造,仅仅是由于圣经和教会教导的权威,至于那些为这个立场辩护的论证,他细致地一一加以反驳。

在论及灵魂问题时,布里丹采取了和拉丁阿维洛伊派一样的策略,不过将它同阿弗洛狄希亚的亚历山大的观点联系起来。他区分了三种回答(《〈论灵魂〉问答集》III, q. 3-6):亚历山大的观点,"人类理智是一种可以生灭的物质形式(material form),它出自质料的潜能,并且像质料那样延展,就同牛或者狗的灵魂一样,它在死后不能留存";阿维洛伊的观点,人类理智是不朽的,但所有人只有一个理智;最后一种观点即"我们信仰中的真理",灵魂是受造的,不会延展的,它并不源于质料,而且是不朽的。他反驳阿维洛伊的观点,但承认阿维洛伊和基督教信仰都认为灵魂不是物质形式。他给出阿维洛伊为这个观点——也就是基督教观点——所做的论证,同时指出它们有说服力,但并不是证明性的。他发现很难解释人类的理智灵魂何以能既是不可延展的,因为这样它才能是理智性的,同时又要能有完成感觉和生长的功能。虽然基督教的观点有"或然理由"(probable reasons)支持,而且"它绝对为真,信仰应该坚定地予以保持",然而,要让它从第一原则出发来看就是明证的(不把教会的教导考虑在内),这需要上帝特别的干预。布里丹补充道,上帝可以借同样的方式,通过特别的恩典使道成肉身或三一论对我们成为明证的知识,在他那个时代,他提到的这两个信条几乎所有人都认为是不能由自然理性确立的。从这样的片段来看,在维护推理和艺学硕士的自主性上,布里丹和所有拉丁阿维洛伊派一样坚定。

第十节 14世纪晚期

和12世纪一样,14世纪大多数最有原创性、最为知名的哲学家在世纪过半时已经结束了他们的学术生涯;不过,1350—1400年这一时期哲学上给人乏善可陈(逻辑学除外:8章8节)的印象,可能很大程度上要归咎于现代历史知识中的空白。

牛津的哲学和神学所遭受的1348—1349年黑死病的打击,没有过去想的那样糟,但14世纪20—40年代的思想活力和独特的思想风格已经一去不返。对逻辑学的浓厚兴趣仍然是此地神学的标志性特征,但令人意外的是,牛津已经变成实在论的中心。在逻辑学之外,14世纪晚期牛津最重要的思想家有三位,其中两位一直籍籍无名——1358年成为神学硕士的尼古拉斯·阿斯顿(Nicholas Aston)和活跃于1350—1373年间的方济会会士理查德·布林克利(Richard Brinkley),还有一位则声名远播、广受争议:约翰·威克里夫(John Wyclif)。

阿斯顿主要通过他(未发表的)《箴言集》评注为人所知,在他那个时代曾因为有关上帝存在的证明闻名全欧。阿斯顿先考虑命题P,"上帝不存在"。假设它是假的。假如P只是偶然地为假,那么非-P("上帝存在")就只是偶然地为真;然而,阿斯顿认为,如果上帝存在,那么他必然存在。由于阿斯顿还阐明了任何并非偶然地为假的命题都是自我矛盾的,由此可以推出如果P为假,那么P就是自我矛盾的。然而,他指出,如果一个命题是自我矛盾的,那么任何外在于它的事物的变化都不能使它不再是自我矛盾的。因此,无论上帝是否存在,P是自我矛盾的。因此,上帝必然存在(然而,该论证在P是"$2+2=4$"时同样是有效的,这一事实足以说明其中的问题)。

布林克利既作为逻辑学家又作为神学家为人所知,他的《逻辑大全》(1360—1373年)写于他成为神学家之后,覆盖了该学科的整个领域。在令人困扰的命题语义学领域,他为如下观点辩护:命题作为整体意指他的词项所意指的世界中的事物。布林克利热心于捍卫实在论。例如,在论及指代时,他的观点和西班牙的彼得相近:简单指代关系到实在的共相,而不是像奥康所论证的关系到概念;只有那些现实地被赋值去意指这些共相的心灵和语言词项才能意指共相。我们关于布林克利神学一星半点的研究表明,他使用精致的语言区分来确立,比方说,何以作为必然存在的上帝仍然能偶然行动。上帝和上帝的行动没有分别,因此,如果他"以一种偶然的方式"行动,那么他自己就是偶然的。但是如果我们说上帝"偶然地"行动,那么这个副词告诉我们的就只是——至少布林克利这样断言——关系到上帝以这种方式所产生的事物。

约翰·威克里夫出生于 1330 年前,于 1356 年在牛津任艺学硕士,1372 年任神学硕士。他在牛津一直待到 1381 年,即他去世前三年。那时,他反对教会财富及其滥用的论战文章,以及更重要的是,他对传统的化质说(transsubstantiation)的反驳使他被主流社会遗弃。他鼓舞了英格兰的罗拉德派民众运动(Lollard movement)和波希米亚约翰·胡斯(John Hus)的改革和民族主义运动;而在胡斯被焚的康斯坦斯大公会议上(1414—1418 年),威克里夫的著作也被谴责为异端。不过,威克里夫大半生都是一个学院哲学家和神学家,他建立了一整套复杂、在某些方面具有原创性的思想,史学家们才刚刚开始解释和评估。威克里夫精通现代派逻辑,这体现在他 14 世纪 60 年代早期的一部论著中,该书提供了一套应对不可解命题的理论。

然而,威克里夫特别关注的是一个传统得多的领域:共相问题。他是又一位牛津的实在论者,他指责唯名论充斥着各种哲学、神学和道德错误。不过,他并未倡导一种极端的柏拉图式的实在论,认为共相作为完全不同于个别物的实在物而存在。威克里夫注意到早在古代晚期就已有的共相区分,他区分不同类别的共相:上帝心灵中的共相("在事物前")、作为记号的共相("在事物后")和关键性的"在事物中"的共相。在事物中的共相是实在的,但它们和事物没有实在的区分,而只有形式的不同。对威克里夫来说,形式上区分的事物要比在司各托的《订正本》那里更接近于完全同一;比方说,它是三一论中三个位格之间不那么鲜明的区分。威克里夫在为这个观点辩护时指出,所有人都同意(《论可普遍化之物》3;参 Kenny,1986,26-27)命题可以为真,而有一类真命题具有这样的形式:"A 在 C 上相似于 B。"然而,在把握这样的真理时,我们所做的和我们在把握共相时完全一样,除了在把握共相时,我们所把握的是单纯的 A 和 B 在 C 上的相似性,而在把握命题时,我们知识的对象是一个复合物。这一论证指出了将威克里夫同唯名论者从根本上区分开来的依据。中世纪的唯名论者并不否认事实上在同一个类的个体之间确实存在相似性,但他们希望坚持的是,这一真理并不要求有任何东西以任何方式是普遍的。然而,威克里夫向他们展示的正是他们所否认的反题:要么接受普遍事物(尽管它们和个别物没有实在的区分),要么否认属和种之间的区分有任何实在的依据。

巴黎的情形与之相反,奥康和布里丹的唯名论遗产在那里继续繁荣。不过表面看来却不是这样,因为艺学院在 1339 年下令禁止任何对奥康的评注和引述。但 1340 年颁布的条令表明,艺学硕士们想做的只是限制他们当中的一部分人,他们因为极端的奥康主义解释而强调所有命题的字面含义,仿佛存在一种逻辑地分析一个句子的确定方式,无需顾忌说话者的含义。这种态度对于和当代逻辑学家打过交道的人会有似曾相识之感,它正是布里丹尊重语言细微差异的处理方式的对立面。艺学硕士们在拒斥它时,实际上为唯名论立场提供了支持。

在神学中唯名论观点同样居于统治地位,而且和唯信论(fidelism)结合起来。这一结合出现在茵根的马西利乌斯(Marsilius of Inghen)的作品中,他 1362—1379 年在巴黎艺学院期间,在前往新建立的海德堡大学之前,曾经写过大量逻辑学著作。他于 1395—1396 年在海德堡评注过《箴言集》。唯名论和唯信论的结合也出现在阿伊的皮埃尔(Pierre d'Ailly)的著作中,他 1381 年成为神学硕士,写过一部有关灵魂的论著和《箴言集》评注。马西利乌斯甚至愿意同布里丹一起宣称,根据自然理性,不存在任何关于灵魂不朽的证明;皮埃尔不同意这一点,但他也常常强调人的知识的限度。当我们发现阿伊的皮埃尔反对道明会,批评阿奎那,这一点也不意外,毕竟阿奎那的形而上学与他自己的相去甚远,而阿奎那对理性又如此信心满满。

间奏 xii:你能走多远? 帕尔马的比亚吉奥·佩拉卡尼

在一部来自 14 世纪晚期岁月有关灵魂的拉丁语著作中,你会碰到以下一组结论。没有理由认为人的灵魂可以同身体分离;也没有相关的经验证据,而且按照自然的说话方式,人们也不该这么说。上帝确实能让理智灵魂同身体分离,并且让它永久存在:应当承认这一点,因为它不是矛盾的,而基督徒和非基督徒哲学家都同意上帝可以做任何不包含矛盾之事。这位作者还补充道,上帝创造了人的灵魂,这是可能的,但并不是明证地为真;无论上帝创没创造人的灵魂,它都更有可能终止存在而不是得以不朽。作者还进一步解释了人是如何由于星体的活动而从会腐烂的物质中产生的,并得出结论,人的灵魂是可以生灭的物质形式。

会有任何中世纪的作者这样想吗？答案初看起来是否定的。把帕尔马的比亚吉奥·佩拉卡尼的《论灵魂问答集》(Quaestiones de anima)的编订本再往前翻几页，你就会发现这些结论被明确地标识为哲学结论，在它们之前是一组非常不同的被称作"基督教的"结论。布里丹曾经说过，如果不是因为基督教的话，阿弗洛狄希亚的亚历山大的唯物论灵魂观才是他要选择的观点，比亚吉奥的立场真的与他不一样吗？其实，这个文本是比亚吉奥 1397 年写成的《论灵魂问答集》的一个修订版，这是他在 1396 年同帕维亚的主教会晤之后，在交谈中他被清楚地告知，他必须痛悔他先前持有的与基督教相违背的观点。在这部评注更早的版本中(1385 年)，他的唯物论立场毫无掩饰。比亚吉奥是一个出色的科学家和逻辑学家，他熟悉英格兰学派的精细分析。他在不同的著作中宣扬星象决定论，以及人的灵魂像狗和马的灵魂一样有生灭的观点；尽管他并不否认上帝的存在，但他甚至暗示，上帝可能是一个内在的物质原则。看看他在修订后的评注中匆匆掠过基督教立场时的简短草率，再看看他在提出哲学立场时的热情洋溢和长篇累牍，你很难怀疑他的真诚——作为一个哲学家的真诚。

第九章　大学以外的哲学：1200—1400 年

像本书这样的导论，习惯的做法是写作者装出一种匿名的全知态度，就像交付刻有十诫的石板一样把他写好的章节交给读者，仿佛它们是在一个没有时间的结界构思而成，远离日常的偶然纷扰。除非偶尔不堪其扰，读者们通常会接受这种伪装。他们并不相信它——他们知道这个作者和他们自己一样，生活在一个有截止日期和字数限制的世界里，他的能力有限，但让他分心的事情无限，不过，他们会将自己的怀疑悬置起来。不过，现在是时候稍微揭开这层虚构的面纱。现在，我是在第九章的开头。我的字数限制还剩下一些，不过我结束所有截止日期的截止日期已经所剩无几。如果说这些偶然因素看起来似乎允许我有某种简单的解决方案，只要出版商肯合作就行，但有一个更加重要的因素是无法迅速弥补的：我的无知。

这本书计划中剩下的这一部分打算涵盖 13、14 世纪大学以外的哲学：也就是说，拉丁世界中在巴黎、牛津和少数几个中心之外用拉丁语和方言完成的哲思；拜占庭和伊斯兰的哲学；这些世纪里主要由居住在基督教欧洲的犹太人用希伯来语完成的犹太哲学。每一个领域都值得写上完整的一章，分配给它们的篇幅本应该超过前面的两章，因为它们所专注的只是这一时期哲学思考的**一个类别**。简单的计算足以表明，要达到这样的平衡需要一本比现在还要再长一半的书——这样一本书，即使假定我能得到充足的时间和篇幅，我也缺少完成它的能力（实际上，就目前的研究状态来说，就算是专家们也会让人怀疑，他们有没有能力令人满意地完成有关这几个世纪拜占庭或伊斯兰哲学的论述）。所以，接下来的这些篇章，只能让我们对这些丰富领域可以发现的部分成果有一个印象。如果找到的成果寥寥无几，那也应当看成本书没能实现它的目标，而不是关于这些史料的价值判断。

第一节　大学之外：西方拉丁世界的哲学、宫廷与方言

13、14 世纪的拉丁哲学只局限在巴黎和牛津吗？即使从前两章来看，我们也已经清楚，从某个方面来说显然不是如此。除了那些规模较小的大学，例如博洛尼亚（因它的法律和自己的艺学传统而重要）和剑桥——14 世纪晚期还有新的大学出现，例如布拉格、克拉科夫和维也纳，在大学城之外还有道明会和方济会的学堂。正是在伦敦的黑衣兄弟会（Blackfriars），奥康完成了大部分重要作品，并和查顿、沃德汉姆展开论战；大阿尔伯特主要以科隆为根据地；阿奎那有一个阶段被派往那不勒斯，在那里建立一座学堂；彼得·约翰·奥利维大部分教学生涯在外省的方济会学堂度过。不过，大学的传统至少到 15 世纪，仍然是以巴黎和牛津为马首，刚刚提到的所有人物都在某个阶段在其中一处学习过。

中世纪早期时，皇家宫廷曾经为哲学家们提供过家园——查理曼和他的孙子秃头查理都是例证（3 章 6、7 节）。在有限的程度上，在晚期的这几个世纪里有些地方情况也是如此。巴伐利亚的路易为他那个时代四位最杰出的哲学家提供过庇护：方济会的奥康的威廉、马尔基亚的弗朗西斯，他们因为绝对清贫论战而与教宗分裂（8 章 5、7 节），还有帕多瓦的马西利乌斯和让丹的约翰（8 章 6 节），他们在《和平的保卫者》发表后逃离巴黎。不过，这些思想群星在路易的宫廷里没写出多少哲学作品，奥康全身心投入政治论著的写作：仿佛他们曾经实践过的哲思只能在大学的语境中开花结果。神圣罗马帝国皇帝腓特烈二世（Frederick II, 1194—1250 年）比他的后代对哲学更有真正的个人兴趣。腓特烈的宫廷是迈克尔·司各托翻译阿维洛伊的舞台（7 章 1 节），腓特烈本人还向哲学家伊本·萨巴因（Ibn Sabaʾîn）请教过一系列问题，论及世界的永恒性、形而上学和灵魂不朽等主题。有关他的对话的转述表明，他非常熟练地掌握了迈蒙尼德关于旧约律法起源的人类学观点。腓特烈的儿子曼弗雷德看起来和他父亲一样对这样的思辨充满热情。安茹的罗伯特（Robert of Anjou）1309—1343 年间曾为那不勒斯国王，他是哲学最伟大的王室赞助人之一。梅罗讷的弗朗西斯（曾将他描述成"一个真正的哲学家"）和罗马的贾尔斯都曾将作品题献给他；犹太翻译家卡罗尼摩斯·本·卡罗尼姆斯（Qalonymos ben Qalonymus）在他的宫廷里完成了阿维洛伊的《矛盾的矛盾》的第一个拉丁译本，彼得拉克也在那里享受

过尊荣,薄伽丘则写成了他博学的史诗《苔塞伊达》(Teseida)。

薄伽丘(1313—1375年)和他的著作,确实最能体现通常在大学外完成的这种哲学作品的特征。与投奔巴伐利亚的路易的知识分子们不同,也和梅罗讷的弗朗西斯和罗马的贾尔斯不一样,薄伽丘是一个平信徒:他并不享有那些在大学学习和教书的人们所特有的教士地位。薄伽丘将一种具备人文主义雏形的对古代拉丁世界和文学的兴趣,同严肃的哲学兴趣、当然还有一系列重要的方言(最有名的是《十日谈》)和拉丁文作品结合起来。薄伽丘最热诚的读者中有一位是杰弗雷·乔叟(1340/1345—1400年),他将《苔塞伊达》缩编到他的《骑士的故事》中,还将薄伽丘的另一部叙事诗《菲洛斯特拉托》(Filostrato)大加扩展,编入他的《特罗伊勒斯和克莱西德》(Troilus and Criseyde)中。乔叟曾在英王理查德二世的宫廷中工作。他的哲学兴趣体现在他将波埃修的《哲学的慰藉》译成英文——他完成这项任务,也是在追随他所喜爱的另一个灵感源泉让·德·默恩(Jean de Meun)的步伐,后者曾将《哲学的慰藉》译成法文,同时完成了纪尧姆·德·洛里斯(Guillaume de Lorris)12世纪长诗《玫瑰传奇》(Roman de la Rose)的长篇续写。这两位方言诗人对《哲学的慰藉》的特别兴趣,在中世纪的非大学思想生活中很普遍。波埃修的著作几乎被翻译成所有中世纪方言,而且常常是好几次,甚至还有方言写成的评注。《哲学的慰藉》是12世纪课程体系中的一部分,但并不是大学课程的一部分,乔叟和让·德·默恩以一种将他们同大学思想家区别开来的方式回望12世纪,尤其是伯纳德·西尔韦斯特里和里尔的阿兰的诗文合璧哲学著作(间奏v)。然而这两位诗人也都注意到他们那个世纪哲学的发展。乔叟很了解霍尔科特的《智慧书》评注,他简短而精确地概述了布拉德沃厅有关神圣预知的立场(尽管是在最能代表他的喜剧语境中)。乔叟伟大的同代人威廉·朗格兰(William Langland),曾在宫廷外完成他的长篇隐喻体梦幻诗作《农夫皮尔斯》(Piers Plowman)。他对大学神学和哲学有更深入的了解,这贯穿于他诗歌中有关预定论、恩典和功德的论战中(不时让人回想起经院论辩)。

不过,在大学之外为中世纪晚期拉丁哲学做出突出贡献的两位非教士作家,毫无疑问是意大利最伟大的诗人但丁·阿利吉耶里和无法归类的马略卡人拉蒙·柳利(Ramon Llull)。

但 丁

但丁·阿利吉耶里(1265—1321年)只是在他早期情诗的主人公,他钟爱的贝雅特里齐死后才投入哲学,他虽然是平信徒,但可以说是所有拉丁阿维洛伊主义者中最认真也最执著的一位。在已经作为佛罗伦萨诗人成名之后,但丁很可能是通过参加新圣母玛利亚的道明会学校的讲座自学哲学。文学研究者过去习惯于把但丁的哲学想象成某种删节版的阿奎那(英语世界现在也还有人这么相信)。事实上,他明显还受到大阿尔伯特的极大影响,而布拉班特的西格尔所代表的那种思考方式对他的影响也极为深刻。他的《飨宴》(*Convivio*,1304—1307 年)虽然用意大利语写成,并采用了评注自己诗歌的形式,但也是一部论著,它依循兰斯的奥布里(Aubrey of Rheims)和达契亚的波埃修的传统(7 章 6 节),提出一种尘世可以通过哲学思辨达至的幸福理念,以及能够这样生活的高贵灵魂的理念作为补充。虽然但丁也考虑人类的永恒命运,但他让其独立,同时捍卫追求世俗的哲学幸福自身的价值,尽管它也可以看成更重要的永恒幸福的铺垫。

但丁最重要的哲学作品,也是他最为阿维洛伊化的作品是他的拉丁文论文《帝制论》(*Monarchia*,1316—1319 年,先前人们偏向更早的年代,晚近研究则支持这一较晚的年份)。它的宗旨在于展示罗马皇帝应当成为人类的至高统治者(第二卷的主题),同时他在世俗事务上不应当屈从教宗(第三卷的主题)。第一卷则为这些论断提供理论基础。人类只有在和平中才能达到其目标,而这样的和平需要普世帝制。那么,什么是人类的目标呢?照但丁的推断(I,3),它将出现在人类作为整体所独有的活动中,它将不同于个人或较小的社会和政治团体(家庭、村庄、城市、王国)的目标。最后但丁发现,这种活动就是通过潜能理智实现的理智认识:较低类别的成员完全不通过理智来把握,而天上的智能本质上就是理智的,而不是潜在的理智。它是人类**作为整体**的活动,因为需要非常多的人才能使这一理智潜能成为现实:"人类作为整体的独特工作",他总结道(I,4),"就是使潜能理智的整个能力始终现实化"。这个段落最显而易见的读法,就是把它看作但丁对阿维洛伊立场的接受,并使之具有政治意义。存在着单一的潜能理智,我们作为一个物种必须致力于使之现实化,这是某种要求整个世界广大民众献身学问和科学的东西,没有普世和平,它绝不可能实现。但丁在这部著作结尾,在描述皇帝和教宗的各自作用时(III,15),再一次公开地展示他的阿维洛伊立场。哲学教导属于皇帝的领域,它引导人们走向他们作为尘世的社会存在的自然目的。神学教导则是教宗的责任,它并不是人们达到他们自然目的的手段,而仅仅是达到他们超自然目的的手段。

既然但丁在《神曲》中将布拉班特的西格尔和阿奎那、大阿尔伯特一样置于天堂中,他的阿维洛伊主义立场看起来应该确定无疑。然而几乎所有但丁派(Dantists)都否认这一点。他们指出,按阿维洛伊的观点,不存在任何个人的不朽,然而但丁的《神曲》所关涉的正是个人来生的赏罚。此外,在这部诗篇的旅程中,但丁明确地反驳阿维洛伊单一潜能理智的观点(《炼狱》XXV,68-74,他借斯塔提乌斯之口,一位据信皈依了基督教的古代晚期诗人,但丁当时的向导)。不过,这些反驳都错过了关键的一点,阿维洛伊主义,也就是应当象征性地而不是照着字面地同阿维洛伊本人的思想联系在一起的拉丁阿维洛伊主义,包含着一种程序相对主义。在依照自然理性工作时,拉丁阿维洛伊主义者接受阿维洛伊对亚里士多德理智理论的解释;在依照信仰工作时,他们则拒斥它。《帝制论》的第一卷严格建立在非启示的前提和他所设想的证明推理之上。与此相对,《神曲》是一部神学作品。但丁和阿维洛伊主义的艺学硕士的差异并不在于他忠实于他们的原则的程度,而在于他对它们的使用。对艺学硕士来说,阿维洛伊主义辩护了一小群知识分子在尘世中追求他们个人的哲学天堂,一种精英主义的与世隔绝。对并非艺学硕士而是诗人和道德革新者的但丁来说,阿维洛伊主义则变成旨在确保所有人类最终尘世幸福的政治活动的基础。

柳 利

用一个简洁的反题来说,别的不说,拉蒙·柳利首先是一个深信不疑而且好斗的反阿维洛伊主义者。柳利的职业生涯漫长,他出生于1232年,仅在阿奎那之后几年,但几乎一直写作到1316年去世,也就是奥康开始讲授《箴言集》前一年。其过程却极为不同寻常,他比大多数中世纪思想家提供了更多的内部细节让我们了解这一点,因为他写过一部自传《沉思生活》(Vita coaetanea),讲述他的精神历程、抱负和成就。他的父亲是在基督教收复失地运动之后最早在马卡略定居的加泰罗尼亚人。他家境富裕,和宫廷有来往,柳利把他年轻时候的生活描述成世俗而放荡。在他三十岁时,按他的说法,有了一系列关于基督的神视(visions),这说服他放弃自己的财产,离开他的妻儿,并将余生致力于让不信者皈依基督教——从马卡略的角度看,这是一个紧迫的任务,因为大部分居民是穆斯林,而且它和广大的伊斯兰世界联系紧密。

为了完成他的传教使命,柳利意识到他需要自学。他的母语是地中海西部非常广泛使用的加泰罗尼亚语。柳利不仅自学了拉丁语,基督教思想和文化的语言,还学了阿拉伯语,他打算皈依的民众的语言。他对这些语言的掌握足以让他用这两种语言写作,他也用自己的方言写作。因此他鸿篇巨制的全集分成加泰罗尼亚语、拉丁语和阿拉伯语部分(不过他的阿拉伯语作品没有流传)。尽管作品产量如此之高(超过250部作品保存下来,有些长达数百页),柳利的工作远远不止于坐在书桌前写论文。他成功地游说过教宗和其他人为传教士提供阿拉伯语的训练。他试图将他的学说引入巴黎大学,前面已经提到,他还在那里反驳当时流行的阿维洛伊主义者;在他看来,阿维洛伊主义的流行是反基督教思想入侵基督教世界。而最富有冒险精神的是,柳利数次到北非传教,意图通过他的论证让穆斯林皈依基督教。这样的行为很容易被处以死刑,不过,柳利幸运地在经受了凌辱、石刑、监禁(他75岁时曾被锁在监狱的茅厕中)和驱逐之后得以逃生。无论怎样,他确实获得一些机会同穆斯林知识分子论战,不过从来没有得到他需要的时间来将论证进行到底,以便获得他确信它们将取得的成功,当然要在有人听完它们的前提下。

柳利的信心来自他的信念:上帝赋予他一种特殊的能力,洞察到一种方法或"技艺"(Art),可以用理性的方式说服穆斯林接受基督教三位一体的上帝和道成肉身。在一部又一部作品中,柳利用一种又一种形式阐释他的技艺,有时复杂有时简单。柳利技艺的根基是某种自然神学,它在整个宇宙中发现神圣三一的映像。这种技艺在气质上非常接近波那文都拉(7章4节),而它乐观地相信基督教特有的神秘教义也可以具有理性说服力,这更契合12世纪的假设而不是柳利自己的时代。不过他的技艺是一个高度形式化的体系。柳利定义了一系列共计9种"高贵者"(善好、伟大、永恒、权柄、智慧、意愿、美德、真理和光荣),与柏拉图的理念类似,它们存在于上帝之中。它们各自有三个方面:行动者、承受行动者、两者的关系:以善好为例,则有创造善好者,被造成善好者,与善好之创造。这一三一式的分析使得柳利可以在创世中处处看到三一上帝的印记。此外,还有不同的存在"范围"或"基体"(例如,天使和人类,想象与感觉),九种主要的关系类型(差异、和谐、反对等等)。柳利用字母表中的单个字母来标记这些个别观念或他们的组合,然后他将字母们用一切可能的不同方式组合来构造他的体系。

尽管柳利献身于此,而且其影响一直延续到莱布尼茨的年代,但这种由数学、神秘主义和一系列新柏拉图派的假设构成的技艺究竟有多少哲学价值,委实让人怀疑。柳利在哲学史上的重要性不在于此,而在于他个人在打破语言和文化以及不同写作类型的界限中的作用(虽然他对阿拉伯思想的了解有限,但他是少数直接受到安萨里或苏菲派影响的拉丁作家之一)。柳利是中世纪最出色的神秘诗人之一,他还写过若干虚构的说教作品,将小说家的想象力同他凌驾一切的神学、道德关注结合起来。他在拉丁著作中也非常喜欢对话体,他常常能用一种不同寻常的生动来处理它,不仅展示论证的进程,而且还要呈现其戏剧化设定。他最吸引人的作品中有一部用加泰罗尼亚语写成,《异教徒与三贤士之书》(Libre del gentil e dels tres savis,1274—1276年?)。这部著作中出场的是中世纪最不寻常的人物:一个真正的无神论者,也就是标题中的异教徒,他既不信仰上帝也不信仰来生。他因此充满悲伤和痛苦,因为他喜爱尘世的生活,一想到他死去时要失去它所带来的快乐就无法忍受。异教徒碰到了一个博学的三人组:一个犹太人、一个穆斯林和一个基督徒,他们结伴而来,轻易地说服他相信创世主上帝的存在。接下来,他们轮流向他阐释他们各自的宗教。虽然基督教的阐释得到的篇幅略多,柳利的犹太教和伊斯兰教阐释同样完整而博学。在用来教育异教徒的论证中,柳利求助于他的技艺,但并未使用其特有的方法。在结尾处,异教徒打算宣布他决定选择哪一种宗教。不过,贤士们宁愿**不**听它:他们宁愿不受他的选择影响,继续在他们之间讨论这个问题,以期发现真理。因此,这同样给读者留下了悬念。柳利自己拥护什么,这毫无疑问,他热切地渴望所有人都同他一样拥护,这也无可怀疑。然而,作为一个思想家,尤其是作为一个文学化的思想家,柳利深知,发现真理的方式对于掌握这个真理本身可能是必不可少的。

第二节 拜占庭哲学

1204年君士坦丁堡陷落,随后建立了一个拉丁帝国延续到1261年,尽管如此,随着巴列奥略王朝(Palaeologi)恢复拜占庭统治,13世纪的拜占庭哲学延续着它自9世纪以来一直遵循的发展路径:学者们求助于希腊思想的伟大遗产,通常延续古代晚期学派的传统,而未能增添多少属于他们自己的哲学价值——至少从目前的研究来看如此。尼科弗拉斯·布莱米德斯(Nicephoras Blemmydes,1197—1272年)是13世纪最重要的拜占庭哲学家,他曾拒绝接受主教职位,坚持做一个单纯的隐修士,不过,和大多数拜占庭知识分子一样，他也是一个博学多才的人。尽管当时拉丁人和他们的哲学都出现在拜占庭，但他看起来似乎未受影响。他撰写过有关政治理论的著作，但他更纯粹的哲学作品是一部逻辑学摘要和一部物理学摘要。这部逻辑学著作只是一个简单的导论，集中关注《导论》《范畴篇》和非模态三段论中的基本问题；它的一个来源是大马士革的约翰的《知识的源泉》（3章4节），后者本身也是一部更早著作的汇编。其中有一个关于假言三段论的章节值得进一步的研究，因为在波埃修的拉丁传统之外，很少发现关于这一领域的讨论。这一时期另一位学识渊博的学者是乔治·帕奇梅雷斯（George Pachymeres, 1242—1310年），除了有关历史和四艺中的数学学科的著作外，他还写过一部长篇的亚里士多德哲学概要，一部柏拉图《巴门尼德篇》（部分）评注，并意译过伪狄奥尼修斯。

然而，14世纪时，哲学论战的腔调发生了变化。这要归功于两个虽然来源完全不同，但开始相互纠缠的因素。第一个因素来自拜占庭传统之外，它可以追溯到13世纪。虽然拉丁文化在君士坦丁堡的出现似乎并未影响布莱米德斯或帕奇梅雷斯，但它成功地促成了一场翻译运动（尽管规模不大）。从拉丁语译成希腊语的著作中有四部属于12世纪的课程体系，而不是13世纪的大学教科书：波埃修的《哲学的慰藉》，他关于论题种差和假言三段论的逻辑学教材，以及马可罗比乌斯的《西比阿之梦》评注（请注意这些逻辑学文献如何填补了希腊文献构成的课程体系中的空白）。而到了13世纪后期，马克西莫斯·普兰努德斯（Maximus Planoudes，约1255—1305年）不仅翻译了另一部拉丁经典——奥古斯丁的《三一论》，还翻译了阿奎那的《神学大全》。这一翻译工作14世纪后期在赛萨洛尼基被迪米特里奥斯·基多诺斯和普罗克洛斯·基多诺斯（Demetrios and Prochoros Kydonos）延续下去，他们将奥古斯丁和阿奎那的更多著作，以及其他经院神学家的著作翻译成希腊语。

与之相反，14世纪变化背后的第二个因素完全在拜占庭之中。静修祈祷（Hesychastic prayer）是一种可以追溯回早期希腊教父的实践，它包含一定的生理技巧，比如呼吸控制。卡拉布里亚的巴拉姆（Barlaam of Calabria）1330年代对静修祈祷进行抨击时，它成为一个争议话题。巴拉姆在意大利说希腊语的地区长大，他来到君士坦丁堡寻找亚里士多德文献的原文。他对于人类通过理性认识神学真理的能力持高度怀疑的态度，这使得他在讨论上帝时批评阿奎那的断言，也给了他一种新的思路来处理当时最重大的政治问题：正教会和天主教会之间是否能统一？统一最大的教义障碍是，拉丁人信仰圣神由圣父**和圣子**所生发。巴拉姆的思路是将这样的问题完全排除在神学讨论的领域之外，因为它们超越了人类的知识能力，而且在经文和教父那里也没有确定答案。他同意教父们获得了和神学真理有关的特殊知识，但他认为这种光照完全是理性的，他的这一步让他的对手震怒不已，但和两个世纪前彼得·阿伯拉尔的思考有惊人的相似。他还暗示异教哲学家同样享有这种特殊的洞见。巴拉姆轻视静修派隐修士在祈祷中的生理训练，他再三否认他们所宣称的可以某种方式通过祈祷看到上帝。

接过静修主义传统对抗巴拉姆攻击的，是来自希腊圣山（Mount Athos）的一位隐修士格列高利·帕拉马斯（Gregory Palamas，1296—1359 年）。格列高利为静修祈祷实践提供了一种思想基础，并且试图说明它的种种断言的理由。他接受了上帝的本质和他的活动的区分，这可能是他在希腊教父的著作中发现的。依照他的论证，上帝本质是不可能认识的，但他的活动（energeiai），以及在某种意义上上帝自身可以被静修祈祷者认识。格列高利由此自己回到人类成神（deification）和上帝显现的希腊思想传统中，它可以追溯到伪狄奥尼修斯和宣信者马克西莫斯（在拉丁传统则通过爱留根那为人所知），但他使之极端化。一方面，上帝本身，就其实际存在而言，是完全不可知的，甚至对来生的蒙福者也是如此；另一方面，上帝甚至在此生中也将他自己向某些人显现，对这一点的强调正是其理论新奇之处。帕拉马斯对静修主义的辩护同 14 世纪 30 年代政治命运的转变、希腊传统对抗拉丁传统的观念纠缠在一起。在一些挫折之后，他的事业赢得了胜利，巴拉姆被迫逃回意大利，他在那里改宗天主教，成为一名主教，还曾经给彼得拉克教授过一段时间希腊语。然而，希腊传统和拉丁革新的对立并非整齐划一，帕拉马斯自己可能也受到奥古斯丁的影响。

随静修主义论争而来的，还有一个有趣的讨论，同样提醒我们不要在教派归属上做过度简洁的划分，它出现在尼古拉斯·卡巴西拉斯（Nicholas Cabasilas，殁于 1371 年）的一部著作中，他是一位神秘主义神学家，有时被人看作帕拉马斯派。事实上，卡巴西拉斯强烈反对源自某些柏拉图派著作的怀疑论倾向，他发现这倾向既出现在帕拉马斯的著作中，也出现在反帕拉马斯派的领袖尼科弗拉斯·格列高拉斯（Nicephorus Gregoras）的著作中。他撰写了论著《驳皮浪》（Against Pyrrho，1355/9 年）以做回应，该书借助赛克图斯·恩披里柯来展示和攻击怀疑派的论证。考虑到拜占庭哲学家往往追随古代晚期的观点,将柏拉图主义和亚里士多德主义看作唯一值得注意的两大古代学派,这样的论著确实别出一格。然而,相映成趣的是,卡巴西拉斯在论证上完全缺乏原创性,这在拜占庭哲学传统中又太过寻常。

第三节 伊斯兰世界的哲学

按照至今仍在中世纪哲学史家中流行的观点,伊斯兰世界的哲学随着阿维洛伊终结,它被一种神秘的静观思考取而代之。现代研究开始表明,这种历史书写和真相相去甚远:有一个严肃的哲学思考传统在伊斯兰世界一直繁荣到17世纪,而伊斯兰思想当前最具权威的史学家古塔斯最近发表了一篇文章,其副标题很有煽动性《阿拉伯哲学的黄金时代:1000—1350年前后》(Gutas, 2002b)。这篇文章的主标题很能说明问题:《阿维森纳的遗产》。从拉丁世界的角度看,阿拉伯的哲学传统从铿迭开始,经由法拉比和阿维森纳而通达阿维洛伊;它看起来是一个亚里士多德评注的传统——经院哲学家和神学家当然是这样来看的。从伊斯兰的角度看,图景则大为不同。前面的章节已经表明(3章5节;4章3—4节),伊斯兰哲学家(falsafa,与穆台凯里姆相对)有两个主要传统:可以追溯回铿迭的高度新柏拉图化的传统和法拉比作为最伟大的倡导者的以巴格达为基础的逍遥学派传统。阿维森纳成功地将这两个传统统一起来(古塔斯令人信服地论证了这一点)。就伊斯兰主流哲学来说,回溯到法拉比的安达卢斯传统只是细枝末节。阿维洛伊多种多样的亚里士多德评注,确保了他在亚里士多德解释成为核心关注的拉丁和犹太传统中的卓越地位,然而他却被伊斯兰哲学家遗忘,他们已经不再评注甚至不再阅读亚里士多德。他们有另外一个权威要去解释、攻击或捍卫:阿维森纳。

阿维森纳的成就不仅仅是将上述哲学传统的两个不同方面统一起来。虽然阿维森纳有些学说在正统穆斯林看起来有如异端,但他的体系还是包容了充分接近伊斯兰教义的要素——尤其是它将上帝看作唯一的必然存在,以及它的先知理论,这允许人们将他的大部分思想吸收到凯拉姆中。阿维森纳最激烈的反对者安萨里在很多方面也是他的追随者(6章1节)。13世纪和之后几个世纪的阿维森纳派并不像阿维森纳本人那样是自觉的哲学家,而是伊斯兰思想家,他们以接受或批评的方式将阿维森那的思想置于他们工作的中心。13世纪最重要的两个阿维森纳派思想家是艾什尔里派神学家法赫鲁丁·拉齐(Fakhr al-Dîn al-Râzî,殁于 1210 年)和什叶派的博学之士赫瓦贾·纳西尔丁·图西(Khwâja Naṣîr al-Dîn al-Ṭûsî,1201—1274 年)。这两位都给《指导与诠明之书》写过评注——该书写作风格言简意赅,需要解释(评注《指导与诠明之书》是当时阿维森纳传统的一个主要发展路径:到 16 世纪已知的至少有十种,还有额外的成套注解,见 Avicenna,1951,72-74)。拉齐通常被看作阿维森纳的反对者,图西则是他的捍卫者;但拉齐本人,尽管富有批判性,但也是《指导与诠明之书》的一位彻底而细致的解释者。此外,就像阿维森纳本人看重追问和探寻,阿维森纳传统的宗旨也不在于重演阿维森纳的学说,而是应对他未能解答的问题。

　　他们思想的阿维森纳根基和独立性都尤为鲜明地体现在逻辑学中。逻辑学训练对于那些想要接受高等教育的人来说是必须的,在伊斯兰和在西方拉丁世界都一样。在伊斯兰世界,阿维森纳对亚里士多德逻辑学的重构取代了亚里士多德自己的文本,成为学习的出发点。虽然没有出现和拉丁世界的现代派逻辑(8 章 8 节)相对应的逻辑学新分支,伊斯兰逻辑学家分享并拓展了阿维森纳对模态三段论的兴趣,这甚至在教科书中占据了很大篇幅,例如图西的学生哈提比(Kâtibî)所做的得到大量研究的《逻辑学导论》(Shamsiyya)。阿维森纳区分模态命题的描述性(waṣfî)和实质性(dhâtî)解读,这为拉齐、图西和哈提比提供了处理模态三段论难题的理论工具,不过,他们用自己的方式利用这个区分,所达到的解决方案常常不同于阿维森纳自己的。此外,随着阿拉伯逻辑发展越来越形式化,甚至阿维森纳本人也被从中剔除出去。

　　伊斯兰哲学中还有一个重要的"照明派"传统,从 13 世纪延伸到 17 世纪,他们研究和评注的核心文本是苏哈拉瓦迪的著作。比方说,沙赫拉祖里(Shahrazûrî,殁于 1288 年后)、伊本·凯姆那(Ibn Kammûna,殁于 1284 年)、设拉子(Shîrâzî,殁于 1311 年,他非常依赖沙赫拉祖里)的评注。当然,这些作家都有神秘主义倾向,不过他们的进路和阿维森纳派主流的进路之间并不存在简单的对立。和他们 20 世纪蹩脚的模仿者中大多数人不同,这些苏哈拉瓦迪的评注者将他的著作当成经过推理的论证来研究,常常将他古怪的术语翻译成更标准的哲学词汇。此外,沙赫拉祖里的《神圣谱系学》(al-Shajara al-ilâhiyya)利用法拉比和阿维森纳的思想,而且包含逻辑学讨论,而伊本·凯姆那也是一个逻辑学家,并为阿维森纳的《指导与诠明之书》写过评注。

总之,13、14 世纪的伊斯兰哲学大部分还有待重新发现。它究竟是不是一个真正的黄金时代也还有待验证。

第四节 犹太哲学

认为哲学在阿维洛伊死后就从伊斯兰世界消失,这是错误的。不过,当六年后也就是 1204 年迈蒙尼德去世,伊斯兰国度中的犹太哲学却几乎与之同时死去。就在接下来的一代中,这个地区最杰出的思想家,迈蒙尼德的亲子亚伯拉罕(1186—1237 年)也抛弃了他父亲理性的、深受希腊启发的研究进路,转而接受一种吸收了苏菲思想的虔敬主义。不过,犹太哲学仍在继续繁荣,只是现在它是由住在基督徒中的犹太人用希伯来语写成。伊斯兰哲学和思想文化为 1200 年之前的犹太哲学提供了基本背景。虽然前面已经讲过,犹太思想家也带来了他们自己的视角,但他们用阿拉伯语工作,并且接受了他们那个时代在伊斯兰流行的不同思潮:对于萨阿迪亚来说,是凯拉姆,对于以撒·以色列利和伊本·加比罗尔来说,是铿迭的柏拉图主义;对于迈蒙尼德来说,则是安达卢斯的亚里士多德主义。中世纪晚期的犹太哲学家在拉丁欧洲工作,他们和现存的传统不再有如此紧密的联系。他们工作的背景构造奇特,这有助于解释他们哲学写作的特征。

翻译运动与中世纪晚期犹太哲学的背景

犹太人从罗马帝国时期就在拉丁欧洲居住。和伊斯兰的犹太人不同,他们大部分身处定居国高雅文化之外。他们懂得当地的方言,和渴望了解旧约希伯来原文的基督教学者有零星接触,但他们并不学习拉丁语,也不进入任何基督教教育机构。当时,也有出色的犹太思想家,尤其是在法国,他们用希伯来语写作,论述传统的拉比主题,例如伟大的圣经评注者拉什(Rashi),但没有哲学家。哲学通过避难者传到这些社区,这些避难者们下定决心逃离穆瓦希德王朝的统治,他们选择了北上,而不是寻找一个更宽容的伊斯兰国。尤其是在法国南部,这些移民成功地激发起他们拥有同种信仰的同胞对新的沉思方式的好奇,一场意在提供希伯来语哲学文献的翻译运动随之而来。这些翻译者中最重要的是来自格拉纳达的蒂本(Tibbon)家族:犹达·伊本·蒂本(Judah Ibn Tibbon)大约 1150 年定居于吕内勒(Lunel);他在翻译运动大潮之前开始翻译,通常是犹太哲学家的作品,例如萨阿迪亚、犹达·哈列维和伊本·加比罗尔。他的儿子撒母耳(Samuel,殁于 1232 年)、撒母耳的女婿雅各布·阿纳脱利(Jacob Anatoli)和家族中其他人都是多产的译者。不过,14 世纪早期最活跃的译者是卡罗尼摩斯·本·卡罗尼姆斯(他还将阿维洛伊的《矛盾的矛盾》译成拉丁语)。

13、14 世纪犹太哲学翻译运动的独特性体现在对翻译材料的选择上。1204 年,撒母耳·伊本·蒂本将迈蒙尼德的《迷途指津》译成希伯来文。和撒母耳的父亲翻译的犹太哲学家的作品不同,《迷途指津》将成为希伯来语写作的哲学家的一个或者唯一的核心文本。当时翻译的其他作品(除了一些更技术化的科学和数学文献之外)大部分是亚里士多德派的,但通常不是亚里士多德自己的著作。事实上,译者们选择翻译的是阿维洛伊的亚里士多德著作精要和意译,以及法拉比对亚里士多德逻辑学的阐释,他们将之作为他们的基本文献并且为之写作评注。他们对阿维洛伊的完整评注兴趣没那么大:卡罗尼摩斯·本·卡罗尼姆斯于 14 世纪前期将《后分析篇》和《形而上学》的评注译成希伯来文,但其他的(包括《论灵魂》的完整评注)很可能一直没人翻译,至少在 16 世纪之前没有。令人吃惊的是,这里没有任何柏拉图传统的作品,除了阿维洛伊的《理想国》摘要,也没有伊斯兰传统的主导人物阿维森纳的任何著作,除了他的《哲学家的宗旨》。[1]译者们的偏好同迈蒙尼德的推荐之间极其接近,这不太可能出于偶然,而贯穿其下的是迈蒙尼德同希伯来语哲学家更加深远的连续性,至少在 13 世纪如此。和迈蒙尼德一样,他们倾向于将亚里士多德科学和哲学看作一个已经建立的知识体系,它需要合成和吸收,而不是改变或挑战。他们作为犹太人要面对的问题也和迈蒙尼德一样,他们必须回应这种世界观,它表面上在很多方面同《圣经》和《塔木德》所供奉的思想相去甚远。

拒斥迈蒙尼德、解释迈蒙尼德和犹太阿维洛伊主义

并非所有法国南部和西班牙犹太社区的人都愿意接受亚里士多德-阿维洛伊派的科学和哲学,他们的反应尤其集中在迈蒙尼德身上,他被正确地当成犹太教内部哲学转向的始作俑者。13 世纪 30 年代,一批法国南部的学者下令禁止迈蒙尼德的著作——但并不成功,因为人们比过去读得更多。《迷途指津》是一部允许不同解读的作品(6 章 4 节):一种温和的和谐论的解读,它允许犹太读者合理地拒斥大多数与传统信仰有尖锐冲突的亚里士

---

[1] 此处有误,此书为安萨里所作。

多德学说(世界的永恒性、没有对个人的神圣眷顾、没有个人不朽),还有一种隐微的、极端的解释,它认为迈蒙尼德真实地捍卫这些立场,不过它想将它们作为秘密,不让大众亲近。针对迈蒙尼德的宗教反应,最初是针对按照温和的和谐论的解读来理解的迈蒙尼德——即便如此,他也被认为走得太远;而对迈蒙尼德的辩护通常也是从这个角度来进行的——《迷途指津》可以理解成保卫犹太教、反对那些最不可接受的亚里士多德科学内容的一种方式。

不过,《迷途指津》的希伯来文译者撒母耳·伊本·蒂本的观点全然不同。他自己对迈蒙尼德杰作的解读是隐微的、极端的:1199年在翻译这部作品之前,他曾给迈蒙尼德去信讨论其中有关神圣眷顾的内容,这封信已经清晰地表明了他的态度。撒母耳在他的《〈德训篇〉评注》中甚至宣称,《迷途指津》的捍卫者如果要理解迈蒙尼德的真正含义,在大多数情况下,他们应该变成它的诋毁者。撒母耳坚信,读者应当非常严格地遵守迈蒙尼德关于如何阅读他这本书的指令,去发掘他有意隐藏的教诲,因为它们不适合乌合之众。他通过一套理论为自己试图公开作者自己隐藏的内容的行为辩解,该理论正是迈蒙尼德自己对宗教律法的人类学理解的推进。伊本·蒂本公开宣称哲学在基督教国度比在伊斯兰得到更好的理解,既然今日的读者生活在一个比过往更加复杂的哲学氛围中,所以有必要让那些过去恰当地隐藏起来的、对经文不同层次的理解更广为人知。

撒母耳以及13世纪迈蒙尼德、阿维洛伊希伯来文译本众多读者的极端立场,进一步助长当时反迈蒙尼德、反哲学的反应,导致1305年的禁令,禁止25岁以下的加泰罗尼亚犹太人学习阿拉伯-希腊知识。它同样激发了13世纪大量的哲学思考,不过,13世纪最值得注意的犹太哲学家阿尔巴拉格部分是个例外:他分享撒母耳的极端立场,但不将他们归于迈蒙尼德。

我们对阿尔巴拉格的生平一无所知,除了他该世纪下半叶曾在加泰罗尼亚居住。他只有一部作品留传下来,安萨里的《哲学家的宗旨》的希伯来译文,与之相伴的是大量评论,阿尔巴拉格把它们看作一篇独立的论文(《[安萨里]学说订正》,*Sefer Tikkun ha-De'ot*)。选择这样一部作品来翻译和讨论,初看起来非常让人惊讶。安萨里的《哲学家的宗旨》一书很大程度上依赖阿维森纳的《哲学全书:致阿拉·达乌拉》(6章1节)。基督教思想家将《哲学家的宗旨》的拉丁译本当作便捷的阿维森纳思想概要,把"阿尔加泽尔"当成阿维森纳的忠实追随者。不过,略微一扫阿尔巴拉格的评注,就能发现他的目标全然不同,而且要复杂精致得多。阿尔巴拉格深知安萨里之所以写作《哲学家的宗旨》,只是为了阐明哲学家的观点,以便在他的《哲学家的矛盾》中对它们加以反驳;此外,阿维洛伊对安萨里的回应,亦即《矛盾的矛盾》,是阿尔巴拉格最爱参考的作品。阿尔巴拉格强烈反对安萨里对哲学的攻击,以及他所攻击的阿维森纳哲学,他认为后者是对亚里士多德的歪曲。他自己对亚里士多德的解读更接近阿维洛伊,但就算是阿维洛伊,他也不是不加批判地、始终如一地追随。阿尔巴拉格阐述自己立场的方式古怪而曲折:他要考察一种在他看来有缺陷的亚里士多德思想阐释,而这最终成为他所采取的一种批判性姿态的方式,针对各种各样哲学的传播者、攻击者和捍卫者进行批判,尤其是迈蒙尼德。他用一种温和的和谐论的方式来解读迈蒙尼德,由此认为迈蒙尼德在暗示某些哲学证明事实上达不到证明性的结论时,实际上因为宗教教义的要求做出了太多让步。

  阿尔巴拉格作为一个犹太人,他如何为自己坚持阿维洛伊所传承的亚里士多德辩护呢?它远远超出了(至少是显白的)迈蒙尼德的亚里士多德主义,因为它所接受的还包括世界的永恒性。他有时被描述成真心支持双重真理说,一个是宗教的真理,另一个是理性的真理——中世纪的批评者和20世纪早期史学家错误地把这种学说归于拉丁阿维洛伊主义者。不过,他实际的立场要更难以描述,而且最终也更极端。阿尔巴拉格相信,对受过教育的精英阶层(他为之写作的也正是这些人,并不是大众,因为他想让大众满足于简单的信仰)的一员来说,他的出发点应该是证明性的推理所确立的真理。如果《圣经》中的一段文字能够解释得符合该学说,那就应该这么去解释。如果《圣经》中没有任何段落符合这种教导,那就应该单凭理性的根据来接受它。如果有一段经文与证明的结果矛盾,那么,就既要相信证明的真理,**也要**"通过神迹"从字面意义上接受《圣经》中的段落。这样的场合难道不存在双重真理吗? 并非真的如此,尤其是考虑到阿尔巴拉格对"通过神迹"的含义的解释。他说,以这样的方式为真的段落只能被先知领会。它们可以归入他在前言中所描述的先知教义(prophetic doctrines)范畴。就像证明性的教导只能通过证明来理解,先知的教导也只能通过只属于先知的某种神圣能力来理解。试图用理性去刺探这种教导的含义是愚蠢的。因此,他的立场就好像(这是我们为阿尔巴拉格提供的一个明确的例子,他自己并没有给过)我根据证明的结果得出结论,所有人的身体都会在某个时刻腐朽,而《圣经》中则有一个带"X的身体不再归于腐朽"字样的句子。按照阿尔巴拉格的说法,我就应该接受,无论这个句子意味着什么,它都是真的。可是我对于它的含义是什么完全没有概念——它可能是我已经知道的 $2+2=4$ ——同时我也没有理由相信它就是如下命题:X 的身体不再归于腐朽,或其他任何与我的证明结果不相容的东西。

阿尔巴拉格有关人类不朽的讨论也能提供一个佐证,说明他并没有以双重标准的方式思考。虽然就目前所知,阿维洛伊得出所有人只有一个潜能理智学说的《论灵魂》完整评注(6 章 3 节)从未被译成希伯来文,但 13、14 世纪的犹太哲学家仍然将以下观点归在他名下:人的不朽并非个人的不朽,而在于存在一个单一的、分离的理智。他们可能是从阿维洛伊的《论与主动理智相结合信札》推导出这一立场,或者是从他在写完完整评注之后附在《论灵魂》精要中的一个段落,它出现在希伯来译文中(Davidson,1992b,199-201);阿尔巴拉格本人当然可能读过阿拉伯原文的长篇评注。无论如何,在阿尔巴拉格笔下,阿维洛伊接受了这个同阿维森纳观点相反的立场,认为人类灵魂只有就它们是具身的而言才在数目上相区别;当我们死去时,**你的**或**我的**灵魂并不能持存。假如他是一个双重真理理论家,他可以轻易地接受阿维洛伊的观点,与此同时支持《圣经》中的观点:个体在来生中持存并且接受奖赏或惩罚。相反,他当即拒斥阿维洛伊的观点,因为它暗含所有人将接受同样的天国赏报,智者和愚人都一个样。他更愿意(和阿维森纳一样)相信,虽然只有理智灵魂持存,但它们生前各自从主动理智那里获取的不同知识已经使它们个体化了。

还有其他一批 13、14 世纪的犹太思想家以不同方式宣扬通过阿维洛伊理解的亚里士多德主义:例如,13 世纪下半叶的列维·本·亚伯拉罕·本·海伊姆(Levi ben Abraham ben Hayyim),就是一个遭到哲学对手攻击的极端阿维洛伊主义者;耶戴亚·本·亚伯拉罕·贝德尔希·佩尼尼(Yedayah ben Abraham Bedersi ha-Penini,约 1270—1340 年),则是一个更加温和的亚里士多德主义倡导者,他很可能受到基督教学者讨论的影响。从其兴趣范围以及同阿尔巴拉格形成的对照而言,这些思想家中最有意思的是纳博讷的摩西(Moses of Narbonne)。摩西出生于 1300 年前后,逝于 1362 年之后,和迈蒙尼德一样,他以行医为生。同阿尔巴拉格一样,他为安萨里的《哲学家的宗旨》做过评注(不过他不得不采用已有的希伯来文译本;我们没有理由相信他懂阿拉伯语)。他还有许多其他著作行世,大部分是评注,内容包括亚里士多德派的逻辑学(对阿维洛伊评注的进一步评注,非常忠实于阿维洛伊的文本),伊本·图斐利的《哈伊·本·叶格赞》、阿维洛伊的《论与主动理智相结合信札》和迈蒙尼德的《迷途指津》,他还写过一些独立作品,包括一部关于完满灵魂的论著。

阿尔巴拉格是以一种令人震惊地现代的,或者更应该说后现代的方式把评注作为一种媒介,以批评性的姿态面对一系列彼此争锋的传统,而摩西则是更真诚的阿维洛伊主义者:他在很大程度上遵循阿维洛伊解释的亚里士多德,而且和阿维洛伊本人一样,他想象或至少希望这种科学——只能有少数精英保持的科学——从根本上说不会同他先祖的宗教律法相抵牾。摩西在他的《哈伊·本·叶格赞》评注中,曾经借用过《矛盾的矛盾》中一个很长的段落(Averroes,1930,581-3;1953,I,359-360),在那里,阿维洛伊说"哲学家相信宗教律法是必要的政治技艺",并且进一步解释,"宗教在哲学家们看来是必要的,因为哲学只能引导一定数量理解力强的人获得有关幸福的知识";但与阿维洛伊不同,就像我们猜想得到的那样,他认为尽管所有宗教同样真实,但犹太教是比伊斯兰教更好的宗教。他并不像阿尔巴拉格曾经做过的那样,批评迈蒙尼德对传统的犹太教义做出太多让步,而是接受一种极为隐微极端的《迷途指津》解读,因此只有在该书作者在某些场合采用阿维森纳的观点时才有所指摘。至于安萨里,摩西暗示他所宣称的目标,即阐释哲学家的思想只是为了反驳它们,这只是托辞。生活在其统治者因为宗教理由而禁止哲学的时代,安萨里需要找到一种方式来传播他所了解的科学(不过,摩西注意到安萨里还写过《哲学家的矛盾》,他这样评论,"上帝知道他真正的目的是……")。而在他如此忠诚地跟随的阿维洛伊那里,摩西对他在《论与主动理智相结合信札》中所彰显的、深受伊本·巴哲影响的思想特别有兴趣:即一个人——毋庸置疑,他是一个哲学家——将他的质料理智同主动理智相结合的可能性。阿尔巴拉格坚持与犹太律法相容的个体来生不朽的观点,而摩西则用上述结合来思考人的不朽。对于摩西来说,他兴趣中的这个取向同阿维洛伊所欠缺的神秘主义倾向,以及他对卡巴拉(kabbalah)的兴趣水乳交融。

格森尼德

列维·本格森(Levi ben Gershom)或按照拉丁人的叫法,格森尼德(Gersonides,1288—1344年)出生于巴尼奥(Bagnols),整个职业生涯似乎都在普罗旺斯度过。纳博讷的摩西很大程度上追随的是极端的、阿维洛伊派的迈蒙尼德解释者的路径,这种解释思路可以上溯到13世纪早期,而尽管格森尼德开始写作的时间要略早,却把犹太哲学带到一个新的方向上。表面上看,他的思想来源和13、14世纪的犹太哲学家没有什么不同,但除了科学和数学著作外,范围要更狭窄:阿维洛伊的短篇评注和意译(及其有关历史的离题讨论)是他理解亚里士多德传统的基础,而迈蒙尼德则是他讨论的唯一一位犹太哲学家。他主要的哲学著作《上主的战争》(*Sefer milḥamot ha-shem*)所讨论的主题主要由迈蒙尼德界定,它们一直主导着用希伯来语写作的哲学家注意力:世界永恒与否、神圣知识与眷顾的本性、人类理解和谈论上帝的能力的限度、先知与人类灵魂的本性,以及它是否不朽。不过,格森尼德研究这些问题的进路和迈蒙尼德以及其他人都不一样,它更接近阿拉伯和拉丁主流哲学。格森尼德并不将亚里士多德科学看成定型的知识体系,也不致力于思考一个犹太人应该有什么样的态度,在他的视野中,所有核心问题都需要彻底重新思考。在展示一个给定问题的所有不同立场上,格森尼德比他的同代人和前辈都要更煞费苦心,但他接下来就会批评这些各色观点,根据他完整而清晰地展示的论证提出自己的解决方案。

格森尼德在他的哲学杰作《上主的战争》之外,还写过大量作品。它们包括《圣经》解经著作和塔木德研究——他是专家,科学和数学著作,以及一系列有关阿维洛伊亚里士多德逻辑学阐释(短篇评注或意译)、自然科学短篇论著、《形而上学》《论灵魂》和阿维洛伊《论与主动理智相结合信札》的进一步评注。虽然看起来这些评注对于格森尼德来说,都是在为《上主的战争》最后一版做准备,但他对逻辑本身也有浓厚兴趣,他独立的逻辑学论著《完美的三段论》就其展示三段论理论的形式化程度而言,是一部富有创新性的著作。格森尼德还拓宽了三段论的范围,使之能够解释为什么,比方说,如果所有的马都是动物,则可以推出所有马的头都是动物的头。不过,格森尼德最大的兴趣集中在天文学上,而他生活的这一方面对其哲学著作有深远影响,这首先体现在他赋予某种不完全的星象决定论的地位,其次则在于他在这个领域的名望使他得以接触基督教学者。他发明的一种测量星体相对地平线高度的工具被拉丁天文学家采用,他们称之为"雅各之杖"(Jacob's Staff),而《上主的战争》第五卷中有关天文学诸理论的长篇评论和批评在他有生之年被译成拉丁文。这些接触带来一个问题:格森尼德有没有可能曾经同拉丁经院思想有哲学上的接触并受到其影响?专家们尚未就此达成一致,不过大多数人承认他不太可能实际阅读过拉丁文献。但他仍有可能通过(用他的母语普罗旺斯语)同基督教学者的交谈了解到拉丁思想,而他通过展示和批评以前的观点来小心翼翼地求解问题的方法,很可能受到基督教经院技巧的影响(Sirat et al.,2003)。

格森尼德以独特的原创精神重新反思了犹太哲学传统中的三个核心主题:神圣预知问题、世界的永恒性和灵魂的不朽。他研究预知问题的思路充分显现了他对推理结果的忠实。偶然事件的结果是不确定的,上帝如何能确定地获得有关它们的知识呢?犹太和基督教思想家在面对这样一个初看起来二难的困境时,有一个源远流长的传统,他们提出一种逃避的方式,即某种表面上可以令他们满意的论证,让他们同时保存未来偶然事件和上帝有关它们的知识。然而,格森尼德认为,而且很可能有很好的理由认为,这样的二难困境是不可解的。这是因为他认为人的自由至高无上,而如果一切未来事件都是必然的则不可能有自由,因此他愿意接受亚里士多德的立场(他认为这和《圣经》是一致的,III,6),否认上帝拥有关于任何个别事件的知识。与此形成对照的是,在世界永恒性和灵魂不朽上,格森尼德设计了若干论证,提出了他自己独创的、在他看来足以解决其中困难的主张。

从迈蒙尼德到格森尼德这个时代的犹太哲学家认为,他们在面对世界如何开始存在时主要有两个选择:要么是按照圣经的叙述,认为上帝从虚无中创造了天地,要么是根据亚里士多德的概念(追随它的不只是法拉比和阿维洛伊,还有阿维森纳),认为宇宙没有时间上的开端,而是备齐一切物种,永恒存在。迈蒙尼德表面上选择了《圣经》的观点,并且为之提供相应的论证。大多数13、14世纪的犹太哲学家倾向于追随亚里士多德和阿维洛伊,其中有些人还认为迈蒙尼德暗地里也是如此。格森尼德拒斥这两个选项,反而转向柏拉图《蒂迈欧篇》中的理论——迈蒙尼德满怀敬意讨论过但并未采纳的立场,根据该理论,世界是受造的,但是从永恒地预先存在的无形质料而不是从虚无中受造。他拒斥世界永恒性的理由,并不是迈蒙尼德所认为的它损害了犹太信仰,尽管他确实认为任何永恒之物都不可能受造。他更愿意利用(VI,11-14)斐洛珀诺斯设计(专题研究B)、为穆台凯里姆所接受的那种论证,以此来阐明宇宙的永恒性暗含实无限的存在,而这是亚里士多德所拒斥的。他还根据诸天的目的论秩序,正面论证它们不可能受造。但他也遵循亚里士多德的物理学原则,拒斥有关具体的完整事物从虚无中受造的观念。他清楚地意识到亚里士多德所发现的《蒂迈欧篇》理论的困难,但他相信(VI,17),一旦人们理解到永恒的质料完全没有形式和运动,这些困难就会烟消云散。此外,格森尼德相信,对《圣经》的细致解读会支持他的解释,而不是自虚无中创世的观点。

格森尼德依照迈蒙尼德以降的犹太传统,不按阿维森纳的思路为人的个体灵魂的不朽辩护,在阿维森纳看来,人的灵魂就其本性而言就是不可朽坏的,而且可以同身体分离。事实上,他的人类理智观非常接近阿弗洛狄希亚的亚历山大的观点。格森尼德(I,5)认为人的身体依照一种等级秩序,被赋予实为形式的多种内在品质(dispositions)。理智是其中最高的品质:它是生成的,以身体作为它所依附的基体,然而身体已经配置了作为想象官能原因的形式;因此,理智可以看作人类想象力的一种品质。此外,格森尼德拒斥(I,12)纳博讷的摩西等人所青睐的阿维洛伊有关与主动理智结合的观念。他认为,这种结合要发生,除非某个人类个体成功地掌握了主动理智的内容,也就是由完美有序的体系所构成的一切知识整体,而这样的丰功伟业非人所能及。

不过,格森尼德认为还是有**好的**哲学论证支持个体的不朽。虽然理智只是一种生成的品质,它仍然可以通过所获得的知识,最终通过主动理智的能动作用,或多或少逐渐变得完满。按照格森尼德的论证,理智知识体系——"获得理智"——是非质料的,因此也是不可朽坏的,因为只有质料和形式的复合物才会通过质料与形式的分离而被摧毁。这些不朽的个体理智是个体化的,因为一个人掌握的知识程度不同于另一个人(I,13)。一个人获得的理智知识越多,他也就越幸福。但在此生中,我们会不断地因为我们的身体而分神,偏离对这种知识的沉思,而在死后我们将同时领会我们所有的知识。和那些将人的不朽建立在同主动理智相结合基础上的思想家不同,格森尼德看起来要维护的,不仅是哲学家不朽的希望,而且是任何取得过任何理智知识的人的希望,尽管这样的灵魂的永恒幸福远没有智者的完满。然而,不幸的是,格森尼德很少谈及对他观点的一个明显反驳;说我的知识体系和我拥有它而具有的品质是不朽的,看起来远没有证明**我**将继续永远存在下去。或许,这是某种格森尼德所乐意接受的局面。

《上主的战争》第一卷结尾,格森尼德在阐释了个体不朽理论之后,插入了简短的一章(I,14),他说该章内容适用于整部著作。他在这里考虑的是,自己的观点是否确实与《圣经》和犹太信仰相协调。如果不是,那么他的读者应该抛弃经过哲学论证的内容,而以宗教为准。格森尼德看起来接近阿奎那的立场(专题研究 K)。他相信正确的哲学论证的结果并不会与宗教所坚持的信念相矛盾。他对这种和谐的信念可能没有阿奎那那么坚定,而且更令人吃惊的是,他自己在解释犹太信仰内容时留出的可操作空间,远比阿奎那或任何中世纪基督教神学家在构想其基督教教义时要大得多。事实上,该空间比同时期的犹太人和后继者所能容忍的也要大得多。格森尼德很快被看作非正统派,而他所开启的犹太哲学的新方向也再无追随者。

第十章 并非尾声:1400—1700 年的"中世纪"哲学

这本书的尾声本可以这样写:

在 1400 年结束中世纪哲学的论述,从某些方面看,无疑是一个独断的选择。这是一个齐整的数字,它并不对应任何值得纪念的事件、出生或死亡。不过,我们还是有理由在这个节点停下脚步,至少在拉丁传统是这样,在一定程度上拜占庭和犹太传统也是如此。唯一完全不适用的地域是伊斯兰——事实上,"中世纪"哲学这个观念在那里本身就极不恰当。在伊斯兰世界,阿维森纳的传统延续到 17 世纪,甚至更晚。波斯人毛拉·萨德拉(Mullâ Sadra,1572—1640 年)是它最著名的鼓吹者之一,他所代表的正是那个可以回溯到苏哈拉瓦迪的传统。不过,在这个内容丰富但几乎没有研究的领域,还可以发现许多其他类型的阿维森纳主义。就拜占庭哲学来说,或许更应该把最后时刻推到君士坦丁堡失陷于土耳其人之手的 1453 年,这尤其是因为它恰好将所有拜占庭哲学家中最富魅力的一位包括在内:格米斯托斯·普莱东(Gemisthos Plethon,殁于 1452 年),他对希腊故往的热情促使他几乎复兴了某种异教新柏拉图主义。然而,15 世纪拜占庭哲学家同意大利文艺复兴思想的关联,或许表明这些进展在中世纪哲学的范围之外。15 世纪的犹太哲学同样面临两个方向。有的思想家,例如哈斯戴·克莱斯卡(Ḥasdai Crescas)和以撒·亚伯拉巴内尔(Isaac Abrahanel)适合中世纪传统,而意大利的学者如伊莱贾·德尔美蒂戈(Elijah Delmedigo)和列奥·赫布雷乌斯(Leo Hebraeus)吸收了基督教环境中的拉丁高雅文化,这将他们同更晚近的犹太哲学家联系起来。

就拉丁传统而言,15 世纪在某种意义上是经院哲学和神学大为拓展的时代,因为建立新大学的运动在继续,有些新大学例如鲁汶(建立于 1425 年)成为非常重要的学术中心。然而,从思想上说,除了逻辑学领域之外,同 14 世纪的革命性思考比起来,15 世纪的大学乏善可陈。大学里的硕士们更愿意打着前两个世纪某位伟大思想家的旗号:阿奎那、阿尔伯特、司各托、奥康或布里丹,而不是处理问题。这个世纪当然有重要的哲学家,例如库萨的尼古拉(Nicholas of Cusa)、马尔西利奥·斐契诺(Marsilio Ficino)、乔瓦尼·皮科·德拉·米兰多拉(Giovanni Pico della Mirandola),但他们都在大学之外工作,而且很大程度上在中世纪哲学传统之外。不过,说中世纪哲学在 1400 年后终结或陷入严重衰落,这并不完全正确。16 世纪和 17 世纪早期有过经院的复兴,这体现在意大利的托马斯主义者托马斯·卡耶坦(Thomas Cajetan,1469—1534 年)的著作中,但更显著地出现在伊比利亚半岛,诸如弗朗西斯科·德·维多利亚(Francisco de Vitoria,1492/1493—1546 年)和路易斯·德·莫利纳这样的思想家,还有他们中最伟大的弗朗西斯科·苏亚雷兹(Francisco Suárez,1548—1617 年)。这场伊比利亚运动最后的代表人物之一圣托马斯的约翰(John of St Thomas),阿奎那非常忠实的追随者,逝于 1644 年,就在笛卡尔之前几年。

写到这里,这样一个尾声就可以接下去讲述经院哲学的"白银时代"。它甚至还可以加上一节,说一说经院哲学直到 19 世纪乃至我们时代的兴衰变迁。

不过,眼前这个简短的章节并非这样的尾声。它根本不是尾声。它实际上是要解释,为什么从这本书所取的视角来看,这样的尾声格格不入。1400 年前后,根据本书的观点,并不标志任何哲学史上的任何终结、开始或任何其他东西。虽然思想史的分期应当看作尝试性的和多元化的——它们同特殊的研究计划、问题和关注重点联系在一起——但考虑到本书所追踪的这几个传统和它所详述的问题类型,我们确实有好的理由把 200 年前后到 1700 年左右的哲学,也就是大致从普罗提诺的时代到笛卡尔、斯宾诺莎和莱布尼茨的时代之间的哲学看作一个漫长的时期。当然,新柏拉图主义者非常依赖柏拉图、亚里士多德,甚至斯多亚派,但正是他们勾画了上述哲学传统在拉丁世界、在伊斯兰、在犹太人中间和在希腊继续发展的框架,也正是在这样的框架中,它所承载的亚里士多德文献被人研习。而且,虽然没有人会忘记将法国、德国和荷兰的这些 17 世纪哲学家同哲学的现代传统联系起来的种种因素,但笛卡尔和莱布尼茨中有很多重要内容只有当它们被看作拉丁哲学传统的终结时才可以得到理解,而斯宾诺莎也有很多内容既是早先犹太哲学的巅峰也是对它的回应。

所以,本书在1400年戛然而止,并不是因为这个日期代表或者接近一个截然分离的中世纪哲学的终结,而仅仅是因为没有更多的篇幅。作为一项研究的终结,它不仅"从某些方面看",而且**完全**就是独断的。不过,如果它可以不被看成终结,而看作一本书的一部分结束的一个方便节点,它还是有一定的意义。尽管1400—1700年是500—1400年的三分之一,但该时期拉丁、伊斯兰和犹太传统哲学的丰富性、多样性和复杂性,有充分的理由要求另一部篇幅不会小多少的著作。然而,问题来了:谁来写它呢?

阅读材料指南[1]

缩　写

AHDLMA	*Archives d'histoire doctrinale et littéraire du moyen âge*(《中世纪文献史与学说史资料集》)
AL	*Aristoteles Latinus*（1961—　）(《亚里士多德拉丁译文集》)
ASP	*Arabic Sciences and Philosophy*（《阿拉伯科学与哲学》）
BGPTMA	*Beiträge zur Geschichte der Philosophie und Theologie des Mittelalters*（《中世纪哲学史与神学史论集》）
BSIH	*Brill's Studies in Intellectual History*（《布里尔思想史研究》）
CAG	*Commentaria in Aristotelem Graeca*（《亚里士多德希腊评注》）
CCSL	*Corpus Christianorum series latina*（《基督教集成·拉丁系列》）
CCSG	*Corpus Christianorum series graeca*（《基督教集成·希腊系列》）
CCCM	*Corpus Christianorum continuatio mediaeualis*（《基督教集成·中世纪续编》）
CIMAGL	*Cahiers de l'Institut du Moyen-Âge Grec et Latin*（《希腊拉丁中世纪研究所学刊》）
CMP	*A Companion to Philosophy in the Middle Ages*（Gracia and Noone, 2003）(《中世纪哲学研究指南》)
CSEL	*Corpus Scriptorum Ecclesiasticorum Latinorum*（《拉丁教会著作集成》）

---

[1]　本指南由原作者于2015年7月全面修订。

CTMPT	The Cambridge Translations of Medieval Philosophical 文体 (《剑桥中世纪哲学文献译文集》)
CTMPT 1	Stump and Kretzmann (1988)
CTMPT 2	McGrade, Kilcullen and Kempshall (2001)
CTMPT 3	Pasnau (2002)
DSTFM	*Documenti e studi sulla tradizione filosofica medioevale*(《中世纪哲学传统文献与研究》)
PIMS	Pontifical Institute of Mediaeval Studies (《宗座中世纪研究所》)
*PL*J. -P. Migne	*Patrologia Latina*(《拉丁教父全集》)
RE	*Routledge Encyclopaedia of Philosophy*(Craig, 1998)(《劳特利奇哲学百科全书》)
SEP	*Stanford Encyclopaedia of Philosophy*(http://plato.stanford.edu/contents)(《斯坦福哲学百科全书》)
SSL	Spicilegium sacrum lovaniense, études et documents (《鲁汶神学拾遗:研究与文献》)
SL	Storia e letteratura (《历史与文学》)

常引网站缩写

Aug	http://www.fh-augsburg.de/~harsch/augustana
Fa	http://www.ccel.org/fathers2
For	http://www.forumromanum.org/literature/table
Gal	http://gallica.bnf.fr
K	http://individual.utoronto.ca/pking/resources
Ll	http://thelatinlibrary.com
M	http://www.muslimphilosophy.com
Sc	http://www.ulb.ac.be/philo/scholasticon(其虚拟图书馆[*Bibliotheca virtualis*]亦见 http://abelard.paris-sorbonne.fr)

第一章 导 论

百科全书与参考书

《中世纪哲学百科全书》(*The Encyclopedia of Medieval Philosophy*, Lagerlund, 2011)全面覆盖了公元500—1500年间希腊、拉丁、阿拉伯和犹太传统的思想家和概念。虽然条目质量参差不齐,有些确实非常出色。在以网络为主的《斯坦福哲学百科全书》上可以找到关于某些人物更加细致、更加分析化的讨论(*Stanford Encyclopedia of Philosophy*, http://www.seop.leeds.ac.uk/contents;http://plato.stanford.edu/contents; 简写为 *SEP*):该书的词条还在不断增补,通常出自最优秀的专家。《劳特里奇哲学百科全书》(*The Routledge Encyclopaedia of Philosophy* [Craig, 1998: 简写为 *RE*])包含大量优秀的、但较为简短的有关这四个传统中世纪哲学家的词条,但它开始显得过时。《中世纪哲学指南》(*A Companion to Philosophy in the Middle Ages* [Gracia and Noone, 2003: 简写为 *CMP*])为范围极广的中世纪思想家提供了简短的论述。我为"牛津参考文献"网站(供在线订户使用 http://www.oxfordbibliographies.com)汇编了一个相当大型的(约200个条目)、带有注解的中世纪哲学参考文献(包括所有四个传统)。由于它包含着大量关于参考书、校订本系列和可资利用的网站更一般的信息,所以可以用作这个阅读材料指南的补充。

历史、手册、指南和导论

关于历史书写的概述,见 Imbach and Maierù (1991) 和 Inglis (1998)。在较早的(主要关于拉丁传统的)历史著作中,Copleston (1950, 1953)[2] 相当全面,尤其是(在这个两卷本的第二卷中)涉及奥康到苏亚雷斯这一时期。Knowles (1988; 初版于 1962)[3] 是曾经一度流行的、以阿奎那为核心的历史著作类型文风优美的范例,Knowles 本人的历史背景以及第二版中的一系列补充性的读法和订正为之增色不少。Gilson (1955) 一书的作者有一颗强有力的头脑,它带有一种强大的、在一定程度上独树一帜的针对研究对

---

[2] 科普尔斯顿:《西洋哲学史》,庄雅棠、陈俊辉译,台湾:黎明文化出版公司,1988。
[3] 大卫·瑙尔斯:《中世纪思想的演化》,杨选译,北京:商务印书馆,2012。

象的立场,其根基是作者的"基督教哲学"观念。所有这些著作现在都已经严重过时,不过,让人吃惊的是,Vignaux(1959;法文重订版补充了极有价值的导论:Vignaux,2004)仍然在当下保有活力,它在论及神学与哲学关注的交互作用时尤为精妙。《剑桥晚期中世纪哲学史》(*The Cambridge History of Later Medieval Philosophy*[Kretzmann, Kenny and Pinborg, 1982])堪称从当代分析哲学视角研究中世纪哲学的宣言,和这些更早的历史著作相比,它在总体研究方法上更切合时代,也更加过时。它论述详尽,但在覆盖范围上分布不均,其中包含着若干密集深入、极有价值的专门化的主题研究。它只处理拉丁传统,但在其编年下限上很慷慨:其标题提到了1600年,而实际上有一章谈到了17世纪的经院哲学。《劳特里奇哲学史》的中世纪卷(*Routledge History of Philosophy* [Marenbon, 1998])[4]以编年方式编排,由专家们分头撰写的章节提供了一系列不同的研究进路。其重点是拉丁哲学,但有两章论述阿拉伯,一章论述犹太哲学。最好避开论述奥康的那一章。Luscombe(1997)是一部范围极广但刻意简短的概述——一部整个拉丁领域的出色历史综述。与此形成对照的是,《剑桥中世纪哲学指南》(*Cambridge Companion to Medieval Philosophy* [McGrade, 2003])使各主题化章节的作者有机会仔细地考察一系列选定的论题。Kenny(2005)[5]在按主题编排的章节前面提供了一个历史概述,尽管其范围多少有些局限,Kenny的写法总是清新易懂,清晰地展示出中世纪哲学中吸引当代哲学家的问题。《剑桥中世纪哲学史》(*The Cambridge History of Medieval Philosophy*[Pasnau, 2014——第二版和第一版(2009)的重要区别只在于替换了有关实践伦理学中的一章])提供了本领域的全面导论,包含顶尖学者撰写的主要以主题为依托的章节。虽然它在理论上涵盖四个传统,以及从8世纪晚期到15世纪初期这段时间,但大多数章节的重心在于拉丁作家,尤其是1250—1350年间的拉丁作家。它还收录了极有价值的生平概述和参考文献,以及希腊、拉丁、阿拉伯和希伯来语译文列表。《牛津中世纪哲学手册》(*Oxford Handbook of Medieval Philosophy*[Marenbon,2012])包含数量不多,但篇幅较长的主题化章节,专门致力于探索中世纪与当代分析哲学的关联。大部分章节局限于

---

[4] 约翰·马仁邦主编,《中世纪哲学》,孙毅等译,北京:中国人民大学出版社,2009。

[5] 安东尼·肯尼:《牛津西方哲学史(第2卷):中世纪哲学》,长春:吉林出版集团,2010。

拉丁传统。不过,《手册》的前三分之一专注于历史概要,它考察了 17 世纪前的四个哲学传统,但阿拉伯晚期哲学未能得到恰当地论述。Richard Cross 最新出版了《中世纪基督教哲学家》(*The Medieval Christian Philosophers* [Cross, 2014]),其立意局限于拉丁传统,尤其是从安瑟尔谟到威克里夫的神学传统,其出众之处在于分析的清晰与精准。对于法语读者来说,要强烈推荐的是 Alain de Libera 的《中世纪哲学》(*La philosophie médiévale* [De Libera, 2004;初版 1993])。我在考察拜占庭、拉丁、伊斯兰和犹太四个传统这一点上追随 De Libera,不过 De Libera 更多地是将它们分而治之,而不是合为一处。德文著作中,Gombocz(1997)为这一时期的前半段给出了一个虽然有些沉闷但极为详尽的论述。Schulthess and Imbach(1996)提供了值得信赖的、参考文献丰富的材料汇编。Flasch 的《导论》(1987;法译本1998)精彩纷呈——它明确宣称不是一部完整的历史,但在方法论上尤其富有洞见。他篇幅更长、更全面的《历史》一书(Flasch, 2000)长于阐释中世纪哲学的社会背景,他对哲学家和论题的选择往往与众不同,但总是经过审慎的判断。相比其他历史著作,我更多地受益于 De Libera 和 Flasch 的著作。

关于逻辑学,Gabbay and Woods(2008)包含若干关于拉丁传统,以完全不同的思路写成的章节。关于阿拉伯传统,参见 Tony Street 为 *SEP* 撰写的词条。而 Catarina Dutilh-Novaes and Stephen Read 主编的《剑桥中世纪逻辑学指南》(*Cambridge Companion to Medieval Logic*),涵盖拉丁和阿拉伯传统,已经基本完成。

就阿拉伯哲学来说,《劳特里奇伊斯兰哲学史》(Leaman and Nasr, 1996)是一部涵盖至当下的伊斯兰哲学史,其论域广泛,但分配不均,个别章节缺乏哲学分析的空间,而《剑桥指南》(Adamson and Taylor, 2005)尽管不那么全面,但为展示中世纪阿拉伯传统的哲学价值贡献良多。法语著作中,Badawi(1972)在论述神学传统的哲学家时要全面得多,但也已过时,而Corbin(1986;初版于 1964)专注于什叶派神秘主义导向的传统,尽管该书学识广博、富于想象,但应参照其他更加平衡的论述一同阅读。意大利语著作中,D'Ancona(2005)提供了高度平衡、内容广泛、与时俱进的概述。关于中世纪犹太哲学,Sirat(1985)因其广泛的论述,同时涵盖重头和次要思想家而独具价值。多位作者写成的《劳特里奇犹太哲学史》(Frank and Leaman, 1997)涵盖了中世纪和更晚的犹太哲学,而同一个团队(Frank and Leaman,2003)编辑的《剑桥中世纪犹太哲学指南》(Cambridge Companion to Medieval Jewish Philosophy)则更专注于中世纪时期。《剑桥犹太哲学史》(The Cambridge History of Jewish Philosophy[Nadler and Rudavsky,2009])明智地延伸到斯宾诺莎,它标志着为该领域一般读者撰写的精微学术论著的一个新阶段:以主题编排的章节提供了广泛而丰富的素材。Rudavsky(2000)则较为专门地考察了中世纪犹太哲学传统的整个发展时段。就拜占庭哲学来说,标准的概述仍然是 Tatakis (2003)——这是法文原著(Tatakis,1959)的译本,不幸的是只有数量有限的更新。另外可以参考 Ierodiakonou (2002),这不是一个全面的历史著作,而是一本富于启发的论文集,关于当前研究的概述,可以参看该卷中 L. Benakis 的论文(283-288),也可以参阅《斯坦福百科全书》中概述这一学科的词条(Ierodiakonou and Bydén,2014)。Kapriev (2005)采取了极为不同的研究进路(从某些方面说也是更有成效的进路),它抛开了有关逻辑学和古代哲学评注的讨论,专注于大马士革的约翰和格列高利·帕拉马斯这样的思想家的哲学-神学体系。

内容广泛的重要论著和学者

有一些总体性的论著或杰出学者的论著合集,它们或者因为涉猎的内容太过广泛而不能将它们纳入下面的小节中,或者应当在具体的和总体的研究背景中同时提到。例如以下几位:*De Libera*, *Alain*(1991a),(1992),(2002),(2003)都是内容广泛的研究著作,其具体分析和方法论都意义重大,而 De Libera (2007—)如今已出版三卷,另有五卷在准备中——即使按 de Libera 的标准也是一部巨著,它们探索亚里士多德的主体,也就是偶性的基体,如何演变成了现代意义的作为思想者的主体。*Imbach*, *Ruedi*:他一贯内容丰富、富于洞见的文章合集 Imbach (1996a);*Knuuttila*, *Simo*:Knuuttila (1993)为中世纪的模态理论提供了一个富有争议但极其详尽、内容广泛的论述。而在 Knuuttila (2003)一书中,情感这一论题获得了更宽泛的讨论;*Pines*, *Samuel*:耶路撒冷的 Magens 出版社收集和出版了他的论文,尤见 Pines (1996),(1997a){完整的书目见 http://www.shlomopines.org.il/files/bibliography};*Pasnau*, *Robert*: Pasnau (2011)追溯了 13 世纪晚期到 17 世纪晚期的核心形而上学论题的发展。*Perler*, *Dominik*: Perler (2001),(2002)和(2003)论述中世纪意向性理论;(2011)论述 1270—1670 年间的情感理论;*Rosier-Catach*, *Irène*:她的专著(2004a)内容极其广泛,全新地探索了语法、逻辑学和神学之间的关联;*Spade*, *Paul*:{Spade 的网站 http://

www.pvspade.com/Logic 是一个宝库,由这位中世纪逻辑学顶尖学者大多未发表的材料构成}。

第二章 中世纪哲学中的古代传统

第一节 何谓古代哲学?

Donini(1982)和 Natali(2000)综述了有关哲学学派、哲学家社会地位的史料。Clark(1971)55-108页有关哲学学派的论述很有助益,同时参见有关古代教育的经典研究 Marrou(1956),但至少其中有关自由诸艺的讨论,需借助 Hadot(1984)加以纠正。就古代对哲学与哲学生活的理解来说,Hadot(1987)和(1995)非常值得推荐,同样的还有 Nussbaum(1994),另外参见 Jordan(1990)。

第三节 柏拉图与希腊化学派

文本:卡尔基狄乌斯的《蒂迈欧篇》拉丁译文及其评注;Plato(1975){Sc 和 K 上有单独的拉丁译文},{在 Ll 或 For 上可以找到不少拉丁文本;伪托的塞涅卡和保禄的通信译文见 http://www.comparative-religion.com/christianity/apocrypha/new-testament-apocrypha/4/9} ‖ 关于中世纪的斯多亚派传统及其历史,见 Strange and Zupko(2004)。

第四节 普罗提诺的新柏拉图主义

文本:《九章集》Plotinus(1966-1988)给出了对照文本,译文出色;其大部分内容,但不是全部可以很方便地在单卷本的(Plotinus,1991)中获得,译文不那么紧扣原文,但富于诗意,而且有很有用的注释。{希腊文本:Sc} ‖ 关于新柏拉图派的总体研究,Armstrong(1970)仍是出色的向导,Wallis(1995)则是一部简短的导论,Lloyd(1990)内容丰富、详尽但艰深。普罗提诺的杰出导论包括 *O'Meara(1993)和 Gerson(1994)、(1996),后者是一部文集。

第五节 波菲利与亚里士多德逻辑学

文本:有两位顶尖的古代和中世纪哲学历史学家为波菲利的《导论》提供了详细的评注 Porphyry(1998)——文本、法语译文、评注以及 Alain de Libera 的导论;Porphyry(2003)——Jonathan Barnes 的译文和评注{希腊文本和波埃修的拉丁译文:Sc}。现存的《范畴篇》短篇评注和其他大量新柏拉图派亚里士多德评注,见 CAG (vol. IV)。关于 CAG 的内容,见 Sorabji (1990) 27-29。通过"古代亚里士多德评注家"(Ancient Commentators on Aristotle)计划,CAG 的大部分内容以及其他相关史料正逐步译成英文 (http://www.kcl.ac.uk/kis/schools/hums/philosophy/aca)。∥有关波菲利和亚里士多德逻辑学的研究,见 Ebbesen (1991,摘自 1984 年写成的一部著作)和 Evangeliou (1988)。《古代哲学家辞典》(*Dictionnaire des Philosophes Antiques*, Goulet, 1989-)收录了有关希腊和叙利亚的亚里士多德评注传统的详尽讨论和目录,非常精彩。

第六节 扬布里柯与普罗克洛

文本:《神学原本》:Proclus (1961)包含详细评注。∥Shaw (1995)对扬布里柯观点的解读充满了想象力,*Siorvanes (1996)则是有关普罗克洛的全面导论。Bos and Meijer (1992),这部论文集追踪了普罗克洛传统在中世纪的发展。

第七节 旧宗教与新宗教

文本:参考文献 Philo, Origen。{有关斐洛的译文(及详尽史料),见 http://www.torreys.org/bible/philopag;查士丁和克莱门的译文,见 Fa, vol. 2}。关于《论第一原理》的四卷本:应优先考虑 包括鲁菲努斯的拉丁文本和法语译文的 Origen (1978, 1980),而不是英文本 Origen (1966) {其著作收录于 Fa, vols. 4 and 9}。∥Chadwick (1966)为斐洛和奥利金的总体研究提供了出色导论。Wolfson (1947)是对奥利金的一种过度体系化的解释;Dillon (1996)则从柏拉图传统的视角来研究他们。

第八节 翻译、拉丁哲学与拉丁教父

翻译:柏拉图的译文,见 II.3;希腊教父的翻译,见 Siegmund (1949)。文本:拉丁哲学西塞罗和塞涅卡的作品随处可见,并且都有译文。参考文献 Apuleius, Macrobius, Martianus Capella {西塞罗的作品见 Sc;塞涅卡的拉丁文本见 Ll;阿普列尤斯的《解释篇》见 K }。拉丁教父文本见 PL,不过大多数作品有更好的、更晚近的版本:详情见 Dekkers (1996) {所有教父文本的英文翻译,见 Fa}。参考文献 Marius Victorinus ∥ *Gersh (1986)是一部有关所有世俗拉丁思想家的奠基性综合研究;关于卡尔基狄乌斯的研究,亦见 Van Winden (1959)和 den Boeft (1970);有关马可罗比乌斯的研究,见 Flamant (1977),其中世纪影响则见 Hüttig (1990)。关于马提阿努斯第一卷的

评注,见 Shanzer(1986)。关于安布罗斯的研究,见 Madec(1974)。Pierre Hadot(1971)揭示了马理乌斯·维克托里努斯著作的广度和价值。

第九节 奥古斯丁

文本:奥古斯丁著作的拉丁原文和英语翻译都非常容易获得。*PL* 收录了旧有的、通常不太可靠的版本。CCSL 和 CSEL 中则有现代校订本(详情见 Dekkers,1995)。《奥古斯丁图书馆》(*Bibliothèque augustinienne*)提供了大部分著作的拉丁法文对照和详尽的评注。∣他的大部分拉丁文本可以在 Sc 和 K 上找到,英文全集见 Fa∤ ∥ Peter Brown(1967)[6]这部著名传记名副其实,现在有一部较新的传记 James O'Donnell(2005)。Chadwick(1986)提供了简短而优雅的导论,而 Matthews(2004)在哲学上更有挑战性。* Rist(1994)给出了内容广泛而立论持平的哲学综述;Kirwan(1989)探索了同当代分析哲学的关联,同样的思路也出现在考虑周详的《剑桥指南》的部分章节中*(Stump and Kretzmann,2001)[7]。Madec(1994)详尽地讨论了奥古斯丁生平著作中异教哲学和基督教的关系。

第三章 旧传统与新开端

第一节 波埃修与古代晚期的逻辑学课程

文本:*AL* 中有亚里士多德和波菲利的(拉丁)译文。对《神学短篇集》和《慰藉》来说,Moreschini(2005,第二版包含对第一版文本校注的微小调整)是最佳版本,不过 Boethius(1973)仍然可用,而且收入了两部作品的英文对照。《慰藉》的最佳译本很可能要算 Boethius(2001),不过 Sharples(1991)为第四卷结尾和第五卷提供了出色评注。Eleonore Stump 有关论题推理的两部论著的译文(Boethius,1978,1988)也收录了详尽的评注∣K 上有所有哲学著作的拉丁文本;For 和 Sc 上有《慰藉》的译文,后者还有 J. O'Donnell 的拉丁文本评注∤。希腊评注:CAG 中刊印了许多古代晚期希腊传统的著作,它们正被译成英文,见 II.5。∥波埃修的总体研究包括 Courcelle

---

[6] 彼得·布朗:《希波的奥古斯丁》,钱金飞、沈小龙译,北京:中国社会科学出版社,2013。

[7] 此书 2015 年已出第二版,不少章节有变动。

（1967）——关注其思想源泉和影响（波埃修自己反而被化约为沟通二者的管道）、Chadwick（1981）——长于对波埃修的教义论战以及他的音乐和算术著作的研究、Gibson（1981）、Fuhrmann and Gruber（1984）——两部文集、*Marenbon（2003a）——尝试分析其中部分论证、以及*Marenbon 2009——一部由专家写成的一般性研究文集，涉及波埃修算术和音乐作品之外的所有方面。我为"牛津参考文献"上编撰了有关波埃修的详细书目（供在线订户使用 http://www.oxfordbibliographies.com）。有关波埃修的逻辑学：他的译文及其使用情况，见 Minio-Paluello（1972）; Shiel（1990）表明波埃修刻板地根据希腊抄本的页边注来撰写自己的评注（不过尚未发现任何这样的抄本）; Ebbesen（1990）提供了反驳论证以及对波埃修著作的出色评估。Martin（1987，199，2009）表明波埃修何以未能掌握斯多亚派有关命题逻辑的想法，De Libera（1999）则对其共相理论给出了最彻底的分析（其背景，亦可参见 De Libera, 1996）。关于《神学短篇集》及其影响，见 Hadot（1972）、Schrimpf（1966）、Schlapkohl（1999）、Arlig（2009）和 Erismann（2009a）。Gruber（1986——经过彻底修订的第二版）对《慰藉》的评注更偏文学而不是哲学。Relihan（1993 和 2006）以及 Dronke（1994）提供了该著作文学形式的背景，不过 Shanzer（2009）批评了 Relihan 的立场。Donato（2014）给出了对《慰藉》的形式及其背景的广泛研究。关于《慰藉》的影响，见 Minnis（1987）、Hoenen and Nauta（1997）和 Kaylor and Phillips（2012）。

专题研究 A：波埃修的《哲学的安慰》中的预知论

Kretzmann（1985，1998）阐释了波埃修有关人的自由的观念同逻辑决定论的背景。Zagzebski（1991）以现代形式展开了某种被看作波埃修式的论证，并考察了其强弱。Huber（1976）、Marenbon（2003a, 125-45; 2005, 21-54）和 Evans（2004）展示了对波埃修论证的分析。Sharples（2009）精彩地概述了相关的解释性讨论，而 Marenbon（2013）则不同意其他所有人的看法，尤其是他自己先前的看法。Sorabji（1980，1983）给出了古代的必然性和时间概念极有价值的背景，至于波埃修的模态理论及其亚里士多德背景，则参看*Knuuttila（1993）。

第二节　隐修士与百科全书派：525—789 年间的西方拉丁世界

<u>文本</u>：参考文献 Cassiodorus, *De mirabilibus sacrae scripturae*, Isidore｜卡西奥多儒斯所有作品的拉丁文本都收入 http://ccat.sas.upenn.edu/jod/

cassiodorus.html｝｛伊西多尔的《辞源》见 Ll｝。关于爱尔兰早期作品的进一步细节，见 Lapidge and Sharpe（1985）。‖ 关于当时的一般文化史，见 Courcelle（1969）。有关卡西奥多儒斯的最佳现代研究是 O'Donnell（1979）｛全文收录于 http：//ccat. sas. upenn. edu/jod/文本/cassbook/toc，并附带额外的参考书目｝。有关伊西多尔及其学识的研究，见 Fontaine（1959），而 Fontaine（1983）的增补注释可为之补充。

间奏 i：哲学与抄本文化

Bischoff（1990）为手写和抄本研究提供了导引；McKitterick（1989）考察了加洛林时期的书面与口头文化问题。

第三节 最后的异教哲学家及其基督教学徒

文本：晚期异教柏拉图派：Damascius（1999）以其全面完整的评注，生动地描绘了该时期精神生活的画面。关于个别评注，参阅§II.5.参考文献 Pseudo-Dionysius｛爱留根那的拉丁译文见 Sc；英译文：http：//www. ccel. org/ccel/dionysius/works｝。John Philoponus：他的评注收录在 CAG 13-17 卷，正在被译成英文（见参考文献）‖ *Sorabji（1990）中收录的论文是无比珍贵的导论和研究向导。亦见 Hadot（1978）和（1987），后者基于一次关于辛普里丘的重要学术会议。关于雅典学园的关闭，见 Tardieu（1986），他指出这些哲学家们定居于异教城市哈兰（Harrân），一个特别的哲学传统在那里延续下去。多数学者对此并不信服：Hoffmann（1994）给出了一个更为全面的评价。关于伪狄奥尼修斯，Roques（1954）是一部系统研究，Rorem（1993）则是一部评注，而 Stang（2012）则提供了出色的全新解释。

专题研究 B：永恒与宇宙：奥古斯丁、波埃修与斐洛珀诺斯

文本：参§§II.9，III.1，3。关于斐洛珀诺斯的论证，见 John Philoponus（1899）and（1994），428-430，467-468 中有关《物理学》第三卷的评注；《驳普罗克洛论世界的永恒》收录于 Philoponus（1887）9-11（英译文载 Sorabji，1983，214-215）；《驳亚里士多德论世界的永恒》经整理并翻译于 John Philoponus（1987）143-146。‖ *Sorabji（1983）是时间、永恒以及世界是否有开端这一主题研究必不可少的导论和向导。关于永恒的不同观念，见 Marenbon（2003b）。关于无限，亦见 Moore（1990），尤其是 1-48。关于奥古斯丁，Kirwan（1989）151-186 给出了细致的分析，而 Knuuttila（2001）则是一篇涵盖面极广的综述。Flasch（1993）细致地探讨了《忏悔录》中的时间与永恒问题。有关波埃修永恒观念的重要分析，见 Stump and Kretzmann

(1981)和 Leftow（1991）238-241；我已经质疑了这些以及其他一些将永恒理解为非时间性的论述，见 Marenbon（2003a）136-137、（2003c）和（2005）48-53，150-153。

第四节　东方：从查士丁尼到倭马亚王朝

关于希腊与叙利亚的逻辑学这个至今仍然晦暗不明的研究领域，我将只给出最基本的提示。相关的希腊语文本收录在 CAG 中；关于大卫和埃利亚斯，见 Westerink（1990）；Stephanus（2000）包含可能出自斯特凡努斯的两部评注的译文以及相关的重要讨论，亦见 Goulet（1989- ），V，113 ff.，叙利亚传统则见该书 I, 502-28。关于这一传统，首先也可以参看 Hugonnard-Roche（2004），它收录了下文单独引用的文章和其他一些作品；Brock（1983），更广阔的背景知识，见 Brock（1982）；关于雷塞纳的塞尔吉乌斯，见 Furlani（1926）和 Hugonnard-Roche（1997a，1997b）；关于波斯人保罗，见 Gutas（1983）、Hugonnard-Roche（2000）和 Teixidor（2003）；关于塞维鲁斯·塞博赫特，见 Hugonnard-Roche（forthcoming）。King（2013）将有关叙利亚逻辑学的研究置于柏拉图派所启发的理论框架中。宣信者马克西莫斯<u>文本</u>：参考文献请注意《疑难：答约翰》收录于 *PG* 91, 1061-1418，其他作品则载于 *PG* 91-92；有些作品已有或将有校订本。‖ Louth 为 Maximus the Confessor（1996）所做的导论完整而清晰。相关的经典研究是 Von Balthasar（1961），Heinzer and Schönborn（1982）中有一些有用的文章。Perl（1994）将若干主题攒到一处，和爱留根那的比较给人启发。* Tollefsen（2008）是一部重要的、覆盖面极广的新研究。马克西莫斯还发展了一套复杂的道德心理学理论，见 Gauthier（1954）。倭马亚王朝统治下的伊斯兰、阿拉伯和希腊思想：早期凯拉姆<u>文本</u>：我们几乎完全通过二手材料来了解早期凯拉姆，一个完整和重要的论述收录在艾什尔里的《伊斯兰教学派言论集》（*Maqâlât al-Islamiyîn*）一书中（al-Ash'arî, 1929-1930）；另一个较晚的论述则出现在沙赫拉斯塔尼的《宗教与宗派之书》中（*Book of Religions and Sects*, *al-Milâl wa-l-nihal*, Shahrastânî, 1986，这是一个有详尽注解的法译本）。不过，最好的资料来源是 Van Ess（1991-1995）的第五、六卷中精心收集和编排的（德文翻译的）后世引证。‖ Van Ess（1991-1995）的第一、二卷研究了最早期的凯拉姆学说；Van Ess（1984）是出版较早的对他想法的精准阐释。Frank（1992）提出了一种有趣但失于偏颇的观点，将凯拉姆看作严格意义的神学，而不是哲学。Montgomery-Watt（1985）提供了出色的总体论述（包括整个神学和哲学传统)。Schöck（2006）研究了亚里士多德逻辑学与早期凯拉姆论战的关联。Vasalou（2008）以令人惊叹的洞见探索了9世纪末之前穆尔太齐赖派的道德理论。大马士革的约翰<u>文本</u>：参考文献 John of Damascus ‖ 关于大马士革的自由意愿理论，见 Frede（2002）。

第五节　阿拔斯王朝统治下哲学的多样性

<u>文本</u>：参考文献 Liber de causis，Proclus，（1959），Kindî。关于穆尔太齐赖派，参见§III.4 的评述。阿拉伯语的普罗提诺著作印行于 Plotinus（1959），阿拉伯语的《纯善之书》校订本见 Badawi（1955）‖ Van Ess（1991—1995）第三卷全面地研究了穆尔太齐赖派体系；同样有用的还有 Pines（1997）和 Baffioni（1982）有关原子论的论述。*Gutas（1998）是对翻译运动及其与阿拔斯王朝政治关联的杰出研究。Rudolph（2012）提供了阿维森那之前的阿拉伯哲学的权威指南，不过凯拉姆传统被完全排除在外。关于阿拉伯语的普罗提诺著作，见 Zimmermann（1986）和 Adamson（2002）这部覆盖面极广的著作。关于《纯善之书》及其中世纪传统，见 Fidora and Niederberger（2001）。关于铿迭，见 Jolivet（1971）、Endress（1997）——尤其是有关译本及其使用情况的论述、Adamson（2003）——有关铿迭同穆尔太齐赖派的关系、*Adamson（2007）——一部出色的、精于哲思的研究。

第六节　阿尔昆和查理曼宫廷的哲学

<u>文本</u>：参考文献 Alcuin；Fredegisus，Theodulf of Orleans（《查理曼大帝驳公会议书》）。阿尔昆和坎迪杜斯的校订文本作为附录收录于 Marenbon（1981）。关于弗雷德吉苏斯的更多信息出现在里昂的阿戈巴尔德（Agobard of Lyons）给他的一封信中，载于 Monumenta Germaniae Historica，Epistulae V，210-221。‖ 关于该时期哲学的总体研究，见 Marenbon（1981），Marenbon（1997d）对其有所纠正。关于阿尔昆的背景，见 Bullough（1991）和（2004）——不过他将《论辩证法》断定为很晚的作品（Marenbon，1997d 亦持此说），这很可能是错误的；更一般性的背景见 McKitterick（1993）。关于这一时期的逻辑学，见 Marenbon（2008）。关于阿尔昆和 Candidus 的研究，亦见 Lebech，McEvoy and Flood（2009）。

第七节　约翰·司各托·爱留根那和9世纪

<u>文本</u>：参考文献 Gottschalk。关于拉特拉姆努斯和马卡利乌斯的论争，见 Delhaye（1950）和 Marenbon（1981）67-69。约翰·司各托·爱留根那：

<u>文本</u>:马提阿努斯·卡佩拉注疏:John Scottus(1939)中刊印的注疏至少部分出自爱留根那;Jeauneau(1978)收录了一个不同版本的第一卷注疏,几乎可以确定出自爱留根那之手。有关这一复杂问题的最佳导论是 Leonardi(1959 and 1960)。《论自然》:该文本历经数次修订,给它的校订者带来了巨大的麻烦;John Scottus(1996-2003)提供了尽可能体谅原作的解决方案。John Scottus(2009-)包括一个简单增订的上述文本版本和意大利语对照,以及 Peter Dronke 极其完整而珍贵的导论和注释。<u>翻译</u>:《论自然》:John Scottus(1987)是完整译本,但依据的并非最近的校订本。John Scottus(1968-1995)给出了拉丁文本和译文,大部分与 John Scottus(1987)相同,除了第五卷。《评注》的译文见 O'Meara(1988)158-176。‖ Brennan(1989)提供了参考书目,其补充见 Riel, Steel and McEvoy(1996),以及 McEvoy 和 Dunne(2002)。这两卷是最近的爱留根那会议文集,这个系列可以追溯到 1970 年,其中最有用的大概要算 Roques(1977)和 Beierwaltes(1987)。关于爱留根那的总体研究,Jeauneau(1987)收集了一系列极有价值的文献。Cappuyns(1933)尽管已经过时,仍然未被完全取代。最有趣的哲学研究是* Moran(1989)和 Wiener(2007),它们都野心勃勃,但仍能尊重爱留根那的文本。Gersh(1978)在新柏拉图传统中研究《论自然》,Beierwaltes(1994)也是如此,Schrimpf(1982a)则考察加洛林时期的文化语境。晚近最重要的关于理解爱留根那,以及 12 世纪之前的早期中世纪哲学的贡献,是 Erismann(2009b)有关共相思想的研究。

专题研究 C:戈特沙尔克、爱留根那及其同代人论预定和救赎

<u>文本</u>:参考文献 Florus of Lyon, Gottschalk, Hincmar, Hrabaus Maurus, John Scottus Eriugena, Prudentius of Troyes。‖ 我在 Marenbon(1990)中更详细地讨论了这个题目。关于预定论论争,见 John Scottus(2003)的导论和 Schrimpf(1982b)。关于爱留根那的救赎观,见 Colish(1982)、Dietrich and Duclow(1986)和 McEvoy and Dunne(2002)——一部专注于爱留根那末世论的会议文集。

第八节 评注传统:拜占庭与西方拉丁世界

拜占庭传统:<u>文本</u>:参考文献 Photius、Arethus of Caesarea ¦ Photius(1920)及其他额外的翻译材料,见 http://www.tertullian.org/fathers/photius_copyright¦ ‖ Lemerle(1986)阐释了相关背景。目前尚无哲学化的研究。西方拉丁传统:<u>文本</u>:参考文献 Remigius of Auxerre。Troncarelli(1981)编订

和讨论了一部早期的《慰藉》注疏。Rand（1906）编订了一部 9 世纪晚期的《神学短篇集》评注，它可能由欧塞尔的埃里克（Heiric of Auxerre）所作，但被错误地归于约翰·司各托；参见 Cappuyns（1931）。早期的《十范畴》注疏片段刊印于 Marenbon（1981），173-206。更多雷米吉乌斯《慰藉》评注的片段，见 Silk（1935）。‖ 关于早期的波埃修评注，见 Courcelle（1967），不过其中不少结论需要修正。更一般地关于注疏的研究，见 Marenbon（1981），以及 Iogna-Prat, Jeudy and Lobrichon（1991）关于雷米吉乌斯及其学派的研究。Love（2012）全面而均衡地考察了这一领域的晚近研究。

间奏 ii：Pricianus ad regem Osdroe

文本见 Marenbon（1981）193-194，相关讨论见该书 134-135；D'Alverny（1977）将 Priscianus Lyddus 的译作归于爱留根那。

第四章　传统分道而行

第一节　中世纪犹太哲学的开端

文本：参考文献 Saadia；以撒·以色列利：Altmann and Stern（1958）翻译了大部分以撒的著作，并附有评注和综合性的讨论。‖ 萨阿迪亚并非犹太近似凯拉姆的思辨运动的唯一代表，该运动兴起于 9 世纪早期，始于曾改宗后又背离基督教的犹太人达吾德·穆卡米（Dâwûd al-Muqammis），它在犹太分离支派迦来特派（Karaites）中得以兴盛：相关导论及书目见 Ben-Shammai（1997）。

第二节　凯拉姆传统

关于祝巴仪和哈希姆，见 Frank（1978）和 Gimaret（1980）。关于艾什尔里，见 Gimaret（1990）。Montgomery-Watt（1985）提供了入门性的论述。

间奏 iii：阿拉伯的自由思想家？

Urvoy（1996）和 Stroumsa（1999）。

第三节　法拉比

翻译：《历数科学》（*Enumeration of the Sciences*）、《二圣之和谐》及其他一些作品的译文收录于（2001a）。《字母/小词之书》（*Kitâb al-hurûf*）中的一段重要文本译文见 Khalidi（2005），1-26。《论形而上学之宗旨》（*On the Purposes of the Metaphysics*）前半部分译文载于 Gutas（1988），240-242。‖

除了《伊朗百科全书》(*Encylopaedia Iranica*)中多人写成的词条,英语学界尚无出色的有关法拉比的总体性概论。Vallat(2004)提供了一种富有争议但予人启发的观点。Druart(1987)论证了其学说内部的抵牾之处与其著作的不同类型有关。认为法拉比系统地遮掩其思想的观点来自列奥·施特劳斯,他对法拉比的热情为更多人了解其著作功不可没,但有学者指出,他在扭曲其著作上也贡献良多(更多出处,见 Gutas,2002,19-24,尤其是 p. 19, n. 33)。这种思路影响到 Mahdi 和 Butterworth 极为有用的展示法拉比思想的译本导论,Galston(1990)这部在其他方面非常有趣的政治哲学研究也是如此。关于法拉比的逻辑学,见 Street(2003),关于他所讲述的学术研究传统从亚历山大港向巴格达的转移,见 Gutas(1999)。Diebler(2005)中有关于《字母/小词之书》的精彩论述。Adamson(2008)是一部关于法拉比及其同代人的重要研究合集。

巴格达亚里士多德派:<u>文本与翻译</u>:Ibn 'Adî(2002)是其伦理学论著。‖关于 ibn ʿAdî 的研究,见 Endress(1977),它包含一个完整的著作清单以及一些片段;更一般性的研究,见 Peters(1968)。

第四节 伊斯玛仪派与新柏拉图派

<u>文本</u>:参考文献 Ikhwân al-Ṣafâ'。关于西吉斯塔尼的著作,见 Daftary(2004)153-155,而关于基尔马尼的著作,则见该书 124-8。<u>翻译</u>:西吉斯塔尼:Corbin(1961)中收录了《源泉》(*The Wellsprings*)一书的法译文。精诚兄弟会的书信集没有完整译文,不过一部分被译为德文和法文,其中最有用的是 Diwald(1975)中有关灵魂和理智的书信译文(德文)。完整的译文清单,见 Daftary(2004),169-173。不过,他们的著作现在正在译成英文:"金的国王审理的动物诉人类一案"这封充满奇想的书信已经完成,见 Ikhwân al-Safâ(2009)。‖关于伊斯玛仪派及早期什叶派的总体研究,见 Daftary(1990)。西吉斯塔尼:Walker(1993)。精诚兄弟会:Netton(1982)是一部简短论著,它质疑了伊斯玛仪派是其作者;Marquet(1973)是篇幅更长的研究,它强调同伊斯玛仪派的关联,并将它同赛伯伊人联系起来(参 Marquet,1966);Marquet(1988)提供了有用的综述。关于精诚兄弟会身份及其宇宙论的持平之论,见 Nasr(1964),1-104。基尔马尼:Walker(1999)。

第五节 阿维森那

阿维森那<u>文本</u>:Gutas(2014)387-558 给出了一份极有价值的真迹清

单。翻译：《治疗论》中逻辑学的部分章节载于 Shehaby（1973）；Gutas（2014）收入若干重要的短篇作品和片段的译文，包括他的自传（22-30）和《论理性灵魂》（72-78）。《拯救》中有关灵魂的章节的译文见 Khalidi（2005）。Bertolacci 翻译的《治疗论·形而上学》意大利语译文远胜 Avicenna（2005）中对照的英译。‖ 参考文献：Janssens（1991）、（1999）。*McGinnis（2010）提供了出色的一般性导论，而*Gutas（2014）则展示了一种总体性的解释，它写作的基调针对专家，但也能为更一般的读者理解；Wisnovsky（2003）以阿维森那的思想来源为背景，提出了一种重要的全新解读；Wisnovsky（2005）则以不太技术化的方式来展示他的想法。文集：Wisnovsky（2001），Janssens and De Smet（2002），Reisman（2003），Adamson（2013）。有关灵魂的研究：Marmura（1986）论及著名的"飞人"论证；Haase（2001）论及阿维森那认识理论中抽象的重要性。关于阿维森那的逻辑学，见 Street（2002）和（2004），亦见他为 SEP 所撰写的《阿拉伯与伊斯兰的语言哲学和逻辑学》("Arabic and Islamic Philosophy of Language and Logic"），并参阅 Shehaby（1973）和 Inati（1984）。

第六节　11 世纪西方拉丁世界的古代哲学、逻辑学与形而上学

波埃修评注：文本：科巍的博沃的评注，以及采用了《蒂迈欧篇》的那部评注的校订本，见 Huygens（1954）；雷米吉乌斯的评注见§III.8 ‖ Courcelle（1967）仍然是唯一的一般性导论，尽管已经过时。逻辑学与形而上学文本：参考文献 Abbo of Fleury, Berengar of Tours, Gerbert of Aurillac, Lanfranc, Peter Damian。阿博有关假言三段论的论述应采用 Schupp 的校订本（Abbo of Fleury, 1997）。 ‖ *Holopainen（1996）对整个领域进行了卓有见识的研究；Schupp 为 Abbo of Fleury（1997）所做的导论和注释是有关阿博逻辑学的最佳研究成果；Van de Vyver（1942）仍然有用，但大部分已被 Marenbon（2008）取代。Marenbon（2005b）考察了贝伦加尔和朗弗朗同《范畴篇》的关联。Rosier-Catach（2004）精妙地分析了贝伦加尔的理论，Resnick（1992）则是对达米安的《论上帝的全能》的细致研究。

第七节　安瑟尔谟

Anselm（1965）收录了《宣讲》极有价值的评注｛拉丁文本：K，Sc，Aug；《独白》《宣讲》《上帝何以成人》的译文收录在 http://www.ccel.org/ccel/anselm/basic_works｝。译本建议使用 Anselm（2007）中 Thomas Williams 较为可靠的译文。‖ Richard Southern 有两部重要的传记性研究(1983,1990)。Davies and Leftow(2004)是一部涵盖面广泛的现代哲学导论。关于模态的研究见 Serene(1981)。安瑟尔谟的逻辑学,尤其是《懂语法者》(De grammatico)中的逻辑学,有一部怪异但重要的研究:Henry(1967);同样是关于《懂语法者》,可以参见 Adams(2000),Marenbon(2005b)和 Boschung 2006(一部关于整个 11 世纪逻辑学的重要著作)。Adams(1990)论及真理理论;Pouchet(1964)论及正义;Trego(2010)论及自由与伦理学,而安瑟尔谟时间理论的最佳阐释,则见 Leftow(1991)。

专题研究 D:安瑟尔谟的"本体论"论证

二手文献可谓汗牛充栋。Plantinga(1968)和 Hick and McGill(1968)是两部颇为合用的论文集。Davies(2004),Kapriev(1998),Klima(2000)给出了精微而有历史依据的解释。该论证最负盛名的现代哲学论述包括 Norman(1960),Plantinga(1974)和 Lewis(1983),后者重印时包括了一篇他 1970 年的文章作为附录。Oppy(1995)为该论证所采用的多种形式提供了内容广泛、始终精确的分析性概述。我自己对该证明及《宣讲》全书的观点,见 Marenbon(2005a)。

第八节 普谢罗斯、伊塔洛斯与 12 世纪拜占庭亚里士多德派

<u>文本</u>:参考文献 Michael Psellos。‖ 关于普谢罗斯,见(1920)和 Duffy(2002)。关于伊塔洛斯,见 Stephanou(1949)。

第五章 12 世纪的拉丁哲学

12 世纪拉丁哲学的总体研究

*Dronke(1988)收录了一流学者对整个领域极为详尽的研究,不过现在略微有些过时。Haskins(1927)[8]是总体呈现"十二世纪文艺复兴"的经典之作,而更晚近的多位作者写成的 Benson and Constable(1982)意在为之补充、更新,而 Noble and Van Engen(2012)则意在取代它,它所覆盖的政治、社会、文化史范围要广泛得多(我撰写的《哲学与神学》(403-425)一章最贴近 Haskins 自己的兴趣范围;它专门研究了 Haskins 以来关于 12 世纪哲

---

[8] 查尔斯·霍默·哈斯金斯:《十二世纪文艺复兴》,夏继果译,上海:上海人民出版社,2005。

学的观点如何发生转变)。亦见 Marenbon (2000) 中有关历史书写的讨论。Chenu (1957) 收录了有关该时期思想背景极富启发性的论文。Southern (1995, 2001) 有趣,但在与晚近学术的对接上有所欠缺,而且试图提出一种涵盖一切但缺乏可信度的主张。

第一节 12 世纪初的逻辑学与语法学

<u>文本</u>:阿伯拉尔的早期评注收录在 Peter Abelard (1969),更多语词论者的评注示例,见 Iwakuma (1992)的校订本。《导论》12 世纪初期的标准评注有若干不同的版本,可能与香蒲的威廉有关,其校订本收录于 Iwakuma (2008)。Hansen (2006) 校订了一部非常有趣的波埃修《论题之种差》评注。Rosier-Catach (1993) 校订了普里西安《短篇注疏》中的一段重要文本。整个文本可在某些摇篮本中获得﹛威尼斯 1496 版可在 Gal. 上读到﹜‖ <u>总体研究</u> 关于该世纪初的哲学,Rosier-Catach (2011) 中收录的论文是深入研究的出发点。Mews (2002) 极大地补充了我们有关罗色林及其时代的知识,尤其是就神学讨论而言。<u>逻辑学</u> Tweedale (1988) 堪称精准,但在论及阿伯拉尔之前的逻辑学时已经相当过时;Marenbon (2004) 以个人化的方式提供了对该领域的研究综述,另外参见 Iwakuma (1992)。Jolivet (1992) 是对罗色林观点的最佳重构。Iwakuma (1999, 2003) 论证逻辑学评注应归于香蒲的威廉名下(附有极有价值的讨论和若干文本片段的校订本),相反的论证见 Cameron (2004),现在还可以参考 Rosier-Catach (2011) 对整个问题及最近文献的进一步讨论。<u>语法学</u> Fredborg (1988) 提供了综述。Hunt (1941-1943, 1950) 仍然重要,Gibson (1979) 也是如此。Rosier-Catach (2003a, 2003b) 提供了大量信息充作阿伯拉尔的背景。

第二节 彼得·阿伯拉尔

<u>文本</u>:除开逻辑学论著,阿伯拉尔的大部分著作编订于 PL 178,不过其中大部分已有更好的现代校订本。<u>逻辑学</u>《辩证法》:Peter Abelard (1970)。《逻辑学 LI》和《逻辑学 LNPS》见 Peter Abelard (1919-1933),未能完成的《论题之种差》评注收录于 Peter Abelard (1969),《解释篇》评注有一个新的校订本,以目前可以获得的两个抄本为依据,并附有出自作者之手的结尾:Peter Abelard (2010)。<u>神学</u>《基督教神学》见 Peter Abelard (1969b);《至善之神学》和《经院神学》见 Peter Abelard (1987)。《罗马书》评注见 Peter Abelard (1969a);《六日创世》评注见 Peter Abelard (2005);《认识你

自己》:Peter Abelard (2001b)所收录的文本较 Peter Abelard (1971)略有改进,但缺少对照英译和评注。《书信集》:Peter Abelard and Heloise (2004)包含极有价值的评注,但现已为附有英译的校订本 Luscombe (2013)取代。**翻译**:阿伯拉尔的作品并未得到译者们的青睐。就逻辑学而言,仅有 Spade (1994)中有关共相的片段和 Bosley and Tweedale (1987)中的部分段落得到翻译,后者还收入了来自《基督教神学》(该书还有一个古老的不完整译文见 Peter Abelard, 1948)和《经院神学》的片段译文。书信则有 Peter Abelard and Heloise (2003)的修订译本,Luscombe (2013)中收录了基于同一基础译本修订的译文|所有著作的拉丁文本均收录于 K 和 Sc,通常为最佳版本|。‖**总体研究** 1980—2005 年间哲学讨论的综述,见 Marenbon (2006),生平著作综述及完整的传记,见 Mews (1995)。从社会文化史家的角度看,Clanchy (1997)是一部精彩的传记,而 Mews (2005)作为一个历史学家,对阿伯拉尔著作及爱洛伊斯的讲述在细节上要丰富得多。Marenbon (1997)将对阿伯拉尔思想发展的叙述同更哲学化的讨论结合起来,而 Marenbon (2013a)则在总体综述其著作之后,专门研究了阿伯拉尔思想及其影响的某些领域。Thomas (1980), Jolivet (1981a), Jolivet and Habrias (2003) 和 * Brower and Guilfoy (2004)均为多人所著的文集;Brower 和 Guilfoy 的那本尤其有用。Mews (1985)改变了历史学家对其著作编年的看法,它和其他一些有关阿伯拉尔文本及历史背景的重要讨论一起重印于 Mews (2001)。**逻辑学和语义学** De Rijk 堪称理解这一复杂论题的先锋,尤其见 De Rijk (1986)。Martin (1987)和(2004)展示了作者所描述的阿伯拉尔对命题性(propositionality)的发现;他有关阿伯拉尔的其他重要讨论还包括 Martin (2009)论意义理论,Martin (2010)论论题论证。Jacobi (1985)精细地分析了阿伯拉尔对非人称命题的处理,而 Rosier-Catach (2003)则利用新材料推进了有关阿伯拉尔和"是"动词的漫长争论(包括了 Kretzmann, Jacobi, Marenbon 及其他学者早期贡献的完整出处)。关于命题语义学,Nuchelmans (1973)仍然是对整个论题见识卓越的导论;另见 De Rijk (1975), De Libera (1981), Jacobi, Strub and King (1996), Guilfoy (2004), Rosier-Catach (2004)。**共相与形而上学**:专题研究 E **神学** Mews (2005)提供了极佳的综述;Peppermüller (1972)论及《罗马书》评注中所思考的主题(例如恩典和基督的事工)**伦理学**:专题研究 F **书信**:Marenbon (1997)提供了有关通信真实性问题论争的概要。Peter Dronke 有关这一论争以及对阿伯拉尔作为写作者、古典文本使

用者的更一般论述汇集于 Dronke（1992），247-388，Peter von Moos 的相关贡献则见 Von Moos（2005）。Mews（2008［初版1999］）提出了一种极富争议、大多数专家拒绝接受的观点，它将大量"新"书信归在阿伯拉尔和爱洛伊斯名下，参见 Dronke and Orlandi（2005），Marenbon（2008b）和 Mews（2014）。

专题研究 E：阿伯拉尔论共相

文本：见 VI.2；请注意这里讨论的段落有一个上佳的译本收录于 Spade（1994）；他在 http://www.pvspade.com/Logic/docs/univers.pdf 中提供了一些额外的文本和注释。最出色的两组研究来自 King（1982）和 De Libera（1999）281-498（相关背景参阅 De Libera 1996）。Marenbon（2015）试图呈示相关证据和主要的不同解释，同时评述上述研究并给出新的建议。King 在（2004）中概述了他的观点。Tweedale（1976）展示了一种先锋性的、在很多方面非常出色的分析。不过，他的解释有一个方面很成问题：他认为，在阿伯拉尔看来，普遍语词所意指的不只是共同概念，而且还有状态（statuses）。这一观点并没有任何直接文本证据支持；恰恰相反，状态是解释一个普遍词为何能够指称所有属于同一个种类的事物的共同原因。De Rijk（1980）在语义问题上非常有用，而 Shimizu 则对阿伯拉尔观点的发展给出了清晰的阐述。Jolivet（1981b）论证了阿伯拉尔相信普遍词以上帝心灵中的普遍理念为根基；驳斥这一解释的论证，见 Marenbon（1997b）和（2015）。

间奏 iv：阿伯拉尔、哲人（Philosophus）与古代哲学家

Jolivet（1980）讨论了阿伯拉尔笔下的古代哲学家，进一步研究见 Marenbon（forthcoming -b）。

专题研究 F：阿伯拉尔与中世纪早期伦理学

文本：参考文献 *Moralium dogma philosophorum*。安瑟尔谟和威廉的文献收录于 Lottin（1959）；阿伯拉尔的文本见 V.2；｛Ll 收录了《道德哲学教条》的拉丁文本｝‖Delhaye（1958）阐明了该时期语法学与伦理学的重要关联。Blomme（1958）研究了拉昂的导师们和阿伯拉尔的道德心理学，它从神学的立场出发，但清晰晓畅。De Gandillac（1975）的展示非常精妙。Marenbon（1997）提供了涵盖面较广的解释，考察了这里的讨论所忽视的阿伯拉尔在 1130 年代观点的变化和发展。Perkams（2001）提出了一种高度自洽的新解释。*King（1995）和 Normore（2004）是最出色的哲学研究，前者强调与康德的平行对应，后者则关注斯多亚派。

第三节　学校、柏拉图主义和孔什的威廉

文本:参考文献 Bernard of Chartres, William of Conches。孔什的威廉著作的完全校订本正由 Edouard Jeauneau 主编,在 CCCM 出版。《世界之哲学》第 1 卷见 L1∤ ‖ 沙特尔学派与巴黎 Southern 的观点收集在 Southern (1995, 2001)中,后者很大程度上是先前材料的重印。Häring (1974)给出了篇幅详尽的回答。亦见 Jeauneau (1973),其中的论文间接地给出了为沙特尔学派辩护的最佳陈辞。沙特尔的伯纳德 Dutton (1984)为伯纳德作为《蒂迈欧篇》评注的作者身份做出了辩护。对它的质疑,见 Dronke (1988), 14-17。孔什的威廉*Elford (1988)做了出色的导论;亦见 Gregory (1955)和 Jeauneau (1973),后者考察了威廉和其他一些同沙特尔有关联的作家。关于威廉的原子论以及 12 世纪原子论的状况,Pabst (1994)能予人启发。

第四节　普瓦捷的吉尔伯特

文本∤《神学短篇集》第三篇评注见 K, Sc∤ ‖ Elswijk (1966)给出了生平和历史信息;*Nielsen (1982)是一部优秀的全面介绍;Gracia (1984)展示了吉尔伯特个体化理论的原创性;Jolivet and De Libera (1987)是关于吉尔伯特及其影响的一部重要论文集。Marenbon (1988)过度强调了吉尔伯特对神学的投入,但也揭示了与论题推理的关联,并解释了为何将吉尔伯特解释为一个柏拉图派是没有根据的 (350-351);Jacobi (1995, 1996),用英语写成的更简短的作品(1998)给出了异常清晰的分析。Marenbon (2002)考察了吉尔伯特的数学。De Libera (1996, 170-175)的这些篇章清楚流畅。

专题研究 G:阿伯拉尔与吉尔伯特论可能性

Knuuttila (1993)为他有关阿伯拉尔的看法提出了最为细腻的版本(82-96),同时发展了他有关吉尔伯特的讨论(75-82),我在正文中大多依据该书。Jacobi (1983)对 Knuuttila 的方法和结论提出了重要质疑,Weidemann (1981)则质疑其对阿伯拉尔的解读,我在 Marenbon (1991)和(2005) 60-65 中讨论了阿伯拉尔的模态理论。Martin (2001)彻底地分析了阿伯拉尔的模态观,而 Thom (2003)则提供了一个形式体系,帮助我们阐释阿伯拉尔的观点。这两位作者阐明了阿伯拉尔如何将可能性建立在权能之上。

第五节　拉丁经院神学的开端

文本:参考文献 Hugh of St Victor, Peter the Lombard。关于拉昂的安瑟尔谟和香蒲的威廉的神学《箴言集》,见 Lottin (1959)。 ‖ Landgraf (1973)

列举了文献来源和版本;关于拉昂学派,见 Flint(1979)和 Colish(1986);关于伦巴第人彼得,见 Colish(1994),以及篇幅较短,但更富有洞见,并且持论平和的 Rosemann(2004)。

第六节　12 世纪晚期的柏拉图主义

文本:参考文献 Bernard of Chartres,Thierry of Chartres,William of Lucca。关于这一时期历史书写和完整的参考书目,见 Marenbon(1997c)。最好的研究仍然是 Chenu(1956;英译 1968)中的《12 世纪的柏拉图主义》一章;亦见 Gregory(1988)和 Dronke(1974)。关于蒂埃里的研究,见 Gersh(1982)和 Dronke(1988),后者对作为思想家的蒂埃里的论述比我的要热诚得多。

间奏 v:柏拉图主义与诗歌

文本:参考文献 Alan of Lille,Bernard Silvestris。{里尔的阿兰的《自然哀歌》和《驳克劳狄阿努斯》,见 *LI*;《自然哀歌》的译文,见 http://www.fordham.edu/halsall/basis/alain-deplanctu} ‖ Wetherbee(1972)是有用的导论(或者见更简短的 Wetherbee,1988)。关于里尔的阿兰的诗歌,见 Simpson(1995)。

第七节　12 世纪晚期的巴黎学校

逻辑学派文本:参考文献 Adam of Balsham。《普瓦捷派逻辑学纲要》:Ebbesen(2001)中校订了一部普瓦捷派评注;Ebbesen(1991)收录了唯名派的文本。《山岳派长篇导论》(*Introductiones montane maiores*)和《梅隆艺典》(*Ars meliduna*)尚未编订,不过 De Rijk(1962,1967)的第一卷和第二卷第二部分堪称这一时期逻辑学史料宝库,包括《山岳派短篇导论》(*Introductiones montane minores*)。**翻译**:《山岳派简论》(*Abbreviatio Montana*)收录于 CTMPT 1,39-78。

{http://www.humnet.ucla.edu/humnet/phil/faculty/tparsons/download/medieval 收录了 De Rijk(1962,1967)中部分章节的译文}。‖ 这些评注的清单,见 Marenbon(1993/2000)和 Marenbon(2013b)。De Rijk(1962,1967)是基本文献,但有失偏颇;Jacobi(1988)提供了出色的概览,William Courtenay 为在 *Vivarium* 30(1992)中收录的论文提供了更完整的导论:其中 Ebbesen(1992)和 Iwakuma and Ebbesen(1992)尤为重要。Iwakuma(2004)充满丰富的资料,有一些非常技术化,取自未经出版的文献来源。对阿尔贝里克派反对阿伯拉尔的论证的回应,见 Martin(1987)。Ebbesen, Fredborg and Nielsen(1983)包含 Chris Martin 对普瓦捷派纲要中的逻辑学学说的分

析。神学学派文本参考文献 Alan of Lille,Evarardus of Ypres,Peter of Poitiers,Peter of Poitiers/Vienna。关于普瓦捷的彼得,见 Boh(1985)。关于这些学派的社会背景,见 Baldwin(1970)。关于埃弗拉都斯(Everardus),见 Häring(1955),Jacobi(1999),Marenbon(2002)。关于里尔的阿兰,见 Alan of Lille(1965)的导论和 De Libera(1987)。

第八节 巴黎之外:科学家与翻译家

文本:参考文献 Adelard of Bath,Hermann of Carinthia。关于翻译版本,见 Burnett(2005),391-404;其中最重要的可能是阿维森那的《治疗论》的译文:《论灵魂》,见 Avicenna(1972/1968);《形而上学》,见 Avicenna(1977/1980/1983)。‖ 关于赫尔曼和科学运动的出色导论,见 Burnett(1988),而贡迪萨尔维的则见 Jolivet(1988)134-141。有关托莱多的翻译家们,Burnett(2001)和(2005)提供了杰出的、最新的向导。

第六章 12 世纪伊斯兰的哲学

第一节 伊斯兰教神学与阿维森那

凯拉姆传统文本:参考文献 Juwainî。‖ 关于阿维森那和楚瓦伊尼,见 Wisnovsky(2004);关于阿卜杜勒·贾巴尔,见 Hourani(1971),Frank(1978),Vasalou(2003)。安萨里 Frank(1992a),(1994)和 Marmura(1994),(2002)之间有一场论战,前者相信安萨里非常接近阿维森那,后者则捍卫某种更接近传统观点的主张,认为他是一个机缘论者(occasionalist)。关于模态的研究,见 Kukkonen(2000)。Griffel(2009)给出了一个学术化的但不难理解的总体讨论。

间奏 iv:苏哈拉瓦迪——神智学家还是哲学家?

翻译:Suhrawardî(1986)还收入了设拉子(Shîrâzî)和毛拉·萨德拉的评注。‖ Walbridge(1992)、(2000)、(2001)给出了更哲学化的论述,可以用来平衡 Corbin(1971-1972),vol. II 中的神智派主张。不过,也要注意 Gutas(2003)在讨论苏哈拉瓦迪思想来源时的谨慎。

第二节 安达卢斯的哲学

文本:参考文献 Ibn Bajja,Ibn Ṭufayl,Judah Halevi,Solomon Ibn Gabirol。Ibn Bâjja(1992)收录了《索居者指南》和一篇关于同主动理智相结合的论

文。Ibn Bâjja（2010）包括对《指南》一书的出色评注和与阿拉伯文本对照的法语译文。‖ 关于伊本·加比洛尔，见 Schlanger（1968）；关于犹达·哈列维，Silman（1995）提出哈列维的思想存在一个历时性的发展过程，它开始时对亚里士多德主义持同情态度；关于伊本·巴哲，见 Altmann（1965）；关于伊本·图斐利，见 Hawi（1974）和 Kukkonen（2014），后者是一部非常易读的导论。

第三节　阿维洛伊

Averroes 文本 Endress（1999）收录了一个非常完整的原著和译本指南。Averroes（2009）为阿维洛伊最富争议的作品《论灵魂》长篇评注提供了一个认真细致的英语译文（它以拉丁译本传世，不过学者们现在正在重构原文残篇）和非常有价值的导论——有关阿维洛伊最出色的讨论之一。| A very extensive database of manuscripts, secondary literature and translations - still not yet completely ready: http://www.thomasinst.uni-koeln.de/averroes: 涵盖面极广的抄本、二手文献和译文数据库，不过尚未完成| ‖ Urvoy（1998）将阿维洛伊置于其历史和文化语境中，Geoffroy（1999）也是如此，不过指向更加具体。Brenet（2015）是一部令人振奋的全新导论。Aertsen and Endress（1999）是一部出色的论文集，而 Kogan（1985）则关注一个核心主题。Davidson（1992）220-356 对阿维洛伊有关灵魂思考的研究做了行之有据的精确分析；亦参 Davidson（1987）311-335 和 Ivry（1999）。Taylor（1999）在理解阿维洛伊的解释如何得以融贯上尤为有用。关于阿维洛伊的物理学，见 Glasner（2009）。

间奏 vii:《理想国》中的婚姻

文本:Averroes（1956）附有译文。翻译 Averroes（1974）给出了更好的译文。‖ 关于当时可以获得的《理想国》文本，见 Reisman（2004）；关于同拉丁传统的比较，见 Marenbon（forthcoming c）。

第四节　迈蒙尼德与犹太亚里士多德主义

伊本·达吾德 Fontaine（1990）迈蒙尼德 文本要推荐的是 Munk 为其阿拉伯文校订本作对照的法译文，它可以单独购买，例如出版商 Verdier 发行的再版（1989）。密释纳评注 Maimonides（1975）60-95 给出了《伦理学八章》(*Shemona peraqim*) 的英译文。Dienstag（1983）131-161 收录了《犹太公会》第 10 章导论的译文。|《托拉再述》的希伯来文和部分翻译，见 http://

www.mechon-mamre.org/e/index；较早的《迷途指津》译文也可在如下网站获得：http://www.sacred-texts.com/jud/gfp/gfp.htm} || Davidson（2005）是有关迈蒙尼德生平著作各个方面的出类拔萃之作，不过作者有些教条地反对一切关于《迷途指津》的隐微解释。Twersky（1980）论及《托拉再述》。**《迷途指津》的不同解释**：Leo Strauss 在其为 Moses Maimonides（1963）作序的《〈迷途指津〉的文学特征》一文中给出了经典的现代隐微解释；Pines 在若干论文中提出他独特的隐微派观点，值得注意的是 Pines（1979）（同时参考 Pines，1997a），Fox（1990），Ravitzky（1990）。Altmann（1987）分析了迈蒙尼德的理智观，尤其针对 Pines（1979）做出了回应；Stroumsa（2009）讨论的内容广泛，包括迈蒙尼德对异教的兴趣。**论文集**：Pines and Yovel（1986），Ormsby（1989），Frank（2002），Lévy and Rashed（2004），Seeskin（2005）。{ http://www.columbia.edu/cu/lweb/indiv/mideast/cuvlm/maimon 收录了部分经过翻译的片段和相关信息}。

第七章　巴黎与牛津的哲学：1200—1277 年

第一节　巴黎大学和牛津大学：翻译、课程体系与哲学写作的形式

　　大学总体研究包括内容广泛的*De Riddier-Symoens（1991），Verger（1997）；Leff（1968）略微过时，但在论及巴黎和牛津时有一个出色的通论，同时参见 Courtenay（1988）；Rashdall（1936）[9]尽管以最初出版于一个世纪前的一部著作为依托，仍然没有完全被后世超越。关于牛津和剑桥，见*Cobban（1988）；关于牛津，见 Catto（1984）和 Catto and Evans（1992）；关于剑桥，见 Leader（1988）；关于法国的大学，见 Verger（1986）（论述中世纪）的前半部。Courtenay（1987）出色地综述了 14 世纪的英格兰教育的整体状况。艺学院学生指南是有关大学实践的重要资料来源，见 Lafleur（1995）和 Lafleur（1988）中的校订本。Weijers, O.（1987）尽管官方标注为词汇指南，它为中世纪大学学术组织的方方面面提供了详细的综述。哲学教育与写作类型**艺学院** Weijers（1995）、（2002）；Weijers and Holtz（1997）。巴黎大学的审查：Bianchi（1999）、Putallaz（1995）；Glorieux（1971）提供了艺学硕士目

---

[9] 海斯汀·拉斯达尔：《中世纪的欧洲大学》，重庆：重庆大学出版社，2011。

录；<u>神学院</u> Stegmüller（1947）列举了伦巴第人彼得的《箴言集》评注的编订本和抄本。Evans（2002）中有关中世纪《箴言集》评注的章节暗藏中世纪神学的信息宝藏。Glorieux（1925）、（1935）论及即席论辩；Glorieux（1968）研究神学院中的教学；Glorieux（1933-4）则提供了巴黎神学硕士目录。

间奏 viii：伪典与中世纪亚里士多德

亚里士多德伪典目录见 Schmitt and Knox（1985），亦见 Kraye，Ryan and Schmitt（1986）。关于《众秘之秘》，见 Ryan and Schmitt（1982）和 Williams（2003）。《论苹果》的校订本见 pseudo-Aristotle（1960），译文及一篇有用的导论见 pseudo-Aristotle（1968）。

第二节　语法学与逻辑学

<u>逻辑学</u>：《工具论》、诡辩与词项的属性理论《工具篇》<u>文本和目录</u>1300年前的《辩谬篇》评注编目见 Ebbesen（1993），《论题篇》和波埃修的《论题之种差》的则见 Green-Pedersen（1984）。《论六本原》的校订本见 *Aristoteles Latinus*（《亚里士多德拉丁译文集》）的 I, 6-7｛K｝。<u>现代派逻辑教科书</u>参考文献 Lambert of Auxerre，Peter of Spain（极力推荐［2014］中他的著名论著《逻辑学概要》的新译文）、William of Sherwood；<u>诡辩</u> De Rijk（1988），De Libera（1991），同时见参考文献 Buridan，Kilvington（了解其后期传承）。《范畴篇》的研究见 Newton（2008）和 Ebbesen，Marenbon and Thom（2012）；《解释篇》的研究见 Isaac（1953），Braakhuis and Kneepkens（2003）；《论题篇》则见 Green-Pedersen（1984）；《前分析篇》见 Ebbesen（2010）；《后分析篇》见 Serene（1982），De Rijk（1990）和 Marrone（1983）（关于13世纪早期的使用情况）和 Biard（2015）。<u>现代派逻辑有关词项属性理论的研究</u>｛Paul Spade 关于指代和一般而言的中世纪意指理论的一项重要研究只能在网上获取：http://www.pvspade.com/Logic/docs/thoughts｝关于诡辩的研究，见 De Libera（1986），Rosier（1991），Read（1993）。样态主义语法和语义学<u>文本</u>参考文献 Boethius of Dacia，Martin of Dacia，Radulphus Brito，Thomas of Erfurt。‖ Pinborg（1967）、（1972）；Rosier(-Catach)（1983）专门论及关于样态主义语法学家，Covington（1984）同样论及样态主义者、（1994）、（2004a）；Marmo（1994）。The chapters in Gabbay and Woods（2008）中的章节为这个领域提供了有益的指南，但多少有拼凑之嫌。Parsons（2014）展示了当代逻辑学家可以如何研究和利用这一素材。

第三节　艺学硕士与神学家:1200—1250 年

艺学硕士文本:参考文献 David of Dinant, Richard Rufus, Robert Kilwardby。Gauthier（1982a）校订了有关灵魂能力的文本,其译文见 CTMPT 3。∤关于学者们认定为理查德·鲁弗斯所作的文本,见 http://rrp.stanford.edu∤ ‖关于迪南的大卫的研究,见* Maccagnolo（1988）的综述;Kurdzialek（1976）和 Casadei（1998）论及亚里士多德翻译,后者反对 Pickavé（1997）所主张的大卫使用了已有的译文。R.-A. Gauthier 在 Aquinas（1984）,235*-267* 中罗列和讨论了《论灵魂》的早期评注,在 Gauthier（1982b）中则考察了 1225-1240 年间对阿维洛伊的解释。有关早期的《物理学》评注（下至 1270 年前后）,见 Trifogli（2000）,它详细地分析了尤其是 1250—1270 年间出自英格兰的文献,又见 Trifogli（2004）,这份目录清单为该时期英格兰地区评注中的相关讨论作了总结。关于英格兰地区亚里士多德最早被使用的情况,见 Burnett（1996）。Wood（1994）和（1998）辩护理查德·鲁弗斯是极其重要的早期亚里士多德评注者;亦见 Wood（1996）关于鲁弗斯个体化学说的研究。并不是所有人都接受 Wood 在作者归属上的结论,见 Raedts（1987）。

神学家文本:参考文献 Alexander of Hales（《亚历山大弟兄之大全》）,Philip the Chancellor, William of Auvergne, William of Auxerre。奥弗涅的威廉:《论世界》(*De universo*) 和《论灵魂》都只收录在 William of Auvergne（1674）中,分别见第一卷、第二卷和附录;有些次要作品有现代校订本,包括《论灵魂的不朽》收入 Dominicus Gundisalvi（1897）的附录。该时期另一位神学家是牛津的道明会会士理查德·菲舍卡尔（殁于 1248 年）,他著有一部《箴言集》评注,对亚里士多德有兴趣,但并不精通：Gracia and Noone（2003）,563-568 中 R. J. Long 的文章提供了出色的概述。‖关于整个时期的研究,见 Masnovo（1945-1946）,文献出处见 Landgraf（1973）;这两部著作已经非常落伍。有关奥古斯丁派与阿维森那派观念的融合的经典研究仍是 Gilson（1929）。关于欧塞尔的威廉,见 St Pierre（1966）的书目;关于拉罗谢尔的约翰,见 Bougerol（1994）;关于理查德·鲁弗斯,见 Raedts（1987）;关于奥弗涅的威廉,见 Moody（1975）,Rohls（1980）,Marrone（1983）。Macdonald（1992）考察了这一时期作为超越者的善,同时参见 Macdonald（1991）收入的论文。关于整个 13 世纪的认知理论,见 Marrone（2001）。

罗伯特·格罗斯特<u>文本</u>：最重要的哲学著作（包括《论光》）收录于 Grosseteste（1912）。格罗斯特著作的校订本和译文正由"英国中世纪作家"系列丛书出版（目前已出版他的《论六日创世》）｜电子化的格罗斯特网站（http://www.grosseteste.com）提供原始文本，包括 Grosseteste（1912）及额外信息｜。<u>翻译</u>：部分短篇论著译文收入 McKeon（1930）。《论光》的译文见 Schoedinger（1996）763-770。‖ *McEvoy（1982）是一部全面的研究，而篇幅较短的 McEvoy（2000）更强调历史维度。Southern（1986）突显了作者一贯的人道腔调和理解；Crombie（1953）是对格罗斯特在科学史中的地位的经典研究，现在已相当过时。Callus（1955）和 McEvoy（1995）是两部重要的论文集。关于他的知识理论，见 Marrone（1983）。Lewis（1996）分析了格罗斯特有关可能性的观点，并将其与司各托的相比较。罗吉尔·培根<u>文本</u>：Roger Bacon（1959）收录了《第三著作》和《小著作》。Easton（1952），Lindberg（1983），Tachau（1988）论及样式的增殖、光学和认知，Luscombe（2005）论及语言；Hackett（1997）是一部论文集。

第四节　巴黎的神学：波纳文图拉和大阿尔伯特

波纳文图拉<u>翻译</u> 他的《尼各马可伦理学》第十卷评注译文收入 CTMPT 2。Bougerol（1988）对他的生平和思想给出了持论平和的综述。Gilson（1953）——第一版的英译见 Gilson（1938）——仍是经典研究。在波纳文图拉对哲学的态度这一问题上，Speer（1997）挑战了 Ratzinger（1971）的主张，对后人大有裨益。Quinn（1973）全面，而 Weber（1974）则考察了波纳文图拉和阿奎那的关系。阿尔伯特<u>文本</u> Albert the Great（1890-1899）收录的全集版正逐渐被 Albert the Great（1951- ）中的校订本取代：《论灵魂》评注在 VII, 1;《尼各马可伦理学》评注则在 XIV, 1-2。‖ De Libera（1990）是目前为止最好的总体阐释；现在可以参看 De Libera（2005）；Weisheipl（1980）专注于阿尔伯特与科学的关系，Meyer and Zimmermann（1980）和 Zimmermann（1981）是两部文集。

第五节　托马斯·阿奎那

（我在正文的讨论中，只要有可能就尽量给出《神学大全》中的出处，因为它的译本很容易找到。通常阿奎那会在别的地方对同样的主题有更完整的讨论。大多数《神学大全》的本子会提供相关文本列表。）<u>语词索引</u> Busa（1974-1980）<u>文本</u>：http://www.corpusthomisticum.org/reoptedi 收录了一个阿奎那所有著作最佳版本列表。Busa（1974—1980）这部全集汇集了来自不同版本的作品，以大开本印行，供计算机语词索引之用。提供完整拉丁文校订本的良版（The Leonine edition），在开工一个世纪后仍然未能完成。某些最有价值的版本已列入参考文献。良版的《神学大全》可以通过若干较为便宜的版本很方便地获得，例如《基督教作家文库》(Biblioteca de Autores Cristianos)，都灵的出版商 Marietti 刊印了阿奎那所有主要著作，只要出版时有可能获得通常采用了良版。尤为有用的是它编订的《反异教大全》(Thomas Aquinas, 1961-1967)，这是目前可以获得的最佳版本，还有伪狄奥尼修斯评注（Thomas Aquinas, 1950）和包含即席论辩之外所有论辩集的 Thomas Aquinas（1964-1965）。《论原因》评注的最佳版本是 Thomas Aquinas（1954）{http://www.corpusthomisticum.org/iopera 收录了他的全集}。全集阿奎那比任何其他中世纪哲学家都更受英译者青睐。完整但略微过时的英译文细节可以在如下网址找到：http://www.nlx.com/titles/titlaqbi（这里可以购买包括所有材料的电子数据库）。有两个选集非常有用：一是按主题编排的 Thomas Aquinas（1993）。它包括出自两部大全、论辩集合其他著作的核心论题节选，还包括完整的《论存在者与本质》。Thomas Aquinas（1998）篇幅更长，按年代编排。它包括范围更广的阿奎那著作节选，还收入了完整的《论世界的永恒》。Thomas Aquinas（1963）是一个完整的 60 卷《神学大全》拉英对照本。还有一个较早的通常更贴近字义的译本有多种版本行世，例如 Thomas Aquinas（1981）。《反异教大全》的译文见 Thomas Aquinas（1975）。其他有用的译文见参考文献。Thomas Aquinas（2002）是关于《神学大全》第一部 75—89 题的完整评注{英文的《神学大全》见 http://www.newadvent.org/summa；（略有删节）的英文《反异教大全》见 http://www.nd.edu/Departments/Maritain/etext/gc}。‖ 总体研究有关阿奎那生平和著作的系统通论，见 Torrell（1996）[更好的是法语原文的修订版 Torell（2002）[10]]。* Davies（1992）为初学者提供了出色的持论平稳的导论。Stump（2003）是一部具有权威色彩的著作，它的论述极富野心，强调阿奎那的思想和分析哲学的关联，而 Davies（2002）则选录了部分晚近最出色的论文。* Kretzmann and Stump（1993）收入了针对阿奎那思想主要方面专门写成的文章，为其思想提供了极佳的哲学导论。Davies and Stump（2012）

---

[10] 这个修订版也有英译本，由同一家出版社发行于 2005 年。

聚集了部分最出色的专家,讨论阿奎那哲学和神学的整个论域。形而上学 Wippel（2000）是对核心论题的细致文本研究；Elders（1993），Kenny（2002），后者以有争议的方式批评阿奎那关于存在的讨论；Aertsen（1996）论及超越者；Montagnes（1963）论及类比。人性与灵魂 Pasnau（2002）是一部主要基于《神学大全》的分析性研究；Callus（1964），Dales（1995）提供了阿奎那有关灵魂作为人的唯一形式的主张的背景,参见 Boureau（1999），尤其是39-86；亦见专题研究 M 认识论 Kenny（1993），Pasnau（1987），Panaccio（2001），Cory（2014），后者论及自我知识。自然神学 Hughes（1989）论及神圣属性；Kretzmann（1997），（1998），（2000）研究《反异教大全》,亦见专题研究 P。伦理学 Macdonald and Stump（1999）搜集了若干精微的分析性论文；Westberg（1994）。对当代托马斯主义者来说,法律理论尤其是自然法已经成为一个核心问题,不过,他们的相关论证虽然起源于阿奎那,但常常超出了他的范围。这一领域两部最出色的专著——Lisska（1996）和 Finnis（1998）——都不是严格的历史研究。

间奏 ix：阿奎那与中世纪哲学的历史书写

见 Inglis（1988），关于新经院主义以及《永远之父》的背景,见 Coreth, Neidl and Pfligersdorffer（1988）。亦见上文第一章 中世纪哲学史 条目下的指南。{《永远之父》的英译文可在如下网址获得 http://www.vatican.va/holy_father/leo_xiii/encyclicals/documents/hf_l-xiii_enc_04081879_aeterni-patris_en.html}

专题研究 I：阿奎那论永恒与预知

文本：阿奎那关于这一主题的观点看起来并未随时间而变化,不过他在不同著作中有略微不同的重点。最完整的讨论出现在《论真》q. 2, a. 14。其他讨论包括：《箴言集》评注 I, d. 28, q.1, a. 5；《反异教大全》I. 67；《神学大全》I, q. 14, a. 13；《神学纲要》I, 133；《解释篇》评注 I, lectio 14；《论恶》q. 16, a. 7。相关版本,见上文 §VIII.5 ‖ 最出色、最详尽的研究是 Goris（1998）；我在 Marenbon（2005），117-70 中讨论了这一论题。Kenny（1969）和 Prior（1962）是该论题的经典分析,而 Leftow（1990）异常精微。关于认知和形而上学的解释,见 De Finance（1956）。关于阿奎那对神圣永恒的理解,见 Stump and Kretzmann（1981）和（1992）,它们对该理论做了轻微的修订。Fox（forthcoming）对13世纪永恒概念所做分析非常重要,它让人怀疑阿奎那和其他人是否按某些当代宗教哲学家的方式将永恒理解为非时间性。Craig（1988）为拉丁传统从波埃修到苏亚雷斯期间有关神圣预知的讨论提供了综述。

第六节　拉丁阿维洛伊主义：13 世纪 60、70 年代的巴黎艺学院

文本：参考文献 Boethius of Dacia，Siger of Brabant；有一部《物理学》评注曾归在西格尔名下：Zimmermann（1968）；Giele，Van Steenberghen and Bazán（1971）校订了几部匿名的《论灵魂》评注，其中一部的译文见 CTMPT 3，另有一部《论灵魂》评注原文收录于 Kuksewicz（1964）|波埃修《论世界的永恒》《论至善》；西格尔《〈论灵魂〉第三卷评注》《论理智灵魂》收录于 Sc|。‖ Renan（2002，这是一部初版于 1852 年的著作的再版，附有导论）在历史书写的意义上非常重要；Van Steenberghen（1966）代表如下主张：1260 年代和 1270 年代并没有拉丁阿维洛伊主义，只有"极端亚里士多德主义"；他的主张较早用英文出现于 Van Steenberghen（1955）。关于阿维洛伊和阿维洛伊主义的总体概述，见 Hayoun and De Libera（1991）和 Brenet（2007）。西格尔：Gauthier（1983-1984）破除了一系列神话，但低估了西格尔的重要性；Putallaz and Imbach（1997）。波埃修：Pinborg（1974）。关于西格尔和波埃修的更多研究可以在有关 1277 年谴责的研究文献中找到，见下文第 7 节| Fabienne Pironet 准备了一份西格尔研究书目：http://www.mapageweb.umontreal.ca/pironetf/Siger/SigerBiblio|。

专题研究 J：世界的永恒性：波那文图拉、阿奎那和达契亚的波埃修

文本：Dales and Argerami（1991）展示了一系列关于该问题的文本。翻译：Vollert，Kendzierski and Byrne（1964）收入了波纳文图拉、西格尔和阿奎那与该主题相关的文本的译文。John Pecham（1993）翻译了约翰·佩卡姆的相关贡献。法语有一个极为出色的文选，其导论也非常优秀：Michon（2004）。‖ Dale（1990）是一个覆盖面较广的研究；Sorabji（1983）将 13 世纪的讨论置于更宽广的语境中；Wissink（1990）是一部会议文集，考察了阿奎那及其同代人有关这一论题的思想。

专题研究 K：潜能理智：阿奎那、阿维洛伊与布拉班特的西格尔

阿奎那的《论理智的单一性》的英译本评注很有价值（Thomas Aquinas，1993），Alain de Libera 的法文版甚至更加出色（Thomas Aquinas，1994）。阿奎那这部著作的完整评注，见 De Libera（2004a）。

第七节　1277 年谴责及其意义

文本：1277 年谴责的文本刊印于 Hissette（1977），附有大量评注。

Piché(1999)收录了更好的文本校订本,它没有改变原来的顺序,并且包含完整评注。‖ Aertsen, Emery and Speer(2001)是一部文集。Thijssen(1998)研究谴责的法律语境,它给人启发,但并非其所有结论都被史家接受。关于极小主义者的解释,见 Hissette(1977)、(1990)和 Emery and Speer(2001)。极大主义者的解释则见 Flasch(1989)、Bianchi(1990)、*(1998)、(1999)、(2003)、De Libera(1991)、(1998)。关于牛津对阿奎那的"审判"及其主张的谴责,见 Glorieux(1927)、Callus(1946)和 Wielockx(1988)。关于《纠正》:<u>文本</u>:参考文献 Correctorium Quare/Quaestione/Sciendum、John Quidort ‖ Jordan(1982)。

第八章　大学里的哲学:1280—1400 年

第一节　阿尔伯特传统

<u>文本</u>:参考文献 Ulrich of Strasbourg、Dietrich of Freiberg、Eckhart、Berthold of Moosburg。《论存在者与本质》的文本和法译文,见 De Libera and Michon(1996)。‖ De Libera(1984)对整个传统进行了出色的研究;Flasch(1984)是一部论文集。弗莱堡的迪特里希 Flasch(2007);Mojsisch(1977)论及其理智理论;Kandler, Mojsisch and Stammkötter(1999)搜集了一些当代研究。埃克哈特 Mojsisch(1983)是一部重要的修正性总体研究,已译成英文 Mojsisch(2001);Mojsisch 为 *SEP* 撰写的词条用英语总结了他的观点,并收入了一个出色的参考书目;Imbach(1976)将其与阿奎那比较;Zum Brunn and De Libera(1984);Zum Brunn and others(1984);Flasch(1988)研究如何将埃克哈特作为哲学家而不是神秘主义者看待;Aertsen(1992);更传统的研究进路见 McGinn(2001)。

第二节　根特的亨利、方丹的戈弗雷和彼得·约翰·奥利维

根特的亨利<u>文本</u>:唯一完整的《大全》(S)和《即席论辩集》(Q)版本仍然是早期印本,现已有影印本:S-Henry of Ghent(1520),Q-Henry of Ghent(1518)。此二者的完整校订本正在编辑过程中:Henry of Ghent(1979-　)。目前为止,已经印行 S 的 XXXI-XLVI 和 Q 的 I-II、VI-VII、IX-X、XII-XIII。[11]

---

[11]　目前已经出版的实际还有 S 的 1-5 和 Q 的 IV 和 XV。

翻译:有关认知的重要文献见 CTMPT 3。‖ 英语世界尚无关于亨利的总体研究现代专著,不过 Porro(1990)以及论及其知识论的 Marrone(1985)和 Laarmann(1999)很有用,论及其形而上学观的 Pickavé(2007)也是如此。Paulus(1938)是经典研究,但其很多结论现在正受到质疑。Vanhamel(1996)搜集了晚近多位学者的论文。方丹的戈弗雷<u>文本</u>:戈弗雷的著作校订本收录于《比利时哲学家》(Les philosophes belges [PB = Godfrey of Fontaines, 1904-1937])系列丛书,具体如下:《即席论辩》I-IV 见 PB 2;VI-VII 见 PB3; VIII-X 见 PB4;XI-XIV 见 PB5;XV 和《普通问答》见 PB14。‖ *Wippel(1981)提供了权威论述,关于戈弗雷的学生时代的笔记,见 Wippel(2001)。奥利维翻译《若望福音》评注节选见 CTMPT 3 {http://users.bart.nl/~roestb/franciscan/的"方济会作者"词条有极为丰富的参考书目}。‖ 关于其生平及谴责,见 Burr(1976),(1989);*Boureau and Piron(1999)这部文集中,Piron(1999)在阐释其哲学上尤其给人启发。亦见 Burr(1971)论其对哲学家的态度,Dumont(1995)论模态理论;Madigan(2003)论马修的末世解释。

第三节 邓斯·司各托

<u>文本</u>:卢克·沃丁(Luke Wadding)版(W = [John Duns] Scotus, 1639)正逐渐为两个校订本取代:梵蒂冈版(V = Scotus, 1950-2013)和哲学著作的圣波纳文图拉版(B = Scotus, 1997-2006)。其中《订正本》的第一和第二部在 in V(vols. 1-8);第三和第四部见 W(vols. 6-10);《讲授本》见 V(vols. 16-19)。关于第二至第四部的巴黎讲座的部分听录本,见 W(vol. 11),不过那里所印行的第一部的听录本实际上是司各托的秘书阿尼克的威廉的汇编。根据五份真正的听录编辑的第一部现已刊印,并附有英文对照:Scotus(2004)。《形而上学》评注收录于 B(vols. 3-4),而即席论辩见(W vols. 25-26),其校订本见 Scotus(1963)。逻辑学著作见 W(vol. 1),部分见 B(vol. 1){相关信息、书目及译文精选,见 http://www.nd.edu/~wwillia5/dunsscotus/}。‖ *Cross(1999)为司各托思想所及的整个领域提供了精致且理解深入的导论,Cross(2014)则考察了其认识理论。有关司各托的生平及著作,见 Wolter(1993b),并参考 Courtenay(1995);Williams(2003)的导论提供了更能反映当下研究的出色概论。晚近重要的哲学研究文集包括:*Williams(2003)的剑桥指南(精细缜密、品质出众,尤其适合有分析背景的读者,不如 Cross [1999] 平易近人)。Honnefelder, Wood and Dreyer(1996)包含对司各托思想领域详尽的、哲学化的讨论;另一部出色的论文合集是

Wolter (1993a)。Wolter (1990)搜集了他部分重要的司各托论文。晚近的专门研究,见 Boulnois, Karger, Solère and Sondag (2005),以及 Ingham (2010-2013)编订的四卷文集。形而上学 King (2003)。关于超越者的研究,见 Wolter (1946)。

专题研究 L:司各托论可能性

Scotus (1994)提供了展示司各托《讲授本》中相关立场的文本、译文和评注。Knuuttila (1993)为模态思想的背景提供了出色的综述。然而有关司各托立场的确切解释却是有争议的,尤其是涉及(i)什么是可能的和不可能的根基是否独立于上帝,以及(ii)司各托的理论与当代的可能世界语义学究竟有何确切关联。这一论战的两位权威学者是 Simon Knuuttila 和 Calvin Normore,他们的观点彼此相异,而且随时间而变化:见 Normore (1986),(1996),(2003)和 Knuuttila (1995),(1996)。Kenny (1996)怀疑司各托模态创新的价值,它提供了另一个视角。

第四节 司各托与奥康之间

文本:参考文献 Peter Aureol。在 Gracia and Noone (2003)中可以找到赫尔维乌斯·纳塔里斯、萨顿的托马斯、阿尼克的威廉、梅罗讷的弗朗西斯和圣普尔森的杜兰德斯的出色导论、基本书目和版本(以及现有的译文)列表。文本 Peter Aureol (1952, 1956)收录了一部分《写定本》(*Scriptum*)∣http://www.igl.ku.dk/~russ/auriol.html 是一个非常重要的网站,给出了有关写定本的参考文献和大多数尚未刊行的新校订本∣。翻译:阿尼克和奥里奥尔有关认识论的文本译文见 CTMPT 3。∥Friedman and Nielsen (2000)是一部论文集;Schabel (2000)以神圣预知为核心,详细地讨论了奥里奥尔、他的思想背景和别人对他的回应。关于杜兰德斯,见重要的新研究 Iribarren (2005)。

第五节 奥康的威廉

文本:William of Ockham (1974-1988)编订了奥康的哲学著作:《逻辑学大全》是其中第一卷。William of Ockham (1967—1986)编订了神学著作:《订正本》收录在第一至四卷。政治学著作,见下文§9.2。翻译:有关共相的主要论述(《订正本》d. 2, qq. 4-8)译文收入 Spade (1994);相关译文及完整评注亦见 Tweedale (1999)。有关认识论的文献见 CTMPT 3∣Sch. 收录了《逻辑学大全》大部分章节,并附有英译;Ki 提供了该书第一和第二部的另一个出处}。‖ **参考文献**：Beckmann（1992）。生平及编年见 Leppin（2003）。Adams（1987）这部关于奥康的两卷本研究中分析所达到的广度和深度,在关于其他任何中世纪思想家的单部著作中都无人能及。Spade（1999）收入最优秀专家的论文,涵盖奥康著作的整个范围。关于奥康的语义学,Spade（1987）提供了有用的澄清；Michon（1994）详尽而精微；而 Panaccio（2004）则将他逻辑学、语义学和知识论的不同支流优美地融汇在一起。Tachau 的研究将奥康的知识论置于其思想语境中（Tachau, 1988）,同时参考 Lenz（2003）。关于绝对和守序权能,见 Oberman（1963）, Courtenay（1990）和 Gelber（2004）,309-349。

专题研究 M：奥康与预知问题

文本和翻译：奥康对该问题的核心讨论《神圣预定与预知论》收入《哲学全集》(*Opera Philosphica*) II, Ockham（1987）给出了译文和详尽的评注。‖ Plantinga（1986）,Perler（1988）,Kenny（1996）。

第六节 巴黎艺学院与 14 世纪的阿维洛伊主义

文本：参考文献 John of Jandun, Marsilius of Padua。‖ 让丹的约翰古旧的研究包括 MacClintock（1956）和 Schmugge（1966）,涉及生平、政治思想以及同马西利乌斯的关联,大部分已为 Brenet（2003）彻底的历史重写和价值重估取代。阿维洛伊主义及其传播：Kuksewicz（1965）,（1968）；论文集 Niewöhner and Sturlese（1994）；在意大利的传播……（1979）帕多瓦的马西利乌斯**翻译**：Gewirth（1951—1956）的第二卷包含《和平的保卫者》的上佳译文,通常单独成书。可以用它或 Marsilius 名下罗列的晚近译本。‖ Gewirth（1951—1956）, vol. 1; Nederman（1995）。

第七节 奥康之后牛津与巴黎的神学

文本：参考文献 Adam Wodeham, Gregory of Rimini, Nicholas of Autrecourt, Robert Holcot, Thomas Bradwardin, Walter Chatton, Walter Burley, William Crathorn。|霍尔科特的《箴言集》评注和《智慧书》评注的摇篮本可以从 Gall 获得。马尔基亚的弗朗西斯某些尚未以其他方式出版的校订本可以从 C. Schabel 为 SEP 所撰写的相关词条下载,该词条还包含他的著作的不同出版地的完整清单：http://www.seop.leeds.ac.uk/entries/francis-marchia。尼古拉斯·博内抄本和二手研究著作详细信息见 http://users.bart.nl/~roestb/franciscan|**翻译**：克拉索恩、霍尔科特和沃德汉姆有关认识论的文本见 CT-

MPT 3。‖关于这个时期的整体研究,Andrews（1997）是一部有价值的专门论文集。Grassi（1986）,Tachau（1988）和 Pasnau（1997）包含该时期认识理论的重要讨论。伯利:Wood and Ottman（1999）;沃德汉姆:生平及著作见 Courtenay（1978）;Adams（1993）虽然只是一个校订本的书评,但以简明扼要的方式出色地概述了沃德汉姆的许多核心思想。霍尔科特:Smalley（1956）,Hoffmann（1972）,Gelber（2004）;培根索普 Etzkorn（1971）,（1976）;布拉德沃丁 Genest（1992）,Dolnikowski（1995）;关于其科学著作,见 Crosby（1955 包含原文）,Murdoch（1970）;里米尼的格列高里 Leff（1961）,Fiorentino（2004）;其影响见 Oberman（1981）;奥特库尔 Kaluza（1995）,Thijssen（2000）,Grellard（2005）;Nicholas of Autrecourt（2001）包含有价值的导论和注释;Dutton（1996）论及原子论。至于马尔基亚的弗朗西斯（C. Schabel）和威廉·克拉索恩（A. Robert）,SEP 中的词条尤其有价值,它们呈现了新的材料和解释。"复杂的可意指物"和命题语义学 Nuchelmans（1973）提供了该问题的一般导论;另见 Gál（1977）,Perler（1992）,292-342 和（1994）,Zupko（1997）,Cesalli（2007）。"牛津计算师"文本:参考文献 Thomas Bradwardine,William Heytesbury 和 Richard Kilvington。‖ Sylla 撰写了一个导论,见 REP 中的"Oxford Calculators"词条;Murdoch（1975）是一部经典研究,Weisheipl（1969）则是大多数计算师所依托的默顿学院的文献目录清单。

间奏 xi:霍尔科特与哲学家

Oberman（1963）,Coleman（1981b）,Marenbon（2005c）。

第八节　现代派逻辑

文本:参考文献 Albert of Saxony,Paul of Venice,Richard Kilvington,Thomas Bradwardine,William of Ockham,Water Burleigh。Kann（1994）收入了萨克森的阿尔伯特的《逻辑之大用》（*Perutilis logica*）中论及指代的文本。Schupp（1988）编订了一部匿名的推论理论论著;翻译:*CTMPT* 1 中包含许多相关的文献,包括萨克森的阿尔伯特论不可解命题,伯利论推论和义务对答,奥康论推论。‖ 不可解命题:Spade（1975a）是一部目录;另见 Martin（1993）,Read（2002）;SEP 的"不可解"词条（Spade）提供了出色的导论和参考书目,包括 Spade 本人在该领域的大量著作。义务对答 Yrjönsuuri（1994）,（1996）;推论 Schupp（1988）,King（2001）。萨克森的阿尔伯特:Kann（1994）基尔文顿:Jung-Palczewska（2000）海特斯伯利:Wilson（1960）,此外,SEP 中还有一篇出色的长篇词条（Longeway）。¦完整的参考文献见

http://www.mapageweb.umontreal.ca/pironetf/download/GHbiblio}

第九节 约翰·布里丹

<u>文本和翻译</u>:他的《尼各马可伦理学》第十卷评注译文收入 CTMPT 2。{布里丹很受互联网青睐,可以找到大量没有以其他方式出版的文献。《辩证法概要》、有关推论的论著以及部分亚里士多德评注可以在 K 和 Sc 上找到} ‖ Zupko (2003) 是一部内容广泛的研究,但它并未完全公正地对待作为逻辑学家的布里丹,关于其逻辑学,可以参看 Peter King 为 Buridan (1985) 所作导论和 Gyula Klima 为 Buridan (2001) 所作导论,模态三段论亦见 Lagerlund (2000),136-164,尤其还应参考 Klima (2009)。Gyula Klima 撰写了一系列有关布里丹形而上学和逻辑学的重要研究(见 http://faculty.fordham.edu/klima/),Thijssen and Zupko (2001) 收集了有关其形而上学与自然科学的研究,Friedman and Ebbesen (2004) 则论及语言,从布里丹出发延伸到中世纪晚期和近代早期。如何正确解释布里丹对信仰和哲学推理之间关系的态度,以及他在灵魂不朽和此世幸福可能性等问题上的立场仍有争议:Sylla (2001) 所呈现的布里丹,远没有 Pluta (1986),(2002) 中的布里丹极端,后者是一篇极为优美且富有挑战的论文。Lagerlund (2004) 为其灵魂学说给出了持平而精细的论述。关于布里丹与反对奥康派的规章,见 Paqué (1970) { Fabienne Pironet 搜集了非常完整的布里丹研究书目,见 http://mapageweb.umontreal.ca/pironetf/BuridanBiblio1,她的主页上也有一些布里丹的其他译文:http://mapageweb.umontreal.ca/pironetf}。

第十节 14 世纪晚期

<u>文本</u>:参考文献 John Wyclif, Marsilius of Inghen, Richard Brinkley。Kaluza (1989) 节选布林克利的神学著作。威克里夫的许多著作在 19 世纪晚期由威克里夫学会出版。‖ 关于威克里夫,Lahey (2009) 提供了一部导论,更具体详细的论文见 Levy (2006)。关于该时期(尤其是威尼斯的保罗)的形而上学,见 Conti (1996)。Bakker (2002) 这部论文集论及该时期的不同方面。关于巴黎艺学院禁止奥康学说的档案证据、时机和目的仍有争议:见 Courtenay (1995a)。布林克利:Kaluza (1989)。Kaluza (1988) 是对 14 世纪晚期和 15 世纪大学哲学的基础研究。茵根的马西利乌斯:Hoenen and Bakker (2000);阿伊的皮埃尔:Pluta (1987)。

间奏 xii:你能走多远?帕尔马的比亚吉奥·佩拉卡尼

Federici Vescovini, G. (1979)。

第九章　大学以外的哲学:1200—1400 年

第一节　大学之外:西方拉丁世界的哲学、宫廷与方言

<u>文本</u>:参考文献 Dante Alighieri, Ramon Llull。Dante Alighieri (1989)是一部注释和导论内容丰富的《帝制论》校订本,不过现在有 Dante Alighieri (2013)为之补充,而《飨宴》则有 Gianfranco Fioravanti 的校订本,收入 Dante Alighieri (2014)。‖ 探索拉丁世界非大学哲学的研究尤推 Ruedi Imbach (1989),(1996b)。关于但丁、薄伽丘、卡瓦尔坎蒂(Cavalcanti)和意大利传统,见最新的奠基性研究 Gentili (2005);关于薄伽丘,见 Gagliardi (1999)。关于哲学在英格兰的传布,见 Coleman (1981a),(1981b);但丁:Gilson (1939),Nardi (1967),(1985),Corti (1983),Marenbon (2001)。柳利<u>文本</u>:其拉丁著作编订本尚未完成,收录于 Llull,[Ramon](1959-1967),(1978-),Llull (1721-1740)可以为之补充;他的加泰罗尼亚语著作编订本收入 Llull (1906-1917, 1923-1950)。《异教徒与三贤士之书》的现代校订本见 Llull (1990-), II。<u>翻译</u>:Llull (1985)是一部出色的精选,包括《异教徒》以及他所有著作的目录;Llull (1993) 是其缩减版。《沉思生活》的译文及评注见 Llull (1985), 13-48 {部分加泰罗尼亚语文本选段见 http://www.mallorcaweb.com/Mag-Teatre/llull/amic.html}。‖ *Hillgarth (1971)和 Platzeck (1962-1964)提供了总体研究;Johnston (1987)论及柳利的"逻辑学",而 Urvoy (1980)则研究其对伊斯兰著作的了解。

第二节　拜占庭哲学

<u>文本</u>:参考文献 Gregory Palamas, Nicholas Cabasilas。‖ Podskalsky (1977);Meyendorff (1959)论格列高利·帕拉马斯。

第三节　伊斯兰世界的哲学

见 Gutas (2002a),逻辑学研究见 Street (2003)。Leaman and Nasr (1996)收入有关图西的长篇研究以及关于这一仍然晦暗不明的时代的其他文献。关于拉齐的研究,见 Arnaldez (2002)。Langermann (2010)和 Adamson (2011)中收录的论文为理解阿维森那之后各色思想家照亮了道路。El-Rouayheb (2010)(关于关系三段论的研究)显示了阿拉伯传统直至 19 世纪在逻辑学上的延续性。

第四节 犹太哲学

文本:参考文献 Albalag, Gersonides。纳博讷的摩西为阿维洛伊的《书信》所做评注收入 Averroes (1982)。阿尔巴拉格著作的翻译、整理和讨论,见 Vajda (1960)。‖ 翻译运动:Zonta (1996)。撒母耳·伊本·蒂本:Ravitzky (1981)。阿尔巴拉格:Vajda (1960);纳博讷的摩西:Hayoun (1989)。格森尼德:Touati (1973)以及 Dahan (1991), Sirat, Klein-Braslavy and Weijers(2003) 等文集。

第十章 并非尾声:1400—1700 年的"中世纪"哲学

有若干研究有助于表明为什么最好像正文中所论述的那样,把直到 1700 年的这一时期看作一个整体,而不是像通常所做的那样,制造某种中世纪和近代早期哲学之间的断裂。有关晚近著作(绝大部分在 2005 年之后)的讨论,以及它如何有助于引入延伸到 1700 年代的漫长中世纪这一观念,请参看中译本序言。Ariew (1999)论及笛卡尔与经院传统;Frede (1988)论及怀疑论;Funkenstein (1986)追溯了贯穿整个时期的一系列问题;Lagerlund and Yrjönsuuri (2002),其论文的广度及意义深远的导论揭示出该论题的连续性;Marion (1981)研究笛卡尔与阿奎那以降的神学;Menn (1998)论及笛卡尔与奥古斯丁传统;Schmitt and Skinner (1988)这部合作写成的文艺复兴哲学史是考察 15、16 世纪思想的绝佳场所,它也向后延伸,尽管它的标题和关注点确实倾向于强化传统的中世纪、文艺复兴和近代早期哲学的区分;Wilson (1989)研究莱布尼茨的思想背景。

参考文献[1]

—— (1975) *Pierre Abélard, Pierre le Vénérable*, Paris: CNRS, 1975 (Colloques internationaux du Centre national de la recherche scientifique 546).

—— (1979) *L'Averroismo in Italia*, Rome: Accademia Nazionale dei Linci (Atti di convegni Lincei 40).

Abbo of Fleury (1966) *Opera inedita I. Syllogismorum categoricorum et hypotheticorum enodatio*, ed. A. Van de Vyver, Bruges: De Tempel.

Abbo of Fleury (1997) *De syllogismis hypotheticis*, ed. F. Schupp, Leiden, New York and Cologne: Brill (Studien und Texte zur Geistesgeschichte des Mittelalters 56).

Abbo of Fleury (2003) *Commentary on the Calculus of Victorius of Aquitaine*, ed. A. M. Peden, Oxford: British Academy (Auctores Britannici Medii Aevi 15).

Abelard, see Peter Abelard.

Abraham ibn Daud (1986) *The Exalted Faith*, trans. N. B. Samuelson, Rutherford/Madison/Teaneck, and London/Toronto: Fairleigh Dickinson University Press and Associated University Presses.

Adam of Balsham (1956) *Ars disserendi*, ed. in Minio-Paluello (1956a).

Adam Wodeham (1990) *Lectura secunda*, ed. R. Wood and G. Gál, St Bonaventure: St Bonaventure University.

Adams, M. M. (1987) *William Ockham*, Notre Dame: University of Notre Dame Press (Publications in Medieval Studies 26).

Adams, M. M. (1993) "Review of Wodeham's *Lectura secunda*", *Philosophical Review* 102, 588-94.

Adams, M. M. (1990) "St Anselm's Theory of Truth", *DSTFM* 1, 353-72.

Adams, M. M. (2000) "Re-reading *De grammatico*, or Anselm's Introduction to Aristotle's '*Categories*'", *DSTFM* 11, 83-112.

---

[1] 本参考文献由原作者于2015年7月修订更新。

Adamson, P. (2002) *The Arabic Plotinus*, London: Duckworth.

Adamson, P. (2003) "Al-Kindî and the Mu'tazila: divine attributes, creation and freedom", *Arabic Sciences and Philosophy* 13, 45-77.

Adamson, P. (2007) *Al-Kindî*. New York: Oxford University Press.

Adamson, P. (ed.) (2008) *In the age of al-Fārābī : Arabic philosophy in the fourth-tenth century*, London and Turin: Warburg Institute and Nino Aragno (Warburg Institute Colloquia 12).

Adamson, Peter (ed.) (2011) *In the Age of Averroes: Arabic philosophy in the sixth/twelfth century* (Warburg Institute Colloquia 16), London: Warburg Institute.

Adamson, Peter (ed.) (2013) *Interpreting Avicenna: critical essays*, Cambridge and New York: Cambridge University Press.

Adamson, P. and Taylor, R. C. (2005) *The Cambridge Companion to Arabic Philosophy*, Cambridge: Cambridge University Press.

Adelard of Bath (1903) *De eodem et diverso*, ed. H. Willner, Münster: Aschendorff (BGPTMA 4,1).

Adelard of Bath (1998) *Adelard of Bath: Conversations with his Nephew*, ed. and trans. C. Burnett; Cambridge: Cambridge University Press.

Aertsen, J. A. (1992) "Ontology and henology in medieval philosophy (Thomas Aquinas, Master Eckhart and Berthold of Moosburg)" in Bos and Meijer (1992), pp. 120-40.

Aertsen, J. A. (1996) *Medieval Philosophy and the Transcendentals: The Case of Thomas Aquinas*, Leiden: Brill (Studien und Texte zur Geistesgeschichte des Mittelalters 52).

Aertsen, J. A. and Speer, A. (1998) *Was ist "Philosophie" im Mittelalter?*, Berlin: De Gruyter, 1998 (Miscellanea Mediaevalia 26).

Aertsen, J. A. and Endress, G. (1999) *Averroes and the Aristotelian Tradition*, Leiden, Boston and Cologne: Brill (Islamic Philosophy, Theology and Science, Texts and Studies 31).

Aertsen, J. A., Emery, K. and Speer, A. (eds) (2001) *Nach der Verurteilung von 1277. Philosophie und Theologie an der Universität von Paris im letzten Viertel des 13. Jahrhunderts. Studien und Texte*, Berlin and New York: De Gruyter (Miscellanea Mediaevalia 28).

Alan of Lille (1855) *Works*, *PL* 210.

Alan of Lille (1953) *Summa Quoniam Homines*, ed. P. Glorieux, *AHDLMA* 20, 113-364.

Alan of Lille (1955) *Anticlaudianus*, ed. R. Bossuat, Paris: Vrin.

Alan of Lille (1965) *Textes inédits*, ed. M. T. d'Alverny, Paris: Vrin (Études de philosophie médiévale 52).

Alan of Lille (1973) *Anticlaudianus*, trans. J. Sheridan, Toronto: PIMS.

Alan of Lille (1978) *De planctu Naturae*, ed. N. Häring, *Studi Medievali*, ser. 3, 19, 797-879.

Alan of Lille (1980) *Anticlaudianus: or The Good and Perfect Man*, trans. J. Sheridan, Toronto: PIMS.

Alan of Lille (1982) *Regulae caelestis iuris*, ed. N. Häring, *AHDLMA* 48, 97-226.

Albalag (1973) *Sefer tiqqun ha-de'ot*, ed. G. Vajda, Jerusalem: Israel Academy of Sciences.

Albert the Great (1890-9) *Opera omnia*, Paris: Vivès.

Albert the Great (1951-) *Opera omnia*, ed. in chief B. Geyer, Münster: Aschendorff.

Albert of Saxony (1988a) *Perutilis logica*, ed. and Spanish trans. A. Muñoz de García, Maracaibo: Universidad del Zulia.

Albert of Saxony (1988b) *Quaestiones in artem veterem*, ed. A. Muñoz de García, Maracaibo: Universidad del Zulia, 1988.

Albert of Saxony (2002) *Albert of Saxony's Twenty-five Disputed Questions on Logic: A Critical Edition of his Quaestiones circa logicam*, ed. M. J. Fitzgerald, Leiden: Brill (Studien und Texte zur Geistesgeschichte des Mittelalters 79).

Alcuin (1851) *Works* in *PL* 101-2. "Alexander of Hales" (1924-48) *Summa theologica*, ed. B. Klumper *et al.*, Quaracchi: Collegium S. Bonaventurae.

Alexander of Hales (1951-7) *Glossa in quatuor libros Sententiarum Petri Lombardi*, Quaracchi: Collegium S. Bonaventurae (Bibliotheca Franciscana scholastica medii aevi 12-15).

Altmann, A. (1965) "Ibn Bajja on man's ultimate felicity", *Harry Austryn Wolfson Jubilee Volume* I, Jerusalem: American Academy for Jewish Research, 47-87.

Altmann, A. (1987) "Maimonides on the intellect and the scope of metaphysics" in A. Altmann, *Von der mittelalterlichen zur "modernen" Aufklärung: Studien zur jüdischen Geistesgeschichte*, Tübingen: Mohr (Texts and studies in medieval and early modern Judaism 2).

Altmann, A. and Stern, S. M. (1958) *Isaac Israeli. A Neoplatonic Philosopher of the Early Tenth Century*, Oxford: Oxford University Press (Scripta judaica 1).

Ammonius (1998) *Ammonius on Aristotle, On Interpretation* 9, trans. D. Blank and *Boethius on Aristotle*, trans. N. Kretzmann, London: Duckworth.

Andrews, R. (ed.) (1997) "Franciscan Philosophy and Theology. Essays in Honor of Father Gideon Gál, O. F. M. on his Eightieth Birthday", *Franciscan Studies* 54, 1994-7.

Anselm (1946) *Opera omnia*, ed. F. S. Schmitt, I and II, Edinburgh: Nelson.

Anselm (1963) *Pourquoi Dieu s'est fait l'homme*, ed. and trans. R. Roques, Paris: Éditions du Cerf.

Anselm (1965) *St Anselm's Proslogion*, trans. M. J. Charlesworth, Oxford: Oxford University Press.

Anselm (1969) *Memorials of St Anselm*, ed. R. W. Southern and F. S. Schmitt, Oxford: British Academy (Auctores Britannici Medii Aevi 1).

Anselm (1998) *The Major Works*, [translations], ed. B. Davies and G. E. R. Evans, Oxford: Oxford University Press.

Apuleius (1991) *De philosophia libri*, ed. C. Moreschini, Stuttgart: Teubner.

Aquinas, see Thomas Aquinas.

Arethas of Caesaria (1994) *Scholia on Porphyry's Isagoge and Aristotle's Categories (Codex Vaticanus Urbinas Graecus* 35), ed. M. Share, Athens, Paris and Brussels: Akadêmia Athênôn, Vrin and Ousia (Corpus Philosophorum Medii Aevi. Vyzantina scholia eis ton Aristotel™ 1).

Ariew, R. (1999) *Descartes and the Last Scholastics*, Ithaca: Cornell University Press.

Arlig, A. (2009) "The Metaphysics of Individuals in the *Opuscula sacra*" in Marenbon 2009, 129-54.

Armstrong, A. H. (1970) *The Cambridge History of Later Greek and Early Medieval Philosophy*, Cambridge: Cambridge University Press.

Arnaldez, R. (2002) *Fakhr al-Dîn al-Râzî, Commentateur du Coran et philosophe*, Paris: Vrin (Études musulmanes 37).

Ash'arî, Abû al-Ḥasan (1929-30) *Die dogmatischen Lehren der Anhänger des Islam*, ed. H. Ritter, Istanbul: Devlet Matbaasi.

Ash'arî, Abû al-Ḥasan (1940) *Al-ibânah 'an uṣûl ad-diyânah: The Elucidation of Islam's foundation*, trans. W. C. Klein, New Haven: American Oriental Society (American Oriental Series 19).

Ash'arî, Abû al-Ḥasan (1953) *The Theology of al-Ash'arî: The Arabic texts of Kitâb al-Luma'and Risâlat Isti ḥsân al-khaw ḍfî 'ilm al-kalâm, with briefly annotated transla-

tions, ed. R. J. McCarthy, Beirut: Imprimerie Catholique.

Augustine (1894) *De Genesi ad litteram*, ed. J. Zycha, Vienna: Tempsky (CSEL 28).

Augustine (1968) *De Trinitate*, ed. W. J. Mountain, Turnhout: Brepols (CCSL 50, 50A).

Augustine (1981) *De civitate Dei*, ed. B. Dombart and A. Kalb (5th edn), Leipzig: Teubner.

Augustine (1992) *Confessions*, ed. with commentary, J. J. O'Donnell, Oxford: Oxford University Press.

Augustine (1998) *The City of God against the Pagans*, trans. R. Dyson, Cambridge: Cambridge University Press.

Averroes (1930) *Tahâfut al-Tahâfut*, ed. M. Bouyges, Beirut: Imprimerie Catholique (Bibliotheca arabica scholasticorum, série arabe 3).

Averroes (1952) *Tafsîr mâ ba'da al-Ṭabî'a*, ed. M. Bouyges, Beirut: Imprimerie Catholique (Bibliotheca arabica scholasticorum, série arabe 5-7).

Averroes (1953) *Commentarium magnum in Aristotelis de anima libros*, ed. F. S. Crawford, Cambridge, MA: Mediaeval Academy of America (Corpus commentariorum in Aristotelem, 6,1). Averroes (1954) *Tahâfut al-tahâfut* (The Incoherence of the Incoherence) trans. S. van den Bergh, London: Luzac (E. J. W. Gibb Memorial Series n. s. 19).

Averroes (1956) *Averroes' commentary on Plato's Republic*, ed. and trans. E. I. J. Rosenthal, Cambridge: Cambridge University Press (University of Cambridge Oriental publications 1).

Averroes (1974) *Averroes on Plato's Republic*, trans. R. Lerner, Ithaca: Cornell University Press.

Averroes (1982) *The Epistle on the Possibility of Conjunction with the Active Intellect, with the Commentary of Moses Narboni*, ed. K. P. Bland, New York: Jewish Theological Seminary of America.

Averroes (1996) *Le livre du Discours décisif*, ed. and trans. (French) M. Geoffroy; intro. A. de Libera, Paris: Flammarion.

Averroes (1998) *L'Intelligence et la pensée. Sur le "De anima"*, Paris: Flammarion.

Averroes (2001a) *Decisive Treatise and Epistle Dedicatory*, ed. and trans. C. E. Butterworth, Provo: Brigham Young University Press.

Averroes (2001b) *Faith and Reason in Islam: Averroes' Exposition of Religious Arguments*, trans. I. Y. Najjar, Oxford: One World.

Averroes (2002) *Middle Commentary on Aristotle's "De anima"*, ed. and trans. A. L. Ivry, Provo: Brigham Young University Press.

Averroes (2009) *Long Commentary on the* De Anima *of Aristotle*, transl. Richard Taylor (with Thérèse-Anne Druart), New Haven and London: Yale University Press.

Avicenna (1891) *Le livre des théorèmes et des avertissements*, ed. J. Forget, Leiden: Brill.

Avicenna (1951) *Livre des directives et remarques*, trans. A.-M. Goichon, Beirut and Paris: UNESCO and Vrin.

Avicenna (1952-83) *Kitâb al-Shifâ'*, general ed. I. Madkour, Cairo.

Avicenna (1956) *Psychologie d'Ibn Sina (Avicenne) d'après son œuvre ash-Shifâ'*, ed. and trans. J. Bakoç, Prague: éditions de l'Académie tchécoslovaque des Sciences (Práce Československé věd. Sekce jazyka a literatury 7).

Avicenna (1959) *'Avicenna's De anima: being the psychological part of Kitâb al-Shifâ'*, ed. F. Rahman, London: Oxford University Press.

Avicenna (1972/1968) *Liber de anima*, ed. S. Van Riet, Louvain and Leiden: Éditions Orientalistes.

Avicenna (1973) *The "Metaphysica" of Avicenna (ibn Sinâ)* [a translation from the Persian of the *Philosophy for 'Alâ' al-Dawla*], London: Routledge and Kegan Paul (Persian Heritage Series 13).

Avicenna (1977/1980/1983) *Liber de philosophia sive scientia divina*, Louvain and Leiden: Peeters and Brill.

Avicenna (2005) *The Metaphysics of the Healing*, trans. M. E. Marmura, Provo: Brigham Young University Press.

Badawi, A. (ed.) (1955) *Neoplatonici apud Arabes*, Cairo: Maktabat al-nahda al-Misriya (Islamica 19).

Badawi, A. (1972) *Histoire de la philosophie en Islam*, Paris: Vrin.

Baffioni, C. (1982) *Atomismo e antiatomismo nel pensiero islamico*, Naples; Istituto Universitario Orientale, Seminario di studi asiatici (Series Minor 16).

Bakker, P. J. J. M. (2002) *Chemins de la pensée mediévale. Études offertes à Zénon Kaluza*, Turnout: Brepols (Fédération internationale des instituts d'études médiévales. Textes et études du moyen âge 20).

Baldwin, J. W. (1970) *Masters, Princes and Merchants*, Princeton: Princeton University Press.

Baumstark, A. (1900) *Aristoteles bei den Syrern vom V.-VIII. Jahrhundert*, Leipzig:

Teubner.

Beckmann, J. P. (1992) *Ockham-Bibliographie: 1900-1990*, Hamburg: Meiner.

Beierwaltes, W. (1987) *Eriugena redivivus: zur Wirkungsgeschichte seines Denkens im Mittelalter und im Übergang zur Neuzeit*, Heidelberg: Winter (Abhandlungen der Heidelberger Akademie der Wissenschaften, Philosophisch-Historische Klasse, 1987, 1).

Beierwaltes, W. (1994) *Eriugena: Grundzüge seines Denkens*, Frankfurt am Main: Klostermann.

Benakis, L. (1997) (ed.) *Néoplatonisme et philosophie médiévale*, Turnhout: Brepols.

Ben-Shammai, H. (1997) "Kalâm in Medieval Jewish Philosophy" in Frank and Leaman (1997), 115-48.

Benson, R. L. and Constable, G. (1982) (eds) *Renaissance and Renewal in the Twelfth Century*, Oxford: Oxford University Press.

Berengar of Tours (1988) *Rescriptum contra Lanfrannum*, ed. R. B. C. Huygens, Turnhout: Brepols (CCCM 84).

Bernard of Chartres (?) (1991) *Glosae super Platonem*, ed. P. E. Dutton, Toronto: PIMS (Studies and Texts 107).

Bernard Silvestris (1978) *Cosmographia*, ed. P. Dronke, Leiden: Brill.

Bernard Silvestris (1973) *The Cosmographia of Bernardus Silvestris*, trans. W. Wetherbee, New York and London: Columbia University Press.

Berthhold of Moosburg (1984-) *Expositio super Elementationem theologicam Procli*, ed. L. Sturlese and others, Hamburg: Meiner (Corpus philosophorum Teutonicorum medii aevi).

Bertolacci, A. (2001) "From Al-Kindî to Al-Fârâbî: Avicenna's progressive knowledge of Aristotle's *Metaphysics* according to his autobiography", *ASP* 11, 257-95.

Bérubé, C. (1964) *La Connaissance de l'individuel au moyen âge*, Montreal and Paris: Presse de l'Université de Montréal and Presses Universitaires de France.

Biagio Pelacani da Parma (1974) *Le Quaestiones de anima*, ed. G. F. Vescovini, Florence: Olschki (Accademia Toscana di scienze e lettere "La Colombaria", Studi 30).

Bianchi, L. (1990) *Il Vescovi e i filosofi. La condanna parigina del 1277 e l'evoluzione dell'aristotelismo scolastico*, Bergamo: Lubrina.

Bianchi, L. (1998) "1277, a turning point in medieval philosophy?" in Aertsen and Speer (1998), 90-110.

Bianchi, L. (1999) *Censure et liberté intellectuelle à l'université de Paris (XIIIe-XIVe siècles)*, Paris: Les Belles Lettres.

Bianchi, L. (2003) "New Perspectives on the Condemnation of 1277 and its Aftermath", *RTAM* 70 (2003), 206-229.

Biard, J. (1999) (ed.) *Langage, sciences, philosophie au XIIe siècle*, Paris: Vrin.

Biard, J. (ed.) (2015) *Raison et démonstration. Les commentaires médiévaux sur les Seconds Analytiques* (Studia artistarum 40). Turnhout: Brepols.

Biard, J. and Rosier-Catach, I. (2003) (eds) *La tradition médiévale des Catégories (XIIe-XVe siècles)*, Louvain and Paris: Peeters.

Bischoff, B. (1990) *Latin Palaeography: Antiquity and the Middle Ages*, trans. D. Ó Cróinín and D. Ganz, Cambridge: Cambridge University Press.

Blomme, R. (1958) *La doctrine du péché dans les écoles théologiques de la première moitié du XIIe siècle*, Louvain and Gembloux: Publications Universitaires de Louvain (Universitas Catholica Lovaniensis. Dissertationes in Facultate Theologica conscriptae. ser. 3, 6).

Boeft, A. den (1970) *Calcidius on Fate: His Doctrine and Sources*, Leiden: Brill (Philosophia antiqua 18).

Boethius (1847) *Opera* in *PL* 64.

Boethius (1877, 1880) *Commentarii in librum Aristotelis Peri Hermeneias*, ed. C. Meiser, Leipzig: Teubner.

Boethius (1906) *In Isagogen Porphyrii Commenta*, ed. S. Brandt, Vienna and Leipzig: Tempsky and Freitag (CSEL 38).

Boethius (1969) *De hypotheticis syllogismis*, ed. L. Obertello, Brescia: Paideia (Istituto di Filosofia dell'Università di Parma, Logicalia 1).

Boethius (1973) *The Theological Tractates, The Consolation of Philosophy*, ed. H. F. Stewart, E. K. Rand, S. J. Tester, Cambridge, MA and London: Harvard University Press.

Boethius (1978) *De topicis differentiis*, trans. and ed. E. Stump, Ithaca and London: Cornell University Press.

Boethius (1988) *In Ciceronis Topica*, trans. and ed. E. Stump, Ithaca and London: Cornell University Press.

Boethius (1990) *De topicis differentiis kai hoi buzantines metafraseis tôn Manouêl Holobôlou kai Prochorou Kudônê*, ed. D. Z. Nikitas, Athens, Paris and Brussels: Academy of Athens/Vrin/Ousia (Corpus Philosophorum Medii Aevi. Philosophi Byzantini 5).

Boethius (1998) *De divisione*, ed. J. Magee, Leiden/Boston/Cologne: Brill (Philos-

ophia Antiqua 77).
Boethius (2001) *Consolation of Philosophy*, trans. J. C. Relihan, Indianapolis: Hackett.
Boethius (2005) *Boethius: de consolatione Philosophiae*; *opuscula theologica*, ed. C. Moreschini, Munich and Leipzig: K. G. Saur (2nd. ed.).
Boethius (2008a) *Anicii Manlii Severini Boethii de syllogismo categorico*, ed. Christina Thomsen Thörnqvist, Gothenburg: Acta universitatis Gothoburgensis (Studia graece et latina gothoburgensia 68).
Boethius (2008b) *Anicii Manlii Severini Boethii Introductio ad syllogismos categoricos*, ed. Christina Thomsen Thörnqvist, Gothenburg: Acta universitatis Gothoburgensis (Studia graece et latina gothoburgensia 68).
Boethius of Dacia (1961-1979) *Opera omnia*, ed. J. Pinborg *et al.*, Copenhagen: Gad (Corpus Philosophorum Danicorum Medii Aevi 4-8).
Boethius of Dacia (1987) *On the Supreme Good*, *On the Eternity of the World*, *On Dreams*, trans. J. F. Wippel, Toronto: Pontifical Institute of Mediaeval Studies.
Boh, I. (1985) "Divine omnipotence in the early sentences" in Rudavsky (1985), 185-211.
Bonaventure (1882-1902) *Opera omnia*, ed. P. P. Collegii S. Bonaventurae, 10 vols., Quaracchi: Collegium S. Bonaventurae.
Bonaventure (1934) *Collationes*, ed. F. Delorme, Quaracchi: Collegium S. Bonaventurae (Bibliotheca Franciscana medii aevi 8).
Bonaventure (1955) *De reductione artium ad theologiam*, trans. E. T. Healy, St Bonaventure, NY: Franciscan Institute.
Bonaventure (1956) *Itinerarium mentis ad Deum*, trans. P. Boehner, St Bonaventure, NY: Franciscan Institute.
Bonaventure (1963) *Breviloquium*, St Louis and London: Herder.
Bonaventure (1979) *Disputed Questions on the Mystery of the Trinity*, trans. Z. Hayes, St Bonaventure, NY: Franciscan Institute.
Bonaventure (1991) *Les six jours de la création*, trans. M. Ozilou, Paris: Desclée and Éditions du Cerf.
Bonaventure (1992) *Disputed Questions on the Knowledge of Christ*, trans. Z. Hayes, St Bonaventure, NY: Franciscan Institute.
Bos, E. P. and Meijer, P. A. (eds) (1992) *On Proclus and his Influence in Medieval Philosophy*, Leiden, New York and Cologne: Brill (Philosophia Antiqua. A Series of

Studies on Ancient Philosophy 53).

Boschung, Peter (2006). *From a Topical Point of View. Dialectic in Anselm of Canterbury's* De Grammatico (Studien und Texte zur Geistesgeschichte des Mittelalters 90). Leiden and Boston: Brill.

Bosley, R. N. and Tweedale, M. M. (1997) *Basic Issues in Medieval Philosophy*, Peterborough, Ontario: Broadview.

Bougerol, J.-G. (1988) *Introduction a l'étude de saint Bonaventure*, 2nd edn, Paris: Vrin.

Bougerol, J.-G. (1994) "Jean de la Rochelle - les oeuvres et les manuscrits", *Archivum Franciscanum Historicum* 87, 205-15.

Boulnois, O., Karger, E., Solère J. L. and Sondag, G. (eds) (2005) *Duns Scot à Paris*, Turnhout: Brepols (Textes et études du Moyen Âge 26).

Boureau, A. (1999) *Théologie, science et censure au XIIIe siècle. Le cas de Jean Peckham*, Paris: Les Belles Lettres.

Boureau, A. and Piron, S. (eds.) (1999) *Pierre de Jean Olivi (1248-1298). Pensée scolastique, dissidence spirituelle et société*, Paris: Vrin.

Braakhuis, H. A. G. and Kneepkens, C. H. (ed.) (2003) *Aristotle's Peri Hermeneias in the Latin Middle Ages*, Groningen-Haren: Ingenium (Artistarium supplementa 10).

Brenet, J.-B. (2003) *Transferts du sujet, la noétique d'Averroès selon Jean de Jandun*, Paris: Vrin.

Brenet, J.-B. (ed.) (2007) *Averroes et les averroïsmes juif et latin* (Textes et études du moyen âge 40). Turnhout: Brepols.

Brenet, J.-B. (2015) *Averroes l'inquiétant*, Paris: les Belles Lettres.

Brennan, M. (1989) *A Guide to Eriugenian Studies*, Fribourg and Paris: Éditions Universitaires and Éditions du Cerf.

Brock, S. (1982) "From antagonism to assimilation: Syriac attitudes to Greek learning" in *East of Byzantium. Syria and Armenia in the formative period*, ed. N. Garsoian, T. Mathews and R. Thomson, Washington: Dumbarton Oaks, 17-34 (reprinted in S. Brock, *Syriac Perspectives on Late Antiquity*, London: Variorum, 1984).

Brock, S. (1993) "The Syriac commentary tradition" in Burnett (1993), 3-18.

Brower, J. E. and Guilfoy, K. (2004) *The Cambridge Companion to Abelard*, Cambridge: Cambridge University Press.

Brown, P. (1967) *Augustine of Hippo*, London: Faber and Faber.

Bruns, I. (1887) *Supplementum aristotelicum*, II - 2, Berlin: Reimer.

Bruun, O. and Corti, L. (eds) (2005) *Les Catégories et leur histoire*, Paris: Vrin.

Bullough, D. A. (1991) *Carolingian Renewal: Sources and Heritage*, Manchester and New York: Manchester University Press.

Bullough, D. A. (2004) *Alcuin: Achievement and Reputation, Being Part of the Ford Lectures Delivered in Oxford in Hilary Term 1980*, Leiden: Brill (Education and society in the Middle Ages and Renaissance 16).

Burnett, C. (1987) (ed.) *Adelard of Bath: An English Scientist and Arabist of the Early Twelfth Century*, London: Warburg Institute (Warburg Institute Surveys and texts 14).

Burnett, C. (1988) "Scientific speculations" and "Hermann of Carinthia" in Dronke (1988a), 151-76, 383-404.

Burnett, C. (ed.) (1993) *Glosses and Commentaries on Aristotelian Logical Texts. The Syriac, Arabic and Medieval Latin Traditions*, London: Warburg Institute (Warburg Institute Surveys and texts 23).

Burnett, C. (1996) "The introduction of Aristotle's Natural Philosophy into Great Britain: a preliminary survey of the manuscript evidence" in Marenbon (1996), 21-49.

Burnett, C. (2001) "The coherence of the Arabic-Latin translation programme in Toledo in the twelfth century", *Science in Context* 14, 249-88.

Burnett, C. (2005) "Arabic into Latin: the reception of Arabic philosophy into Western Europe" in Adamson and Taylor (2005), 370-404.

Burnett, C. and Mann, N. (eds) (2005) *Britannia Latina. Latin in the culture of Great Britain from the Middle Ages to the Twentieth Century*, London and Turin: Warburg Institute and Aragno (Warburg Institute Colloquia 8).

Burr, D. (1971) "Peter John Olivi and the philosophers", *Franciscan Studies* 31, 41-71. Burr, D. (1976) "The persecution of Peter Olivi", *Transactions of the American Philosophical Society* 66, 3-98.

Burr, D. (1989). *Olivi and Franciscan Poverty: The Origins of the usus pauper Controversy*, Philadelphia: University of Pennsylvania Press.

Burrell, D. B. (1979) *Aquinas. God and Action*, London: Routledge.

Burrell, D. B. (1986) *Knowing the Unknowable God: Ibn-Sina, Maimonides, Aquinas*, Notre Dame: University of Notre Dame Press.

Busa, R. (1974-80) *Index Thomisticus*, Stuttgart and Bad Cannstatt: Fromman and Holzboog.

Callus, D. A. (1946) *The condemnation of St. Thomas at Oxford*, London: Blackfriars (Aquinas Society of London. Aquinas paper 5).

Callus, D. A. (ed.) (1955) *Robert Grosseteste. Scholar and Bishop*, Oxford: Oxford University Press.

Callus, D. A. (1961) "The origins of the problem of the unity of form", *The Thomist* 24, 257-85.

Cameron, M. (2004) "What's in a name? Students of William of Champeaux on the *vox significativa*", *Bochumer Philosophisches Jahrbuch* 9, 93-114.

Cameron, M. and Marenbon, J. (2010) *Aristotelian Logic, East and West, 500-1500: On Interpretation and Prior Analytics in two traditions* = *Vivarium* 18,1-2 (2010).

Cappuyns, M. (1931) "Le plus ancien commentaire des 'Opuscula sacra' et son origine", *Recherches de théologie ancienne et médiévale* 3, 237-72.

Cappuyns, M. (1933) *Jean Scot Érigène: sa vie, son oeuvre, sa pensée*, Louvain and Paris: Abbaye du Mont César and Desclée, de Brouwer (Universitas catholica lovaniensis. Dissertationes ad gradum magistri in Facultate theologica consequendum conscriptae, ser. II, 26).

Casadei, E. (1998) "David di Dinant, traduttore di Aristotele", *Freiburger Zeitschrift für Philosophie und Theologie* 45, 381-406.

Cassiodorus (1937) *Institutiones*, ed. R. A. B. Mynors, Oxford: Oxford University Press.

Cassiodorus (1946) *An Introduction to Divine and Human Readings*, trans. L. W. Jones, New York: Columbia University Press (Records of Civilization, Sources and Studies 40).

Catto, J. I. (ed.) (1984) *The History of the University of Oxford: I -The Early Oxford Schools*, Oxford: Oxford University Press.

Catto, J. I. and Evans, T. A. R. (1992) *The History of the University of Oxford: II - Late Medieval Oxford*, Oxford: Oxford University Press.

Cesalli, L. (2007) *Le réalisme propositionnel : sémantique et ontologie des propositions chez Jean Duns Scot, Gauthier Burley, Richard Brinkley et Jean Wyclif*, Paris: Vrin.

Chadwick, H. (1966) *Early Christian Thought and the Classical Tradition: Studies in Justin, Clement, and Origen*, Oxford: Oxford University Press.

Chadwick, H. (1981) *Boethius. The Consolations of Music, Logic, Theology, and Philosophy*, Oxford: Oxford University Press.

Chadwick, H. (1986) *Augustine*, Oxford: Oxford University Press.

Chenu, M.-D. (1957) *La théologie au douzième siècle*, Paris: Vrin (Études de philosophie médiévale 45).

Chenu, M. -D. (1968) *Nature, Mind, and Society in the Twelfth Century*, trans. (partial) of Chenu (1957) by J. Taylor and L. Little, Chicago and London: Chicago University Press.

Clanchy, M. T. (1997) *Abelard. A Medieval Life*, Oxford and Cambridge, MA: Blackwell.

Clarembald of Arras (1965) *The Life and Works of Clarembald of Arras*, ed. N. M. Häring, Toronto: PIMS.

Clarke, M. L. (1971) *Higher Education in the Ancient World*, London: Routledge and Kegan Paul.

Cobban, A. B. (1988) *The Medieval English Universities. Oxford and Cambridge to c. 1500*, Aldershot: Scolar.

Coleman, J. (1981a) *English Literature in History, 1350-1400: Medieval Readers and Writers*, London: Hutchinson.

Coleman, J. (1981b) *Piers Plowman and the Moderni*, Rome: Edizioni di storia e letteratura (Letture di pensiero e d'arte 58).

Colish, M. L. (1982) "John the Scot's christology and soteriology in relation to his Greek sources", *Downside Review* 100, 138-51.

Colish, M. L. (1986) "Another look at the School of Laon", *AHDLMA* 53, 7-22.

Colish, M. L. (1994) *Peter Lombard*, Leiden, New York and Cologne: Brill (Brill's Studies in Intellectual History 41).

Compendium logicae Porretanum (1983) in S. Ebbesen, K. M. Fredborg and L. O. Nielsen, "Compendium logicae Porretanum ex codice Oxoniensi Collegi Corporis Christi 250: a manual of Porretan doctrine by a pupil of Gilbert's", *CIMAGL* 46.

Conti, A. (1996) *Esistenza e verità. Forme e struttre del reale in Paolo Veneto e nel pensiero filosofico del tardo medioevo*, Rome: Edizioni dell'Istituto Italiano per il Medio Evo, 1996.

Copleston (1950, 1953) *A History of Philosophy* II and III, Tunbridge Wells: Burns and Oates.

Corbin, H. (1961) *Trilogie ismaélienne*, Tehran and Paris: L'Institut Franco-Iranien and Adrien-Maisonneuve (Bibliothèque Iranienne 9).

Corbin, H. (1971-2) *En islam iranien: aspects spirituels et philosophiques*, Paris: Gallimard.

Corbin, H. (1986) *Histoire de la philosophie islamique*, Paris: Gallimard.

Coreth, E., Neidl, W. and Pfligersdorffer, G. (1988) *Christliche Philosophie im katholischen Denken des* 19. *und* 20. *Jahrhunderts*, Graz, Vienna and Cologne: Styria.

Correctorium corruptorii "Quare" (1927) *Le Correctorium corruptorii "Quare"*, Kain: Bibliothèque thomiste (Premières polémiques thomistes 1; Bibliothèque thomiste 9).

Correctorium corruptorii "Quaestione" (1954) *Le Correctorium corruptorii "Quaestione"*: *texte anonyme du ms. Merton* 267. ed. J.-P. Muller, Rome: Herder (Studia anselmiana 35).

Correctorium corruptorii "Sciendum" (1956) *Le correctorium corruptorii "sciendum"*, ed. P. Glorieux, Paris: Vrin (Bibliothèque thomiste 31).

Corti, M. (1983) *La felicità mentale. Nuove prospettive per Cavalcanti e Dante*, Turin: Einaudi.

Cory, T. (2014) *Aquinas on Human Self-Knowledge*, Cambridge: Cambridge University Press.

Courcelle, P. (1967) *La Consolation de Philosophie dans la tradition littéraire*, Paris: Études Augustiniennes.

Courcelle, P. (1969) *Late Latin Writers and their Greek Sources*, trans. H. E. Wedeck, Cambridge, MA: Harvard University Press.

Courtenay, W. J. (1978) *Adam Wodeham: An Introduction to His Life and Writings*, Leiden: Brill.

Courtenay, W. J. (1984) "The reception of Ockham's thought at the University of Paris" in Kaluza and Vignaux (1984), 43-64.

Courtenay, W. J. (1987) *Schools and Scholars in Fourteenth-Century England*, Princeton: Princeton University Press.

Courtenay, W. J. (1990) *Capacity and Volition: A History of the Distinction of Absolute and Ordained Power*, Bergamo: Lubrina (Quodlibet 8).

Courtenay, W. J. (1995a) "Scotus at Paris" in Sileo (1995) I, 149-63.

Courtenay, W. J. (1995b) "Was there an Ockhamist School?" in Hoenen *et al.* (1995) 263-92.

Covington, M. A. (1984) *Syntactic theory in the High Middle Ages: Modistic Models of Sentence Structure*, Cambridge and New York: Cambridge University Press.

Craig, W. L. (1988a) *The Problem of Divine Foreknowledge and Future Contingents from Aristotle to Suarez*, Leiden and New York: Brill (Brill's Studies in Intellectual History 7).

Craig, E. (ed.) (1988b) *Routledge Encyclopedia of Philosophy*, London: Routledge.

Cristiani, M. (1978) *Dall' unanimitas all' universitas*, Rome: Istituto storico italiano per il medio evo (Studi storici, 100-2).

Crombie, A. C. (1953) *Robert Grosseteste and the Origins of Experimental Science*, Oxford: Oxford University Press.

Crosby, H. L. Jr. (1955) *Thomas of Bradwardine: His Tractatus de Proportionibus*, Madison: University of Wisconsin Press.

Cross, R. (1999) *Duns Scotus*, New York and Oxford: Oxford University Press.

Cross, R. (2014a) *Duns Scotus's theory of cognition*, Oxford: Oxford University Press.

Cross, R. (2014b) *The Medieval Christian Philosophers. An Intorduction*. London and New York: I. B. Tauris.

Daftary, F. (1990) *The Ismâ'îlîs: Their History and Doctrines*, Cambridge: Cambridge University Press.

Daftary, F. (2004) *Ismaili Literature. A Bibliography of Sources and Studies*, London and New York: Tauris and Institute of Ismaili Studies.

Dahan, G. (ed.) (1991) *Gersonide en son temps. Science et philosophie médiévales*, Louvain: Peeters.

Dales, R. C. (1990) *Medieval Discussions of the Eternity of the World*, Leiden: Brill.

Dales, R. C. (1995) *The Problem of the Rational Soul in the Thirteenth Century*, Leiden, New York and Cologne: Brill (Brill's Studies in Intellectual History 65).

Dales, R. C. and Argerami, P. (1991) *Medieval Latin Texts on the Eternity of the World*, Leiden: Brill.

Daley, B. E. (1982) "Apokatastasis and 'honorable silence' in the eschatology of Maximus the Confessor" in F. Heinzer and C. Schönborn (eds), *Maximus Confessor*, Fribourg: Éditions Universitaires (Paradosis 27), 309-39.

D'Alverny, M.-T. (1977) "Les 'solutiones ad Chosroem' de Priscianus Lydus et Jean Scot" in Roques (1977).

Damascius (1999) *The Philosophical History. Text with Translation and Notes*, ed. P. Athanassiadi, Athens: Apameia.

D'Ancona, C. (ed.) (2005) *Storia della filosofia nell'islam medievale.* (Piccola biblioteca Einaudi, new series, 285-6). Turin: Einaudi.

Dante Alighieri (1979-84) *Opere minori*, ed. C. Vasoli and others, Milan: Ricciardi.

Dante Alighieri (1989) *Monarchia. Studienausgabe*, ed. R. Imbach and C. Flüeler, Stuttgart: Reclam.

Dante Alighieri (1993-) *Philosophische Werke* [with German trans.], general ed., R. Imbach, Hamburg: Meiner.

Dante Alighieri (1996) *Monarchy*, trans. P. Shaw, Cambridge: Cambridge University Press.

Dante Alighieri (2013) *Monarchia*, ed. Paolo Chiesa and Andrea Tabarroni (Nuova edizione commentata delle opere di Dante Roma 4). Salerno editrice.

Dante Alighieri (2014) *Opere* II, general editor Marco Santagata, Florence : Mondadori.

David of Dinant (1963) *Quaternulorum fragmenta*, ed. M. Kurdziałek (Studi mediewistyczne 3), Warsaw: Panstowe wy dawnictwo naukowe.

Davidson, H. A. (1987) *Proofs for Eternity, Creation and the Existence of God in Medieval Islamic and Jewish Philosophy*, New York and Oxford: Oxford University Press.

Davidson, H. A. (1992a) *Alfarabi, Avicenna, and Averroes, on Intellect*, New York and Oxford: Oxford University Press.

Davidson, H. A. (1992b) "Gersonides on the material and active intellects" in Freudenthal (1992), 195-265.

Davidson, H. A. (2005) *Moses Maimonides: The Man and His Works*, Oxford: Oxford University Press.

Davies, B. (1992) *The Thought of Thomas Aquinas*, Oxford: Oxford University Press.

Davies, B. (2002) *Thomas Aquinas. Contemporary Philosophical Perspectives*, Oxford: Oxford University Press.

Davies, B. (2004) "Anselm and the ontological argument" in Davies and Leftow (2004), 157-78.

Davies, B. and Leftow, B. (eds.) (2004) *The Cambridge Companion to Anselm*, Cambridge: Cambridge University Press.

Davies, Brian and Eleonore Stump (eds.) (2012) *The Oxford Handbook of Aquinas*, New York : Oxford University Press, 2012.

De Finance, J. (1956) "La présence des choses à l'éternité d'après les scolastiques", *Archives de Philosophie* 19, 24-62.

De Gandillac, M. (1975) "Intention et loi dans l'éthique d'Abélard" in - (1975), 585-608.

Dekkers, E. (1995) *Clavis patrum Latinorum qua in Corpus Christanorum edendum optimas quasque scriptorum recensiones a Tertulliano ad Bedam*, Steenbrugge: Abbey of St Peter (CCSL).

Delhaye, P. (1950) *Une controverse sur l'âme universelle au IXe siècle*, Namur: Godenne (Analecta Mediaevalia Namurcensia I).

Delhaye, P. (1958) "'Grammatica' et 'Ethica' au XIIe siècle", *Recherches de théologie ancienne et médievale* 25, 59-110.

De Libera, A. (1981) "Abélard et le dictisme" in *Abélard. Le "Dialogus"*, *la philosophie de la logique*, Geneva, Lausanne and Neuchâtel, 1981: *Cahiers de la revue de théologie et de philosophie* 8, 59-92.

De Libera, A. (1984) *Introduction à la Mystique Rhénane. D'Albert le Grand à Maître Eckhart*, Paris: O. E. I. L.

De Libera, A. (1986) "La littérature des *Sophismata* dans la tradition terministe parisienne de la seconde moitié du XIIIe s." In M. Asztalos (ed.) *The Editing of Theological and Philosophical Texts from the Middle Ages*, Stockholm: Almqvist and Wiksell (Acta universitatis Stockholmiensis. Studia Latina Stockholmiensia 30), 213-44.

De Libera, A. (1987) "Logique et théologie dans la *Summa 'Quoniam Homines' d' Alain de Lille*" in Jolivet and De Libera (1987), 437-69.

De Libera, A. (1990) *Albert le Grand et la Philosophie*, Paris: Vrin.

De Libera, A. (1991a) *César et le Phénix. Distinctiones et sophismata parisiens du XIIIe siècle*, Pisa: Scuola Normale Superiore (Centro di cultura medievale, 4).

De Libera, A. (1991b) *Penser au moyen âge*, Paris: Seuil.

De Libera, A. (1996) *La querelle des universaux de Platon à la fin du Moyen Age*, Paris: Seuil.

De Libera, A. (1998) "Philosophie et censure. Remarques sur la crise universitaire parisienne de 1270-1277" in Aertsen and Speer (1998) 71-89.

De Libera, A. (1999) *L'Art des généralités. Théories de l'abstraction*, Paris: Aubier.

De Libera, A. (2002) *La référence vide. Théories de la proposition*, Paris: Presses universitaires de France.

De Libera, A. (2003) *Raison et foi, archéologie d'une crise d'Albert le Grand à Jean-Paul II*, Paris: Seuil.

De Libera, A. (2004a) *La philosophie médiévale*, Paris: PUF.

De Libera, A. (2004b) *L'Unité de l'intellect. Commentaire du 'De unitate intellectus contra averroistas' de Thomas d'Aquin*, Paris: Vrin.

De Libera, A. (2005) *Métaphysique et noétique: Albert le Grand*, Paris: Vrin.

De Libera, A. (2007-14) *Archéologie du sujet*, I, II, IIIi. Paris: Vrin, 2007.

De Libera, A. and Michon, C. (1996) *L'être et l'essence. Le vocabulaire médiéval de l'ontologie: deux traités De ente et essentia de Thomas d'Aquin et Dietrich de Freiberg*, Paris: Seuil (Collection Points, série essais 339).

Delorme, F. N. (1941) "Fr. Petri Joannis Olivi tractatus 'De perlegendis Philosophorum libris'", *Antonianum* 16, 31-44.

De mirabilibus sacrae scripturae (1845) *PL* 35, 2149-2200.

De Riddier-Symoens, H. (1991) *A History of the University in Europe* I, Cambridge: Cambridge University Press.

De Rijk, L. M. (1962/1967) *Logica Modernorum*, Assen: Van Gorcum.

De Rijk, L. M. (1975) "La signification de la proposition (dictum propositionis) chez Abélard" in — (1975), 547-55.

De Rijk, L. M. (1980) "The semantical impact of Abelard's solution of the problem of universals" in Thomas (1980), 139-50.

De Rijk, L. M. (1985) *La philosophie au Moyen Age*, Leiden: Brill.

De Rijk, L. M. (1986) "Peter Abelard's semantics and his doctrine of being", *Vivarium* 24, 85-128.

De Rijk, L. M. (1988) *Some Earlier Parisian Tracts on Distinctiones sophismatum*, Nijmegen: Ingenium.

De Rijk, L. M. (1990) "The 'Posterior Analytics' in the Latin West" in A. Asztalos, J. E. Murdoch and I. Niniluoto (eds), *Knowledge and the Sciences in Medieval Philosophy*, Helsinki: Acta Philosophica Fennica 48, 104-27.

Diebler, S. (2005) "Catégories, conversation et philosophie chez al-Fârâbî" in Bruun and Corti (2005) 275-305.

Dienstag, J. I. (1983) *Eschatology in Maimonidean Thought. Messianism, Resurrection and the World to Come*, USA: Ktav (Bibliotheca Maimonidica 2).

Dietrich of Freiberg (1977-85) *Opera omnia* (Corpus philosophorum teutonicorum medii aevi).

Dietrich, P. A. and Duclow, D. F. (1986) in Allard, G. H. (1986), 29-49. *Jean Scot Écrivain*, Montreal: Bellarmin Cahiers d'études médiévales, Cahier special 1.

Dillon, J. M. (1996) *The Middle Platonists*, 80 *BC* to *AD* 220, Ithaca, NY: Cornell UP (revised edn).

Diwald, S. (1975) *Arabische Philosophie und Wissenschaft in der Enzyklopädie*, Wiesbaden: Harrassowitz.

Dolnikowski, E. W. (1995) *Thomas Bradwardine: A View of Time and a Vision of Eternity in Fourteenth-Century Thought*, Leiden and New York: Brill (Studies in the History of Christian Thought 65).

Dominicus Gundisalvi (1891) *De unitate*, ed. P. Correns, Münster: Aschendorff (BGPTMA 1,1).

Dominicus Gundisalvi (1897) *De immortalitate animae*, ed. G. Bülow, Münster: Aschendorff (BGPTMA 2,3).

Dominicus Gundisalvi (1903) *De divisione philosophiae*, ed. L. Baur, Münster: Aschendorff (BGPTMA 4, 2-3).

Dominicus Gundisalvi (1925) *De processione mundi*, ed. G. Bülow, Münster: Aschendorff (BGPTMA 24, 3).

Dominicus Gundisalvi (1940) *De anima*, ed. J. T. Muckle, *Mediaeval Studies* 2, 31-103.

Donati, S. (2005) "The Anonymous Commentary on the Physics in *Erfurt, Cod. Amplon. Q* 312, and Rufus of Cornwall", *Recherches de théologie et philosophie médiévales* 72, 232-362.

Donato, A. (2014) *Boethius's Consolation of Philosophy as a Product of Late Antiquity*, London and New York: Bloomsbury, 2014.

Donini, P. (1982) *Le scuole, l'anima, l'impero: la filosofia antica da Antioco a Plotino*, Turin: Rosenberg & Sellier.

Dronke, P. (1974) *Fabula. Explorations into the Uses of Myth in Medieval Platonism*, Leiden and Cologne: Brill.

Dronke, P. (1988a) (ed.) *A History of Twelfth Century Western Philosophy*, Cambridge: Cambridge University Press.

Dronke, P. (1988b) "Thierry of Chartres" in Dronke (1988a), 358-85.

Dronke, P. (1992) *Intellectuals and Poets in Medieval Europe*, Rome: Edizioni di storia e letteratura (Studi e testi 183).

Dronke, P. (1994) *Verse with Prose from Petronius to Dante. The Art and Scope of the Mixed Form*, Cambridge, MA and London: Harvard University Press.

Dronke P. and Orlandi, G., "New Works by Abelard and Heloise", *Filologia Mediolatina* 12 (2005), 123-77.

Druart, T.-A. (1987) "Al-Farabi and emanationism" in J. F. Wippel (ed.) *Studies in Medieval Philosophy*, Washington, DC: Catholic University of America Press (Studies in Philosophy and the History of Philosophy 17), 23-43.

Duffy, J. (2002) "Hellenistic philosophy in Byzantium and the lonely mission of Michael Psellos" in Ierodiakoniou (2002), 139-56.

Dumont, S. (1995) "The origin of Scotus's theory of synchronic contingency", *The Modern Schoolman* 72, 149-67.

Duns Scotus, see John Duns Scotus.

Dutton, B. D. (1996) "Nicholas of Autrecourt and William of Ockham on atomism, nominalism, and the ontology of motion", *Medieval Philosophy and Theology* 5, 63-85.

Dutton, P. E. (1984) "The Uncovering of the 'Glosae super Platonem' of Bernard of Chartres", *Mediaeval Studies* 46, 192-221.

Easton, S. C. (1952) *Roger Bacon and his Search for a Universal Science*, New York: Columbia University Press.

Ebbesen, S. (1990) "Boethius as an Aristotelian commentator" in Sorabji (1990) 373-91.

Ebbesen, S. (1991) "Two nominalist texts", *CIMAGL* 61, 429-40.

Ebbesen, S. (1992) "What must one have an opinion about", *Vivarium* 30, 62-79.

Ebbesen, S. (1993) "Medieval Latin glosses and commentaries on Aristotelian logical texts of the twelfth and thirteenth centuries" in Burnett (1993), 129-77.

Ebbesen, S. (2001) "A Porretanean commentary on Aristotle's Categories", *CIMAGL* 72, 35-88.

Ebbesen, S. (2010) "The prior analytics in the Latin West: 12th-13th centuries" in Cameron and Marenbon (2010, 96-133).

Ebbesen, S., Marenbon, J. and Thom, P. (eds.) (2013) *Aristotle's Categories in the Byzantine, Arabic and Latin Traditions Aristotle's Categories in the Byzantine, Arabic and Latin Traditions*, ed. (Scientia Danica, series H, Humanistica, 8, vol. 5; Publications of the Centre for the Aristotelian Tradition 3) Copenhagen: Royal Danish Academy of Sciences and Letters.

Eckhart (1936-) *Die deutschen und lateinischen Werke*, ed. and trans. J. Quint and others, Stuttgart: Kohlhammer.

Eckhart (1974) *Parisian Questions and Prologues*, trans. A. A. Maurer, Toronto: PIMS.

Eckhart (1981) *The Essential Sermons, Commentaries, Treatises, and Defense*, trans. E. Colledge and B. McGinn, London: SPCK.

Elders, L. J. (1993) *The Metaphysics of Being of St Thomas Aquinas in a Historical Perspective*, Leiden and New York: Brill.

Elford, D. (1988) "William of Conches" in Dronke (1988a), 308-27.

El-Rouayheb, K. (2010) *Relational syllogisms and the History of Arabic Logic*, 900-1900 (Islamic Philosophy, Theology and Science. Texts and Studies 70), Leiden and Boston: Brill.

Elswijk, H. C. van (1966) *Gilbert Porreta. Sa vie, son oeuvre, sa pensée*, Louvain: spicilegium sacrum lovaniense (SSL 33).

Emery, K. (Jnr.) and Speer, A. (2001) "After the condemnation of 1277: new evidence, new perspectives and grounds for new interpretations" in Aertsen *et al.* (2001) 3-19.

Endress, G. (1977) *The Works of Yaḥyâ ibn 'Adî*, Wiesbaden: Ludwig Reichert.

Endress, G. (1997) "The circle of al-Kindî. Early Arabic translations from the Greek and the rise of Islamic philosophy" in Endress and Kruk (eds), 43-76.

Endress, G. and Kruk, R. (1997) *The Ancient Tradition in Christian and Islamic Hellenism*, Leiden: Research school CNWS (CNWS publications 50).

Erismann, C. (2009a). "The Medieval Fortunes of the *Opuscula sacra*" in Marenbon 2009, 155-77.

Erismann, C. (2009b) *L'homme commun. La genèse du réalisme ontologique durant le haut Moyen âge latin*, Paris: Vrin.

Eriugena, *see* John Scottus.

Etzwiler, J. P. (1971) "Baconthorpe and Latin Averroism: the doctrine of the unique intellect", *Carmelus* 18, 235-92.

Etzwiler, J. P. (1976) "John Baconthorpe, 'Prince of the Averroists'", *Franciscan Studies*, n. s. 36, 148-76.

Evangeliou, C. (1988) *Aristotle's Categories and Porphyry*, Leiden: Brill (Philosophia Antiqua 48).

Evans, G. E. R. (ed.) (2002) *Mediaeval Commentaries on the "Sentences" of Peter Lombard. Current Research* I, Leiden, Boston and Cologne: Brill.

Evans, J. (2004) "Boethius on modality and future contingents", *American Catholic Philosophical Quarterly* 78, 247-71.

Everardus of Ypres (1953) *Dialogus Ratii et Everardi* in N. Häring, "A Latin dialogue on the doctrine of Gilbert of Poitiers", *Mediaeval Studies* 15, 243-89.

Fârâbî (1938) *Risâla fi'l-'aql*, ed. M. Bouyges, Beirut: Imprimerie Catholique.

Fârâbî (1969a) *Catálogo de las Ciencias* ("Enumeration of the sciences"), ed. and trans. A. González Palencia, Madrid: Imprenta y Editorial Maestre.

Fârâbî (1969b) *Kitâb al-ḥurûf*, ed. M. Mahdi, Beirut: Dâr al-mashriq.

Fârâbî (1985) *Al-Farabi on the Perfect State*, ed. and trans. R. Walzer, Oxford: Oxford University Press.

Fârâbî (2001a) *The Political Writings*, trans. C. E. Butterworth, Ithaca and London:

Cornell University Press.

Fârâbî (2001b) *Philosophy of Plato and Aristotle*, trans. M. Mahdi, rev. ed., Ithaca and London: Cornell University Press.

Federici Vescovini, G. (1979) *Astrologia e scienza: la crisi dell'aristotelismo sul cadere del Trecento e Biagio Pelacani da Parma*, Florence: Vallechi.

Fidora, A. and Niederberger, A. (eds) (2001) *Von Bagdad nach Toledo. Das 'Buch der Ursachen' und seine Rezeption im Mittelalter*, Mainz: Dieterich (Excerpta Classica 20).

Finnis, J. (1998) *Aquinas. Moral, Political and Legal Theory*, Oxford: Oxford University Press.

Fiorentino, F. (2004) *Gregorio da Rimini. Contingenza, Futuro e Scienza nel Pensiero Tardo-medievale*, Rome: Antonianum.

Flamant, J. (1977) *Macrobe et le Néoplatonisme à la fin du IVe siècle*, Leiden: Brill (Études préliminaires aux religions orientales dans l'empire romain 58).

Flasch, K. (ed.) (1984) *Von Meister Dietrich zu Meister Eckhart*, Hamburg: Meiner.

Flasch, K. (1987) *Einführung in die Philosophie des Mittelalters*, Darmstadt: Wissenschaftliche Buchgesellschaft.

Flasch, K. (1988) "Meister Eckhart und die 'Deutsche Mystik'-Zur Kritik eines historiographischen Schemas", in Pluta (1988) 439-63.

Flasch, K. (1989) *Aufklärung im Mittelalter? Die Verurteilung von 1277. Das Dokument des Bischofs von Paris übsersetzt und erklärt*, Mainz: Dieterich'sche Verlagsbuchhandlung (Excerpta classica 6).

Flasch, K. (1993) *Augustinus von Hippo, das XI. Buch der Confessiones: historischphilosophische Studie*: Text, Übersetzung, Kommentar, Frankfurt am Main: Klostermann.

Flasch, K. (1998) *Introduction à la philosophie médiévale*, Paris: Champs-Flammarion.

Flasch, K. (2000) *Das philosophische Denken im Mittelalter. Von Augustin zu Machiavelli*, Stuttgart: Reclam.

Flasch, K. (2007) *Dietrich von Freiberg : Philosophie, Theologie, Naturforschung um 1300*, Frankfurt am Main: Vittorio Klostermann.

Flint, V. (1976) "The 'School of Laon': a reconsideration", *Recherches de théologie ancienne et médiévale*, 43, 89-110.

Fløistad, G. (1990) *Contemporary Philosophy. A New Survey*. Vol. 6, 1&2. *Philosophy and Science in the Middle Ages*, Dordrecht, Boston and London: North Holland.

Florus of Lyon (1852) *Liber adversus Joannem Scotum*, PL 119, 101-250.

Fontaine, J. (1959) *Isidore de Séville et la culture classique dans l'espagne wisigothique*, Paris: Études augustiniennes.

Fontaine, J. (1983) *Isidore de Séville et la culture classique dans l'espagne wisigothique. Notes complémentaires et supplément bibliographique*, Paris: Études augustiniennes.

Fontaine, T. (1990) *In Defense of Judaism: Abraham ibn Daud, Sources and Structures of Emunah Ramah*, Assen: Van Gorcum.

Fox, M. (1990) *Interpreting Maimonides*, Chicago: University of Chicago Press.

Fox, R. (2006) *Time and Eternity in Mid-thirteenth-century Thought*, Oxford: Oxford University Press. Frank, D. H. (ed.) (2002) 'Maimonides', *American Catholic Philosophical Quarterly* 76. Frank, D. H. and Leaman, O. (1997) *History of Jewish Philosophy*, London: Routledge. Frank, R. M. (1978) *Beings and their Attributes: The Teaching of the Basrian School of the Mu'tazila in the Classical Period*, Albany: State University of New York Press.

Frank, R. M. (1992a) "The science of *Kalâm*", *Arabic Sciences and Philosophy* 2, 7-37.

Frank, R. M. (1992b) *Creation and the Cosmic System: al-Ghazâlî and Avicenna*, Heidelberg: Carl Winter (Abhandlungen der Heidelberger Akademie der Wissenschaften, Phil. hist. Kl. 1992, 1).

Frank, R. M. (1994) *Al-Ghazâlî and the Ash'arite School*, Durham and London: Duke University Press (Duke Monographs in Medieval and Renaissance Studies 15).

Frank, D. H. and Leaman, O. (2003) *Cambridge Companion to Mediaeval Jewish Philosophy*, Cambridge: Cambridge University Press.

Fredborg, K. M. (1988) "Speculative grammar" in Dronke (1981), 177-95.

Frede, M. (1998) "A medieval source of modern scepticism" in R. Claussen and R. Daube-Schackat (eds), *Gedankenzeichen: Festschrift für Klaus Oehler zum 60. Geburtstag*, Tübingen: Stauffenburg, 65-75. Frede, M. (2002) "John of Damascus on human action, the will, and human freedom" in Ierodiakonou (2002) 63-95.

Fredegisus of Tours (1963) *Fridugiso di Tours e il "De substantia nihili et tenebrarum": edizione critica e studio introduttivo*, ed. C. Gennaro, Padua: CEDAM (Pubblicazioni dell'Istituto Universitario di Magistero di Catania. Serie filosofica, saggi e monografie 46).

Freudenthal, G. (ed.) (1992) *Studies on Gersonides. A Fourteenth-Century Jewish Philosopher-Scientist*, Leiden, New York and Cologne: Brill (Collection de travaux de l'académie internationale d'histoire des sciences 36).

Friedman, R. L. and Nielsen, L. O. (eds) (2000) "Peter Auriol", *Vivarium* 38.1.

Friedman, R. L. and Ebbesen, S. (eds) (2004) *John Buridan and Beyond. Topics in the Language Sciences*, 1300-1700, Copenhagen: Reitzel and Royal Danish Academy of Sciences and Letters (Historisk-filosofiske Meddelelser 89).

Fuhrmann, M. and Gruber, J. (eds) (1984) *Boethius*, Darmstadt: Wissenschaftliche Buchgesellschaft (Wege der Forschung 483).

Funkenstein, A. (1986) *Theology and the Scientific Imagination from the Middle Ages to the Seventeenth Century*, Princeton: Princeton University Press.

Furlani, G. (1926) "Due scoli filosofici attribuiti a Sergio di Teodosiopoli (Rêsh 'aynâ)", *Aegyptus* 7, 139-45.

Gabbay, D. M. and Woods, J. (eds.) (2008) *Handbook of the History of Logic. II. Mediaeval and Renaissance Logic*. Amsterdam: Elsevier.

Gagliardi, A. (1999) *Giovanni Boccaccio. Poeta Filosofo Averroista*, Catanzaro: Rubbettino.

Gál, G. (1977) "Adam Wodeham's Question on the '*Complexe Significabile*'", *Franciscan Studies* 37, 66-102.

Galston, M. (1990) *Politics and Excellence: The Political Philosophy of Alfarabi*, Princeton: Princeton University Press.

Gauthier, R.-A. (1982a) "Le traité 'De anima et potenciis eius' d'un maître ès arts (vers 1225)", *Revue des sciences philosophiques et théologiques* 66, 3-55.

Gauthier, R.-A. (1982b) "Notes sur les débuts (1225-40) du premier 'Averroïsme'", *Revue des sciences philosophiques et théologiques* 66, 321-74.

Gauthier, R.-A. (1983-4) "Notes sur Siger de Brabant", *Revue des sciences philosophiques et théologiques* 67, 201-32; 68, 3-49.

Gelber, H. G. (2004) *It Could Have Been Otherwise. Contingency and Necessity in Dominican Theology at Oxford*, 1300-1350, Leiden and Boston: Brill (Studien und Texte zur Geistesgeschichte des Mittelalters 81).

Genest, J.-F. (1992) *Prédétermination et Liberté Crée à Oxford au XIVe Siècle. Buckingham contra Bradwardine*, Paris: Vrin.

Gentili, S. (2005) *L'Uomo aristotelico alle origini della letteratura italiana*, Rome: Carroci: Universita "La Sapienza" (Collana del dipartimento di studi filologici ... dell'università di Roma "La Sapienza", Studi 2).

Geoffroy, M. (1999) "L'Almohadisme théologique d'Averroès (Ibn Rushd)", *AHDLMA* 66, 9-47.

Gerbert of Aurillac (1867) *Oeuvres*, ed. A. Olleris, Clermont-Ferrand and Paris: Thibaud and Dumoulin.

Gerlandus of Besançon (1959) *Dialectica*, ed. L. M. De Rijk, Assen: Van Gorcum.

Gersh, S. (1978) *From Iamblichus to Eriugena: An Investigation of the Prehistory and Evolution of the Pseudo-Dionysian Tradition*, Leiden: Brill (Studien zur Problemgeschichte der antiken und mittelalterlichen Philosophie 8).

Gersh, S. (1982) "Platonism - Neoplatonism - Aristotelianism: a twelfth-century metaphysical system and its sources" in Benson and Constable (1980), 512-34.

Gersh, S. (1986) *Middle Platonism and Neoplatonism. The Latin Tradition*, Notre Dame, Indiana: University of Notre Dame Press (Publications in Medieval Studies 33, 1-2).

Gerson, L. P. (1994) *Plotinus*, London: Routledge.

Gerson, L. P. (1996) *The Cambridge Companion to Plotinus*, Cambridge: Cambridge University Press.

Gersonides (1923) *Milḥamot ha-Shem*, Berlin: Lames.

Gersonides (1984-99) *The Wars of the Lord*, trans. S. Feldman, Philadelphia: Jewish Publication Society of America.

Gersonides (1992) *The Logic of Gersonides. A Translation of "Sefer-ha-Heqqsh ha-Yashar" (The 'Book of the Correct Syllogism) of Rabbi Levi ben Gershom*, Dordrecht, Boston and London: Kluwer (Texts and Studies in the History of Philosophy 40).

Gewirth, A. (1951-56) *Marsilius of Padua, the Defender of Peace*, New York: Columbia University Press (Records of Civilization, Sources and Studies 46).

Ghazâlî (1967) *Al-Munqidh min al-ḍalâl*, ed J. Saliba and K. Ayyad, Beirut.

Ghazâlî (1980) *Freedom and Fulfilment: An Annotated Translation of al-Ghazâlî's al-Munqidh min al-Ḍalâl and Other Relevant Works of al-Ghazâlî*, trans. R. J. McCarthy, Boston: Twayne (Library of Classical Arabic Literature 4).

Ghazâlî (2000) *The Incoherence of the Philosophers (Tahâfut al-falâsifa)*, ed. and trans. M. Marmura, Provo: Brigham Young University Press.

Gibson, M. T. (1979) "The early scholastic 'Glosule' to Priscian, 'Institutiones grammaticae': the text and its Influences", *Studi medievali*, 3a ser. 20, 235-54.

Gibson, M. (1981) *Boethius: His Life, Thought and Influence*, Oxford: Blackwell.

Giele, M., Van Steenberghen, F. and Bazán, B. (1971) *Trois commentaires anonymes sur le traité de l'âme d'Aristote*, Louvain and Paris: Publications Universitaires and Bétarice-Nauwelaerts (Philosophes médiévaux 11).

Gilbert of Poitiers (1966) *The Commentaries on Boethius*, ed. N. M. Häring, Toronto: PIMS.

Giles of Rome (1944) *Errores philosophorum*, ed. J. Koch; trans. J. O. Riedl, Milwaukee, WI: Marquette University Press.

Gilson, E. (1929) "Les sources gréco-arabes de l'augustinisme avicennisant", *AHDLMA* 4, 5-107.

Gilson, E. (1938) *The Christian Philosophy of St. Bonaventure*, trans. I. Trethowan and F. Sheed, New York: St Anthony Guild.

Gilson, E. (1939) *Dante et la philosophie*, Paris: Vrin.

Gilson, E. (1953) *La Philosophie de Saint Bonaventure*, 3rd edn, Paris: Vrin (Études de philosophie médiévale 4).

Gilson, E. (1955) *A History of Christian Philosophy in the Middle Ages*, London: Sheed and Ward.

Gimaret, D. (1980) *Théories de l'acte humain en théologie musulmane*, Paris: Vrin (Études musulmanes 24).

Gimaret, D. (1990) *La Doctrine d'al-Ash'arî*, Paris: Éditions du Cerf.

Glorieux, P. (1925) *La Littérature quodlibétique de 1260 à 1320*, Kain: Revue des sciences philosophiques et théologiques.

Glorieux, P. (1927) "Comment les thèses thomistes furent proscrites à Oxford (1284-1286)", *Revue Thomiste*, n. s. 32, 259-91.

Glorieux, P. (1933-4) *Répertoire des maîtres en théologie de Paris au XIIIe siècle*, Paris: Vrin (Études de philosophie médiévale 17-18).

Glasner, R. (2009) *Averroes' Physics : a turning point in medieval natural philosophy*, Oxford: Oxford University Press.

Glorieux, P. (1935) *La Littérature quodlibétique* II, Paris: Vrin.

Glorieux, P. (1971) *La Faculté des arts et ses maîtres au XIIIe siècle*, Paris: Vrin (Études de philosophie médiévale 59).

Godfrey of Fontaines (1904-37) *Opera omnia*, Louvain: Institut supérieur de philosophie de l'université (Les philosophes belges 2-15, 14).

Gombocz, W. L. (1997) *Geschichte der Philosophie IV. Die Philosophie der ausgehenden Antike und des frühen Mittelalters*, Munich: Beck.

Goris, H. J. M. J. (1998) *Free Creatures of an Eternal God: Thomas Aquinas on God's Foreknowledge and Irresistible Will*, Louvain: Peeters (Publications of the Thomas Instituut te Utrecht. New Series 4).

Gottschalk (1945) *Oeuvres théologiques et grammaticales de Godescalc d'Orbais*, Louvain: Spicilegium Sacrum Lovaniense (SSL 20).

Goulet, R. (1989-) *Dictionnaire des philosophes antiques*, Paris: CNRS.

Gracia, J. E. (1984) *Introduction to the Problem of Individuation in the Early Middle Ages*, Munich: Philosophia.

Gracia, J. E. and Noone, T. B. (2003) *A Companion to Philosophy in the Middle Ages*, Oxford and Malden, MA: Blackwell.

Grassi, O. (1986) *Intuizione e Significato: Adam Wodeham e il problema della conoscenza nel XIV secolo*, Milan: Jaca.

Green-Pedersen, N. J. (1984) *The Tradition of the Topics in the Middle Ages*, Munich: Philosophia Verlag.

Gregory, T. (1955) *Anima mundi: la filosofia di Guglielmo di Conches e la scuola di Chartres*, Florence: Sansori (Pubblicazioni dell'Istituto di Filosofia dell'Università di Roma 3).

Gregory Palamas (2003) *Atto e luce divina*, ed. E. Perrella (a collection of theological and philosophical writings, with Greek original and Italian translation), Milan: Bompiani.

Gregory of Rimini (1979-84) *Gregorii Ariminensis Lectura super primum et secundum Sententiarum*, 6 vols., eds. D. Trapp, V. Marcolino, W. Eckermann, M. Santos-Noya. W. Schulze, W. Simon, W. Urban, and V. Vendland, Berlin/New York: De Gruyter (Spätmittelalter und Reformation: Texte und Untersuchungen 6-11).

Gregory of Rimini (forthcoming) *Modality, Order, and Transcendence: Gregory of Rimini on God's Knowledge, Power, and Will. An English Translation of His Lectures on the Sentences, Book I, Dist. 35-48*, trans. R. Friedman and C. Schabel, New Haven: Yale University Press.

Grellard, C. (2005) *Croire et savoir: les principes de la connaissance selon Nicholas d'Autrecourt*, Paris: Vrin.

Griffel, F. (2009) *Al-Ghazâlî's Philosophical Theology*, New York: Oxford University Press.

Gruber, J. (2006) *Kommentar zu Boethius' De consolatione philosophiae* (Texte und Kommentare-eine altertumswissenschaftliche Reihe 9). Berlin and New York: De Gruyter.

Guilfoy, K. (2004) "Peter Abelard's two theories of the proposition" in Maierù and Valente (2004), pp. 35-57.

Gutas, D. (1983) "Paul the Persian on the classification of the parts of Aristotle's philosophy: a milestone between Alexandria and Baghdad", *Der Islam*, 60, 231-67.

Gutas, D. (2014) *Avicenna and the Aristotelian Tradition: Introduction to Reading Avicenna's Philosophical Works*, Leiden: Brill, second, revised edition (Islamic philosophy, theology, and science 89).

Gutas, D. (1998) *Greek Thought, Arabic Culture*, London and New York: Routledge.

Gutas, D. (1999) "The 'Alexandria to Baghdad' complex of narratives. A contribution to the study of philosophical and medical historiography among the Arabs", *DSTFM* 10, 155-93.

Gutas, D. (2000) "Avicenna's Eastern ('Oriental') philosophy, nature, contents, transmission", *ASP* 10, 159-80.

Gutas, D. (2002a) "The study of Arabic philosophy in the twentieth century", *British Journal of Middle Eastern Studies* 29, 5-25.

Gutas, D. (2002b) "The heritage of Avicenna: the gold age of Arabic philosophy, 1000-ca. 1350" in Janssens and De Smet (2002), 81-97.

Gutas, D. (2003) "Essay-review: Suhrawardî and Greek philosophy", *ASP* 13, 303-9.

Haase, D. N. (2001) "Avicenna on abstraction" in Wisnovsky (2001).

Hackett, J. (ed.) (1997) *Roger Bacon and the Sciences: Commemorative Essays*, Leiden and New York: Brill.

Hadot, I. (1978) *Le problème du néoplatonisme alexandrin: Hiéroclès et Simplicius*, Paris: Études augustiniennes.

Hadot, I. (1984) *Arts libéraux et philosophie dans la pensée antique*, Paris: Études augustiniennes.

Hadot, I. (1987a) *Simplicius: sa vie, son oeuvre, sa survie*, Berlin: de Gruyter (Peripatoi 15).

Hadot, P. (1971) *Marius Victorinus. Recherches sur sa vie et ses œuvres*, Paris: Études augustiniennes.

Hadot, P. (1972) "De Tertullien à Boèce. Le développement de la notion de personne dans les controverses théologiques", in I. Meyerson (ed.) *Problèmes de la personne*, Paris and The Hague: Mouton (École Pratique des Hautes Études, VIe section, Congrès et Colloques 13).

Hadot, P. (1987b) *Philosophy as a Way of Life: Spiritual Exercises from Socrates to Foucault*, trans. M. Chase (2005), Oxford: Blackwell.

Hadot, P. (1995) *Qu'est-ce que la philosophie antique?*, Paris: Gallimard.

Hansen, H. (2005) "An early commentary on Boethius's 'Topics'", *CIMAGL* 76, 45-130.

Häring, N. M. (1955) "The Cistercian Everard of Ypres and his appraisal of the conflict between St Bernard and Gilbert of Poitiers", *Mediaeval Studies* 17, 143-72.

Häring, N. M. (1974) "New Approaches to the School of Chartres" in *Essays in Honor of Anton Charles Pegis*, ed. J. R. O'Donnell, Toronto: PIMS, 117-40.

Haskins, C. H. (1927) *The Renaissance of the Twelfth Century*, Cambridge, MA: Harvard University Press.

Hawi, S. S. (1974) *Islamic Naturalism and Mysticism. A Philosophic Study of Ibn Ṭufayl's Ḥayy bin Yaqẓân*, Leiden: Brill.

Hayes, Z. ed. (1979) *Disputed Questions on the Mystery of the Trinity*, O. F. M. St Bonaventure, NY: St. Bonaventure Press, 1979.

Hayoun, M.-R. (1986) *Moshe Narboni*, Tübingen: Mohr (Texts and Studies in Medieval and Early Modern Judaism 1).

Hayoun, M.-R. (1989) *La philosophie et la théologie de Moïse de Narbonne* (1300-1362), Tübingen: Mohr (Texts and Studies in Medieval and Early Modern Judaism 4).

Hayoun, M.-R. and De Libera, A. (1991) *Averroès et l'averroïsme*, Paris: Presses universitaires de France.

Heinzer, F. and Schönborn, C. (1982) *Maximus Confessor: actes du Symposium sur Maxime le Confesseur, Fribourg, 2-5 septembre 1980*, Fribourg: Éditions universitaires (Paradosis 27).

Henry of Ghent (1518) *Quodlibet*, Paris: Ascensius, repr. Louvain: Bibliothèque S. J. 1961.

Henry of Ghent (1520) *Summa quaestionum ordinarium*, Paris: Ascencius, repr. New York: Franciscan Institute publications, Text series 5.

Henry of Ghent (1979-) *Opera omnia*, Leuven: Leuven University Press (Ancient and medieval Philosophy, Series 2).

Henry, D. P. (1967) *The Logic of St Anselm*, Oxford: Oxford University Press.

Hermann of Carinthia (1982) *De essentiis*, ed. C. Burnett, Leiden and Cologne: Brill.

Hick, J. and McGill, A. C. (eds) (1968) *The Many-Faced Argument. Recent Studies on the Ontological Argument for the Existence of God*, London and Melbourne: Macmillan.

Hillgarth, J. N. (1971) *Ramon Lull and Lullism in Fourteenth-Century France*, Oxford:

Oxford University Press.

Hincmar of Rheims (1889) *Writings on Predestination* in W. Gundlach, "Zwei Schriften des Erzbischofs Hinkmar von Reims 2", *Zeitschrift für Kirchengeschichte* 10, 258-309.

Hissette, R. (1977) *Enquête sur les 219 articles condamnés à Paris le 7 mars 1277*, Louvain: Publications universitaires (Philosophes médiévaux 22).

Hissette, R. (1990) "Note sur le syllabus 'antirationnaliste' du 7 mars 1277", *Recherches de théologie ancienne et médiévale* 88, 404-16.

Hoenen, M. J. F. M. and Bakker, P. J. J. M. (2000) *Philosophie und Theologie des ausgehenden Mittelalters: Marsilius von Inghen und das Denken seiner Zeit*, Leiden: Brill.

Hoenen, M. J. F. M., Schneider, J. H. J. and Wieland, G. (eds) (1995) *Philosophy and Learning. Universities in the Middle Ages*, Leiden, New York and Cologne: Brill (Education and Society in the Middle Ages and Renaissance 6).

Hoenen, M. J. F. M. and Nauta, L. (eds) (1997) *Boethius in the Middle Ages. Latin and Vernacular Tradition of the "Consolatio Philosophiae"*, Leiden, New York and Cologne: Brill (Studien und Texte zur Geistesgeschichte des Mittelalters 58).

Hoffmann, F. (1972) *Die theologische Methode des Oxforder Dominikanerlehrers Robert Holcot*, Münster: Aschendorff (BGPTMA n. f. 5).

Hoffmann, P. (1994) "Damascius" in Goulet (1989-), II, 541-93.

Holopainen, T. J. (1996) *Dialectic and Theology in the Eleventh Century*, Leiden, New York and Cologne: Brill (Studien und Texte zur Geistesgeschichte des Mittelalters 54).

Honnefelder, L., Wood, R. and Dreyer, M. (eds) (1996) *John Duns Scotus. Metaphysics and Ethics*, Leiden, New York and Cologne: Brill (Studien und Texte zur Geistesgeschichte des Mittelalters 53).

Hourani, G. (1971) *Islamic Rationalism*, Oxford: Oxford University Press.

Hrabanus Maurus (1852) *Letter on predestination* in *PL* 112, 1530-53.

Huber, P. (1976) *Die Vereinbarkeit von göttlicher Vorsehung und menschlicher Freiheit in der Consolatio Philosophiae des Boethius*, Zurich: Juris.

Hugh of St Victor (1854) *De sacramentis*, *PL* 176, 174-615.

Hughes, C. (1989) *On a Complex Theory of a Simple God: An Investigation in Aquinas' Philosophical Theology*, Ithaca and London: Cornell University Press.

Hugonnard-Roche, H. (1997a) "Notes sur Sergius de Reš'ainâ, traducteur du grec en syriaque et commentateur d'Aristote" in Endress and Kruk (1997), 121-43.

Hugonnard-Roche, H. (1997b) "Les 'Catégories' d'Aristote comme introduction à la philosophie, dans un commentaire syriaque de Sergius de Resh'aina († 536)", *DSTFM* 8, 339-63.

Hugonnard-Roche, H. (2000) "Le traité de logique de Paul le Perse: une interprétation tardo-antique de la logique aristotélienne en syriaque", *DSTFM* 11 (2000), 59-82.

Hugonnard-Roche, H. (2004) *La logique d'Aristote du grec au syriaque. Études sur la transmission des textes de l'Organon et leur interprétation philosophique*, Paris: Vrin (Textes et traditions 9).

Hunt, R. W. (1941-3), (1950) "Studies on Priscian in the eleventh and twelfth Centuries, I and II", *Mediaeval and Renaissance Studies* 1, 194-231; 2, 1-56.

Hüttig, A. (1990) *Macrobius im Mittelalter. Ein Beitrag zur Rezeptionsgeschichte der Commentarii in Somnium Scipionis*, Frankfurt/Berne/New York/Paris: Peter Lang. (Freiburger Beiträge zur Mittelalterlichen Geschichte, Studien und Texte 2).

Huygens, R. B. C. (1954) "Mittelalterliche Kommentare zum 'O qui perpetua…'", *Sacris Eruditi* 6, 373-42.

Ibn 'Adî, Yaḥyâ (2002) *The Reformation of Morals*, ed. and trans. S. H. Griffith, Provo: Brigham Young University Press (Eastern Christian Texts 1).

Ibn Bâjja (1945) "Ibn Bâjjah's 'Tadbîru'l-Mutawaḥḥid'" (translation), *Journal of the Royal Asiatic Society*, 61-81.

Ibn Bâjja (1992) *Rasa'il al-ilahiyya*, ed. M. Fakhry, Beirut: Dar al-Jil.

Ibn Bâjja (2010) *La conduit de l'isolé et deux autres épîtres*, ed. Charles Gennequand (Textes et traditions 19). Paris: Vrin.

Ibn Ṭufayl (1936) *Hayy Ibn Yaqzan*, ed. L. Gauthier, Beirut: Catholic Press.

Ibn Ṭufayl (1972) *Ibn Tufayl's Hayy Ibn Yaqzan, a Philosophical Tale*, trans. L. Goodman, New York: Twain.

Ierodiakonou, K. (2002) *Byzantine Philosophy and its Ancient Sources*, Oxford: Oxford University Press.

Ikhwân al-Ṣafâ' (1995) *Rasâ'il Ikhwân al-Ṣafâ' wa Khullân al-Wafâ'*, ed. A. Tamir, Beirut and Paris: Manshûrât 'Uwaydât.

Ikhwân al-Ṣafâ (2009) *The Case of the Animals versus Man before the King of the Jinn*, transl. Lenn E. Goodman and Richard McGregor, New York: Oxford University Press.

Imbach, R. (1976) *DEUS EST INTELLIGERE. Das Verhältnis von Sein und Denken in seiner Bedeutung für das Gottesverständnis bei Thomas von Aquin und in den Pariser Quaestionen Meister Eckharts*, Freiburg: Universitätsverlag (Studia Friburgensia, Neue Folge 53).

Imbach, R. (1989) *Laien in der Philosophie des Mittelalters: Hinweise und Anregungen zu einem vernachlässigten Thema*, Amsterdam: Grüner (Bochumer Studien zur Philosophie 14).

Imbach, R. (1996a) *Quodlibeta: ausgewählte Artikel*, ed. F. Cheneval, Freiburg: Universitätsverlag (Dokimion 20).

Imbach, R. (1996b) *Dante, la philosophie et les laics*, Paris and Fribourg: Éditions du Cerf; éditions universitaires de Fribourg (Vestigia 21).

Imbach, R. and Maierù, A. (1991) *Gli studi di filosofia medievale fra Otto e Novecento: contributo a un bilancio storiografico*, Rome: Edizioni di storia e letteratura (SL 179).

Inati, S. C. (1984) *Ibn Sina. Remarks and Admonitions, Part One: Logic*, Toronto: Pontifical Institute of Mediaeval Studies.

Ingham, B. *et al.* (eds) (2010-2013) *Proceedings of "the quadruple congress" on John Duns Scotus* (Archa verbi. Subsidia 3-6). St. Bonaventure and Münster: Franciscan Institute Publications and Aschendorff.

Inglis, J. (1998) *Spheres of Philosophical Inquiry and the Historiography of Medieval Philosophy*, Leiden, Boston, Cologne: Brill (BSIH 81).

Iogna-Prat, D., Jeudy, C. and Lobrichon, G. (1991) *L'école carolingienne d'Auxerre: de Murethach à Rémi, 830-908*, Paris: Beauchesne.

Iribarren, I. (2005) *Durandus of St Pourçain. A Dominican Theologian in the Shadow of Aquinas*, Oxford: Oxford University Press.

Isaac Israeli (1900) *Das Buch über die Elemente: ein Beitrag zur jüdischen Religionsphilosophie des Mittelalters*, ed. S. Fried, Frankfurt: Zupniq.

Isaac, J. (1953) *Le "Peri hermeneias" en occident de Boèce à Saint Thomas*, Paris: Vrin (Bibliothèque thomiste 29).

Isidore of Seville (1911) *Etymologiae sive origines*, ed. W. M. Lindsay, Oxford: Oxford University Press.

Ivry, A. L. (1999) "Averroes' three commentaries on 'De anima'" in Aertsen and Endress (1999), 199-216.

Iwakuma, Y. (1992) "'Vocales', or early nominalists", *Traditio* 47, 37-111.

Iwakuma, Y. (1993) "The Introductiones dialecticae secundum Wilgelmum and secundum G. Paganellum", *CIMAGL*, 63, 45-114.

Iwakuma, Y. (2003) "William of Champeaux on Aristotle's 'Categories'" in Biard and Rosier-Catach (2003), 313-28.

Iwakuma, Y. (2004) "Influence" in Brower and Guilfoy (2004), 305-35.

Iwakuma, Y. (2008) "Pseudo-Rabanus super Porphyrium", *AHDLMA* 75, 43-196.

Iwakuma, Y. and Ebbesen, S. (1992) "Logico-theological schools from the second half of the twelfth century", *Vivarium* 30, 173-210.

Jacobi, K. (1983) "Statements about events: modal and tense analysis in medieval logic", *Vivarium* 21, 85-107.

Jacobi, K. (1985) "Diskussionen über unpersönliche Aussagen in Peter Abaelards Kommentar zu Peri Hermeneias" in E. P. Bos (ed.), *Mediaeval Semantics and Metaphysics*, Nijmegen: Ingenium (Artistarium, supplementa 2), 1-63.

Jacobi, K. (1988) "Logic (ii): the later twelfth century" in Dronke (1988), 227-51.

Jacobi, K. (1995) "Natürliches Sprechen-Theoriesprache-Theologische Rede. Die Wissenschaftslehre des Gilbert von Poitiers (ca. 1085-1154)", *Zeitschrift für philosophische Forschung* 49, 511-28.

Jacobi, K. (1996) "Einzelnes-Individuum-Person. Gilbert von Poitiers Philosophie des Individuellen" in J. Aertsen and A. Speer (eds) *Individuum und Individualität im Mittelalter*, Berlin and New York: De Gruyter (Miscellanea Mediaevalia 23), 3-21.

Jacobi, K. (1998) "Gilbert of Poitiers", *RE* IV, 68-72.

Jacobi, K. (1999) "'Dialogus Ratii et Everardi'. Gründliche Gedanken unterhaltsam in Gesprächsform gebracht" in K. Jacobi (ed.) *Gespräche lesen. Philosophische Dialoge im Mittelalter*, Tübingen: Narr, 243-61.

Jacobi, K., Strub, C. and King, P. (1996) "From 'intellectus verus/falsus' to the 'dictum propositionis': the Semantics of Peter Abelard and his Circle", *Vivarium* 34, 15-40.

Janssens, J. L. (1991) *An Annotated Bibliography on Ibn Sînâ* (1970-1989): *including Arabic and Persian Publications and Turkish and Russian References*, Leuven: Leuven University Press (Ancient and medieval philosophy. Series 1, 13).

Janssens, J. L. (1999) *An Annotated Bibliography on Ibn Sînâ. First supplement* (1990-1994) Louvain-la-Neuve: Fédération internationale des instituts d'études médiévales (Textes et études du moyen âge 12).

Janssens, J. L. and De Smet, D. (eds) (2002) *Avicenna and his Heritage*, Leuven: Leuven University Press (Ancient and medieval philosophy. Series 1, 28).

Jeauneau, E. (1973) *Lectio philosophorum*, Amsterdam: Hakkert.

Jeauneau, E. (1978) *Quatres thèmes érigéniens*, Montreal and Paris: Institut d'études médiévales Albert-le-Grand and Vrin.

Jeauneau, E. (1987) *Études érigéniennes*, Paris: Études Augustiniennes.

John Blund (1970) *Tractatus de anima*, ed. D. Callus and R. Hunt, London: British Academy.

John Buridan (1976) *Tractatus de consequentiis*, ed. H. Hubien, Louvain: Publications universitaires (Philosophes Médiévaux 16).

John Buridan (1982) *John Buridan on Self-Reference. Chapter Eight of Buridan's Sophismata*, trans. and comm. G. E. Hughes, Cambridge: Cambridge University Press.

John Buridan (1985) *Jean Buridan's Logic: The Treatise on Supposition, The Treatise on Consequences*, trans. and comm. P. King, Dordrecht: Reidel (Synthese historical library 27).

John Buridan (1994) *Summulae: In Praedicamenta*, ed. E. P. Bos, Nijmegen: Ingenium (Artistarium 10-3).

John Buridan (1998) *Summulae: De suppositionibus*, ed. R. Van der Lecq, Nijmegen: Ingenium (Artistarium).

John Buridan (2001) *Summulae de Dialectica*, trans. G. Klima, New Haven: Yale University Press.

John Buridan (2004) *Summulae: De practica sophismatum*, ed. F. Pironet, Turnhout: Brepols (Artistarium).

John of Damascus (1899) *Exposition of the Orthodox Faith*, trans. S. D. F. Salmond, Oxford: J. Parker (A Select Library of Nicene and post-Nicene Fathers of the Christian Church. Second Series 9).

John of Damascus (1953) *Dialectica: Version of Robert Grosseteste*, ed. O. A. Colligan, St Bonaventure, NY: Franciscan Institute (Franciscan Institute Publications, Text Series 6).

John of Damascus (1955) *De fide orthodoxa: Versions of Burgundio and Cerbanus*, ed. E. M. Buyaert, St Bonaventure, NY: Franciscan Institute (Franciscan Institute Publications, Text Series 8).

John of Damascus (1969) *Die Schriften des Johannes von Damaskos*, ed. B. Kotter, Berlin: De Gruyter (Patristische Texte und Studien, 7, 12, 17, 22).

John of Damascus (1982) *Philosophische Kapitel*, trans. G. Richter, Stuttgart: Hiersemann (Bibliothek der Griechischen Literatur 15).

John of Damascus (1992) *Écrits sur l'Islam*, ed. R. Le Coz, Paris: Éditions du Cerf (Sources chrétiennes 383).

John Duns Scotus (1639) *Opera omnia*, ed. L. Wadding, Lyon: Durand (reprint: 1968, Hildesheim; Olms).

John Duns Scotus (1950) *Opera omnia*, ed. in chief, C. Balić, Vatican City: Typ. polyglott.

John Duns Scotus (1963) *Cuestiones cuodlibetales*: *Obras del Doctor Subtil*, *Juan Duns Escoto*, Madrid: Biblioteca de autores cristianos.

John Duns Scotus (1966) *A Treatise on God as First Principle*, Chicago: Franciscan Herald Press.

John Duns Scotus (1975) *God and Creatures. The Quodlibetal Questions*, trans. F. Alluntis and A. B. Wolter, Washington DC: Catholic University of America Press.

John Duns Scotus (1987) *Philosophical Writings*, *A Selection*, trans. A. B. Wolter, Indianapolis and Cambridge: Hackett.

John Duns Scotus (1994) *Contingency and Freedom. Lectura I*, 39, trans. and commentary by A. Vos Jaczn *et al.*, Dordrecht, Boston and London: Kluwer (New Synthese Historical Library 42).

John Duns Scotus (1997-) *Opera philosophica*, Saint Bonaventure, NY: The Franciscan Institute.

John Duns Scotus (1997-8) *Questions on the Metaphysics of Aristotle*, trans. G. J. Etzkorn and A. B. Wolter, Bonaventure, NY: Franciscan Institute (Franciscan Institute Publications, Text Series 19).

John Duns Scotus (2004) *The Examined Report of the Paris Lecture*: *Reportatio I-A*, ed. and trans. A. B. Wolter and O. V. Bychkov, St Bonaventure, NY: The Franciscan Institute.

John of La Rochelle (1964) *Tractatus de divisione multiplici potentiarum animae*, ed. P. Michaud-Quantin, Paris: Vrin.

John of La Rochelle (1882) *Summa de anima*, ed. T. Domenichelli, Prato: Giachetti.

John Pecham (1993) *Questions on the Eternity of the World*, trans. V. G. Potter, New York: Fordham University Press.

John Philoponus (1887) *In Aristotelis Physicorum libros tres priores commentaria*, ed. H. Vitelli, Berlin: Reimer (CAG 16).

John Philoponus (1899) *De aeternitate mundi*, ed. H. Rabe, Leipzig: Teubner.

John Philoponus (1987) *Against Aristotle on the Eternity of the World*, trans. C. Wildberg, London: Duckworth.

John Philoponus (1994) *On Aristotle Physics* 3, trans. M. J. Edwards, London: Duckworth.

John Quidort (1941) *Le correctorium corruptorii "Circa"*, ed. J.-P. Muller, Rome:

Herder (Studia anselmiana 12-13).

John of Salisbury (1971) *Metalogicon*, trans. D. D. McGarry, Gloucester, MA: Peter Smith.

John of Salisbury (1991) *Metalogicon*, ed. J. B. Hall, Turnhout: Brepols, CCCM 98.

John Scottus (1939) *Annotationes in Marcianum*, ed. C. E. Lutz, Cambridge, MA: the Mediaeval Academy of America (The Mediaeval Academy of America, Publication 34).

John Scottus (1968-1995) *Periphyseon* I-IV, ed. I. P. Sheldon-Williams (vol. IV, ed. E. Jeauneau) (Scriptores Latini Hiberniae 7, 9, 11, 13).

John Scottus (1969) *Homélie sur le prologue de Jean*, Paris: Éditions du Cerf (Sources chrétiennes 151).

John Scottus (1972) *Commentaire sur l'évangile de Jean*, ed. E. Jeauneau, Paris: Éditions du Cerf (Sources chrétiennes 180).

John Scottus (1987) *Periphyseon (The Division of Nature)*, trans. I. P. Sheldon-Williams, Montreal and Washington: Bellarmin and Dumbarton Oaks.

John Scottus (1996-2003) *Periphyseon*, ed. E. Jeauneau, Turnhout: Brepols (CCCM 161-5).

John Scottus (1998) *Treatise on Divine Predestination*, trans. M. Brennan, Notre Dame: Notre Dame University Press (Notre Dame Texts in Medieval Culture 5).

John Scottus (2003) *De praedestinatione liber*, ed. E. S. N. Mainoldi, Florence: Galuzzo (SISMEL) (Per verba 18).

John Scottus (2009-) *Sulle nature dell'universo*, ed. Peter Dronke, trans. Michela Pereira, Florence : Mondadori.

John Wyclif (1893-9) *Tractatus de logica*, ed. M. H. Dziewicki, London: Trübner for the Wyclif Society.

John Wyclif (1930) *Summa de ente, libri primi tractatus primus et secundus*, ed. S. H. Thomson, Oxford: Oxford University Press.

John Wyclif (1985) *Tractatus de universalibus*, ed. I. J. Mueller, Oxford: Oxford University Press.

John Wyclif (1985) *On Universals*, trans. A. Kenny, introd. P. V. Spade: Oxford: Oxford University Press.

John Wyclif (1986) *Summa insolubilium*, ed. P. V. Spade and G. A. Wilson, Binghamton, NY: Medieval and Renaissance Texts and Studies (Medieval and Renaissance Texts and Studies 41).

Johnston, M. D. (1987) *The Spiritual Logic of Ramon Llull*, Oxford: Oxford University Press.

Jolivet, J. (1971) *L'Intellect selon Kindî*, Leiden: Fondation de Goeje (Publications de la fondation de Goeje 22).

Jolivet, J. (1980) "Doctrines et figures de philosophes chez Abélard" in Thomas (1980), 103-20.

Jolivet, J. (1981a) (ed.) *Abélard en son temps*, Paris: Les Belles Lettres.

Jolivet, J. (1981b) "Non-réalisme et platonisme chez Abélard. Essai d'interprétation" in Jolivet (1981a), 175-95.

Jolivet, J. (1988) "The Arabic inheritance" in Dronke (1981) 113-48.

Jolivet, J. (1992) "Trois variations médiévales sur l'universel et l'individu: Roscelin, Abélard, Gilbert de la Porrée", *Revue de la métaphysique et morale* 1, 115-55.

Jolivet, J. and De Libera, A. (1987) *Gilbert de Poitiers et ses contemporains*, Naples: Bibliopolis (History of Knowledge).

Jolivet, J. and Habrias, H. (eds) (2003) *Pierre Abélard: colloque international de Nantes*, Rennes: Presses universitaires de Rennes.

Jordan, M. D. (1982) "The Controversy of the 'Correctoria' and the limits of metaphysics", *Speculum* 57, 292-314.

Jordan, W. (1990) *Ancient Concepts of Philosophy*, London and New York: Routledge.

Judah Halevi (1977) *Kitâb al-radd wa-'l-dalil fî'l-dîn al-dhalil (al-kitâb al-Kuzari)*, ed. D. H. Baneth, Jerusalem: Magnes Press.

Judah Halevi (1998) *The Kuzari: in Defense of the Despised Faith*, trans. N. D. Korobkin, Northvale: Aronson.

Jung-Palczewska, E. (2000) "Works by Richard Kilvington", *AHDLMA* 67, 181-223.

Juwaynî (1938) *El Irchad*, ed. and trans. J.-D. Luciani, Paris: Leroux.

Kaluza, Z. (1988) *Les querelles doctrinales à Paris. Nominaliste et réalistes aux confins du XIVe et du XVe siècles*, Bergamo: Librini (Quodlibet 2).

Kaluza, Z. (1989) "L'oeuvre théologique de Richard Brinkley, OFM", *AHDLMA*, 56, 169-273.

Kaluza, Z. (1995) "Nicolas d'Autrecourt. Ami de la vérité" in *Histoire littéraire de la France*, 42, fasc. 1. Paris: Imprimerie nationale.

Kaluza, Z. and Vignaux, P. (1984) *Preuve et raisons à l'Université de Paris. Logique, ontologie et théologie au XIVe siècle*, Paris: Vrin.

Kandler, K.-H., Mojsisch, B. and Stammkötter, F. B. (1999) *Dietrich von Freiberg:*

neue Perspektiven seiner Philosophie, Theologie und Naturwissenschaft, Amsterdam: Grüner (Bochumer Studien zur Philosophie 28).

Kann, C. (1994) *Die Eigenschaften der Termini: eine Untersuchung zur Perutilis logica Alberts von Sachsen*, Leiden: Brill (Studien und Texte zur Geistesgeschichte des Mittelalters 37).

Kapriev, G. (1998) *Ipsa Vita Et Veritas. Der "Ontologische Gottesbeweis" und die Ideenwelt Anselms von Canterbury*, Leiden, Boston and Cologne: Brill.

Kapriev, G. (2005) *Philosophie in Byzanz*. Würzburg: Königshausen & Neumann, 2005.

Karger, E. (1999) "Ockham's misunderstood theory of intuitive and abstractive cognition" in Spade (1999), 204-26.

Kaukua, J. (2015) *Self-Awareness in Islamic Philosophy. Avicenna and beyond*, Cambridge: Cambridge University Press, 2015.

Kaukua, J. and Lähteenmäki, V. (eds) (2014) *Varieties of Subjectivity = Vivarium* 52, 3-4.

Kaylor, N. H. and Philip E. P. (2012) eds. *A Companion to Boethius in the Middle Ages* (Brill's Companions to the Christian Tradition 30). Leiden and Boston: Brill.

Kenny, A. (1969a) "Divine foreknowledge and human freedom" in *Aquinas. A Collection of Critical Essays*, ed. A. Kenny, Notre Dame, IN: University of Notre Dame Press, 255-70.

Kenny, A. (1969b) *The Five Ways: Saint Thomas Aquinas' Proofs of God's Existence*, London: Routledge and Kegan Paul.

Kenny, A. (1993) *Aquinas on Mind*, London: Routledge.

Kenny, A. (1996) "Scotus and the sea battle" in Marenbon (1996), 145-55.

Kenny, A. (2002) *Aquinas on Being*, Oxford: Oxford University Press.

Kenny, A. (2005) *Medieval Philosophy*, Oxford: Oxford University Press.

Khalidi, M. A. (2005) *Medieval Islamic Philosophical Writings*, Cambridge: Cambridge University Press.

Kindî (1974) *Al-Kindî's Metaphysics*, trans. and comm. [of *On First Philosophy*] A. Ivry, Albany: SUNY Press.

Kindî (1998) *Oeuvres philosophiques et scientifiques d'Al-Kindî* II, ed. R. Rasheed and J. Jolivet, Leiden, Boston and Cologne: Brill (Islamic Philosophy, Theology and Science 29).

King, D. (2013) "Why were the Syrians interested in Greek Philosophy" in *History and Identity in the Late Antique Near East*, ed. Philip Wood, New York: Oxford University

Press, 2013, 43-59.

King, P. (1982) "Peter Abelard and the problem of universals". Princeton PhD dissertation. Unpublished but available from University Microfilms International (8220415).

King, P. (1995) "Abelard's intentionalist ethics", *The Modern Schoolman* 72, 213-31 {available at K}.

King, P. (2001) "Medieval formal logic: obligations, insolubles and consequences", in Yrjönsuuri (2001), pp. 117-145 {available at K}.

King, P. (2003) "Metaphysics" in Williams (2003), 15-68 {available at K}.

King, P. (2004) "Metaphysics" in Brower and Guilfoy (2004), 65-125 {available at K}.

King. P. (2005) "William of Ockham. *Summa Logicae*" in Shand (2005), 242-69.

Kirwan, C. (1989) *Augustine*, London: Routledge.

Klima, G. (2000) "Saint Anselm's proof: a problem of reference, intentional identity and mutual understanding", in G. Hintikka (ed.), *Medieval Philosophy and Modern Times*, Dordrecht: Kluwer, 69-88 (preprint available on-line, at http://www.fordham.edu/gsas/phil/klima/anselm.htm).

Klima, G. (2009) *John Buridan*, New York: Oxford University Press.

Knowles, D. (1987) *The Evolution of Medieval Thought*, 2nd edn ed. D. E. Luscombe and C. N. L. Brooke, London and New York: Longmans (1st edn 1962).

Knuuttila, S. (1993) *Modalities in Medieval Philosophy*, London and New York: Routledge.

Knuuttila, S. (1995) "Interpreting Scotus" theory of modality: three critical remarks' in Sileo (1995) I, 295-303.

Knuuttila, S. (1996) "Duns Scotus and the foundations of logical modalities" in Honnefelder *et al.* (1996), 127-43.

Knuuttila, S. (2001) "Time and creation in Augustine" in Stump and Kretzmann (2001), 103-15.

Knuuttila, S. (2004) *Emotions in Ancient and Medieval Philosophy*, Oxford: Oxford University Press.

Kraye, J., Ryan, W. F. and Schmitt, C. B. (eds) (1986) *Pseudo-Aristotle in the Middle Ages: The Theology and Other Texts*, London: Warburg Institute.

Kretzmann, N. (1985) "'Nos Ipsi Principia Sumus': Boethius and the Basis of Contingency" in Rudarsky (1985), 23-50.

Kretzmann, N. (1997-2000) *The Metaphysics of Theism* I, II: Oxford: Oxford University

Press; Part III is the issue 9. 2 for 2000 of *Medieval Philosophy and Theology*.

Kretzmann, N. (1998) "Boethius and the truth about tomorrow's sea battle" in Ammonius (1998), 24-52.

Kretzmann, N. , Kenny, A. and Pinborg, J. (1982) *The Cambridge History of Later Medieval Philosophy*, Cambridge: Cambridge University Press.

Kretzmann, N. and Stump, E. (eds) (1988) *Cambridge Translations of Medieval Philosophical Texts - Logic and the Philosophy of Language*, Cambridge: Cambridge University Press.

Krieger, G. (2003) *Subjekt und Metaphysik: Die Metaphysik des Johannes Buridan*, Munster: Aschendorff (BGPTMA n. f. 65).

Kukkonen, T. (2000) "Possible worlds in the 'Tahafût al-Falâsifa': al-Ghazâlî on creation and contingency", *Journal of the History of Philosophy* 38, 479-502.

Kukkonen, T. (2014) *Ibn Tufayl: living the life of reason*, Oxford: Oneworld.

Kuksewicz, Z. (1964) "Un commentaire 'averroïste' anonyme sur le Traité de l'âme d'Aristote" in *Revue philosophique de Louvain* 62, 421-65.

Kuksewicz, Z. (1965) *Averroisme bolonais au XIVe siècle*, Wroclaw: Ossolineum.

Kuksewicz, Z. (1968) *De Siger de Brabant à Jacques de Plaisance. La théorie de l'intellect chez les averroïstes latins des XIIIe et XIVe siècles*, Wroclaw, Warsaw and Cracow: Ossolineum and Éditions de l'Académie Polonaise des Sciences.

Laarmann, M. (1999) *Deus, primum cognitum. Die Lehre vom Gott als dem Ersterkannten des menschlichen Intellekts beim Heinrich von Gent († 1293)*, Münster: Aschendorff (BGPTMA n. f. 52).

Lafleur, C. (1988) *Quatre introductions à la philosophie au XIIIe siècle*, Montreal and Paris: Institut d'études médiévales and Vrin (Université de Montréal. Publications de l'Institute d'études médiévales 23).

Lafleur, C. (1995) "Les 'Guides de l'étudiant' de la faculté des arts de l'université de Paris au XIIIe siècle" in M. J. F. M. Hoenen, J. H. J. Schneider and G. Wieland (eds) *Philosophy and Learning. Universities in the Middle Ages*, Leiden, New York and Cologne: Brill (Education and society: the Middle Ages and Renaissance 6), 137-77.

Lagerlund, H. (2000) *Modal Syllogistics in the Middle Ages*, Leiden: Brill (Studien und Texte zur Geistesgeschichte des Mittelalters 70).

Lagerlund, H. (2004) "John Buridan and the problems of dualism in the early fourteenth century", *Journal of the History of Philosophy* 42, 369-87.

Lagerlund, H. (ed.) (2007) *Forming the Mind. Essays on the Internal Senses and the Mind/Body Problem from Avicenna to the Medical Enlightenment*, Dordrecht: Springer.

Lagerlund, H. (ed.) (2011) *Encyclopedia of Medieval Philosophy* Dordrecht, Heidelberg, London and New York: Springer.

Lagerlund, H. and Yrjönsuuri, M. (eds) (2002) *Emotions and Choice from Boethius to Descartes*, Dordrecht, Boston and London: Kluwer (Studies in the History of Philosophy of Mind 1).

Lahey, S. (2009) *John Wyclif*, New York: Oxford University Press.

Lambert of Auxerre (1971) *Logica (Summa Lamberti)*, ed. F. Alessio, Florence: Nuova Italia.

Lameer, J. (1997) "From Alexandria to Baghdad: reflection on the genesis of a problematical tradition" in Endress and Kruk (1997), 181-91.

Landgraf, A. (1973) *Introduction à l'histoire de la littérature théologique de la scolastique naissante*, ed. and trans. M. Landry and L.-B. Geiger, Montreal and Paris: Institut d'études médiévales and Vrin (Université de Montréal, Publications de l'Institut d'études médiévales 22).

Lanfranc (1854) *De corpore et sanguine Domini*, PL 150, 407-42.

Langermann, T. (ed.) (2010) *Avicenna and his Legacy: a golden age of science and philosophy* (Cultural Encounters in Late Antiquity and the Middle Ages 8). Turnhout: Brepols.

Lapidge, M. and Sharpe, R. (1985) *A Bibliography of Celtic-Latin Literature*, 400-1200, Dublin: Royal Irish Academy.

Leader, D. R. (1988) *A History of the University of Cambridge: I - The University to 1546*, Cambridge: Cambridge University Press.

Leaman, O. and Nasr, S. H. (1996) *The Routledge History of Islamic Philosophy*, London and New York: Routledge.

Lebech, M., McEvoy, J. and Flood, J. (2009) "De dignitate conditionis humanae: Translation, commentary, and reception history of the Dicta Albini (ps.-Alcuin) and the Dicta Candidi", *Viator* 40, 1-34.

Leff, G. (1961) *Gregory of Rimini: Tradition and Innovation in Fourteenth Century Thought*, Manchester: Manchester University Press.

Leff, G. (1968) *Paris and Oxford Universities in the Thirteenth and Fourteenth Centuries: An Institutional and Intellectual History*, New York: Wiley.

Leftow, B. (1990) "Aquinas on time and eternity", *American Catholic Philosophical*

Quarterly 64, 387-99.

Leftow, B. (1991) *Time and Eternity*, Ithaca and London: Cornell University Press.

Lemerle, P. (1986) *Byzantine Humanism: The First Phase: Notes and Remarks on Education and Culture in Byzantium from its Origins to the 10th century*, trans. H. Lindsay and Moffatt, A. Canberra: Australian Association for Byzantine Studies (Byzantina Australiensia 3).

Lenz, M. (2003) *Mentale Sätze. Wilhelm von Ockhams Thesen zur Sprachlichkeit des Denkens*, Wiesbaden: Steiner.

Leonardi, C. (1959, 1960) "I codici di Marziano Capella", *Aevum* 33, 443-89; 34, 1-99, 411-524.

Leppin, V. (2003) *Wilhelm von Ockham. Gelehrter, Streiter, Bettelmönch*, Darmstadt: Primus.

Levy, I. (ed.) (2006) *A Companion to John Wyclif: late medieval theologian*, Leiden and Boston: Brill.

Lévy, T. and Rashed, R. (2004) *Maïmonide, Philosophe et savant (1138-1204)*, Leuven: Peeters.

Lewis, D. (1983) "Anselm and actuality" in D. Lewis, *Philosophical Papers* I, New York and Oxford: Oxford University Press, 10-25.

Lewis, N. (1996) "Power and contingency in Robert Grosseteste and Duns Scotus" in Honnefelder *et al.* (1996), 205-25.

Liber de causis (1966) trans. Pattin, A., "Le Liber de Causis", *Tijdschrift voor Filosofie* 28, 2-115.

Liber de causis (1984) *The Book of Causes*, trans. D. J. Brand, Milwaukee: Marquette University Press (Mediaeval Philosophical Texts in Translation 25).

Lindberg, D. C. (1983) *Studies in the History of Medieval Optics*, London: Variorum.

Lisska, A. J. (1996) *Aquinas's Theory of Natural Law. An Analytic Reconstruction*, Oxford: Oxford University Press.

Lloyd, A. C. (1990) *The Anatomy of Neoplatonism*, Oxford: Oxford University Press.

Lottin, O. (1959) *Psychologie et morale au XIIe et XIIIe siècles*, vol. 5, Gembloux: Duculot.

Lovejoy, A. O. (1953) *The Great Chain of Being. A Study of the History of an Idea*, Cambridge, MA: Harvard University Press.

Llull, Ramon (1721-40) *Opera omnia*, ed. I. Salzinger, Mainz, 1721-40; repr. Frankfurt: Minerva, 1965.

Llull, Ramon (1906-17) *Obres de Ramon Llull*, ed. M. Obrador y Benassar, Salvador Galmés et al., Palma de Mallorca: Comissió Editora Lulliana.

Llull, Ramon (1923-50) *Obres de Ramon Llull*, ed. M. Obrador y Benassar, Salvador Galmés et al., Palma de Mallorca: Diputació Provincial de Balears and Institut d'Estudis Catalans.

Llull, Ramon (1959-67) *Opera Latina*, Palma de Mallorca: Maioricensis Schola Lullistica del CSIC.

Llull, Ramon (1978-) *Opera Latina*, Turnhout: Brepols (CCCM).

Llull, Ramon (1985) *Selected Works of Ramon Llull*, trans. A. Bonner, Princeton, NJ: Princeton University Press.

Llull, Ramon (1990-) *Nova edició de les obres de Ramon Llull*, Palma de Mallorca: Patronat Ramon Llull.

Llull, Ramon (1993) *Doctor Illuminatus: A Ramon Llull Reader*, trans. A. Bonner and E. Bonner, Princeton, NJ: Princeton University Press.

Love, R. (2012) "The Latin Commentaries on Boethius's *De Consolatione Philosophiae* from the 9th to the 11th Centuries" in Kaylor and Phillips 2012, 75-133.

Luscombe, D. (1997) *Medieval Thought*, Oxford: Oxford University Press (A History of Western Philosophy 2).

Luscombe, D. (2005) "Roger Bacon and Language" in Burnett and Mann (2005) 42-67.

Luscombe, D. (ed.) (2013) *The Letter Collection of Peter Abelard and Heoloise*, Oxford: Oxford University Press.

Macdonald, S. (ed.) (1991) *Being and Goodness. The Concept of the Good in Metaphysics and Philosophical Theology*, Ithaca and London: Cornell University Press.

Macdonald, S. (1992) "Goodness as a transcendental: recovery of an Aristotelian Idea", *Topoi* 11, 173-86.

Macdonald, S. and Stump, E. (1998) *Aquinas's Moral Theory*, Ithaca and London: Cornell University Press.

McEvoy, J. (1982) *The Philosophy of Robert Grosseteste*, Oxford: Oxford University Press.

McEvoy, J. (ed.) (1995) *Robert Grosseteste: New Perspectives on his Thought and Scholarship*, Steenbrugge and Turnhout: Abbey of St Paul and Brepols (Instrumenta patristica 27).

McEvoy, J. (2000) *Robert Grosseteste*, New York: Oxford University Press.

McEvoy, J. and Dunne, M. (2002) *History and Eschatology in John Scottus Eriugena and his Time*, Leuven: Leuven University Press (Ancient and Medieval Philosophy, series 1, 30).

MacClintock, S. (1956) *Perversity and Error: studies on the "Averroist" John of Jandun*, Bloomington: Indiana University Press (Indiana University Publications. Humanities series 37).

Macdonald, S. (1991) "Aquinas's parasitic cosmological argument", *Medieval Philosophy and Theology* 1, 119-55.

McGinn, B. (2001) *The Mystical Thought of Meister Eckhart: The Man from Whom God hid Nothing*, New York: Crossroad.

McGinn, B. and Otten, W. (1994) *Eriugena: East and West*, Notre Dame and London: Notre Dame University Press (Notre Dame Conferences in Medieval Studies, 5).

McGinnis, J. (2010) *Avicenna*. New York: Oxford University Press.

McGrade, A. S., Kilcullen, J. and Kempshall, M. (eds) (2001) *The Cambridge Translations of Medieval Philosophical Texts-II: Ethical and Political Philosophy*, Cambridge: Cambridge University Press (CTMPT 2).

McGrade, A. S. (ed.) (2003) *The Cambridge Companion to Medieval Philosophy*, Cambridge: Cambridge University Press.

McInerny, R. (1993) *Aquinas against the Averroists*, West Lafayette: Purdue University Press.

McKeon, R. (1930) *Selections from Medieval Philosophers*, New York: Charles Scribner's Sons.

McKitterick, R. (1989) *The Carolingians and the Written Word*, Cambridge: Cambridge University Press.

McKitterick, R. (1993) *Carolingian Culture: Emulation and Innovation*, Cambridge: Cambridge University Press.

Maccagnolo, E. (1988) "David of Dinant and the beginnings of Aristotelianism in Paris" in Dronke (1988), 429-42.

Macrobius (1952) *Commentary on the Dream of Scipio*, trans. W. H. Stahl, New York: Columbia University Press.

Macrobius (1970) *Commentum in Somnium Scipionis*, ed. J. Willis, Leipzig: Teubner.

Madec, G. (1974) *Saint Ambroise et la philosophie*, Paris: Institut d'Études Augustiniennes.

Madec, G. (1994) *Petites études augustiniennes*, Paris: Institut d'Études Augustiniennes (Collection des Études Augustiniennes. Série Antiquité-142).

Madigan, K. (2003) *Olivi and the Interpretation of Matthew in the High Middle Ages*, Notre Dame: University of Notre Dame Press.

Magee, J. (1989) *Boethius on Signification and Mind*, London, New York, Copenhagen and Cologne: Brill (Philosophia Antiqua 52).

Maierù, A. and Valente, L. (eds) (2004) *Medieval Theories on Assertive and Non-Assertive Language*, Florence: Olschki.

Maimonides, see Moses Maimonides.

Malcolm, N. (1960), "Anselm's ontological arguments", *Philosophical Review*, 69, 41-62 (reprinted in Plantinga, 1968, 136-59).

Marenbon, J. (1981) *From the Circle of Alcuin to the School of Auxerre*, Cambridge: Cambridge University Press.

Marenbon, J. (1988) "John Scottus and Carolingian theology: from the *De praedestinatione*, its background and critics, to the *Periphyseon*" in M. T. Gibson and J. L. Nelson (eds), *Charles the Bald. Court and Kingdom*, 2nd edn, Aldershot: Variorum, 303-25 (reprinted in Marenbon, 2000a).

Marenbon, J. (1991) "Abelard's concept of possibility" in B. Mojsisch and O. Puta (eds) *Historia Philosophiae Medii Aevi. Studien zur Geschichte der Philosophie des Mittelalters*, Amsterdam and Philadelphia: Grüner, 595-609, reprinted in Marenbon (2000a).

Marenbon, J. (1993/2000) "Medieval Latin commentaries and glosses on Aristotelian logical texts, before c. 1150 AD" as republished and revised with "Supplement to the working catalogue and supplementary bibliography" in Marenbon (2000a).

Marenbon, J. (1996) *Aristotle in Britain during the Middle Ages*, Turnhout: Brepols (SIEPM Rencontres de philosophie médiévale 5).

Marenbon, J. (1997a) *The Philosophy of Peter Abelard*, Cambridge: Cambridge University Press.

Marenbon, J. (1997b) "The Platonisms of Peter Abelard" in Benakis (1997), 109-29 (reprinted in Marenbon, 2000a).

Marenbon, J. (1997c) "Platonismus im zwölften Jahrhundert: alte und neue Zugangsweisen" (trans. A. Snell and O. Summerell) in T. Kobusch and B. Mojsisch (eds), *Platon in der abendländischen Geistesgeschichte: neue Forschungen zum Platonismus*, Darmstadt: Wissenschaftliche Buchgesellschaft, 101-19; revised English version in Marenbon (2000a).

Marenbon, J. (1997d) "Alcuin, the Council of Frankfurt and the beginnings of medieval philosophy" in R. Berndt (ed.) *Das Frankfurter Konzil von 794 im Spannungsfeld von Kirche, Politik und Theologie*, Mainz: Gesellschaft für mittelrheinische Kirchengeschichte (Quellen und Abhandlungen zur mittelrheinische Kirchengeschichte 80), 603-15 (reprinted in Marenbon, 2000a).

Marenbon, J. (ed.) (1998) *The Routledge History of Philosophy III - Medieval Philosophy*, London: Routledge.

Marenbon, J. (2000a) *Aristotelian Logic, Platonism, and the Context of Early Medieval Philosophy in the West*, Aldershot and Burlington, Vermont: Ashgate (Variorum Collected Studies series 696).

Marenbon, J. (2000b) "Humanism, scholasticism and the School of Chartres", *International Journal of the Classical Tradition* 6, 569-77.

Marenbon, J. (2001) "Dante's Averroism" in J. Marenbon (ed.), *Poetry and Philosophy in the Middle Ages. A Festschrift for Peter Dronke*, Leiden, Boston and Cologne: Brill (Mittellateinische Studien und Texte 29), 349-74.

Marenbon, J. (2002) "Gilbert of Poitiers and the Porretans on mathematics in the division of the sciences" in R. Berndt, M. Lutz-Bachmann and R. M. W. Stammberger (eds), "Scientia" und "Disciplina". Wissenstheorie und Wissenschaftspraxis im 12. und 13. Jahrhundert, Berlin: Akademie Verlag (Erudiri Sapientia 3), 36-69.

Marenbon, J. (2003a) *Boethius*, New York: Oxford University Press.

Marenbon, J. (2003b) "Eternity" in McGrade (2003), 51-60.

Marenbon, J. (2003c) "Le temps, la prescience et le déterminisme dans la 'Consolation de Philosophie' de Boèce" in A. Galonnier (ed.), *Boèce ou la chaîne des savoirs*, Louvain-la Neuve, Paris, Dudley, MA: Éditions de l'Institut supérieur de philosophie and Peters, 531-46.

Marenbon, J. (2004) "Life, milieu, and intellectual contexts" in Brower and Guilfoy (2004), 13-44.

Marenbon, J. (2005a) *Le temps, la prescience et les futurs contingents de Boèce à Thomas d'Aquin*, Paris: Vrin.

Marenbon (2005b) "Les Catégories au début du moyen âge" in Bruun and Corti (2005), 223-43.

Marenbon, J. (2005c) "Anselm. *Proslogion*" in Shand (2005), 169-93.

Marenbon, J. (2005d) "Robert Holcot and the pagan philosophers" in Burnett and Mann (2005), 55-67.

Marenbon, J. (2006) "The rediscovery of Peter Abelard's philosophy", *Journal of the History of Philosophy* 44, 331-51.

Marenbon, J. (2008a) "The Latin Tradition of Logic to 1100" in Gabbay and Woods 2008, 1-63.

Marenbon, J. (2008b) "Logic at the Turn of the Twelfth Century" in Gabbay and Woods 2008, 65-81.

Marenbon, J. (2008c) "Lost Love Letters? A Controversy in retrospect" (Review article on C. Mews, *The Lost Love Letters of Heloise and Abelard*) in *International Journal of the Classical Tradition* 15, 267-80.

Marenbon, J. (ed.) (2009) *The Cambridge Companion to Boethius*, Cambridge and New York: Cambridge University Press.

Marenbon, J. (2011) "When was Medieval Philosophy?" (Inaugural Lecture, University of Cambridge, available at http://www.dspace.cam.ac.uk/handle/1810/240658)

Marenbon, J. (ed.) (2012) *The Oxford Handbook of Medieval Philosophy*, New York: Oxford University Press.

Marenbon, J. (2013a) *Abelard in Four Dimensions. A twelfth-century philosopher in his context and ours*, Notre Dame: University of Notre Dame Press.

Marenbon, J. (2013b). "Glosses and commentaries on the *Categories* before 1200: a revised working catalogue" in Ebbesen, Marenbon and Thom 2013, 139-73.

Marenbon, J. (2013c) "Divine Prescience and Contingency in Boethius's Consolation of Philosophy", *Rivista di storia della filosofia* 68, 9-21.

Marenbon, John (ed.) (2013d) *Continuity and Innovation in Medieval and Modern Philosophy. Knowledge, Mind, and Language = Proceedings of the British Academy* 189.

Marenbon, J. (2015a) "Abelard's Theory of Universals" in *Nominalism about Properties. New essays*, ed. Ghislain Guigon and Gonzalo Rodriguez-Pereyra, London and New York: Routledge, 2015 (Routledge Studies in Metaphysics 9), 38-62.

Marenbon, J. (2015b) *Pagans and Philosophers. The problem of paganism from Augustine to Leibniz*, Princeton: Princeton University Press.

Marenbon, J. (forthcoming a) "Les *sophismata* à l'époque de la *logica vetus*" in *Proceedings of* Sophismata *conference*, Geneva 2003, ed. A. De Libera and others.

Marenbon, J. (forthcoming b) "Abélard: les exemples de philosophes et les philosophes comme exemples" in D. Carron, T. Ricklin and others (eds) *Exempla philosophorum*.

Marenbon, J. (forthcoming c) "Peter Abelard and platonic politics" in *The Political I-*

dentity of the West, ed. O. Summerell.

Marion, J. -L. (1981) *Sur la théologie blanche de Descartes, analogie, création des vérités éternelles et fondement*, Paris: Presses universitaires de France.

Marius Victorinus (1971) *Opera theologica*, ed. P. Henry and P. Hadot, Vienna: Hoelder, Pichler and Tempsky (CSEL 83).

Marmo, C. (1994) *Semiotica e linguaggio nella scolastica: Parigi, Bologna, Erfurt 1270-1330*, Roma: Istituto Storico Italiano per il Medio Evo.

Marmura, M. E. (1994) "Ghazali's chapter on divine power in the *Iqtiṣâd*", *ASP* 4, 279-315.

Marmura, M. E. (2002) "Ghazali and Ash'arism revisited", *ASP* 12, 91-110.

Marmursztejn, E. and Piron, S. (2005) "Duns Scot et la politique. Pouvour du prince et conversion des juifs" in Boulnois et al. (2005) 21-62.

Marquet, Y. (1975) *La philosophie des Ikhwân al-Ṣafâ*, Algiers: Société nationale d'édition et de diffusion.

Marrone, S. P. (1983) *William of Auvergne and Robert Grosseteste: New Ideas of Truth in the Early Thirteenth Century*, Princeton: Princeton University Press.

Marrone, S. P. (1985) *Truth and Scientific Knowledge in the Thought of Henry of Ghent*, Cambridge, MA: Mediaeval Academy of America.

Marrone, S. P. (2001) *The Light of Thy Countenance. Science and Knowledge of God in the Thirteenth Century*, Leiden: Brill (Studies in the History of Christian thought, 98).

Marrou, H. I. (1956) *A History of Education in Antiquity*, trans., G. Lamb, New York: Sheed and Ward.

Marsilius of Inghen (2000) *Quaestiones super quattuor libros Sententiarum*, ed. G. Wieland and others, Leiden: Brill (Studies in the History of Christian Thought 87-88).

Marsilius of Padua (1928) *The Defensor Pacis*, ed. C. W. Previté-Orton, Cambridge: Cambridge University Press.

Marsilius of Padua (1993) "*Defensor minor*" and "*De translatione imperii*", trans. C. J. Nederman, Cambridge: Cambridge University Press.

Marsilius of Padua (2005) *The Defender of the Peace*, ed. and trans. A. Brett, Cambridge: Cambridge University Press.

Martianus Capella (1977) *The Marriage of Mercury with Philology*, trans. W. H. Stahl and R. Johnson, New York: Columbia University Press.

Martianus Capella (1983) *De nuptiis Philologiae et Mercurii*, ed. J. Willis, Leipzig:

Teubner. Martin of Dacia (1961) *Opera*, ed. H. Toos, Copenhagen: Gad (Corpus philosophorum Danicorum Medii Aevi 2).

Martin, C. J. (1987) "Embarrassing arguments and surprising conclusions in the Development of theories of the conditional in the twelfth century" in Jolivet and De Libera (1987), 377-400.

Martin, C. J. (1991) "The logic of negation in Boethius", *Phronesis* 36 (1991) 277-304.

Martin, C. J. (1993) Obligations and Liars' in Read (1993), 357-81.

Martin, C. J. (2001) "Abaelard on modality: some possibilities and some puzzles" in T. Buchheim, C. H. Kneepkens and K. Lorenz (eds), *Potentialität und Possibilität. Moalaussagen in der Geschichte der Metaphysik*, Stuttgart and Bad Cannstatt: Frommann-Holzboog, 97-124.

Martin, C. J. (2004) "Logic" in Brower and Guilfoy (2004), 158-99. Masnovo, A. (1945-6) *Da Guglielmo d'Auvergne a s. Tommaso*, Milan: Vita e Pensiero.

Martin, C. J. (2009a) "Imposition and Essence: what's new in Abaelard's theory of meaning?" *The Word in Medieval Logic, Theology and Psychology*, ed. Tetsuro Shimizu and Charles Burnett, Turnhout: Brepols, 2009, 173-214.

Martin, C. J. (2009b) "The Logical Textbooks and their Influence" in Marenbon 2009, 56-84.

Martin, C. (2010) "The development of Abaelard's Theory of Topical Inference" in *Les lieux de l'argumentation. Histoire du syllogisme topique d'Aristote à Leibniz*, ed. Joel Biard and Fosca Mariani Zini (Studia Artistarum 22). Turnhout: Brepols, 2010, 249-70.

Matthews, G. (2004) *Augustine*, Oxford: Blackwell.

Maximus the Confessor (1980, 1990) *Quaestiones ad Thalassium*, ed. C. Laga and C. Steel (with Eriugena's Latin translation), Turnhout: Brepols (CCSG 7, 22).

Maximus the Confessor (1988) *Ambigua ad Iohannem iuxta Iohannis Scotti Eriugenae Latinam interpretationem*, ed. E. Jeauneau, Turnhout: Brepols (CCSG 18).

Maximus the Confessor (1996) *Maximus the Confessor*, ed. and trans. A. Louth [a collection of translations with introduction], London and New York: Routledge.

Maximus the Confessor (2003) *Ambigua*, trans. [into Italian] and ed. C. Moreschini, Milan: Bompiani.

Menn, S. P. (1998) *Descartes and Augustine*, Cambridge: Cambridge University Press.

Mews, C. (1985) "On dating the works of Peter Abelard", *AHDLMA* 52, 73-134.

Mews, C. (1995) *Peter Abelard*, Aldershot: Variorum (Authors of the Middle Ages II, 5 - Historical and religious writers of the Latin West).

Mews, C. J. (2001) *Abelard and his Legacy*, Aldershot: Variorum.

Mews, C. J. (2002) *Reason and Belief in the Age of Roscelin and Abelard*, Aldershot: Variorum.

Mews, C. J. (2005) *Abelard and Heloise*, New York: Oxford University Press.

Mews, C. (2014) "Between authenticity and interpretation: On the letter collection of Peter Abelard and Heloise and the *Epistolae duorum amantium*", *Tijdschrift Voor Filosofie* 76, 823-842.

Mews, C. and Chiavaroli, N. (eds) (2008) *The lost love letters of Heloise and Abelard*, New York: Palgrave MacMillan, (second edition, with new discussion of the authenticity debate by Mews).

Meyendorff, J. (1959) *Introduction à l'étude de Grégoire Palamas*, Paris: Seuil.

Meyer, G. and Zimmermann, A. (1980) *Albertus Magnus. Doctor universalis 1280/1980*, Mainz: Matthias-Grünewald (Walberger Studien, philos. reihe 6).

Michael Psellos (1989-1992) *Philosophica minora*, ed. J. M. Duffy and D. J. O'Meara, Leipzig: Teubner. Michael Psellos (1989-2002) *Theologica*, I and II ed. P. Gautier, L. G. Westerink and J. M. Duffy, Leipzig: Teubner.

Michon, C. (1994) *Nominalisme: La théorie de la signification d'Occam*, Paris: Vrin.

Michon, C. (ed.) (2004) *Thomas d'Aquin et la controverse sur "L'Éternité du monde"*, Paris: Flammarion.

Minio-Paluello, L. (1956a) *Twelfth Century Logic: Texts and Studies* I, Rome: Edizioni di storia e letteratura.

Minio-Paluello, L. (1956b) *Twelfth Century Logic: Texts and Studies* II, Rome: Edizioni di storia e letteratura.

Minio-Paluello, L. (1972) *Opuscula: The Latin Aristotle*, Amsterdam: Hakkert.

Minnis, A. J. (ed.) (1987) *The Medieval Boethius. Studies in the Vernacular Translations of "De Consolatione Philosophiae"*, Cambridge: Brewer.

Mojsisch, B. (1977) *Die Theorie des Intellekts bei Dietrich von Freiberg*, Hamburg: Meiner (Dietrich von Freiberg opera omnia, Beiheft 1).

Mojsisch, B. (1983) *Meister Eckhart. Analogie, Univozität und Einheit*, Hamburg: Meiner.

Mojsisch, B. (2001) *Meister Eckhart. Analogy, Univocity and Unity*, trans. O. F. Summerell, Amsterdam and Philadelphia: Grüner.

Montagnes, B. (1963) *La doctrine de l'analogie de l'être d'après Saint Thomas d'Aquin*, Louvain: Publications universitaires (Philosophes médiévaux 6).

Montgomery-Watt, W. (1985) *Islamic Philosophy and Theology. An Extended Survey*, Edinburgh: Edinburgh University Press.

Moody, E. A. (1975) "William of Auvergne and his treatise 'De anima'", in *Studies in Medieval Philosophy, Science, and Logic: Collected Papers*, 1933-69, Berkeley, CA: University of California Press, 1-109.

Moore, A. W. (1990) *The Infinite*, London and New York: Routledge.

Moralium dogma philosophorum (1929) *Das Moralium dogma philosophorum des Guillaume de Conches: lateinisch, altfranzösich und mittelniederfränkisch*, ed. J. Holmberg, Uppsala: Almqvist & Wiksells (Arbeten utgivna med understöd av Vilhelm Ekmans universitetsfond, Uppsala 37).

Moran, D. (1989) *The Philosophy of John Scottus Eriugena*, Cambridge: Cambridge University Press.

Morris, T. V. (ed.) (1987) *The Concept of God*, Oxford: Oxford University Press.

Moses Maimonides (1856-66) *Le guide des égarés: traité de théologie et de philosophie par Moïse ben Maimoun, dit Maïmonide*, ed. and trans. S. Munk, Paris: Franck.

Moses Maimonides (1912) *The Eight Chapters of Maimonides on Ethics: (Shemonah perakim): A Psychological and Ethical Treatise* [from the commentary on the Mishna] trans. J. Gorfinkle, New York: Columbia University Press.

Moses Maimonides (1949-) *The Code of Maimonides* [Mishneh Torah], New Haven: Yale University Press.

Moses Maimonides (1963) *The Guide of the Perplexed*, trans. S. Pines, Chicago: University of Chicago Press.

Moses Maimonides (1974) *The Book of Knowledge and the Book of Adoration* [*Mishneh Torah I-II*], trans. M. Hyamson, Jerusalem: Feldheim.

Moses Maimonides (1975) *Ethical Writings*, trans. R. L. Weiss and C. E. Butterworth, New York: New York University Press.

Murdoch, J. E. (1970) "Bradwardine, Thomas" in *Dictionary of Scientific Biography*, 2, New York: Charles Scribner's Sons, 390-7.

Murdoch, J. E. (1975) "From social into intellectual factors: an aspect of the unitary character of medieval learning", in J. E. Murdoch and E. D. Sylla (eds), *The Cultural Context of Medieval Learning*, Dordrecht: Reidel, pp. 271-339.

Nardi, B. (1967) *Saggi di filosofia dantesca*, Florence: La Nuova Italia.

Nardi, B. (1985) *Dante e la cultura medievale*, ed. P. Mazantini, Bari and Rome: Laterza.

Nasr, S. H. (1964) *An Introduction to Islamic Cosmological Doctrines*, Cambridge, MA: Harvard University Press.

Nederman, C. J. (1995) *Community and Consent: The Secular Political Theory of Marsiglio of Padua's "Defensor pacis"*, Lanham: Rowman and Littlefield.

Netton, I. R. (1982) *Muslim Neoplatonists. An Introduction to the Thought of the Brethren of Purity (Ikhwân al-Safâ')*, London: Allen & Unwin.

Newton, L. (ed.) (2008) *Medieval Commentaries on Aristotle's Categories* (Brill's Companions to the Christian Tradition 10), Leiden and Boston: Brill.

Nicholas of Autrecourt (1939) "Exigit ordo"/*Universal Treatise*, ed. J. R. O'Donnell, "Nicholas of Autrecourt", *Mediaeval Studies* 1, 179-280.

Nicholas of Autrecourt (1971) *The Universal Treatise*, trans. L. A. Kennedy, R. E. Arnold, and A. E. Millward, Milwaukee: Marquette University Press.

Nicholas of Autrecourt (1994) *Nicholas of Autrecourt, His Correspondence with Master Giles and Bernard of Arezzo: A Critical Edition and English Translation* by L. M. de Rijk, Leiden and New York: Brill (Studien und Texte zur Geistesgeschichte des Mittelalters 42).

Nicholas of Autrecourt (2001) *Correspondance. Articles condamnés*, ed. (using text of Nicholas of Autrecourt [1994]) and trans. C. Grellard, Paris: Vrin.

Nicholas Cabasilas (1999) *Kata Purrônos*, ed. G. Demetrakopoulos, Athens: Parousia.

Nielsen, L. O. (1982) *Theology and Philosophy in the Twelfth Century*, Leiden: Brill.

Niewöhner, F. and Sturlese, L. (eds) (1994) *Averroismus im Mittelalter und in der Renaissance*, Zürich: Spur.

Noble, T. and Van Engen, J. (2012) *European Transformations. The long twelfth century*. Notre Dame: University of Notre Dame Press.

Normore, C. G. (1986) "Meaning and objective being: Descartes and his sources" in *Essays on Descartes' Meditations*, Berkeley: University of California Press, 223-41.

Normore, C. G. (1990) "Doxology and the history of philosophy", *Canadian Journal of Philosophy*, suppl. vol. 16, 203-26.

Normore, C. G. (1996) "Scotus, modality, instants of nature and the contingency of the present" in Honnefelder *et al.* (1996), 161-74.

Normore, C. G. (2003) "Duns Scotus's modal theory" in Williams (2003), 129-60.

Normore, C. G. (2004) "Abelard's stoicism and its consequences" in Strange and Zupko

(2004), 132-47.

Nuchelmans, G. (1973) *Theories of the Proposition. Ancient and Medieval Conceptions of the Bearers of Truth and Falsity*, Amsterdam and London: North Holland.

Nussbaum, M. (1994) *The Therapy of Desire: Theory and Practice in Hellenistic Ethics*, Princeton: Princeton University Press.

Oberman, H. A. (1963) *The Harvest of Medieval Theology: Gabriel Biel and late medieval nominalism*, Cambridge, MA: Harvard University Press.

Oberman, H. A. (ed.) (1981) *Gregor von Rimini: Werk und Wirkung bis zur Reformation*, Berlin: De Gruyter.

O'Brien, D. (1996) "Plotinus on matter and evil" in Gerson (1996), 171-95.

O'Donnell, J. (1979) *Cassiodorus*, Berkeley and London: University of California Press.

O'Donnell, J. (2005) *Augustine: Sinner and Saint*, London: Profile Books.

O'Meara, D. J. (1988) *Eriugena*, Oxford: Oxford University Press.

O'Meara, D. J. (1993) *Plotinus. An introduction to the Enneads*, Oxford: Oxford University Press.

Oppy, G. (1995) *Ontological Arguments and Belief in God*, Cambridge: Cambridge University Press.

Origen (1966) *On First Principles*, trans. G. W. Butterworth, New York: Harper and Row.

Origen (1978, 1980) *Traité des principes*, ed. and trans. H. Crouzel and M. Simonetti, Paris: Éditions du Cerf.

Origen (1980) *Contra Celsum*, trans. H. Chadwick, Cambridge: Cambridge University Press.

Ormsby, E. L. (1984) *Theodicy in Islamic Thought: The Dispute over al-Ghazali's "Best of all Possible Worlds"*, Princeton: Princeton University Press.

Ormsby, E. L. (ed.) (1989) *Moses Maimonides and his Time*, Washington, DC: Catholic University of America Press (Studies in Philosophy and the History of Philosophy 19).

Pabst, B. (1994) *Atomtheorien des lateinischen Mittelalters*, Darmstadt: Wissenschaftliche Buchgesellschaft.

Panaccio, C. (2001) "Aquinas on intellectual representation" in Perler (2001), 185-201.

Panaccio, C. (2004) *Ockham on Concepts*, Aldershot and Burlington: Ashgate.

Paqué, R. (1970) *Der Pariser Nominalistenstaut. Zur Enstehung des Realitätsbegriffs der Neuzeitlichen Naturwissenschaft*, Berlin: De Gruyter.

Parsons, T. (2014) *Articulating Medieval Logic*, Oxford: Oxford University Press.

Pasnau, R. (1997) *Theories of Cognition in the Later Middle Ages*, Cambridge: Cambridge University Press.

Pasnau, R. (2002a) *Thomas Aquinas on Human Nature: A Philosophical Study of Summa theologiae 1a, 75-89*, Cambridge: Cambridge University Press.

Pasnau, R. (ed.) (2002b) *The Cambridge Translations of Medieval Philosophical Texts: III Mind and Knowledge*, Cambridge: Cambridge University Press (CTMPT 3).

Pasnau, R. (ed.) (2010) *The Cambridge History of Medieval Philosophy*. Cambridge and New York: Cambridge University Press.

Pasnau, R. (2011) *Metaphysical Themes*, 1274-1671. New York: Oxford University Press.

Paul of Venice (1978-) *Logica magna*, various editors, Oxford: British Academy (Classical and Medieval Logic Texts 1-).

Paulus, J. (1938). *Henri de Gand. Essai sur les tendances de sa métaphysique*. Paris: Vrin.

Peppermüller, R. (1972) *Abaelards Auslegung des Römerbriefes*, Münster: Aschendorff (BGPTMA n. f. 10).

Perkams, M. (2001) *Liebe als Zentralbegriff der Ethik nach Peter Abelard*, Münster: Aschendorff (BGPTMA n. f. 57).

Perl, E. D. (1994) "Metaphysics and Christology in Maximus the Confessor and Eriugena" in McGinn and Otten (1994), 253-70.

Perler, D. (1988) *Prädestination, Zeit und Kontingenz: philosophisch-historische Untersuchungen zu Wilhelm von Ockhams*, "*Tractatus de praedestinatione et de praescientia Dei respectu futurorum contingentium*", Amsterdam: Grüner (Bochumer Studien zur Philosophie 12).

Perler, D. (1992) *Der propositionale Wahrheitsbegriffe im 14. Jahrhundert*, Berlin and New York: De Gruyter (Quellen und Studien zur Philosophie 33).

Perler, D. (1994) "Late medieval ontologies of facts", *The Monist* 77, 149-69.

Perler, D. (ed.) (2001) *Ancient and Medieval Theories of Intentionality*, Leiden, Boston and Cologne: Brill (Studien und Texte zur Geistesgeschichte des Mittelalters 76).

Perler, D. (2002) *Theorien der Intentionalität im Mittelalter*, Frankfurt am Main: Klostermann.

Perler, D. (2003) *Théories de l'intentionnalité au moyen âge*, Paris: Vrin.

Perler, D. (ed.)(2008) *Transformations of the Soul. Aristotelian Psychology* 1250-1650 *Vivarium* 46,3.

Perler, D. (2011) *Transformationen der Gefühle. Philosophische Emotionstheorien*, 1270-1670. Frankfurt: Fischer.

Perler, D. and Stephen S. (eds) (2011) *Final Causes and Teleological Explanations = Logical Analysis and History of Philosophy*, Special Issue 14.

Peter Abelard (1919-33) *Peter Abaelards philosophische Schriften*, ed. B. Geyer, Münster: Aschendorff (BGPTMA 21).

Peter Abelard (1948) *Abelard's Christian Theology*, trans. J. R. McCallum, Oxford: Blackwell.

Peter Abelard (1959) *Historia calamitatum*, ed. J. Monfrin, Paris: Vrin.

Peter Abelard (1969a) *Scritti di logica*, ed. M. dal Pra, Florence: Nuova Italia.

Peter Abelard (1969b) *Petri Abaelardi opera theologica* I, ed. E. Buytaert, Turnhout: Brepols (CCCM 11).

Peter Abelard (1969c) *Petri Abaelardi opera theologica* II, ed. E. Buytaert, Turnhout: Brepols (CCCM 12).

Peter Abelard (1970) *Dialectica*, ed. L. M. de Rijk, Assen: Van Gorcum.

Peter Abelard (1971) *Ethics*, ed. D. E. Luscombe, Oxford: Oxford University Press.

Peter Abelard (1976/7) *Sic et non*, ed. B. B. Boyer and R. McKeon, Chicago: Chicago University Press.

Peter Abelard (1978) *Du bien suprême*, trans. J. Jolivet, Montreal: Bellarmin (Cahiers d'études médiévales 4).

Peter Abelard (1983) *Sententie magistri Petri Abelardi* (*Sententie Hermanni*), Florence: La Nuova Italia editrice.

Peter Abelard (1987) *Petri Abaelardi opera theologica* III, ed. C. J. Mews and E. Buytaert, Turnhout: Brepols (CCCM 13).

Peter Abelard (1994) *Abélard. Des intellections*, ed. P. Morin, Paris: Vrin.

Peter Abelard (1995) *Ethical Writings*, trans. P. V. Spade, Indianapolis and Cambridge: Hackett.

Peter Abelard (2001a) *Collationes*, ed. and trans. J. Marenbon and G. Orlandi, Oxford: Oxford University Press.

Peter Abelard (2001b) *Scito teipsum*, ed. R. M. Ilgner, Turnhout: Brepols (CCCM 190).

Peter Abelard (2005) *Petri Abaelardi opera theologica* V, Turnhout: Brepols (CCCM 15).

Peter Abelard (2010) *Glossae super peri hermeneias*, ed. Klaus Jacobi and Christian Strub (Corpus Christianorum 206). Turnhout: Brepols.

Peter Abelard and Heloise (2003) *The Letters of Abelard and Heloise*, trans. B. Radice, rev. M. T. Clanchy, London: Penguin.

Peter Abelard and Heloise (2004) *Epistolario*, ed. I. Pagani with G. Orlandi, Turin, Unione Tipografico and Editore Torinese.

Peter Auriol (1952, 1956) *Scriptum super primum sententiarum*, ed. E. Buytaert, St Bonaventure: Franciscan Institute.

Peter Damian (1972) *Lettre sur la toute-puissance divine* [*De divina omnipotentia* with French trans.], Paris: Éditions du Cerf (Sources chrétiennes 191).

Peter John Olivi (1922-6) *Quaestiones in secundum librum Sententiarum*, ed. B. Jansen, Quaracchi: Collegium S. Bonaventurae (Bibliotheca Franciscana Scholastica 4-6).

Peter John Olivi (2002) *Quodlibeta quinque*, ed. S. Defraia, Grottaferrata: Collegium S. Bonaventurae (Collectio Oliviana 7).

Peter the Lombard (1971, 1981) *Sentences*, 2 vols, Grottaferrata: Editiones Collegii S. Bonaventurae ad Claras Aquas (Spicilegium Bonaventurianum 4-5).

Peter of Poitiers (1943, 1950) *Sentences*, I and II (only these two vols published), ed. P. S. Moore and M. Dulong, Notre Dame: Notre Dame University Press.

Peter of Poitiers/Vienna (1977) *Die Zwettler Summe*, ed. N. Häring, Münster: Aschendorff (BGPTMA n. f. 15).

Peter of Spain (1945) *The Summulae logicales of Peter of Spain*, trans. J. P. Mullally, Notre Dame: Notre Dame University Press.

Peter of Spain (1964) *Tractatus Syncategorematum and Selected Anonymous Treatises*, trans. J. P. Mullally, Milwaukee: Marquette University Press.

Peter of Spain (1972) *Tractatus*, ed. L. M. De Rijk, Assen: Van Gorcum.

Peter of Spain (1990) *Language in Dispute: An English Translation of Peter of Spain's Tractatus, called afterwards Summulae logicales*, trans. F. P. Dinneen, Amsterdam and Philadelphia: Benjamins.

Peter of Spain (2014) *Summaries of Logic. Text, Translation, Introduction, and Notes*, by Brian Copenhaver, Calvin Normore and Terence Parsons, Oxford: Oxford University Press.

Peters, F. E. (1968) *Aristotle and the Arabs: the Aristotelian Tradition in Islam*, New

York: New York University Press (New York University Studies in Near Eastern Civilization 1).

Philip the Chancellor (1985) *Summa de bono*, ed. N. Wicki, Bern: Francke (Opera Philosophica Mediae Aetatis Selecta 2).

Philo (1929) *Works*, 12 vols (text and trans.), London and Cambridge, MA: Heinemann and Harvard University Press.

Photius (1920) *The Library* I, trans. J. H. Freese, London and New York: SPCK.

Photius (1959-91) *Bibliothèque*, ed. R. Henry and J. Schamp, Paris: Les Belles Lettres.

Photius (1983-8) *Epistulae et Amphilochia*, ed. B. Laourdas and L. G. Westerink, Leipzig: Teubner.

Photius (1994) *The Bibliotheca. A Selection*, trans. N. G. Wilson, London: Duckworth.

Piché, D. (ed.) (1999) *La Condemnation parisienne de 1277*, Paris: Vrin.

Pickavé, M. (1997) "Zur Verwendung der Schriften des Aristoteles in der Fragmenten der 'Quaternuli' des David von Dinant", *Recherches de théologie et philosophie médievales* 64, 199-221.

Pickavé, M. (2007) *Heinrich von Ghent über Metaphysik als erste Wissenschaft. Studien zu einem Metaphysikentwurf aus dem letzten Viertel des 13. Jahrhunderts.* (Studien und Texte zur Geistesgeschihcte des Mittelalters 91). Leiden: Brill, 2007.

Pierre d'Ailly (1980) *Concepts and Insolubles: An Annotated Translation*, ed. P. V. Spade, Dordrecht and London: Reidel.

Pike, N. (1970) *God and Timelessness*, London: Routledge and Kegan Paul.

Pinborg, J. (1967) *Die Entwicklung der Sprachtheorie im Mittelalter*, Münster and Copenhagen: Aschendorff and Frost-Hansen (BGPTMA 42, 2).

Pinborg, J. (1972) *Logik und Semantik im Mittelalter. Ein Überblick*, Stuttgart: Frommann-Holzboog.

Pinborg, J. (1974) "Zur Philosophie des Boethius de Dacia. Ein Überblick", *Studia Mediewistyczne* 15, 165-85 (rep. in Pinborg 1984).

Pinborg, J. (1984) *Medieval Semantics. Selected Studies on Medieval Logic and Grammar*, ed. S. Ebbesen, London: Variorum.

Pines, S. (1979) "The limitations of human knowledge according to Al-Farabi, ibn Bajja, and Maimonides" in I. Twersky, *Studies in Medieval Jewish History and Literature*, Cambridge MA: Harvard University Press, 82-109.

Pines, S. (1996) *Studies in the History of Arabic Philosophy*, ed. S. Stroumsa, Jerusalem: Magnes Press (Collected Works of Shlomo Pines 3).

Pines, S. (1997a) *Studies in Islamic Atomism*, trans. M. Schwarz (originally published in German in 1936), Jerusalem: Magnes Press.

Pines, S. (1997b) *Studies in the History of Jewish Thought*, ed. W. Z. Harvey and M. Idel, Jerusalem: Magnes Press (Collected Works of Shlomo Pines 5).

Pines, S. and Yovel, Y. (eds) (1986) *Maimonides and Philosophy: Papers Presented at the Sixth Jerusalem Philosophical Encounter*, May, 1985, Dordrecht and Boston: Nijhoff (Archives internationales d'histoire des idées 114).

Plantinga, A. (ed.) (1968) *The Ontological Argument. From St. Anselm to Contemporary Philosophers*, London and Melbourne: Macmillan.

Plantinga, A. (1974) *The Nature of Necessity*, Oxford: Oxford: University Press.

Plantinga, A. (1986) "On Ockham's way out", *Faith and Philosophy* 3, 235-69.

Plato (1975) *Timaeus a Calcidio translatus comentarioque instructus*, ed. J. H. Waszinck, London and Leiden: Warburg Institute and Brill (Plato Latinus 4).

Platti, E. (1983) *Yahyâ ibn 'Adî. Théologien Chrétien et philosophe arabe*, Leuven: Departement Oriëntalistiek (Orientalia lovaniensia analecta 14).

Platzeck, E.-W. (1962-4) *Raimund Lull. Sein Leben-Seine Werke. Die Grundlagen seines Denkens (Prinzipienlehre)*, Rome: Editiones Franciscanae and Düsseldorf: Schwann.

Plotinus (1959) *Plotini opera* II: *Plotiniana arabica*, trans. G. Lewis, Paris: Desclée de Brower (Museum Lessianum, series philosophica 33).

Plotinus (1966-88) (*Enneads*) ed. and trans. A. H. Armstrong, London: Heinemann.

Plotinus (1991) *The Enneads*, trans. S. McKenna, abridged and ed. J. Dillon, Harmondsworth: Penguin.

Pluta, O. (1986) *Kritiker der Unsterblichkeitsdoktrin im Mittelalter und Renaissance*, Amsterdam: Grüner (Bochumer Studien zur Philosophie 7).

Pluta, O. (1987) *Die philosophische Psychologie des Peter von Ailly*, Amsterdam: Grüner (Bochumer Studien zur Philosophie 6).

Pluta, O. (ed.) (1988) *Die Philosophie im 14. und 15. Jahrhundert. In memoriam Konstanty Michalski (1879-1947)*, Amsterdam: Grüner (Bochumer Studien zur Philosophie 10).

Pluta, O. (2002) "Persecution and the art of writing. The Parisian statute of April 1, 1272, and its philosophical consequences" in Bakker (2002), 563-85.

Podskalsky, G. (1977) *Theologie und Philosophie in Byzanz: die Streit um der theol.*

Methodik in d. spätbyzantinische Geistesgeschichte (14.-15. Jh.), seine systemat. Grundlagen u. seine histor. Entwicklung, Munich: Beck (Byzantinisches Archiv 15).

Porphyry (1998) *Isagoge. Texte grec et latin*, ed. and trans. A. De Libera and A.-Ph. Segonds, Paris: Vrin.

Porphyry (2003) *Introduction [Isagoge]*, trans. and comm. J. Barnes, Oxford: Oxford University Press.

Porphyry (1992) *On Aristotle's Categories*, trans. S. K. Strange, London: Duckworth.

Porro, P. (1990) *Enrico di Gand. La via delle proposizioni universali*, Bari: Levante (Vestigia. Studi e strumenti di storiografia filosofica 2).

Pouchet, R. (1964) *La "rectitudo" chez saint Anselme: un itinéraire augustinien de l'ame à Dieu*, Paris: Études augustiniennes.

Prior, A. N. (1962) "The formalities of omniscience", *Philosophy* 37, 114-29.

Prior, A. N. (2003) *Papers on Time and Tense*, ed. P. Hasle, P. Øhrstrøm, T. Braüner, J. Copeland, Oxford: Oxford University Press, 2003, 39-58.

Proclus (1963) *The Elements of Theology*, ed. E. R. Dodds (second edn), Oxford: Oxford University Press.

Proclus (1973) *Proclus Arabus: zwanzig Abschnitte aus der Institutio theologica in arabischer Übersetzung*, ed. G. Endress, Beirut: Orient-Institut der Deutschen Morgenlaendischen Gesellschaft (Beiruter Texte und Studien 10).

Prudentius of Troyes (1852) *De praedestinatione* in *PL* 115, 1009-336.

Pseudo-Aristotle (1960) *Liber de pomo*, ed. M. Plezia, Warsaw: Polish Academy of science (Auctorum graecorum et latinorum opuscula selecta 2).

Pseudo-Aristotle (1968) *The Apple or Aristotle's Death*, trans. M. F. Rousseau, Milwaukee: Marquette University Press.

Pseudo-Dionysius (1937) *Dionysiaca: recueil donnant l'ensemble des traductions latines des ouvrages attribués au Denys de l'aréopage*, Paris and Bruges: Desclée de Brouwer.

Pseudo-Dionysius (1987) *The Complete Works*, trans. C. Luibheid, London: Society for the Promotion of Christian Knowledge.

Pseudo-Dionysius (1990-1) *Corpus Dionysiacum*, ed. G. Heil, A. Ritter and B. Suchla, Berlin: De Gruyter.

Putallaz, F. X. (1995) *Insolente liberté. Controverses et condamnations au XIIIe siècle*, Fribourg and Paris: Éditions universitaires de Fribourg; Éditions du Cerf.

Puttallaz, F.-X. and Imbach, R. (1997) *Profession: Philosophe. Siger de Brabant*, Paris: Éditions du Cerf.

Radulphus Brito (1980) *Quaestiones super Priscianum minorem*, ed. H. W. Enders and J. Pinborg, Stuttgart and Bad Cannstatt: Frommann-Holzboog (Grammatica speculativa 3).

Raedts, P. (1987) *Richard Rufus of Cornwall and the Tradition of Oxford Theology*, Oxford: Oxford University Press.

Rand, E. K. (1906) *Johannes Scottus*, Munich: Beck (Quellen und Untersuchungen zur lateinischen Philologie des Mittelalters I, 2).

Rashdall, H. (1936) *The Universities of Europe in the Middle Ages*, ed. F. M. Powicke and A. B. Emden, Oxford: Oxford University Press.

Ratramnus of Corbie (1952) *Liber de anima ad Odonem Bellovacensem*, ed. C. Lambot, Namur: Godenne (Analecta mediaevalia Namurcensia 2).

Ratzinger, J. (1971) *The Theology of History in St Bonaventure*, trans. Z. Hayes, Chicago: Franciscan Herald.

Ravitzky, A. (1981) "Samuel ibn Tibbon and the esoteric character of the 'Guide of the perplexed'", *AJS Review* 6, 87-124.

Ravitzky, A. (1990) "The secrets of Maimonides" in I. Twersky (ed.), *Studies in Maimonides*, Cambridge, MA: Harvard Centre for Jewish Studies, 159-207.

Râzî, Abû Bakr (1993) "The book of the philosophic life", trans. C. E. Butterworth, *Interpretation* 20, 227-36.

Read, S. (ed.) (1993) *Sophisms in Medieval Logic and Grammar*, Dordrecht: Kluwer (Nijhoff International Philosophy Series 48).

Read, S. (2002) "The liar paradox from John Buridan back to Thomas Bradwardine", *Vivarium* 40, 189-218.

Relihan, J. C. (2006) *The Prisoner's Philosophy: life and death in Boethius's Consolation*, with a contribution on the medieval Boethius by William Heise, Notre Dame, IN: University of Notre Dame Press.

Reisman, D. C. (ed.) (2003) *Before and after Avicenna: proceedings of the First Conference of the Avicenna Study Group*, Leiden and Boston: Brill, 2003 (Islamic philosophy, theology, and science 52).

Reisman, D. C. (2004) "Plato's Republic in Arabic: A Newly Discovered Passage", *ASP*, 14, 2004, 263-300.

Relihan, J. (1993) *Ancient Menippean Satire*, Baltimore: Johns Hopkins University Press.

Remigius of Auxerre (1916) trans. H. F. Stewart, "A commentary by Remigius Autissiodorensis on the 'De consolatione Philosophiae' of Boethius", *Journal of Theological Studies* 17, 22-42.

Remigius of Auxerre (1962, 1965) *Commentum in Martianum Capellam*, ed. C. E. Lutz, Leiden: Brill.

Renan, E. (2002) *Averroes et l'averroïsme*, pref. by A. De Libera, Paris: Maisonneuve et Larose.

Resnick, I. M. (1992) *Divine Power and Possibility in St Peter Damian's "De divina omnipotentia"*, Leiden and New York: Brill (Studien und Texte zur Geistesgeschichte des Mittelalters 31).

Richard Brinkley (1969) *An Anonymous Fourteenth Century Treatise on "Insolubles": Text and Study*, ed. P. V. Spade, Toronto: PIMS.

Richard Brinkley (1987) *Richard Brinkley's Theory of Sentential Reference: "De significato propositionis" from Part V of his Summa nova de logica*, ed. M. J. Fitzgerald, Leiden and New York: Brill (Studien und Texte zur Geistesgeschichte des Mittelalters 18).

Richard Brinkley (1995) *Obligationes. A Late Fourteenth Century Treatise on the Logic of Disputation*, ed. P. V. Spade and G. A. Wilson, Münster: Aschendorff (BGPTMA n. f. 43).

Richard Kilvington (1990a) *The Sophismata of Richard Kilvington*, ed. N. Kretzmann and B. E. Kretzmann, Oxford: British Academy (Auctores Britannici Medii Aevi 12).

Richard Kilvington (1990b) *The Sophismata of Richard Kilvington*, trans. N. Kretzmann and B. E. Kretzmann, Cambridge: Cambridge University Press.

Richard Rufus of Cornwall (attrib. to) (2003) *In Physicam Aristotelis*, ed. R. Wood, London: British Academy (Auctores Britannici Medii Aevi 16).

Richard of St Victor (1959) *De trinitate*, ed. G. Salet, Paris: Sources chrétiennes (Sources chrétiennes 63).

Riel, G. van, Steel, C. and McEvoy, J. J. (1996) *Iohannes Scottus Eriugena: the Bible and Hermeneutics*, Leuven: Leuven University Press (Ancient and Medieval Philosophy, Series 1, 20).

Rist, J. (1994) *Augustine. Ancient Thought Baptized*, Cambridge: Cambridge University Press.

Robert Grosseteste (1912) *Die philosophische Werke des Robert Grosseteste, Bischofs von Lincoln*, ed. L. Baur, Münster: Aschedorff (BGPTMA 9).

Robert Grosseteste (1963a) R. C. Dales, "Robert Grosseteste's treatise 'De finitate motus et temporis'", *Traditio* 19, 244-66.

Robert Grosseteste (1963b) *Commentarius in VIII libros Physicorum Aristotelis*, ed. R. C. Dales, Boulder: Colorado University Press.

Robert Grosseteste (1981) *Commentarius in posteriorum analyticorum libros*, ed. P. Rossi, Florence: Olschki (Testi e studi per il Corpus philosophorum Medii Aevi 2).

Robert Grosseteste (1991) "The First Recension of Robert Grosseteste's *De libero arbitrio*", ed. N. Lewis, *Mediaeval Studies* 53, 1-88.

Robert Holcot (1494) *Super libros Sapientiae*, Hagenau, reprinted 1974 Frankfurt-am-Main: Minerva GMBH.

Robert Holcot (1518) *In quatuor libros sententiarum quaestiones*, Lyons, reprinted 1967 Frankfurt-am-Main: Minerva GMBH.

Robert Holcot (1958) "Utrum Theologia sit scientia. A quodlibetal question of Robert Holcot, O. P.", ed. J. T. Muckle, *Mediaeval Studies* 20, 127-53.

Robert Holcot (1983) *Quaestiones quodlibetales* in *Exploring the Boundaries of Reason: Three Questions on the Nature of God by Robert Holcot*, *OP*, ed. H. G. Gelber, Toronto: PIMS (Studies and texts 62).

Robert Kilwardby (1976) *De ortu scientiarum*, ed. A. G. Judy, London: British Academy (Auctores Britannici Medii Aevi 4).

Robert Kilwardby (1987) *On time and imagination: De tempore, De spiritu fantastico*, ed. O. P. Lewry, London: British Academy (Auctores Britannici Medii Aevi 9).

Robert Kilwardby (1993) *On time and imagination*, introduction and trans. A. Broadie, London: British Academy (Auctores Britannici Medii Aevi 9[2]).

Roger Bacon (1859) *Opera quaedam hactenus inedita*, ed. J. S. Brewer, London: Longman, Green, Longman & Roberts.

Roger Bacon (1897-1900) *Opus maius*, ed. J. H. Bridges, *The "Opus maius" of Roger Bacon*, Oxford: Oxford University Press.

Roger Bacon (1978) "An unedited part of Roger Bacon's 'Opus maius: de signis'", ed. K. M. Fredborg, L. Nielsen and J. Pinborg, *Traditio* 34, 75-136.

Roger Bacon (1986, 1987) "Les 'Summulae dialectices' de Roger Bacon", ed. A. De Libera, *AHDLMA* 61, 139-289; 62, 171-278.

Rohls, J. (1980) *Wilhelm von Auvergne und der mittelalterliche Aristotelismus*, Munich: Kaiser.

Roques, R. (1954) *L'Univers dionysien*, Paris: Aubier.

Roques, R. (1977) *Jean Scot Érigène et l'histoire de la philosophie*, Paris: Centre national de la recherche scientifique (Colloques internationaux du Centre National de la Recherche Scientifique 561).

Rorem, P. (1993) *Pseudo-Dionysius: A commentary on the Texts and an Introduction to their influence*, New York and Oxford: Oxford University Press.

Rosemann, P. W. (2004) *Peter Lombard*, New York: Oxford University Press.

Rosier-Catach, I. (1983) *La Grammaire spéculative des Modistes*, Lille: Presses Universitaires de Lille.

Rosier-Catach, I. (1991) "Les sophismes grammaticaux au XIIIe siècle", *Medioevo* 17, 175-230.

Rosier-Catach, I. (1994) *La parole comme acte. Sur la grammaire et la sémantique au XIIIe siècle*, Paris: Vrin.

Rosier-Catach, I. (1993) "Le commentaire des 'Glosulae' et des 'Glosae' de Guillaume de Conches sur le chapitre 'De voce' des 'Institutiones grammaticae' de Priscien", CIMAGL 63, 115-44.

Rosier-Catach, I. (2003a) "Abélard et les grammairiens: sur le verbe substantif et la prédication", *Vivarium*, 41, 176-248.

Rosier-Catach, I. (2003b) "Abélard et les grammairiens: sur la définition du verbe et la notion d'inhérence" in P. Lardet (ed.), *La tradition vive, mélanges d'histoire des textes en l'honneur de Louis Holtz*, Turnhout: Brepols, 143-59.

Rosier-Catach, I. (2004a) "Les discussions sur le signifié des propositions chez Abélard" in Maierù and Valente (2004), 1-34.

Rosier-Catach, I. (2004b) *La parole efficace. Signe, rituel, sacré*, Paris: Seuil.

Rosier-Catach, I. (ed.) (2011) *Arts du langage et théologie aux confis des XIe-XIIe siècles. Textes, maîtres, débats* (Studia artistarum 26), Turnhout: Brepols.

Rowson, E. K. (1988) *A Muslim Philosopher on the Soul and its Fate: al-Amirî's Kitâb al-Amad 'alâ l-abad*, New Haven: Yale University Press.

Rudavsky, T. M. (ed.) (1985) *Divine Omniscience and Omnipotence in Medieval Philosophy*, Dordrecht: Kluwer (Synthese Historical Library 25).

Rudolph, U. (ed.) (2012) *Philosophie in der islamsichen Welt I. 8.-10. Jahrhundert*. Basel: Schwabe (Grundriss der Geschichte der Philosophie).

Rudavsky, T. M. (2000) *Time Matters. Time, Creation and Cosmology in Medieval Jewish Philosophy*, Albany: State University of New York Press.

Ryan, W. F. and Schmitt, C. B. (1982) *Pseudo-Aristotle, the Secret of Secrets: Sources and Influences*, London: Warburg Institute (Warburg Institute Surveys 9).

Saadia (1948) *The Book of Beliefs and Opinions*, trans. S. Rosenblatt, New Haven: Yale University Press.

Saadia (1970) *Kitâb al-amânât wa-l-I'tiqâdât*, ed. J. Qafih (with Hebrew trans.), Jerusalem: Sura.

Saadia (1988) *The Book of Theodicy: Translation and Commentary on the Book of Job by Saadiah ben Joseph al-Fayyumi*, trans. L. E. Goodman, New Haven: Yale University Press.

Saadia (2002) *Commentary on the Book of Creation*, trans. M. Linetsky, Northvale, NJ and Jerusalem: Aronson.

St Pierre, J. A. (1966) "The theological thought of William of Auxerre: an introductory bibliography", *Recherches de théologie ancienne et médiévale* 33, 147-55.

Schabel, C. (2000) *Theology at Paris, 1316-1345. Peter Auriol and the Problem of Divine Foreknowledge and Future Contingents*, Aldershot and Brookfield: Ashgate.

Schlapkohl, C. (1999) *Persona est naturae rationabilis individua substantia. Boethius und die Debatte über der Personbegriff*, Marburg: Elwert.

Schlanger, J. (1968) *La Philosophie de Salomon ibn Gabirol. Étude d'un néoplatonisme*, Leiden: Brill (Études sur le judaïsme médiéval 3).

Schmitt, C. B. and Knox, D. (1985) *Pseudo-Aristoteles Latinus. A Guide to Latin Works Falsely Attributed to Aristotle before 1500*, London: Warburg Institute (Warburg Institute Surveys and Texts 12).

Schmitt, C. B. and Skinner, Q. (1988) *The Cambridge History of Renaissance Philosophy*, Cambridge: Cambridge University Press.

Schmitt, F. S. and Southern, R. W. (1969) *Memorials of St Anselm*, Oxford: Oxford University Press.

Schmugge, L. (1966) *Johannes von Jandun (1285/9-1328). Untersuchungen zur Biographie und Sozialtheorie eines lateinischen Averroisten*, Stuttgart: Hiersemann (Pariser Historische Studien 5).

Schöck, C. (2006) *Koranexegese, Grammatik und Logik. Zum Verhältnis von arabischer und Aristotelischer Urteils-, Konsequenz- und Schlusslehre*, Leiden and Boston: Brill (Islamic Philosophy, Theology and Science 60).

Schoedinger, A. B. (1996) *Readings in Medieval Philosophy*, New York and Oxford: Oxford University Press.

Schrimpf, G. (1966) *Die Axiomenschrift des Boethius (De Hebdomadibus) als philosophisches Lehrbuch des Mittelalters*, Leiden: Brill (Studien zur Problemgeschichte der antiken und mittelalterlichen Philosophie 2).

Schrimpf, G. (1982a) *Das Werk des Johannes Scottus Eriugena im Rahmen des Wissenschaftsverständnisses seiner Zeit: eine Hinführung zu Periphyseon*, Münster: Aschendorff (BGPTMA n. f. 23).

Schrimpf, G. (1982b) "Der Beitrag des Johannes Scotus Eriugena zum Prädestinationsstreit" in *Die Iren und Europa im früheren Mittelalter*, ed. H. Löwe, Stuttgart: Klett-Cotta, 819-65.

Schulthess, P. and Imbach, R. (1996) *Die Philosophie im lateinischen Mittelalter: ein Handbuch mit einem bio-bibliographischen Repertorium*, Zürich: Artemis and Winkler.

Schupp, F. (1988) *Logical Problems of the Medieval Theory of Consequences*, Naples: Bibliopolis (History of Logic 6).

Seeskin, K. (2005) *The Cambridge Companion to Maimonides*, New York: Cambridge University Press.

Serene, E. (1981) "Anselm's modal conceptions" in S. Knuuttila (ed.), *Reforging the Great Chain of Being*, Dordrecht: Reidel (Synthese Historical Library 20) pp. 117-62.

Serene, E. (1982) "Demonstrative science" in Kretzmann et al. (1982), 496-517.

Shahrastânî (1934) *Kitâb nihâyatu al-iqdâm fî 'ilmi al-kalâm*, ed. and trans. A. Guillaume, Oxford and London: Oxford University Press and Humphrey Milford.

Shahrastânî (1986) *Livre des religions et des sectes*, I, trans. and ed. D. Gimaret and G. Monnot, Louvain: Peeters and UNESCO.

Shand, J. (ed.) (2005) *Central Works of Philosophy* I. *Ancient and Medieval*, Chesham: Acumen.

Shanzer, D. (1986) *A Philosophical and Literary Commentary on Martianus Capella's De Nuptiis Philologiae et Mercurii, Book I*, Berkeley: University of California Press.

Shanzer, D. (2009) "Interpreting the Consolation" in Marenbon 2009, 228-54.

Sharples, R. W. (1991) (trans. and ed.) *Cicero: On Fate and Boethius: The Consolation of Philosophy, IV, 5-V,6*, Warminster: Aris and Phillips.

Sharples, R. (2009) "Fate, Prescience and Free Will" in Marenbon 2009, 207-27.

Shaw, G. (1995) *Theurgy and the Soul. The Neoplatonism of Iamblichus*, University Park, PA: Pennsylvania State University Press.

Shehaby, N. (1973) *The Propositional Logic of Avicenna*, Dordrecht and Boston: Reidel.

Shiel, J. (1990) "Boethius' Commentaries on Aristotle' in Sorabji (1990), 349-72.

Shimizu, T. (1995) "From vocalism to nominalism: progression in Abelard's theory of *signification*", *Didascalia* 1, 15-46.

Siegmund, A. (1949) *Die Überlieferung der griechischen christlichen Literatur in der lateinischen Kirche bis zum zwölften Jahrhundert*, Munich-Pasing: Filser.

Siger of Brabant (1972-1983) *Collected Works* (various editors) Louvain: Publications Universitaires de Louvain (Philosophes Médiévaux 12-14, 24, 25).

Sijistânî (1988) *Le dévoilement des choses cachées. Recherches de philosophie ismaélienne*, tr. H. Corbin, Lagrasse: Verdier.

Sileo, L. (ed.) (1995) *Via Scoti. Methodologica ad mentem Joannis Duns Scoti*, Rome: Antonianum.

Silk, E. T. (1935) *Saeculi noni auctoris in Boetii consolationem Philosophiae commentarius*, Rome: American Academy in Rome (Papers and Monographs of the American Academy in Rome 9).

Silman, Y. (1995) *Philosopher and Prophet: Judah Halevi, the Kuzari, and the Evolution of his Thought*, Albany: SUNY Press.

Simpson, J. (1995) *Sciences and the Self in Medieval Poetry: Alan of Lille's Anticlaudianus and John Gower's Confessio amantis*, Cambridge: Cambridge University Press (Cambridge Studies in Medieval Literature 25).

Siorvanes, L. (1996) *Proclus. Neo-Platonic Philosophy and Science*, Edinburgh: Edinburgh University Press.

Sirat, C. (1985) *A History of Jewish Philosophy in the Middle Ages*, Cambridge and Paris: Cambridge University Press and Éditions de la Maison des Sciences de l'Homme.

Sirat, C., Klein-Braslavy, S. and Weijers, O. (eds) (2003) *Les méthodes de travail de Gersonide et le maniement du savoir chez les scolastiques*, Paris: Vrin (Études de philosophie médiévale 86).

Smalley, B. (1956) "Robert Holcot, OP", *Archivum Fratrum Praedicatorum* 26, 5-97.

Solomon ibn Gabirol (1892) *Avencebrolis (Ibn Gebirol) Fons Vitae*, ed. C. Baeumker, Münster: Aschendorff (BGPTMA 1, 2).

Solomon ibn Gabirol (1902) *The Improvement of Moral Qualities*, ed. and trans. S. S. Wise, New York: Columbia University Press (Columbia University Oriental Studies 1).

Sorabji, R. (1980) *Necessity, Cause, and Blame. Perspectives on Aristotle's Theory*, London: Duckworth.

Sorabji, R. (1983) *Time, Creation and the Continuum*, London: Duckworth.

Sorabji, R. (1990) (ed.) *Aristotle Transformed. The Ancient Commentators and their*

Influence, London: Duckworth.

Southern, R. W. (1983) *Anselm and his Biographer*, 2nd edn, Cambridge: Cambridge University Press.

Southern, R. W. (1986) *Robert Grosseteste. The Growth of an English Mind in Medieval Europe*, Oxford: Oxford University Press.

Southern, R. W. (1990) *Saint Anselm: a portrait in a landscape*, Cambridge: Cambridge University Press.

Southern, R. W. (1995, 2001) *Scholastic Humanism and the Unification of Europe* I and II, Oxford and Malden, MA: Blackwell.

Spade, P. V. (1975a) "Some epistemological implications of the Burley-Ockham dispute", *Franciscan Studies* 35, 212-22.

Spade, P. V. (1975b) *The Mediaeval Liar: A Catalogue of the Insolubilia-Literature*, Toronto: PIMS.

Spade, P. V. (trans.) (1994) *Five Texts on the Mediaeval Problem of Universals: Porphyry, Boethius, Abelard, Duns Scotus, Ockham*, Indianapolis, IN and Cambridge, MA: Hackett.

Spade, P. V. (ed.) (1999) *The Cambridge Companion to Ockham*. Cambridge: Cambridge University Press.

Speer, A. (1997) "Bonaventure and the question of a medieval philosophy", *Medieval Philosophy and Theology* 6, 25-46.

Stang, C. M. (2012) *Apophasis and pseudonymity in Dionysius the Areopagite : "no longer I"*, Oxford: Oxford University Press.

Stegmüller, F. (1947) *Repertorium commentariorum in Sententias Petri Lombardi*, Würzburg: Schöning.

Stephanou, P. E. (1949) *Jean Italos. Philosophe et humaniste*, Rome: Pont. Institutum Orientalium Studiorum (Orientalia Christiana analecta 134).

Stephanus (2000) *"Philoponus" On Aristotle On the Soul 3. 9-13 with Stephanus On Aristotle On Interpretation*, trans. W. Charlton, London: Duckworth.

Strange, S. K. and Zupko, J. (eds) (2004) *Stoicism. Traditions and Transformations*, Cambridge: Cambridge University Press.

Street, T. (2002) "An outline of Avicenna's syllogistic", *Archiv für Geschichte der Philosophie* 84, 129-60.

Street, T. (2003) "Arabic logic" in J. Woods and D. Gabbay (eds) *Handbook of the History and Philosophy of Logic* I, Amsterdam: New Holland, 471-556.

Stroumsa, S. (1999) *Freethinkers of Medieval Islam*, Leiden, Boston and Cologne: Brill (Islamic Philosophy and Science. Texts and Studies 35).

Stroumsa, S. (2009) *Maimonides in his World. Portrait of a Mediterranean thinker*, Princeton and Oxford: Princeton University Press.

Stump, E. (2003) *Aquinas*, London and New York: Routledge.

Stump, E. and Kretzmann, N. (1981) "Eternity", *Journal of Philosophy* 78, 429-58 and Morris (1987), 219-52.

Stump, E. and Kretzmann, N. (eds) (1988) *The Cambridge Translations of Medieval Philosophical Texts - I: Logic and Philosophy of Language*, Cambridge: Cambridge University Press (CTMPT 1).

Stump, E. and Kretzmann, N. (1992) "Eternity, awareness, and action", *Faith and Philosophy* 9, 463-82.

Stump, E and Kretzmann, N. (eds) (2001) *The Cambridge Companion to Augustine*, Cambridge: Cambridge University Press.

Suhrawardî (1986) *Le livre de la sagesse orientale*, ed. and trans. H. Corbin, Paris: Verdier (re-issued by Gallimard).

Suhrawardî (1999) *The Philosophy of Illumination*, ed. and trans. J. Walbridge and H. Ziai, Provo: Brigham Young University Press.

Summa sententiarum (1854), *PL* 176, 41-174.

Sylla, E. (1982) "The Oxford calculators" in Kretzmann *et al.* (1982), 540-63.

Sylla, E. D. (2001) "Ideo quasi mendicare oportet intellectum humanum: the role of theology in John Buridan's natural philosophy" in Thijssen and Zupko (2001), 221-45.

Tachau, K. H. (1988) *Vision and Certitude in the Age of Ockham*, Leiden, New York, Copenhagen and Cologne: Brill (Studien und Texte zur Geistesgeschichte des Mittelalters 22).

Tardieu, M. (1986) "Ṣâbiens coraniques et 'Ṣâbiens' de Ḥarrân", *Journal asiatique* 274, 1-44.

Tatakis, B. (1959) *La Philosophie Byzantine*, Paris: Presses universitaires de France.

Tatakis, B. (2003) *Byzantine Philosophy*, trans. N. Moutfakis, Indianapolis and Cambridge: Hackett.

Taylor, R. C. (1999) "Remarks on cogitation in Averroes' Commentarium magnum in Aristotelis De anima libros" in Aertsen and Endress (1999), 217-55.

Teixidor, J. (2003) *Aristote en syriaque. Paul le Perse, logicien du Ve siècle*, Paris:

CNRS.

Theodulf of Orleans (1998) *Opus Caroli regis contra synodum* (*Libri Carolini*), ed. A. Freeman with the assistance of P. Meyvaert, Hannover: Hahn (Monumenta Germaniae Historica, Concilia 2, suppl. 1).

Thierry of Chartres (?) (1971) *Commentaries on Boethius by Thierry of Chartres and his school*, ed. N. M. Häring, Toronto: PIMS (Studies and Texts 20).

Thijssen, J. M. M. H. (1998) *Censure and Heresy at the University of Paris*, Philadelphia: University of Pennsylvania Press.

Thijssen, J. M. M. H. (2000) "The quest for certain knowledge in the fourteenth century: Nicholas of Autrecourt against the academics" in J. Sihvola (ed.) *Ancient Scepticism and the Sceptical Tradition*, Helsinki: Societas Philosophica Fennica (*Acta Philosophica Fennica* 66), 199-223.

Thijssen, J. M. M. H. and Zupko, J. (eds) (2001) *The Metaphysics and Natural Philosophy of John Buridan*, Leiden, Boston and Cologne: Brill (Medieval and Early Modern Science 2).

Thom, P. (2003) *Medieval Modal Systems*, Aldershot and Burlington VT: Ashgate.

Thomas Aquinas (1911-) *The "Summa theologica" of St. Thomas Aquinas*, London: Thomas Baker.

Thomas Aquinas (1950) *In librum Beati Dionysii de divinis nominibus expositio*, ed. C. Mazzantini, C. Pera and P. Caramello, Turin: Marietti.

Thomas Aquinas (1952-4) *The Disputed Questions on Truth*, trans. R. W. Mulligan, J. V. McGlynn and R. W. Schmidt, Chicago: Henry Regnery Co.

Thomas Aquinas (1954) *Super librum de Causis expositio*, ed. H. D. Saffrey, Fribourg and Louvain: Société Philosophique and Nauwelaerts.

Thomas Aquinas (1961-7) *Summa contra Gentiles*, ed. P. Marc, C. Pera and P. Caramello, Turin: Marietti.

Thomas Aquinas (1964-80) *Summa theologiae*, 61 volumes, London: Blackfriars (various editors/translators).

Thomas Aquinas (1964-5) *Quaestiones disputatae*, ed. R. Spiazzi, Turin: Marietti.

Thomas Aquinas (1968) *Aquinas on Being and Essence*, trans. A. A. Maurer, Toronto: PIMS, 2nd edn.

Thomas Aquinas (1975) *Summa contra Gentiles*, trans. A. C. Pegis *et al.*, Notre Dame: Notre Dame University Press.

Thomas Aquinas (1976) *Opuscula philosophica*, Rome: Commissio Leonina (Opera omnia iussu Leonis XIII, 43).

Thomas Aquinas (1984) *Sentencia libri de anima*, Rome and Paris: Commissio Leonina and Vrin (Opera omnia iussu Leonis XIII, 45, 1).

Thomas Aquinas (1989) *Expositio libri Peryermeneias*, 2nd edn, Rome and Paris: Commissio Leonina and Vrin (Opera omnia iussu Leonis XIII, 1 ∗ /1).

Thomas Aquinas (1992) *Super Boetium De Trinitate*; *Expositio libri Boetii De ebdomadibus*, Rome: Commissio Leonina (Opera omnia iussu Leonis XIII, 50).

Thomas Aquinas (1993a) *Aquinas against the Averroists*, trans. and comm. R. McInerny, West Lafayette: Purdue University Press.

Thomas Aquinas (1993b) *Selected Philosophical Writings*, ed. T. McDermott, Oxford: Oxford University Press.

Thomas Aquinas (1994) *Contre Averroes*, trans. and comm. A. De Libera, Paris: Flammarion.

Thomas Aquinas (1998) *Selected Writings*, ed. R. McInerny, Harmondsworth: Penguin.

Thomas Aquinas (1999) *A Commentary on Aristotle's De anima*, trans. R. Pasnau, New Haven and London: Yale University Press.

Thomas Aquinas (2001) *The De malo of Thomas Aquinas*, trans. R. J. Regan, Oxford: Oxford University Press.

Thomas Aquinas (2002) *The Treatise on Human Nature. Summa Theologiae 1a 75-89*, trans. and comm. R. Pasnau, Indianapolis and Cambridge: Hackett.

Thomas Bradwardine (1618) *De causa Dei contra Pelagium et de virtute causarum ad suos Mertonenses*, ed. H. Savile, London: Officina Nortoniana (repr. Frankfurt: Minerva, 1964).

Thomas Bradwardine (1955) *Thomas of Bradwardine, his Tractatus de proportionibus: Its Significance for the Development of Mathematical Physics*, ed. and trans. H. Lamar Crosby, Jr.

Thomas Bradwardine (1982) *Three Logical Treatises Ascribed to Thomas Bradwardine*, ed. L. O. Nielsen, N. J. Green-Pedersen and J. Pinborg, *CIMAGL* 42.

Thomas of Erfurt (1972) *Grammatica speculativa*, ed. and trans. G. L. Bursill-Hall, London: Longman.

Thomas, R. (1980) (ed.) *Petrus Abaelardus (1079-1142): Person, Werk und Wirkung*, Trier: Paulinus, 1980 (Trier theologische Studien 38).

Tollefsen, T. (2008) *The Christocentric cosmology of St Maximus the Confessor*, Oxford and New York: Oxford University Press.

Torrell, J.-P. (1996) *Saint Thomas Aquinas*, trans. R. Royal, Washington, DC: Catholic University of America Press.

Torrell, J.-P. (2002) *Initiation à Saint Thomas d'Aquin. Sa personne et son œuvre*, 2nd edn, Fribourg and Paris: Éditions Universitaire and Éditions du Cerf.

Troncarelli, F. (1981) *Tradizioni perdute: la "Consolatio philosophiae" nell'alto Medioevo*, Padua: Antenore (Medioevo e umanesimo 42).

Touati, C. (1973) *La pensée philosophique et théologique de Gersonide*, Paris: Minuit.

Trego, K. (2010) *L'essence de la liberté. La refondation de l'éthique dans l'œuvre de saint Anselme de Cantorbéry*, Paris : Vrin (Études de philosophie médiévale 95).

Trifogli, C. (2000) *Oxford Physics in the Thirteenth Century (c. 1250-1270). Motion, infinity, place and time*, Leiden, Boston and Cologne: Brill (Studien und Texte zur Geistesgeschichte des Mittelalters 72).

Trifogli, C. (2004) *Liber tertius Physicorum Aristotelis. Repertorio delle questioni - commenti inglesi ca. 1250-1270*, Florence: SISMEL (Corpus philosophorum medii aevi, subsidia 13).

Tweedale, M. M. (1976) *Abelard on Universals*, Amsterdam: North-Holland. Tweedale, M. M. (1988) "Logic(i): from the late eleventh century to the time of Abelard" in Dronke (1988) 196-226.

Tweedale, M. M. (1999) *Scotus vs. Ockham: A Medieval Dispute over Universals*, Lewiston, NY and Lampeter: Edward Mellen.

Twersky, I. (1980) *Introduction to the Code of Maimonides (Mishneh Torah)*, New Haven and London: Yale University Press (Yale Judaica series 22).

Ulrich of Strasbourg (1989-) *De summo bono*, ed. B. Mojsisch and others, Hamburg: Meiner (Corpus philosophorum teutonicorum medii aevi).

Urvoy, D. (1980) *Penser l'islam: les présupposés islamiques de l''Art' de Lull*, Paris: Vrin.

Urvoy, D. (1996) *Les penseurs libres dans l'Islam classique*, Paris: Flammarion.

Urvoy, D. (1998) *Averroès. Les ambitions d'un intellectuel musulman*, Paris: Flammarion.

Vajda, G. (1951) "Les notes d'Avicenne sur la 'Théologie d'Aristote'", *Revue Thomiste* 51, 346-406.

Vajda, G. (1960) *Isaac Albalag, averroïste juif: traducteur et annotateur d'al-Ghazâlî*, Paris: Vrin (Études de philosophie médiévale 49).

Vallat, P. (2004) *Farabi et l'École d'Alexandrie. Des prémisses de la connaissance à la philosophie politique*, Paris: Vrin (Études musulmanes 38).

Van de Vyver, A. (1942) "Vroeg-Middeleewsche Verhandelingen", *Tijdschrift voor Philosophie* 4, 156-99.

Van Ess, J. (1984) *Une lecture à rebours de l'histoire du Mu'tazilisme*, Paris: Geuthner (*Revue des études islamiques*, 46 [1978], 163-240; 47 [1979], 20-69).

Van Ess, J. (1991-1995) *Theologie und Gesellschaft im 2. und 3. Jahrhundert Hidschra*, Berlin and New York: De Gruyter.

Vanhamel, W. (ed.) (1996) *Henry of Ghent: Proceedings of the International Colloquium on the Occasion of the 700th Anniversary of his Death* (1293), Leuven: Leuven University Press (Ancient and Medieval Philosophy Series 1, 15).

Van Riel, G., Steel, C. and McEvoy, J. J. (1996) *Iohannes Scottus Eriugena: the Bible and Hermeneutics*, Leuven: Leuven University Press (Ancient and Medieval Philosophy, series 1, 20).

Van Steenberghen, F. (1955) *Aristotle in the West: The Origins of Latin Aristotelianism*, trans. L. Johnston, Louvain: Nauwelaerts.

Van Steenberghen, F. (1966) *La philosophie au XIIIe siècle*, Louvain: Publications Universitaires de Louvain (Philosophes Médiévaux 9).

Van Winden, J. C. M. (1959) *Calcidius on Matter: His Doctrine and Sources*, Leiden: Brill (Philosophia antique 9).

Vasalou, S. (2003) "Equal before the law: the evilness of human and divine lies. 'Abd al-Jabbâr's rational ethics", *ASP* 13, 243-68.

Vasalou, S. (2008) *Moral Agents and their Deserts. The character of Mu'tazilite ethics*, Princeton and Woodstock.

Verger, J. (ed.) (1986) *Histoire des universités en France*, Toulouse: Privat.

Verger, J. (1997) *L'Essor des universités au XIIIe siècle*, Paris: Éditions du Cerf.

Vescovini, G. F. (1979) *Astrologia e scienza. La crisi de dell' aristotelismo sul cadere del Trecento e Biagio Pelacani da Parma*, Florence: Vallecchi.

Vignaux, P. (1959) *Philosophy in the Middle Ages* (trans.), London: Burns and Oates.

Vignaux, P. (2004) *Philosophie au moyen âge*, ed. R. Imbach, Paris: Vrin.

Vollert, C., Kendzierski, L. and Byrne, P. (1964) *On the Eternity of the World*, Milwaukee: Marquette University Press.

Von Balthasar, H. (1961) *Kosmische Liturgie; das Weltbild Maximus' des Bekenners*,

2nd edn, Einsiedeln: Johannes Verlag.

Von Moos, P. (2005) *Abaelard and Heloise*, Münster: LIT Verlag.

Walbridge, J. (2000) *The Leaven of the Ancients: Suhrawardî and Platonic Orientalism*, New York: State University of New York Press.

Walbridge, J. (2001) *The Wisdom of the East: Suhrawardî and the Heritage of the Greeks*, New York: State University of New York Press.

Walker, P. E. (1993) *Early Philosophical Shiism. The Ismaili Neoplatonism of Abû Ya'qûb al-Sijistânî*, Cambridge: Cambridge University Press.

Walker, P. E. (1999) *Ḥamîd al-Dîn al-Kirmânî. Ismaili Thought in the Age of al-Ḥâkim*, London and New York: Tauris (Institute of Ismaili Studies Ismaili Heritage Series 3).

Wallis, R. T. (1995) *Neoplatonism* (2nd edn), London: Duckworth.

Walter Burley (1955) *De puritate artis logicae*, ed. P. Boehner, St Bonaventure: Franciscan Institute.

Walter Burley (2000a) *Quaestiones super librum posteriorum*, ed. M. C. Sommers, Toronto: PIMS.

Walter Burley (2000b) *On the Purity of the Art of Logic*, trans. P. V. Spade, New Haven: Yale University Press.

Walter Chatton (1989) *Reportatio et Lectura super Sententias: Collatio ad librum primum et prologus*, ed. J. C. Wey, Toronto: PIMS (Studies and texts 90).

Walter Chatton (2002) *Reportatio super Sententias*, ed. J. C. Wey and G. J. Etzkorn, Toronto: PIMS (Studies and texts 141-2, 149).

Weber, E. H. (1974) *Dialogue et dissensions entre Saint Bonaventure et Saint Thomas d'Aquin à Paris*, 1252-73, Paris: Vrin (Bibliothèque thomiste 41).

Weidemann, H. (1981) Zur Semantik der Modalbegriffe bei Peter Abaelard', *Medioevo* 7, 1-40.

Weijers, O. (1987) *Terminologie des universités au XIIIe siècle*, Rome: Ateneo (Lessico Intelletuale Europeo 39).

Weijers, O. (1995) *La "disputatio" à la Faculté des arts de Paris (1200-1350 environ). Esquisse d'une typologie*, Turnhout: Brepols (Studia artistarum 2).

Weijers, O. (2002) *La "disputatio" dans les Facultés des Arts au moyen âge*, Turnhout: Brepols (Studia artistarum 10).

Weijers, O. and Holtz, L. (1997) *L'Enseignement des disciplines à la Faculté des Arts (Paris et Oxford, XIIIe-XIVe siècles)*, Turnout: Brepols.

Weisheipl, J. A. (1969) "Repertorium Mertonense", Mediaeval Studies 31, 174-224.

Weisheipl, J. A. (1980) *Albertus Magnus and the Sciences: Commemorative Essays*, Toronto: PIMS.

Westberg, D. (1994) *Right Practical Reason: Aristotle, Action, and Prudence in Aquinas*, Oxford: Oxford University Press.

Westerinck, L. G. (1990) "The Alexandrian commentators and the introductions to their commentaries" in Sorabji (1990), 325-48.

Wetherbee, W. (1972) *Platonism and Poetry in the Twelfth Century*, Princeton: Princeton University Press.

Wetherbee, W. (1988) "Philosophy, cosmology and the twelfth-century Renaissance" in Dronke (1988a), 21-53.

Wielockx, R. (1988) "Autour du procès de Thomas d'Aquin" in A. Zimmermann (ed.) *Thomas von Aquin. Werk und Wirkung im Licht neuerer Forschungen*, Berlin and New York: De Gruyter (Miscellanea Mediaevalia 19), 413-38.

Wiener, S. (2007) *Eriugenas negative Ontologie*, Amsterdam: Grüner, (Bochumer Studien zur Philosophue 46).

William of Auvergne (1674) *Opera omnia*, Paris and Orleans: Dupuis (photographic reprint, 1963, Frankfurt, Minerva).

William of Auvergne (1946, 1954) *De bono et malo*, ed. J. R. O'Donnell, *Mediaeval Studies*, 8, 245-99; 16, 219-71.

William of Auvergne (1976) *De trinitate*, ed. B. Switalksi, Toronto: PIMS (Studies and texts 34).

William of Auxerre (1980-7) *Summa Aurea*, ed. J. Ribaillier, Paris: CNRS (Spicilegium bonaventurianum 16-20).

William of Conches (1965) *Glosae super Platonem*, ed. E. Jeauneau, Paris: Vrin.

William of Conches (1980) *Philosophia mundi*, ed. G. Maurach, Pretoria: University of South Africa Press.

William of Conches (1997a) *Dragmaticon Philosophiae*, ed. I. Ronca, Turnhout: Brepols (CCCM 152).

William of Conches (1997b) *A Dialogue on Natural Philosophy (Dragmaticon Philosophiae)*, trans. I. Ronca and M. Curr, Notre Dame: Notre Dame University Press (Notre Dame Texts in Medieval Culture 2).

William of Conches (1999) *Glosae super Boetium*, ed. L. Nauta, Turnhout: Brepols (CCCM 158).

William of Conches (2006) *Glosae super Platonem*, ed. Edouard Jeauneau (CCCM 203). Turnhout: Brepols.

William Crathorn (1988) *Questionen zum ersten Sentenzenbuch*, ed. F. Hoffmann Münster: Aschendorff (BGPMTA n. f. 29).

William Heytesbury (1979) *William of Heytesbury on "Insoluble" Sentences*, trans. P. Spade, Toronto: PIMS (Mediaeval sources in translation 21).

William Heytesbury (1984) *On Maxima and Minima: Chapter 5 of Rules for Solving Sophismata, with an Anonymous Fourteenth-century Discussion*, trans. and comm. J. Longeway, Dordrecht: Reidel.

William Heytesbury (1994) *Sophismata asinina. Une introduction aux disputes logiques du Moyen Age*, ed. F. Pironet, Paris: Vrin.

William of Lucca (1975) *Summa dialetice artis*, ed. L. Pozzi, Padua: Liviana (Testi e saggi 7).

William of Lucca (1983) *Comentum in Tertiam ierarchiam Dionisii que est de divinis nominibus*, ed. F. Gastaldelli, Florence: Olschki (Corpus philosophorum medii aevi. Testi e studi 3).

William of Ockham (1967-86) *Opera theologica*, St Bonaventure, NY: the Franciscan Institute.

William of Ockham (1974) *Ockham's Theory of Terms. Part I of the Summa Logicae*, trans. M. Loux, Notre Dame: University of Notre Dame Press.

William of Ockham (1974-88) *Opera philosophica*, St Bonaventure, NY: The Franciscan Institute.

William of Ockham (1980) *Ockham's Theory of Propositions. Part II of the Summa Logicae*, trans. M. Loux, Notre Dame: University of Notre Dame Press.

William of Ockham (1983) *William of Ockham: Predestination, God's Foreknowledge, and Future Contingents*, trans. M. M. Adams and N. Kretzmann, 2nd edn, Indianapolis, IN: Hackett.

William of Ockham (1990) *Philosophical Writings*, trans. P. Boehner, Indianapolis, IN: Hackett.

William of Ockham (1991) *Quodlibetal Questions*, trans. A. J. Freddoso and F. E. Kelly, New Haven: Yale University Press.

William of Ockham (1997) *Ockham on the Virtues*, trans. and comm. by R. Wood, West Lafayette, IN: Purdue University Press.

William of Sherwood (1937) *Die Introductiones in logicam des Wilhelm von Shyreswood*, ed. M. Grabmann, Munich: Bayerische Akademie der Wissenschaften (Sitzungsberichte der Bayerischen Akademie der Wissenschaften, Philosophischhistorische Abteilung 10).

William of Sherwood (1966) *William of Sherwood's "Introduction to Logic"*, trans. N. Kretzmann, Minneapolis: University of Minnesota Press.

William of Sherwood (1968) *William of Sherwood's Treatise on Syncategorematic Words*, trans. N. Kretzmann, Minneapolis: University of Minnesota Press.

Williams, S. J. (2003) *The "Secret of Secrets". The Scholarly Career of a pseudo-Aristotelian Text in the Latin Middle Ages*, Ann Arbor: University of Michigan Press.

Williams, T. (2003) *The Cambridge Companion to Duns Scotus*, Cambridge: Cambridge University Press.

Wilson, C. (1960) *William Heytesbury: Medieval Logic and the Rise of Modern Physics*, Madison: University of Wisconsin Press.

Wilson, C. (1989) *Leibniz's Metaphysics: A Historical and Comparative Study*, Princeton: Princeton University Press.

Wippel, J. F. (1981). *The Metaphysical Thought of Godfrey of Fontaines. A Study in Late Thirteenth-Century Philosophy*, Washington, DC: Catholic University of America Press.

Wippel, J. F. (2000) *The Metaphysical Thought of Thomas Aquinas*, Washington, DC: Catholic University of America Press.

Wippel, J. F. (2001) "Godfrey of Fontaines at the University of Paris in the last quarter of the thirteenth century" in Aertsen *et al.* (2001), 359-89.

Wisnovsky, R. (ed.) (2001) *Aspects of Avicenna*, Princeton: Wiener.

Wisnovsky, R. (2003) *Avicenna's Metaphysics in Context*, Ithaca: Cornell University Press.

Wisnovsky, R. (2004) "One Aspect of the Avicennian Turn in Sunnî Theology", *ASP* 14, 65-100.

Wisnovsky, R. (2005) "Avicenna" in Adamson and Taylor (2005), 92-136.

Wissink, J. B. M. (ed.) (1990) *The Eternity of the World in the Thought of Thomas Aquinas and his Contemporaries*, Leiden and New York: Brill (Studien und Texte zur Geistesgeschichte des Mittelalters 27).

Wittwer, R (2002) "Zur Lateinischen Überlieferung von Sextus Empiricus' ΠΥΡΡΩΝΕΙΟΙ ΥΠΟΤΥΠΩΣΕΙΣ", *Rheinisches Museum für Philologie*, n. f. 145, 366-73.

Wolfson, H. A (1947) *Philo*, Cambridge, MA: Harvard University Press.

Wolter, A. B. (1946) *The Transcendentals and their Function in the Metaphysics of Duns Scotus*, St Bonaventure, NY: The Franciscan Institute.

Wolter, A. B (1990) *The Philosophical Theology of John Duns Scotus*, ed. M. M. Adams, Ithaca: Cornell University Press.

Wolter, A. B. (ed.) (1993a) "Duns Scotus", *American Catholic Philosophical Quarterly* 67, 1.

Wolter, A. B. (1993b) "Reflections on the life and works of Scotus" in Wolter (1993a) 1-36.

Wood, R. (1994) "Richard Rufus: physics at Paris before 1240", *DSTFM* 5, 87-127.

Wood, R. (1996) "Richard Rufus and English scholastic discussion of individuation" in Marenbon (1996), 117-43.

Wood, R. (1998) "The earliest known surviving western medieval 'Metaphysics' Commentary," *Medieval Philosophy and Theology* 7, 39-49.

Wood, R. and Ottman, J. (1999) "Walter Burley: his life and works", *Vivarium* 37, 1-23.

Yrjönsuuri, M. (1994) *Obligationes: 14th Century Logic of Disputational Duties*, Helsinki: Societas Philosophica Fennica (Acta philosophica Fennica 55).

Yrjönsuuri, M. (1996) "Obligations as thought experiments" in I. Angelelli and M. Cerezo (eds) *Studies in the History of Logic*, Berlin and New York: De Gruyter (Perspektiven der analytichen Philosophie 8) 79-96.

Yrjönsuuri, M. (ed.) (2001) *Medieval Formal Logic: Obligations, Insolubles and Consequences*, Dordrecht and London: Kluwer (The New Synthese Historical Library 49).

Zagzebski, L. T. (1991) *The Dilemma of Freedom and Foreknowledge*, New York and Oxford: Oxford UP.

Zanker, P. (1995) *The Mask of Socrates. The Image of the Intellectual in Antiquity* trans. A Shapiro, Berkeley, Los Angeles and London: University of California Press.

Zervos, C. (1920) *Un philosophe néoplatonicien du XIe siècle: Michel Psellos, sa vie, son oeuvre, ses luttes philosophiques, son influence*, Paris: Laroux.

Zimmermann, A. (1968) *Ein Kommentar zur Physik des Aristoteles aus der Pariser Artistenfakultät um* 1273, Berlin: De Gruyter (Quellen und Studien zur Geschichte der Philosophie 11).

Zimmermann, A. (1981) *Albert der Große. Seine Zeit, Sein Werk, Seine Wirkung*, Berlin: De Gruyter (Miscellanea Mediaevalia 14).

Zonta, M. (1996) *La filosofia antica nel Medioevo ebraico: le traduzioni ebraiche medi-*

evali dei testi filosofici antichi, Brescia: Paideia (Philosophica 2).

Zonta, M. (2006) *Hebrew Scholasticism in the Fifteenth Century: a history and source book* (Amsterdam studies in Jewish thought 9). Dordrecht : Springer.

Zum Brunn, E. and De Libera, A. (1984), *Maître Eckhart. Métaphysique du verbe et théologie négative*, Paris: Beauchesne.

Zum Brunn, E. and others (1984) *Maître Eckhart à Paris. Une critique médiévale de l'ontothéologie. Les Questions parisiennes n° 1 et n° 2 d' Eckhart, études, textes et traductions*, Paris: École Pratique des Hautes Études (Bibliothèque de l'École des Hautes Études. Section des Sciences religieuses 86).

Zupko, J. (1997) "How It played in the Rue de Fouarre: the reception of Adam Wodeham's theory of the 'complexe significabile' in the Arts Faculty at Paris in the mid-fourteenth century" in Andrews (1997), 211-25.

Zupko, J. (2003) *John Buridan. Portrait of a Fourteenth-Century Arts Master*, Notre Dame: University of Notre Dame Press.

索　引[1]

中世纪拉丁、希腊和犹太人名通常名在前（例如 Thomas Aquinas 托马斯·阿奎那），按字母顺序排列，但当人物一般因其姓或别名而为人所知时，则按例外处理（例如 Chaucer 乔叟，Geoffrey，Bonaventure 波那文都拉）。至于阿拉伯人名，我使用了每个思想家最为人熟知的名字。按字母排序时略去了人名前的冠词 al-。

Abbo of Fleury 弗勒里的阿博 115-6
'Abd al-Jabbar 阿卜杜勒·贾巴尔 172-3
Abelard，阿伯拉尔 see Peter Abelard 见彼得·阿伯拉尔
abgeschiedenheit 超然 274
Abraham Ibn Daud，亚伯拉罕·伊本·达吾德 see Ibn Daud 见伊本·达吾德
Abraham Maimonides 亚伯拉罕·迈蒙尼德 339-40
abstractive cognition 抽象认知 285-7, 302-3
absolute/connotative terms 绝对/内涵词项 300-1
Abû Hâshim 阿布·哈希姆 88-9
Abû-l-Hudhayl 阿布-胡载里 63-6
Abû Ma'shar 阿布·麦尔舍尔 169
accidents 偶性 20, 63-4, 119, 123, 142, 155, 294, 297
Accidental Necessity Argument 偶然的必然性论证 251-3, 305
acquisition (in *kalâm*)（凯拉姆学中的）获得 90, 173, 175
act and potency 现实与潜能 11, 55, 183, 239, 278
active/contemplative life 实践/静观生活 92, 244-5
Adam of Balsham (/of the Petit Pont) 博尔舍姆（或小桥派的）亚当 164-5, 320
Adam Wodeham 亚当·沃德汉姆 313, 318, 330
Adelard of Bath 巴斯的阿德拉德 163-4, 169, 171

---

[1] 此处页码为原书页码，即本书边码。

Aegidius Romanus, 罗马的贾尔斯, see Giles of Rome

Aeterni patris, encyclical of Pope Leo XIII 教宗良（利奥）十三世《永远之父》通谕 246

Ailred of Rievaulx 里沃的艾尔雷德 160

Alain de Libera 阿兰·德利贝拉 265

Alan of Lille 里尔的阿兰 164, 167-8, 331

Alberic of Paris 巴黎的阿尔贝里克 138, 165

Albert the Great 大阿尔伯特 214, 221-2, 225, 232-6, 240, 256, 263, 269, 330, 332; tradition of, ~传统 272-5

Albert of Saxony 萨克森的阿尔伯特 319

Aldhelm 奥尔德赫姆 48

Alexander of Aphrodisias 阿弗洛狄希亚的亚历山大 15, 21, 36, 99, 107, 170, 184-5, 212, 263

Alexander of Hales 黑尔斯的亚历山大 210, 225-6, 230, 240; and see *Summa fratris Alexandri* 见《亚历山大弟兄之大全》

Alexandria, School of 亚历山大学派 23, 50, 56-7, 67

Ambrose 安布罗斯 29, 77

Ammonius 阿摩尼乌斯 46, 50-1, 57, 183; *Commentary on "On Interpretation"*,《解释篇》评注 211, 221-2

ampliation (of supposition)（指代的）扩展 223

analogy 类比 238, 276; "proportionate transumption", 按比例的转移 155-6, 167

angels 天使 54, 231, 239, 243, 268

animals (compared to humans)（与人类相比较时的）动物 91, 103

Anselm of Canterbury 坎特伯雷的安瑟尔谟 119-29, 134, 145, 225, 239, 244, 254

Anselm of Laon 拉昂的安瑟尔谟 135, 145, 152, 160-1, 171

anthropomorphism, rejection of 拒斥"拟人说" 63, 111, 187

Apollonius Dyscolus 阿波罗尼乌斯·狄斯克鲁斯 134

appellation 命名 123-4

Apuleius 阿普列尤斯 28, 72, 116

Aquinas, 阿奎那 see Thomas Aquinas 参见托马斯·阿奎那

Arcesilaus 阿尔克西劳斯 14

Archytas 阿契塔 23

Arethus of Caesaria 恺撒利亚的阿瑞图斯 82

Arianism 阿里乌斯主义 35, 47, 437

Aristotle 亚里士多德: *libri naturales*,《自然诸篇》170, 210, 213; *organon*:《工具篇》

56,93,221,232;study of made obligatory in Paris statutes,~研究在巴黎大学规章中成为必修 188. Individual works and their commentaries：单篇著作及评注- Categories,《范畴篇》9,20-1,38,62,65,69,71-2,92,116,119,123-4,133,135,139,221,238,242,273,300,318,336;commentaries -评注 36（Boethius 波埃修）,57（Sergius of Resh'aina 雷塞纳的塞尔吉乌斯）,82（Photius 弗提乌斯）,211,212（Simplicius 辛普里丘）,133（anon.12th c. Latin 12 世纪匿名拉丁作者）135（Abelard 阿伯拉尔）,297（Ockham 奥康）；Metaphysics,《形而上学》10-11,23,68-70,92,106-7,154,210,213,224-5,238;commentaries 评注 - 182-4,341（Averroes 阿维洛伊）,224（Richard Rufus of Cornwall 康沃尔的理查德·鲁弗斯？）,232（Albert the Great 大阿尔伯特）,255（Siger of Brabant 布拉班的西格尔）,281（Duns Scotus 邓·司各托）,308（John of Jandun 让丹的约翰）,341（Averroes, trans. Qalonymos ben Qalonymos 阿维洛伊,卡罗尼摩斯·本·卡罗尼姆斯译）；Meteorology《天象学》- commentary 评注：212（Alexander of Aphrodisias, trans. Moerbeke 阿弗洛狄希亚的亚历山大,穆尔贝克翻译）；Nicomachean Ethics《尼各马可伦理学》,23,68-9,211,213,225,228,244,256-7；commentaries 评注- 92（Fârâbî 法拉比）,130（Eustratius）,232,235（Albert the Great 大阿尔伯特）；On Generation and Corruption,《论生灭》69,224-5；commentary 评注- 220（Richard Rufus of Cornwall 康沃尔的理查德·鲁弗斯？）；On the Heavens,《论天》228；commentary 评注- 182（Averroes 阿维洛伊）；On Interpretation,《解释篇》9,21,36,46,69,116,133,139,221,243,298,306；commentaries 评注- 36（Boethius 波艾修）,57（Stephanus 斯特凡努斯）,92-4（Fârâbî 法拉比）,129（Psellos 普谢罗斯）,135-9（Abelard 阿伯拉尔）,211,221-2（Ammonius, trans. Moerbeke 阿摩尼乌斯,穆尔贝克译）,297（Ockham 奥康）；On the Motions of Animals,《论动物的运动》211；On Sense《论感觉》-commentary 评注：212（Alexander of Aphrodisias, trans. Moerbeke 阿弗洛狄希亚的亚历山大,穆尔贝克译）；On the Soul,《论灵魂》11-2,68,210,213,224-5,241,323；commentaries 评注- 16（Themistius: paraphrase 忒密斯提乌斯：意译）,57（Stephanus 斯特凡努斯）,182,184-7,190,192,224,233-6,256（Averroes 阿维洛伊）,211（Philoponus, trans. Moerbeke 斐洛珀诺斯,穆尔贝克译）,212（Themistius: paraphrase trans. Moerbeke 忒密斯提乌斯意译,穆尔贝克译）,232（Albert the Great 大阿尔伯特）,235-7（Siger of Brabant 布拉班的西格尔）,281（? Duns Scotus 邓·司各托？）,308（John of Jandun 让丹的约翰）,323（Buridan 布里丹）；Physics,《物理学》55,69,170,210,213,225,323；commentaries 评注- 182（Averroes 阿维洛伊）,224（? Richard Rufus of Cornwall 康沃尔的理查德·鲁弗斯？）,225（Roger Bacon 罗杰·培根）,227

(Robert Grosseteste 罗伯特·格罗斯特), 255 (Siger of Brabant 布拉班的西格尔), 260 (Aquinas 阿奎那), 297 (Ockham 奥康); *Poetics*,《诗学》9, 57, 98, 192, 211; *Politics*,《政治学》211; commentary 评注- 308 (Peter of Auvergne 奥弗涅的彼得); *Posterior Analytics*,《后分析篇》10, 12, 36, 57, 98, 155, 170, 210, 213, 218, 221; commentaries 评注- 130 (Eustratius 欧斯特拉提乌斯), 182, 192 (Averroes 阿维洛伊), 212 (Themistius, trans. Gerard of Cremona 忒密斯提乌斯, 克雷莫纳的杰拉德译), 221, 227 (Grosseteste 格罗斯德特); *Prior Analytics*,《前分析篇》8-9, 36, 186, 221; commentaries 评注- 92-3 (Fârâbî 法拉比), 221 (Kilwardby 基尔沃比), 221 (Albert the Great 大阿尔伯特), 341 (Averroes, trans. Qalonymos ben Qalonymos 阿维洛伊, 卡罗尼摩斯·本·卡罗尼姆斯译); *Rhetoric*,《修辞学》9, 98; *Sophistical Refutations*,《辩谬篇》9, 36, 57, 157, 166, 221; *Topics*,《论题篇》8, 36, 38, 57, 61, 68, 93, 98, 100, 166, 221, 319; commentary 评注- 255 (Boethius of Dacia 达西亚的波埃修). See also: harmony of Plato and Aristotle; modality, Aristotelian view of; syllogistic. 参见柏拉图与亚里士多德的和谐, 亚里士多德派的模态观, 三段论

Ars Meliduna《梅隆艺典》165

Arts, Faculty of 艺学院 206-7, 213, 215

Arts Masters 艺学硕士 152, 207, 224, 234, 255-8, 261-2, 264-9, 278, 324 arts, 艺学 see liberal arts 参见人文诸艺 (al-) Ash'arî 艾什尔里 88-90

Ash'arites 艾什尔里派 109, 11, 173, 175-6, 188-9, 338

(al-) aṣlaḥ., 最好的 see God, can only do what he does/is best 见上帝, 只能做他所做的/最好的

Athanasius 阿塔纳修 81

atheism 无神论 90, 128

Athens, Academy of 雅典学园 23, 50, 56-7

atomism 原子论 14, 64-6, 89, 91, 151-2, 175

Aubrey of Rheims 兰斯的奥布里 258, 332

Augustine 奥古斯丁 29-33, 39, 47, 51, 54, 71-2, 75, 77, 79, 120, 126, 145, 225-6, 231-2, 241, 298, 300, 311, 314-5, 317

Augustine (the Irish) 爱尔兰人奥古斯丁 48

Avempace, 阿芬帕斯 see Ibn Bâjja 见伊本·巴哲 Avencebrol, 阿维斯布朗 see Ibn Gabirol 见伊本·加比罗尔 Averroes 阿维洛伊 99, 182-92, 194, 211-3, 221, 224, 232, 233-7, 242, 248, 254-8, 262-4, 272, 309, 316, 330, 338, 340-7

Averroism 阿维洛伊主义 192, 234, 254-8, 308-11, 316, 331-3

Avicebrol, Avicebron, 阿维斯布朗 see Ibn Gabirol 见伊本·加比罗尔 Avicenna 阿维森纳 49, 103-114, 170, 173, 177, 180-1, 183, 186, 189, 192-3, 195, 198, 212, 221, 224-7, 231-2, 237, 248, 251, 263, 275-6, 308, 338-9, 342, 344, 347;

A.'s "Eastern Philosophy" ～的"东方哲学", 104-5, 177, 181; Avicennizing Augustinism, 阿维森纳化的奥古斯丁主义 226

Bar Hebraeus 巴尔·赫布雷乌斯 57

Barlaam of Calabria 卡拉布里亚的巴拉姆 336-7

Basil 巴西略 77

beatific vision 至福直观 235, 243, 245

Bede 比德 48

being, 存在 see existence 参见实存

Berengar of Tours 图尔的贝伦加尔 118-9

Bernard of Chartres 沙特尔的伯纳德 149, 152, 162

Bernard of Clairvaux 明谷的伯纳德 136, 143, 152-3, 160, 165

Bernard Silvestris 伯纳德·西尔维斯特里斯 163, 331

Berthold of Moosburg 莫斯堡的贝托霍尔德 274-5

Biagio Pelacani di Parma 帕尔马的比亚吉奥·佩拉卡尼 327-8

Bible：圣经 Arabic translation, ～阿拉伯语译文 87;

interpreted metaphorically to fit Greek science, 力求符合希腊科学的～隐喻解释 162, 192, 197;

Septuagint, 七十子译本 25; textbook in Theology Faculty, 神学院的～教科书 213; Vulgate, 武加大译本 25, 29

Boccaccio, Giovanni 乔万尼·薄伽丘 330-1

Boethius of Dacia 达西亚的波埃修 219-20, 255-8, 261-2, 267-8

Boethius, Anicius Manlius Severinus 波埃修 29, 35-46, 120, 123, 132-3, 211, 254. Individual works and their commentaries 单篇著作及评注：*Commentaries* 评注类 36, on Cicero's *Topics*《西塞罗〈论题篇〉评注》, 38, 336, on *Isagoge*《波菲利〈导论〉评注之二》II, 36-7, 116, on *On Interpretation* II,《〈解释篇〉评注之二》36-7, 116, 126, 222, 243, 298; *De consolatione Philosophiae*《哲学的慰藉》40-6, 54-5, 71-2, 80, 131, 163-4, 226, 245, 254, 336; commentaries 评注- 82 (early medieval glosses 中世纪早期注疏), 82, 115 (Remigius of Auxerre 欧塞尔的雷米吉乌斯), 150-1 (William of Conches 孔什的威廉), 150 (Nicholas Trivet 尼古拉斯·特里维特); translations into European vernaculars, 欧洲俗语译本 331; translation into Greek, 希腊语译本 336; *De syllogismis categoricis*,《论范畴三段论》116; *De syllogismis hypo-*

theticis,《论假言三段论》37-8, 116, 133, 221, 336; *De topicis differentiis*《论题之种差》, 38, 116, 134, 155, 336; *Opuscula sacra*,《神学短篇集》39-40, 54-5, 72-3, 115, 149, 226; commentaries 评注- 82-3（early medieval glosses 中世纪早期注疏）, 152-6（Gilbert of Poitiers 普瓦捷的吉尔伯特）, 162-3（Thierry of Chartres 沙特尔的蒂埃里）

Bonaventure 波那文都拉 224, 230-2, 240-1, 256, 259, 269, 278-9

Book of the Pure Good, see *Liber de causis*《纯善之书》, 见《论原因》

Bovo of Corvey 科巍的博沃 115

brain processes 大脑进程 112, 244

Burgundio of Pisa 比萨的布尔贡迪奥 62

Cajetan, Thomas 托马斯·卡耶坦 350

Calcidius 卡尔基狄乌斯 28, 72-3, 162

Calo Calonymus, see Qalonymos ben Qalonymos 卡洛·卡洛尼姆斯, 见卡罗尼摩斯·本·卡罗尼姆斯

Candidus Wizo 坎迪杜斯·维佐 72

Cassiodorus 卡西奥多儒斯 46-7, 115; *Institutiones*《教育》, 46-7, 71, 116

casus 情形 222

Categoriae Decem 十范畴 71; early medieval glosses on, 中世纪早期注疏 82-3

categories, see Aristotle, *Categories* 范畴, 见亚里士多德《范畴篇》 causation 因果关系 18, 69, 77, 110, 229, 235, 247; 4 Aristotelian types, 亚里士多德类型的 ~ 10-11, 69, 248; attributes said of God

causatively, 以因果方式言说上帝的属性 75; by being grasped in understanding, 在理解中把握的 ~ 183; contingent, 偶然的 ~ 289-90; efficient, 动力的 ~ 41-2, 50, 96, 111, 183-4, 248-51; final, 目的的 ~ 41-2, 96, 183-4; formal 形式的 ~ 111, 226 (and see form 参见形式); the higher the cause, the lower stretch its effects, 原因越高, 其后果所及越低。24; material, see matter 质料的 ~; *per se/per accidens* causes, 本身/非本身原因 249, 285; primordial causes, 原初原因 74, 77; in theory of signification, 在意指理论中 123, 141; simultaneity of cause and effect, 因果的同时性 261. See also occasionalism 亦见机缘论 *Chaldaean Oracles*《迦勒底神谕集》 25, 129

Chartres, controversy over School of 关于沙特尔学派的论争 148-50

Chaucer, Geoffrey 乔叟 331

Christ, nature and person 基督：本性与位格 39, 52, 58, 65, 130

Christian-Jewish/Muslim debate, see Inter-Faith debate 基督教-犹太教/穆斯林论战, 见

索 引 489

信仰间论战

Cicero, Marcus Tullius 西塞罗 14-5, 160; *De inventione*,《论辩论之设计》15, 147; *De officiis*,《论责任》15, 148; *De republica*,《论共和国》28; influence on Augustine, 对奥古斯丁的影响 30; *Topica*,《论题篇》38, 116

Clarembald of Arras 阿拉斯的克拉伦博尔德 162

Clement of Alexandria 亚历山大里亚的克莱门 26

cogitation 联想 112, 114, 186, 190, 242

commentary 评注: Aquinas on Aristotle, 阿奎那注亚里士多德 236; Aristotelian commentary in the ancient tradition, 古代传统中的亚里士多德评注 15, 20, 23; Averroes's different types of commentary, 阿维洛伊不同类型的评注 182; Boethius on logic, 波埃修注逻辑学 36; different approaches to commentary on Boethius's *Consolation*, 波埃修的《哲学的慰藉》的不同评注方式 115; Irish early medieval biblical, 爱尔兰中世纪早期的圣经 ~ 48; by Stoics on Homer, 斯多亚派注荷马 26; super-commentaries, 评注之评注 341

complexe significabilia 复杂的可意指物 317-8

composite and divided senses 组合的与分离的意义 106

concealment by authors of their meaning 作者对其意图的隐晦 92-3 (and see *Guide* 亦见《迷途指津》), 197, 200-4, 342-5

conceivability 可设想性 40, 127-8

concepts 概念 108-9, 112, 124-7, 142-3, 299-300, 322

condemnations 谴责 26 (Origen 奥利金), 58 (Maximus the Confessor 宣信者马克西莫斯), 79 (Gottschalk 戈特沙尔克), 80 (Eriugena 爱留根那), 136 (Abelard 阿伯拉尔), 150 (William of Conches 孔什的威廉), 224 (David of Dinant 迪南的大卫), 266-9, 257 (by Bp. Tempier, 唐皮耶主教 1270), 266-9 (by Bp. Tempier, 唐皮耶主教 1277), 268-9 (Giles of Rome 罗马的贾尔斯), 269 (Oxford, 1277 牛津 1277 ~), 269 (Knapwell 纳普韦尔), 273 (Eckhart 埃克哈特), 279 (Peter John Olivi 彼得·约翰·奥利维), 317 (Nicholas of Autrecourt 奥特库尔的尼古拉), 341 (Maimonides 迈蒙尼德)

conditionals, see *consequentiae* 条件句, 见推论 consent 同意 146

consequentiae 推论, 43, 138, 166, 312, 317, 319-20, 323-4

Constantine of Africa 非洲的康斯坦丁 150-1

contemplation 静观 225, 235; and see active/contemplative life 参见行动的/静观的生活 contingency, see modality 偶然性, 见模态

copula 系词 93-4, 138, 220

Councils, Church 教会公会议 39（Constantinople,君士坦丁堡~381）, 72（2nd Nicaean 尼西亚第二届~）, 79(Quierzy, 基耶尔济~849）, 80（Valence, 瓦朗斯~850）, 136（Soissons, 苏瓦松~1121）,136（Sens, 桑斯~1141）, 153（Rheims, 兰斯~1148）, 213（4th Lateran, 1215 拉特朗第四届~）,246（Trent, 1545-63 特利腾~）, 258

（Constance, 1414-8 康士坦斯）, 326

Corbin, H. 科尔班 177

Cousin, V. 库辛 246

counter-factuals 反事实从句 321

creation *ex nihilo* 自虚无中创造 76, 86, 261, 324

Cynics 犬儒派 14

Damascius 大马士革乌斯 50, 60, 66

Dante Alighieri 但丁 331-3

David 大卫 56, 82

David of Dinant 迪南的大卫 224

De VI principiis《论六本原》221

deification 神化 58, 81, 337; self-divinization, 自我神圣化 235, 272, 311

Demetrios Kydononos 迪米特里奥斯·基多诺斯 336

demonstration 证明 68, 95, 98, 100, 188,190-1, 202, 221, 259, 262, 265,292, 324, 343

De pomo《论苹果》215

Descartes, R. 笛卡尔 164-5, 243, 350

determinism, see predestination,problem of; prescience, problem of 决定论,见预定论、预知论

dhâtî/wasfî readings of modal statements, 模态陈述的实质性/描述性解读 see modality,*dhâtî/wasfî* possibilities 见模态,实质性/描述性可能性

dicta 所言 138-9, 146-7, 156, 159, 318;and see propositions, semantics of 参见命题语义学

Dietrich of Freiberg 弗莱堡的迪特里希 272-3

Dirâr Ibn 'Amr 迪拉尔·伊本-阿慕尔 63-5

dispositions 倾向性 184-5

disputations 论辩 215, 218, 331

distinctions 区分 278; formal, 形式的~281-2, 294,297-8, 326; intentional, 意向的~276;modal, 模态的~282-7

Dominicus Gundisalvi 多明尼克斯·贡迪萨尔维 170, 178

donatists 多纳图斯派 30

Duns Scotus, see John Duns Scotus 邓·司各托, 见约翰·邓·司各托 Eckhart, Meister 大师埃克哈特 273-4

elements 元素 52, 66, 151-2, 195

Elias 埃利亚斯 56, 82

Elijah Delmedigo 伊莱贾·德尔美蒂戈 349

elitism, intellectual 理智精英主义 91, 182, 189, 193

emanation 流溢 18, 95-6, 102, 179, 183, 233, 266

Epicureanism 伊壁鸠鲁派 14, 144-5, 152

equivocity 歧义性 238

Eriugena, see John Scottus Eriugena 爱留根那, 见约翰·司各托·爱留根那 esoteric interpretation, see concealment by authors of their meaning 隐微解释, 见作者对其意图的隐晦 essence, contrasted with existence 与实存相对应的本质 109-111, 173, 177, 227, 238-40, 275-6, 278

eternity, is timeless? 永恒即无时间? 19, 45, 53, 229, 233, 251-4, 279, 289-90; and see world, eternity of 亦见世界的永恒

Eucharist 圣体 73, 118-9, 326

Eusebius 优西比乌 27

Eustratius of Nicaea 尼西亚的欧斯特拉提乌斯 130

Eutyches 欧提克斯 39

Everardus of Ypres 伊普尔的埃弗拉德 168

evil 恶 18-9, 22, 67, 80, 97, 117, 145-6; is merely a deficiency of goodness and so does not exist, ~ 只是善的缺乏, 因此并不实存 40-1, 80, 226

existence apparent/objective existence, 实存, 表面的/客观的实存 295; common being, 共享的存在 107, 233, 283-4; "conceptional" being, "概念性"存在 273; equated with God, ~ 与上帝等同 51, 106, 233; necessary, 必然 ~ 110, 127-8, 173, 181, 192, 198, 227, 251, 325; nonexistent things, 非实存事物 89, 109, 303, 318; possible and impossible, 可能与不可能的实存 275-6; is it a predicate? 它是谓语吗? 126, 239; see also essence, contrasted with existence 亦见与实存相应的本质

experimental method 试验方法 228

exposition (in logic) (逻辑中的)展示法 300

extension, pure 3-dimensional 纯粹的三维广延 52

Faculties, higher, 高等院系 206-7; and see Arts Faculty, Theology Faculty 亦见艺学

院、神学院 faith and reason, see philosophy and religion 信仰与理性，见哲学与宗教

(al-)Fârâbî 法拉比 57, 91-100, 102, 104, 106-7, 109, 114, 170, 180, 193, 195, 212, 221, 311, 338, 347

fatalism 宿命论 60, 266

"Five Ways" 五路 247-51

Florus of Lyons 里昂的弗洛鲁斯 80

forms in Active Intellect, 主动理智中的形式 133-4, 139-40, 153-4; determine intellect, ～决定理智 234; immanent 内在～ 39, 133-4, 139-40, 149, 153-5, 166; pure, 纯粹～ 239, 42, 250; soul as form of the body, 灵魂作为身体的形式 111, 240-1, 263-4; unicity of substantial form, 实体形式的单一性 241, 275, 278, 313; and see matter, and form; Ideas, Platonic 亦见质料与形式，柏拉图的理念

Francis of Marchia 马尔基亚的弗朗西斯 316

Francis of Meyronnes 梅罗讷的弗朗西斯 294, 316, 330

Fredegisus 弗雷德吉苏斯 72

freedom of will, see will, freedom of 意愿的自由，见意愿，～的自由

Frege, G. 弗雷格 239

Fulbert of Chartres 沙特尔的菲尔贝 149

Galen 盖仑 57, 68, 92, 151, 191

Garlandus, 加尔兰都斯 see Gerlandus 见吉尔兰都斯

Gates, Bill 比尔·盖茨 126

Gaunilo of Marmoutiers 高尼罗 128

George Pachymeres 乔治·帕奇梅雷斯 336

Gerard of Cremona 克雷莫纳的杰拉德 169-71, 212

Gerbert of Aurillac 欧里亚克的吉尔伯特 115-6

Gerlandus of Besancon 贝桑松的吉尔兰都斯 133-4, 171

Gersonides 格森尼德 345-8

(al-)Ghazâlî 安萨里 170, 173-6, 181, 189-90, 212, 263, 335, 338, 342, 345

Gilbert of Poitiers (Porreta/de la Porrée) 普瓦捷的吉尔伯特 152-6, 158-9, 170-1, 291; Porretanism, 普瓦捷派 163, 165-6, 167-8

Giles of Rome 罗马的贾尔斯 269, 330

Gilson, E. 热尔松 246

Giovanni Pico della Mirandola 皮科 350

gnostics 诺斯替派 22-3

God, his attributes in relation to him, 上帝，他的属性与他的关系 66, 68, 70, 88-9,

102, 121, 173-4, 197-8, 237; and Categories, ～与范畴 31-2, 39, 71-2, 74-5, 87; can do only what is best/what he does, ～只能做最好的/他所做的 67, 70, 88, 146, 157, 167, 176; existence, arguments for his, 他的实存的证明 72, 107, 121-2, 124-9, 173, 183, 202, 225, 247-51, 285, 314, 325, 334-5; freedom of, ～的自由 67, 111, 227, 271, 304, 325-6; immutability of, ～的不可变性 40; incorporeality of, ～的非物质性 195-7, 202; indefinability of, ～的不可定义性 240; infinity of, ～的无限 238, 247, 266, and see infinity 亦见无限; justice of, ～的正义 27, 63, 87-8, 122; knows only universals, ～只通过共相认识 111, 174, 190, 347; does not know what he is, ～不知道其所是 75; mercy of, ～的怜悯 122; omnipotence of, ～的全能 42, 60, 65-6, 117-8, 122, 146, 158, 266; omniscience of, ～的全知 43-3; simplicity of, ～的简单性 122, 238, 247; unity of, ～的统一性 63, 87, 98, 173, 187, 198, 202, 247; will of, ～的意愿 86, 111, 117, 159, 163, 179, 201, 280, 304. See also existence, necessary; negative theology; power, absolute/ordained; prescience, problem of; providence, problem of 亦见必然实存, 否定神学, 绝对的/注定的权力, 预知论, 预定论

Godfrey of Fontaines 方丹的戈弗雷 278

good (the) 善 17-18, 40-2, 51, 145-8, 191, 225, 233, 244-5, 257-8; causal efficacy of, ～的因果有效性 24; common good, 共善 28-32; the good diffuses itself, 善散布自身 18-19, 24, 271; meanings of "good", "善"的含义 145-7; as transcendental, 作为超越者的善 156, 226

Gottschalk 戈特沙尔克 78-9, 317

grace 恩典 30-2, 42, 78-9, 121, 315, 317

grammar 语法 71, 149; speculative/modistic, 思辨/样态主义～ 218-21, 308; grammatical and dialectical senses of a proposition, 命题的语法意义与辩证意义 134

Greek knowledge of, 希腊语知识 28, 30; use by David of Dinant, 迪南的大卫所使用的～ 224; John Scottus Eriugena, 爱留根那的～ 74, 83; Robert Grosseteste, 格罗斯特的～ 228. See also translation, Greek into Latin 亦见希腊语著作译为拉丁语

Gregory of Nazianzen 纳西昂的格列高利 58

Grgeory of Nyssa 尼撒的格列高利 58, 74-5, 77, 79, 81

Gregory Palamas 格列高里·帕拉马斯 337

Gregory of Rimini 里米尼的格列高里 316-8

growth, "nothing grows", 生长, "无物生长" 165

Gundissalinus, 贡迪萨利努斯 see Dominicus

Gundisalvi 见多米尼克·贡迪萨拉维

ḥads, see intuition 见直观
haecceities 此性 284
happiness 幸福 30-1, 41-2, 244-5; highest human, 最高的人类幸福 95, 256
harmony of Plato and Aristotle 柏拉图与亚里士多德的和谐 21, 50
Harrân 哈兰 50 (see Guide 见《指南》), 61
Ḥasdai Crescas 哈斯戴·克莱斯卡 349
Hauréau, B. 奥雷欧 246
Heiric of Auxerre 欧塞尔的埃里克 83
Heloise 爱洛伊斯 135
henads 统一体 24
Henry Aristippus 亨利·亚里斯提普斯 211
Henry Bate of Malines 梅赫伦的亨利·贝特 211
Henry of Ghent 根特的亨利 239, 275-8, 286, 316
Hermann of Carinthia 卡林西亚的赫尔曼 169
Hermann the German 日耳曼人赫尔曼 211
Hermes Trismegistus 赫尔墨斯·特里斯墨吉斯忒斯 314
Hervaeus Natalis 赫尔维乌斯·纳塔里斯 293
hesychasm 静修 337
Hilary of Poitiers 普瓦捷的希拉利 29
Hilduin of St Denis 圣德尼的希尔杜恩 51
Hincmar of Rheims 兰斯的辛克马尔 79
Hisperica famina《西方名言集》48
Hrabanus Maurus 赫拉班 73, 79
Hugh of Newcastle 纽卡斯尔的休 294
Hugh of Ripelin 休·里普林 272
Hugh of St Victor 圣维克多的休 160-1, 167
Hume, David 大卫·休谟 87, 24
Ḥunayn Ibn Isḥâq 侯奈因·伊本·伊斯哈格 68
hylomorphism, universal 质形论, 普遍 ~ 179, 231, 239. See also matter, form and hypostasis as persons of the Trinity, 亦见作为圣三位格的质料、形式与基体 39, 58; Plotinian, 普罗提诺的 ~ 17-18, 28, 32, 52. See also Intellect (hypostasis); One, the (hypostasis); Soul (hypostasis); enhypostatization, 亦见 理智(本体), 太一(本体), 灵魂(本体), 本体化 58

Iamblichus 扬布里柯 20, 22-3, 36

Ibn al-Muqaffa' 伊本·穆格法 93

Ibn al-Râwandî 伊本·拉万迪 90

Ibn Bâjja 伊本·巴哲 49, 180, 184, 235, 345

Ibn Daud, Abraham 亚伯拉罕·伊本·达吾德 170, 192-3

Ibn Kammûna 伊本·凯姆那 339

Ibn Rushd, see Averroes 伊本·路世德, 见阿维洛伊

Ibn Saba'în 伊本·萨巴因 330

Ibn Sînâ, see Avicenna 伊本·西那, 见阿维森纳

Ibn Tufayl 伊本·图斐利 181-2, 187, 344-5

Ibn Tûmart 伊本·图马尔特 187-8

Ideas, Platonic 理念, 柏拉图的 ~ 17-18, 20, 22, 24-6, 39, 86; in God's mind, 上帝心灵中的 ~ 26, 225, 231, 277; identified with God and considered as one, 与上帝同一, 并且被视为一的 ~ 149, 155, 163

Ikhwân al-Ṣafa', Letters of 精诚兄弟会《书信集》102-3, 178

illumination, divine 光照, 神圣 ~ 225-6, 228, 231, 242, 276-9, 337; illuminationist philosophy, 光照派哲学 177, 339

images 图像 98-100, 109, 142-3, 184-7, 190, 234, 242-4, 277, 295

imagination 想象 45, 185-6, 231; special

imaginative ability, 特殊的想象力 113

Imam, role of 伊玛目, ~ 的作用 99-100, 102-3;

occlusion of, ~ 的隐伏 101

immortality 不朽 92, 99, 103, 190, 195. See also soul, immortality of 亦见灵魂的不朽

imposition 赋值 142, 223, 230; first and second imposition, 第一和第二赋值 300

infinity 无限 55-6, 69, 76, 87, 228, 259-60, 283-5

insolubles 不可解命题 320-1, 326

intellect(s) 理智 24, 68, 77, 102, 231, 233; acquired, 习得 ~ 97, 99; active, 主动 ~ 12-13, 15-16, 96-7, 99, 111-4, 181, 183-7, 190, 224, 227, 242-3, 274; are equivalent to angels, ~ 等价于天使 192, 233; Aristotle's God, 亚里士多德的上帝 10, 17, 95; conjunction with Active Intellect, 与主动理智的结合 97, 99, 112-4, 180, 184, 190, 195, 201, 226, 235, 272, 316, 344, 348; is constituted by thinking, ~ 由思考构成 272-4; hypostasis, ~ 本体 17-19, 51, 86, 163; material/potential, 质料/潜能 ~ 11-2, 15-6, 96-7, 111, 184-7, 224, 234-5, 242, 263-4; one material/potential intellect for all humans, 所有人类的同一个质料/潜能理智 180, 185-6, 234-6, 256-7, 262-4, 266, 324, 333; "passible", 受动 ~ 186; equivalent to Son, 等价于圣子 29

intentionality 意向性 142, 227, 243; in ethics, 伦理学中的 ~ 146-7

intentions, first and second 意向, 第一与第二 ~ 105, 300

Inter-Faith debates: 信仰间论战 Christian-Cathar, 基督教与纯洁派 168; Christian-Jewish, 基督教与犹太教 168, 179-80; Christian-Muslim, 基督教与穆斯林 61-2, 68, 168; Jewish-Muslim, 犹太教与穆斯林 179-80; Jewish-Pagan; 犹太教与异教徒 179; Muslim-Manichaean, 穆斯林与摩尼教 61, 66; Christian-Jewish-Muslim-Atheist, 基督教、犹太教、穆斯林与无神论者 335

Introductiones montane maiores/minores《山岳派长篇/短篇导论》165

intuition ḥads, 直观 113; intuitive cognition, 直观认识 285-7, 302-3, 306, 313

Isaac Israeli 以撒·以色列利 86, 178, 193, 212

Isaac of Stella 斯泰拉的艾萨克 160

Isḥâq Ibn Ḥunayn 伊斯哈格·伊本·侯奈因 68-9

Isidore of Seville, *Etymologiae*, 伊西多尔,《辞源》47, 71, 116

Ismailis, 伊斯玛仪 101-3, 111

Iuvenal 尤维纳里斯 167

Ivo of Chartres, *Panormia* 沙特尔的伊沃《法律大全》171

James of Venice 威尼斯的詹姆斯 210

Jean de Meun 让·德·默恩 331

Jehudah al-Hârisî 杰胡达·哈里斯 212

Jerome 哲罗姆 25-6, 29, 117

Jewish-Christian/Muslim debate, see Inter-Faith debates 犹太教-基督教/穆斯林论战, 见信仰间论战

Jews, forcible baptism of, 犹太人, ~ 被迫洗礼 287

John Aurifaber 约翰·奥里法布尔 220

John Baconthorpe 约翰·培根索普 316

John Blund 约翰·布伦德 224

John Buridan 约翰·布里丹 322-5, 327

John Capreolus 约翰·卡普雷欧鲁斯 270

John of Dacia 达西亚的约翰 219

John of Damascus 大马士革的约翰 62, 336

John Dumbleton 约翰·邓布尔顿 315

John Duns Scotus 约翰·邓·司各托 94, 217, 280-96, 304, 313, 316, 326

John of Fidenza, 菲登扎的约翰 see Bonaventure 见波纳文图拉

John Hus 约翰·胡斯 326

John Italos 约翰·伊塔洛斯 130

John of Jandun 让丹的约翰 308-9, 330

John of La Rochelle 拉罗谢尔的约翰 225

John Pecham 约翰·佩卡姆 269

John Philoponus 约翰·斐洛珀诺斯 39, 51-3, 55-6, 65, 69, 82, 87, 211, 259

John of Salisbury 索尔兹伯里的约翰 149-50, 162, 166

John Scottus Eriugena 约翰·司各托·爱留根那 51, 73-83, 170-1, 273

John Wyclif 约翰·威克里夫 326

Joseph ben Judah 约瑟夫·本·犹达 196-7, 200, 204

(al-)Jubbâ'i 祝巴仪 88

Judah Halevi 犹达·哈列维 179-80, 340

Judah Ibn Tibbon 犹达·伊本·蒂本 340

Justin Martyr 殉道者查士丁 26

Justinian 查士丁尼 47, 50, 59

(al-)Juwaynî 楚瓦伊尼 173

kalâm 凯拉姆 60-1, 70, 87, 108-9, 172-6, 188-90, 193, 202, 212

Kant, I. 康德 124, 126

(al-)Kâtibî 哈提比 339

kharijites 出走派 60

(al-)Kindî 铿迭 68-70, 86, 93, 169-70, 178, 212, 214, 338

Khusrau I Anushirwan 库思老一世阿努希尔万 50, 57, 83

(al-)Kirmânî 基尔马尼 102

Kleutgen, J. 克洛伊特根 246

knowledge, intellectual 理智知识 11-3, 15-6, 111-3, 184-7, 225-7, 233-6, 241-4, 276-80, 285-7, 295-6; of particulars, 对特殊事物的 ~ 277, 285-7

Lactantius 拉克坦修 29

Lanfranc of Canterbury 坎特伯雷的朗弗朗 118-20

Langland, William 威廉·郎格兰 331

language(s) 语言 diversity of, ~的多样性 220-1; Greek as language of ancient philosophy, 作为古代哲学语言的希腊语 6; human in relation to the divine, 人类 ~ 与神圣 ~ 的联系 31, 51, 154-6, 167-8, and see negative theology; 参见否定神学 learning of languages advocated, 为语言学习的辩护 229, 334; mental language, 心灵语言 21, 227, 273,298-303, 318, 323; origin and growth of, ~的起源与发展 99-100

law 律法 moral, 道德律 66; natural, 自然法 77, 146-7,244; oral law of Judaism, 犹太教的口头律法 194-6; origins of Jewish Law, 犹太人律法的起源 199, 203; scientific, 科学定律 187

Leibniz, G. 莱布尼茨 124, 292, 350

Leo Hebraeus 列奥·赫布雷乌斯 349

Letter on Divine Science《论神圣知识》68

Levi ben Abraham ben Hayyim 列维·本·亚伯拉罕·本·海伊姆 344

Levi ben Gershom, see Gersonides 列维·本格森,见格森尼德

Liber de causis (*Book of the Pure Good*)《论原因》(《纯善之书》) 68, 101, 170-1, 178, 211,214, 225, 232-3; commentaries - 评注 237 (Thomas Aquinas 托马斯·阿奎那); 257 (Siger of Brabant 布拉班的西格尔)

Liber de causis primis et secundis《论首要与次要原因》170

Liber pancrisis《金言集》161

liberal arts 人文七艺 28, 30, 47, 71, 73, 164

Libri carolini (*Opus Karoli regis*), see Theodulf of Orleans《加洛林著作集》(《查理曼大帝驳公会议书》),见奥尔良的狄奥多尔夫

light, 光 metaphysics of ~的形而上学 228

Locke, J. 洛克 243

logic 逻辑 8-9, 20-2, 36-8, 62, 71-2, 76-7,93-4, 105-6, 117-8, 123-4,129-30, 132-43, 164-6, 171,297-301, 322-4; 3-valued, 三值 ~ 296; Aristotelian logic not universal, 非普遍有效的亚里士多德逻辑 314; 316; formality of, ~的形式性 137; *in re* and *in voce* readings of logical texts, 逻辑学著作的事物论与语词论解读。133-4, 136; *logica modernorum*, 现代派逻辑 222-4, 300, 312, 319-20, 326; *logica nova*, 新逻辑 162, 166, 221-2; *logica vetus*, 旧逻辑 115-6, 131-4, 149, 171,221-2; propositional, 命题 ~ 127, 319-20,323; syllogistic 三段论 ~

Lollards 洛拉德派 326

Lucretius, *De rerum natura* 卢克莱修《物性论》14

Lupus of Ferrières 费里耶尔的卢普斯 79

Macarius the Irishman 爱尔兰人马卡利乌斯 73

Macrobius, 马可罗比乌斯 Commentary on *Somnium Scipionis*《西比阿之梦》评注 28, 73, 115, 131, 163-4; commentaries 评注 - 82 (early medieval glosses 中世纪早期注疏), 150-1 (William of Conches 孔什的威廉) Maimonides 迈蒙尼德 66, 193-204,

212, 237, 259, 330, 340-7; dispute over esoteric understanding of his *Guide*, 有关《迷途指津》隐微理解的论争 200-1（modern writers 现代作家）, 342-5（medieval writers 中世纪作家）

Manichaeism 摩尼教 30, 61, 68, 168

manuscripts ~抄本 48-9, 217; MS Milan, Ambrosiana B. 71 sup., 83-4

Marius Victorinus 马理乌斯·维克托里努斯 29-30, 75

Marsilius of Inghen 茵根的马西利乌斯 327

Marsilius of Padua 帕多瓦的马西利乌斯 310-11, 330

Martianus Capella, 马提阿努斯·卡佩拉 *De nuptiis Mercurii et Philologiae*《论斐萝萝嘉和墨丘利的婚姻》28, 47, 116, 131, 163-4; commentaries 评注- 73（Eriugena 爱留根那）, 82（Remigius of Auxerre 欧塞尔的雷米吉乌斯）

Martin of Dacia 达西亚的马丁 219-20

materialism 唯物论 14, 29-30, 90

Matthew of Aquasparta 阿夸斯帕尔塔的马修 27

matter 质料 18-19, 91, 180, 228; eternal existence of, ~的永恒实存 130; and form, ~与形式 11, 86, 102, 111, 162-3, 179, 184-6, 231, 233-4, 238-9, 240-1, 348; formless, 没有形式的~ 25, 163; prime matter, 原初质料 52, 96, 102, 234

Maximus the Confessor 宣信者马克西莫斯 50, 57-8, 74-5, 77, 81, 337

Maximus Planoudes 马克西莫斯·普兰努德斯 336

meaning, 意义 meanings of meanings as subject of logic; 作为逻辑学主题的意义之意义 outer and inner meanings of religious law, 宗教律法的外在和内在意义 101; Priscian's theory of, 普里西安的~理论 135

memory 记忆 30, 49, 112, 286-7

mendicant orders 托钵修会 209-10, 293

Menippean satire, see prosimetra 梅尼普讽刺体, 见诗文合璧

mental language, see language, mental 心灵语言, 见语言, 心灵~

mereology 整分论 134, 165

merit 功德 79, 88-90, 146, 304, 315

metaphysics, 形而上学 subject of ~的主题 107, 282-3

metempsychosis, 转生 see reincarnation 见重生

Michael Cerularius 米哈伊尔·凯卢拉利乌斯 129

Michael of Cesena 切塞纳的迈克尔 304

Michael of Ephesus 厄弗所的米哈伊尔 130

Michael Psellos 米哈伊尔·普谢罗斯 129-30

Michael Scotus 迈克尔·司各托 210-1, 330

miḥna 米哈那 63, 88

miracles 神迹 48, 117, 176, 199

Mishna《密释纳》194-5

Miskawayh 密斯凯维 57

Mitty, Walter, see Gates, Bill 沃尔特·米蒂,见比尔·盖茨

modality, 模态 Aristotelian conception of necessity and possibility, 亚里士多德对必然性与偶然性的理解 42, 45-6, 94, 110, 128, 157, 183-4, 250; *dhâti/wasfî* possibilities 实质性/描述性可能性 106, 329; necessity of the past, 过去的必然性 305-8; necessity of the present, 现在的必然性 46, 117, 253; possibility, 可能性 40, 42-6, 117-8, 156-9; possible worlds, 可能世界 127-8, 159, 292-3, 321; simple and conditional necessity, 简单的与条件的必然性 45; two types of necessary being, 两种必然存在 250-1; synchronic conception of possibility, 可能性的共时理解 67, 94, 118, 140, 157-8, 176, 229, 280, 288-93, 307, 315, 317

modes *ahwâl*, 样态 89; intrinsic, 内在模式 283; of signifying, thinking and being, 意指、思考和存在的样态 219-20, 237

Modes of Cognition Principle 认知模式原则 44-5, 253

monasticism 隐修主义 48, 73, 114, 180; reform of ~的改革 136, 143

monothelitism (基督)一意论 57

Monophysites (基督)一性论 39, 51, 57

Moralium dogma philosophorum《道德哲学教条》148

Moses 梅瑟(摩西) 25-6, 95

Moses Maimonides, 摩西·迈蒙尼德 see Maimonides 见迈蒙尼德

Moses of Narbonne 纳博讷的摩西 344-5

motion 运动 66, 183; projectile motion, 抛物运动 52, 225

Mu'ammar 迈阿穆尔 64-5

Mullâ Sadr 毛拉·萨德拉 349

Muslim-Jewish/Christian debates, see Inter-Faith debates 穆斯林-犹太教/基督教论战,见信仰间论战

mutakallimûn, see *kalâm* 穆台凯里姆,见凯拉姆

(al-)Mutawakkil 穆塔瓦吉勒 63

Mu'tazilites 穆尔太齐赖派 61-7, 69-70, 87, 109, 172-3

mysticism 神秘主义 95, 163, 174, 232, 273

nature 自然、本性 39, 65, 74, 158-9, 164; common nature, 共同本性 107-8, 110; natural things distinguished from artefacts, 与人造物相区别的自然物 133. See also Christ, nature and person; law, natural 亦见基督,本性与位格;自然法

necessity, see modality 必然性,见模态

negative theology 否定神学 17-9, 29, 51, 58, 63, 65-6, 75-6, 89, 101-2, 110-11, 179, 197-8, 237-8, 273-4

Nemesius of Emesa 埃美萨的涅墨修斯 58

Nestorius 聂斯脱利 39

Nicephoras Blemmydes 尼科弗拉斯·布莱米德斯 335

Nicholas Aston 尼古拉·阿斯顿 325

Nicholas of Autrecourt 奥特库特的尼古拉 317

Nicholas Cabasilas 尼古拉·卡巴西拉斯 337

Nicholas of Cusa 库萨的尼古拉 350

Nicholas Trivet 尼古拉·特里维特 150

nominales, 唯名派 see Peter Abelard, influence in logic 见彼得·阿伯拉尔,逻辑学影响

nominalism, 唯名论 see universals, nominalism 见共相,唯名论

notions, primary, 原初观念 see principles, first 见本原,第一 ~ *nous*, 努斯 see intellect(s) 见理智

obligationes 义务对答 321-2

occasionalism 机缘论 63, 175-6, 317

one 一, equated to Father in Trinity, 等同于三一中圣父的 ~ 29; the hypostasis, the One, 太一本体 178, 20, 51, 69, 101; as transcendental, 作为超越者的 ~ 24, 37, 69, 226

ontological argument 本体论论证 124-9

Origen 奥利金 26-9, 58, 77, 81

Olympiodorus 奥林匹奥多罗斯 50

Oxford, 牛津 see universities, Oxford 见大学,牛津

Oxford calculators 牛津计算师 315

pagan religion 异教 22, 29, 32, 73, 199, 314; and see philosophers, ancient pagan 亦见哲学家,古代异教 ~

paradoxes of strict implication, 严格蕴涵的悖论 320; liar-type, see insolubles 说谎者类型 ~ ,见不可解命题

Paris schools of, 巴黎学派 148-9; and see universities, Paris 亦见大学,巴黎

participation 分有 24-5, 58

passions 激情 147, 235, 244

past, can it be undone? 过去,能否被取消? 117-8. See also modality, necessity of the past 亦见模态,过去的必然性

Paul the Persian 波斯人保罗 57

Paul of Venice 威尼斯的保罗 319, 321

Pelagius 裴拉基 30-1, 77

Pelagianism 裴拉基派 79, 144, 315, 317

perception, 知觉 sensible 可感的 ~ 45, 68, 97, 231, 237, 243

perfect-being theology 完满存在者神学 121-3

Peter Abelard 彼得·阿伯拉尔 27, 106, 133-48, 151, 156-61, 165-7, 171, 240, 244, 297, 317-9, 337; influence in logic (*nominales*) ~逻辑学的影响(唯名派)164-5; influence in theology, ~神学的影响 167

Peter Auriol 彼得·奥里奥尔 295-6, 313, 316, 317

Peter of Auvergne 奥弗涅的彼得 308

Peter Damian 彼得·达米安 116-8

Peter John Olivi 彼得·约翰·奥利维 279-80, 295, 330

Peter the Lombard 伦巴第人彼得 152, 160, 167-8, 171, 216, 298; his *Sentences* as university textbook, 作为大学教科书的《箴言集》208, 213-4, 217

Peter of Poitiers 普瓦捷的彼得 167, 171, 228

Peter of Poitiers/Vienna 普瓦捷/维也纳的彼得 167

Peter of Spain 西班牙的彼得 223, 322, 325

Petrarch 彼得拉克 330

phantasmata, see images 见图像

Philip the Chancellor 总执事菲利普 225-6

Philo Judaeus 斐洛 25-6, 29

philosophers, 哲学家 ancient pagan, 古代异教 ~ 6-7, 25-6, 39, 42, 47, 136, 144-5, 150, 279; autonomy of, ~的自主 255, 268, 325, 328; philosopher-kings, 哲学王 99; as living best life, 过着最好生活的 ~ 258, 267-8; pagan philosophers as Christian before Christ, 作为基督以前的基督徒的异教哲学家 26, 144-5, 151, 314, 337

philosophy: 哲学 history of as seen by medieval thinkers, 中世纪思想家眼中的哲学史 97-8, 100, 232, 262-3; personified in Boethius's *Consolation*, 波埃修《哲学的慰藉》中人格化的 ~ 40-2; and religion, ~与宗教 97-8, 100, 188-90, 192-204, 232-3,

257-70, 309-11, 313-5, 324-5, 332-3, 341-8; ~作为一种生活方式 as a way of life, 7, 19, 91, 95, 235, 268

Pierre d'Ailly 阿伊的皮埃尔 327

place 位置 58, 77, 122

Plantinga, A. 普兰丁格 127-8

Plato 柏拉图 55-6, 91, 100, 151, 162; Galen's epitomes of, 盖仑的 ~ 纲要 161-3; varieties of Platonism in twelfth century Latin culture, 12 世纪拉丁文化中不同的柏拉图主义 161-3. Individual works and commentary：单篇著作及评注 - *Gorgias*,《高尔吉亚篇》41; *Meno*,《美诺篇》211; *Parmenides*,《巴门尼德篇》17, 23 -commentary, 评注 51（Proclus 普罗克洛）, 211（Proclus, trans. Moerbeke 普罗克洛, 穆尔贝克译）; *Phaedo*,《斐多篇》211; *Republic*,《理想国》13, 17, 92, 99, 144, 149 - commentary, 评注 191-2, 341（Averroes's epitome 阿维洛伊的纲要）; *Sophist*,《智者篇》20; *Timaeus*,《蒂迈欧篇》13, 17-8, 23, 25, 36, 42, 70, 73, 87, 115, 131, 144, 162, 169, 191, 211, 347; translations of, ~ 的翻译 28（Cicero 西塞罗）, 28（Calcidius 卡尔基狄乌斯）. Commentaries 评注- 28, 72-3, 162（Calcidius 卡尔基狄乌斯）, 149（? Bernard of Chartres 沙特尔的伯纳德?）, 150-1（William of Conches 孔什的威廉）

Platonic Ideas, see Ideas, Platonic 柏拉图的理念,见理念,柏拉图的 ~

pleasure 快乐 147, 199, 258

Plenitude, Principle of 丰富性原则 70

Plotinus 普罗提诺 16-9, 23, 28-30, 214; the "Arabic Plotinus", "阿拉伯的普罗提诺" 68 and see *Theology of Aristotle*, *Letter on Divine Science* 见《亚里士多德神学》《论神圣知识》

political philosophy 政治哲学 99-100, 180, 191, 305, 310-1, 332-3

Porphyry 波菲利 20-3, 27, 36-7, 76; *Isagoge*《导论》21-3, 29, 62, 115-6, 133, 139, 336. Commentaries 评注 - 36-7（Boethius 波埃修）, 82（Arethus 阿瑞图斯）, 133-4（early twelfth-century 12 世纪早期）, 139-43（Abelard 阿伯拉尔）, 297（Ockham 奥康）. See also universals, Porphyry's questions 亦见共相,波菲利问题

Porphyry's tree 波菲利树 21, 139-40, 153

Porretanism, 普瓦捷派 see Gilbert of Poitiers, Porretanism 见普瓦捷的吉尔伯特, 小桥派

Possibility, 可能性 see modality 见模态

poverty, absolute 绝对清贫 274, 279, 304, 316

power, 权力 absolute/ordained 绝对的/注定的 ~ 232, 303-4

predication 述谓 31，107，116，166，198，239

predestination, problem of 预定论 32，42-3，60，78-9，121，289，305-8

prescience, problem of 预知论 42-6，94，121，137，228-9，279，296，305-8，315，251-4，316，347

principles, 本原 first 第一~ 73，97，110-1，155-6，167-8，221，243，261

Priscian, *Institutiones grammaticae* 普里西安《文法教育》131，135，139，149-50，171，213；commentaries 评注 - 135，149（early twelfth-century *glossulae* 12世纪早期短篇注疏）

Priscianus the Lydian 吕底亚人普里西安 50

Prochorus Kydonos 普罗克洛斯·基多诺斯 336

Proclus 普罗克洛 23-5，51，129，274；*Commentary on Parmenides*,《〈巴门尼德篇〉评注》211；*Elements of Theology*,《神学原本》23-5，68，211，214，237；commentary - 评注 274-5（Berthold of Moosburg 莫斯堡的贝托霍尔德）；*Opuscula*,《短篇集》211

prophecy 预言 86，90，98，101-3，113-4，133，195，201，203，343

properties of terms, 词项属性 theory of ~理论 223-4，332

proposition(s) 命题, "analytic" division of ~ 的"分析性"区分 57；propositional contents, 命题内容 138；maximal propositions, 最大命题 38，138；propositional operators, 命题算子 38，43-4，137，158；impersonal propositions, 非人称命题 138；semantics of, ~语义学 138-9，317-8，325；thoughts take propositional form, 以命题为形式的思想 243；= token sentences, ~ = 殊型句 8. See also logic, propositional 亦见逻辑，命题

prosimetra 诗文合璧 28，42，163-4

providence 眷顾 32，41，121，146，159，200，203

Prudentius of Troyes 特鲁瓦的普鲁登奇乌斯 80

pseudo-Augustinian paraphrase of *Categories*, see *Categoriae decem* 伪奥古斯丁的《范畴篇》意译，见《十范畴》

pseudo-Dionysius 伪狄奥尼修斯 50-1，57-8，74-5，79，163，170，214，227，231-3，237，274，337

punishment 惩罚 27，43，122，173，264，315；and reward after death, 死后的~与奖赏 28，78-81，88，101，113-4，195，200；self-punishment of the wicked, 恶徒的自我惩罚 41，80

Pythagoreanism 毕达哥拉斯派 22，102

qadarites 盖德里叶派 60-1

Qalonymos ben Qalonymos 卡罗尼摩斯·本·卡罗尼姆斯 212，330，340-1

quaestio-technique 问答术 160-1，213，215-7，236

quodlibets 即席（论辩）60

*quo est*s, *quod est*s 因其是与其所是 153-4，168

Qu'ran《古兰经》59-61，65，70，187-90，256；eternal or created，永恒或受造 63，88-9

Radulphus Brito 拉杜福斯·布里托 219，308

Ralph Strode 拉尔夫·斯特罗德 319，321

Ramon Llull 拉蒙·柳利 333-5

Ramón Martí 拉蒙·马提 212

rationalism 唯理论 143-4，152，188，193，255

Ratramnus of Corbie 科尔比的拉特拉姆努斯 73

Rawls, J. 罗尔斯 26

Râzî, Abû Bakr 阿布·巴克尔·拉齐 90-1

Râzî, Fakhr al-Dîn 法赫鲁丁·拉齐 338-9

realism，实在论 see universals, material essence realism, sophisticated realisms 见共相，质料本质实在论，精致实在论

reason，理性 relation to intellect ~与理智的关系 44，231，243

reductionism，还原论 ontological 本体论~ 297-8

reference 指称 123-4，135，141-2

reincarnation 轮回重生 27，91，111，115，130，177，259

relations 关系 40，140，294

relativism 相对主义 27，262，333

religion, and philosophy，宗教与哲学 see philosophy, and religion 见哲学与宗教

Remigius of Auxerre 欧塞尔的雷米吉乌斯 82

renaissance of the twelfth century 12世纪文艺复兴 131-2

Renan, E. 勒南 254

restriction (of supposition) （指代的）限制 223

resurrection 复活 101，190，195，241，262，267

Return (*epistrophê*) 回归 74，78，80-1

Richard Brinkley 理查德·布林克利 325

Richard of Bury 伯利的理查德 312

Richard of Fishacre 菲舍克尔的理查德 240

Richard Kilvington 理查德·基尔文顿 315，319

Richard Knapwell 理查德·纳普韦尔 269

Richard of Middleton (Mediavilla) 米德尔顿的理查德 279

Richard of St Victor 圣维克多的理查德 163

Richard Swynshead 理查德·斯温赫德 315

Robert of Courçon 库尔松的罗伯特 206, 213

Robert Grosseteste 罗伯特·格罗斯特 211, 221, 226-9

Robert Holcot 罗伯特·霍尔科特 313-5, 318, 331

Robert Kilwardby 罗伯特·基尔沃比 221, 225, 269

Robert of Melun 梅隆的罗伯特 152, 165

Roger Bacon 罗杰·培根 213, 229-30

Roger Swynshead 罗吉尔·斯温赫德 315, 320-1

Roland of Cremona 克雷莫纳的罗兰 210

Rufinus 鲁菲努斯 26

Roscelin of Compiègne 贡比涅的罗色林 133, 171

Saadia Gaon 萨阿迪亚·高昂 86-88, 340

Sabaeans 赛伯伊人 61, 199. See also Harrân. 亦见哈兰

salvation 救赎 32-3, 81, 157-8

Samuel Ibn Tibbon 撒母耳·伊本·蒂本 340, 342

scepticism 怀疑论 30, 90, 174-5, 243, 313, 317, 337

scope-distinctions 辖域区分 43-5, 94, 118

Scotus, 司各托 see John Duns Scotus; John Scottus Eriugena; Michael Scotus 见约翰·邓·司各托, 约翰·司各托·爱留根那, 迈克尔·司各托

Secreta Secretorum (pseudo-Aristotle)《秘中之秘》(伪亚里士多德) 214

self-evidence 自明 24, 221, 243, 247, 313

semantics 语义学 21, 72, 123-4, 140-3, 219-21, 297-303. See also propositions, semantics of 亦见命题, 命题语义学

Seneca 塞涅卡 15, 148

sense(s) 意义 77, 81, 226, 231; Fregean, 弗雷格式的 ~ 124. See also compound and divided senses 亦见组合的与分离的意义

sense-perception, 感知 see perception, sensible 见知觉, 可感的 ~

Sergius of Resh'aina 雷塞纳的塞尔吉乌斯 50-1, 57

Severus Sebokht 塞维鲁斯·塞博赫特 57

Sextus Empiricus 塞克图斯·恩披里柯 211, 337

Shahrastânî 沙赫拉斯塔尼 61

Sharazûrî 沙赫拉祖里 339

Shi'ism 什叶派 60, 100-3

Shîrâzî 设拉子 339

Siger of Brabant 布拉班的西格尔 255-8, 264-8, 309, 332

Siger of Courtrai 库特赖的西格尔 220

signification 意指 123-4, 135, 141-3, 219-21, 227, 229, 243, 294, 318, 320

signs 记号 119, 227, 229-31

(al-) Sijistânî 西吉斯坦尼 101-2

Simon of Faversham 法弗舍姆的西蒙 308

Simplicius 辛普里丘 50, 52, 82; *Commentary on Categories*,《〈范畴篇〉评注》23; 211, 221 (trans. Moerbeke 穆尔贝克译); *Commentary on On the Heavens*,《〈论天〉评注》211 (trans. Moerbeke 穆尔贝克译)

sin 罪 30-1, 60, 88, 145-7, 173; "intermediate position" about grave sinner, 重罪者的"居中位置" 61, 63; Original Sin, 原罪 77, 120-1, 161

Socrates 苏格拉底 91

Solomon Ibn Gabirol 所罗门·伊本·加比罗尔 170, 178-80, 193, 212, 231, 239, 340

sophisms 诡辩 133, 166, 215, 222-3, 253, 319, 322

soul 灵魂 30, 91, 184-7, 224; and body, ~ 与身体 11-2, 78, 196, 203, 231, 240-1; *grunt/vunke* of, ~的根基/火花 274; human souls all one, 人类灵魂的完全同一 73; hypostasis, 本体 17-9, 24, 77, 86; immortality of, ~的不朽 13, 15-16, 28, 111-4, 215, 241, 259, 324-5, 327, 343-4; 347-8; materialist view of, 唯物论的~观 29; part of soul remains undescended, 灵魂的部分不曾下降 23, 25; pre-existence of, ~的预先存在 27; separate, 分离~ 243, 286-7; World Soul, 世界灵魂 17, 25, 111, 115, 163, 169

Southern, Richard 理查德·萨瑟恩 149

Species 样式 intelligible, 可理解样式 226, 242-3, 277-8, 286, 295, 299; multiplication of, 样式的增多 229; sensible, 可感~ 226, 280, 299

spheres, 球体 celestial 天球 10-11, 70, 96, 183-4, 195, 228, 72

Spinoza, B. 斯宾诺莎 124, 224, 350

states-of-affairs 事态 67, 139, 142, 292

status 状态 141-2

Stephanus 斯特凡努斯 56-7

Stephen Tempier 斯蒂芬·唐皮耶 257, 267-9, 275

Stoicism 斯多亚派 14-15, 22, 26, 41, 144-5; Stoic ethics 斯多亚派伦理学 14, 147;

Stoic logic, 斯多亚派逻辑 28, 37, 116, 137

studia 学堂 209-10, 236, 330, 332; London*studium* of the Franciscans, 方济会伦敦学堂 296, 312-13

Suárez, Francisco 弗朗西斯科·苏亚雷斯 350

sufism 苏菲派 174-5, 335, 340

Suhrawardî 苏哈拉瓦迪 177-8, 339, 349

Summa fratris Alexandri《亚历山大弟兄大全》225

Summa sententiarum《箴言大全》167

supervenience 随附 318

supposition 指代 223, 299-301, 322-3, 325

syllogistic 三段论 8-9, 28, 37, 47, 57, 71-2, 105-6, 112-3, 130, 137, 243, 314, 336, 346; modal, 模态~ 105-6, 137, 183, 297, 339

syncategoremata 助范畴词 166, 22-3

talatuff 出于恩典的欺骗 199

Talmud《塔木德》195

Tempier, see Stephen Tempiers 唐皮耶,见斯蒂芬·唐皮耶

terminism, 词项派 terminist logic, see properties of terms, theory of 词项派逻辑,见词项属性,~理论

Themistius 忒密斯提乌斯 15-16, 185, 263; *Commentary on Posterior Analytics*,《〈后分析篇〉评注》212 (trans. Moerbeke 穆尔贝克译); paraphrase of *On the Soul*,《论灵魂》意译 212 (trans. Moerbeke 穆尔贝克译)

Theodulf of Orleans, *Libri carolini* 奥尔良的狄奥多尔夫《加洛林著作集》72

theology as a subject, 作为学科的神学 107, 160-1; Faculty of, ~院 206-10, 213-5, 311-7

Theology of Aristotle《亚里士多德的神学》68-70, 95, 101, 178, 214

theophany 神显 76, 81

Theophrastus 特奥弗拉斯托斯 263

Theurgy 法术 22-3, 25

Thierry of Chartres 沙特尔的蒂埃里 162-3

Thomas Aquinas 托马斯·阿奎那 66, 214, 216, 221-2, 236-54, 257-70, 274, 276, 293-4, 308-9, 313, 332, 348; conflicts after his death and the literature of the *correctoria*, 死后的纷争与《纠正》文献 246, 269; historiography of, ~的历史书写 245-6; *Summa Theologiae*《神学大全》- as a textbook, ~作为教科书 216, 246; trans. into Greek, ~译成希腊语 336

Thomas Bradwardine 托马斯·布拉德沃丁 315, 319-20

Thomas of Erfurt 爱尔福特的托马斯 219-20

Thomas of Sutton 萨顿的托马斯 270, 293

thought experiments 思想实验 40, 66, 181-2, 319, 322

time 时间 30, 54, 58, 91, 102; all time present to God, 所有时间对上帝而言都是现在 45, 118, 123; God not circumscribed by, 上帝不受~限定 122, 233

Timothy, Nestorian Patriarch 聂斯脱利派牧首提摩太 68

topical argument 论题论证 38, 137-8, 153, 189, 319

Toledo, as centre for translations 作为翻译中心的托莱多 169-70, 210, 312

transcendentals 超越者 226, 284-5. See also good, as transcendental; one, as transcendental 亦见善,作为超越者;一,作为超越者

translations: 翻译 Arabic into Hebrew, 阿拉伯语译成希伯来语 340-1; Arabic into Latin, 阿拉伯语译成拉丁语 169-71, 210-2; Greek into Arabic, 希腊语译成阿拉伯语 67-9; Greek into Latin in antiquity, 古代时的希腊语译成拉丁语 28; Greek into Latin in Middle Ages, 中世纪时的希腊语译成拉丁语 210-2; Greek into Syriac, 希腊语译成叙利亚语 57, 67-9

trans-world identity 跨世界同一性 159

Trinity 三一 26, 29, 31-2, 39-40, 52, 72, 120, 136, 143-4, 155, 161-2, 247, 294, 298, 314, 324, 326, 334

trope theory 殊质理论 133

truth 真, 真理 91, 98 120, 186-7, 216-7, 225-6, 243, 264-5, 276-7, 306, 318-20, 343

(al-)Tûsî 图斯 338-9

Ulrich of Strasbourg 斯特拉斯堡的乌尔里希 272

unicity of Intellect, 理智的单一性 see intellect, one material/potential intellect for all humans 见理智,所有人类的同一个质料/潜能理智

unicity of substantial form, 实体形式的单一性 see forms, unicity of substantial form 见形式,实体形式的单一性

universals 共相 12, 20, 22, 36-7, 45, 73, 82, 97, 107-8, 154, 223, 226, 234, 243, 277, 280, 283, 295; abstractionist theories of, 抽象主义者的~理论 37, 112; before the many, in the many, after the many, 杂多之前、之中、之后的~ 36, 326; material essence realism, 质料本质实在论 134, 139; nominalism, 唯名论 73, 134, 139-43, 297-8, 313, 316-7, 322, 327; Porphyry's questions about, 波菲利关于~的几个问题 21-2; sophisticated realist theories, 精致的实在论 166, 169, 297-8, 31, 325

universities 大学 206-210; Bologna, 博洛尼亚 ~ 206,230; Cambridge, a minor university, 剑桥 ~ , 一所小型大学 330; Leuven, 鲁汶 ~ 349; Montpellier, 蒙彼利埃 ~ 206; Oxford, 牛津 ~ 206-10, 213, 224, 227,312-5, 325-6; Paris, 巴黎 ~ 206-10, 213,224, 230-70, 315-7, 327; Naples, 那不勒斯 ~ 236; Salerno, 萨莱诺 ~ 206; Vienna, 维也纳 ~ 219; late medieval expansion of, 中世纪晚期 ~ 的扩展 272

univocity 单义性 238, 282-4, 313

Valla, Lorenzo 劳伦佐·瓦拉 51

Van Steenberghen, F. 范·斯腾贝尔根 246

Victorines 圣维克多派 225, 232. See also Hugh of St Victor, Richard of St Victor 亦见圣维克多的休、圣维克多的理查德

Vincent of Beauvais 博韦的文森特 211

Virgilius Maro Grammaticus 语法学家维吉尔 48

virtue(s) 美德 23, 32, 41, 81, 97, 147-8,161, 195, 244-5, 267, 304; all virtues are one, 所有美德都一样 14; virtue ethics, 美德伦理学 244; theological virtues, 神学美德 231,244-5, 267

Vittoria, Francisco de 弗朗西斯科·德·维多利亚 350

Vivarium 维瓦里乌姆 47

Walter Burley 沃尔特·伯利 312, 318, 320

Walter of Chatillon 沙蒂永的沃尔特 148

Walter Chatton 沃尔特·查顿 303, 312-3, 316, 318,330

wasfî/dhâtiî readings of modal statements, see modality, *wasfî/dhâtiî* possibilities 描述性/实质性模态陈述解读,见模态,描述性/实质性可能性

Wâsil Ibn 'Aṭâ 瓦绥勒·本·阿塔 61

will,意愿 human 人的 ~ 66, 280, 291; freedom of, ~ 的自由 27, 30-1, 57, 62, 79, 120, 282-90. See also God, will of 亦见上帝, ~ 的意愿

word, 语词 mental 心灵 ~ 126

William of Alnwick 阿尼克的威廉 287, 294

William of Auvergne 奥弗涅的威廉 213, 226-7,240

William of Baglione 巴廖尼的威廉 259

William of Champeaux 香蒲的威廉 134-5, 139,156-7, 160-1

William of Conches 孔什的威廉 148, 150-2,162

William Crathorn 威廉·克拉索恩 313

William Heytesbury 威廉·海特斯伯利 315, 319

William of Lucca 卢卡的威廉 163, 165 (possibly a different William 可能是另一个威廉)

William of Luna 卢娜的威廉 211

William de la Mare 威廉·德拉马尔 269，279

William of Moerbeke 穆尔贝克的威廉 211，214，221

William of Ockham 奥康的威廉 220，222，296-308，312-3，316-8，320，322-3，325，330

William of St Thierry 圣蒂埃里的威廉 150，160

William of Sherwood 舍伍德的威廉 223

women，equal to men 女性与男性平等 191

Yahyâ Ibn 'Adî 雅哈亚·伊本·阿迪 100

Yedayah ben Abraham ha-Penini 耶戴亚·本·亚伯拉罕·佩尼尼 344

Yûhannâ Ibn Haylân 尤翰纳（约翰）·伊本·海兰 92

Zoroastrianism 琐罗亚斯德教 57，67

翻译说明

本书的基本原则是最大限度地翻译,在忠实于原著的基础上尽可能符合汉语学界表述习惯。原书中有些希腊、阿拉伯、拉丁词汇并未翻译,主要是因为古代概念本身的复杂性不便于用现代语言传达。中译本本应尊重作者的选择,但考虑到汉语读者可能出现的阅读困难,译者根据上下文还是做了翻译,并注出原文,以供参考。原书中许多著作名常用原文,仅在初次提及时附英文翻译,译文中均参照文中的英文翻译给出译文,并适当考虑现行译法。书中直接引用的原始文献,除极个别处参考了已有的中译文,基本根据作者提供的英译文译出。

人名和地名的翻译较为复杂。《圣经》篇名及人物翻译据天主教思高《圣经》,并在初现时附和合本译法,以供参考。部分哲学家姓名及著作名的翻译参照了《中世纪哲学》(详下)中的译法。拜占庭、阿拉伯和犹太人名翻译则尽可能遵循目前汉语学界已有译名。其余未有定译的人名、地名则尽可能根据其原文发音,参照《世界人名大辞典》《外国地名译名手册》等翻译。其中需要说明的是,中世纪拉丁作家的名为了照顾汉语读者的习惯,统一使用了英文的发音,而不取其拉丁发音或所在国的语言发音,例如香浦的威廉不翻译成香浦的圭勒穆斯(Guillelmus)或香浦的纪尧姆(Guillaume)。

哲学术语的翻译适当考虑了汉语读者的阅读习惯,但汉语表达的丰富与含混有时往往会遮蔽真正的哲学问题,或让人误解关键的哲学论证,尤其是当我们用若干不同的表达式根据语境来翻译同一术语。因此,在核心术语的翻译上,只要有足够的理由相信作者在同一意义上使用它,前后的译文就要尽可能保持一致,甚至不惜牺牲一定的可读性。毕竟阅读哲学著作很重要的一个目的,是反思我们习以为常的信念,语言习惯也在其列,更何况我们面对的是一个其哲学表达能力尚在成长期的语言。然而,有些术语本来在不同作家那里,或者在不同语境中就有不同用法,特作说明如下:

Accident,偶性、偶然的,attribute 属性。

Being 的翻译根据上下文和相关哲学论证断定。经与作者核实,大部分场合作者将其等同于 existence,故多译为存在。有两处重要的例外需要说明,一是普瓦捷的吉尔伯特根据波埃修的学说区分 quod est 与 quo est,在相关的讨论中,esse 更多地被理解为系词,故相应地译为**其所是**与**因其是**。一是根特的亨利区分 esse essentiae 和 esse existentiae,实际上是两种不同存在方式的区分,为了保留此处的 esse 和 existentia 的区别,勉强译为本质之在和存在之在。

Consequentia 推论。这里的主要考虑该术语在中世纪讨论中既指命题,也指论证,并不是一个严格意义上的命题逻辑术语。

God 当其意为至高无上的神时,统一译作上帝,而不再区别异教传统、基督教、伊斯兰和犹太教的不同译法。

Good 既可以表达道德的善,也可以表达更加宽泛的好。通常译作好,但根据语境也译成善,尤其是 goodness 通常译作善。与之对立的 bad/evil 则分别译作坏/恶。

Intelligence 悟性(指人或其他理性存在的一种认识能力)、智能(指高于人类的一种理智存在者)。

Predicate 谓词,Predication 述谓,Predicable 宾词。

Real 实际,实在的,Reality 实在,in reality 实际上、在实际中。这里的"实际"与应用无关,它仅指独立于心灵的存在状态。这种情况通常译为"现实",但本书中"现实"用来翻译与潜能相对的 actuality,故强作此区分。

Species 样式。中世纪认识论中的 species 是一个很难准确翻译的概念,它在这里指的是事物在认识中显现出来的形式,是事物的"样子",或许可以更自由地翻译为"表象"。但考虑到应当保留其独特性,而且不同思想家对其解释也有区别,这里选了一个略为拗口的译法。

Spiritual 属灵(宗教语境),精神(与物质相对)。

Transcendental 超越者,指能够超越亚里士多德的十范畴的属性,它们可以用来述谓一切存在。

Universal 普遍的、共相,唯有在后者用来指语言或概念意指的对象时,才将其译为共相。当它作形容词时则译为普遍的。相应地,Particular 译为特殊的、殊相。

希腊文"σῶμα",拉丁文"corpus"和英文"body"都既可以指有生命的身体尤其是人的身体,也可以泛指包括石头这样的无生命物体在内的物质。

汉语很难找到一个单一词汇来传达其含义,故在其泛指时译作"物""物体",而特指有生命的物体时作"身体"。而与其相关的形容词"bodily"和"corporeal"则译为"物质的",但应当注意这里强调的是它和"物体"而不是和"质料"的关联。此外,与之相关的一组形容词"material""physical"分别译为"质料的""物理的",以示区别。只有在逻辑学语境中,material 才依照习惯翻译做实质,如 material implication 为实质蕴涵。

《阅读文献指南》的翻译与前述原则有所不同。为便于读者查阅参考文献中的具体信息,人名未做翻译。部分二手文献给出了中译本信息,供有需要的读者参考,但绝不代表译者认为这些译本可靠。中世纪有部分作家的原著如奥古斯丁、阿奎那,已有一定数量的中文翻译,请读者自行考查鉴别,此处不再一一罗列。可以推荐的是赵敦华、傅乐安主编的文选《中世纪哲学》(上、下册)(北京:商务印书馆,2013),译文基本可靠。

最后要感谢作者马仁邦博士的支持,他百忙中抽空彻底修订了阅读材料指南和参考文献,并纠正原著中几处讹误,和我深入讨论了几处翻译理解上的疑难,其认真细致实为我辈学人楷模。我在翻译中遇到的问题不多,无疑应当感谢原著清晰、准确的语言表达和严谨的哲学思考。我期待有一天汉语学界也能贡献这样博识广闻、思考缜密的佳作。

吴天岳
2015 年 8 月 15 日凌晨于燕北园